Das große Buch der

Steingartenpflanzen

Fritz Köhlein

Das große Buch der Steingartenpflanzen

Mit 1185 Farbfotos

E.U.
VERLAG
EUGEN
ULMER

Inhalt

Die Deutsche Bibliothek — CIP-Einheitsaufnahme

Fritz Köhlein : Das große Buch der Steingartenpflanzen / Fritz Köhlein. — Stuttgart : Ulmer, 1994
ISBN 3-8001-6559-7
NE: HST

Wollgrasweg 41, 70599 Stuttgart (Hohenheim)
Printed in Germany
Lektorat: Gerhard Bley, Dr. Eva von Nikisch
Herstellung: Dieter Kleinschrot
Umschlaggestaltung: Schlotterer & Partner, München
Satz: TypoMedia Satztechnik, Ostfildern 3
Druck: Georg Appl, Wemding
Bindung: Großbuchbinderei Monheim

Vorwort

Für unsere Gärten stehen uns zahlreiche Pflanzengruppen zur Verfügung, keine ist aber so vielfältig wie die Welt des Steingartens, und aus den ersten zaghaften Anfängen Mitte des 19. Jahrhunderts ist heute eine beliebte Freizeitbeschäftigung des Hobbygärtners geworden. Dieses Gartenthema kommt dem Trend zur Natur entgegen, und es eröffnet in einem Maße eigene Gestaltungsmöglichkeiten, wie sie heute sonst nur noch sehr selten vorhanden sind. Man kann einen Steingarten sehr naturnahe anlegen, aber auch eher regelmäßig, streng pflanzengeographisch, oder locker gestaltet in bunter Blütenfolge, allein nach dekorativen Gesichtspunkten. Steingarten heißt Pflanzung mit Miniaturpflanzen auf kleinstem Raum, aber auch großzügige Gestaltung bei entsprechenden Flächen. Die 17 Steingartenbeispiele zu Beginn des Buches geben bewußt die ganze Bandbreite der Möglichkeiten wieder. Egal welcher Gestaltung man den Vorzug gibt, immer wird man einer Riesenauswahl an Pflanzen, oft hilflos, gegenüberstehen. Gute Literatur, die weiterhelfen kann, gibt es genügend, leider handelt es sich oft nur um ein Aneinanderreihen von Informationen, ohne daß man einen wirklichen Eindruck von der Pflanze bekommt.

Mit dem hier vorliegenden großen Buch der Steingartenpflanzen wird erstmals der Versuch gemacht, Text und Bild gleichwertig zu behandeln, um einen guten Gesamteindruck zu vermitteln. Niemand dürfte in der Lage sein, alle aufgeführten 1168 Pflanzen in seinem Garten zu vereinen, und doch handelt es sich bei den vorgestellten Pflanzen nur um eine Auswahl. Alle aufzuführen, die sich für den Steingarten eignen, ist aus zahlreichen Gründen nicht zu realisieren. Das wird schon bewußt, wenn man weiß, daß es allein vom Hauswurz mehr als 1000 verschiedene Arten, Unterarten, Varietäten, Formen und Sorten gibt. Als Autor hofft man nun, die richtige Auswahl getroffen zu haben. Es ist eine Mischung aus Pflanzen des Standardsortiments und einem Anteil von eher seltenen Pflanzen und echten Raritäten. Das soll dem Anfänger die Schritte auf diesem für ihn neuen Gebiet erleichtern und andererseits auch dem Fachmann manches Neue bringen, damit eine gewisse Spannung erhalten bleibt.

Manche Pflanze dieses Buches wird wohl erstmalig im Farbfoto vorgestellt. Daß das Steingartenthema immer schon eine eigene Herzensangelegenheit war, ersieht man wohl auch aus der Tatsache, daß fast 1100 Fotos des Buches eigene Aufnahmen sind, die selbstverständlich über einen langen Zeitraum gemacht wurden. Das setzt voraus, daß man mit den Pflanzen Kontakt hatte.

Auch noch so viel eigene Arbeit ändert nichts an der Tatsache, daß dieses erste Steingartenlexikon ohne Unterstützung und Hilfe von verschiedenen Seiten nicht entstanden wäre. An erster Stelle möchte ich meinem Verleger Herrn Roland Ulmer danken, der dieses umfangreiche Projekt ermöglichte und maßgeblich unterstützte. Die Zusammenarbeit mit dem Verlag währt nun schon über 25 Jahre. Über diesen Zeitraum geht auch die Zusammenarbeit mit einigen Damen und Herren des Lektorats und der Herstellungsabteilung, denen ich an dieser Stelle ebenfalls danken möchte; und wenn ich Herrn Dieter Kleinschrot namentlich erwähne, dann aus dem Wissen heraus, daß die langwierige Auswahl der geeigneten Motive aus tausenden von Aufnahmen eine Arbeit ist, die kein Außenstehender ermessen kann. Danken möchte ich meinem langjährigen Freund Hermann Fuchs, Hof, für die Unterstützung bei den Fotos und auch dafür, daß er sonst mit Rat und Tat zur Verfügung stand. Im gleichen Maße bin ich meinem jugendlichen Freund Walter Erhardt, Langenstadt, dankbar, der ebenfalls Fotos beisteuerte und der mich computertechnisch aus vielen Klemmen befreite. Es ist nicht zu leugnen, daß ein 70jähriges Gehirn manchmal Probleme mit der Mikroelektronik hat. Wenn ich meiner Frau Annemarie am Schluß danke, so muß ich dazu sagen, daß ich in ihr wie immer die wichtigste und treueste Unterstützung hatte. Als Vorlektorin gab sie Hilfestellung, und die ständige Rundumversorgung durch sie war eine unerläßliche Voraussetzung für die intensive Beschäftigung mit diesem Thema.

Als Autor hofft man, daß das Buch Antwort auf viele Fragen geben kann, ob sie nun vom Steingartenliebhaber, Staudengärtner, Gartenarchitekten, Botaniker oder Naturfreund kommen. Hauptziel ist aber, Freude zu bereiten!

Gebrauchsanleitung, bitte lesen!

Die Namen

Die in diesem Lexikon aufgeführten Pflanzen sind unter ihren botanischen Namen nach dem Alphabet geordnet, was unberechtigterweise manche der Pflanzen- und Gartenliebhaber als Hemmschwelle empfinden. Wer mit der botanischen Namensgebung, man spricht in Fachkreisen von Nomenklatur, bisher noch keinen Kontakt hatte, sollte die folgenden Zeilen lesen. Die binäre Nomenklatur beruht darauf, daß jede Pflanze einen eigenen Namen besitzt, der aus zwei Teilen besteht [binäre Nomenklatur = zweifache Namensgebung]. Sie geht auf den schwedischen Naturforscher Carl von Linné zurück. Diese Namen sind überwiegend lateinischen Ursprungs, entstammen also einer heute toten Sprache, werden aber um den ganzen Globus herum verstanden und auch überall mit lateinischen Schriftzeichen geschrieben. Der erste Name kennzeichnet die Gattung und der zweite, in Verbindung mit dem ersten, die Art. Der Gattungsname geht auf unterschiedliche Quellen zurück, während der Artname meist eine Eigenschaft der Pflanze wiedergibt oder den Namen eines Botanikers als Ursprung hat. Man vergleicht am besten diese Namen mit dem menschlichen Namen, auch der ist ja normalerweise binär, also aus zwei Teilen bestehend. Nehmen wir unser Gänseblümchen auf der Wiese oder im Garten, oder ist der Name Maßliebchen richtig oder ein anderer? Es macht keine Schwierigkeiten, allein für diese Pflanze 20 deutsche Bezeichnungen zusammenzutragen. Daher wird verständlich, daß man sich international auf eine Bezeichnung einigen mußte, und das ist der botanische Name. Ein Buch über Steingartenpflanzen nach deutschen Namen geordnet wäre ein Ding der Unmöglichkeit.

Wie finde ich bestimmte Pflanzen?

Wer noch keine Erfahrung mit botanischen Namen hat, findet die hauptsächlich verwendete deutsche Bezeichnung mit dem Hinweis auf die botanische Nomenklatur im Verzeichnis am Schluß des Buches. Nun ist die Botanik keine tote Wissenschaft, sondern immer in Bewegung, leider auch bei der Nomenklatur. Forschungen können zu dem Ergebnis führen, daß manche Arten enger, andere weitläufiger verwandt sind als ursprünglich festgelegt. Durch Kreuzungen entstehen neue Hybriden. Zu alledem gilt die Prioritätsregel, die den historisch ersten gültigen Namen als richtig postuliert. Das führt dazu, daß ein vor längerer Zeit eingeprägter botanischer Name heute nicht mehr unbedingt gilt. Er ist ein Synonym. Aber auch hier kann geholfen werden. Denn die wichtigsten dieser ungültigen Namen stehen in Klammern hinter den gültigen Namen, und sie sind am Schluß des Buches in einer Tabelle aufgeführt, so daß man auch über diese alte botanische Bezeichnung die aktuell gültige finden kann. Möglicherweise kennt der Suchende keinerlei Namen, weder den deutschen noch den botanischen, hat aber eine bestimmte Pflanze deutlich vor Augen, die er einmal gesehen hat und von der er gerne mehr wissen möchte. Dann bleibt immer noch das Vergnügen, in dem Buch zu blättern, schließlich werden hier alle aufgeführten Pflanzen auch auf einem naturgetreuen Farbfoto wiedergegeben. Findet man dann den Namen der gesuchten Pflanze bei dem gefundenen Bild, ist die Freude doppelt groß.

Die Hierarchie der Pflanzen

Die botanische Ordnung der Pflanzenwelt stellt jede Pflanze in ein System von Beziehungen. Wenn wir von der oben erklärten binären Nomenklatur ausgehen, steht an erster Stelle der Gattungsname. In dem Beispiel des Gänseblümchens ist dies der Gattungsname *Bellis.* Der zweite Teil der Bezeichnung *perennis* bezieht sich auf die Art. Manche Arten teilen sich nun in Unterarten auf (ssp.), von manchen gibt es Varietäten (var.) und manchmal auch Formen (f.). Damit haben wir die unterste Stufe der botanischen Hierarchie erreicht. Die nächsthöhere Ebene über der Gattung ist die Familie. Verwandte Gattungen sind in Familien zusammengefaßt, man spricht beispielsweise von der Familie der Liliengewächse, der Rauhblattgewächse oder der Glockenblumengewächse, um nur einige zu nennen. Dabei werden diese wissenschaftlich selbstverständlich lateinisch bezeichnet, in unserem Falle also als Liliaceae, Boraginaceae und Campanulaceae. Auch in der Bezeichnung und der Zugehörigkeit zu den Familien ist man vor Veränderungen nicht sicher. So wurden einzelne Familien entweder umbenannt oder Großfamilien in etliche kleinere aufgespalten. Es gibt in dieser Richtung noch keine völlige Klarheit. Der Autor steht dann in der verzweifelten Situation, welcher Richtung er folgen soll. An erster Stelle steht, aus mehreren Gründen, die alte Bezeichnung. Damit folgen wir dem »Zander« ebenso wie einigen maßgeblichen Veröffentlichungen aus Großbritannien, in denen ebenfalls die alte Bezeichnung an erster Stelle steht. Auch für die Praxis hat es Vorteile, denn schließlich haben kompetente Leute jahrzehntelang mit diesen Namen gearbeitet. Selbstverständlich werden die neuen Bezeichnungen nicht unterschlagen, sondern stehen in Klammern dahinter. Das soll das Beispiel der Golddistel zeigen: *Carlina acanthifolia,* Golddistel, Compositae (Asteraceae), Korbblütler (Asterngewächse).

Carlina acanthifolia = die Pflanzenart, die üblicherweise mit schrägen Druckbuchstaben (kursiv) wiedergegeben wird.

Golddistel = deutsche Pflanzenbezeichnung.

Compositae = ältere botanische Familienbezeichnung.

(Asteraceae) = neue Familienbezeichnung.

Korbblütler = alter deutscher Familienname.

(Asterngewächse) = neuer deutscher Familienname.

Die Kurzzeichen

Um möglichst viel Information auf kleinem Raum wiedergeben zu können, finden sich am Schluß jeden Textes eine Anzahl von Zeichen, die Wesentliches über die Gartenverwendung der Pflanze aussagen. Die überwiegende Anzahl der Symbole sind allgemein bekannt und werden in Katalogen und Büchern (so im »Zander«) benutzt. Für einige Informationen, für die es noch kein Zeichen gab, wurden neue geschaffen. Der Autor erhofft sich, gerade durch diese Zeichen dem Leser ein Maximum an Information geben zu können. Deshalb sollen die Kurzzeichen an dieser Stelle etwas näher erklärt werden.

♄ Zeichen für Strauch, wobei es keine Rolle spielt, welche Größe dieser hat.
♃ Zeichen für Staude. Eine mehrjährige Pflanze, aber ohne Bezug auf das tatsächliche Lebensalter, diese Angaben finden sich vereinzelt im Text.
♃–♄ Soll auf einen Halbstrauch hinweisen, zwischen Stauden und Gehölzen gibt es fließende Übergänge. Es ist bei bestimmten Pflanzen ein Wagnis, sie bestimmten Gruppen zuzuordnen. Deshalb wurde hier auf das übliche, etwas einengende Zeichen für Halbstrauch verzichtet.
⩪ Pflanzen mit diesem Zeichen sind mehr oder weniger ausläufertreibend oder sonst schnell in die Breite gehend. Man sollte sich gut informieren.
≋ Wasserpflanze, die in kleinen Steingartentümpeln oder sonstigen kleinen Wasserflächen Verwendung finden kann.
⩫ Ufer- oder Sumpfpflanze für unterschiedlichste Gestaltungen. Die Pflanzen sind aber immer an ein gewisses Maß an Feuchtigkeit gebunden.
♧ Bei Pflanzen für den Steingarten ist es zwar selten, daß sie dekorativen Fruchtschmuck tragen, aber es gibt sie, und solche Pflanzen tragen dieses Zeichen.
⇞ Zwergiger Nadelbaum. In den wenigsten Fällen handelt es sich bei den Zwergkoniferen um einstämmige Miniaturen, sondern sie sind in den meisten Fällen mehrstämmig. Sie sind alle unter diesem Zeichen zusammengefaßt.
♀ Zwergiger Laubbaum. Bei den kleinen laubabwerfenden Gehölzen wachsen wenige baumartig, aber einige gibt es, und diese sind mit dem Zeichen versehen.
⌓ Dieses Zeichen soll auf eine polsterförmige Wuchsform hinweisen, eine Eigenschaft, die in Steinanlagen eine wichtige Rolle spielt.
⁝ Pflanzen mit diesem Zeichen eignen sich besonders gut zur Bepflanzung von Felsspalten und Trockenmauerfugen.
⌂ Dieses Zeichen steht für das Alpinenhaus. Immer mehr Liebhaber von alpinen Pflanzen schaffen sich eine solche Anlage für empfindliche Pflanzen, wobei ein Gewächshaus kein Alpinenhaus ist. Bestimmte Voraussetzungen müssen erfüllt sein, besonders die hinsichtlich exzellenter Lüftung. Pflanzen, die sich dafür besonders gut eignen, tragen dieses Zeichen.
⧇ Mit diesem Zeichen sind alle Zwiebel- und Knollenpflanzen versehen. Ein großer Teil von ihnen sind Frühlingsgeophyten, sie ziehen schon bald nach der Blüte ein, was man bei der Benachbarung berücksichtigten sollte.
⊞ Das Zeichen für kalkliebende Pflanzen, die in der Regel aber wesentlich toleranter sind als kalkfliehende und oft auch noch gut in neutralen Böden wachsen. Außerdem ist es einfach, dieser oder jener Pflanze etwas Kalk in Form von im Handel befindlichen Düngekalk zu geben (Kalkstein, Kalziumkarbonat).
⊟ Hiermit werden Pflanzen gekennzeichnet, die eine sauere Bodenreaktion lieben oder unbedingt darauf angewiesen sind. Auch hier ist die Toleranzgrenze fließend. Es gibt hier absolut kalkfliehende Pflanzen, bei denen es aussichtslos ist, sie in Kalkgegenden zu pflanzen, selbst bei entsprechenden Vorsichtsmaßnahmen.
⌃ Dieses Zeichen tragen die Pflanzen, die in Mitteleuropa eines Winterschutzes bedürfen, sowohl als Schutz gegen hohe Minusgrade, einstrahlende Wintersonne oder übermäßige winterlicher Nässe.
🅃 Damit sind Pflanzen gekennzeichnet, die sich zur Bepflanzung von Trögen, Schalen und Kübeln eignen. Da diese Gefäße auch unterschiedlich groß sein können, sollte man zusätzlich zu dem Trogzeichen auch die Angaben über das Größenwachstum im Text berücksichtigen.
🄷 Größere Pflanzen besonders für den Hintergrund. Steinanlagen können unterschiedlich groß sein. Was in großzügige Anlagen paßt, kann bei kleineren Gestaltungen die Proportionen sprengen. Solche etwas größere Pflanzen sollten in Steingärten »normaler« Größe etwas mehr in den Hintergrund kommen.
○ Pflanzen für sonnige Lagen, hierher gehören die meisten Steingartenpflanzen. Viele von ihnen wachsen aber auch noch gut in halbschattigen oder in absonnigen Lagen. Wenn bei einer Pflanze drei Symbole stehen, etwa ○◐⊖, dann besagt das, daß die Pflanze volle Sonne liebt, gut an etwas beschatteten Plätzen wächst und auch noch absonnig gedeiht.
◐ Diese Pflanzen ziehen einen etwas beschatteten Platz vor: Günstig sind West- oder Ostlagen, wo sie nur wenige Stunden des Tages der Sonne ausgesetzt sind. Man sollte diese Angabe als Empfehlung auffassen. Wer sich lange Zeit mit den Alpinen beschäftigt hat, weiß, daß manche Pflanzen in dieser Hinsicht oft besondere Ansprüche haben.
⊖ Steingartenpflanzen, die mit diesem Zeichen versehen sind, gedeihen auch absonnig, das heißt an hellen Plätzen, die aber nicht direkter Sonnenbestrahlung ausgesetzt sind. So etwa im Schlagschatten von Gebäuden oder auch in nordseitigen Trockenmauern.
● Eigentliche Schattenpflanzen gibt es nicht sehr viele. Manche können auch im Halbschatten verwendet werden. Sie sind dann mit zwei Symbolen versehen.
⊙ Das Zeichen für Zweijahrspflanzen (Winterannuelle). Wobei auch hier gesagt werden muß, daß der Übergang zu den Perennen fließend ist.
⊙ Einjährige Pflanze (Annuelle). Es sind nur sehr wenige Pflanzen genannt, obwohl in Steinanlagen durchaus Einjährige ihre Berechtigung haben, sofern sie eine natürliche Wuchsform zeigen und klein bleiben. In der Natur wachsen Annuelle auch nicht streng getrennt von Perennen. Eine breitere Aufführung von Arten und Sorten würde aber den gegebenen Rahmen sprengen.
⚠ Pflanze für größere Steinanlagen.
△ Pflanze für Steinanlagen üblicher Größe.
▲ Pflanze für kleinflächige Steingärten.
Diese Dreieckssymbole sollen einen Fingerzeig geben, es ist keinesfalls Pflicht, diese Vorgaben einzuhalten. Man kann eine Pflanze mit dem Zeichen ⚠ auch in kleinflächige Steingärten setzen, nur werden dann die Proportionen nicht gewahrt. Im umgekehrten Fall können Pflanzen mit dem Zeichen ▲ auch in Großanlagen gepflanzt werden, doch werden sie dann im Gesamtbild untergehen, außer man pflanzt in großer Stückzahl. Meist steht bei den Pflanzen eine Kombination aus den oberen drei Zeichen. Eine Kombination △ und ⚠ besagt dann, daß es sich um eine Pflanze für Steingärten in Normalgröße und für großflächige Anlagen handelt und weniger für sehr kleine Gestaltungen. Die Bezeichnung »normal« ist selbstverständlich ein dehnbarer Begriff, es soll aber auf die in Hausgärten übliche Größe hinweisen, etwa zwischen 10 und 50 m^2.
🄽 Aufnahme am Naturstandort.
× Dieses Zeichen steht für Kreuzung. Es handelt sich dabei um Hybriden.

Woher erhalte ich die Pflanzen?

Wie schon im Vorwort erwähnt, beinhaltet dieses Lexikon über Steingartenpflanzen ein bekanntes Grundsortiment, aber auch zahlreiche Arten und Sorten, die etwas seltener sind. Es bereitet keinerlei Schwierigkeiten, eine genügend große Pflanzenauswahl für Steinanlagen zu erhalten, im Gegenteil, der Anfänger wird einer Flut von Angeboten gegenüberstehen. Es kann aber durchaus problematisch werden, eine ganz bestimmte Pflanze zu finden.

Ein Vorteil ist, wenn man die Pflanze beim Kauf sieht, das ist in der nächstgelegenen Staudengärtnerei der Fall oder im Gartencenter. Unbegründet ist die Scheu, Steingartenpflanzen nach der Auswahl aus dem Katalog per Post senden zu lassen. Es gibt zahlreiche namhafte Staudengärtnereien, die auf diese Art versenden. Ferner gibt es auch verschiedene Alpenpflanzengärtnereien, die sich auf diesem Sektor spezialisiert haben. Bei gewissen Spezialitäten ist möglicherweise auch ein Bezug aus dem Ausland erforderlich. Durch die EG ist in letzter Zeit manches einfacher geworden. Bei Kataloganforderung im In- und Ausland sollte man bedenken, daß die oft teuren Druckerzeugnisse, die häufig auch noch bebildert sind, meist nicht kostenlos abgegeben werden. Man muß sich vorher informieren. Der einfachste Weg, um bestimmte Pflanzen zu erhalten, ist die Kombination dieses Lexikons mit dem Pflanzeneinkaufsführer von Anne und Walter Erhardt, welcher ebenfalls im Verlag Eugen Ulmer, Stuttgart, erschienen ist und nun in der 2. Auflage vorliegt. Er gibt die Lieferanten von annähernd 60000 verschiedenen Pflanzenarten, Unterarten, Varietäten und Sorten wieder und umfaßt Firmen in Deutschland, Österreich, Schweiz, Belgien, Luxemburg, Niederlande, Frankreich, England, Irland, Tschechien und der Slowakei. Ähnlich ist in englischer Sprache »The Plantfinder«, der die Lieferanten von 50000 Pflanzen wiedergibt, aber nur von Großbritannien. Das französische Gegenstück heißt »20000 Plantes – Ou et comment les acheter?«.

Trotz des riesigen Angebots ist es möglich, daß man die eine oder andere Rarität nicht erhält, dann bleibt nur die Möglichkeit, sich in- oder ausländischen Pflanzenliebhabergesellschaften anzuschließen, die nebenstehend aufgeführt sind. Diese führen jährlich Pflanzentauschaktionen durch, bei denen man in den Besitz von seltenem Saatgut kommt. Damit kann man durch Selbstanzucht zu der begehrten Pflanze kommen. Es soll nicht verschwiegen werden, daß in diesem Buch eine ganze Reihe von Arten enthalten sind, die unter Arten- und Naturschutz stehen. Hier greifen mehrere Vorschriften, Gesetze und Verordnungen. Man hat damit keine Probleme und keinen Ärger, wenn man nach der Devise verfährt: Nur Pflanzen verwenden, die gärtnerisch vermehrt sind, und nie Pflanzen aus der Natur entnehmen. Bei heimischen Erdorchideen gilt das ganz besonders, da man beim Kauf im Fachbetrieb die nötige CITES-Bescheinigung miterhält, die nach geltendem EG-Recht notwendig ist.

Durch diese Angaben und Hinweise auf den Auslandsbezug darf aber nicht der Eindruck entstehen, daß die Steingärtnerei hinsichtlich Pflanzenbezugs mit Schwierigkeiten verbunden ist. Es soll nur denjenigen Hinweise geben, die eine spezielle Pflanze haben möchten. Es mag unglaublich klingen, aber der Autor hat bei einer Pflanze selbst einmal 25 Jahre benötigt, bis er sie erhalten hat. Ein Gärtner sollte auch Geduld haben.

Pflanzenliebhabergesellschaften

Es gibt für einzelne Pflanzengruppen im In- und Ausland spezielle Liebhabergesellschaften, in denen sowohl Fachleute als auch interessierte Laien Mitglieder sind und die Mitteilungsblätter, Zeitschriften und Jahrbücher veröffentlichen, Vorträge und Reisen veranstalten, persönlichen Erfahrungsaustausch pflegen und eine jährliche Samentauschaktion organisieren, auf die schon hingewiesen wurde. Die Mitgliedsbeiträge halten sich dabei allgemein sehr in Grenzen. Folgende Liebhabergesellschaften befassen sich mit Steingartenpflanzen oder haben spezielle Gruppen für dieses Thema.

Gesellschaft der Staudenfreunde e.V.
Meisenweg 1
65795 Hattersheim
Deutschland
Diese Gesellschaft hat eine Fachgruppe Steingartenpflanzen und alpine Stauden.

Alpine Garden Society
AGS-Centre
Avon Bank
Pershore, Worcestershire
WR10 3JP
England

Scottish Rock Garden Club
Mrs. J. Thomlinson
1 Hillcrest Rd., Bearsden
Glasgow
G61 2EB

American Rock Garden Society
Jaques Mommens
PO Box 67
10546 Millwood, New York
USA

American Penstemon Society
Ann Bartlett
1569 South Holland Court
80232 Lakewood, Colorado
USA

American Primrose Society
Barbara E. Flynn
1332 232nd Pl. NE. 98503 Redmont, WA
USA

Société des amateurs de jardin alpins (SAJA)
43 Rue Buffon, 75005 Paris
Frankreich

Steingärten

17 Beispiele für die Gestaltung

Die erste Stufe zwischen Natur und Garten ist der Alpengarten. Anlagen, die sich ganz in die umgebende Natur einfügen, aber andererseits, vom Betrachter unbemerkt, der pflegenden Hand bedürfen, mehr als der Außenstehende ahnt. Leider werden von den zu betreuenden Institutionen oft ungenügende finanzielle Mittel zur Verfügung gestellt, so daß es auch negative Beispiele von Alpengärten gibt, die mangelnde Pflege aufweisen. Ein positives Beispiel ist der Alpengarten auf der Schynige Platte bei Interlaken in der Schweiz, der von der Universität in Bern betreut wird. Das Bild zeigt den »Gipfel« dieses Alpengartens, auf dem man den Gipfeln der Bergriesen von Eiger, Jungfrau und Mönch gegenübersteht. Es gibt eine ganze Reihe solcher Alpengärten, dem Autor sind besonders der Alpengarten auf dem Schachen, betreut vom Botanischen Garten München-Nymphenburg und der Alpengarten am Lautaret (Universität Grenoble, Frankreich) in bester Erinnerung. Botanisch und gärtnerisch Interessierte sollten bei Urlaubsfahrten nicht versäumen, solche Alpengärten zu besuchen. Man kann seine Pflanzenkenntnisse erweitern, da meist alle Pflanzen gut ausgeschildert sind und erhält Hinweise hinsichtlich von Pflanzenkombinationen bei gleicher Blütezeit. Neben der Kamera ist der Notizblock und der Kugelschreiber ein nötiges Handwerkszeug bei solchen Besuchen, die oft unvergeßlich bleiben.

Die Anlage eines Alpinen Gartens kann unter den verschiedensten Gesichtspunkten erfolgen. Dieses Bild zeigt die großzügige Anlage von Ohme Gardens, im Staate Washington, USA. Für uns ist sie wegen ihrer Größe etwas ungewohnt. Sie ist beispielhaft für Amerika, an Platz muß nicht gespart werden. Mächtige Felsen und hohe Koniferen ergeben eine beeindruckende Silhouette. Auf eine große Pflanzenvielfalt muß man verzichten. Die weiten Matten sind mit verschiedenfarbigen Thymian, mit *Sedum* und Nelken und weiteren niederen, große Polster bildenden Stauden bepflanzt. In solch einer Anlage muß man Form und Farbe auf sich einwirken lassen. Es sind Pflanzen, die Sonne und auch Trockenheit aushalten, befindet sich dieser Garten doch in einem ziemlich ariden Gebiet. Solche Anlagen haben nicht nur optische Wirkung, aromatische Pflanzen, wie die beachtlichen Thymianpolster, verströmen einen angenehmen Duft. Diese Anlage läßt sich nicht auf europäische Verhältnisse übertragen, gibt dem Besucher aber trotzdem viele Anregungen für den eigenen Steingarten. Felsgruppen lassen sich auch in Miniatur gestalten, Zwergkoniferen gibt es in jeder Form und Größe und die Stauden sind niedrig, der seitliche Ausbreitungsdrang kann eingedämmt werden. Alpine Anlagen haben keine Größenbeschränkung, Ohme Gardens hat eine Fläche von 4 ha, der eigene Steingarten etwa 200 m^2, aber auch 5 m^2 machen Freude.

Steingärten und sonstige alpine Anlagen können auf vielfältige Art und Weise gestaltet werden. Einerseits sehr naturnahe Gestaltungen, bei denen man versucht, die natürlichen Gegebenheiten so weit wie möglich zu kopieren. Das beginnt bei der Steinlagerung und setzt sich bei der Pflanzenauswahl und bei deren Kombination fort. Das Gegenteil ist eine regelmäßige, architektonische Gestaltung mit Trockenmauern, Treppen, kleinen Teichen, Tümpeln und dekorativen Wasserläufen. Zwischen diesen beiden gegensätzlichen Anlagen bewegt sich die ganze Welt des Steingartens, denn die wenigsten, denen man begegnet, sind rein naturnahe oder rein architektonische Gestaltungen. Meist sind es Kombinationen beider Richtungen, bei denen der natürliche Aspekt überwiegt. Dieses Bild zeigt nun eine wirklich einmalige Anlage. Einmalig deshalb, weil es sich um eine Gestaltung für nur wenige Tage handelte. Es zeigt eine Steinanlage, die bei der weltberühmten Chelsea-Flower-Show im Mai 1993 in London zu sehen war. Eigentlich viel zu schade, daß eine mit so viel Einfühlungsvermögen gestaltete Anlage sofort wieder verschwinden mußte. Aber die Chelsea-Flower-Show gibt es jedes Jahr! Dieser Garten ist das Lehrbeispiel einer Kombination von naturnaher und architektonischer Steinanlage. Die Felsgruppen vermitteln den Eindruck, als befänden sie sich an einem natürlichen Hang. Das wird durch die kleinen Wasserläufe mit entsprechenden Fallstufen unterstrichen. Die naturnahen Elemente enden bei der Bepflanzung, was selbstverständlich in diesem Fall auch ausstellungsbedingt war; möglichst viel sollte gleichzeitig blühen. Von jeder Art oder Sorte war eine größere Stückzahl zusammengepflanzt, um eine bessere optische Wirkung zu erzielen. Das Bild gibt auch die gute Aufteilung zwischen flachen Polsterstauden und aufragenden Zwergkoniferen wieder. Diese demonstrieren deutlich die Abkehr von einer rein naturnahen Gestaltung. Diese Ausstellungsgestaltung läßt sich in verkleinerter Form auch auf eine dauerhafte Steingartenanlage im Privatgarten übertragen. Bei der Auswahl der Steine wird man zu dem ortsüblichen natürlichen Gestein greifen, schon wegen der Transportkosten. Durch die im Handel angebotenen Pumpen und sonstiges Zubehör ist es auch leicht, ähnliche Wasserläufe und kleine Wasserfälle zu gestalten. Selbstverständlich wird das Wasser in einem Kreislauf geführt. Aus der Leitung ersetzt wird nur der Verdunstungsverlust, was über einen Schwimmer geregelt werden kann. Auch Zwergkoniferen gibt es für jede Gartengröße. Hauptunterschied zum Ausstellungsgarten wird dagegen die Staudenauswahl sein, da nicht nur Frühjahrsblüher gepflanzt werden.

Architektonischer Steingarten heißt nicht nur gleichmäßige Mauern, Wege und Treppen, er ist auch ein Experimentierfeld. Ein solches Experiment war auf der IGA 1993 in Stuttgart zu sehen, wo an einem Steilhang ein 300 m^2 großer Steingarten gestaltet war, bei dem die ungewohnte Steinkombination sofort ins Auge fiel. Hier wurde einer der wichtigsten Grundsätze der Steingärtnerei über Bord geworfen, die da lautet: Keine unterschiedlichen Gesteinsarten durcheinander verwenden! Es wurde aber bewußt Kalkstein mit seiner mehr rundlichen Struktur und einem helleren, gräulichen Farbton mit dunklen Basaltsäulen kombiniert. Ein ungewohnter Anblick, aber je mehr man sich damit beschäftigt um so eher gefällt es. Die Aufnahme stammt aus dem Hochsommer, als die meisten kleinen Pflanzen aus der Gruppe der Kalkfelsspalten-, Kalkschutt- und Kalkrasenvegetation, die gepflanzt waren, nicht mehr blühten. Zu dieser Zeit wirkten hauptsächlich nur Zwergkoniferen und Gräser, was aber sicher zum positiven Eindruck beitrug, viele bunte Blüten würden hier stören. Dies soll nicht heißen, daß man bei ähnlichen Experimenten im eigenen Garten nicht etwas mehr Farbe zeigen darf.

Steingärten und ihre Gestaltungen sind kaum einzugrenzen. Das beigefügte Bild zeigt einen Ausschnitt aus einem Felsengarten eines tschechischen Alpinenfreundes. Der Garten liegt etwas höher, so ergab sich an einer natürlichen Hanglage die Möglichkeit, auch hochalpine Pflanzen zu pflegen. Hier ist ein Kenner am Werk, »Allerwelts-Steingartenpflanzen« sind hier nicht zu finden. Auch flache Erdstufen wird man vergeblich suchen. Stein steht an Stein, so daß der Eindruck eines großen Felsens entsteht. In den schmalen Spalten und in kleinen Löchern der Steine wachsen dann die kleinen Kostbarkeiten, besonders alpine Primeln, Saxifragen, Mannsschildarten, Hungerblümchen, Seidelbast und Zwergrhododendren, um nur einige zu nennen. An solchen Plätzen können die einzelnen, oft etwas unterschiedlichen Ansprüche dieser Pflanzen berücksichtigt werden, besonders hinsichtlich des Substrats. Die Düngung ist auf ein Minimum reduziert, hier ist nicht die Absicht vorhanden große, fette, überquellende Polster erzielen zu wollen, man begnügt sich mit dem natürlichen Wuchs. Durch die Mittelgebirgslage ist eine schon von Natur aus höhere Luftfeuchtigkeit vorhanden, so daß zusätzlich zu den natürlichen Niederschlägen nicht allzuviel gegossen werden muß. Die dort gesehenen Pflanzen sind keine Massenware, man muß sich oft etwas kümmern, bis man die eine oder andere Kostbarkeit erhält.

Berge kann man nicht versetzen und oft bereitet es schon Schwierigkeiten einen kleinen Steingartenhang zu gestalten, wenn man im Flachland lebt und dazu noch weit von einem Steinbruch entfernt. Das beigefügte Bild entstand in den Niederlanden, wo man mit größeren Erhebungen auch nicht gerade verwöhnt ist. Man weiß sich aber zu helfen. Das Bild zeigt eine verhältnismäßig hohe Trockenmauer im Arboretum Trompenburg in Rotterdam. Die Steine scheinen einem Hausabbruch zu entstammen, wie behauene Elemente bezeugen. Die vielen Trokkenmauerfugen geben vielen Steingartenpflanzen einen idealen Platz, der ihren heimischen Felsspalten im Hochgebirge sehr nahe kommt. Die wichtigen Regeln für die Anlage einer Trockenmauer wurden vollständig befolgt. Die Mauer neigt sich nach hinten, was sowohl aus Stabilitätsgründen als auch wegen der Wasserzuführung der Spaltenpflanzen wichtig ist. Des weiteren wurde auch die Regel eingehalten, daß nicht senkrechte Fuge auf senkrechte Fuge treffen darf, damit die Erde nicht so stark herausgeschwemmt wird, aber auch aus optischen Gründen. Trockenmauern sind ein Element des architektonischen Steingartens, man kann hier aber von einer mehr naturnahen Trockenmauer sprechen. Ähnliche Formationen ergeben sich auch in der Natur bei Sedimentgestein.

Diese Trockenmauer ist hingegen eine rein architektonische Gestaltung und zeigt eine vorzügliche Arbeit aus streng behauenen Kalksteinblöcken. Hier wurde der Grundsatz berücksichtigt, möglichst das in der Nähe vorkommende Gestein zu verwenden. Die Aufnahme stammt von der Schwäbischen Alb. Die Neigung der Mauer ist hier gering, was aber durch zwei Faktoren ausgeglichen wurde. Die Trockenmauer zeigt nach Westen und erhält somit alle Niederschläge. Das rasche Ablaufen des Wassers wurde auch bei der Pflanzenauswahl berücksichtigt. Ein Großteil der Pflanzen besteht aus Sukkulenten (*Sedum* und Hauswurz) und aus sonstigen weitgehend trockenheitsresistenten Arten, wie Thymian und anderen. Bei dieser Trokkenmauer handelt es sich um eine Neuanlage, bei der die Pflanzung gleichzeitig mit dem Aufbau der Trockenmauer erfolgte, da ein späteres Bepflanzen bei der Enge der Fugen problematisch gewesen wäre. Selbstverständlich wird man bei den Pflanzen auch auf die gewünschte Bodenreaktion achten. Man kann sagen, daß etwa 90 % der verwendeten Steingartenpflanzen in dieser Hinsicht indifferent sind und nur wenige, besonders die in Trockenmauern verwendeten Arten und Sorten, an eine solche gebunden sind. Kalkflieher, die eine sauere Reaktion wünschen, kommen selbstverständlich nicht in Kalksteinfugen. Im umgekehrten Fall ist das nicht so schlimm.

Wasser im Garten belebt, auch im Steingarten. Nur selten kann man dabei auf natürliche Ressourcen zurückgreifen, wo fließt schon ein Bach durch den Garten? Andererseits stellt uns die Technik heute zahlreiche Hilfsmittel zur Verfügung, so daß die Schaffung eines kleinen Steingartenteiches, eines Tümpels oder eines Baches leicht verwirklicht werden kann. Fließende Wasserläufe stellen selbstverständliche höhere Ansprüche an den technischen Verstand, aber auch an das optische Einfühlungsvermögen. Um starke Sickerverluste zu vermeiden, muß der kleine Bachlauf abgedichtet werden. Eine feste Lehm- oder Tonschicht ist zwar eine sehr naturnahe Lösung, dabei ist allerdings die Materialfrage schwieriger zu lösen als bei anderem Material. Vorgefertigte Kunststeinteile für Rinnen werden genau so wie solche aus festen Kunststoffteilen angeboten. Die einfachste und billigste Lösung ist jedoch die Verwendung von Teichfolie. Wichtig ist jedoch immer, daß man nach der Gestaltung und Bepflanzung nichts mehr von dem Material sieht. Wassersparend und attraktiv ist so eine Steingartenquelle, wie auf dem Foto zu sehen ist. Das Rinnsal ist klein und fällt über eine Stufe in das kleine Becken, wobei das Wasser von hier wieder nach oben umgepumpt wird, der Verdunstungsverlust wird über einen Schwimmer durch Neuzuführung aus der Wasserleitung geregelt. Eine gekonnte Bepflanzung rundet das Bild ab.

Ein völlig anderes Element im Steingartensektor sind Troggärten. Dabei spielt es keine Rolle, ob es ein einzelstehender Trog ist, der in die gesamte Steingartenanlage integriert ist, oder ob es sich wie in diesem Fall auf dem Bild um eine Sammlung von Trögen handelt, die ein Steingartenliebhaber aus Zwickau zusammengetragen hat. Zwei schöne Elemente ergänzen sich hier, das Gefäß, in diesem Fall der Trog, und die Bepflanzung. Zweifelsfrei sind alte Tröge aus Naturstein besonders dekorativ, nur immer schwieriger zu erhalten und immer teurer beim Erwerb. Alternativen sind neue Tröge aus Kunststein, die mit ihren unruhigen Außenflächen denen der Natursteintröge gleichen, was durch Formabnahme mittels Silikonkautschuk möglich ist. Die rauhe Oberfläche der neuen Tröge wird durch Besiedelung mit Flechten und Moosen immer mehr den Charakter alter Natursteintröge annehmen. Die Auswahl an Pflanzen ist groß aber speziell. In den folgenden Pflanzenbeschreibungen sind solche Trogpflanzen besonders gekennzeichnet [T]. Bei den Zwergkoniferen und Zwerglaubgehölzen kann man nur die kleinsten und langsamwüchsigsten verwenden. Andererseits werden manche etwas größere Pflanzen durch den »Bonsaieffekt« im Wuchs gebremst, der stark eingeengte Wurzelraum macht dies möglich. Hinzu kommt die Verwendung von schönen Steinen, dekorativen Wurzeln und attraktiven Mineralstufen.

Das Gegenstück zum Wassergarten ist der Xerophytengarten mit einer Sammlung von Sukkulenten und anderen sehr trockenheitsresistenten Pflanzen. Man kann die gesamte Steingartenanlage so gestalten oder nur einen Teil davon. Die letztgenannte Möglichkeit dürfte häufiger der Fall sein. Voraussetzung ist immer volle Sonne, wobei etwas geneigte Südlagen die Tendenz zur Trockenheit noch unterstreichen. In niederschlagsreichen Gegenden ist zusätzlich eine exzellente Dränage einzubauen, durch einen Unterbau mit Kies, Mauerschutt und ähnlichen groben Materialien. Die Verwendung des Steinmaterials kann sparsam erfolgen, wobei mehr wüstenartige Szenerien entstehen oder gehäuft verwendet werden, wie auf dem beigefügten Bild. Es sind in diesem Fall Kalkknollensteine und Kalktuffe, man kann bei einem Xerophytengarten aber auch jedes andere Steinmaterial verwenden. Auch hier lassen sich wettergebleichte Wurzelstöcke und andere dekorative Holzteile verwenden. Man muß bei einer solchen Anlage auch etwas stärker auf das Substrat achten. Es sollte mehr mineralisch sein, also sandig-steinig und weniger humos-nahrhaft. Das Pflanzenmaterial ist ganz auf Trockenheit ausgerichtet. Einen Schwerpunkt bilden in diesem Beispiel die Kakteen, im wesentlichen winterharte Typen, von denen Spezialisten doch eine große Anzahl zusammentragen können. Besonders bei den Opuntien gibt es viele, die auch mitteleuropäische klimatische Bedingungen ertragen. Ist es doch weitgehend unbekannt, daß es Kakteenarten gibt, die auch noch in Kanada in der Natur vorkommen. Selbst bei den Kugelkakteen, speziell bei der Gattung *Echinocereus*, gibt es winterharte Arten. Man kann das Sortiment aber auch vorübergehend ergänzen, indem man Kakteen aus dem Zimmer hier ein sommerliches Urlaubsquartier bietet. Dazu kommen die unzähligen Hauswurzarten, die sich an solchen Stellen wohlfühlen und ihren natürlichen Wuchs zeigen, der nichts mit dem der fetten, überdüngten Containerpflanzen der Staudengärtnereien zu tun hat. Ebenso eignen sich *Sedum*-Arten, wenn auch nicht alle. Man muß das Sortiment hinsichtlich der Eignung für solche Plätze durchforsten. Alle Arten, die für die extensive Dachbepflanzung herangezogen werden, lassen sich verwenden. Dazu kommen andere trockenheitsresistente Polsterpflanzen, wie Mittagsblumengewächse. Hart sind *Delosperma cooperi* und *Delosperma nubigena*. Die Gattungen *Orostachys* und *Rosularia* bergen weitere Schätze, die zu verwenden sind. Hier lassen sich auch sukkulente Annuelle als Lückenbüßer mit verwenden, wie beispielsweise Portulakröschen oder einjährige Mittagsblumen, die Phantasie kennt keine Grenzen.

Eine Steigerung erfährt die Troggärtnerei durch bepflanzte Steine, die Auswahl an Steinmaterial und an geeigneten Pflanzen wird dabei wesentlich eingeengt. Betrachtet man das Steinmaterial, verbleiben nur solche mit sehr unregelmäßiger Oberfläche, die man für solche Zwecke verwenden kann. Besonders gut eignen sich die Kalktuffe mit ihrer schwammartigen Struktur. Wo nicht genügend Vertiefungen vorhanden sind, lassen sich diese mittels einer Bohrmaschine leicht schaffen. Ähnlich sind Vulkantuffe, die allerdings härter sind und sich etwas schwerer bearbeiten lassen. Bei dem abgebildeten Stein handelt es sich um einen Kalkknollenstein, wie man ihn im Jura hin und wieder findet. Es sind Oberflächensteine, die durch das Wetter im Laufe einer langen Zeit solche Formen angenommen haben und in deren Löchern und Vertiefungen sich geeignete Pflanzen ansiedeln lassen. Hauswurz- und *Sedum*-Arten stehen an erster Stelle der zu verwendenden Pflanzenarten, kleine blaue Schafsschwingel lassen sich pflanzen und viel zu selten werden für solche Zwecke niedrige Steinnelken verwendet, wie beispielsweise *Dianthus petraeus* und ihre Unterarten. Jeder Stein hat auch eine Nordseite. Auch wenn er in voller Sonne liegt, hat er dort ein anderes Kleinklima, hier gedeihen Krustige Saxifragen. Die Ansiedlung der Pflanzen erfolgt immer im Jugendstadium. Alte Pflanzen lassen sich in engen Steinlöchern kaum ansiedeln.

Das Fehlen von geeignetem Steinmaterial in mancher Gegend wurde schon erwähnt, wie beispielsweise in den Niederlanden oder in N-Deutschland. Das einzige natürliche Material, das man in manchen Gebieten findet, sind Findlinge. Damit bezeichnet man meist mehr rundliche Steine, die während der Eiszeit aus den Alpen nach Norden transportiert wurden, fast immer ist es Silikatgestein. Aber auch in Gegenden in der Nähe von Gebirgszügen aus Urgestein, kann man auf Granit, Basalt und anderes silikathaltiges Gestein zurückgreifen, wobei nicht verschwiegen werden sollte, daß die Gestaltung von Steingärten mit solchem Material schwieriger ist als mit Sedimentsgesteinen. Das beigefügte Bild demonstriert, daß man damit aber andererseits auch sehr ansprechende Gestaltungen machen kann. Einen großen Vorteil hat man hier allemal, man muß sich hinsichtlich der Pflanzenauswahl keine Beschränkungen auferlegen. Auch die schlimmsten Kalkflieher wachsen gut, wenn das auch beim Substrat berücksichtigt wird. Diesen Grundtyp der Steingartengestaltung, wie auf dem Bild gezeigt, findet man sehr oft: Gekonnte naturnahe Gestaltung, aber großzügigere Verwendung auch von züchterisch bearbeiteten Pflanzen, soweit sie ihre natürliche Wuchsform nicht eingebüßt haben. Das Gestaltungsziel ist klar: Dekorative Bilder schaffen.

Hier wird der Gedanke, dekorative Bilder zu schaffen, auf andere Art weitergeführt. Naturnahe Gesamtgestaltung einerseits, aber großzügigere Pflanzenverwendung auf der anderen Seite. Hier handelt es sich beim Steinmaterial um Kalkknollensteine, die geschickt kombiniert sind. Das Solitärexemplar steht im Vordergrund und bildet den Blickfang. Man sollte sich bei der Gestaltung Zeit nehmen, bis man die richtige »Butterseite« findet. Man muß es hier nicht den Japanern nachmachen, die Stunden benötigen, um bei Steinen die richtige Lagerung herauszufinden und bei denen es ja sogar den ehrenwerten Beruf eines Steinwerfers gibt. In den Löchern des Steines finden sich Hauswurzsorten und -arten, während auf der Oberseite dekorative, blühende Polsterpflanzen augenblicklich den Ton angeben. Die Wirkung der Szenerie wird durch zwei Faktoren noch gesteigert. Am Fuß des Steines befindet sich eine kleine Wasserfläche, die einen Ruhepol darstellt. Ein weiterer Faktor ist der Zwergahorn mit seiner frischgrünen Belaubung, eine Kontrastfarbe zu dem Rosa und Rot der auf dem Stein befindlichen Polsterpflanzen. Bei der gezeigten Anlage handelt es sich mehr um eine flächige Gestaltung, keinesfalls muß ein Steingarten größere Hügel als Voraussetzung haben, wenn diese auch alles einfacher machen.

Von der Bepflanzung her bieten sich enorm viele Möglichkeiten. Auch von Liebhabern, nicht nur von Botanischen Gärten, lassen sich Pflanzungen nach pflanzengeographischen Gesichtspunkten schaffen, das heißt Pflanzen, die aus gleicher Gegend oder dem gleichen Erdteil stammen, werden vereinigt. Da gibt es einen Amerikahügel, eine asiatische Abteilung oder, besonders oft anzutreffen, einen Teil mit ausschließlich neuseeländischen Pflanzen. Andere sammeln nur alpine Pflanzen aus Japan, haben eine mediterrane Sammlung oder lieben Pflanzen der Arktis und der Subarktis. Es gibt Liebhaber, die sich bestimmten Großgattungen verschrieben haben und versuchen, diese möglichst vollständig zusammenzutragen. Sehr oft findet man Spezialisten, denen Pflanzen nur etwas bedeuten, wenn sie schwer zu erhalten oder schwierig zu pflegen sind. Oft sehen Steingartenbesitzer, denen Pflanzen nur dann etwas bedeuten, wenn sie nicht höher als 10 cm werden, verächtlich auf andere herab, die die ganze Vielfalt lieben und bei denen kleine und größere Pflanzen sich dekorativ abwechseln. Bei diesen erfolgt die Pflanzung unter zwei Gesichtspunkten. Einmal der Pflanze einen Platz zu geben, auf dem sie sich gut entwickeln kann und auf der anderen Seite ein dekoratives Bild zu schaffen, das dem heutigen naturnahen Trend entgegenkommt, wie auf dem beigefügten Bild. Man sollte tolerant sein!

Es wurde wiederholt darauf hingewiesen, daß man die verschiedensten Gesteinsarten für Steingärten verwenden kann. Unbedingt vermeiden sollte man aber einen sogenannten Streuzuckereffekt, das heißt verschiedene Gesteinsarten durcheinander zu verwenden. Nichts spricht dagegen in einer Kalksteingegend, in der man auch im Steingarten solche Steine verwendet, einen Teil mit Urgestein zu gestalten, um auch Kalkflieher pflanzen zu können, nur sollte der Übergang geschickt angelegt und möglichst unmerklich mit Pflanzen kaschiert sein. Dieses Bild zeigt eine Anlage mit Schiefer, einer Gesteinsart, die etwas seltener anzutreffen ist. Dieser schwarze Stein mit seinen glatten Bruchflächen ist das Ausgangsmaterial für den Dachschiefer, ein Material das auch heute noch zur Eindeckung von Dächern in Nordbayern und Thüringen verwendet wird. Die Verwendung im Steingarten ist nicht einfach, in dieser abgebildeten großzügigen Anlage jedoch gut gelungen. Die Bepflanzung ist eher sparsam und die etwas monotonen dunklen Flächen werden durch etwas höhere Pflanzen, wie die gelbblühende *Achillea* unterbrochen. Solche Pflanzen können selbstverständlich nicht in kleineren Anlagen verwendet werden, sie würden die Proportionen sprengen. Zwergkiefern und trockenheitsliebende Stauden sind weitere verwendete Pflanzen. Man muß wissen, daß das schwarze Gestein enorm viel Wärme speichert.

Steingarten, dieses Thema umfaßt nicht nur die Farborgien der großflächigen Polsterpflanzen des Frühlings, sondern bietet eine enorme Vielfalt von Gestaltungsmöglichkeiten, wie der Betrachter und Leser an Hand der Steingartenbeispiele sehen kann. Andererseits bildet das bunte Blütenfeuerwerk des Frühlings meist den Einstieg in die Welt des Steingartens, und Spezialisten auf diesem Gebiet sollten nicht verächtlich auf andere herabblicken, die sich an den leicht gedeihenden Polstern von Blaukissen, Steinrich, Schleifenblume, Polsterphlox und ähnlichen Pflanzen erfreuen. Viele bekommen im Laufe der Zeit dann auch ein Auge für stillere Schönheiten und kleine Kostbarkeiten, die Außenstehende möglicherweise dann als Unkraut deklarieren. »Es ist noch kein Meister vom Himmel gefallen«, auch nicht auf dem großen Gebiet der Steingärtnerei. Leute, die mit Pflanzen umgehen, sollten tolerant sein, auch wenn die eine oder andere Anlage nicht mit dem eigenen Geschmack oder den persönlichen Zielen übereinstimmt. Auf den folgenden Seiten stehen 1168 Pflanzen zur Auswahl, eine enorme Fülle, aber trotzdem nur ein Bruchteil von den Pflanzen, die man im Steingarten verwenden kann. Anfängern sei gesagt, daß der Autor auch mit nur fünf Pflanzen begonnen hat. Die Gefahr besteht allerdings, daß es mehr werden, ich bin sogar sicher.

Lexikon der Steingartenpflanzen

Abies koreana 'Fliegende Untertasse', ▷ Flachwachsende Koreatanne, Pinaceae, Kieferngewächse. Die Art ist auf Bergkuppen und in Bergwäldern Südkoreas beheimatet. In frischen, sandig-humosen bis lehmigen Böden, die schwach sauer bis leicht alkalisch sind, hat sich die Koreatanne als durchaus gartenfreundlich erwiesen. Gut rauchhart, aber empfindlich gegen Oberflächenverdichtung. Benötigt lange Zeit bis eine Höhe von 3 m erreicht wird, deshalb auch für die rückseitige Bepflanzung von Steingärten geeignet. Besser sind für diesen Zweck Veredelungen ohne Mitteltrieb. Die aus einem Hexenbesen entstandene niedrige, teppichartig wachsende Sorte 'Fliegende Untertasse' bereichert das Sortiment, wobei ein stärkeres Breitenwachstum einzukalkulieren ist. Sie gehört in den Vordergrund. Hübsch sind bei *Abies koreana* die anfangs violetten, später braunen Zapfen. ♄ ⯂ ♧ ○ ◐ ⊖ ▲ △

△

◁ **Acaena microphylla 'Kupferteppich',** Kleinblättriges Stachelnüßchen. Heimat Neuseeland, wächst auf Wiesen, an Bachbetten. Kriechende Staude mit dünnem bis mäßig dickem Hauptstengel, der bis 30 cm lang ist und unterirdisch kriecht. Mit etwa 5 cm langen, aufsteigenden Ästchen, die kahl oder steifhaarig sind. Blätter bis 3 cm lang, mit 7–13 rundlichen, kerbzähnigen, bräunlichen oder olivgrünen Einzelblättchen. Köpfe einschließlich der Stacheln bis 2,5 cm breit, leuchtendrot. Die Sorte 'Kupferteppich' ist zierlicher als die Art und hat eine attraktive braunrote Belaubung. Durch ihr weniger üppiges Wachstum ist sie auch für Steingärten normaler Größe zu empfehlen. Einen hübschen Kontrast zu dem braunroten Teppich bilden grüne, bläulichgrüne oder stahlblaue Arten und Sorten der Gattung *Hebe*, die ebenfalls aus Neuseeland stammen. Die Härte ist zu beachten! ♃ ⟿ ♧ △ ▲ ○ ◐

Acaena caesiiglauca, Blaugraues Stachelnüßchen, Rosaceae, Rosengewächse. Etwa 100 immergrüne Stauden und (selten) Halbsträucher aus Gebirgen der südlichen Halbkugel. *Acaena caesiiglauca* kommt aus Neuseeland, wo sie auf montanen und subalpinen Wiesen wächst. Niederliegende, wurzelnde, dicht-steifhaarige Stengel. An 4–10 cm langen Trieben befinden sich 7–9 bläulichgrüne bis blaugraue Einzelblättchen. Oben wenig, unten dicht silbrig behaart, auch die Köpfchenstiele sind steifhaarig. Im Juni-Juli erscheinen die Blütenköpfe, die einschließlich der 5 mm langen reinbraunen Stacheln bis 2 cm messen und zu der Belaubung einen guten Kontrast bilden. Wie die meisten Stachelnüßchen hat auch diese Art einen starken Ausbreitungsdrang und ist nur für größere Anlagen empfehlenswert. Guter Kontrast zu weiteren andersgefärbten Arten. Widersteht stärkerer Trockenheit. ♃ ⟿ ♧ ▲ ○ ◐

Acantholimon olivieri (*Acantholimon venustum*), Igelpolster, Plumbaginaceae, Bleiwurzgewächse. Eine Gattung mit etwa 120 Arten, deren Verbreitung vom östlichen Mittelmeergebiet bis nach Zentralasien reicht. Es sind ausdauernde, immergrüne Polsterpflanzen mit starren, stechenden Blättern. Die Heimat von *Acantholimon olivierii* ist Kleinasien, wo sie besonders im Kilikischem Taurus gefunden wird. Diese Art verliert auch während des Winters die schöne seegrüne Färbung nicht. Flache Blätter, wächst verhältnismäßig langsam. Der Blütenstengel überragt die Polster weit, die Ährchen sind locker, 1- oder 2zeilig angeordnet, Blüten leuchtend dunkelrosa, insgesamt aber nicht immer sehr reichblühend. Eine empfehlenswerte, öfter angebotene Art. Im Steingarten kommen nur vollsonnige, gut dränierte Plätze in Frage. Auch schön für Tröge, da gut winterhart. ▷ ♃ ⌓ ⁞ T ○ ▲ ▲ △

Achillea chrysocoma, (*Achillea aurea*), ▷ Goldhaarige Garbe, Compositae (Asteraceae), Korbblütler (Asterngewächse). Wächst in Albanien, Mazedonien und Kleinasien. Ähnlich *Achillea tomentosa* (Unterschied: Größe des Hüllkelches und der Einzelblütchen). Hat moosartige, grüne Fiederblätter und leuchtend goldgelbe Blütendolden. Die Pflanze zeigt einen eher kriechenden Wuchs. Während der Blütezeit im Juni gibt es viele brauchbare Partner, wie niedrige blaue *Veronica*, silberweiße *Anaphalis*, rosa- und rotblühende *Helianthemum*-Sorten, niedrige *Geranium*-Arten, *Thymus* und manch andere aus der großen Palette. Auch wenn die Blütezeit nicht immer zeitsynchron ist, ist die Partnerschaft zu empfehlen, da es oft Nachblüten bei dieser *Achillea* gibt. Wächst leicht im normalen Gartenboden, benötigt aber eine gute Dränage. Ein vollsonniger Platz ist wichtig. ♃ ⟿ 🅃 ○ ▲ △ △

△
Achillea erba-rotta ssp. moschata, Bisam-Schafgarbe. Wächst in den Zentralalpen auf Urgesteinsschotter, an feuchteren Plätzen. Kompakter als die Art, nur etwa 10 cm hoch mit weißen Doldenblüten. Die Blütezeit liegt später als bei den meisten anderen niedrigen Achilleen, erst im Juni-Juli. Die Blätter sind grün und feingefiedert, sie duften angenehm aromatisch. Insgesamt ähnelt die Pflanze etwas der mehr verbreiteten *Achillea atrata.* Keinesfalls eine einfach zu pflegende Pflanze, da schwierig in der Kultur. Sie benötigt auch im Tieflandgarten einen schotterigen Urgesteinsboden, der feucht, aber nicht naß sein soll. Für den »normalen« Steingartenbesitzer gibt es genügend andere, niedere, weißblühende Achilleen, die meist attraktiver sind und weniger Ansprüche stellen. (*A. ageratifolia, A. clavenae, A.* × *jarboneggii, A.* × *kellereri, A.* × *kolbiana, A. lingulata* und weitere). ♃ ⌓ ⊟ ◐ ⊖ ○ △ △

△
Achillea ptarmica 'Major', Großblütige Sumpfgarbe, Bertramsgarbe, Weißer Dorant. Eine Pflanze aus Europa und W-Asien. Von dieser Art gibt es einige unterschiedliche Typen, auch hinsichtlich des Höhenwachstums, welches je nach Sorte zwischen 30 cm und 1 m liegt. Die Art hat einen kriechenden Wuchs, die Blätter sind ungeteilt, lanzettlich und am Rand fein und scharf gesägt, sie sind kahl und ungestielt. Die Blütenköpfe stehen in lockerer Doldentraube und die Strahlenblüten sind weiß. Die Blütezeit liegt zwischen Juni und September. 'Nana Compacta' ist eine niedrige, halbgefüllte Sorte, die kompakt wächst und 30–40 cm hoch wird. Diese Sorte ist weniger für naturnahe Anlagen geeignet. Vorsicht etwas wuchernd! Besser für diesen Zweck ist die abgebildete großblütige, aber einfach blühende Sorte 'Major'. Die Pflanzen benötigen ein Mindestmaß an Bodenfeuchtigkeit. ♃ ⟿ ⟿ 🄷 ○ ◐ △-▲

Achillea serbica, (*Achillea ageratifolia* ▷ var. *serbica*), Serbische Schafgarbe. Wächst in den Alpen, dem Apennin und Südosteuropa. Im Gegensatz zu manch anderer *Achillea*, besonders der niederen Arten, von einfacher Kultur. Eine dankbare Pflanze, die auch im Winter schöne, silbergraue Polster zeigt und die zwei bis drei Wochen früher blüht als *A. ageratifolia.* Die Blütezeit liegt im Mai-Juni, die Pflanze ist aber insgesamt gesehen ein guter Remontierer. Die Blätter sind bei dieser Art gekerbt und die Höhe der Pflanze beträgt etwa 15 cm. Diese Art gehört zu den großblütigsten der niedrigen weißblühenden Achilleen und verträgt durch die Robustheit auch kräftig wachsende Partner, wie *Hieracium* × *rubrum* oder *Hieracium villosum.* Ist zwar nicht so feuchtigkeitsempfindlich wie viele andere *Achillea*-Arten, liebt aber auch einen eher trockenen Standort mit voller Sonneneinstrahlung. ♃ ⌓ ⁞ 🅃 ○ △ △ ▲

Achillea tomentosa, Filzige Schafgarbe, ▷ Kleine Goldgarbe. Größeres Verbreitungsgebiet in SW-Europa, dem südlichen Mitteleuropa und W-Asien, wo sie an sonnigen, trockenen Hängen wächst, zusammen mit *Stipa* und *Aster linosyris.* In Kultur wesentlich verbreiteter als *A. chrysocoma,* etwas ausdauernder und weniger empfindlich gegen Nässe. Graugrün behaart, 10–15 cm hoch, mit fiederschnittigen Blättern, 3–7teilig. Dichte, goldgelbe Blütendolden, im Juni-Juli erscheinend, manchmal auch remontierend. Sie ist vor wärmespeichernden Mauern und größeren Steinen besonders blütenreich. Ideale Nachbarn sind Glockenblumen, besonders *Campanula carpatica,* die Karpatenglockenblume, ist sehr hübsch. An den Boden werden keine besonderen Ansprüche gestellt, nur gut durchlässig sollte er sein. Triebe und Pflanzen faulen bei Nässe leicht! Die Lage sollte möglichst sonnig sein. ♃ ⌓ [T] ○ △ △ ▲

Aciphylla squarrosa, Bajonettgras, Sparriges Sperrgras. Ebenfalls eine große Art mit einem Rosettendurchmesser bis zu 1 m, wobei im Alter eine Pflanze aus mehreren Rosetten bestehen kann. Sehr stark zerteilte bläuliche bis bläulichgrüne Blätter, Nebenblätter blattartig und ebenfalls tief zerteilt. Diese Blattspitzen sind weniger stechend als bei anderen Arten. Liebt es in der Wachstumsperiode feucht, sie ist am Naturstandort auch oft entlang von Bächen zu finden. Blütenstengel bis 1 m hoch. Die stark zerteilten, stechenden Hochblätter umgeben Blüten und Früchte. Gehört zu den wüchsigen und unempfindlichen Arten der Gattung, leicht blühend und gut ausdauernd. Auch hier ist die Einordnung wegen des fremdartigen Wuchses schwierig. Paßt zu Sukkulenten und zu Ericaceen, benötigt im Sommer aber mehr Feuchtigkeit als diese. Benötigt Platz, deshalb nur für große Anlagen. ♃ ⊟ [H] ◐ ⊖ ○ ▲
▽

△
Aciphylla aurea, Gelbes Sperrgras, Umbelliferae (Apiaceae), Doldenblütler, Doldengewächse. Eine Gattung mit etwa 50 Arten, die bis auf drei australische Arten alle in Neuseeland beheimatet sind. Dort wachsen sie in der alpinen und subalpinen Zone. Rosettenpflanzen, manchmal auch polsterbildend. Diese Gattung ist in Mitteleuropa nicht immer einfach zu halten, auch ist die Größe der einzelnen Arten zu berücksichtigen. *Aciphylla aurea* kann Rosetten bis 50 cm Durchmesser bilden, alteingewachsene Pflanzen sind noch größer. Bildet steife, goldgrüne Blätter, wobei die unteren Fiederblätter oft nochmals gefiedert sind. Die Nebenblätter sind lang und blattähnlich. Jungpflanzen benötigen einige Zeit bis zur Blüte; ihre Stengel können bis 1 m hoch werden. Insgesamt eine etwas fremdartige Erscheinung, deren harmonische Einordnung nicht einfach ist. Die Blütezeit liegt im Juli-August. ♃ ⊟ ⋀ [H] ◐ ⊖ ○ ▲

Aconitum napellus, Eisenhut, Sturmhut, ▷ Ranunculaceae, Hahnenfußgewächse. Mitteleuropa, Alpen, Karpaten bis Schweden, darüber hinaus alte Kulturpflanze. An Bachläufen, in Wäldern, auf Lägerfluren. Bis 1 m hoch, am Naturstandort aber meist niedriger. Bildet einen rübenartigen bis knolligen Wurzelstock, aus dem die steifen, aufrechten Stengel treiben, die in einem dichten Blütenstand enden. Die dunkelgrünen Blätter sind fiederartig geschlitzt. Die gesamte Pflanze ist sehr giftig. Die Blüten sind intensiv blau bis blauviolett, in Kultur gibt es auch Farbvarianten. Es gibt zahlreiche Unterarten, die sich durch die Höhe, im Blattschnitt und durch den Blütenstand unterscheiden, aber auch in der Blütezeit. Obwohl insgesamt ein »Düngerfresser«, sollte man der Pflanze im Steingarten nicht zu nahrhaften Boden geben, um das Höhenwachstum zu bremsen. Gute Hintergrundpflanze. ♃ [H] ◐ ⊖ ○ ▲ △ [N]

◁ **Aconitum vulparia** (*A. lycoctonum* auct. non L.), Fuchseisenhut. Vorkommen in W-Europa bis Rumänien und Polen, dort in krautreichen Laubwäldern der Berge, zwar im Garten auch sonnig wachsend, liebt aber auch dort mehr halbschattige und absonnige Plätze. Höhe etwa 80–100 cm, breiter, aufrechter, aber lockerer Wuchs. Diese Art hat keinen knolligen oder rübenförmigen Wurzelstock. Die blaßgelben Blüten stehen in reichverzweigten, lockeren, traubigen Blütenständen. Die Blätter sind im Umriß kreisförmig und 5–9teilig gelappt. Liebt auch im Garten einen eher lockeren Humusboden, gedeiht aber auch in jedem normalen Gartenboden. Die Pflanze ist wie alle Eisenhut-Arten giftig, was aber nicht dazu führen sollte, sie aus dem Garten zu verbannen. Wenn der Pflanzplatz zusagt, kann es auch zur Selbstaussaat kommen. Wird aber nicht lästig. ♃ [H] ● ◐ ⊖ ▲ [N]

△
Adenophora remotiflora, Entferntblütige Schellenglocke, Campanulaceae, Glockenblumengewächse. Vorkommen im gemäßigten Eurasien und Japan. *A. remotiflora* wächst in Japan, Korea und in der Mandschurei. Eine Gattung mit etwa 40 Arten. Alle sind Stauden mit dicklichen Wurzeln, von der nahe verwandten Gattung *Campanula* besonders durch den Griffel, der von einer Ringwulst umgeben ist, unterschieden. Unbehaarte, selten warzige, aufrechte oder ausgebreitete Stengel, oft bis 1 m hoch und oberseits verzweigt. Die unteren Stengelblätter sind gestielt, die oberen sitzend. Die kleinen Blüten stehen in großen, lockeren Rispen oder Trauben, Kelchlappen lanzettlich, bläuliche, glockenförmige Blüte. Blütezeit im Sommer-Frühherbst. Selten im Angebot. Sicherer ist es, sich Samen bei Pflanzenliebhaber-Gesellschaften oder Botanischen Gärten zu besorgen. ♃ ◐ ○ ▲ △

△
Adiantum pedatum, Hufeisenfarn, Pfauenradfarn, Adiantaceae, Frauenhaarfarngewächse. Von den etwa 200 Arten der Gattung sind bei uns nur zwei winterhart. Dieser fast tropisch anmutende Farn ist absolut winterhart, wenn auch seine Triebe manchmal etwas spätfrostgefährdet sind. Seine Heimat ist N-Amerika (wächst selbst in Alaska), Ostasien und im Himalaja, besonders im Humus von Waldböden an Wasserfällen und absonnigen Hängen. Wedel auf 40–60 cm hohen, drahtigen Stielen. Die hellgrünen Wedel sind fächerförmig und in zwei horizontale Äste gegabelt, wobei die Fiedern einfach gefiedert sind. Schöne goldgelbe Herbstfärbung. Die Rhizome sind nur schwach kriechend. Hübsch in halbschattigen oder absonnigen Partien größerer Steingärten. Partner sind Schattengräser und auch die bunten Zwiebelpflanzen des Frühjahrs. ♃ [H] ● ◐ ⊖ ▲ △

◁ **Adiantum pedatum var. aleuticum** (*A. p.* 'Imbricatum', *A. p.* 'Aleuticum'), Zwerghufeisenfarn. Eine Miniaturausgabe des vorstehenden Farns, in all seinen Teilen kleiner als die Art. Diese in Nordamerika beheimatete Pflanze wird nur etwa 20 cm hoch, ist bläulichgrün und hat die Grundform wie die Art. Die Fiedern sind etwas gewellt und dachziegelartig übereinandergreifend, die Rhizome sind leicht kriechend, anfangs sehr langsam, dann aber doch flächenbildend. Macht in sonnigen Partien nicht immer eine gute Gestalt, kann aber in absonnigen oder halbschattigen Steingartenpartien sehr gut aussehen. Trotz seiner Zierlichkeit ein robuster Farn. Vermehrt wird durch Teilung und Sporenaussaat, die Sporenreife ist im Juli-August. Hübsche Partner sind die in letzter Zeit sehr beliebten Formen und Farbvarianten vom Leberblümchen (*Hepatica*) und Primeln. ♃ [T] ◐ ⊖ △

◁ **Adiantum venustum,** Venushaarfarn. Heimat Himalaja, in Nepal bis auf 2400 m steigend, deshalb winterhart, aber trotzdem im Austrieb oft spätfrostgefährdet. Wedel auf 30–40 cm langen, gebogenen, schwarzen Stielen, insgesamt aber kaum höher als 25 cm. Die Wedel sind 3–4fach gefiedert, im Austrieb bräunlich, dann aber von schöner hellgrüner Farbe, in der Grundfläche dreieckig, oft bis 15 cm breit. Kriecht insgesamt gesehen zwar langsam, bildet mit der Zeit aber doch große Flächen, ohne lästig zu werden. Die attraktiven Wedel dieses am meisten den tropischen *Adiantum*-Arten ähnelnden Farns werden im Spätwinter abgeschnitten, ehe die neuen zarten Wedel austreiben; man sollte den richtigen Zeitpunkt nicht verpassen. Vermehrung durch Teilung oder Sporenaussaat, Sporenreife im September. Idealer Unterwuchs zu Zwergrhododendron, Kontrastpflanze zu *Asarum.* ♃ ⟿ ● ◐ ⊖ ⚠ △

Adonis amurensis, Amur-Adonisröschen, ▷ Ranunculaceae, Hahnenfußgewächse. Heimatgebiete sind die Mandschurei, die Berge Japans, einschließlich der Nordinsel Hokkaido. Wächst dort an frühjahrsfeuchten Nord- und Osthängen, oft unter sommergrünen Bäumen. Gehört zu den frühesten Blühern im Steingarten, häufig neben dem schmelzenden Schnee. Es ist ein Frühlingsgeophyt, der Ende Juni schon wieder einzieht, was bei der Auswahl des Pflanzplatzes beachtet werden sollte. Die Blüte mit den am Rande eingeschnittenen Blütenblättern erscheint vor der Blattentwicklung. Blätter feingefiedert, mattgrün, erinnert insgesamt etwas an Möhrenkraut. Sehr wichtige Pflanze, die in keinem Steingarten fehlen sollte. Da hier kaum Samen angesetzt wird, erfolgt die Vermehrung durch Teilung, was einen etwas höheren Preis bedingt. Frische anlehmige Böden sind ideal. ♃ ○ ◐ ⊖ ⚠ △ ⚠

◁ **Adonis brevistyla,** Kurzgriffeliges Adonisröschen, Weißes Himalaja-Adonis. Heimat W-China, S-Tibet, wo die Pflanze im kalkarmen Humusboden an kühlen, frischen Plätzen wächst. Allgemein nicht sehr lange ausdauernd, wenn auch nicht in jedem Fall zweijährig, wie oft angeführt. Eine reizende Pflanze für den Steingartenliebhaber, die durchaus im Wuchs und wegen der Blätter an *Adonis amurensis* erinnert. Die Blüten sind allerdings viel kleiner und weiß, die Blütezeit liegt aber wesentlich später im April-Mai. Die nur 20 cm hohe Pflanze ist ebenfalls ein Frühlingsgeophyt, sie zieht meist im Juli ein, was man bei der Auswahl des Pflanzplatzes berücksichtigen sollte. Sonst ist die Partnerwahl nicht schwierig, blühen doch zu dieser Zeit ein Großteil der bekannten Steingartenpflanzen. Wenn der Boden einigermaßen frisch ist, können auch sonnige Plätze gewählt werden. ♃ ◐ ⊖ ○ ⚠ △

△
Adonis amurensis 'Plena' (*A. a.* 'Pleniflora'), gefülltes Amur-Adonisröschen. Die gefüllte Form der vorstehenden Art ist nur ein kleiner Hinweis auf die vielen Varianten, die diese Pflanze hervorgebracht hat. Diese sind bei uns noch weitgehend unbekannt, wenn auch, oft für einen hohen Preis, schon erhältlich. Diese Pflanzen werden in Japan in größeren Mengen herangezogen, da sie beim altjapanischen Neujahrsfest (Anfang Februar) eine große Rolle spielen und die Pflanzen dann schon blühen. Die verschiedenen Sorten zeigen einfache und gefüllte Blüten unterschiedlicher Form in grünen, gelbgrünen, zitronengelben, sattgelben, goldgelben, orangen und orangeroten Tönen, wobei oft mehrere Töne ineinander übergehen. Trotz der frühen Blüte finden sich genügend Partner, wie Leberblümchen-Formen, Schneeglöckchen, Anemone, Seidelbast (*Daphne mezereum*), Krokus. ♃ ○ ◐ ⊖ ⚠ ⚠ △

◁ **Adonis vernalis,** Frühlings-Adonisröschen. Weites Verbreitungsgebiet, von Europa bis Sibirien, ein pontisches Florenelement, dort an sonnigen, trockenen Hängen wachsend, im Halbtrocken- und Trockenrasen und in lichten Eichen- und Kiefernwäldern. War früher auch in Mitteleuropa weit verbreitet, jetzt selten und unter Schutz stehend. Für den Steingärtner eigentlich ein »Muß«. Stengel einfach mit fiederteiligen Blättern und fadenförmigen bis linealen Zipfeln. Die großen, goldgelben Blüten erscheinen bereits Ende März-April auf 24–35 cm hohen einfachen Stengeln. Die großen Blüten öffnen und schließen sich je nach Besonnung und Beschattung. Die Pflanze ist empfindlich gegen Verpflanzen. Aussaat sofort nach der Ernte, die Keimung ist ein Lotteriespiel. Schön zu *Iris reticulata*-Hybriden, aber auch zu *Pulsatilla*-Arten, besonders zur frühen *Pulsatilla halleri* ssp. *slavica*. ♃ T ○ ◭ △ ◬

△
Aethionema grandiflora, Persisches Bergtäschel, Cruciferae (Brassicaceae), Kreuzblütler (Kohlgewächse). Heimatgebiete sind Anatolien, Kaukasus bis N-Irak und Iran (Elbursgebirge). Staudig bis halbstrauchig, 15–20 cm hoch. Bildet große, vielstengelige Polster, außerhalb der Blüte zart blaugrau getönt. Die Blätter sind länglich-lineal, 2–3 cm lang. Die Blüten bilden hochgewölbte kleine Dolden in einem hübschen Rosaton, manchmal auch ins Lilarosa gehend, sie erscheinen im Mai-Juni. Wohl wertvollste Art für den Garten. Läßt sich leicht durch Aussaat vermehren. Liebt vollsonnige Lagen und einen nicht zu strengen Boden, kommt selbst noch mit sandigen Böden zurecht. Zur Blütezeit gibt es viele geeignete Partner, wozu auch die sehr verträgliche Blütenfarbe beiträgt, so spätblühende Typen aus der *Iris*-Barbata-Nana-Gruppe, frühe Nelken, Graslilien, bläuliche Schwingel-Arten. ♄-♃ ⌓ ⁞ ○ ◭ △

△
Aethionema schistosum, Schiefertäschel. Eine Staude aus dem Kilikischen Taurus (Türkei) und W-Syrien. Die Pflanze wächst wesentlich niedriger und kompakter als die vorhergehende. Höhe 5–10 cm, die Stengel sind vielverzweigt, die Blätter schmal-lineal, zugespitzt und dicht vergesellschaftet. Die einfachen oder verzweigten Blütenstengel sind dichttraubig, zur Samenbildung nicht verlängert. Die Blütenfarbe ist rosa, intensiver im Ton als die vorher beschriebene Art. Eine weitere wertvolle Pflanze, die nicht sehr verbreitet ist. Trotz des kompakteren Wuchses in die Breite gehend und große Flächen bedeckend. Liebt wie *A. grandiflora* volle Sonne, besonders südlich geneigte Flächen sagen ihr zu. Hinsichtlich Substrat ist die Pflanze nicht sehr empfindlich, doch zieht sie eine neutrale oder leicht sauere Bodenreaktion vor. In der Natur oft auf Schieferuntergrund vorkommend. ♃ ⌓ ⁞ ○ △ ◭

Ajuga genevensis, Genfer Günsel, Labiatae ▷ (Lamiaceae), Lippenblütler (Taubnesselgewächse). Wächst in Europa, ausgenommen SO- und N-Europa und in N-, M-Asien, meist in Waldsteppen, an Feldrainen, Steppen- und trockenen Magerwiesen, wobei die Pflanze hinsichtlich Bodenreaktion indifferent ist. Die Gattung umfaßt etwa 40 Arten. Bildet im Gegensatz zu *A. reptans* keine oberirdischen Ausläufer, wuchert aber unterirdisch. Die langgestielten Grundblätter bilden eine dichtzottige Rosette, die zur Blütezeit schon oft verwelkt ist. 10–30 cm hoch werdend, die Hochblätter sind grob gekerbt, die oberen so lang oder nur wenig länger als die Blüten. Der Blütenstand bildet eine lockere Scheinähre, die Blüten stehen zu 3 oder 5 in Quirlen. Die Farbe ist kräftig dunkelblau, weiße oder rosa Typen sind selten. Blütezeit April-Mai. Für sonnige, trockene Stellen. Hart und unempfindlich. ♃ ⟿ ◐ ⊖ ○ ◭ △

◁ **Ajuga reptans 'Alba',** Weißblühender Kriechgünsel. Sonst wie die Art, aber mit weißen Blüten. Außer dem Naturfindling gibt es auch einige schöne Auslesesorten, die in mancher Hinsicht Verbesserungen mit sich bringen. 'Schneekerze', 'Schneesturm' sind solche oder neuerdings die schöne 'Naumburg'. Auch die rosablühenden 'Rosenholz' und 'Purple Torch' müssen hier zusammen mit den weißen Typen erwähnt werden, da sie die Blautöne ergänzen. Alle sind wertvolle schnellwachsende, bodenbedeckende Stauden. *Tiarella* und *Waldsteinia* sind neben niederen Gräsern gute Partner, auch *Linum* paßt dazu. Wichtig ist auch die Unterpflanzung mit Blumenzwiebelgewächsen, wobei sich auch Schneeglöckchen und Märzenbecher sehr wohl fühlen. Die Vermehrung macht keinerlei Schwierigkeiten. Das Abtrennen einzelner Rosetten genügt. Liebt frische humose Böden. ♃ ⇝ ⁞ ● ◐ ⊖ ○ ◭ △

△
Ajuga reptans, Kriechender Günsel. Wächst in Europa, N-Afrika, Kleinasien und im Iran. Weit verbreitete Pflanze, die auf Wiesen, im lichten Gebüsch und in lockeren Laub- und Nadelwäldern vorkommt, insgesamt auf etwas feuchteren, nährstoffreicheren Böden unterschiedlicher Zusammensetzung. Gut erkennbar durch die oberirdischen 10–30 cm langen Ausläufer, die beblättert sind. Die Pflanze wird etwa 15 cm hoch, die gestielten Grundblätter bilden eine Rosette, sie sind ganzrandig oder nur leicht gekerbt. Die unteren Blüten stehen in 4–8blütigen Quirlen, die oberen sind dichtgedrängt und bilden eine Scheinähre. Blütenfarbe blau, in der Natur selten weiß oder rosa. Es gibt zahlreiche Gartensorten mit andersfarbigen Blüten und besonders auch mit rötlichem, bräunlichem oder panaschiertem Laub. Partner: *Lysimachia nummularia, Arabis procurrens, Calamintha.* ♃ ⇝ ⁞ ◐ ⊖ ○ ◭ △ ◭

◁ **Ajuga reptans 'Delight',** manchmal in Katalogen auch als *A. reptans* 'Delightful', Buntscheckgünsel. Eine Sorte, die durch ihre unterschiedlich gefärbten Blätter schmückt. Weiß, Grün und rötliche Töne lösen sich ab, je nach Jahreszeit in verschiedener Verteilung, besonders hübsch im Frühling. Weitere ähnliche Typen mit bunten Blättern sind der Silbergünsel, *A. reptans* 'Variegata' (weißgelb gefleckt) und der Feuergünsel, *A. reptans* 'Multicolor', er ist rot-gelb-braun gescheckt. Er wird allerdings bei zu trockenem Stand leicht von Blattläusen befallen. Außer diesen buntblätterigen Arten gibt es noch eine ganze Reihe mit bräunlichen Blättern. Dazu gehört der Purpurgünsel, *A. reptans* 'Atropurpurea' und die Sorten 'Paliander' und 'Stölzle' neben einigen weiteren. Auch die beiden vorhergenannten rosa blühenden Sorten 'Rosenholz' und 'Purple Torch' haben bräunliche Blätter. ♃ ⇝ ● ◐ ⊖ ○ ◭ △

Allium aflatunense, Iran-Lauch, Persischer Kugellauch, Liliaceae (Alliaceae), Liliengewächse (Lauchgewächse). Die große Gattung umfaßt etwa 450 Arten. Insgesamt gesehen werden sie in unseren Gärten viel zu wenig verwendet, möglicherweise erinnert diese Pflanze zu sehr an die Küchenzwiebel. Man kann mit verschiedenen Lauch-Arten eine durchgehende Blütezeit von Mai–Oktober erreichen. *A. aflatunense* gehört zu den hochwachsenden Arten, mit 75–90 cm, ist aber doch eine gute Hintergrundpflanze für größere Steingärten. Auf den starken Stengeln bilden sich kugelige Dolden mit bis zu 10 cm Durchmesser. Die Blütenfarbe zeigt ein schönes Violett, deshalb auch eine gute Schnittblume. Neuerdings gibt es eine Sorte mit noch intensiver gefärbten Blüten mit dem Namen 'Purple Sensation', mit größerer, dichterer Blüte. Die Hybride 'Globmaster' ist ebenfalls sehr schön. ♃ ▣ 🄷 ○ ◭ △ ▷

Allium amabile, Lieblicher Lauch. Ein echter Zwerg, der in Jünnan (China) gefunden wurde, auf steinigen Alpenwiesen bis in 4200 m Höhe wachsend, Blütezeit meist im Juli. Die Pflanze wird nur 10–16 cm hoch und ist einer der lieblichsten Vertreter der Gattung. Schmale, lineale Basisblätter, aus denen im Juli die 12–16 cm langen Blütenstiele treiben. Die Blätter sind zur Blütezeit, im Gegensatz zu manch anderer *Allium*-Art, noch grün. Die kleinen Blütenstengel tragen kleine, nach unten gewandte Dolden, die aus 3–6 rosa Einzelblüten bestehen. Die Pflanze bildet kleine Zwiebelchen, die an sehr kurzen Rhizomen sitzen. (Leichte Teilung!) Die Art ist nicht sehr wählerisch, liebt jedoch einen etwas frischeren Boden mit sauerer Bodenreaktion in freier Lage. Leider werden die Pflanzen oft von Nacktschnecken befallen. Schöne Partner sind andere kleine Lauche, wie *A. kansuense.* ♃ ◙ ○ ◐ ◬ △ ▷

△

Allium carinatum ssp. pulchellum (*Allium pulchellum*), Niedlicher Kiellauch, Violetter Hängelauch. Vorkommen in S-Europa, westlich bis SO-Frankreich, W-Asien. Bildet kleine Zwiebeln, die von schwarzen Faserhäutchen umgeben sind. Die Pflanze wird 30–50 cm hoch, der Blütenstiel ist von linealen Blättern mit hervortretenden Adern umgeben. Bemerkenswert sind die beiden ungleichen, spitz zulaufenden Klappen des Hüllblattes. Eine ist dabei meist sehr lang, bis 12 cm (Kiellauch!). Der lockere Blütenstand trägt purpurne Blüten an ungleich langen Stielen, die äußeren Blütenstiele sind nach unten gebogen, die Staubblätter sind ebenfalls purpurn und länger als die Perigonblätter. Die Blütezeit reicht von Juni-August. Vor etlichen Jahren wurde in Holland eine Albinoform unter Sämlingen gefunden, *A. carinatum* ssp. *pulchellum* 'Alba', die ein guter Partner ist. ♃ ◙ ○ ◬ △ ◬

△

Allium christophii (*Allium albopilosum*), Sternkugellauch, Spritzraketenlauch. Heimat Kleinasien, N-Iran, Kasachstan, dort an felsigen Abhängen in Höhenlagen zwischen 1000 und 2000 m. Eine der wichtigsten *Allium* -Arten für den Garten. Aus den runden, grauen, außen papierartigen, innen gelblichen Zwiebeln entwickelt sich ein verhältnismäßig kurzer Blütenstiel mit 20–40 cm Höhe. Darauf sitzt der ungewöhnlich große, kugelige Blütenstand mit bis zu 20 cm Durchmesser und bis zu 80 Einzelblüten. Diese sind sternförmig und haben schmale, scharf gespitzte Perigonblätter, die Farbe ist blaß-bläulichviolett mit einem metallischen Schimmer. Die Einzelblüten haben einen Durchmesser von 1–1,8 cm, die an bis 11 cm langen Stielen sitzen. Die riemenartigen Blätter sind leicht graugrün und an der Unterseite leicht behaart. Zur Blütezeit im Juni-Juli meist schon abgestorben. ♃ ✿ ◙ ○ ◬ △

Allium flavum var. minus (*Allium flavum* 'Minor'), Gelber Zwerghängelauch, Gelber Zwergschwefellauch. östliches M- und S-Europa, Mittelmeergebiet, Kaukasus und W-Asien sind Heimatgebiete von *A. flavum.* Die Zwergform kommt aus den Bergen Bulgariens. Die Art ist ein idealer Partner zu *A. carinatum* ssp. *pulchellum* und der weißen Albinoform. Sie wird 20–40 cm hoch, die Zwergform *A. flavum* var. *minus* dagegen nur 5 cm. Die Blätter bei beiden sind halbstielrund, schwach rinnig und auffällig hechtblau. Der Stengel wächst bogig aufrecht. Die Blüten sind gelb und glockig hängend. Blütezeit Juli-August. Liebt sonnige Plätze und trokkene, steinige Böden. Liebt Kalk, ohne aber darauf angewiesen zu sein. Bei der Zwergform muß sehr auf die Partner geachtet werden, damit die kleinen Pflanzen nicht überwuchert werden. Schön zwischen rötlichen Hauswurzpolstern. ♃ ◙ Ⓣ ○ ◬ △ ▷

◁ **Allium insubricum,** Insubrien-Lauch, Norditalien-Lauch. Vorkommen in den italienischen Alpen. Ist ähnlich *A. narcissiflorum* (Narzissenblütiger Lauch). Was unter diesem Namen in den Gärten zu finden ist, ist fast immer *A. insubricum.* Längliche Zwiebelchen wachsen an kurzen Rhizomen, die Blütenschäfte können je nach Standort 15–25 cm hoch werden. Sie sind deutlich zweikantig und von 2–4 flachen, linealischen Blättern umhüllt, die zur Blütezeit noch grün sind. Unterhalb der Blüte befindet sich ein einklappiges, dauerhaftes Hüllblatt. Der attraktive Blütenstand ist eine nickende Dolde mit 3–5 rosa-weinroten, glockenförmigen Blüten, es kommen auch Typen in einem blasseren Rosa vor. Bei der Samenreife nicken die Dolden weiterhin, während sie sich im Gegensatz dazu bei *A. narcissiflorum* aufrichten. Wächst in der Natur auf Kalk, ist im Garten aber nicht wählerisch. ♃ ◙ ⊤ ◐ ⊖ ○ ◬ △

△
Allium karataviense, Blauzungenlauch. Im Pamir-Altai und dem westlichen Tienschan beheimatet, wo er im lockeren Kalksteingeröll wächst. Eine der bekanntesten und häufig kultivierten niedrigen Lauche, blüht im Mai, zieht aber meist im Juni schon wieder ein. An zusagenden Plätzen Selbstaussaat. Aus der breiten, schwärzlichgrauen Zwiebel entwickeln sich meist zwei stattliche, graupurpurne-mattgrüne Blätter, trichterförmig stehend, die den kurzen, 10–25 cm langen Blütenstiel umgeben. Die 2–3 purpurbraunen Hüllblätter umgeben eine sehr große, bis 10 cm breite, kugelige Dolde. Diese besteht aus dichten rosaweißen oder purpurn überlaufenen, sternförmigen Blütchen. Es gibt auch einen weißblühenden Albinotyp. Nach der eigentlichen Blüte ist auch der Fruchtstand noch einige Zeit zierend. Trotz des frühen Einziehens eine wertvolle Pflanze für den Steingarten. ♃ ♧ ◙ ○ ▲ △ ◬

△
Allium moly, Goldlauch. Vorkommen in den Pyrenäen, in O-Spanien, SW-Frankreich, wo die Pflanze in felsigen, oft schattigen Regionen in 1000–2000 m Höhe wächst. Aus rundlichen Zwiebeln entspringen breite, grundständige, graugrüne, 20–30 cm lange Blätter, sie erscheinen oft paarweise und erinnern etwas an Tulpenblätter. Die Blütenstiele sind 15–35 cm lang und mit einem zweiklappigen Hüllblatt besetzt. Die lockere Blütendolde wird aus leuchtendgelben, sternförmigen Blütchen geformt. Ein Naturfund, der aus einer Zwiebel meist zwei aufrechte Blütenstengel treibt, ist unter dem Sortennamen 'Jeannine' bekannt. Der Goldlauch ist eine lange bekannte Gartenpflanze, der man zwar einen vollsonnigen Platz geben kann, absonnige oder leicht beschattete Plätze haben allerdings den Vorteil, daß die Blattspitzen zur Blütezeit noch nicht beginnen braun zu werden. ♃ ◙ ◐ ⊖ ○ ◬ △

Allium senescens 'Glaucum' (*Allium montanum*), Ausdauernder Lauch. Heimat Europa, Mittelasien, Sibirien, an trockenen, felsigen Standorten. Die flaschenförmigen, schmalen Zwiebeln sitzen dichtgedrängt an Rhizomen. Sie bringen 10–40 cm lange kantige und an der Spitze zweikantige Blütenschäfte hervor. Die grundständigen Blätter sind zahlreich, etwas kürzer als die Schäfte, mit leicht gerundeter, nicht gekielter Unterseite. Der im September erscheinende Blütenstand ist eine halbkugelige Dolde mit einem Durchmesser von 2–5 cm. Die dichtgedrängten Blüten haben 2–4 cm lange Stiele, sie sind meist fahlrosa. Von diesem auch im Garten extrem ausdauernden Lauch gibt es wegen des großen Verbreitungsgebietes viele Typen, die man nomenklatorisch kaum auseinanderhalten kann. *A. senescens* 'Glaucum' ist ein Typ mit etwas kürzeren, gedrehten, bläulichgrünen Blättern. ♃ ◙ ⊤ ◐ ⊖ ○ ▲ △ ◬ ▷

Allium thunbergii, Thunbergs Lauch, Japanlauch. Ferner Osten, besonders Japan ist Heimatgebiet, dort in niederen Berglagen wachsend. Aus Klumpen schmaler Zwiebeln, ohne erkennbares Rhizom, treiben die 15–25 cm langen Blütenstiele. Die Blätter sind aufrecht und deutlich dreikantig, sie sind etwas kürzer als die Stengel und zur Blütezeit noch grün. Die Einzelblüten sind rosapurpurn, sie sitzen zu wenigen an 1–1,5 cm langen Stielen. Auffallend sind die langen Staubblätter und Griffel. Die Pflanze ist nicht sehr anspruchsvoll hinsichtlich des Standortes und des Bodens, sie akzeptiert auch einen etwas frischeren Boden als andere *Allium*-Arten. Wichtig ist die für *Allium* sehr späte Blütezeit im September-November, wenn sonst nicht mehr sehr viel blüht (Spätester Zierlauch). In Gegenden mit frühem Wintereinbruch ist Alpinenhauskultur besonders zu empfehlen. ♃ ◙ ⌂ ◐ ○ ◬ △ ▷

△ **Allium sphaerocephalon,** Kugelköpfiger Lauch, Rundköpfiger Lauch. Variable Art, die in M- und S-Europa, dem Mittelmeergebiet und dem Kaukasus beheimatet ist. Preiswerte, leicht erhältliche Art, 30–80 cm hoch werdend, die sich auch gut durch Nebenzwiebeln vermehrt. Die 2–6 Blätter sind 3 mm breit, breitrinnig und kürzer als der Stengel. Dieser ist hohl und halbstielrund und im unteren Drittel beblättert. Die attraktiven rötlichpurpurnen Dolden sind eiförmig und haben einen Durchmesser von 2–6 cm, meist 3 cm, sehr dicht stehend, vielblütig und ohne Brutknospen. Die Einzelblütchen sind glokkenförmig, im Juli-August erscheinend. Im Garten stellt diese Art keine besonderen Ansprüche. Sie nimmt mit jedem sonnigen bis halbschattigen Platz vorlieb und benötigt lediglich einen wasserdurchlässigen, nicht überdüngten Boden. Wird auch gerne von Bienen aufgesucht. ♃ ◙ ◐ ○ ◬ △

◁ **Allium victorialis,** Allermannsharnisch, Siegwurz. Europäische Hochgebirge, Ural, Altai, N-Amerika, Aleuten sind Heimatvorkommen. Um ein kurzes Rhizom sitzen von dichtfaserigen Häuten umgebene kegelförmige Zwiebeln, aus denen die 10–25 cm langen und 2–8 cm breiten, kurzgestielten Blätter treiben, die Blattscheiden sind oft etwas purpurfarben überlaufen. Diese umhüllen fast die gesamte untere Hälfte des Blütenschafts. Die Blätter verjüngen sich ziemlich gleichmäßig zur Spitze des Blattes hin. In jungem Zustand haben die Blätter die Tendenz, sich längs zu falten. Der Blütenstiel wird 30–60 cm hoch, er ist an der Basis zweikantig. Die halbkugeligen bis kugeligen Blütenstände sind verhältnismäßig klein mit einem Durchmesser von 3–5 cm. Die Einzelblütchen sind nicht sehr auffällig, sternförmig und von grünlichweißer Farbe. Die Pflanze steht unter Naturschutz. ♃ ◙ ◐ ⊖ ○ ◬ △

△ **Allium ursinum,** Bärlauch, Waldknoblauch. Weit verbreitet von Europa bis Sibirien, einschließlich Kleinasien und dem Kaukasus. Die Art tanzt in der Gattung aus der Reihe, da sie besonders in etwas feuchteren Wäldern vorkommt. Die Pflanzen strömen, wo sie gehäuft stehen, einen intensiven Zwiebelgeruch aus. Diese Eigenschaft und der enorme Ausbreitungsdrang schränkt die Verwendung im Garten etwas ein. Nur dort verwenden, wo dieser nicht schadet, keinesfalls zur Aussaat kommen lassen. Die sonst sehr hübsche Pflanze hat eßbare, dekorative, breitelliptische, dunkelgrüne Blätter. Der Blütenstiel ist zwei- bis dreikantig und wird 10–20 cm lang. Der Blütenstand wird von zwei Hüllblättern gestützt und ist mit 3–6 cm Durchmesser verhältnismäßig groß. Er besteht aus 5–20 Einzelblütchen, sie sind sternförmig und von einem strahlenden Weiß. Blüht im Frühling. ♃ ◙ ● ◐ ⊖ ○ ◬ △

△
Alyssum moellendorfianum, Moellendorfs Steinrich, Cruciferae (Brassicaceae), Kreuzblütler (Kohlgewächse). Heimat ist W-Jugoslawien, wo die Pflanze auf trockenen, steinigen Plätzen wächst. Gut ausdauernde, rasenbildende, 5–15 cm hohe silber- oder grauschuppige Staude. Die Pflanze hat insgesamt eine starke Ähnlichkeit mit *Alyssum montanum.* Die nichtblühenden Blattrosetten stehen an kurzen Stengeln. Die Blätter sind gestielt spatelförmig bis kreisrund, verkehrteiförmig. Der Unterschied zu *A. montanum* beruht hauptsächlich auf den deutlich gestielten Blättern und den silberschuppigen Fruchtstielchen. Blütezeit im Mai-Juni mit gelben Blütendolden. Kann im Garten oft größere Polster bilden. Schön zum Rosmarin-Seidelbast (*Daphne cneorum*). Stellt an den Boden keine Ansprüche, er sollte lediglich nicht zu nahrhaft und gut durchlässig sein. Mauerkronenpflanze. ♃ ⌓ ⁞ ⊖ ○ ▲ △

△
Alyssum montanum, Bergsteinrich. Weites Vorkommen in Europa, N-Afrika, Kleinasien und Syrien, sowohl auf kalkhaltigen als auch auf kalkarmen, steinigen Steppenrasen, sandigen und humos-lehmigen Böden. Sehr ähnlich der vorstehenden Art, aber Blätter weniger gestielt und die Fruchtstielchen mit Sternhaaren besetzt. Bildet große, 10–20 cm hohe Polster, wobei die Stengel niederliegend bis aufsteigend sind, die sitzenden Blätter sind unterseits dicht mit grauen Sternhaaren bedeckt. Die Grundblätter sind länglich oder verkehrt-lanzettlich bis spatelförmig. Die Blüten sind hellgelb, in voller Sonne einen angenehmen Honigduft verströmend. Die Blütezeit liegt im April-Mai mit einzelnen Nachblüten bis zum Herbst. Einen intensiveren Gelbton als die Art hat die bekannte Sorte 'Berggold'. Vermehrung erfolgt durch Aussaat, an zusagenden Plätzen auch Selbstaussaat. ♃ ⌓ ⁞ ◐ ○ ▲ △

△
Alyssum saxatile, Felsensteinkraut, Frühlingssteinrich. Vorkommen im südlichen M-Europa, S-Europa, Mittelmeergebiet und Kleinasien, sowohl auf kalkhaltigem als auch kalkarmem Untergrund in trockenwarmen Felsspalten, Steppenrasen und in ähnlichen Pflanzengesellschaften wachsend. Gehört mit zu den bekanntesten Steingartenpflanzen, ein wichtiges Element im bunten Frühlingsfeuerwerk vieler Gärten. Bildet 20–40 cm hohe, am Grunde verholzende, ästige Stauden. Die gestielten, verkehrt-eiförmigen bis lanzettlichen, stehenden Grundblätter sind ungeteilt bis buchtig-fiederspaltig, wie die Stengel unterseits sternhaarig und graugrün. Blüte im April-Mai. Blüte gelb in rispigen Trauben stehend. 'Compactum' ist nur 20 cm hoch, 'Citrinum' hat hellschwefelgelbe Blüten, 'Plenum' ist dichtgefüllt, 'Variegatum' hat Blätter mit gelbweißem Rand. Sparrige Pflanzen zurückschneiden! ♃ ⁞ ⌓ ○ ▲ △ △

Anacyclus pyrethrum var. depressus ▷ (*Anacyclus depressus*), Atlas-Ringblume, Marokkokamille, Compositae (Asteraceae), Korbblütler (Asterngewächse). Im marokkanischen Atlasgebirge beheimatet. Unter der Bezeichnung 'Gartenzwerg' ist eine Samensorte im Handel. Rosettig gestellte, mehr oder weniger wollig behaarte Blätter, die im Jugendstadium silbrig überhaucht sind. Blütenstiel etwa 15–20 cm lang, dicht beblättert, sich dem Boden anschmiegend. Er trägt endständige, margeritenartige Strahlenblüten, die oberseits weiß und unterseits rötlich sind. Abends und bei Regenwetter schließen sich die Blüten. Die Blütezeit geht von Mai bis Juni. Vollsonnige Plätze sind wichtig und der Boden soll durchlässig sein, bevorzugt wird ein Substrat, das mit Splitt oder Schotter durchsetzt ist. Insgesamt nicht sehr langlebig, hält im mageren Substrat aber allgemein länger. ♃ ⇝ ⌓ T ○ ▲ △ △

Anaphalis margaritacea var. margaritacea, Silberimortelle, Perlpfötchen, Compositae (Asteraceae), Korbblütler (Asterngewächse). Heimat nördliches N-Amerika, Japan, NO-Asien, in N-Europa eingebürgert, an trockenen Hügeln und in neuen Rodungen der Wälder. Aus einem etwas wuchernden Rhizom entwickeln sich, je nach Bodengüte, die 30–90 cm hohen Triebe (im Garten meist 40–50 cm). Stengel unverzweigt, aufrecht, beblättert, Blätter schmal-lanzettlich, 7–12 cm lang, oben fast kahl und grün, unterseits weißfilzig mit eingerollten Rändern. Die Pflanze wächst üppig und blüht von Juli-September, wenn im Steingarten nur wenig blüht. Wenn die ersten Blüten aufgehen, kann auch Material zur Trockenbinderei geschnitten werden. Großer lockerer Blütenstand mit langgestielten Köpfchen und perlmutterartig-weißen Hüllblättern, die zur Vollblüte ausgebreitet sind. ♃ ⟿ ◐ ○ ◭ △ ▷

△
Anaphalis triplinervis, Himalajaimortelle, Perlenimortelle. Wächst im Himalaja und in Tibet. Wird nur 20–40 cm hoch und wuchert nur wenig, sonst sehr ähnlich der vorstehenden. Blätter 7–20 cm lang und 2–5 cm breit, 3–5nervig, oberseits spinnwebig-graugrün und unterseits weißwollig. Sie ist schöner als die vorstehende, besonders durch die silbrig wirkenden Blätterkuppeln, die zur Blütezeit durch die lange haltenden silberweißen Blütenköpfchen unterstützt werden. Blütezeit Juli-September. Gedeiht auch noch im Halbschatten gut. Zur Blütezeit finden sich allerlei interessante Partner, wie Karpatenglockenblume, Schafschwingel, niedere Lavendel-Sorten, Katzenminze, Zwergrosen, niedere Salbei-Arten, Sommerheide. Von dieser wertvollen Art sind einige interessante Auslesen im Handel, wie ‘Silberregen’ und die für Steingärten wichtige niedrige, frühe ‘Sommerschnee’. ♃ ◐ ○ ◭ △ ◬

△
Andromeda polifolium var. nana, Zwerg-Lavendelheide, Ericaceae, Erikagewächse. Wächst zirkumpolar, Alpen, Karpaten. Eine Moorbeetpflanze, die kaum über 20 cm hoch wird, die Zwergform bleibt noch kompakter. Die schmalen immergrünen Blätter sind am Rand eingerollt, oberseits eher dunkelgrün und unterseits mehr hell-blaugrün. Im Mai-Juni sitzen an den Triebenden kleine hellrosa Blütenglöckchen in 4–5zähligen Dolden. Da die Art hauptsächlich in nördlichen *Sphagnum*-Mooren vorkommt, wird im Garten eine hohe Luftfeuchtigkeit und auch eine ausreichende Bodenfeuchte gefordert. Basenreiche Rohhumusböden sagen besonders zu. Halbschattige Plätze sind vorzuziehen. Nur wo hohe Luftfeuchtigkeit garantiert ist, können auch sonnige Plätze gewählt werden. Partner sind andere kleine Moorbeetpflanzen, Zwergbirken, Wollgräser, Heide, Seggen-Arten. ♄ ♀ ◐ ⊖ ○ ◭ △ ◬

Androsace barbulata, Bärtiger Mannsschild, Primulaceae, Primelgewächse. Umfangreiche Gebirgspflanzengattung mit etwa 100 Arten, meist in der gemäßigten Zone Europas und Asiens wachsend und nur wenige in Nordamerika. *Androsace barbulata* gehört zur Sektion Chamaejasme, einer schwierigen Gruppe, bei der die genannte Art aber zu den weniger schwierigen Arten gehört. Stammt aus dem Kaukasusgebiet und ist selten. Gute Erfahrungen hat man mit sandig-lehmig-humosem Substrat gemacht, dem man einen größeren Anteil von Urgesteinssplitt zugesetzt hat. Gute Dränage ist nötig und bei längerem Sommerregen muß ein Schutz geboten werden. Leichte Vermehrung durch Stecklinge. Kompakte Matten aus vielen Rosetten an kurzen, überlappenden Stengeln. Kurzgestielte, doldige, weiße Blüten, beim Verblühen im Zentrum rot verfärbend. ♃ ⌓ ⁞ ◬ ⊟ ⌃ ◐ ⊖ ◬ △ ▷

Androsace carnea, Fleischroter Mannsschild. ▷ Westeuropäische Gebirge, von den Zentralpyrenäen über die Vogesen bis zu den Zentralalpen vorkommend. Bildet lockere Polster aus kleinen Rosetten mit 8–20 mm Durchmesser. Auf 5–10 mm hohen Stielchen (1–4 je Rosette) stehen kleine Blütendolden in Weiß und verschiedenen Rosatönen, je nach Unterart. Diese sind hinsichtlich Kultur und in ihren Ansprüchen unterschiedlich. *A. carnea* ssp. *brigantica* bildet kräftige Polster mit behaarten und gezähnten Blättern und weißen Blüten. *A. carnea* ssp. *carnea* bildet etwas heiklere, lockere Polster mit ungezähnten, behaarten Blättern und meist rosa Blüten. *A. carnea* ssp. *laggeri* bildet dichte Polster kleiner Rosetten mit unbehaarten Blättern und meist rosa Blüten. *A. carnea* ssp. *rosea* ist kräftiger und hat meist an der Spitze gebogene Blätter, Blüten rosa, 9 mm Durchmesser. ♃ ⌓ ⁞ ⊟ ◐ ⊖ ○ ⚠ △

△

Androsace ciliata, Bewimperter Mannsschild. ▷ Wächst in den Zentralpyrenäen auf kristallinen Schutthalden aus Granit oder Schiefer und an Felsen in 2500–3000 m Höhe, nie auf Kalk. Bildet runde Polster von Blattrosetten, die zwar geschlossen stehen, aber nicht fest gepackt sind. Die zartgrünen Blätter sind länglich, verkehrt-lanzettlich, zur Spitze fein gezähnt und 7–12 mm lang. Die einfachen Blüten stehen auf Stielchen, die den Blattachseln entspringen. Die Stiele und der Kelch sind behaart. Die Blüten sind fahlrosa bis tiefpurpurrosa gefärbt mit einem gelben oder orangefarbenen Auge, der Durchmesser beträgt 8–12 mm. Blüht oft schon im März bis in den Mai. Sehr schöne, relativ leicht zu ziehende Art, wenn man auch Kalk möglichst meiden sollte. Empfindlich gegen übermäßige Winternässe. Wird hin und wieder von Blattläusen befallen. Vermehrung durch Aussaat. ♃ ⌓ ⚠ ⊟ ⊖ ○ ⚠ △

Androsace chamaejasme, Jasminähnlicher Zwergmannsschild. Heimat Alpen, Karpaten, Zentralpyrenäen, arktisches Rußland, Ural. Lockerpolsterig, kurz ausläufertreibend, bildet flache Rosetten aus etwa 16 mm langen und 3 mm breiten länglich-lanzettlichen Blättchen, ungeteilt und manchmal an der Mittelader entlang und am Rand seidenhaarig. Aus den Rosetten entwickeln sich die bis 7 cm hohen Stengel, die 3–7 Blüten tragen. Die kleinen Kronblüten haben einen Durchmesser von 5–7 mm, sie sind weiß gefärbt, seltener rosa und das Auge ist erst gelb gefärbt und wechselt im Verblühen nach rot. Diese Art ist am zusagenden Platz verhältnismäßig dauerhaft im Gegensatz zu anderen Arten der gleichen Sektion. Wächst meist auf Kalbboden und ist deshalb im Garten nicht empfindlich. Liebt exponierte Plätze, ein nicht zu trockenes Substrat und eine gute Dränage. ♃ ⤳ ⌓ ⚠ 🅃 ⊖ ○ ⚠ △

◁ **Androsace cylindrica,** Walzenförmiger Mannsschild. Wächst in den Westpyrenäen in Höhen von 1300–2000 m, an feuchten Nordseiten von Felsen, aber auch in lockerbewaldeten Gebieten. Die Blattrosetten haben 15–20 mm Durchmesser, sie sind offenrosettig mit nach außen zurückgebogenen Blättern, 8–10 mm lang, lineal-elliptisch, am Rande mit wenigen kleinen, aufrechten Haaren besetzt. Die Blüten stehen auf 10–20 mm langen, behaarten Stielchen, die aus den Blattachseln der Rosette kommen, oft bis zu 10 Stück pro Rosette. Die Farbe ist weiß mit einem grünen Auge. Eine hübsche Pflanze, nicht schwierig. Gedeiht sowohl auf Kalk als auch Urgestein. Gute Dränage ist obligatorisch, in regenreichen Wintern ist auch Nässeschutz erforderlich. Kreuzt sehr leicht mit *A. hirtella*; die unter dem Namen *A. cylindrica* aus Gärtnereien bezogenen Pflanzen sind oft Hybriden. ♃ ⌓ ⁞ ⚠ ◐ ⊖ ○ ⚠ △

◁ **Androsace foliosa,** Himalaja Mannsschild. Verbreitet von Kaschmir bis W-Pakistan in Höhen von 2000–3000 m in Wäldern, aber oft auch in Felsspalten. Bildet dichte, stolonentreibende Matten mit im Winter ruhender Rosette, deren äußeren Blätter 2,5 cm lang und 1,5 cm breit sind, verkehrt-eirund, gespitzt, unbehaart an beiden Seiten, ausgenommen der wenigen Randhaare. Die Sommerblätter, die eirund-lanzettlich sind, werden 3–4 cm lang, bei gleicher Breite, sie sind scharf gespitzt und am Rand bewimpert, wobei der kurze Stiel geflügelt ist. Der Stengel ist etwa 10 cm hoch, behaart und trägt eine Dolde mit 50-100 Einzelblüten an 15–25 mm langen Stielchen. Blütezeit lange dauernd, so daß sich oft abgestorbene, blühende und knospige Blüten an einer Dolde befinden. Die Blüten sind zartrosa mit gelbem Auge, Durchmesser 8–15 mm. Oft ist Schutz vor Winternässe nötig. ♃ ⌓ ◐ ⊖ ○ ◬ △

△
Androsace globifera, Kugeltragender Mannsschild. Wächst an der Himalaja-Südseite in 3500–4500 m Höhe. Bildet in Kultur etwa 30 cm breite Polster, mit besonders im Winter kompakten Rosetten, die zur Vegetationszeit 8–15 mm breit werden. Die Blättchen sind elliptisch, zugespitzt, etwa 1 cm lang, dicht mit silbrigen Haaren besetzt. Aus der Rosettenspitze entwickeln sich die bis 1 cm langen Blütenstielchen, 1–2 pro Rosette, die lilarosa bis hellviolette Blüten tragen. Anfangs mit gelbem Auge, das sich später rot verfärbt. Der Blütendurchmesser beträgt 10–12 mm. Noch nicht allzulange in Gärten, in Kultur nicht so reichblühend wie am Heimatstandort, wo die Pflanze auch meterbreite Matten bildet. Ist hart und wüchsig, liebt offene Lagen, tendiert zu schotterigen und auch torfigen Böden. Muß vor nassen Winterwetter geschützt werden. Vermehrung durch Stecklinge. ♃ ⌓ ◬ ⊖ ○ ◬ △

△
Androsace × heeri 'Alba', Heers Mannsschild. Die Eltern dieser Hybride gehören zu den im Tieflandgarten schwierigsten Mannsschild-Arten, sie entstammt einer Kreuzung *A. helvetica* × *A. alpina.* Diese reichblühende Hybride ist in der Natur entstanden (Berner Oberland) und kein Kulturprodukt. Sie ist im Garten wesentlich leichter zu halten als die Eltern. Ist im Aussehen ähnlich *Androsace alpina,* das Polster ist aber meist insgesamt etwas lockerer. Die Blätter sind mit feinen, gabeligen Haaren bedeckt. Die Blütenfarbe ist meist fahlrosa, bei *A.* × *heeri* 'Alba' (Abbildung) weiß. Stecklingsvermehrung nicht schwierig, die Pflanze wird aber leicht von Spinnmilben befallen. Liebt offene Lagen und ein durchlässiges, kristallines Substrat, das aber andererseits auch gut feuchtigkeitshaltend sein soll. Bodenreaktion neutral bis leicht sauer. Alpinenhauskultur ist ebenfalls möglich. ♃ ⌓ ◬ ⊟ ⊖ ○ ◬ △

Androsace mathildae. Ein Endemit der ▷ italienischen Abruzzen, dort nur auf wenigen Berggipfeln auf Kalksteinfels in Höhen von 2500–2900 m wachsend. Kleinpolsterige Pflanze mit offenen Rosetten und nach außen gebogenen Blättern von prächtig grüner Farbe. Die elliptischen, 10–15 mm langen Blättchen sind glänzend und haarlos bis auf wenige kleine Wimperhärchen an der Spitze. Die Blättchen zeigen manchmal in Spitzennähe eine leichte Zähnung. Die einfach stehenden Blüten sind weiß und haben ein gelbes Auge, sie stehen auf 1,5–2 cm langen Stielchen, die aus den Blattachseln treiben. Pro Rosette bilden sich 3–6 Blüten, die einen Durchmesser von 4–5 mm haben. Die Art ist in Kultur nicht allzu häufig, macht aber kaum Schwierigkeiten. Die Pflanze ist reichblühend, wächst sehr gut im Schotterbeet, wird aber nicht sehr alt. Samenvermehrung einfach. ♃ ⌓ ⁞ ◬ ⊞ ⊤ ○ ◬ △

Androsace mucronifolia, Gespitztblätteriger Mannsschild. Beheimatet in Kaschmir, NW-Pakistan, W-Tibet und weiteren asiatischen Gebirgen in 3000–5000 m Höhe. Meist auf alpinen Weiden, felsigen Hängen und Schuttbänken. Dichte Matten aus etwa 1 cm großen Rosetten bildend. Sie sind kugelig und offenrosettig, wobei die sich bildenden neuen Rosetten aus den Blattachseln kommen, 1–3 pro Rosette. Die Blätter sind bis 4 mm lang, lederig, verkehrt-eirund, gespitzt (Name!), haarlos, den Blattrand ausgenommen. Aus dem Rosettenzentrum treibt der kurze 5–20 mm lange Blütenstengel, der eine dichte Dolde aus 2–6 duftenden Blüten trägt. Sie stehen auf kurzen Stielchen und variieren von weiß bis tiefrosa, mit gelbem, später rotem Auge. Von der verwandten *A. sempervivoides* leicht durch die kleineren Rosetten und die nicht vorhandenen Stolonen zu unterscheiden. ♃ ⌓ ⁞ ⛰ ⌃ ○ ◬ △ ▷

△
Androsace mucronifolia f. longisepala, Spitzkelchiger Mannsschild. Diese Pflanze hat etwa das gleiche Verbreitungsgebiet wie die vorstehende Art. Die oben abgebildete Form unterscheidet sich nur wenig von der Art, ihre Kelchblätter sind unwesentlich länger. Die kräftige Blütenfarbe der abgebildeten Form ist kein verbindliches Unterscheidungsmerkmal, solche Farben kommen auch bei der Art vor. Möglicherweise handelt es sich bei der wiedergegebenen Pflanze auch um eine Hybride mit der nahe verwandten *A. sempervivoides*, da deutlich kurze, bräunliche Stolonen erkennbar sind, die bei *A. mucronifolia* selbst fehlen. Bei den im Handel unter der Bezeichnung *A. mucronifolia* befindlichen Pflanzen handelt es sich oft auch um die reine *A. sempervivoides*. Unabhängig davon sind alle reizende, kleine Mannsschild-Arten, die trotz der fernen Herkunft den Vorteil haben, leicht zu gedeihen. ♃ ⌓ ⁞ ⛰ ◬ △

△
Androsace sarmentosa, Chinamannsschild. Von Kaschmir bis W-China, meist in Höhen von 2700–3700 m in offenen Wäldern zwischen Sträuchern, steinigen Hängen und im Rohschutt. Bildet lockere Matten mit ineinander verwobenen, oberirdischen Stolonen und bewurzelten und unbewurzelten, großen, wollseidigen Rosetten. Die Blätter sind lanzettlich bis verkehrt-lanzettlich, bis 3,3 cm lang und im Jugendstadium dicht mit silbrigen Haaren bedeckt. Der bis 11,5 cm hohe Blütenstengel trägt eine Dolde mit rosa Blüten, die etwa 0,5 cm Durchmesser haben, die Hochblätter sind linealisch. Insgesamt etwas weniger wüchsig als *A. primuloides*. Es gibt eine ganze Reihe von Sorten, die sich hauptsächlich durch ihre etwas abweichenden Blütenfarben unterscheiden. Die im Mai-Juni blühende Pflanze kann durchaus auch in Mauerfugen gepflanzt werden. Auch Winteraspekt! ♃ ⁓ ⌓ ⁞ ◐ ⊖ ○ ◬ △

Androsace sempervivoides, Himalaja-Zwergmannsschild oder Hauswurzähnlicher Mannsschild. In einem kleinen Gebiet in Kaschmir und im Pandschab vorkommend, meist an grasbewachsenen Hängen, felsigem Gesteinsschutt, in Höhen von 3000–4000 m wachsend. Diese Art bildet dichte Matten, ist ausläufertreibend, was die vegetative Vermehrung dieser liebenswerten Pflanze begünstigt. Die horizontal laufenden Stolonen werden bis 5 cm lang, sind meist aber kürzer. Die halbkugeligen Rosetten mit fleischigen Blättern, die fest und dachziegelartig übereinandergeschichtet sind, haben einen Durchmesser von 1–2,5 cm, die Blätter selbst sind 8–14 mm lang und 4–7 mm breit. Der aus dem Rosettenzentrum treibende Blütenstengel ist 1–7 cm hoch und trägt eine 4–10blütige Dolde. Die duftenden Blüten sind rosa mit gelbem Auge, das sich beim Verblühen ins rötliche verfärbt. ♃ ⁓ ⌓ ⁞ ⊤ ◐ ⊖ ○ ◬ △ ▷

△
Androsace vandellii (*A. imbricata*), Vandellis Mannsschild. Verstreut in den Alpen, den Pyrenäen und in der spanischen Sierra Nevada vorkommend. Meist in Höhenlagen zwischen 2000 und 3000 m, in beschatteten Felsspalten wachsend. Immer auf Urgestein. Bildet dichte, niedere, kleine Polster, in der Natur bis 10 cm Durchmesser, in Kultur bis 20 cm. Die Blattrosetten variieren in Größe und Aussehen. Meist haben sie einen Durchmesser von 4–5 mm, die Blättchen sind lineal-lanzettlich, stumpf bis rund an der Spitze, dicht weiß behaart, was ein silbriges Aussehen bewirkt. Die einfach stehenden Blüten treiben zu 1–3 aus den Blattachseln, selten mehr, die Blütenstielchen sind 1–5 mm lang, vereinzelt bis 12 mm. Stiel und Kelch sind behaart. Die weißen, gelbgeäugten Blüten haben einen Durchmesser von 4–8 mm. Den Boden unterhalb des Polsters mit Splitt bedecken. ♃ ⌓ ⁞ ⊟ ◐ ⊖ ◬ △

△
Androsace villosa var. jaquemonti, Zottiger Mannsschild. Die Art selbst hat ein großes Verbreitungsgebiet auf vielen Kalkgebieten des eurasischen Raumes. Wächst in Rasen und auf felsigem Untergrund. Bei dieser Varietät handelt es sich um eine Pflanze des indischen Himalaja, meist westlich von Nepal in Höhen von 3500–4500 m. Bildet kleine, Ausläufer treibende Matten. Die ruhenden Winterrosetten sind sehr dicht, der Durchmesser beträgt 5–10 mm, zur Vegetationszeit sind die Rosetten mehr geöffnet. Sie sind graugrün und haben nach innen gebogene Blätter, die mit feinen Härchen bedeckt sind. In der Nähe der Spitze haben sie rötliche Drüsen. Der rote Blütenstiel ist 1–4 cm lang und treibt aus der Rosettenspitze, er trägt eine Dolde mit 5–10 prächtig purpurroten oder purpurfarbenen Blüten mit einem gelben Auge. Vermehrung durch Aussaat einfach. ♃ ⇝ ⌓ 🅃 ⊖ ○ ◬ △

△
Androsace wulfeniana, Wulfens Mannsschild. Endemit der Niederen Tauern, der Kärntner Alpen und einiger weniger anderer Fundorte, besonders auf kalkarmem Silikatgestein und Schiefer in Höhen von 2000–2600 m. Bildet in der Natur lockere, selten dichte Polster und wird kaum über 15 cm breit. Die Spitzen der äußeren Rosettenblätter, der Kelch und die Blütenstiele zeigen oft eine rötliche Färbung. Die verhältnismäßig großen Blüten stehen deutlich über dem Polster. Die Blattrosetten sind offen und haben einen Durchmesser von 10–12 mm. In Kultur sind sie sehr weit geöffnet, so daß die äußeren Blätter horizontal stehen. Sonst sind die steifen Blätter leicht nach innen gebogen, gekielt und eher fleischig, elliptisch und spitz, 4–6 mm lang. Die Blüten sind prächtig rosa mit einem gelborangen Schlund. Im Garten meist blühfaul, Kultur aber besser im Freien als im Alpinenhaus. ♃ ⌓ ⊟ ⊖ ○ ◬ △

Anemone apennina, Apennin-Anemone, ▷ Ranunculaceae, Hahnenfußgewächse. Heimat ist S-Europa,von Korsika bis Bulgarien und im Süden Siziliens bis Griechenland. Dort meist im lockeren Waldgebieten. Aus einem knolligen Wurzelstock entwickeln sich im Frühling die 15–20 cm hohen Pflanzen. Nahe verwandt mit *Anemone blanda*, die Abgrenzung zu dieser ist nicht immer einfach (die Fruchtköpfchen hängen bei *A. blanda*, während sie bei *A. apennina* stehen). Die Blätter sind stumpfgrün und leicht behaart, sie erscheinen gleichzeitig mit den Blüten. Die Blütenhüllblätter sind nicht so breit wie bei *A. nemorosa* (Buschwindröschen), sie sind außen behaart. Blütezeit April-Mai. Wertvolle, wüchsige Art, wenn auch die Blütenfarbenpalette nicht so groß ist wie bei *A. blanda*-Sorten. Neben der blau blühenden Art sind 'Alba', 'Plena' (gefüllt blühend) und 'Purpurea' bekannt. ♃ ⧇ ◐ ⊖ ○ ◬ △ ◬

Anemone blanda, Balkan-Märzanemone, ▷ Strahlenanemone, Griechische Berganemone. Heimat ist Griechenland und Kleinasien. Sie hat größere Blüten als *A. apennina*, blüht viel früher, Beginn Februar-März und die Farbpalette ist mit rosa und rot erweitert. Die etwas zylindrischen Rhizome sind dunkelbraun und an den Enden etwas abgeflacht. Sie liebt allgemein gesehen auch sonnigere Plätze als *A. apennina*, geht aber auch in den Halbschatten und fühlt sich besonders auf Kalkuntergrund wohl. Der Boden sollte weniger humos und etwas steiniger sein als bei der vorher beschriebenen Art. Wo es ihr gefällt, sät sie sich auch selbst aus. Oft wird in Büchern Winterschutz empfohlen, hat im eigenen Garten aber noch nie gelitten. Bei mehr naturnaher Gestaltung benötigt man etwas Fingerspitzengefühl, Sorten wie 'Radar' oder 'Pink Star' sind farblich oft zu auffällig. ♃ ◙ ◐ ⊖ ○ ◬ ◬ △

Anemone canadensis, Kanada-Anemone. Heimat ist N-Amerika, von Quebec bis Britisch Kolumbien, südlich bis Kansas und New Mexico. Eine Pflanze mit kräftigem, wucherndem Wurzelstock, deshalb ist der Pflanzplatz gut zu überlegen, kann sonst schnell eine große Fläche des Steingartens oder das Alpinum erobern. Wird 30-40 cm hoch, hat aufrechte Stengel und breit-handförmig geteilte, etwas rauhe Blätter. Die weißen Blüten sind verhältnismäßig klein, sie stehen aber zu mehreren. Die Blütezeit liegt im Juni-Juli. Entwickelt flache geflügelte Früchte, Vermehrung durch Aussaat und durch Teilung. Akzeptiert viele Böden und ist auch hinsichtlich der Besonnung tolerant. Wegen der Wuchsenergie nur für große Anlagen geeignet, sonst kann durch Einbau eines Eimers (ohne Boden) in die Erde seitliches Wuchern verhindert werden. Sehr nahe verwandt mit *Anemone virginica*. ♃ ⁓ ● ◐ ⊖ ○ ◬
▽

Anemone caroliniana, Carolina-Anemone. Heimat sind die USA. Ebenfalls eine kräftige Pflanze von 25 cm Höhe, aber keinesfalls so ein ungestümer Wucherer wie *Anemone canadensis*. Besitzt einen knolligen Wurzelstock. Die Blätter sind schlank gestielt und dreiteilig, der Rand ist gezähnt, die Stengelblätter sind dreilappig. Die Blüten sind weiß, purpurn oder weißlich purpurn, sie stehen aufrecht und haben einen Durchmesser von 2-4 cm. Die Größe der länglich-linealen Kronblätter beträgt 6-20 mm, sie sind äußerlich fein behaart. In Kultur noch nicht sehr verbreitet und nicht oft im Angebot. Eine Möglichkeit bietet der Samentausch von Liebhabergesellschaften und von Botanischen Gärten. Liebt leichte, humose Böden mit neutraler oder leicht sauerer Bodenreaktion. Fühlt sich in der Nähe von Steingartengehölzen wohl, eignet sich weniger für sonnige, trockene Lagen. ♃ ◐ ⊖ ○ ◬ △
▽

Anemone cylindrica, Walzenförmige Anemone. ▷ Beheimatet in den westlichen USA. Eine kräftige und auch oft sehr hoch wachsende Pflanze (20-60 cm, manchmal auch bis 80 cm hoch), die mit seidigen Haaren bedeckt ist, deshalb nur für große Steingartenanlagen geeignet. Die Pflanze besitzt einen kräftigen, faserigen Wurzelstock. Die bodenständigen Blätter sind fünfteilig und die einzelnen Segmente sind schmal, tief geteilt, am endständigen Rand geschlitzt. Die Stengelblätter sind ähnlich, nur schmaler. Die weißen Blüten mit 0,5-2 cm Durchmesser stehen in Trauben zu 2-6 Stück an blattwinkelständigen, 10 -28 cm langen Blütenstielen. Die weißen Kronblätter sind oft leicht grünlich gefärbt. Die zylindrischen (Name!) Schließfrüchte sind dicht filzig. Nicht sehr verbreitet, meist nur in Botanischen Gärten anzutreffen, nicht oft im Handel zu finden. Stellt an den Boden keine Ansprüche. ♃ ⊞ ◐ ⊖ ○ ◬

Anemone × lesseri, Rote Hybrid-Anemone. ▷ Angeblich aus einer Kreuzung von *A. multifida* × *A. sylvestris* entstanden, was aber von mancher Seite angezweifelt wird. Ungeachtet dessen eine sehr hübsche 25–30 cm hohe *Anemone,* die an manchem Pflanzplatz gut wüchsig, an anderen Schwierigkeiten bereitet und nicht sehr langlebig ist. Die karminroten, aufrechten Blüten erscheinen im Mai-Juni, manchmal gibt es Nachblüten bis in den September. Die grundständigen Blätter sind groß und langgestielt, bis zu 12 cm breit, rundlich gelappt. Sie liebt einen tiefgründigen Boden mit guter Wasserdurchlässigkeit. Von der Besonnung her wird ein halbschattiger oder absonniger Platz einem vollsonnigen vorgezogen. Da es sehr viele ähnliche Anemonen mit weißen Blüten gibt, ist diese Hybride mit ihren roten Blüten im Steingarten hochwillkommen. Selten angeboten. Nicht sehr langlebig. ♃ ◐ ⊖ ○ ◭ △ ◬

Anemone × lipsiensis, Schwefelgelbe Hybrid-Anemone. Eine Hybride des heimischen Buschwindröschens mit dem Goldwindröschen (*Anemone nemorosa* × *Anemone ranunculoides*). Im Aussehen zwischen den beiden Eltern stehend, mit langgestielten fahlschwefelgelben Blüten, die einen Durchmesser von 1,5–2 cm haben. Die Pflanze wird 15–20 cm hoch, die Rhizome sind braun, Blätter dreizählig, mit gespaltenen oder gebuchteten Abschnitten. Verbindet hinsichtlich der Blütezeit die etwas frühere Blüte von *A. nemorosa* mit der etwas späteren von *A. ranunculoides.* Von *A.* × *lipsiensis* gibt es in gärtnerischer Kultur einige etwas unterschiedliche Typen. Gehört wie die Eltern zu den wichtigen Frühlingsgeophyten. Bildet im Laufe der Zeit ansehnliche, hübsche Polster. Im Steingarten besonders für etwas absonnige oder leichtbeschattete Stellen zwischen Zwerggehölzen. ♃ ⁓ ◐ ⊖ ○ ◭ ◬ ▽

Anemone narcissiflora, Narzissenblütige Anemone, Narzissenanemone, Berghähnlein. Wächst in Gebirgen der ganzen nördlichen gemäßigten Zone, meist in Höhenlagen von 1600–2000 m. 30–40 cm hohe Pflanze, mit 3–5teiligen, handförmigen Blättern, deren Abschnitte meist dreispaltig und wollig behaart sind, die dreiteiligen Hochblätter sind sitzend. Die Dolde mit den weißen Blüten ist 3–8blütig. Besonders durch das gelbe Zentrum der Staubbeutel erhält die Pflanze eine gewisse Attraktivität. Ähnlich wie in der Natur liebt die Pflanze einen kühl-feuchten Humusboden, der auch im Sommer nicht austrocknen sollte und einen mehr halbschattigen oder absonnigen Standort. Am zusagenden Platz ist sie langlebig und baut sich dann zu einer vieltriebigen Pflanze auf. Vermehrung durch Teilung, auch durch Aussaat, doch ist die Anzucht bis zur Blühfähigkeit etwas langwierig. ♃ ◐ ⊖ ◭ △ ◬ ▽

◁ **Anemone nemorosa 'Blue Bonnet',** Buschwindröschen. Vorkommen in Europa, O- und NO-Asien. Bekannter Frühlingsgeophyt, 15–20 cm hoch. Dünne, braune Rhizome kriechen im Humusboden und treiben dreiteilige, langgestielte Blätter mit eingebuchteten Abschnitten. Die Blüten sind weiß, außen auch oft rötlich. Gegen Abend und bei trübem oder regnerischem Wetter schließen sich die Blüten, sie gehen in »Schlafstellung«. Aus dieser Pflanze haben sich zahlreiche Sorten herausgebildet, die alle dankbare Frühjahrsblüher sind und die sich für viele Gartenplätze, auch Steingärten, eignen. Der Farbfilm gibt leider nicht den echten bläulichen Farbton der abgebildeten Sorte wieder. Schön sind auch 'Alba Plena' (weiß, gefüllt), 'Allenii' (großblumig, blau), 'Blue Beauty' (groß, zartblau, außen silbrigblau), 'Grandiflora' (großblumig weiß), 'Robinsoniana' (lavendelblau), 'Rosea' (rosa) u.a. ♃ ⁓ ● ◐ ⊖ ◭ △

◁ **Anemone palmata 'Lutea',** Handförmige Anemone. Im westlichen Mittelmeergebiet vorkommend. Eine Pflanze, die in etwa *A. narcissiflora* an sonnigen Plätzen ersetzt. Sie kommt am Naturstandort in sonnigen, warmen Lagen vor, meist in steinig-humosem Boden. Im Garten wächst sie aber auch noch an halbschattigen Stellen gut. Die Pflanze wird 15–20 cm hoch und hat rundliche 3–5fach gelappte Basalblätter. In Kultur sind unterschiedlich blühende Sorten vorhanden, die abgebildete 'Lutea' mit gelben Blüten, 'Alba' mit weißen Blüten und an der Unterseite violett getönten Blättern und 'Flore Pleno' mit gefüllten weißen Blüten. Diese sind einfach stehend, seltener paarweise. Sie haben einen Durchmesser von 2,5–3,5 cm. Die Blütenblätter sind 10–15 mm lang, länglich-eirund. An der Außenseite sind die Blüten manchmal rötlich überhaucht. Bildet dichte, knollige Rhizome. ♃ ◐ ⊖ ○ ◭ △ ◬

Anemone ranunculoides, Goldanemone, Gelbes Buschwindröschen. Wächst in Wäldern Europas, in W-Sibirien und im Kaukasus, im Laubmullboden, meist auf Kalk. Gelbes Gegenstück zum Buschwindröschen, *Anemone nemorosa.* Aus schlanken, braunen Rhizomen entwickeln sich die dreizähligen, gespaltenen oder gebuchteten Blätter, ähnlich dem Buschwindröschen. Die gelben Blüten stehen meist zu zweien auf langen, dünnen Stengeln. Die Blütezeit liegt im April-Mai, meist etwas später als bei *A. nemorosa.* Auch bei ihr haben sich einige Gartenformen herausgebildet, so 'Superba' mit bronzegetönten Blättern, 'Flore Pleno' mit gefüllten Blüten und 'Semiplena' mit halbgefüllten Blüten. Vermehrung erfolgt durch Teilung. Benötigt anfangs etwas Zeit, entwickelt sich dann aber zu prächtig blühenden Flächen. Auch sie ist ein Frühlingsgeophyt, der bald wieder einzieht. ♃ ⟿ ● ◐ ⊖ ◭ △
▽

Anemone sylvestris, Frühlingswaldanemone. Kommt in M- und S-Europa vor, in Sibirien und dem Kaukasus. Liebt sonnige Busch- und Kiefernwälder mit warmen, kalkreichen Löß- und Lehmböden. Verbreitet sich über Wurzeln,wird 30–50 cm hoch, bleibt auf mageren Böden auch manchmal kleiner. Die langgestielten Basalblätter sind handförmig fünfteilig, ungleich gesägt und zottig behaart. Der Stengel ist aufrecht, ebenfalls behaart mit meist über der Stengelmitte stehenden, dreiteiligen Hochblättern. Die Pflanze ist einblütig, die Blüten stehen aufrecht, sind reinweiß, etwas duftend, 4–7 cm im Durchmesser, außen weiß behaart und mit gelben Staubblättern. Die Blütezeit liegt im Mai-Juni. Im Garten an warmen, sonnigen bis halbschattigen Stellen. Guter Partner zu Zwergginster und zu Zwergnadelgehölzen und im lichten Schatten zu *Omphalodes verna* und Türkenbundlilien. ♃ ⟿ ☘ ⊖ ○ ◭ △ 🄽
▽

Anemonella thalictroides, Rautenanemone, Ranunculaceae, Hahnenfußgewächse. ▷ Beheimatet in einigen Bundesstaaten der USA, dort häufig in lichten Laubwäldern. 10–20 cm hohe, zarte, kahle Pflanze, die etwas an *Thalictrum* erinnert und knollenartige, verdickte Wurzeln hat. Die Blätter sind dreizählig und die Blüten bilden eine wenigblütige Dolde mit 1–2 cm breiten, anemonenartigen weißen bis blaßrosa Blüten, die vor und mit den Blättern erscheinen. Blütezeit ist April-Mai. Auch wenn die Blütezeit nur kurz ist, ist es eine reizende kleine Pflanze für den lichten Schatten im Steingarten, aber auch für andere Gartenplätze. Die seltene Sorte 'Rosea Plena' hat gefüllte Blüten, ihre Blütezeit dauert deshalb auch etwas länger. Sie lieben kalkfreien Humusboden und wollen lange Zeit ungestört bleiben. Vermehrung durch Aussaat oder vorsichtiges Abtrennen kleiner Stücke. ♃ ● ◐ ⊖ ◭ △ ◬

△
Antennaria dioica 'Nyewood', Nyewood-Katzenpfötchen, Compositae (Asteraceae), Korbblütler (Asterngewächse). Die Angaben über die Anzahl der Arten der Gattung ist je nach Standpunkt der Botaniker sehr unterschiedlich und schwankt zwischen 15 und 75 Arten. *A. dioica* kommt in den gemäßigten und kalten Gebieten von Europa, Asien und N-Amerika vor und drei Arten wachsen in den südamerikanischen Anden. Bildet ausläufertreibende Matten, die auf mageren Weiden in Heiden, Halbtrockenrasen auf meist trockenen, sauerhumosen, sandigen Lehmböden vorkommen. Breitet sich durch oberirdische, beblätterte Triebe aus. Die Grundblätter bei der Sorte 'Nyewood' sind etwa 3 cm lang und 6 cm breit, sie sind insgesamt etwas kleiner als bei anderen Sorten. Sie sind spatelförmig, und an der Oberseite meist grün und kahl und unten silberweißfilzig. Rosa Zwitterblüten. ♃ ⟿ [T] ⊖ ○ ▲ △

△
Antennaria dioica 'Rubra', Rotes Katzenpfötchen, Teppichimortelle. Dieses in Mitteleuropa wild wachsende Katzenpfötchen wirkt mit seinen oft großen Matten schon im blütenlosen Zustand etwas silbriger als die vorstehende Sorte, alle Organe sind auch etwas größer ausgebildet. Die Grundblätter sind 3,5 mm lang und 8 mm breit. Die Blütenstengel werden 10–20 cm hoch und tragen seidenwollig behaarte Köpfchen, zu 3–12 dicht stehend. Die zweihäusigen Blüten sind intensiver rosarot gefärbt als bei der Sorte 'Tomentosa', deren Blätter beiderseits weißfilzig sind. Blütezeit von Mai-Juni. Wegen ihrer einfachen Kultur viel zu wenig geschätzt. Liebt vollsonnige Plätze und akzeptiert fast alle Böden, wenn sie nur durchlässig genug sind. Lediglich die Winternässe macht manchmal Probleme. Die Vermehrung durch Aussaat oder durch Teilstücke macht keine Schwierigkeiten. ♃ ⟿ ⁞ [T] ○ ◐ ▲ △ △

△
Antennaria dioica 'Roy Davidson', Davidsons Katzenpfötchen. Eine neuere Sorte aus England, die sich durch etwas kompakteren Wuchs auszeichnet. Ist durch etwas niedrigere Blütenstengel und eine intensivere Blütenfarbe eine wertvolle Bereicherung des Sortiments. Während die meisten Arten in mehr saueren Böden wachsen, ziehen *A. dioica* und ihre Sorten einen kalkhaltigen Boden vor, ohne darauf angewiesen zu sein. Diese Sorte ist nicht auskahlend wie 'Tomentosa', deren richtige Bezeichnung wahrscheinlich *A. dioica* var. *hyperborea* lauten muß. Die Schönheit der meisten Katzenpfötchen leidet, wenn sie in zu nahrhaften Boden gepflanzt werden. An Partnern finden sich zur Blütezeit zahlreiche geeignete Pflanzen, wie Nelken (*Dianthus deltoides, Dianthus gratianopolitanus*-Sorten), Thymian-Arten und Sorten, Glockenblumen, kleine bläuliche Steingartengräser. ♃ ⟿ ⁞ [T] ○ ◐ ▲ △ △

◁ **Anthemis marschalliana** (*Anthemis biebersteiniana*), Kamillenmargerite, Silberfeder, Compositae (Asteraceae), Korbblütler (Asterngewächse). Beheimatet im Kaukasus und den Gebirgen Kleinasiens. Dankbare 15–30 cm hohe Pflanze, die reich verzweigt ist und aufsteigende Stengel hat. Die Blätter sind ungestielt und doppelt fiederteilig. Blütezeit im Mai-Juni. Gelbe Strahlen- und Scheibenblüten mit weißfilzigen, behaarten Hüllblättern. Noch auffälliger ist die schöne Sorte 'Tetra', die in allen Teilen kräftiger ist und größere Blütenköpfchen hat. *A. marschalliana* ist am zusagenden Platz gut ausdauernd. Benötigt in exponierten Gärten in strengen Wintern Schutzmaßnahmen. Sie liebt durchlässigen Boden, verträgt volle Sonne, zieht aber wider Erwarten licht-beschattete Plätze vor. Gute Partner sind teppichbildende *Veronica*, etwa *V. prostrata*, niedere Glockenblumen. ♃ ⌃ ◐ ⊖ ○ ▲ △ △

◁ **Anthemis punctata ssp. cupaniana,** Sizilianische Kamillenmargerite. Die Art wächst in Europa und NW-Afrika, die Unterart in Sizilien. Ein Hindernis weiterer Verbreitung ist neben der ungenügenden Winterhärte hauptsächlich das Durcheinander bei der Nomenklatur. Diese Unterart ist auch noch unter den Bezeichnungen *A. cupaniana* und *A. cretica* ssp. *cupaniana* zu finden. Bildet große Polster strahlend weißer Margeritenblüten, eine schöne Pflanze. Leider in Mitteleuropa nicht immer völlig winterhart, doch lohnen sich bei dieser Pflanze Schutzmaßnahmen. Wo die Größe nicht stört, lohnt auch eine Pflege im Alpinenhaus und im Wintergarten. Bildet verzweigte, an der Basis oft verholzende, aufstrebende Triebe, meist 40–50 cm lang. Das geschlitzte silbergraue Laub gibt der Pflanze auch außerhalb der Blütezeit ein dekoratives Aussehen. Leichte Stecklingsvermehrung. ♃ ⁞ ⌒ ○ ◭ △

Anthericum ramosum, Ästige Graslilie. Heimat Europa bis zum Kaukasus. Kommt auf den gleichen Standorten vor wie *A. liliago,* wird aber meist mit 40–80 cm etwas höher. Bildet einen ästigen, weißen Blütenstand, wobei die weißen Blüten meist etwas kleiner sind als bei *A. liliago* (2–3 cm). Die Blütezeit liegt später als bei dieser, von Juni-August, sie blüht also erst, wenn die Astlose Graslilie verblüht ist. Dadurch ergibt sich auch eine andere Partnersituation. So eignet sich neben anderen besonders der gelbblühende Alant, *Inula ensifolia,* oder niedere Prachtscharten, wie *Liatris spicata* 'Kobold'. Zu dieser grasartigen Pflanze passen auch halbhohe Staudengräser, wie *Melica* und *Briza.* Die Vermehrung ist nicht schwierig, bei benötigter größerer Stückzahl zieht man Herbstaussaat vor, allerdings dauert es etwa 3 Jahre bis zur Blühfähigkeit. Sonst Teilung mehrköpfiger Pflanzen. ♃ Ⓗ ○ ⊖ ◭ △
▽

△
Anthericum liliago, Lilienartige Graslilie, Astlose Graslilie, Liliaceae (Anthericaceae), Liliengewächse (Grasliliengewächse). Insgesamt etwa 300 verschiedene Arten. Diese Art ist in Europa, in Kleinasien und N-Afrika heimisch, wo sie an trockenen, sandigen Abhängen wächst, auch in Weinberghängen. Schön in Trockenrasensituationen und anderen Wildstaudenpflanzungen, aber auch attraktiv in größeren Steingartenanlagen, wo sie dekorative Horste bildet. Die Pflanze wird 40–60 cm hoch, die Blätter sind schmal-lineal und grasartig. Der Blütenstand ist eine unverzweigte Traube weißer Blüten. Zur Blütezeit im Mai-Juni gibt es genügend Partner, wie *Anthemis marschalliana, Delphinium grandiflorum, Ranunculus gramineus, Bouteloua oligostachya* und ähnliche, man kann aber auch »Raketen« aus ganz flachen Polstern aufsteigen lassen, so aus rosafarben und rot blühenden Thymian-Arten. ♃ Ⓗ ○ ⊖ ◭ △

Anthyllis montana, Bergwundklee, Leguminosae (Fabaceae), Hülsenfrüchtler. Die Gattung umfaßt etwa 50 verschiedene Arten. *A. montana* wächst in den Alpen, den Gebirgen S-Europas und NW-Afrikas, meist auf Felsen, Matten und im Geröll, es ist eine ausgesprochen kalkholde Pflanze. Die Pflanze bildet niederliegende, etwa 10 cm hohe Rasen, die Triebe sind am Grunde leicht verholzend. Die Blätter sind unpaarig gefiedert mit 8–10 Fiederpaaren, beidseitig weißhaarig. Auch der Kelch ist wollig behaart. Die Blüten stehen an aufrechten Stielen in dichten Köpfen, umgeben von zwei tief zerteilten Tragblättern. Die Krone ist rot bis purpurfarben, die Einzelblüten sind etwa 1 cm lang. Die Sorte 'Rubra' hat etwas intensiver gefärbte Blüten. Die Blütezeit geht von Mai bis Juni. Die Pflanze ist am zusagenden Ort sehr dauerhaft, sie liebt warme, sonnige Stellen im Steingarten. ♃ ⁓ ⌓ ⊞ Ⓣ ○ ◭ △ ◭ ▷

◁ **Aquilegia einseleana,** Südalpenakelei. Heimat sind die südlichen Kalkalpen. Eine 15–20 cm hohe Akelei, mehrblütig mit verzweigtem Stengel. Eine sehr dankbare Steingartenart, die lockere Horste bildet. Die Blätter sind in einem dichten Schopf zusammengefaßt, graugrüne kleine Fiederlappen. Die blauvioletten Blüten sind klein und haben einen kurzen Sporn. Die Blütezeit liegt im Mai-Juni, als Nachbarn eignen sich besonders diverse Primeln, Lungenkräuter, Gräser, wie *Carex montana* und das Frühlingsgedenkemein, besonders auch in der weißblühenden Form (*Omphalodes verna* 'Alba'). Diese dauerhafte Art kann, wie in der Natur, auch im Garten an vollsonnigen Plätzen stehen, im Gegensatz zu vielen anderen kleinen Akeleien. An den Boden nicht anspruchsvoll, doch wird kalkschotteriger Boden vorgezogen. Vermehrung erfolgt durch Aussaat im Herbst (Kaltkeimer). ♃ ⊞ 🅃 ◐ ⊖ ○ ◬ △

△
Aquilegia caerulea, Blaue Akelei, Gartenakelei, Ranunculaceae, Hahnenfußgewächse. Die Heimat dieser Art sind die nordamerikanischen Rocky Mountains. Aus Einkreuzungen anderer Arten (*A. chrysantha, A. canadensis*) sind die bekannten Gartenakeleien entstanden, die sich wie die Art durch einen langen, geraden, etwas nach außen gebogenen Sporn auszeichnen. Die Art wird 30–50 cm hoch, der Stengel ist feinbehaart und mehrblütig. Die Blüten haben einen Durchmesser von 5 cm, sie sind blau, oft auch gelblich getönt. Blütezeit Juni-Juli. Nicht nur die Art, sondern auch die Hybriden können im Steingarten Verwendung finden. Der lokkere Aufbau und der natürliche Wuchs lassen dies zu. Typen mit sehr leuchtenden Farbtönen eignen sich aber besser für architektonische, regelmäßige Steingärten. Wegen der Höhe gehören die Pflanzen etwas mehr in den Hintergrund. ♃ 🄷 ◐ ○ ◬ △

◁ **Aquilegia schockleyi 'Nana',** Kalifornische Zwergakelei. Wie der Name sagt, in Kalifornien beheimatet, hat sich hier aber als durchaus winterhart erwiesen. Auch die Art selbst ist nur 20–30 cm hoch, aufrecht wachsend, nur sparsam verzweigt. Blätter dünn, dreiteilig, meergrün. Blüten herabhängend, fein drüsenhaarig, mit rotem Sporn und Außenseite, innen gelb. Die 'Nana'-Form ist in allen Teilen noch kleiner, sie wird nur 10–15 cm hoch. Vermehrung durch Aussaat, am zusagenden Platz oft auch Selbstaussaat. Kann von der Größe her auch in Trögen und Kübeln verwendet werden. Die Blütezeit liegt im Mai, wo es genügend kleine Partnerpflanzen gibt, wie *Thymus* in Sorten, *Saponaria* × *olivana*, *Raoulia*-Arten und andere. Besonders schön kommen die Pflanzen in neutralen Blatt-Teppichen zur Wirkung, wie den graugrünen der Mauermiere, *Paronychia kapela* ssp. *serpyllifolia*. ♃ ◬ 🅃 ◐ ⊖ ○ ◬ △

△
Aquilegia flabellata var. pumila (*Aquilegia akitensis*), Japanakelei. Ist in Japan, Sachalin, Korea und auf den Kurilen beheimatet. Wertvolle kleine Steingartenakelei. Etwa 10–15 cm hoch, an zusagenden Plätzen auch etwas höher. Etwas matt-graugrüne Blätter mit 1–3 Blüten pro Stengel. Eine sehr dankbare Pflanze, von der es mehrere Varianten gibt. Die Blüte von *A. flabellata* var. *pumila* ist normalerweise zweifarbig weiß und blau, 'Alba' ('Pumila Alba', 'Nana Alba', var. *alba* hort.) blüht weiß und 'Kurilensis' ist besonders zwergig, nur etwa 10 cm hoch. Auch die Sorte 'Ministar', die gut wüchsig ist und prächtig blaue Blüten mit weißer Blütenkrone hat, gehört hierher. *A. flabellata* var. *pumila* bildet nur wenige Basalblätter, die dreizählig bis zweifach dreizählig sind. Wächst in normalem Gartenboden, es wird aber eine milde Bodenfeuchtigkeit bevorzugt, keinesfalls Nässe. ♃ ◐ ⊖ ▲ ◬ △

◁ **Aquilegia vulgaris 'Nora Barlow',** Gefüllt blühende Akelei. Diese alten gefüllten Akelei-Typen, die schon in manchen mittelalterlichen Kräuterbüchern abgebildet waren, sind in letzter Zeit wieder verstärkt im Angebot mit unterschiedlichen Namen zu finden. Hier soll der vielfach in England gebräuchliche gewählt werden. Es handelt sich um Pflanzen, die im sonstigen Aufbau durchaus *Aquilegia vulgaris* gleichen. Die kurzen, kleinen Blüten sind ungespornt und dicht gefüllt; weiße, violette und stumpf-rötliche Töne sind zu finden, aber auch zweifarbige, mit anderer Außenfarbe als innen. Während sonst gefülltblühende Pflanzen in naturnahen Pflanzungen schwer einzufügen sind, passen diese Akeleien durchaus in solche Anlagen. Die Vermehrung erfolgt durch Aussaat. Die Sämlinge sind zu 100 % gefüllt blühend, nur von der Blütenfarbe her spielen die Nachkommen etwas. ♃ H ● ◐ ⊖ ○ ◭

△

Aquilegia vulgaris 'Nivea' (*Aquilegia vulgaris* 'Alba'), Weißblühende Akelei. Heimat ist Europa, sie ist aber schon lange auch eine Gartenpflanze, die es in vielen Varianten gibt. 40–80 cm hoch werdend und deshalb im Steingarten eher eine Hintergrundpflanze. Blätter blaugrün, Stengel zart flaumhaarig, vielblütig. Typen aus der Natur (Naturschutz!) können durch Selbstaussaat äußerst lästig werden. Die abgebildete weißblühende 'Nivea' fällt treu aus Samen, wie auch viele durchgezüchtete Sorten, die es in vielen Farben und Farbkombinationen gibt. Bei diesen benötigt man etwas Fingerspitzengefühl zur Einordnung. Sorten mit violetten, weißen, blauen und gelblichen Tönen oder Blütenfarbenkombinationen lassen sich auch in naturnahen Pflanzungen gut einfügen. Bei Sorten, bei denen Rottöne mit eine Rolle spielen, wie etwa 'Olympia Rot-Gold', muß man vorsichtig sein. ♃ H ● ◐ ⊖ ○ ◭

◁ **Arabis blepharophylla,** Wimpernblättrige Gänsekresse, Kalifornische Gänsekresse, Cruciferae (Brassicaceae), Kreuzblütler (Kohlgewächse). Heimat sind die Berge Mittelkaliforniens. Die Pflanze wird 5–10 cm hoch, die Blätter sind scharf gezähnt, am Rande bewimpert (Name!). Auffallend schöne, leuchtend karminrosa Blüten, duftend und in dichten Trauben stehend. Die Blütezeit ist meist schon im April. Bedingt durch die Herkunft in strengen Wintern in Mitteleuropa nicht völlig winterhart, deshalb Schutz durch Kiefernnadeln oder dichte Koniferenzweige. Sicherer ist die Pflege im Alpinenhaus. Die Pflanze liebt frischen, lockeren Boden. Für die schöne Blüte lohnen sich schon einige Bemühungen. Im Handel findet sich die Sorte 'Frühlingszauber', bei der es sich aber wahrscheinlich um eine Hybride handelt. Die Pflanze ist höher (20 cm), Blütenfarbton karmesin. ♃ ⌓ ⁞ ◬ ⌃ ● ⊖ ○ ◭ △ ◬

Arabis carduchorum, Kurdische Gänsekresse. Beheimatet in Kleinasien und Armenien, wo sie an sonnigen, steinigen Hängen wächst. Eine dichtpolsterige Staude, deren Blätter in kleinen Rosetten stehen. Die Einzelblätter sind steif, lineal und vorne etwas abgestumpft, 12 mm lang und am Rande bewimpert. Der Blütenstengel ist unbeblättert, die Blütentrauben verlängern sich bei der Samenentwicklung nicht. Die Blüten sind groß, aufrecht-auseinanderstrebend. Insgesamt erinnert das blühende Polster etwas an *Arabis ferdinandi-coburgi.* Man kann die Kurdische Gänsekresse dort verwenden, wo es der genannten etwas zu heiß und sonnig ist, andererseits kann *A. carduchorum* auch im Halbschatten stehen. Die Blütezeit liegt im Mai. Partner gibt es zu dieser Zeit genügend, schön sind kleine Ginster- und Geißklee-Arten, Zwergiris-Sorten, rosa und rote Polsterphloxe. ♃ ⌓ ⁞ T ○ ◐ ⊖ ◭ △ ◬ ▷

Arabis caucasica, Kaukasus-Gänsekresse, ▷ Gewöhnliche Gänsekresse. Die Art selbst hat ein weites Verbreitungsgebiet, stößt von den Kanaren über das Mittelmeergebiet bis in den Kaukasus und nach M-Asien vor. Sie bildet niedrige Polster von etwa 10–20 cm Höhe, oft ist sie auch rasenbildend. Die graufilzigen Blätter sind weitläufig gezähnt. Die Stengelblätter sind stengelumfassend. Von März-Mai erscheinen die weißen Blüten in großen Trauben. Von dieser Art gibt es einige Formen und Sorten. 'Plena' ist gefüllt blühend und wird etwas höher (20–25 cm). 'Schneehaube' wird 10–20 cm und ist weiß und einfach, aber überaus reichblühend. 'Variegata' hat gescheckte Blätter und 'Sulphurea' schwefelgelbe Blüten. Es gibt auch einige Sorten mit rosa Blütenfarben ('Monte Rosa', 'Rosenquarz'). Eine überaus anspruchslose Steingartenpflanze, die in den Gärten sehr weit verbreitet ist. ♃ ⌓ ⁞ ○ ◐ △-▲

Arabis caucasica 'Rosenquarz', manchmal auch unter *Arabis × arendsii* eingeordnet (*Arabis aubretioides × Arabis caucasica*). Es handelt sich dabei um eine hübsche Züchtung des verstorbenen Staudengärtners Karl-Heinz Marx aus dem Jahre 1983. Bildet kompakte kleinere Polster von etwa 10 cm Höhe. Die Blütenfarbe ist lachsrosa-lilarosa, die Blütezeit liegt meist schon im April, reicht aber oft bis weit in den Mai. Wächst nicht übermäßig, wie viele andere Gänsekresse-Arten, die schnell ihren Nachbarn überwuchert haben; der Zuwachs hält sich durchaus in Grenzen. Die Vermehrung dieser Sorte kann nur vegetativ erfolgen! Wer ein Gegenstück zur generativen Vermehrung benötigt, muß *Arabis caucasica* 'Compinkie' nehmen, deren Rosatöne allerdings etwas spielen. Der rosa Blütenfarbton von 'Rosenquarz' ist sehr verträglich, deshalb auch für naturnahe Pflanzungen. ♃ ⌓ ⁞ T ○ ⊖ ▲ △ △ ▽

Arabis ferdinandi-coburgi 'Old Gold', Gelbpanaschierte mazedonische Gänsekresse. Die Art wächst in Mazedonien an sonnigen und halbschattigen Plätzen. Sie ist trotz ihrer Zierlichkeit groß-, dicht- und breitpolsterig wachsend. Die ganzrandigen, kleinen Blätter sind verkehrt-eiförmig, kurzgestielt und beidseitig sternhaarig. Die Stengelblätter sind ungestielt, lanzettlich und ebenfalls ganzrandig. Die Blüten sind weiß. Von dieser Art gibt es zwei panaschierte Varianten, die auch außerhalb der Blütezeit das Auge auf diese Pflanzen lenken. Schon länger bekannt ist die Sorte *A. ferdinandi-coburgi* 'Variegata', die der Art völlig entspricht, nur weißgerandete Blätter besitzt. Vor einiger Zeit ist in England die Sorte 'Old Gold' entstanden, bei der die Randpanaschierung gelblich ist. Die Blätter dieser Varietät sind minimal größer und breiter als bei den anderen erwähnten. ♃ ⇝ ⌓ ⁞ T ○ ◐ ⊖ ▲ △ △ ▽

Arctanthemum arcticum (*Chrysanthemum arcticum*, »Zander«: *Dendranthema arcticum*), Grönlandmargerite, Compositae (Asteraceae), Korbblütler (Asterngewächse). ▷ Wir folgen hier, bei der Wiedergabe der neuen Nomenklatur, dem »Index Hortensis«. Verbreitet in der nördlichen arktischen Zone. Die Pflanze wird 25–30 cm hoch und hat während der ganzen Vegetationsperiode glatte, frischgrüne, grob gezähnte Blätter. Erst im Oktober erscheinen die breiten Büschel weißer Margeritenblüten, die im Verblühen oft einen leichten Rosaton annehmen. Diese späte Blütezeit und ihre sonstige Unempfindlichkeit macht die Pflanze so wertvoll für den Steingarten. Die Pflanze wuchert zwar etwas und im Handel ist auch ein etwas weniger fester und kompakter Typ verbreitet, was aber die Empfehlung keinesfalls einschränkt. Sie liebt einen hellen, aber nicht zu trockenen Platz. ♃ ⇝ ◐ ⊖ ○ ▲ △

Arctanthemum arcticum 'Roseum', ▷ Rosa Grönlandmargerite. Diese rosa Sorte und auch die im Handel befindliche gelbblühende Sorte 'Schwefelglanz' sind aus Kreuzungen mit *Dendranthema*-Grandiflora-Hybriden (»Freilandchrysanthemen«) entstanden. Sie ähneln *Arctanthemum arcticum* in allen Teilen, werden aber leider etwas größer und sparriger, was der Steingartenbesitzer bedauert. Andererseits haben die Blüten auch einen wesentlich größeren Durchmesser. Man sollte sie in vielen Anlagen etwas mehr in den Hintergrund plazieren. Die beiden genannten Farbsorten wuchern auch wesentlich weniger. Die Art und die beiden Sorten werden am Pflanzplatz nicht uralt, wenn man durch das anfängliche Wuchern auch oft anderer Meinung ist. Deshalb sollte man immer einige Triebe, die leicht wurzeln oder schon bewurzelt sind, in Reserve haben oder an anderer Stelle pflanzen. ♃ 🅗 ◐ ⊖ ○ ▲ △

Arctostaphylos uva-ursi, Immergrüne Bärentraube. Verbreitung in ganz Europa, im nördlichen gemäßigten Asien und Amerika, in lichten Wäldern, mageren Weiden, Schwemmböden, Schutthalden und ähnlichen Situationen. Teppichartiger, am Boden anliegender Spalierstrauch mit verzweigten Ästen und dicht beblätterten, aufsteigenden Zweigen. Die lederigen Blätter sind immergrün, verkehrt-eiförmig und vorne abgerundet und an der Unterseite nicht gepunktet (im Gegensatz zum Preiselbeerblatt). Mehrere weiß-rosa Blüten bilden eine nickende Traube. Die Blüten sind krugförmig mit zurückgeschlagenen Zipfeln. Die Frucht ist eine scharlachrote, erbsengroße, glänzende, mehlige Steinbeere, die oft bis zum folgenden Frühling haftet. Liebt in Kultur durchlässige, lockere Böden mit Humusanreicherung, aber keine stärkere Bodenfeuchte und keine reinen Torfböden. ♄ ⁓ ♧ ⁞ ◐ ⊖ ○ ▲ △ ▽

Arctostaphylos alpinus (*Arctostaphylos alpina*), ▷ Alpenbärentraube, Ericaceae, Erikagewächse. Zirkumpolar wachsend, in Europa südlich bis zu den Pyrenäen, Apennin und N-Albanien in Zwergstrauchheiden, an Felsabsätzen und in lichten Kiefernwäldern in 1800–2700 m vorkommend. In Kultur nicht so verbreitet wie die folgende Art, hat aber den Vorteil einer intensiven Herbstfärbung in Rubinrot. Kriechender Zwergstrauch mit aufsteigenden Endtrieben, die sehr kurz sind. Die sommergrünen, netzaderigen Blätter sind fein gesägt und schwach bewimpert. Der Blütenstand ist eine Traube mit 2–5 Blüten. Die Blütenkrone ist krugförmig mit 5 zurückgeschlagenen Zipfeln, grünlichweiß bis rötlich. Die Kugelige Steinbeere ist zuerst rötlich, später blauschwarz. Wenn es auch nur eine sommergrüne Art ist, lohnt die Pflanzung in größeren Steingärten und Alpinum. ♄ ⁓ ♧ ⁞ ◐ ⊖ ○ ▲ △ 🅝

◁ **Arenaria balearica,** Balearen-Sandkraut, Caryophyllaceae, Nelkengewächse. Vorkommen auf Sardinien, Korsika, Balearen. Eine 3–5 cm hohe dunkelgrüne, rasenbildende Staude, die breit kriecht. Die Blättchen sind sehr klein, oval, unten etwas behaart. Es bilden sich viele feine, fadenförmige Blütenstengel, die jeweils nur eine einzelne kleine Blüte tragen. Zur Blütezeit im Mai-Juni mit weißen Blüten bedeckt, manchmal Nachblüten bis in den August. Trotz des zarten Aussehens und der klimatisch begünstigten Herkunft am zusagenden Platz gut ausdauernd. Eignet sich nicht für trockene, sonnige Steingartenlagen. Sie bevorzugt etwas absonnige, halbschattige, etwas feuchte Lagen. Ideal an östlich geneigten Tuffsteinflächen. Außerhalb der Blüte durch die dichten, grünen Flächen zierend. Vermehrung durch Teilung, auch Aussaat, Selbstaussaat an zusagenden Plätzen. ♃ ⁓ ⌓ ⁞ ◐ ⊖ ▲ ▲ △

◁ **Arenaria cretica,** Kreta-Sandkraut. Beheimatet auf Kreta, dem Peloponnes. Ein weiteres, kleines, polsterbildendes Sandkraut mit kleinen Blättchen und verhältnismäßig großen weißen Blüten, die zu mehreren an kurzen Stengeln stehen. Kein »Muß«, wie auch bei vielen anderen Sandkräutern, aber wie diese ein kleiner, liebenswerter Begleiter. Trotz der südlichen Herkunft durchaus in unseren Gärten winterhart. Man kann bei der Benachbarung von weißblühenden Pflanzen kaum etwas falsch machen. Niedere *Achillea*, *Campanula cochleariifolia*, gelb blühende *Draba*-Arten, rosa und rot blühende Nelken (*Dianthus*-Arten und Sorten), *Linaria alpina*, *Sempervivum*, seien genannt. Im Gegensatz zur vorhergenannten Art liebt *A. cretica* einen eher trockenen und sonnigen Standort. Der Boden sollte durchlässig sein und keinesfalls zu nahrhaft, damit die Pflanze kompakt bleibt. ♃ ⌓ ⁞ ○ ◬ △

△
Arenaria montana, Berg-Sandkraut, Großblüten-Sandkraut. In SW-Europa, nördlich bis NW-Frankreich wachsend. Gehört zu den in Gärtnereien meist verbreiteten Sandkräutern. Wächst polsterartig, die Pflanze ist an allen Teilen behaart. Die etwas weichen Blätter sind einnervig. Im Verhältnis zu den anderen Pflanzenteilen sind die weißen Blüten von beachtlicher Größe. Die Kronblätter sind so lang wie die Kelchblätter. Bildet zur Blütezeit im Mai-Juni einen geschlossenen weißen Fleck. Die Pflanze ist am zusagenden Ort gut wüchsig. Sie liebt einen sonnigen Platz und ein nicht zu schweres Substrat. In mehr lehmigem Boden sollte man für eine gute Dränage sorgen. Die Vermehrung macht kaum Schwierigkeiten, meist durch Aussaat, aber auch Teilung und Stecklingsvermehrung ist möglich. Hübsch mit rosa und rot blühenden *Armeria*, so mit der Sorte 'Düsseldorfer Stolz'. ♃ ⌓ ⁞ 🅃 ○ ◐ ◬ △ ◬

△
Arenaria tetraquetra, Kreuzsandkraut. Beheimatet in den Pyrenäen und in Gebirgen S- und SO-Spaniens. Eine hübsche kleine Pflanze mit kreuzweise gestellten, harten Schuppenblättern von fast sukkulentem Aussehen. Rasiger Wuchs, wo es ihr gefällt große Flächen bedeckend, kaum über 3 cm hoch werdend. Die Blüten stehen einzeln an der Pflanze, sitzend, sie sind vierteilig, weiß. Blütezeit Juni-Juli. Wächst in sonnigen Lagen in durchlässigen sandigen-steinigen Böden mit wenig Humusanteil und bester Dränage, sonst faulen besonders im Winter Teile der Pflanze weg oder man verliert sie insgesamt. Von dieser flachwüchsigen Pflanze gibt es noch einen sehr schönen zwergigen Typ, *A. tetraquetra* var. *granatensis* (*A. nevadensis* hort.). Die kreuzweise gestellten harten Schuppenblättchen sind noch kleiner und dichter, mit ihnen wächst die Empfindlichkeit gegenüber Nässe. ♃ ⌓ ⁞ 🅃 ○ ◬ △

Armeria alliacea (*Armeria plantaginea*), ▷ Lauchartige Grasnelke, Plumbaginaceae, Bleiwurzgewächse. Wächst in W-Europa bis SW-Deutschland, in Italien und NW-Afrika. Eine etwas höhere Grasnelken-Art von 20–40 cm, insgesamt etwas steifer als andere Arten. Die Blätter sind lineal-lanzettlich und 3–7nervig, mehr oder weniger spitz. Bildet dichte, kugelige Blütenköpfchen mit rosa, zartrosa und weißen Blüten. Die weißblühende Pflanze läuft manchmal auch unter der Bezeichnung 'Leucantha'. Sie liebt eher trokkene, sandige Böden und volle Sonne. Die Vermehrung erfolgt durch Aussaat, Teilung und durch Rißlinge. Die unter der Artbezeichnung im Handel befindlichen Typen sind nicht immer echt sondern schon hybridisiert. Die Lebensdauer ist oft beschränkt, deshalb öfter für Nachwuchs sorgen. Sieht hübsch in flachen Thymianpolstern aus, wobei man auf die Farbe achten sollte. ♃ ○ ◬ △

Armeria juniperifolia (*Armeria caespitosa*), Zwerggrasnelke. Beheimatet in den spanischen Mittelgebirgen. Bekannte, beliebte kleine Grasnelken-Art. Bildet kleine, schwachwachsende Polster, nur 5 cm hoch mit sehr kurzen, nadelartigen Blättern, die dreikantig und weiß gespitzt sind. Der flaumhaarige Blütenstengel steht kurz über dem Polster. Die Blütezeit ist Anfang Mai. Es gibt mehrere Sorten mit zartrosa, rosa und weißen Blütenköpfchen. Bei Auslesesorten ist Stecklingsvermehrung notwendig. In Kultur nicht immer ganz einfach. Liebt einen sonnenabgewandten Platz mehr als einen vollsonnigen. Der Boden sollte durchlässig sein und etwas schotterig. Oft sind die Pflanzen empfindlich gegen Winternässe. Bekannte Sorten sind 'Rubra' mit verstärkt rosaroter Blütenfarbe, 'Alba' weiß, 'Bevans Variety' rosa, niedrig und die Hybride 'Suendermannii' in dunkelrosa. ♃ ⌓ ⊤ ⊖ ◐ ○ ◬ △ ▷

Armeria maritima 'Alba', Weiße Strandgrasnelke. Zirkumpolare »Allerweltsgrasnelke«. Gehört zum Steingartengrundinventar, bildet 10–25 cm hohe Polster. Graugrüne, grasartige, lineale, meist einnervige Blätter, die am Rande oft bewimpert sind. Mit nicht sehr langgestielten, rosa, roten und weißen Blütenköpfchen. Durch das große Verbreitungsgebiet etwas unterschiedlich. Alte Gartenpflanze, die es in zahlreichen Sorten gibt. Diese ehemalige Salzwiesenstaude ist auch im Garten sehr genügsam, sehr nahrhafter Boden beeinträchtig sogar die Lebensdauer negativ. Die abgebildete 'Alba' wird etwa 15 cm hoch und ist ein guter Partner zu rosa und roten Sorten. Besonders die Sorte 'Düsseldorfer Stolz' mit ihren leuchtend rosaroten Blüten wird durch die Partnerschaft noch hervorgehoben. Weitere empfehlenswerte Sorten sind 'Frühlingszauber', 'Rotfeuer', 'Splendens', 'Laucheana'. ♃ ⌓ ○ ◐ ▲ ◬ △
▽

Armeria pungens, Stechende Strandnelke. Beheimatet in Korsika und in SW-Portugal. Eine Art, die höher wird (bis 50 cm) und an der Basis manchmal auch etwas verholzt. Die Blätter werden 10 cm lang und 0,7 cm breit, sie sind lineal, gespitzt, furchig, einnervig, dichtstehend und graugrün. Blütenstiel 35 cm und höher, große rosa Blütenköpfe mit etwa 3 cm Durchmesser, der Hüllkelch ist meist lederig aber nicht trockenhäutig. Etwas für größere Steingartenanlagen, auch hier ist auf einen vollsonnigen Standort und durchlässigen Boden mit guter Dränage zu achten. Am zusagenden Platz, im Gegensatz zu anderen Arten, verhältnismäßig gut ausdauernd. Schön in silberigen Katzenpfötchen-Teppichen oder gräulichen Thymian-Matten, wo sie mit niedrigen bis halbhohen Gräsern vergesellschaftet werden können. Vermehrung dieser Art besser durch Aussaat, bei Teilung manchmal Ausfälle. ♃ ○ ▲ △
▽

Arnebia pulchra (*Arnebia echioides*), Prophetenblume, Boraginaceae, Rauhblattgewächse. Beheimatet im Kaukasus, wo sie im Gegensatz zur Kultur oft große Polster bildet. Es ist eine rauhhaarige Staude von 20–30 cm Höhe mit zwar kleineren, aber *Pulmonaria*-ähnlichen, breitlanzettlichen Blättern, die rosettenartig stehen. Die Stengelblätter sind halbstengelumfassend, die Stengel wachsen seitlich aus der Rosette heraus. Der endständige Blütenstand hat gelbe Blüten, die innen deutlich mit einem schwarzen Fleck versehen sind, der noch während der Blüte verschwindet. Die Blütezeit dieser Pflanze, die etwas mehr Aufmerksamkeit erfordert, reicht von April-Mai. Halbschattige Lagen werden sonnigen Plätzen vorgezogen, der Boden sollte lehmig-humos und eher kühl sein. Vermehrung durch Aussaat ist möglich, es wird nur sehr wenig Samen angesetzt, vorsichtige Teilung. ♃ ◐ ⊖ ○ ▲ ⊖ ▷

Arnica montana, Bergarnika, Bergwohlverleih, Compositae (Asteraceae), Korbblütler (Asterngewächse). Obwohl eine geschützte heimische Pflanze, in vielen Gärten schwierig. Heimisch von Skandinavien bis zu südeuropäischen Gebirgen und nach Polen und Rußland reichend, auf Heiden und Moorwiesen. Eine Pflanze, die sich auf saueren Rohhumusböden wohl fühlt, Kalk und nährstoffreiche Gartenböden sind der Pflanze zuwider. Die Pflanze wird 30–40 cm hoch und gehört in größeren Steingärten, wo die Bodenbedingungen stimmen, in den Hintergrund. Die ganze Pflanze ist drüsig-flaumig und aromatisch duftend. Der steife Blütenstengel trägt 1–3, manchmal auch mehr, goldgelbe Blüten. Die bodenständigen Blätter stehen in Rosetten, die Einzelblätter sind länglich, verkehrteiförmig, ganzrandig. An der Unterseite, die kurzhaarig-rauh ist, treten die Nerven hervor. ♃ ⊟ 🅷 ◐ ⊖ ○ ▲ ▷

△

Arrhenaterum elatius ssp. bulbosum, Weißbunter Glasknollenhafer, Buntblätteriger Glatthafer, Gramineae (Poaceae), Gräser. Verbreitung in Europa, N-Afrika und W-Asien auf Fettwiesen und nährstoffreichen Lehmböden, auch in höheren Lagen. Diese weißbunte Form ist eine alte Bauerngartenpflanze, die zum Auflockern von bunten Sträußen auch für Schnittzwecke verwendet werden kann. Diese Pflanze ist unverwechselbar, da die unteren beiden Stengelglieder knollenartig verdickt und rosenkranzartig aneinander gereiht sind; deshalb hat sie Karl Foerster auch Glasknollenhafer getauft. Die Pflanze wächst locker, die Blatthorste werden bis 60 cm hoch und breiten sich aus. Zur Blütezeit ist die Pflanze höher, sie eignet sich für größere Steingärten. Sie treibt sehr früh im Jahr aus und ist zu diesem Zeitpunkt sehr schön. Zur Blütezeit wird sie manchmal ein wenig sparrig. ♃ ⟿ 🅷 ◐ ⊖ ○ ▲

Artemisia armeniaca (*Artemisia canescens*), Armenischer Wermut, Compositae (Asteraceae), Korbblütler (Asterngewächse). In Armenien und im Iran beheimatet. Eine Großgattung mit etwa 400 Arten, die meistens in Trockengebieten der nördlichen gemäßigten Zone wachsen, nur wenige in S-Afrika und S-Amerika. Ihre Wirkung im Garten beruht auf den dekorativen, silbergrauen Blättern, so auch die niedrigen im Steingarten. Die abgebildete *A. armeniaca* findet viel zu wenig Verwendung. Es ist eine aufrecht wachsende Staude, die sich etwas durch Rhizome ausbreitet. Sie kann zwar bis 1 m hoch werden, bleibt aber in mageren Trockenmauerfugen wesentlich kleiner und verträgt auch jeden Rückschnitt. Die Pflanze ist grau behaart. Die Basalblätter sind 2- oder 3fach fiederschnittig, dicht und lang gestielt, die Stengelblätter und die Brakteen sind insgesamt kleiner. ♃ ⟿ ⁞ ○ ▲ △ ▷

◁ **Artemisia schmidtiana** (*Artemisia schmidtii* 'Nana'), Japanische Zwergsilberraute, Schmidts Wermut. Heimat sind die Hochgebirge Japans, die Kurilen und Sachalin. Kriechende Polster bildend, Stengel büschelig, 15–30 cm lang, weißzottig und oben reich verzweigt. Die gestielten Blätter sind zweifach handförmig in feine, etwa 1 cm lange, dicht weißzottige Abschnitte geteilt. Die mittleren Blätter sind insgesamt 3–4,5 cm lang. Die Blütenköpfchen stehen zahlreich in endständigen, pyramidalen Rispen. Die Blüten sind weiß, der Köpfchenboden ist dicht weißwollig behaart. In Kultur ist die Form 'Nana', die nur kleiner und kompakter ist. Die silberweißen Pflanzen passen zu vielen Partnern, so zu *Helianthemum lunulatum, Campanula portenschlagiana, Geranium dalmaticum, Geranium subcaulescens* 'Splendens', *Carlina acaulis, Moltkia petraea,* bläulichen Gräsern. ♃ ⌓ ○ ▲ △

◁ **Artemisia umbelliformis** (*Artemisia mutellina*), Alpensilberraute, Tiroler Edelraute. Wächst in den Alpen und dem Apennin im Steinschutt, Verwitterungsgeröll, in Felsbandgesellschaften und an ähnlichen Plätzen, überwiegend auf kalkarmem, aber basenreichem Gestein. 5–20 cm hoch werdende, aromatisch duftende, silbrig-glänzende, seidig behaarte Pflanze. Die Blätter sind handförmig geteilt, gestielt und die Stengelblätter manchmal am Grunde geröhrt. Die Blattabschnitte sind doppelt bis einfach 3–5spaltig und 1 mm breit. Die gelblichen Blüten stehen im Juli–August in einer lockeren Traube. Die Blüte spielt im Garten eine sekundäre Rolle, schmückend sind besonders die flachen, silbrigen Teppiche. Insgesamt ist die Pflanze nicht immer ganz einfach. Voraussetzung ist ein sonniger Platz, Kultur besonders in saueren bis neutralen sandig-kiesigen Schotterböden. ♃-ђ ⁓ ⌓ ⁞ ⊟ 🅃 ○ ◭ △ ◬

△
Artemisia stelleriana, Ostasiatischer Küstenwermut. Heimat sind Japan, Korea, Sachalin, die Kurilen, Kamtschatka, auf sandigen Trockenböden, meist an der Küste. Bildet eine durchschnittlich 30 cm hohe, duftlose, in allen Teilen weißfilzig behaarte Staude, die an manchen Stellen bis zu 60 cm hoch werden kann, die aber auch noch niedriger anzutreffen ist. Mit aufsteigenden, meist aber niederliegenden Ästen, die am Grunde verholzen. Die Blätter mit Stiel werden etwa 10 × 5 cm groß, sie sind fiederlappig oder tief gezähnt, die unteren gestielt, die oberen sitzend, oft ungeteilt. Die gelblichen, breit-glockenförmigen Blütenköpfchen stehen fast aufrecht in einer traubigen Rispe. Schöne Pflanze für größere Steingärten, Steinbeete, Xerophytengärten und große Tröge. Auch auf und in der Trockenmauer verwendbar. Die Pflanze benötigt einen durchlässigen, mageren Boden und volle Sonne. ♃ ⁓ ⌓ ○ ◭ △

Aruncus parvulus 'Dagalet', Zwerggeißbart, Rosaceae, Rosengewächse. Diese noch nicht sehr lange in Kultur befindliche Art stammt aus Sibirien und wird von manchen Autoren auch zu *Astilbe* gestellt. Insgesamt ist die Gattung nicht sehr umfangreich, je nach Abgrenzung enthält sie 2–4 Arten. *A. parvulus* ist eine ideale Steingartenpflanze von 25–35 cm Höhe. Im Gegensatz zu den hohen, lockeren Arten sind an dieser Pflanze alle Teile steif und kompakt. Sie hat hübsche gefiederte Blätter und auch die weißlichen, in vielblütigen, dichten Sträußen stehenden Blüten stehen an starren, aufrechten Stengeln. Der insgesamt starre Aufbau verlangt beim Einfügen in die Pflanzung etwas Fingerspitzengefühl. Sonst stellt die Pflanze kaum Ansprüche, sie kommt mit jedem Gartenboden zurecht und kann sonnig bis halbschattig stehen. Die Blütezeit liegt im Juni–Juli. Erträgt auch Trockenheit. ♃ 🅃 ○ ◐ ⊖ ◭ ◬ △ ▷

◁ **Asarina procumbens** (*Antirrhinum asarina*), Felsenlöwenmaul, Scrophulariaceae, Braunwurzgewächse. Kommt in S-Frankreich und NO-Spanien vor, meist an etwas beschatteten Felsen in Gebirgslagen. Eine drüsig behaarte Staude mit niederliegendem, am Grunde etwas verholzendem Stengel, der 60 cm und mehr (bis 100 cm) werden kann. Dieser ist mit gegenständigen Blättern besetzt, die herzförmig, stark gekerbt, langstengelig, graugrün sind und sich klebrig anfühlen. Die löwenmaulartigen Blüten sitzen einzeln in den Blattachseln. Sie sind 3–3,5 cm groß, mit weißlicher, zart rötlich geaderter Röhre, hellgelber Lippe und dunkelgelbem Rachen. Eine hübsche Pflanze, die sich oft stark ausbreitet und die in Mitteleuropa nicht immer hart ist. Wenn reifer Samen ausfallen kann, verliert man andererseits die Pflanze nicht, da sich genügend Jungpflanzen bilden. Kalkmeidend. ♃ ⁓ ⁞ ⊟ ⋏ ◐ ⊖ ○ ◭ △

◁ **Asperula arcardiensis,** Griechischer Meier, Rubiaceae, Krappgewächse. Beheimatet in Griechenland, in den Gebirgen an Kalkfelsen wachsend. Eine hübsche Staude für den etwas erfahrenen Steingarten-Liebhaber. Flache, etwa 5–15 cm hohe, teppichbildende Pflanze, die an der Basis im Alter etwas verholzen kann. Die verzweigten Stengel sind mit lineal-lanzettlichen, 8–10 mm langen und 1,5–2,5 mm breiten, dicht grauhaarigen Blättchen besetzt. Von Juni bis August tragen die Pflanzen wenigblütige Köpfchen, die von Hochblättern umgeben sind. Die endständigen Blüten sind eng trichterförmig, glatt, rosa und mit einer 8–10 mm langen Röhre versehen. Benötigt volle Sonne und eine sehr gute Dränage, zu viel Feuchtigkeit bedeutet oft den Tod der Pflanze. Deshalb sollte das Substrat sandig-steinig und kalkhaltig sein. Schön auch im Trog, sicherer ist die Kultur im Alpinenhaus. ♃ ⩋ ⌓ ⁞ ⊞ ⋀ ○ ▲ △ △

△

Asperula aristata ssp. thessala (*Asperula sintenisii*), Thessalischer Meier. Heimat ist Griechenland und die Türkei. Sie wächst dort an felsigen Plätzen und im trockenen Grasland. Diese Art ist in Kultur noch wenig verbreitet. Hinsichtlich der genauen Bezeichnung gibt es noch einige Fragezeichen, was aber die weitere Verbreitung dieser Pflanze nicht bremsen soll. Hinderlich ist allenfalls die Zuordnung zu *Asperula aristata*, da bei dieser Art sehr unterschiedliche Wuchsformen zu finden sind. Die Pflanzen wachsen häufig aufrecht, aber auch polsterartige Typen sind bekannt, die teilweise an der Basis verholzen. Die Blätter stehen zu 4 in Quirlen, sie sind lanzettlich bis lineal mit einer oft kurzen, transparenten Spitze. Die nichtblühenden Triebe sind grün-graugrün. Die Unterart *A. aristata* ssp. *thessala* ist eine niedrige, polsterbildende Pflanze von 5–10 cm Höhe, rosarot blühend. ♃ ⌓ ⁞ ⊤ ○ ⊖ △ △

Asperula hirta, Pyrenäen-Meier, Borstiger ▷ Meier. Aus den mittleren und den W-Pyrenäen, dort sehr oft auf Kalkfelsen wachsend. Lockere, rasenbildende Polster mit 8–15 cm hohen, kahlen oder behaarten Stengeln. Die Pflanze bildet unterirdische Ausläufer. Die Blätter sind 9–15 mm lang und 1–2 mm breit, lanzettlich mit nur wenig zurückgerolltem Rand, dort und an der Mittelrippe abstehend behaart. Die Blütenkrone ist weiß, im Verblühen mehr rosa verfärbend. Die Röhre ist leicht trichterförmig und nur wenig länger als die Abschnitte. Die Blütezeit liegt im Juni-Juli, wo es allerlei kleine Pflanzen als Partner gibt, wie *Campanula carpatica* var. *turbinata*, *Euphorbia capitulata*, *Inula ensifolia* 'Goldammer' u.a. Die Pflanze liebt sonnige Plätze und einen wasserdurchlässigen, aber nicht zu leichten Boden, der kalkhaltig sein sollte. Die Vermehrung erfolgt meist durch Aussaat. ♃ ⩋ ⌓ ⁞ ○ ⊖ ▲ △ △

◁ **Asplenium trichomanes,** Braunstieliger Streifenfarn, Schwarzbraune Steinfeder, Aspleniaceae, Streifenfarngewächse. Großgattung mit über 650 Arten in allen Erdteilen. Für den Steingarten gibt es einige hübsche Mauerspaltenpflanzen darunter. Die genannte Art wird mit ihren einfach gefiederten Wedeln 5–20 cm hoch. Ein Kosmopolit der gemäßigten und subarktischen Zone, dort an feuchtschattigen Felsen, an Hängen, an Baumstümpfen und ähnlichen Plätzen wachsend. Der Stiel und die Mittelrippe sind schwarzbraun, Blätter mattgrün und ausdauernd. Die dicken Rhizome können oft zahlreiche Blätter treiben und kompakte Horste bilden. Dieser Zwergfarn ist im Garten die wüchsigste Streifenfarn-Art. Liebt keine volle Sonne, wächst aber sonst in allen Gartensituationen. Akzeptiert saueres als auch kalkhaltiges Substrat. 'Ramo Cristatum' und 'Incisum' sind Formen. ♃ ⁞ ⊤ ◐ ⊖ ● ▲ △ △

Aster alpinus, Alpenaster, Compositae ▷ (Asteraceae), Korbblütler (Asterngewächse). Die Gattung ist mit über 500 Arten weit verbreitet. Die Alpenaster wächst in europäischen Gebirgen, in W- und M-Asien und im westlichen N-Amerika. Im Steingarten wichtiger Blüher des Spätfrühlings. Diese rauhhaarige Staude macht keine Ausläufer und wird 20–30 cm hoch. Die Blätter sind länglich-spatelförmig und bilden eine grundständige Rosette. Die einzelnen endständigen Blütenkörbchen haben einen Durchmesser von 3–5 cm, die Röhrenblüten sind gelb, während die Zungenblüten unterschiedlich gefärbt sind. Es gibt sie in einem breiten Farbspektrum, violett, blauviolett, rosa, rot und weiß. Die Pflanze kann unter Umständen sehr alt werden, andererseits verschwinden auch Pflanzen schon nach 3–4 Jahren. Deshalb die Pflanze frühzeitig teilen und verpflanzen, was einfach ist. ♃ ⁝ 🅃 ○ ◐ ⊖ ▲ △ ⚠

△
Aster alpinus 'Gritje', Gefüllte, weiße Alpenaster. Es gibt von dieser Art zahlreiche Züchtungen, sowohl generativ vermehrbare, als auch nur vegetativ zu vermehrende Sorten. Vor kurzer Zeit sind im Sortiment auch einige gefüllt blühende Neuheiten der Alpenaster aufgetaucht. 'Gritje' ist weiß gefüllt und insgesamt eine sehr hübsche Pflanze, die auch in der Höhe, durch ihren etwas kompakteren Wuchs, voll befriedigt. Die Vermehrung muß vegetativ durch Teilung oder durch Stecklinge erfolgen, was nicht sehr schwer ist. Besonders die Stecklingsvermehrung bringt über einen langen Zeitraum gute Ergebnisse. Empfohlen wird die Stecklingsvermehrung besonders kurz nach der Blüte. In Bewurzelungshormon getaucht, in Sand-Torf-Gemisch gesteckt und unter »gespannter Luft« gehalten, sind die Stecklinge schon nach etwa 3 Wochen bewurzelt und können getopft werden. ♃ ⁓ ⁝ 🅃 ○ ⊖ ◐ ⚠ △

△
Aster alpinus 'Happy End'. Bei dieser Alpenaster handelt es sich um eine durchgezüchtete Sorte, die samenvermehrbar ist und gleichmäßig reinrosa Blüten bringt, während sonst Aussaaten ein Gemisch unterschiedlicher Typen hervorbringen. Die Pflanzen werden etwa 30 cm hoch und bilden ansehnliche Blütenkissen. Weitere samenvermehrbare, treu fallende Sorten sind 'Weiße Schöne' (großblumig weiß), 'Dunkle Schöne' (30 cm, dunkelviolett) und 'Goliath' (zartblau mit großen Blüten). Zusätzlich wird von den Samenzüchtern eine Formelmischung (mit gleichbleibendem Farbanteil) mit der Bezeichnung 'Trimix' angeboten, die aus weißen, rosa und blauen Farben besteht. Die Anzucht aus Samen macht keine Schwierigkeit, der Samen keimt gut. Obwohl aus Gebirgen stammend kein Kaltkeimer, trotzdem ist frühzeitige Aussaat vorteilhaft. Rechtzeitig in Töpfe pikieren.
♃ ⁝ ○ ⊖ ◐ ▲ △ ⚠

◁ **Aster alpinus 'Sabine'.** Diese blauviolette Alpenaster ist das Gegenstück zu 'Gritje', sie hat ebenso hübsche, gefüllte Blüten. Wie diese kann auch hier nur vegetativ vermehrt werden, durch Teilung und durch Stecklinge. Die dritte im Bunde ist 'Abendschein', leuchtend rosa. Hierher gehört auch eine Hybride, *Aster alpinus* × *Aster amellus*, die unter der Bezeichnung *A.* × *alpellus* 'Triumph' bekannt ist, eine etwa 20 cm hohe Pflanze, dichtrasig wachsend, mit orangefarbener Scheibe und violettblauen Zungenblüten. Diese Pflanze muß öfter verpflanzt werden, wenn man sie nicht verlieren will. Zur Blütezeit im Mai-Juni gibt es zahlreiche hübsche Partner, wie flachwachsende *Potentilla*, niedere *Achillea*, *Gypsophila repens*, *Saponaria ocymoides*, *Anthemis marschalliana*, *Heuchera*, *Hypericum polyphyllum*, *Sedum*-Arten. Verträgt durchaus frische Böden, keine Nässe.
♃ ⁝ ○ ⊖ ◐ ▲ △ ⚠

Aster amellus, Bergaster. Beheimatet vom ▷ nördlichen M-Frankreich und Litauen südlich bis N-Italien und Mazedonien. In Sibirien, Kaukasus, Armenien und Anatolien, dort auf steinigem, kalkhaltigem Untergrund oft in lockerem Gebüsch wachsend. Während die zahlreichen Züchtungen von *A. amellus* für viele Steingärten zu groß und breit werden, ist die eigentliche Art, mit ihrem gedrungenen Wuchs und den weniger auffallenden Blüten, durchaus zu gebrauchen. 30–50 cm hoch werdend mit aufrechten, am Grunde verholzenden Stengeln, die oben ebensträußig verzweigt sind. Die ganze Pflanze ist rauhhaarig, die Blätter sind breit-lanzettlich und im Stiel verschmälert, meist ganzrandig, selten gezähnt. Die Scheibenblüten sind gelb und bei der Art meist lavendelfarben. Die Bergaster liebt einen sonnigen, trockenen Platz und einen Boden der kalkhaltig und gut durchlässig ist. ♃ ⊞ ⊡ ○ ◭ △

Aster dumosus 'Heinz Richard'. Bei der ▷ Sortenauswahl muß man bei *Aster dumosus* etwas auf die Größe achten. In großen Steinanlagen können zwar alle Sorten Verwendung finden, in kleineren dagegen sollte man nur echte Zwerge verwenden. Mit 'Heinz Richard' liegt eine Sorte aus dem Mittelfeld vor, die Wuchshöhe beträgt etwa 30 cm. Sie ist gut wüchsig und großblumig. Die Blütenfarbe zeigt ein sehr leuchtendes Rosa, das in naturnah gestalteten Anlagen schon etwas zu auffallend ist, in formalen Steinanlagen gibt es dagegen keinerlei Bedenken. Wichtig ist bei allen *Aster*-Dumosus-Hybriden, daß die Pflanzen nach einiger Zeit aufgenommen und neu gepflanzt werden, um Überalterung vorzubeugen, da diese dann krankheitsanfälliger werden. Weichhautmilben führen zum Verkrümmen der Blätter und Ausfall der Blüten, die *Verticillum*-Welke wurde schon erwähnt. ♃ ⟿ ⌓ ○ ◐ ◭ △

△

Aster dumosus 'Blue Baby', Kissenaster. Die Art wächst in den USA, von Maine bis Ontario und von Michigan und Illinois, südlich bis Florida, Louisiana und Texas. Von ihr gibt es eine große Anzahl von Züchtungen, die unterschiedlich in der Höhe, in der Vitalität und der Blütenfarbe sind. Die Art hat einen kriechenden Wurzelstock, die gesamte Pflanze ist kahl, die Blätter ungestielt und lineal-lanzettlich, ganzrandig. Lockerer bis dicht doldig verzweigter Blütenstand mit kleinen Blüten. Die Art ist im Gegensatz zu den Züchtungen kaum verbreitet. Diese sind meist durch Einkreuzung von *Aster novi-belgii* entstanden. 'Blue Baby' ist eine kompakte Sorte, die in England entstanden ist. Mit ihren blauvioletten Blüten kann sie an viele Steingartenplätze gesetzt werden. Leider ist diese Sorte in Mitteleuropa insgesamt etwas anfälliger gegen Pilzkrankheiten (*Verticillium*-Welke). ♃ ○ ◐ ◭ △ ◬

◁ **Aster dumosus 'Rosenwichtel'.** Ein interessanter Zwerg, der in kräftigem Dunkelrosa blüht und nur 15 cm hoch wird. Eine Kissenaster, die noch für sehr kleine Pflanzplätze geeignet ist, wobei auch hier der etwas schreiende Blütenfarbton bei der Benachbarung zu beachten ist. Hinsichtlich Blütezeit gehört die Sorte zu den etwas früher blühenden, oft öffnen sich schon im August die ersten Blüten. Frühzeitiges Aufnehmen und Neupflanzung im Frühling ist bei den Superzwergen von noch größerer Bedeutung. Bei der Gelegenheit können einige Außentriebe, die fast immer schon einige Wurzeln haben, abgetrennt und zu dreien in einen Topf gepflanzt werden. Schon nach kurzer Zeit haben sich die Triebe etabliert und die Ballenpflanzen können an einen neuen Gartenplatz gesetzt werden. Selbstverständlich können solche Außentriebe auch sofort an den neuen Ort gepflanzt werden. ♃ ⟿ ⊡ ○ ◐ ◬ △

◁ **Aster dumosus 'Zwergenhimmel'.** Diese von der Höhe her im Mittelfeld liegende Sorte, mit etwa 20 cm Höhe, zeigt einen hübschen, hellen Blauton, der farblich überall leicht zu kombinieren ist. *Aster dumosus* benötigen einen sehr nahrhaften Boden, von der Struktur her kann man ihn als sandig bis lehmig-humos bezeichnen. Wenn mit Düngung im Steingarten allgemein gesehen sehr sparsam umgegangen werden muß, lieben die Kissenaster doch nach einiger Zeit etwas Nachhilfe; die dichtstehenden Triebe hungern den Pflanzplatz nach einiger Zeit aus. Von der Benachbarung her bieten sich allerlei Partner, wobei es besser ist, wenn diese keine auffallenden Farben zeigen. So sehen Kissenastern hübsch zwischen frühjahrsblühenden Polsterstauden aus, die zur Blütezeit der Astern einen ruhigen grünen Teppich bilden. Partner sind auch *Liatris*, niedere *Solidago*, halbhohe Gräser. ♃ ⁓ ○ ◐ ▲ △

Aster sedifolius 'Nanus' (*Aster acris*), Sternblütenaster. Wächst in S- und O-Europa, im östlichen Mittelmeergebiet, N-Asien. Während die Art für Steingärten und andere Steinanlagen meist zu hoch wird (60–80 cm), wird die 'Nanus'-Form nur 20–40 cm und läßt sich in den meisten Anlagen gut einfügen. Der Stengel ist doldenrispig verzweigt und dicht beblättert. Die Blätter sind lineal-lanzettlich und an beiden Enden verschmälert, ungestielt und von blaugrüner Farbe. Die Blüten stehen in einer Doldenrispe und haben eine sternartige Form, gelbe Scheibenblüten und lila Zungenblüten. Insgesamt eine dauerhafte und robuste Wildaster. Die halbkugeligen Blütenbüsche zieren den herbstlichen Steingarten. Sonnige, offene Lagen werden gewünscht und ein normaler Gartenboden. Partner sind niedrige gelbe Fingersträucher (*Potentilla fruticosa*), und niedere bis halbhohe Ziergräser. ♃ [H] ○ ◐ ▲ △
▽

Aster lateriflorus var. horizontalis ▷ (*Aster lateriflorus* 'Horizontalis'), Seitenblütige Wildaster. Heimat ist N-Amerika, von den Magdaleneninseln bis Ontario und Minnesota, südlich bis Tennessee und Arkansas. Die eigentliche Art wird bis 1,2 m hoch und für die meisten Steingartenanlagen zu mächtig, *A. lateriflorus* var. *horizontalis* wird dagegen nur 50–70 cm hoch, zumindest wenn der Boden nicht zu nährstoffhaltig ist. Diese Varietät ist deshalb durchaus für den größeren Steingarten geeignet, zusätzlich kann die Pflanze auch etwas in den Hintergrund gesetzt werden. Die Pflanze zeigt einen lockeren Aufbau mit eher waagrechten Trieben. Die Grundblätter sind eiförmig, die Stengelblätter sind lineal-lanzettlich, ganzrandig und fein gesägt. Die Blütenköpfe sitzen gehäuft in den Blattachseln der Seitenzweige, die Zungenblüten sind weiß bis hellrot. Blüht September-Oktober. ♃ [H] ○ ◐ ▲ △

◁ **Aster tongolensis,** Chinesische Frühsommeraster, Himalajaaster. Heimat ist W-China. Setzt den mit *A. alpinus* begonnenen Asternflor fort. Die eigentliche Art ist kaum verbreitet, eher die zahlreichen Sorten, an denen wahrscheinlich auch andere Arten beteiligt sind. Bildet 30–40 cm hohe, schwach behaarte Pflanzen mit ausgebreitetem Wuchs. Die ganzrandigen Blätter sind länglich-oval. Die Blütenköpfe haben einen Durchmesser von 4–5 cm, die lilablauen Zungenblüten sind bis 3 cm lang und 5 mm breit. Die Art hat orangegelbe Scheibenblüten. Blütezeit Mai-Juni. Wichtige Sorten sind 'Berggarten' mit 40 cm Höhe und hellvioletten Blüten, 'Wartburgstern' ebenfalls mit 40 cm Höhe und blauvioletten Blüten und die für den Steingarten wegen ihrer geringen Höhe bedeutsame Sorte 'Berggartenzwerg', die nur 20 cm hoch wird und blauviolette Blüten hat. 'Leuchtenburg' wird leider bis 50 cm hoch. ♃ ○ ◐ ▲ △

△
Astilbe-Crispa-Hybride 'Liliput', Krause Zwergprachtspiere, Saxifragaceae, Steinbrechgewächse. Im Jahre 1915 fand der Staudenzüchter Georg Arends bei seinen Astilbenzüchtungen Zufallssämlinge, die nur 15–20 cm hoch waren, langsam und steif aufrecht wuchsen und krause Blätter hatten. Der Austrieb dieser Sorte zeigt einen bräunlichen Farbton. Sie sind aber interessante Steingartenpflanzen, besonders für kleinflächige Anlagen, selbst für Tröge und ähnliche Pflanzplätze.EssinddieSorten'Liliput'und'Perkeo'.Die Blütenstände der *Astilbe*-Crispa-Hybriden sind steif, aufrecht und kräftig. 'Liliput', 1927 in den Handel gekommen, zeigt einen schönen hellrosa Blütenfarbton, der farblich sehr verträglich ist. Wer eine mehr flächige geschlossene Pflanzung will, benötigt Geduld, der Pflanzabstand beträgt dann 25–30 cm. Der Boden sollte eine milde Feuchtigkeit haben. ♃ ⌓ 🅃 ◐ ⊖ ○ ◬ △

△
Astilbe-Crispa-Hybride 'Perkeo', Krause Zwergprachtspiere. Eine ähnliche Pflanze wie die vorstehende Sorte, die nur geringfügig später in den Handel gekommen ist. Beide ergänzen sich gut, da 'Perkeo' eine tiefrosa Blütenfarbe zeigt; sonst ist wenig Unterschied, der Austrieb ist mehr grünlich und der Zuwachs geringfügig stärker. Die Blütezeit liegt wie bei der Sorte 'Liliput' im Juli, wenn es im Steingartenbereich von der Blüte her schon ruhiger geworden ist. Gepflanzt werden beide Sorten in den halbschattigen Steingartenbereich oder an absonnigen Stellen, die aber nicht zu dunkel sein sollten. Wenn der Boden nicht zu trocken ist, werden auch sonnigere Steingartenplätze akzeptiert. Wider Erwarten sprechen die *Astilbe*-Crispa-Hybriden gut auf Dünger an. Wer sucht, findet auch hier genügend Partner. Geeignet sind zierliche Farne, Gräser (*Carex ornithopoda* 'Variegata'). ♃ ⌓ 🅃 ◐ ⊖ ○ ◬ △

△
Astilbe-Glaberrima-Hybride 'Sprite', Kahle Prachtspiere. Manchmal auch zu *Astilbe simplicifolia* gestellt. Die Art ist in Japan beheimatet. Diese kleine *Astilbe* hat einen vielköpfigen Wurzelstock. Die Blätter sind etwa 10 cm lang und bilden in der Jugend frischgrüne und im Alter dunkelgrüne Büschel. Die Blüten sind rosa und die Pflanze wird etwa 20 cm hoch. Deshalb durchaus noch in den Steingarten passend. Die Sorte 'Sprite' ist zierlich und hat schöne, etwas bronzegrün gefärbte Blätter und weiße, zartrosa überhauchte Blütenrispen. (Der Farbton wird auch als Muschelrosa bezeichnet.) Bei ihr liegt die Blütezeit im Juli-September. Die Höhe dieses Zwerges liegt zwischen 25 cm und 35 cm und er wird etwa 30 cm breit. Ein Steingartenschatz für nicht zu sonnige Plätze. Einkühler,humusreicherBodenwirdgeschätzt. Flächig pflanzbar. Vermehrung hauptsächlich durch Teilung. ♃ ● ◐ ⊖ ◭ △

Astilbe simplicifolia × glaberrima var. saxatilis. ▷ Eine exzellente und ansehnliche Pflanze für feuchte, humusreiche Böden. Die Pflanze ist reichblühend und hat schaumige, weiß-fleischfarbene, federbuschartige Blüten. Blütezeit im Sommer, wenn es allgemein im Steingarten etwas stiller ist. Diese Staude bleibt mit etwa 15–25 cm Höhe auch etwas niedriger als die vorstehende Art. Wenn es hin und wieder Ärger gibt, liegt die Ursache bestimmt bei einem zu sonnigen und zu trokkenen Pflanzplatz. Auch diese Pflanze ist flächig pflanzbar. Es finden sich allerlei geeignete Pflanzen, wobei kleine Farne und Schattengräser eine wichtige Rolle spielen. Auch die jetzt beliebten Zwerghosta, einfarbig oder panaschiert, sind gute Partner; mit ihren etwas plumpen Blätter unterstreichen sie noch das zarte Aussehen der *Astilbe*. Volle Sonne wird nur bei einer entsprechenden Bodenfeuchte vertragen. ♃ ● ◐ ⊖ ◭ ◬

◁ **Astragalus angustifolius,** Schmalblätteriger Tragant, Leguminosae (Fabaceae), Hülsenfrüchtler. Auf dem Balkan, auf Kreta und in Kleinasien wachsend. Dieser polsterbildende Halbstrauch wird, im Gegensatz zu vielen anderen *Astragalus*-Arten, nur 15–30 cm hoch. Er ist sehr dauerhaft und kann im Laufe der Zeit bis 1 m breit werden. Die Blättchen sind silbergrau, an der Oberseite striegelhaarig und etwa 4,2 cm lang. Die Blüten stehen zu wenigen in Köpfen, sie sind 3 cm groß und cremeweiß. Die Blütezeit liegt im Mai-Juni. Ideale Pflanze für Trockenmauern, sowohl für Fugen als auch für Mauerkronen und für steile Hänge. Sie liebt sonnige Plätze und guten Wasserabzug. Die Vermehrung erfordert etwas Aufmerksamkeit. Entweder durch Einsanden im Herbst und Abschneiden mit Topfen der bewurzelten Triebe im Frühling oder durch Rißlinge im Herbst, die in tiefe Töpfe gepflanzt werden. ♃-♄ ⁓ ⌓ ⁞ ○ ▲ △

Astrantia major, Große Sterndolde, Umbelliferae (Apiaceae), Doldenblütler (Selleriegewächse). Wächst in M- und O-Europa, südlich bis N-Spanien, M-Italien, Bulgarien und im Kaukasus. Auf Bergwiesen, in Schluchtenwaldgesellschaften, meist auf frischen bis feuchten, nährstoffreichen, kalkhaltigen Böden. Die Pflanze wird 30–80 cm hoch und ist deshalb in Steingärten mehr für den Hintergrund geeignet. Für kleinere Anlagen eignet sich eher *Astrantia minor*, die Kleine Sterndolde. *A. major* hat handförmige, meist fünfteilige Grundblätter, deren Mittelabschnitt bis zum Grund frei ist, im Gegensatz zu den Seitenabschnitten, die bis zu einem Drittel verwachsen sind. Die aufrechten, entfernt beblätterten Stengel sind an der Spitze trugdoldig verästelt. Die Kronblätter sind weiß oder rötlich. Die Blütezeit liegt im August. 'Primadonna' ist eine rote Samensorte. Oft Selbstaussaat. ♃ H ◐ ⊖ ○ ▲ ▷

◁ **Athyrium distentifolium** (*Athyrium alpestre*), Alpenfrauenfarn, Athyriaceae (Woodsiaceae), Frauenfarngewächse (Wimperfarngewächse). Heimat sind die Mittel- und Hochgebirge Europas, Kleinasiens und N-Amerikas. Oft in Krummholzbeständen und an steinigen Matten, in Höhenlagen von 800–2400 m. Die Rhizome sind kräftiger als beim bekannten Waldfrauenfarn und die Wedel stärker geteilt, die Wedelabschnitte sind mehr länglich-lanzettlich. Insgesamt kann der etwas heiklere Alpenfrauenfarn höher werden als der Waldfrauenfarn, oft 80–100 cm; es gibt aber auch Exemplare, die 1,5 m hoch werden können. Das schließt seine Verwendung in Steinanlagen keinesfalls aus, liegen halbschattige Plätze doch meist im Hintergrund oder im Nordteil, wo es von Vorteil ist, wenn hin und wieder eine »Rakete« hochgeht. 'Kupferstiel' hat rötliche Stengel, ist aber sonst wie die Art. ♃ H ◐ ⊖ ▲

△
Astrantia major 'Sunningdal Variegated', Panaschierte Sterndolde. Eine sehr hübsche, besonders in England verbreitete Form mit weiß-grün panaschierten Blättern, die es wert ist, weiter verbreitet zu werden. Diese bunten Polster aus bodenständigen Blättern lockern auch schattigere Steingartenanlagen etwas auf. Diese panaschierte Form ist etwas blühfauler als die eigentliche Art, was aber kein Nachteil ist, da das bunte Blattpolster im Vordergrund steht. Die Vermehrung dieser Form erfolgt nur durch Teilung, während *A. major* sonst durch Aussaat vermehrt wird. Meist spielen solche generativ vermehrten Pflanzen etwas zwischen weißgrünen und rosa Tönen. Bei der vorher erwähnten Sorte 'Primadonna' handelt es sich um rote Töne, bei denen das Spektrum von hell- bis tiefpurpurn geht. Oft findet im Garten auch Selbstaussaat statt, ohne daß die Sämlinge lästig werden. ♃ H ◐ ⊖ ○ ▲

◁ **Athyrium niponicum 'Metallicum Cristatum',** Gekrönter japanischer Regenbogenfarn, Geschlitzter Brokatfarn. Ein noch sehr seltener Farnschatz. Die Art wächst in Japan, der Mandschurei, Korea und Formosa, in lichten Wäldern. Die eigentliche Art hat intensiv grüne Blätter, einen mehrköpfigen kriechenden Wurzelstock mit büschelig angeordneten, unregelmäßigen, langgestielten Wedeln. Die Stiele sind dünn, glatt und zerbrechlich. Die Wedel sind bis einen halben Meter lang und 12–20 cm breit, dünnlaubig und mattgrün. Von diesem Farn gibt es Formen mit grau-rötlich-metallischen Wedeln, die zu dem Namen Regenbogenfarn führten. Ebenso gibt es eine weitere Spezialität, eine Cristata-Form, die allerdings noch sehr selten ist. Sie bleibt viel kompakter als die Art und eignet sich gut für lichte Schattenplätze im humosen Boden. Treibt im Frühling spät aus. ♃ ◐ ⊖ ▲ △

Aubrieta × cultorum 'Pleniflora', Gefülltblühendes Blaukissen. Neben den vielen vegetativ oder generativ vermehrten Farbsorten mit einfachen Blüten, gibt es auch einige Sorten mit gefüllten Blüten, die aber weniger verbreitet sind. Normalerweise werden sie durch Teilung, Stecklinge oder Rißlinge vermehrt. Aussaaten ergeben Sämlinge mit einfachen Blüten, bei denen aber ein mehr oder weniger großer Anteil mit gefüllten Blüten darunter ist. Solche Pflanzen muß man dann auslesen. Sehr viele Vorteile bringen gefüllt blühende Blaukissen nicht, es ist eine reine Liebhabersache, allerdings ist die Blütezeit, wie bei allen gefüllt blühenden Pflanzen, etwas länger. Sie benötigen ein wenig mehr Aufmerksamkeit. Das gilt auch beim Vergleich der Züchtungen alter, kleinblumiger Sorten der Jahrhundertwende, diese waren wesentlich unempfindlicher als die neuen großblütigen. ♃ ⁓ ⌓ ⁞ T ○ ◐ ▲ ▲ △ ▽

◁ **Aubrieta × cultorum 'Argenteo-variegata',** Weißgerandetes Blaukissen, Cruciferae (Brassicaceae), Kreuzblütler (Kohlgewächse). Wir schließen uns der internationalen Sprachregelung an, in dem wir *Aubrieta × cultorum* schreiben und nicht *Aubrieta*-Hybriden. Von dieser wichtigen Polsterstaude des Frühlings gibt es auch drei etwas unterschiedliche Variegata-Formen mit weißlichem oder gelblichem Rand, bekannt als 'Aureo-variegata', 'Nana-variegata' und der genannten 'Argenteo-variegata'. Sie sind etwas für Liebhaber von panaschierten Pflanzen, die keinesfalls eine Fernwirkung haben; erst bei Nahbetrachtung wirken die kleinen, hellgerandeten Blättchen, deshalb sind diese Typen mehr für kleine Steingärten und für Tröge und Kübel geeignet. Vermehrt werden diese Pflanzen nur durch Teilung, Rißlinge und Stecklinge, also vegetativ. Die Blüte ist normal lila-violett. ♃ ⁓ ⌓ ⁞ T ○ ◐ ▲ △

◁ **Aubrieta × cultorum,** Blaukissen-Hybriden. Die Heimat der wichtigsten an den Hybriden beteiligten Art, *A. deltoidea*, geht von Sizilien über den Balkan bis Kleinasien. Sie hat einen kräftigen Wuchs, ist verhältnismäßig großblütig in Blau oder Weiß. Blütezeit ist April-Mai. Im Laufe der Zeit sind viele Hybriden entstanden, deren genaue botanische Herkunft kaum mehr zu rekonstruieren ist. Alle sind dankbare Pflanzen, die zum Standardinventar eines Steingartens gehören. Sie alle lieben einen sonnigen Platz und einen normalen, durchlässigen Gartenboden. Es gibt reinerbige, samenvermehrbare Farbsorten, wie 'Novalis Blau' (mittelblau), 'Hendersonii' (violett), 'Leichtlinii' (violett), 'Royal Red' (kardinalrot), 'Whitewell Gem' (weiß). Noch viel größer ist das Sortiment der vegetativ zu vermehrenden Sorten, die man den Katalogen der Staudengärtnereien entnehmen sollte. ♃ ⁓ ⌓ ⁞ T ○ ◐ ▲ △ ▲

Aubrieta gracilis, Zierliches Blaukissen. ▷ Heimat ist die Balkanhalbinsel. Für Liebhaber und Sammler gibt es neben den vorhergenannten Hybridformen und -sorten auch botanische Arten für den Steingarten, wenn diese auch weniger oft im Angebot sind. Oft bleibt nur Eigenanzucht aus Samen, den man über Botanische Gärten oder durch die Samentauschaktionen der Pflanzenliebhabergesellschaften erhält. *A. gracilis* bildet Polster und Matten. Die Blätter sind lineal-lanzettlich oder länglich-eiförmig, 7–20 mm lang und 1–4 mm breit, sternartig und einfach behaart, ungeteilt bis leicht gezahnt. Die Sepalen sind 5–10 mm lang, die Petalen 10–20 mm und purpur-violett gefärbt. Es gibt etwas variierende Farbtypen. Blüht im Mai-Juni, auch spätere Nachblüten möglich. Weitere reine Arten in Kultur sind: *A. canescens, A. columnae, A. erubescens, A. glabrescens, A. intermedia.* ♃ ⇝ ⌓ ⁞ ⊡ ○ ⊖ ◬ △

△

Azorella trifurcata, Andenpolster, Umbelliferae (Apiaceae), Doldenblütler (Selleriegewächse). Pflanzen der Gebirge S- und M-Amerikas und Neuseelands. Die genannte Art wächst an der Südspitze von S-Amerika (Chile, Argentinien), auf Neuseeland und auf antarktischen Inseln. Bildet stark verzweigte, tiefgrüne Polster mit ganzrandigen, gezähnten oder eingeschnittenen und leicht nach Möhren duftenden Blättern. Diese sind auch die Hauptzierde, denn die in kleinen Dolden stehenden gelbgrünen Blüten sind unscheinbar. Die immergrünen, etwas stachelig wirkenden Polsterpflanzen gehören zu den nicht allzu häufigen Pflanzen Südamerikas, die auch gut in Gärten der nördlichen gemäßigten Zone gedeihen. Sie wachsen an sonnigen, absonnigen und halbschattigen Plätzen im wasserdurchlässigen Boden. Sie sind zwar völlig winterhart, lieben aber keinesfalls übermäßige Nässe. ♃ ⌓ ⁞ ○ ◐ ⊖ ◬ △ ◬

Berberis thunbergii 'Bagatelle', Rotlaubige Zwergberberitze, Berberidaceae, Berberitzengewächse. Die Stammart ist in Japan beheimatet, es ist eine sommergrüne Berberitzen-Art, von der es zahlreiche Kulturformen gibt. Auch im Steingarten sollte man nicht auf sie verzichten. 'Bagatelle' ist eine besonders langsam wachsende Zwergform, die sich sogar für Tröge eignet. Sie bildet eine abgeplattete, ballrunde Form. Die Triebe stehen sehr dicht und sind etwas brüchig. Der Zierwert wird, außer durch den kleinen, kompakten Wuchs, durch die rötlichen schmal bis breit-elliptischen Blätter bestimmt. Beim Austrieb sind sie braunrot, im Alter gehen sie mehr nach schwarzrot. Leider werden die Pflanzen, wenn man nicht aufpaßt, von Raupen kahl gefressen. Ähnlich 'Bagatelle' ist die Sorte 'Atropurpurea Nana'. Ein guter Partner als Farbkontrast ist die dunkelgrüne Sorte 'Kobold'. ♄ ⊡ ○ ◐ ◬ △ ◬ ▷

◁ **Bergenia crassifolia,** Dickblätterige Bergenie, Saxifragaceae, Steinbrechgewächse. Heimat ist Sibirien, die Mongolei und Korea. Diese ostasiatische Gattung hat einen kriechenden, dicken Wurzelstock und große, einfache lederige, rundovale, wintergrüne Blätter, die bei *B. crassifolia* etwas mehr länglich und verkehrt-eiförmig sind. Der Blütenstiel ist kantig und rötlich getönt Am Pflanzplatz alt werdende Staude, die mit der Zeit größere Flächen einnimmt; deshalb ist die Pflanze nicht für jeden Steingartenplatz geeignet. Keinesfalls für kleine Steingärten. Liebt sonnige Plätze, die nicht zu trocken sind, gedeiht aber auch im Halbschatten und an absonnigen Plätzen. Bildet gut über dem Blattpolster stehende Blütenrispen mit mehr oder weniger nickenden, purpurrosa Einzelblüten. Für kleine Steingärten empfiehlt sich mehr *B. crassifolia* var. *pacifica*, die viel kleiner ist. ♃ ⇝ ⁞ ○ ⊖ ◐ ◬ △

◁ **Bergenia-Hybride 'Silberlicht'.** Was bei der vorhergehenden Pflanze gesagt wurde, gilt in viel stärkerem Maße für die zahlreichen Hybriden, deren Verwendung im Steingarten allein durch das kräftige Flächenwachstum eingeschränkt wird. Die Sorte 'Silberlicht' gehört zu den stärker wachsenden Sorten. Sie hat weiße Blüten, die beim Verblühen in einen rosa Ton übergehen. Das Gegenstück, die Sorte 'Morgenröte' mit karminroten Blüten, hat dagegen kleinere Blätter, ist weniger wüchsig und paßt auch noch in Steingärten normaler Größe. Eine Möglichkeit, größere Bergenien im Steingarten zu verwenden, ist eine Pflanzung in Trockenmauerfugen, was sie durchaus mitmachen. Sie können sich dort meist ungehindert ausbreiten und der Wuchs ist auch etwas gebremster. An den Boden stellen die Bergenien keine großen Ansprüche, jeder Gartenboden wird akzeptiert. ♃ ⟿ ⁞ ○ ◐ ● ⚠ △

△
Blechnum penna-marina, Seefederrippenfarn, Blechnaceae, Rippenfarngewächse. Heimat sind die kälteren Regionen der südlichen Halbkugel, Neuseeland, Tasmanien und das südliche S-Amerika. Ähnelt unserem heimischen Rippenfarn (*Blechnum spicant*), ist aber in allen Teilen zierlicher. Sterile, ziemlich lang gestielte Wedel, sie sind einfach gefiedert, mit breit-linealen, dunkelgrünen, glänzenden, wintergrünen Fiedern. Die Länge beträgt 10–15 cm. Fertile Wedel werden selten ausgebildet, diese stehen dann aufrecht und können 15–20 cm hoch werden. Die absolute Winterhärte, wie bei der heimischen Art, wird in mitteleuropäischen Gärten nicht erreicht, zumindest wird Wintersonne schlecht vertragen. An exponierten Plätzen Schutz durch Nadelstreu oder Reisig, absolut hart unter einer Schneedecke. An sonnenabgewandten Stellen im Steingarten bildet die Pflanze ganze Rasen. ♃ ⟿ ⁞ ⊖ ◐ ● ⚠ △ ⚠

△
Blechnum spicant, Heimischer Rippenfarn. In Europa, von Kleinasien, dem Kaukasus über Japan bis in das westliche N-Amerika vorkommend. Wächst in Rohhumusböden, an Bachläufen und quellfeuchten Stellen. Man muß im Garten seine Wünsche hinsichtlich Beschattung, nicht austrocknendem Pflanzplatz mit humos-sauerem Boden befriedigen, wenn man Freude an ihm haben will. Hat 25–40 cm hohe und bis 4 cm breite, einfach gefiederte, sterile Wedel. Diese bilden in der Jugend regelmäßige Rosetten, die flach aufliegen. Die Einzelwedel sind dunkelgrün, lederartig und ausdauernd. Fertile Wedel, die sich erst bei älteren Pflanzen, die große Stöcke bilden, entwickeln, können bis zu 70 cm aus dem Horst herauswachsen. Im Garten den Boden mit Fichtennadeln, gehacktem *Sphagnum*, Rindenkompost oder Torf anreichern. Ansiedlung im kalkhaltigen Boden ist ziemlich aussichtslos. ♃ ⊟ ● ◐ ⊖ ⚠ △ ⚠

Boykinia jamesii, Boykinie, Saxifragaceae, ▷ Steinbrechgewächse. Kommt in den USA in Colorado vor. Diese Gattung umfaßt etwa 7 Arten. Alle sind Stauden mit kriechendem Rhizom. Die Blätter sind meist grundständig, langgestielt und mit mehr oder weniger gelappten Spreiten versehen. *Boykinia jamesii* wird selten im Handel angeboten, sie ist eine heikle Pflanze für den etwas erfahrenen Pfleger. Sie bildet dichte Tuffs aus kleinen rundlich-nierenförmigen, drüsig behaarten Blättern, welche im Herbst eine schöne Rotfärbung zeigen. Die Blüten, die gedrängt an einem steifen, etwa 15 cm hohen Stengel sitzen, sind verhältnismäßig groß und rosarot. Die Blütezeit liegt im April und Mai, leider ist die Pflanze oft blühfaul. Sie liebt etwas mehr sonnenabgewandte Plätze wie kühle Felsfugen. Der Boden kann durchaus nährstoffreich sein, wichtig ist allein die sauere Bodenreaktion. ♃ ⌓ ⁞ ⊖ ◐ ⚠ △ ⚠

Bulbocodium vernum, Frühlingslichtblume, Liliaceae (Colchicaceae), Liliengewächse (Herbstzeitlosengewächse). Wächst in den Pyrenäen, den SW- bis W-Zentralalpen und in Kärnten, auf Bergwiesen, an Felsbändern, meist auf wechselfeuchten Böden. Im Garten ist diese Pflanze nicht immer einfach. Die mit Herbstzeitlosen verwandte Gattung (mit dieser einzigen Art) blüht bei uns meist im März-April. Die grundständigen, linealischen Blätter werden etwa 15 cm hoch, wobei diese erst nach der Blüte erscheinen, 1-3blütig. Die Blüte wird etwa 8,5 cm lang, sie ist von rötlich-purpurner Farbe und das Perigon ist bis zum Grunde sechsteilig, die Blütenblätter sind beim öffnen weit zurückgeschlagen. Die Zwiebelknollen werden im Herbst vom Blumenzwiebelhandel angeboten, sie sind preislich etwas höher als andere Kleinblumenzwiebeln, bedingt durch schwierigere Kultur. ♃ ◙ ○ ◐ ⊖ ▲ △ ⚠ ▷

Buxus sempervirens 'Elegantissima', Panaschierter gewöhnlicher Buchsbaum. Der heimische Buchsbaum wächst in M-Europa, N-Afrika, im Kaukasus und im W-Himalaja, an warmen, trockenen Standorten zwischen lockerem Gebüsch. Die Pflanze kann, gut eingewachsen, an günstigen Standorten durchaus 6–8 m Höhe erreichen. Dieses immergrüne Gehölz ist völlig schattenverträglich und auch rauchfest. Von dieser Art gibt es eine ganze Reihe unterschiedlicher Formen, auch niedrig wachsende, wie 'Bullata' (bis 1,2 m), 'Faulkner' (bis 60 cm), 'Suffruticosa' (bis 1 m), 'Vadar Valley' (bis 70 cm). Den Namen 'Elegantissima' trägt die abgebildete Pflanze zu Recht. Es ist eine schmalblätterige Sorte, die aufrecht wächst und bei der jedes Blatt von einem cremeweißen Rand umgeben ist. Das Wachstum ist langsam und es dauert sehr viele Jahre, bis eine Höhe von 70 cm erreicht wird. ♄ ○ ◐ ⊖ ● ▲ △ ▽

Buxus microphylla 'Kingsville Dwarf', ▷ Miniaturbuchsbaum, Buxaceae, Buchsbaumgewächse. Eine Gattung mit etwa 70 Arten, welche in O-Asien, W-Europa, dem Mittelmeergebiet, aber auch in W-Indien und M--Amerika vorkommen. *B. microphylla* kommt mit seinen Varietäten in Ostasien vor und ist auch in japanischen Gärten ziemlich verbreitet. Die Art ist noch etwas härter als der bekanntere *B. sempervirens* mit seinen Formen. Es ist ein gedrungener, oft niederliegender Strauch, der auch im Alter kaum über 1 m hoch wird. Er hat kleinere Blättchen als *B. sempervirens*, sie sind meist ei-lanzettlich, bei größter Breite in der Mitte. *B. microphylla* 'Winter Beauty' ist eine 30 cm hohe, kompakte, sehr winterharte Zwergform, die für Steingärten geeignet ist. Ein Superzwerg ist die Sorte *B. microphylla* 'Kingsville Dwarf', extrem langsam wachsend, Blätter 5 mm lang. ♄ ⁞ ⊡ ○ ◐ ⊖ ⚠ △

◁ **Calamintha nepeta ssp. nepeta,** Katzenminzenähnlicher Steinquendel, Bergminze, Labiatae (Lamiaceae), Lippenblütler (Taubnesselgewächse). Die Gattung umfaßt 6–7 Arten etwas verholzender Stauden, die in W- und S-Europa vorkommen und bis M-Asien reichen. Die botanische Bezeichnung ist etwas umstritten, sie ist manchmal in den Katalogen als *Calamintha nepetoides* zu finden. Auch gut für Steingärten geeignete Wildstaude mit sehr langer Blütezeit (über den ganzen Sommer). Hat kleine, breit-ovale Blätter. Die in lockeren Trugdolden stehenden Blüten sind weiß bis leicht rosalila. Die gesamte Pflanze duftet aromatisch. Die mit *Satureja* verwandte Pflanze wird durch Aussaat oder durch Stecklinge vermehrt, auch Teilung ist bis zu einem bestimmten Grad möglich. Gewünscht wird ein durchlässiger, nicht zu fetter Boden und ein möglichst vollsonniger Standort. ♃ ○ ◐ ▲ △

◁ **Calceolaria darwinii × fothergillii,** Etikettentragende Pantoffelblumenhybride, Scrophulariaceae, Braunwurzgewächse. Diese Hybride findet man manchmal auch unter dem Sortennamen 'Walter Shrimpton'. Beide Elternarten sind in Patagonien beheimatet. Sie unterscheidet sich nur wenig von der morphologisch dominierenden Art *C. darwinii.* Beide sind schöne, etwas heiklere Pflanzen, die rosetten- bis rasenartig wachsen. Leichter ist die Kultur im Alpinenhaus. Auf einem leicht behaarten Stengel stehen einfache und kopfständige Blüten, gelb mit bräunlichem Schuh mit der auffälligen weißen Lippe. Die Blütezeit liegt im Mai-Juni. Vollsonnige, warme Plätze sind ungeeignet, besser ist Kultur im Halbschatten. Hohe Luftfeuchtigkeit wirkt sich positiv aus. Die Bodenreaktion sollte sauer sein, das Substrat durchlässig und humusreich, auch Moorböden werden akzeptiert. ♃ ⌂ ⊟ ⌃ ◐ ⊖ △ △

Calluna vulgaris 'Golden Haze', Gelblaubige Besenheide, Gelblaubiges Heidekraut, Ericaceae, Heidekrautgewächse. Dieses in Europa beheimatete immergrüne Sträuchlein wächst in sonnig-felsigen, trockenen Waldrändern, Sanddünen und Mooren in Höhen bis 2700 m. Wächst dort ausschließlich auf mageren, nährstoffarmen, durchlässigen Böden mit geringem Kalkgehalt. Das Höhenwachstum der Art, aber auch der Sorten, ist sehr unterschiedlich und reicht von 20–80 cm. Der niederliegende, reichverzweigte Zwergstrauch mit wurzelnden Sprossen hat 3 mm lange, nadelförmige Blättchen und violettrosa Blüten im Juli-September. Diese sind von mehr strohiger Beschaffenheit und stehen in dichten endständigen Trauben. Es gibt eine Vielzahl von Gartensorten mit unterschiedlicher Form, Höhe, Blattfärbung, Blütenfarbe und Blütezeit. 'Golden Haze' ist nur ein Beispiel. ♄ ⊟ ○ ▲ △ △
▽

Callianthemum coriandrifolium (*Callianthemum rutifolium*) Ranunculaceae, Hahnenfußgewächse. Diese kleine Staude wächst in den Alpen und den Karpaten, vereinzelt auch in den Pyrenäen und in Bosnien, meist auf steinigen Matten, an Krummholzhängen, feucht-humosen, neutralen bis schwach saueren Böden in 2000–2800 m Höhe, immer kalkfliehend. Die grundständigen Blätter sind blaugrün, langgestielt, gefiedert, Abschnitte mehrfach fiederspaltig; sie kommen gleichzeitig mit der Blüte. Der Stengel wird 5–20 cm hoch, er ist 1–3blütig. Die weißen Blüten erreichen einen Durchmesser von 1,5–3 cm, die Blütezeit liegt im Mai-Juni. Sie lieben tiefgründigen, mit Kies oder Schotter durchsetzten Boden und besonders während der Wachstumszeit im Frühling und Frühsommer viel Feuchtigkeit. Sie gedeihen besonders gut an sonnenabgewandten Ost- und Nordostseiten. ♃ ⊟ ⊖ ◐ △ △ ▷

Calochortus apiculatus, Zugespitzte Mormonentulpe, Indianertulpe, Prärietulpe, Liliaceae (Calochortaceae), Liliengewächse (Mormonentulpengewächse). Etwa 50 Arten in N-Amerika und in Mexiko. Die Pflanzen sind in europäischen Gärten nicht einfach zu halten. Alle sind unbehaarte, ausdauernde Zwiebelpflanzen mit häutiger oder genetzter Zwiebelschale. *C. apiculatus,* in Amerika auch 'Three-Spot Tulip' genannt, geht weit in den Norden bis in die Trockengebiete von Kanada (Alberta und Britisch Kolumbien). Zeichnet sich durch die grünlich-weißen äußeren Blütenblätter, welche kleiner sind als die verkehrt-eiförmigen inneren, aus. Diese und die folgende Art sollen nur Beispiele für diese Gattung sein, denn Zwiebeln und Samen sind nicht oft im Angebot. Alle sind schön und lieben volle Sonne bis lichten Halbschatten, wichtig ist ein Boden mit sehr guter Dränage. ♃ ⌂ ◙ ⌃ ○ ◐ ▲ △ △ Ⓝ ▷

△
Calochortus macrocarpus, Großfrüchtige Mormonentulpe. Diese und die vorher besprochene Mormonentulpe gehen mit ihrem Vorkommen weit nach Norden, sie sind von der Winterhärte her weniger empfindlich, stellen aber sonst die gleichen Ansprüche, wie südlicher wachsende. Oft ist Regenschutz während der Vegetationsperiode nötig. *C. macrocarpus* wächst vom südlichen Britisch Kolumbien (auf der trockenen Ostseite des Kaskadengebirges) bis nach NO-Kalifornien. Diese Art ist großblütiger als die vorstehende Art. Die prächtigen Blumen sind lavendelfarben bis rosa oder auch weiß, oft bis 12 cm Durchmesser, mit gespitzten äußeren Blütenblättern, die länger sind als die inneren, was diese Art unverwechselbar macht. Aufrechte Blütenstengel von 30–45 cm, mit dünnen, linealen Blättern. Alle auch fürs Alpinenhaus. Nicht einfach zu halten! ♃ ⛰ ◼ ○ ▲ ⚠ △ 🄽

Caltha leptosepala var. biflora, Dünnkelchige Dotterblume, Ranunculaceae, Hahnenfußgewächse. Beheimatet in Amerika, von Alaska bis Oregon und von Alberta bis New Mexico an feucht-kühlen Plätzen. Manchmal auch botanisch als eigenständig betrachtet (*Caltha biflora*). Von der Art (*Caltha leptosepala*) unterscheidet sie sich nur durch die Tatsache, daß die Blüten meist zu zweien am Stengel stehen (nicht immer!). Die Blätter sind prächtig grün und lang gestielt. Sie entwickeln sich gleich nach der Schneeschmelze, die weißlichen Blüten folgen sofort. Sie haben eine unterschiedliche Anzahl von Blütenblättern (5–12). Wächst in feuchten Bergwiesen und wünscht im Garten ähnliche Situationen wie unsere heimische Gewöhnliche Sumpfdotterblume, ist aber schwieriger. Im Steingartenbereich im Steingartensumpf. Substrat: humusreich, sauer, feuchtigkeitshaltend. ♃ ⩫ ⊟ ○ ◐ ⊖ ⚠ △ ▷

◁ **Caltha palustris 'Tyermannii',** Großblütige Sumpfdotterblume, manchmal auch als *C. tyermannii* bezeichnet. Von der normalen Sumpfdotterblume gibt es diese großblütige Sorte, deren Blüten oft den doppelten Durchmesser erreichen und deren Gelbton eine etwas geringere Orangetönung zeigt, sonst sind die Unterschiede zur Art nicht gravierend. Attraktive Pflanze für etwas größere Pflanzplätze. Die Ansprüche unterscheiden sich ebenfalls nicht; wichtig ist ein nicht austrocknender Humusboden. Partner mit gleichen Ansprüchen oder solche,die die Feuchtigkeit akzeptieren, gibt es zur Blütezeit genügend. Ein guter Partner ist *Primula rosea*, die Rosenprimel, *Lysimachia nummularia*, das grüne und gelbgrüne Teppichpfennigkraut, *Primula denticulata*, die Kugelprimel, Gräser und andere. An größeren Plätzen können sogar kompaktere Bergenien kombiniert werden. ♃ ⩫ ○ ◐ ⊖ ⚠ △

△
Caltha palustris 'Multiplex', Gefülltblühende Sumpfdotterblume. Überall wo im Steingartenbereich ein genügend feuchter Boden vorhanden ist, läßt sich auch unsere heimische Sumpfdotterblume verwenden, die auf der ganzen nördlichen Halbkugel beheimatet ist und auf feuchten Wiesen, an Bachrändern, im Überschwemmungsbereich von Flüssen und an ähnlichen Plätzen wächst. Der Vorteil der gefüllten Form gegenüber der einfach blühenden liegt in der fast doppelt so lange dauernden Blütezeit. Die Sumpfdotterblume kann je nach Standort 15–50 cm hoch werden. Die gefüllte Form wächst etwas mehr in die Breite und wird selten über 25 cm hoch. Auch die frischgrünen, herzförmigen bis kreisrunden, gekerbten oder gezähnten Blätter haben schmückende Wirkung. Der Stengel ist röhrig. Die sattgelben Blüten erscheinen von März bis Mai. Besonders für den Steingartensumpf. ♃ ⩫ ○ ◐ ⊖ ⚠ △

◁ **Camassia leichtlinii 'Cream',** Leichtlins cremefarbene Präriekerze, Liliaceae (Hyacinthaceae), Liliengewächse (Hyazinthengewächse). Zwiebelbildende Stauden, die in Nordamerika beheimatet sind. Die Zwiebeln von *C. leichtlinii* haben eine schwarzbraune Haut. Wächst in den westlichen Rocky Mountains. Die Blätter sind grundständig, lineal bis riemenförmig. Traubige, aufrechte Blütenkerzen, die von unten nach oben erblühen. Sie hat getrenntblätterige, sternförmige, mehrnervige Blüten. Die Blütenfarbe variiert, es gibt bläuliche Typen, fast weiße und auch cremefarbene, wie die abgebildete Pflanze. Außerdem gibt es noch eine halbgefüllte Pflanze, die unter der Bezeichnung 'Semiplena' bekannt ist. Die Pflanze ist völlig winterhart, wird 60–70 cm hoch oder höher. Deshalb gehört sie im Steingarten etwas mehr in den Hintergrund. Will es im Frühling nicht zu trocken. ♃ ◙ 🅷 ○ ◐ ⊖ ▲ △

Campanula barbata, Bärtige Glockenblume. Vorkommen in den Alpen, in S-Norwegen, Ostsudeten. In den Alpen ist sie auf kalkfreiem Untergrund bis in Höhenlagen von 2000 m zu finden. Eine unverwechselbare Art, die teils zweijährig, aber auch mehrjährig sein kann. Bildet im ersten Jahr eine am Boden aufliegende Blattrosette aus lanzettlichen, rauhhaarigen Blättern. Im zweiten Jahr treiben die kräftigen, aufrechten, ebenfalls behaarten Stengel, an denen sich Blütenglocke an Blütenglocke reiht, oft bis 10 Stück und mehr im einseitswendigen Blütenstand. Die Einzelblüte ist verhältnismäßig groß, hell blaulila, oft auch mehr zu Reinblau tendierend, seltener reinweiß. Die gesamte Pflanze ist mit 2 mm langen Haaren besetzt. Sie liebt auch im Garten eine sauere Bodenreaktion, ist aber darauf nicht zu sehr fixiert. Ein guter Partner ist *Arnica montana* mit ihren gelben Blüten. ⊙-♃ ⁞ ⊟ 🅃 ○ ⊖ ◐ ▲ △ ◬
▽

Campanula alpestris (*Campanula allionii*), Allionis Glockenblume, Campanulaceae, Glockenblumengewächse. Heimat sind die Südwestalpen. Schmalblätterige, bodennahe Pflanze, die unteridische Ausläufer bildet. Aus lockeren Rosetten treiben 3–5 cm hohe Stengel (in Kultur oft höher), die je eine leuchtend violettblaue, große Blütenglocke tragen, häufig bis 7 cm lang. Es gibt auch weiße und weißrosa blühende Formen. In der Natur oft auf Schieferschutt. Keine einfache Pflanze, nur für den versierten Pfleger. Ziemlich dauerhaft im Geröllbeet mit Untergrundbewässerung. Zwei Drittel des Substrats sollten aus Schiefer- oder Urgesteinsschutt bestehen, ein Drittel aus Rasenerde mit Sand, bei der der Humusanteil nicht zu hoch sein sollte. Der Wurzelhals selbst sollte nur von Steinschutt umgeben sein. Liebt besonders Ostlagen, empfindlich gegen stehende Winternässe! ♃ ⟿ ⁞ ⊟ ◐ ⊖ ○ ▲ △ ◬ ▷

◁ **Campanula bellidifolia,** Gänseblümchenblätterige Glockenblume. Eine Kaukasusart, die sehr nahe mit *C. tridentata* und *C. aucheri* verwandt ist und sich nur wenig von diesen unterscheidet. Blüht sehr früh im Mai. Die Pflanze formt ein Polster aus rosettig stehenden Blättern. Die Basisblätter sind eirund bis breit-elliptisch, langgestielt, gekerbt, die oberen Blätter sind kleiner, verkehrt-lanzettlich bis spatelförmig verschmälert, halbsitzend. Zahlreiche, aufrecht stehende, glokkige Blüten, tiefviolett bis blau. Die Pflanze wird nicht zu alt, ist aber wert öfter gepflanzt zu werden. Die Samenanzucht bereitet keinerlei Schwierigkeiten. Liebt volle Sonne oder zumindest helle Lagen. An den Boden stellt die Pflanze wenig Ansprüche, bevorzugt aber ein durchlässiges, steiniges Substrat, zu fetten Boden sollte man meiden. Leider gehört die Pflanze zu den Leckerbissen von Nacktschnecken. ♃ ⌓ ⁞ 🅃 ○ ⊖ ◐ ▲ △ ◬

Campanula betulifolia, Birkenblätterige ▷ Glockenblume. Eine hübsche Felspflanze aus Armenien. Bildet Polster aus dicken und glänzenden Basalblättern, die aus gut ausdauernden, verholzenden Rhizomen treiben. Diese Blätter sind fahl-mittelgrün, lang herz- bis keilförmig, am Rand leicht gewellt. Die Blattstiele sind etwas länger als die Blattspreite. Die Blütenstengel sind oben verzweigt und tragen bis zu fünf Blüten, die in einer lockeren Traube angeordnet sind. Diese verhältnismäßig großen Blüten sind weiß oder auch zartrosa, die weinroten Knospen stehen dann im guten Kontrast. Der gesamte Blütentrieb hängt oftmals etwas schlapp herab, was den Gesamteindruck der Pflanze aber durchaus positiv beeinflußt. Die Kultur ist in einem gut dränierten Boden nicht schwierig, er sollte aber etwas feuchtigkeitshaltend sein. Besonders schön im Alpinenhaus. ♃ ⟿ ⌓ ⁞ ⚠ ○ ⊖ ◐ ▲ △ △

△
Campanula carpatica, Karpatenglockenblume. Kommt aus den Karpaten und ist eine wichtige Steingartenpflanze, von der botanisch zwei Varietäten unterschieden werden, *C. carpatica* var. *carpatica* und *C. carpatica* var. *turbinata.* Die erstgenannte ist etwas höher und formt schöne, halbkugelige Polster. Die zweite Varietät wächst flacher, mehr mattenförmig und hat auch flachere, aufrechte Blütenschalen. Je nach Sorte wird *C. carpatica* 15–30 cm hoch und hat einen etwas buschigen Wuchs. Die Blätter sind lang gestielt, eirund-herzförmig, kerbzähnig, kahl und hellgrün. Die großen, breitglockigen, kurzzipfeligen Blüten erscheinen von Juli bis September, was die Pflanze besonders wertvoll macht, da es zu dieser Zeit im Steingarten schon ruhiger ist. Die Art hat manchmal die unangenehme Eigenschaft auseinanderzufallen. Kompakte Namensorten ('Blaue Clips', 'Weiße Clips') sind besser. ♃ ⁞ ○ ◐ ▲ △ △

△
Campanula carpatica var. turbinata, Kreiselförmige Karpatenglockenblume. Wie erwähnt bleibt diese Varietät wesentlich niedriger und gedrungener, sie wird nur 10–20 cm hoch. Die gesamte Pflanze ist fein behaart. Die violetten Blüten stehen meist einzeln und aufrecht, sie sind mehr schalenförmig und die Kronzipfel sind stärker ausgeprägt als bei *C. carpatica* var. *carpatica.* Beide Varietäten können nach der Blüte zurückgeschnitten werden, was die schon lange Blütezeit noch verlängert. Am Heimatstandort wächst die Karpatenglockenblume an halbsonnigen bis sonnigen Kalkfelsen. In Gärten des Tieflands hat sich die Pflanze völlig angepaßt und stellt an den Boden keine besonderen Ansprüche, vorausgesetzt der Boden ist nicht zu sehr verdichtet und lehmig. An zusagenden Orten vermehrt sich die Pflanze durch Selbstaussaat, aber ohne lästig zu werden. Vorsicht vor Schnecken! ♃ ⌓ ⁞ ○ ◐ ▲ △ △

Campanula chamissonis (*C. dasyantha*), ▷ Rauhblütige Glockenblume. Die gültige Bezeichnung ist nicht vollständig geklärt, wir folgen hier dem »Dictionary of Gardening« der RHS, wo *C. dasyantha* zu *C. chamissonis* gestellt wird. Es sind auch etwas unterschiedliche Typen verbreitet. Heimat sind die Berge des Altai, über die Mongolei bis nach Alaska gehend. Es ist eine 5–15 cm hohe, mattenbildende Pflanze mit lanzettlichem bis linealspateligem Basallaub, das etwas über 2,5 cm lang und vorne zugespitzt ist. Die oberen Blätter sind etwas mehr gerundet und sitzend. Jeder Stengel trägt eine (seltener bis drei) kopfständige, glockenförmige Blüte von lilablauer Farbe. Vermehrung durch Aussaat oder durch Abtrennen der kurzen Ausläufer. Die Pflanze ist winterhart, eignet sich aber auch für Alpinenhauskultur. Sie liebt keinen Kalk und einen durchlässigen, etwas humosen Boden. ♃ ⟿ ⌓ ⚠ ⁞ ⊟ T ○ ◐ △ △

△
Campanula cochleariifolia, Zierliche Glockenblume, Zwergglockenblume. Wächst in den Alpen und anderen europäischen Gebirgen meist auf Kalkböden, ist aber nicht daran gebunden, an Felsen, in Schutthalden, bis 3400 m. Diese Glockenblume ist im Garten sehr dauerhaft. Aus den zarten, im Boden herumvagabundierenden Stolonen entspringen kleine Rosetten, die flache Rasen bilden. Die Grundblätter sind kahl, langgestielt, eiförmig bis rund, entfernt grobgezähnt. Die Stengelblätter sind lanzettlich und ebenfalls grob gesägt. Der Stengel wird 5-15 cm hoch, ist 1-6blütig, meist einseitswendig. Die Blüten sind glockig, bis 6 cm groß, nickend, meist hell-blaulila, aber auch in anderen Nuancen und in Weiß vorkommend. Blüht von Juni-August. Problemlose Pflanze, bei der man aber das Herumvagabundieren berücksichtigen muß. Von dieser Art gibt es auch einige Gartensorten. ♃ ⩋ ⌓ ⁞ ⊡ ○ ◐ ⊖ ▲ △ ▲

△
Campanula garganica, Sternpolsterglocke. Kommt aus SO-Italien (Monte Gargano). Bildet dort prachtvolle, ausläuferlose Polster an steilen Felsen. Grundständige, herz- bis eiförmige, kerbzähnige, langgestielte, meist feinbehaarte Blätter in immergrünen, rosettigen Tuffs. Die Blütentriebe sind bis 15 cm lang, zahlreich, strahlig ausgebreitet, fest dem Boden angeschmiegt, aufstrebend, reich mit sternförmigen, blaulila Blütchen besetzt, aus denen der weiße Griffel weit herausragt. Die Blütezeit liegt im Mai-Juni. Es gibt einige Unterarten. *C. garganica* gehört zur Grundausstattung jedes Steingartens. An günstigen Standorten manchmal Selbstaussaat, gute Formen werden vegetativ vermehrt, durch Teilung oder durch Frühlings- bzw. Frühsommerstecklinge. Zu dieser Zeit gibt es viele Partner, wie die weißblühende *Silene alpestris* oder *Geranium dalmaticum* 'Album'. ♃ ⌓ ⁞ ⊡ ○ ◐ ▲ △ ▲

△
Campanula glomerata, Büschelglockenblume, Knäuelglockenblume. Heimat ist Europa, der Kaukasus und der Iran. Es gibt zahlreiche Unterarten, was für den Garten kaum von Interesse ist, da man hier unter verschiedenen Gartensorten auswählt. Die Basalblätter der Pflanze sind rauh, mehr oder weniger behaart, gestreckt herzförmig. Die Stengelblätter sind breitlanzettlich, sitzend und rauh. Die Blüten sind normalerweise dunkelviolett, in endständigen bis 20blütigen Schöpfen oder in den oberen Blattachseln sitzend. Die Blütezeit liegt im Juli-August. Die Pflanze ist hinsichtlich der Bodenreaktion nicht empfindlich, doch werden Kalkböden bevorzugt. Da es Sorten mit unterschiedlicher Höhe gibt, zwischen 15 und 60 cm, kann je nach Größe der Steinanlage ausgewählt werden. 'Acaulis' und 'Schneehäschen' zählen mit 15 cm zu den kleinsten. Auch Samensorten gibt es. ♃ ⁞ ⊞ ○ ◐ ▲ △ ▲

◁ **Campanula 'Maie Blyth',** Eine Glockenblumenhybride, die vor einigen Jahren in Neuseeland entstanden ist und deren eines Elternteil *C. carpatica* sein dürfte. Diese Pflanze ist von reizender Gestalt, ziemlich flachwachsend, im Aussehen ähnlich einer ganz niedrig wachsenden *C. carpatica*, insgesamt 5-10 cm hoch. Die blauen, sternförmigen Blüten sind ziemlich flach, nur wenig über dem Laub stehend. Sie blühen erst im Sommer, die Blütezeit ist aber lange andauernd. Die Pflanze wächst insgesamt langsam. Vegetative Vermehrung durch Stecklinge, die manchmal leicht wurzeln, manchmal aber sehr schwer. Besonders für kleinere Gärten wertvoll. Als Partner werden empfohlen: Späte *Dianthus gratianopolitanus*-Hybriden, *Linum flavum* 'Compactum', *Inula ensifolia* 'Goldammer'. Die Pflanze schätzt Sonne bis Halbschatten, der Boden sollte nicht zu trokken sein. ♃ ⌓ ⁞ ○ ◐ ▲ △

◁ **Campanula orphanidea,** Athos-Glockenblume. Heimat ist Bulgarien und NO-Griechenland, bekannter Fundort ist der Berg Athos, dort in Felsen wachsend. Feinbehaarte, nur zweijährige Pflanze mit senkrechtem Wurzelstock und einem etwa 15 cm langen, dicken Stengel, oft niederliegend bis aufstrebend. Die grundständigen Blätter sind rosettenartig, eiförmig-länglich, graugrün, mit langem Blattstiel, die oberen sind eirund bis oval und kleiner, halbaufsitzend. Die Blüten sind kopfständig, zu 3–9 in einer Traube stehend, mit einem Blütenstiel versehen, schmalglokkig (20–25 mm Durchmesser) und violett oder blau mit einem gräulichen Schimmer. Der Samen wird sehr reichlich angesetzt. Im Steingarten ist die Pflanze etwas empfindlich gegen Winternässe, benötigt daher Schutz. Bevorzugt schotterigen Boden und gute Dränage. Sicherer ist die Kultur im Alpinenhaus. Etwas für Liebhaber. ⊙ ⛰ ⁞ ⌃ ⊡ ○ ◬ △

△
Campanula persicifolia f. nitida 'Alba', Weiße pfirsichblätterige Zwergglockenblume. Aus der 60–100 cm hohen Pfirsichblätterigen Glockenblume, die auf der Balkanhalbinsel und in Sibirien beheimatet ist, und die für viele Steingartenplätze etwas zu hoch wird, ist, wahrscheinlich durch Mutation, ein reizender Zwerg entstanden, der mit 15–20 cm Höhe auch für Tröge und kleine Steingärten verwendet werden kann. Es gibt einen blaublühenden und einen weißblühenden Typ. Diese waren erst als *C. nitida* und als *C. nitida* 'Alba' im Handel. Der Artstatus wurde widerlegt, als die Nachkommen aus Aussaaten ganz normale *C. persicifolia* beinhalteten. Aus den rosettigen Basisblättern, die ziemlich steif und dunkelgrün sind, treiben die mit schmal-lanzettlichen Stengelblättern besetzten, kurzen, steifen Blütenstengel, die seitlich die verhältnismäßig großen und eher flachen Blütenschalen tragen. ♃ ⊡ ○ ◐ ◬ △

△
Campanula portenschlagiana, Dalmatiner Glockenblume. Heimat ist Dalmatien. Eine Glockenblume, die ebenfalls zur Grundausstattung eines Steingartens gehört. Zahlreiche kurze, bis 10 cm lange, aufrechte Triebe, die mit glänzend-grünen Blattschöpfen besetzt sind. Die Blätter sind rundlich bis herzförmig mit unregelmäßig scharfgezähnten Rändern. Die Blütentriebe sind niederliegend, bis 15 cm lang und mit zahlreichen aufrechten, 5–6 cm breiten, violetten, breitzipfeligen, glockenförmigen Blüten besetzt. Im Juni-Juli blühend, aber oft mit Nachflor im September. Die Pflanze ist enorm anspruchslos und verträgt sowohl Trockenheit als auch Halbschatten. Da sie unterirdisch bescheiden kriechend ist, füllt sie bei Pflanzung in Trokkenmauern sicher alle benachbarten Trockenmauerfugen aus und verwandelt diese in ein prächtiges Blütenkissen. Stecklingsvermehrung ist einfach. ♃ ⤳ ⌓ ⁞ ⊡ ○ ◐ ▲ ◬ △

Campanula poscharskyana 'Blauranke', Rankende Hängepolsterglocke. Die Art wächst in Dalmatien in der Gegend von Dubrovnik. Ähnelt stark *C. garganica*, ist jedoch krautiger, wüchsiger und insgesamt lokkerer. Ebenfalls eine sehr wichtige Steingartenpflanze, die zum Standardsortiment der Staudengärtnereien gehört. Bildet flach ausgestreckte Triebe, die bis zu 70 cm lang sein können, mit weit geöffneten, fast sternförmigen lavendelfarbenen Blüten besetzt, die nahezu doppelt so groß sind wie bei *C. garganica*. Ihre Vitalität (unterirdisches Wuchern), kann zwar manchmal lästig werden, hält sich aber trotzdem in Grenzen. Die Art, die auch zur Selbstaussaat neigt, wird kaum verwendet, es befinden sich zahlreiche edlere Sorten in Kultur. Die abgebildete Sorte 'Blauranke' ist eine wertvolle, stark wachsende Pflanze mit langen Trieben, die oft senkrecht an Steinen wächst. ♃ ⤳ ⌓ ⁞ ○ ◐ ▲ △ ▷

Campanula pulla 'Dunkle Form', Ostalpenglocke. Wächst in den nördlichen Kalkalpen im alpinen Rasen, im Felsschutt und an der Basis von Felsen, meist in Höhenlagen zwischen 1500 und 2200 m, oft aber auch bis ins Tal hinab gehend. Besitzt einen dünnen Wurzelstock, der unterirdische Ausläufer treibt. Die Grundblätter sind glänzend, rundlich-spatelig, stumpf gesägt. Die unteren Stengelblätter sind breit-elliptisch, die oberen lanzettlich. Der Stengel ist 5 cm (bis 20 cm) hoch und normalerweise einblütig. Die Blüten sind breit-trichterförmig, hängend bis 22 mm lang, heller oder dunkler violettblau. Die Blütezeit liegt im Mai-Juni. Hübsche, im Tiefland aber etwas heiklere Art, keinesfalls mit der Unempfindlichkeit von *C. cochleariifolia* zu vergleichen. Sie liebt einen kühlen Boden, Kalkschotter und einen absonnigen Standort. Ihre Hybriden sind wesentlich wüchsiger. ♃ ⌓ ⁞ ⊞ ⊖ ◐ ◬ △ ▷

Campanula punctata, Punktierte Ostasienglocke. Kommt in Japan, NW-China, Korea und O-Sibirien vor. Eine durch unterirdische Ausläufer rasenbildende, hübsche Art, die allerdings in kleinen Steingärten lästig werden kann. Blätter gestielt, herz-eiförmig, mit grob gesägtem Rand. Die Stengel sind 20–30 cm hoch, schwach verzweigt mit 5 cm großen, röhrenförmigen, cremeweißen, manchmal auch rosa Blüten, die innen gesprenkelt sind. Blütezeit im Juni-Juli. Auffallende und interessante Glockenblume, die in Kultur kaum Schwierigkeiten bereitet, auch wenn sie mehr zu sauren Böden tendiert. Vermehrung durch Aussaat und Teilung. Es gibt auch eine niedrige Form *C. punctata* 'Nana Alba', die nur 20 cm hoch wird. Außerdem findet sich noch eine ganze Reihe von botanischen Unterarten. Nahe verwandt ist ebenfalls die stark wuchernde *C. tachasamense* aus Korea. ♃ ⁓ ⁞ ⊟ ○ ◐ ◬ △ ▷

Campanula speciosa, Prächtige Glockenblume. Beheimatet in den Zentral- und O-Pyrenäen und den Cevennen, dort meist an Kalksteinfelsen wachsend. Die hin und wieder in Kultur zu findende Pflanze ist keine eigentliche Staude, sondern nur zweijährig. Sie bildet eine kräftige Pfahlwurzel, und am Boden eine Blattrosette mit etwa 20 cm Durchmesser. Diese Blätter und die des Blütenstengels sind lineal-lanzettlich, glatt, mit welligem und behaartem Rand. Der Blütenstiel ist steif, er kann 40 cm hoch werden. Die Blüten stehen in den Blattachseln, sie sind röhrig-glockig, groß, lichtblau und erinnern insgesamt etwas an *C. medium*, die Marienglockenblume. Die Blütezeit liegt im Juni-Juli. Wenn man die normalerweise zweijährigen Pflanze, die im ersten Jahr eine Blattrosette entwickelt, im zweiten blüht und stirbt, sofort nach der Blüte zurückschneidet, perenniert sie. ⊙-♃ ⁞ ⊞ ○ ◬ ◬ ▽

◁ **Campanula raineri,** Insubrische Glockenblume. Wächst in den Südalpen zwischen Luganersee und Gardasee, meist zwischen Kalkfelsen. Im Handel ist leider nicht immer die echte Art. Eine hübsche Glockenblume mit fast sitzenden, weitbauchig schalenförmigen, bis 3 cm langen und 3 cm breiten lilablauen Blüten, die im Juli und August erscheinen. Diese Fels- und Schuttpflanze hat einen kriechenden Wurzelstock, der Blattrosetten treibt. Die Blätter sind klein, elliptisch und stumpf kerbsägig. Die gesamte Pflanze wird nur etwa 5–23 cm hoch. Leider ist diese hübsche Pflanze in Kultur nicht immer ganz einfach und kann nur erfahrenen Liebhabern empfohlen werden. Fühlt sich besonders in Steinspalten mit sandigem Humusboden wohl, gute Dränage ist obligatorisch. Ein sonniger Standort wird bevorzugt. Zur Blütezeit finden sich genügend hübsche Partner, so flachwachsende Nelken. ♃ ⁞ ⊞ ⊡ ○ ◐ ◬ △

△
Campanula tommasiniana, Tommasins Glockenblume, Röhrenblütige Glockenblume. Heimat Slowenien und Kroatien, wächst dort in felsigen Buchenwäldern. Bildet einen festen, vielköpfigen Wurzelstock, hat etwa 30 cm lange Triebe, die herabhängen. Die Blätter sind spitz-lanzettlich. Die auffallend röhrenförmigen Blüten sind zahlreich, lichtblau und bis 2 cm lang. Die Blütezeit liegt verhältnismäßig spät im Juli. Eine besonders im Alter reizende Pflanze, die keine vollsonnigen Plätze liebt, sondern mehr absonnige und halbschattige Stellen, besonders in Trockenmauern, wo die Triebe dekorativ herabhängen können. Die Vermehrung erfolgt durch Aussaat oder durch Stecklinge, die im zeitigen Frühjahr oder im August von nichtblühenden Trieben geschnitten werden. Diese Glockenblume ist am zusagenden Platz sehr ausdauernd. Die Gesamtentwicklung benötigt Zeit. ♃ ⌓ ⁞⁞ 🅃 ◐ ⊖ ◬ △

△
Campanula tridendata, Dreizähnige Glockenblume. Eine weitere Kaukasusart, die dort weitverstreut vorkommt und insgesamt ziemlich variabel ist, nahe verwandt mit *C. aucheri.* Blüht für *Campanula* sehr früh, schon im April-Mai. Für sonnige Steingartenplätze und Trockenmauerfugen geeignet. Die Blätter sind behaart, spatelförmig, an der Spitze mit drei oder mehreren Kerbzähnen (Name!) besetzt. Die einzelstehenden Blüten sind kopfständig, aufrecht, auf 10–15 cm langen Stengeln. Sie sind glockenförmig, außen lila, innen bläulichweiß, die Kelchzipfel sind bewimpert, die Blütenkrone ist kahl. Ist manchmal etwas launisch, in manchen Gärten überreich blühend, in anderen entpuppt sie sich als außerordentlich blühfaul. Die Vermehrung erfolgt durch Samen, was kaum Schwierigkeiten bereitet. Diese Art gehört zu den ausgesprochenen Leckerbissen von Nacktschnecken. ♃ ⁞⁞ 🅃 ○ ◐ ▲ △ ◬

Carex elata 'Aurea' (auch 'Aureor'), Hochwachsende Goldsegge, Cyperaceae, Zypergrasgewächse, Seggen. Die Art *C. elata* ist in Europa, dem Kaukasus und in Tunesien beheimatet. Es ist eigentlich ein Verlandungsgras und bildet im oder am Wasser breite Horste. Die graugrünen Blätter sind anfangs aufrecht, hängen aber später über. Im April-Mai erscheint der brusthohe, ährige, braune Blütenstand, der starr aufrecht ist. Kommt außer an Wasserrändern auch in Erlenbruchwäldern vor und kann bis in Höhenlagen von 1800 m gehen. Die eigentliche Art spielt im Garten keine große Rolle, dagegen verschiedene gelbbunte Formen, die nicht unbedingt Wasser benötigen, sondern in jedem etwas frischeren Boden gedeihen, und auch im Steingarten an solchen Plätzen, etwas mehr im Hintergrund, verwendet werden können, so auch die gelbgerandete 'Aurea'. Vermehrung durch Teilung. ♃ ⁓ 🄷 ○ ◐ ⊖ ▲
▽

◁ **Carduncellus pinnatus,** Compositae (Asteraceae), Korbblütler (Asterngewächse). Beheimatet in M-Spanien, Sizilien und N-Afrika. Insgesamt 20 Arten, die im Mittelmeergebiet wachsen. Es sind meist dornige, stengellose Stauden mit am Boden anliegenden, gefiederten oder leierförmigen Blättern. Die Strahlenblüten sind zwitterig mit blauvioletter oder purpurfarbener Krone. Verbreiteter als die abgebildete *C. pinnatus* ist die aus dem hohen Atlas stammende *C. rhapondicoides*, die keine gefiederten Blätter hat, sondern mehr löffelförmige, ganzrandige. *C. pinnatus* schmückt auch mit den gefiederten Blattrosetten. Alle sind Sonnenkinder, die besonders gerne an südlich geneigten Hängen wachsen. Sie sind trotz ihrer südlichen Herkunft winterhart, aber empfindlich gegen Winternässe und benötigen sicherheitshalber etwas Schutz. Vermehrung durch Wurzelschnittlinge und Samen. ♃ ⏶ ⌃ ○ ▲ △ ◬

Carex firma 'Variegata', Panaschierte ▷ Zwergpolstersegge. Die nicht panaschierte Art ist eine weit verbreitete, zwergige Segge in den Alpen, Karpaten und im Apennin, wo die kalkliebende Pflanze in Felsfugen und im Steinschutt wächst. Horstiges Gras, das 5–10 cm hohe Polster bildet. Die Blätter sind von der Basis her gleichmäßig und allmählich zugespitzt. Sie sind immergrün und kürzer als der Blütenstand. In älteren Polstern befinden sich viele trockene, alte Blätter. Blütenstände mit einer männlichen und bis zu drei weiblichen, 10 mm langen Ähren. Die Art eignet sich für flachgründige, magere Standorte. Wichtiger als die reingrüne Art ist die Variegata-Form, die an den Blatträndern einen gelben Streifen aufweist. Dieser Zwerg ist selbstverständlich etwas für »bessere« Pflanzplätze, wie Felsfugen. Noch besser kommen sie in Trögen zur Geltung. Vorsicht vor Rostpilzen. ♃ ⌓ ⁞ ⊞ 🅃 ○ ◐ ⊖ ◬ △

Carex montana, Bergsegge. Kommt von Europa bis M-Asien vor. Eine horstbildende, sommergrüne Art, dichtrasig wachsend. Sie liebt Lehmböden und Wärme und kommt meist in kalkhaltigen Magerrasen und lockerem Laubholzgebüsch vor. Bildet älter hexenringartige Formen aus, das heißt, im kreisrunden Horst befindet sich eine kahle Mitte. Insgesamt eine sehr dauerhafte Pflanze, die doppelt schmückt, mit dem frischgrünen Austrieb im Frühling mit den Blütenähren und der schönen rötlich-ockerfarbenen Herbstfärbung. Die Blüten im März sind schwefelgelb und stehen in den kurzen, pinselartigen männlichen und den schwarzvioletten weiblichen Ähren. Diese zuverlässige Segge läßt sich im Steingarten vielfältig verwenden, sowohl in der Sonne als auch im Schatten. An sonnigen Plätzen ist der frischgrüne Austrieb ein schöner Partner zu *Adonis vernalis* und *Pulsatilla*-Arten. ♃ ⌓ ○ ◐ ⊖ ● ◬ ◬ △ ▽

Carex ornithopoda 'Variegata', Panaschierte Vogelfußsegge. Die Art ist in Osteuropa beheimatet, wo die dicht- und kleinhorstige Art in warmen Kiefern- und Eichenwäldern auf kalkhaltigen, lockeren Böden vorkommt. Hat bis 3 mm breite hellgrüne Blätter, die etwas kürzer als die 5–15 cm hohen Blütenstände sind. Die Ährchen sind dünn und stehen fingerartig dicht, krümmen sich aber zuletzt krallenförmig zusammen. Blütezeit ist Mai-Juni. Die Art kann durchaus im Garten verwendet werden, eine größere Verbreitung hat jedoch die weißgestreifte Variegata-Form, die sich an vielen Plätzen verwenden läßt. Sie ist völlig winterhart, auch im Trog, doch bleibt an geschützten Plätzen das Laub besser wintergrün. Insgesamt gesehen verliert dieses hübsche Gras im Alter an Attraktivität; man teilt dann besser auf und pflanzt an einen neuen Platz, sonnig oder halbschattig. ♃ 🅃 ○ ◐ ⊖ ◬ △ ◬ ▽

◁ **Carex oshimensis 'Evergold'** (*C. hachijoensis* 'Evergold'), Panaschierte Japansegge. Die Art wächst in Japan. Gärtnerisch verbreitet ist nur die Variegata-Form, die etwas größer ist als die vorherige Vogelfußsegge und deren Panaschierung mehr gelblich ist. Betrachtet man das Blatt etwas näher, sieht man, daß dieses einen gelblichen Mittelstreifen hat. 'Evergold' ist auch besser immergrün als die Vogelfußsegge. Die Pflanze wirkt sehr elegant, wird 25–30 cm hoch und die Blätter sind unten bis 6 mm breit, oben zu einer Spitze auslaufend. Die Blütezeit liegt im April-Mai (2–3 schlanke, fuchsbraune Ähren). Die Pflanze ist gut schattenverträglich, kann aber auch sonnig stehen. An den Boden werden keine großen Ansprüche gestellt, ein sandig-humoses Substrat dürfte besonders zusagen. Entwickelt sich zu voller Schönheit im Alpinenhaus. Es gibt auch eine kleine Form. ♃ ⌓ 🅃 ● ◐ ⊖ ○ ◬ △ ◬

◁ **Carex plantagineum,** Immergrüne Breitblattsegge. Die in Nordamerika beheimatete, horstartige Segge hat 2,5 cm breite, vielnervige, immergrüne, flachgestellte Blätter. Der Horst bleibt flach und wird nur spann- bis fußhoch. Die Blütezeit liegt im April-Mai, die Blüten sind borstig aussehende, spitz wirkende, gelbe Blütenähren an 20 cm hohen Stengeln. Im Garten ist die Breitblattsegge sehr dauerhaft und kann zur Begrünung von Schattenstellen dienen. Im Steingarten kann diese Segge in Gruppen oder einzeln gepflanzt werden. Es wird auch ein sonniger Platz akzeptiert, wenn ein Minimum an Bodenfeuchte garantiert ist. An den Boden werden keine großen Ansprüche gestellt, ein sandig-humoses Substrat oder Waldhumusboden werden vorgezogen. Vermehrt wird durch Teilung oder Saat. Das frischgrüne Blattpolster ist Partner für Primeln und andere Frühblüher. ♃ ⌓ ● ◐ ⊖ ○ ▲ △ ◬

△

Carex testacea, Ziegelrote Neuseelandsegge. ▷ Heimat ist, wie der Name sagt, Neuseeland. Von dort ist eine ganze Reihe von Gräsern mit oft ungewöhnlicher Braun- und Rotfärbung in unsere Gärten gekommen. Erinnert sei an *C. buchananii*, *C. comans*, *C. petriei* und andere, die völlig winterhart sind, teilweise aber auch Schutz benötigen. *C. testacea* (manchmal auch *testaceum* geschrieben) ist eine noch nicht sehr verbreitete Art. Bildet lockere Büschel, gut eingewachsen mit Stengeln bis zu 40 cm, es gibt aber auch niedrige Typen. Sehr schlank, oben an den Blättern manchmal scharf. Die Blätter sind 2 mm breit, weich, schmalstreifig, am Rande rauh und von fahlbrauner Farbe. Winterhärte ist nicht garantiert, deshalb ist Winterschutz oder Kultur im Alpinenhaus anzuraten. Braune Gräser sind immer etwas ungewohnt und benötigen bei der Pflanzung Fingerspitzengefühl. ♃ ◬ ⌃ ○ ◐ ⊖ ▲ △

Carex siderosticha 'Variegata', Sommergrüne Weißbunte Breitblattsegge. Heimat sind China und die Mandschurei. Ähnlich wie *C. plantagineum*, zieht aber im Winter ein und wirkt insgesamt eleganter, das Blatt ist auch mehr zugespitzt und das Laub steht aufrechter. Dieses Gras hat kriechende, schlanke Rhizome, die Blätter werden 30–40 cm lang, mit wenigen Blattscheiden an der Basis. Die Blätter sind breit-lanzettlich, bis 3 cm breit, dünn, weich, glatt oder sehr dünn mit feinen Haaren bedeckt, der Rand ist etwas rauher. Mit 4–8 aufrechten, kurzen, zylindrischen Blütenähren. Neben der Art hat in der Gartenkultur in letzter Zeit die panaschierte Form an Bedeutung gewonnen, die am Rand weiße, auffallende Streifen besitzt, sich jedoch nicht weiter von der Art unterscheidet. Besonders schön ist diese Form im Austrieb, da noch ein rosa Ton hinzukommt. ♃ ⌓ ◐ ⊖ ○ ▲ △ ◬

Carlina acanthifolia, Golddistel, Akanthusblätterige Eberwurz, Compositae (Asteraceae), Korbblütler (Asterngewächse). ▷ Wächst im südlichen und östlichen M-Europa an steinigen Plätzen, auf Felsen und Weiden bis in Höhenlagen von 1800 m, meist auf Kalk. Ein bronzegoldenes Gegenstück zur bekannten Silberdistel. Die stengellose, dem Boden aufliegende Rosette ist jedoch wesentlich größer und hat einen Durchmesser von 10–15 cm, oft bis 20 cm. Die Rosettenblätter sind breit-lanzettlich, dornig gezähnt, ausgebuchtet und unten weißwollig. Sie erinnern etwas an Akanthusblätter. Die Blütezeit reicht von Juli-August und ist deshalb im Steingarten doppelt willkommen. Die strohfarbenen Blütenkörbchen können ebenfalls getrocknet werden. Die Pflanze ist am zusagenden Ort gut ausdauernd, wenn fälschlicherweise auch oft von einer zweijährigen Pflanze gesprochen wird. ♃ ⁞ ⌃ ○ ▲ △ N

◁ **Carlina acaulis ssp. simplex** (*Carlina acaulis* 'Caulescens', *Carlina acaulis* var. *caulescens*), Hohe Silberdistel, Eberwurz, Wetterdistel. Von M-Frankreich bis Weißrußland, südlich bis M-Spanien und N-Griechenland beheimatet, wo sie an steinigen Plätzen in sandigen, mehr oder weniger trockenen, mineralhaltigen Böden wächst, auch in Magerrasen, Trocken- und Halbtrockenrasen. Der Untergrund ist meist kalkhaltig. Die Art *C. acaulis* bildet ebenfalls eine dem Boden aufliegende, stachelige Blattrosette mit dem stengellosen Blütenköpfchen in der Mitte. Bei der abgebildeten, wesentlich höheren *C. acaulis* ssp. *simplex* sind ein oder mehrere Blütenköpfe bis 20 cm lang gestielt und können auch für den Schnitt Verwendung finden. Aus diesem Typ wurden Gartensorten mit größeren Blüten (bis 15 cm Durchmesser) und noch höherem Blütenstiel ausgelesen. Blütezeit Juni-September. ♃ ⁞ ⊞ ○ ◬ △

Ceanothus-Hybride 'Marie Simon', Rosa Säckelblume, Rhamnaceae, Faulbaumgewächse. Diese und die anderen *Ceanothus*-Hybriden werden höher, meist über 1,5 m und sind dann selbstverständlich keine Steingartengehölze mehr. Da sie aber jährlich zurückgeschnitten werden oder in mitteleuropäischen Breiten sowieso zurückfrieren, hält sich das Höhenwachstum durchaus in Grenzen und die Sorten können in größeren Steinanlagen Hintergrundfunktion übernehmen. Neben der ohnehin niedrigen, rosa blühenden 'MarieSimon'(BlütezeitJuli-September)sindbei einer schützenden Bodendecke die dunkelblaue 'Glorie de Versailles' (Juli-Oktober) und die ebenfalls blau blühende 'Henry Defosse' einigermaßen winterhart. Zurückfrieren ist weiter nicht schlimm, da der Strauch am einjährigen Holz blüht. Sie wachsen normalerweise in jedem durchlässigen Gartenboden an sonnigen Plätzen. ♄ 🄷 ○ ● ◬ △
▽

◁ **Cassiope-Hybride 'Edinburgh'**, Schuppenheide-Hybride, Ericaceae, Erikagewächse. Die Schuppenheiden sind Bestandteil von Zwergstrauchheiden und kommen im subarktischen und arktischen Europa, in Asien und in Nordamerika vor. Die Sorte 'Edinburgh' ist aus einer Kreuzung von *C. fastigiata* und *C. tetragona* als Zufallssämling entstanden. Es ist die gärtnerisch am weitesten verbreitete Schuppenheide, die ziemlich robust ist, einen gesunden Wuchs zeigt und tiefgrüne Blätter hat. Die zahlreichen endständigen, cremeweißen Blüten machen sie zu einer auffälligen Pflanze. Die schuppenartigen Blätter an den Trieben sind winzig klein und dachziegelartig stehend. Schuppenheiden lieben einen feuchten, torfigen bis sandig-steinigen Boden und keinen Kalk (pH 4–4,5). Der Standort soll hell, aber nicht vollsonnig sein. Gute Nachbarn sind die vielen Zwergrhododendren. ♄ ⌓ ⊟ 🅃 ◬ ◬ △

Cedrus deodora 'Golden Horizon', Gelbe ▷ Himalajazeder. Die Ausgangsart wächst in Afghanistan und im nördlichen Himalaja, meist in Höhenlagen von 1000–4000 m, wobei geschlossene Bestände kaum mehr vorhanden sind, sondern nur hin und wieder einzeln stehende Exemplare. Von dieser dekorativen Konifere gibt es einige wenige Zwergformen, von denen *C. deodora* 'Golden Horizon' die dekorativste sein dürfte. Sie ist insgesamt wüchsig und baut sich flach und breit auf. Die Spitzentriebe hängen über. Die Nadeln, die an jungen Zweigen bis 4 cm lang sind und im Alter 15–30 mm messen, färben sich an den dem Licht bzw. der Sonne zugewandten Seiten hell- bis dunkelgelb, während sie sonst mehr graugrün sind (wie im Innern). Für größere Steingärten, in der Nähe von Steingartentümpeln oder sonstigen Wasseranlagen im Steingarten. Mäßig winterhart.
♄ ⇧ ⌃ 🄷 ◐ ⊖ ◬

◁ **Celmisia rutlandii,** Rutlands Celmisie, Compositae (Asteraceae), Korbblütler (Asterngewächse). Etwa 60 verschiedene Arten in Neuseeland, Tasmanien und Australien, viele in Neuseeland endemisch. Die abgebildete Art *Celmisia rutlandii* wächst in Neuseeland im nördlichen Marlborough. Diese soll als Beispiel für viele ähnliche Arten dienen. Alle sind attraktive Pflanzen mit oft silbrigem Laub und schönen, mehr oder weniger großen Margeritenblüten. Alle sind in M-Europa schwierige Pfleglinge, die einen kalkarmen, durchlässigen Boden und hohe Luftfeuchtigkeit verlangen. Am besten gedeihen sie noch in küstennahen Gebieten, so sind besonders in Schottland ansehnliche Horste zu bewundern. In Zentraleuropa benötigen sie eher halbschattige Plätze mit torfigem Boden. Die Winterhärte ist bei manchen Arten in M-Europa fraglich. Sicherer ist Alpinenhauskultur. ♃ ⛰ ⊟ ⌃ ◐ ⊖ ○ ▲ △

Centaurea montana 'Alba', Weißblühende Bergflockenblume, Compositae (Asteraceae), Korbblütler (Asterngewächse). Wächst von den Karpaten bis zu den Pyrenäen, M-Italien und Bosnien. 30–40 cm hohe Staude mit kräftigem Wurzelstock, der sich durch Ausläufer verbreitet. Die Blätter sind ungeteilt, spinnwebfilzig behaart, eilanzettlich, dunkelgrün. Der meist ungeteilte Stengel ist ebenfalls spinnwebfilzig behaart und einköpfig. Die Art hat schöne blaue »Kornblumenblüten«. 'Violetta' ist dunkelviolett, 'Rosea' rosa und die abgebildete 'Alba' weiß. Die Pflanze kann eigentlich nur für größere Steingärten empfohlen werden, in Steinanlagen normaler Größe kommt sie eher in den Hintergrund. Da sich die Pflanze aus Wurzelresten regeneriert, müssen sie beim Entfernen der Pflanze ausgegraben werden. Vermehrung durch Aussaat oder Wurzelschnittlinge. ♃ ⇝ H ○ ◐ ⊖ ▲ △
▽

Centranthus ruber, Spornblume, Valerianaceae, Baldriangewächse. Beheimatet im Mittelmeergebiet, in Portugal, in W- und M-Europa. 30–60 cm hoch, Blätter blaugrün, breiteiförmig. Blüten dunkelrosarot, wobei der Sporn mehr als doppelt so lang ist wie der Fruchtknoten. Blüht von Mai bis Juli, bei rechtzeitigem Rückschnitt Nachblüte ab Anfang September. Es gibt zwei weitere Spielarten, die weißblühende 'Albiflorus' und die scharlachrote 'Coccineus'. Selbstverständlich gibt es auch farbliche Übergangsformen. Die Pflanze wird nicht sehr alt, sät sich aber immer wieder selbst aus, so daß man sie kaum verliert. Für kleine Steingärten ist sie wegen ihrer Größe ungeeignet, andererseits ist sie auch eine ausgezeichnete Pflanze für Trockenmauern. Selbst in Ritzen von mörtelverfugten Mauern krallt sie sich fest und gedeiht. Sie liebt Kalk und einen sonnigen Platz. ♃ ⁞ ⊞ H ○ ▲ △
▽

Cerastium tomentosum, Filziges Hornkraut, Italienisches Zwerghornkraut, Caryophyllaceae, Nelkengewächse. Wächst in Italien. Die Blätter sind lineal-lanzettlich und filzig. Wesentlich gesitteter wachsend als *C. biebersteinii.* Die abgebildete Art ist weniger verbreitet, in Gärtnereien findet sich häufiger die Unterart *C. tomentosum* var. *columnae,* welche in S-Italien beheimatet ist, etwas gedrungener wächst und silberweißfilzig ist. Dieser Typ wirkt auch außerhalb der Blütezeit durch die Blattfärbung. Die reinweißen Blüten erscheinen im Mai-Juni. Die Pflanze liebt vollsonnige Plätze und fühlt sich besonders auch in Trockenmauerfugen wohl. Vermehrung durch Aussaat, Teilung, Stecklinge. Bei Dauerregen im Winter etwas empfindlich. Gute Nachbarn sind verschiedene *Campanula*-Arten, *Geranium dalmaticum, Geum coccineum, Hieracium rubrum, Phuopsis stylosa.* ♃ ⌓ ⁞ T ○ ▲ △ ⛰ ▷

◁ **Ceratostigma plumbaginoides,** Staudenbleiwurz, Plumbaginaceae, Bleiwurzgewächse. Heimat ist W-China. Pflanze mit holzigem Wurzelstock, der dünne, harte Ausläufer macht und bald ein dichtes Geflecht bildet. Die Triebe werden 12–20 cm hoch, oft auch bis 40 cm. Die Blätter sind verkehrt-eiförmig, glatt und wechselständig. Die Blüten stehen endständig und sind tief azurblau und erscheinen von August bis Oktober. Diese in Mittelmeergärten weit verbreitete Pflanze ist unempfindlich und unter einer Schutzdecke auch genügend winterhart. Die Staude bleibt vom Austrieb über die lange andauernde Blütezeit bis zur Herbstfärbung immer attraktiv. Wegen des Ausbreitungsdrangs aber nur für größere Steingärten geeignet. Liebt einen sonnigen bis halbschattigen Platz und einen eher trockenen Boden, der möglichst kalkhaltig sein soll. Vermehrung durch Teilung und Stecklinge. ♃ ⌓ ⁞ ⊞ ○ ◐ ▲

Ceterach officinarum, Schriftfarn, Milzfarn, Aspleniaceae, Streifenfarngewächse. Der Schriftfarn wächst in M- und in S-Europa, im Mittelmeergebiet und bis nach Asien und Afrika. Er tanzt insgesamt bei den Farnarten etwas aus der Reihe, denn er ist ein Xerophyt, der in sonnig-trockenen Steinfugen wächst. Bei stärkerer Trockenheit rollen sich die Blattspreiten nach oben zusammen, so daß die an der Unterseite befindlichen Streuschuppen die Verdunstung mindern. Die Blätter sind fiederteilig, kurzstielig und etwa 15 cm lang, fast bis zur Mittelrippe eingeschnitten, wechselständige, rundliche Lappen bildend und an der Spitze stumpf endend. Dieser kleine Farn bildet eine Rosette von 15–25 cm Durchmesser. Im Garten gedeiht der Farn in Steinfugen in humoser, kalkhaltiger Erde, aber auch in Trögen wächst er gut. Vermehrung durch Teilung und Sporenaussaat. ♃ ⁞ ⊞ 🅃 ○ ◐ △ △ 🄽 ▷

Chamaecyparis obtusa 'Nana Aurea', Gelbe Zwergkugelzypresse. Eine weitere kleine Form von *C. obtusa.* Der Wuchs ist sehr langsam und es dauert viele Jahre bis »Riesen« von etwa 60 cm entstehen. Die Form ist in der Jugend rundlich und wird später breit-kugelig. Die Zweige sind bei ihr ebenfalls kurz und muschelig, stehen aber etwas lockerer als bei der bekannten *C. obtusa* 'Nana Gracilis'. Die Färbung ist intensiv gelb. Eine Kleinkonifere, die wegen ihrer geringen Größe und wegen des langsamen Wuchses auch ideal zum Bepflanzen von Trögen und Kübeln geeignet ist, wo sie viele Jahre ungestört wachsen kann. An exponierten Plätzen sollte sie in Mitteleuropa etwas vor der Wintersonne geschützt werden. Insgesamt ist bei der Verwendung von bunten Scheinzypressen etwas Fingerspitzengefühl bei der Zuordnung nötig, sie passen nicht in naturnahe Pflanzungen. ♄ ⇧ 🅃 ○ ⊖ ◐ ▲ △ △ ▽

Chamaecyparis obtusa 'Nana Gracilis', Muschelzypresse, Cupressaceae, Zypressengewächse. Die Heimat der Art ist S- und M-Japan, wo sie in Höhenlagen bis 1000 m wächst. Von ihr gibt es eine Reihe von Zwergformen, die meist schon in Japan lange kultiviert wurden. Die bekannteste Sorte dieser *C. obtusa*-Zwerge ist 'Nana Gracilis'. Sie wird im Alter etwas höher, benötigt aber viele Jahre, bis sie den Rahmen sprengt. Im eigenen Steingarten steht seit 33 Jahren ein Exemplar, das jetzt mannshoch ist. Die größten bei uns bekannten Exemplare sind etwa 3 m hoch. Unregelmäßig kugelig-kegelförmig wachsend, mit in der Jugend waagrechten Ästen. Die Zweige dieser attraktiven und beliebten Art sind unregelmäßig muschelig bis tütenförmig gedreht (Muschelzypresse!), die »Nadeln« sind glänzend hellgrün bis gelbgrün. Winterhart, erträgt volle Sonne, tendiert zu saurer Bodenreaktion. ♄ ⇧ 🄷 ○ ◐ ⊖ ▲ △ ▷

Chamaecyparis obtusa 'Pygmaea Aurea'. Bei den Zwergtypen von *C. obtusa* gibt es auch diesen eher flach wachsenden Typ, dessen Wuchsform eine gewisse Eleganz zeigt. Insgesamt muß man bei den Namen, die auf Etiketten in Baumschulen und Gartencentern stehen, vorsichtig sein. Es gibt eine ganze Flut von 'Nana', 'Pygmaea', 'Caespitosa', alles Hinweise auf zwergigen Wuchs. In vielen Fällen ist der Name auch nicht ausschlaggebend, man kauft nach dem Auge und nicht nach dem Etikett. Bei der abgebildeten *C. obtusa* 'Pygmaea Aurea' ist der jährliche Zuwachs etwas stärker als bei der vorher beschriebenen 'Nana Aurea'. Diese Kleinkonifere eignet sich aber trotzdem für viele Steingärten und vermittelt durch die seitlich weisende, unregelmäßige Wuchsform einen natürlichen Eindruck. Ihre Verwendung ist nicht allein auf dekorative und regelmäßige Anlagen konzentriert. ♄ ⇧ ⊖ ◐ ◭ △ ◬ ▷

◁ **Chamaecyparis pisifera 'Miko',** Gesprenkelte Zwergsawarazypresse. Die Art *C. pisifera* ist in Japan beheimatet und wächst dort vorwiegend auf feuchten Böden und weniger im Bergland, sondern ist mehr in Tallagen verbreitet. Auch von dieser Art gibt es zahlreiche Zwergformen, die zum Teil eine federig-krause Benadelung haben, andere hängen fadenförmig über oder sind dicht und kompakt in den Zweigspitzen. Auch die Färbung ist dabei unterschiedlich, von hellem Gelb bis zum tiefen Blaugrün ist alles vorhanden. Wie viele andere ist auch die Zwergform 'Miko' schon in Japan entstanden. Ein echter Zwerg, der sehr langsam wächst. Die Form ist rundlich, im Alter breitkugelig und obwohl dicht wachsend, stehen die Nadeln etwas lockerer. Die Farbe ist hell-graugrün mit weißen Spitzen. Die Pflanze wirkt, als sei sie mit weißen Farbspritzern übersät. Schutz vor Wintersonne. ♄ ⇧ ⊡ ⌃ ◐ ⊖ ○ ◬ △

△

Chamaemelum nobile 'Flore Plena' (*Anthemis nobilis*), Gefüllte Römische Kamille, Compositae (Asteraceae), Korbblütler (Asterngewächse). Die gefüllte Römische Kamille ist eine alte Bauerngartenstaude, die Art selbst wächst in W-Europa, nördlich bis N-Irland, in S- und im südlichen M-Europa zum Teil eingebürgert. Eine eher niederliegende Staude mit bis zu etwa 30 cm langen Trieben. Die ganze Pflanze duftet stark aromatisch und ist etwas flaumhaarig. Die Blätter sind länglich, 2-3fach fiederschnittig mit lineal-lanzettlichen Lappen, mit einer Spitze versehen, Hüllkelch 4-6 mm. Die meist in den Gärten verbreitete gefüllt blühende Form bleibt etwas kompakter und trägt endständige, weiße Blütenköpfe. Insgesamt dauert die Blütezeit sehr lange, von Juni bis August. Macht manchmal einen etwas unordentlichen Eindruck, schön vor allem in Trockenmauerfugen. Liebt volle Sonne. ♃ ⌓ ⁞ ○ ⊖ ◭ △ ◬

Cheiranthus cheiri 'Mayflower'. Wir folgen hier dem »Zander«, teilweise ist diese Art in neuerer Literatur unter *Erysimum cheiri* zu finden. Gelber Steingartengoldlack, Cruciferae (Asteraceae), Korbblütler (Asterngewächse). Heimat der Art ist S-Griechenland, O-Mittelmeergebiet, in M- und W-Europa eingebürgert. Im Gegensatz zu Großbritannien, wo es eine ganze Reihe von Namenssorten gibt ('Bloody Warrior', 'Harper Crewe', 'May Flower'), sind diese Goldlack-Arten in Mitteleuropa weniger verbreitet. Es sind farblich auffallende Frühjahrsblüher, auf die man nicht verzichten sollte, auch wenn sie in Zentraleuropa einen Schutz vor Wintersonne benötigen. Die Namenssorten wachsen kompakter als die normalen, etwas halbstrauchigen Sorten aus Samen. Die schöne abgebildete, niedrige, gelbblühende 'Mayflower', lohnt gepflanzt zu werden. Schutz vor Erdflöhen und Kaninchen! ♃♄ ⁞ ⌃ ○ ◐ ◭ △ ▷

Chiliotrichum diffusum, Grauer Andenstrauch, Compositae, (Asteraceae), Korbblütler (Asterngewächse). Wächst in den Anden Chiles bis Argentinien südlich bis zur Magellanstraße und den Falkland-Inseln. Ein kleiner Strauch, der unter günstigen Umständen bis 1 m hoch werden kann, meist aber niedriger (50–70 cm) bleibt. Aufsteigend bis aufrecht, verzweigt graubraun, die Zweige sind grau, unterseits weißfilzig. Die Blätter sind 30 mm × 8 mm groß, länglich-lanzettlich bis halbelliptisch, halbgespitzt oder stumpf-keilförmig an der Basis, ungeteilter Rand. Sternförmige, weiße Blütenköpfchen mit 1,5–2 cm Durchmesser. Blüht ab Mai, nicht wie oft angegeben ab Juli, manchmal wenig blühfreudig. Der Zwergstrauch gedeiht in England gut, in M-Europa nur für geschützte Gärten, sicherer ist Alpinenhauskultur. Vermehrung durch Sommerstecklinge bereitet keine Schwierigkeiten. ♄ ◬ ⌃ 🅗 ○ ◐ ▲ ▷

Choenomeles japonica 'Issai Red' (*Chaenomeles japonica*), Zwerg-Scheinquitte, Zwerg-Feuerbusch, Rosaceae, Rosengewächse. Die in Japan beheimatete Scheinquitte ist ein niederer, kleiner Strauch mit dornigen Zweigen und ziegelroten Blüten und kann im Alter eine Höhe von etwa 1 m erreichen. Diese bekannte Baumschulpflanze eignet sich durchaus für größere Steinanlagen. Davon gibt es eine Zwergform, *Choenomeles japonica* var. *alpina* mit prächtig orangeroten Blüten. Diese Varietät ist selten im Angebot, eignet sich aber besser für Steinanlagen. Die bekannten hohen und großblütigen Namenssorten der Scheinquitte würden im Steingarten den Rahmen sprengen. Seit einigen Jahren gibt es hin und wieder im Angebot zwei japanische Zwergsorten 'Issai Red' und 'Issai White'. Die letztgenannte wird 40 cm hoch. 'Issai Red' ist rotblühend und wird nur 30 cm hoch. ♄ ⁞ ○ ◐ △ ▲ ▽

◁ **Chionodoxa lucilae 'Rosea',** Rosa Schneeglanz, Liliaceae (Hyacinthaceae), Liliengewächse (Hyazinthengewächse). Wächst im W-Kleinasien und Asien. Hinsichtlich der Nomenklatur einiger Kulturformen herrscht oft etwas Unklarheit. Dieses schöne Zwiebelgewächs wurde auch schon unter der Bezeichnung *C. gigantea* 'Rosea' gehandelt. Vom Aussehen durchaus einleuchtend, handelt es sich doch um die großblütigste Form dieser Gattung, mit bis zu 4 cm großen Blüten in weichem Altrosaton und kräftigem Wuchs. Im Gegensatz zur Art und anderen *Chionodoxa*-Arten wird 'Rosea' nicht durch übermäßige Vermehrung lästig. Die eiförmigen Zwiebeln mit bräunlicher Hülle treiben im zeitigen Frühling 2-3 lineale Blätter und den lockertraubigen Blütenstand. Im Gegensatz zur Art, an deren Stengel sich bis zu 12 Blüten bilden, begnügt sich die großblütige 'Pink Giant' mit weniger. ♃ ◙ ○ ◐ ⊖ ▲ △ ◬

Chrysogonum virginianum, Goldkörbchen, Compositae (Asteraceae), Korbblütler (Asterngewächse). Heimat ist N-Amerika, Pennsylvanien bis Florida. Eine Staude mit langgestielten, herz- bis eiförmigen Blättern, die grob gezähnt sind. Treibt auf dem Boden liegende, belaubte Ausläufer, wobei die blühenden Triebe 20 bis 30 cm hoch werden können. Sie sind verzweigt und tragen einzelstehende, endständige, gelbe Blütenköpfchen. Diese sind bis 4 cm breit und haben 5 Zungenblüten, von den jedes Kronblatt an der Spitze 3 unterschiedlich große Zähne hat. Die Blütezeit reicht von Mai bis August. In der Natur meist an feuchteren Stellen, erträgt im Garten aber auch vorübergehende Trockenheit. Die Vermehrung erfolgt durch Teilung und Aussaat. Verträgt sowohl sonnige als auch halbschattige Plätze. Wird insgesamt etwas größer, deshalb nicht für kleine Steingärten geeignet. ♃ ⁞ ⌓ ○ ◐ ⊖ ▲ ▷

◁ **Chrysopsis villosa var. rutteri,** Goldauge, Goldaster, Compositae (Asteraceae), Korbblütler (Asterngewächse). Aus N-Amerika, Wisconsin bis Britisch Kolumbien, südlich bis Texas und Kalifornien, auf Prärien und trockenen und sandigen Plätzen. Es gibt von der Größe her sehr unterschiedliche Typen von 15–80 cm Höhe. In Kultur ist meist nur der niedrige, 15–20 cm hohe Typ, der wahrscheinlich *C. villosa* var. *rutteri* ist und sich besonders für Steingartenzwecke eignet. Hat lanzettliche Blätter mit anliegenden, silberigen Haaren. Bei ihr sind die gelben Blütenköpfchen fast doppelt so breit wie bei der Art. Liebt in Kultur auch sonnige, trockene Böschungen. Da die Blütezeit verhältnismäßig spät liegt, von Juli-August, wenn sonst im Steingarten nicht viel blüht, ist diese Varietät eine wertvolle Bereicherung. Die Vermehrung kann sowohl durch Aussaat, als auch durch Stecklinge erfolgen. ♃ ⌓ ⁞ ○ ⛰ △

Cistus creticus (*Cistus incanus* ssp. *creticus*), Kreta-Zistrose, Aschgraue Zistrose, Cistaceae, Zistrosengewächse. Wir folgen hier dem »Zander«, während in Großbritannien häufiger dem Synonym der Vorzug gegeben wird. Wächst in verschiedenen Gebieten des Mittelmeergebietes. Sie ist von der Größe her und auch wegen ihres Aussehens eine hübsche Steingartenzistrose, leider ist sie in M-Europa meist nicht winterhart genug, während man in Großbritannien schöne Exemplare im Freiland bewundern kann. Bildet ein Sträuchlein, das etwa 50–60 cm hoch wird, manchmal auch etwas höher. Die Blätter sind eirund bis verkehrt-eirund, wellig-gekraust, vorne spitz oder stumpf, der Blattstiel ist flach. Die Blüten haben einen Durchmesser von 5–6 cm, sie sind rosa bis purpurrot und haben meist einen gelblichen Basalfleck. Nur für günstigste Lagen an warmen, vollsonnigen Plätzen. ♄ ⌃ Ⓗ ○ ⛰ △ ▷

△
Cistus laurifolius, Lorbeerblätterige Zistrose. Urlauber im Mittelmeergebiet begegnen dort immer wieder den zahlreichen Zistrosen-Arten und der Wunsch wird wach, sie auch im eigenen Garten zu pflegen. Leider sind in Zentraleuropa die meisten Arten nicht hart genug, im Gegensatz zum klimatisch bevorzugten England, wo man den Pflanzen öfter in der Kultur begnet. Die Heimat von *C. laurifolius* liegt in SW-Europa, M-Italien und dem östlichen Mittelmeergebiet. Es gibt von ihnen Typen, die selbst einen zentraleuropäischen Winter aushalten, die ursprünglichen Pflanzen stammen wahrscheinlich aus Hochlagen der Pyrenäen-Südseite. Die Pflanzen werden 50–100 cm hoch und tragen weiß und gelb gefärbte Blüten, sie können bis 7 cm breit werden. Sie sitzen zu 3–8 zusammen, die Einzelblüte ist wohlriechend. Sie hält nicht lange, erscheint aber über eine lange Zeit. ♄ ⌃ Ⓗ ○ ⛰

◁ **Claytonia megarhiza,** Großwurzelige Claytonie, Portulacaceae, Portulakgewächse. Etwa 10 Arten, die in Amerika beheimatet sind, meist in alpinen-arktischen Gebieten. *C. megarhiza* ist auf das westliche Nordamerika konzentriert, wo die Pflanze auf kiesigen Böden, in Felsspalten und ähnlichen Plätzen wächst, fast immer an oder über der Baumgrenze. Diese Art hat eine fleischige, einfache oder verzweigte Wurzel. Die vielen grundständigen Blätter sind rhombisch-oval bis verkehrt-eiförmig, 5–25 mm breit und in einen hautrandigen Stiel verschmälert. Die zahlreichen Blütenstiele haben eine ein- oder mehrköpfige Krone. Die Stengelblätter sind etwas reduziert, linealisch bis verkehrt-lanzettlich, fast gegenständig. 2–9 Blüten mit 2 Sepalen und 5–6 Petalen, diese sind weiß bis rosa. Es gibt mehrere Varietäten, die schönste ist *C. megarhiza* var. *nivalis*. Nicht immer einfach. ♃ ⌓ ⁞ Ⓐ ⌃ ○ ◐ ⊖ ⛰ △

Clematis alpina (*Atragene alpina*), Alpenclematis, Alpenwaldrebe, Ranunculaceae, Hahnenfußgewächse. Wächst in den Alpen, dem Alpenvorland, im Apennin, den Karpaten und dem N-Balkan, *C. alpina* var. *sibirica* in N- und NO-Europa bis M-Asien und der Mandschurei. Für den kleinen Schlinger findet sich im Steingarten immer ein Platz. Dieser kleine Kriechstrauch klimmt kaum höher als 2 m, er kann im Alpinum und Steingarten auch über große Steine oder kleine Gehölze kriechen. Die Art hat meist dreizählige Blätter, wobei die Blättchen fein gesägt sind. Die Blütezeit liegt im Mai-Juni. Die glockigen Blüten können verschiedene Blaufärbungen aufweisen. Sie haben bis 6 cm lange Blütenblätter, die an den Enden kurzer Achseltriebe aus dem vorjährigen Holz sitzen. Die Pflanze liebt etwas frischere, mitunter auch feuchte, kalkhaltige Lehmböden, eher in kühleren Nordlagen. ♄ ⟿ ♧ ⁞ ⊞ ◐ ⊖ ▲ △ ▷

△ **Codonopsis clematidea,** Waldrebenartige Tigerglocke, Waldrebenartige Glockenwinde, Campanulaceae, Glockenblumengewächse. Heimat ist M-Asien. Treibt aufstrebende, bis 50 cm hohe Stengel, die mit gestielten, gegenständigen, eiförmigen, zugespitzten, kurzhaarigen, verzweigten Blättern besetzt sind. Die Blüten, die im Juli erscheinen, sind breitglockig-bauchig, mit zurückgebogenen Zipfeln, blaß-porzellanblau. Im Innern der Blüten ist eine hübsche braungelbe und schwarze Zeichnung zu sehen. In Kultur findet sich diese Art häufiger als andere Arten, sie gedeiht besonders gut in einem etwas anlehmigen Boden. Sie macht keine Schwierigkeiten und sät sich manchmal auch selbst aus. Hübsch ist die Pflanze besonders, wenn sie sich anlehnen kann, an manchen Stellen kann sie allerdings auch etwas wirr wachsen. Strömt einen eigenartigen Raubtiergeruch aus. ♃ ⁞ 🄷 ○ ◐ ⊖ ▲ △

△ **Codonopsis convolvulacea,** Windenartige Tigerglocke. Die Heimat ist der Himalaja und Tibet. Aus einem knolligen Wurzelstock treiben 2–3 m lange, schlingende Triebe. Der glatte Stengel, der bei *C. convolvulacea* bräunlichgrün ist, trägt lanzettliche bis breitovale Blätter mit herzförmigem Grund. Die Blüte bei der Art ist radförmig, lila mit nahezu freien Zipfeln. Bei *C. convolvulacea* var. *forrestii* sind diese 4 cm breit, lavendelblau mit einem rötlichpurpurnen Grundfleck versehen. Ein schöner kleiner Ranker, der in natürlich gestalteten Steinanlagen kaum stört. Durch das lockere Überwachsen entsteht ein natürlicher Eindruck. Vermehrt wird durch Samen (Kaltkeimer). Leider sind zahlreiche *Codonopsis*-Arten falsch im Handel und auch beim internationalen Samentausch erhält man zahlreiche Arten, die sich später als nichts anderes als *C. clematidea* entpuppen. ♃ ⟿ ⁞ ○ ◐ ⊖ ▲ △

Codonopsis tangshen, Tang-chen Tigerglocke. Wächst in der chinesischen Provinz Hupeh. Ebenfalls selten in Kultur. Ein kleiner Schlinger mit bis zu 1 m langen Trieben. Die Blätter sind breitlanzettlich, die Blüten grünlich, im Innern etwas purpurfarben genetzt und mit einem purpurnen Fleck gezeichnet. Die Blütezeit ist Juli-August, setzt reichlich Samen an. Die Vermehrung erfolgt durch Aussaat. Die Pflanze möchte längere Zeit ungestört wachsen und ist verhältnismäßig ausdauernd. Auch alle anderen *Codonopsis* sind reizende Wildpflanzen für Kenner, auch wenn sie nicht spektakulär sind und erst bei näherer Betrachtung ihre Schönheit zeigen. Volle Sonne bis Halbschatten, ein anlehmiger Boden wird dabei besser vertragen als ein sehr leichter. Ideal sind sie neben Kleingehölzen, wo sie ungestört hinauf schlingen können. Auch dekorativ, wenn sie über Felsen herabhängen. ♃ ⟿ ⁞ ○ ◐ ⊖ ▲ △ ▷

◁ **Colchicum autumnale,** Heimische Herbstzeitlose, Liliaceae (Colchicaceae), Liliengewächse (Herbstzeitlosengewächse). Die Art, die auch bei uns im Flachland auf etwas feuchteren Wiesen wächst, kommt in Europa, N-Afrika, Vorder- und M-Asien vor. Auf Wiesen ist sie immer seltener zu finden, da sie durch die Überdüngung immer mehr zurückgeht. Treibt im Herbst (September-Oktober) die auf einer langen Röhre stehenden Blüten, da sie in der Natur in Konkurrenz mit höherem Gras steht. Sie ist lilarosa gefärbt und ohne jegliches Laub. Erst im Frühling treiben die kräftigen Blätter aus, die etwa 25–30 cm lang, bis zu 6 cm breit und breitlanzettlich sind. In der Mitte der Blattschöpfe sitzt dann auch die Samenkapsel. Die »gewöhnliche« Art findet sich nicht oft im Garten, öfter dagegen die weißblühende Form *C. autumnale* 'Album' oder die gefüllt blühende *C. autumnale* 'Plenum'. ♃ ◙ ○ ◐ ◬ △ ◬ N

Colchicum-Hybride 'Disraeli', Herbstzeitlosen-Hybride. Die zahlreichen großblütigen Hybriden sind aus Kreuzungen verschiedener Arten des Mittelmeergebietes entstanden. Sie sind wesentlich attraktiver als unsere heimische Herbstzeitlose und sind es wert, gepflanzt zu werden. Im Gegensatz zur heimischen Art lieben sie etwas trockenere Böden, zumindest während des Sommers. Die verhältnismäßig großen Knollen werden im Spätsommer-Frühherbst 10–20 cm tief gepflanzt, die sich jährlich bildenden Tochterknollen stellen sich auf die gewünschte Höhe selbst ein. Man kann gekaufte Knollen auch erst trocken, in etwas Sand gestellt zur Blüte bringen und pflanzt sie anschließend aus, was keine Beeinträchtigung mit sich bringt. Die Hybride 'Disraeli' gehört zu den Frühblühern, sie öffnet meist schon Ende August ihre ersten Blüten. Der Zuwachs ist bedeutend. ♃ ◙ ○ ◬ △
▽

Colchicum hungaricum 'Albiflorum', Weiße Ungarnzeitlose. Beheimatet in Ungarn, Albanien, Bulgarien und Griechenland. Dieser Spätwinter-Vorfrühlingsblüher ist eine nicht sehr gartenfreundliche Art und nur für spezielle Liebhaber dieser Gattung zu empfehlen. Die hellrosa und weißen glocken- oder trichterförmigen Blüten haben dunkelbraune Pollen, die an den hellen Blüten auffallend sind. Insgesamt sind die Blüten sehr klein und die wenigen, sich fast gleichzeitig bildenden Blätter sind schmal-lineal und stehen mehr oder weniger aufrecht. Im Steingarten sollten sie an sonnige, warme Stellen gepflanzt werden und im Winter benötigen sie meist guten Winterschutz. Dieser sollte aber leicht abnehmbar sein, da die Blüten sich frühzeitig entwickeln. Die abgebildete weißblühende Form, *C. hungaricum* 'Albiflorum' ist verhältnismäßig selten im Angebot. Gute Dränage ist nötig. ♃ ◙ H ○ △ ◬
▽

◁ **Colchicum kesselringii** (*C. crociflorum*), Krokusblütige Herbstzeitlose. Eine weitere Art, die verhältnismäßig selten im Angebot ist und eher für spezielle Sammler und Liebhaber empfohlen werden kann. In Zentralasien (Turkestan) und Afghanistan beheimatet. Ebenfalls ein Vorfrühlingsblüher und deshalb besonders für Alpinenhausbesitzer zu empfehlen, die dort diese auffallende Zeitlose bewundern können. Die Pflanze hat lange Blüten, glocken- bis trichterförmig, deren Perigonblätter 1,5–3 cm lang und 0,2–0,7 cm breit sind, sie sind schmal lineal-lanzettlich bis schmal elliptisch, weiß mit fahlem bis tief purpurrotem Mittelstreifen. Die 2–7 Blätter sind mehr oder weniger aufrecht stehend und erreichen eine Größe von 7–10 cm Länge und 0,3–1 cm Breite. Sie sind lineal-lanzettlich und am Rande etwas rauh. Die Pflanze liebt sonnige Plätze und eine ausreichende Dränage. ♃ ⓐ ⌃ H ○ ◬ △

◁ **Colchicum speciosum var. bornmuelleri** (*C. bornmuelleri*). Heimat ist Syrien, Kleinasien und der Iran. Von den Arten ist diese für den Garten die wichtigste, da sie sowohl attraktiv ist, als auch einfach gedeiht. Hinzu kommt, daß sie leicht zu erhalten ist. Die Blütezeit liegt im Herbst ziemlich früh (einen Monat früher als die eigentliche *C. speciosum*), so daß man auch in Gärten, die in rauheren Gegenden liegen, die Schönheit dieser Pflanze genießen kann. Die Blüten sind sehr groß, sie können bis 20 cm lang und 10 cm breit werden. Aus einer hellen, fast weißen Knospe und einer leicht grünen, bis 15 cm langen Kronröhre entwickeln sich die blaß-rosavioletten Blüten, die ein weißes Zentrum haben. Von ihr gibt es eine etwas dunkler blühende Auslese 'Magnificum'. Einmal angesiedelt macht die Pflanze kaum Schwierigkeiten. Alle *Colchicum* -Arten sind giftig! ♃ ⧇ ○ ◐ ▲ △

Convallaria majalis, Maiglöckchen, Liliaceae (Convallariaceae), Liliengewächse (Maiglöckchengewächse). Bekannte Art, die in Europa bis W-Asien und im Kaukasus vorkommt, auch in O-Asien. Diese duftende Laubwaldpflanze, die in all ihren Teilen giftig ist, kann auch an schattigeren Steingartenplätzen verwendet werden, wobei man allerdings den raumgreifenden Wuchs mit berücksichtigen muß. Die eigentliche Art wird dabei meist weniger verwendet, sondern die großblütige Ausleseform 'Grandiflora', die man auch zur Treiberei benutzt und die oft angeboten wird. Wesentlich langsamwüchsiger ist die steife, schwach rosa gefärbte 'Rosea' und eine Form mit gefüllten Blütchen, 'Plena'. Selten ist die Variegata-Form, die auf den Blättern gelbe Streifen zeigt. Sie schlägt aber oft sehr schnell in die einheitliche grüne Form zurück. Alle Maiglöckchen lassen sich durch Teilung vermehren. ♃ ⇝ ◐ ● ⊖ ▲ △ ▷

Cornus canadensis, Teppichhartriegel, Kanadischer Hartriegel, Cornaceae, Hartriegelgewächse. Verbreitet in N-Amerika und Grönland, südlich bis New Mexico, Japan, Korea, Sachalin, Kurilen, Kamtschatka und das Amurgebiet. Am Heimatstandort oft dichte Bestände bildend. Auch im Garten attraktiv, die Pflanze ist aber stark an eine sauere Bodenreaktion gebunden. In Gärten mit alkalischen Boden nur mit größerem Aufwand zu halten. Es ist eine bis 20 cm hohe, kriechende Staude, wobei jeder Stengel vier Laubblätter trägt. Am Stengelende sitzen die Blütendolden, die von vier blütenblattähnlichen, weißlichen Hochblättern umgeben sind. Die Blütezeit liegt im Juni. Der sich aus den Blüten entwickelnde Fruchtstand ist bei der Reife hellrot. Die Vermehrung kann durch Ausläufer erfolgen. Auch für größere Steingärten geeignet, die die entsprechende Bodenreaktion aufweisen. ♃ ⇝ ♧ ◐ ⊖ ● ▲ ▽

◁ **Convolvulus cneorum,** Silberwinde, Convolvulaceae, Windengewächse. Beheimatet in Italien, dem früheren Jugoslawien und N-Afrika. Nur in günstigen Lagen in mitteleuropäischen Steingärten hart, aber öfter in englischen Gärten anzutreffen. Diese etwas strauchige Pflanze wächst aufrecht bis aufstrebend, die Höhe kann zwischen 10 cm und 50 cm schwanken, die Triebe verholzen an der Basis, umgeben von silbergrauen Haaren. Die bis 4 cm langen Blätter sind aufsitzend, verkehrt-lanzettlich bis lineal, an der Basis verschmälert, krautig. Die 1,5–2,5 cm breiten Blüten sind weiß bis zu einem sehr hellen Fahlrosa, die Mitte des Kronblattes ist meist etwas dunkler rosa getönt. Diese Winde verlangt schon vom Aussehen her trockene Plätze. Man kann es mit der Pflanze in geschützten Lagen versuchen, besonders in Steinanlagen, die eher Xerophyten-Charakter haben. ♃♄ ⌃ ⊞ ○ ▲ △

◁ **Cortusa matthioli,** Alpenglöckel, Primulaceae, Primelgewächse. Wächst in M- und O-Rußland, Bulgarien und von den O-Karpaten bis zu den SW-Alpen. Eine 30–40 cm hohe Staude mit einem schwachkriechenden Rhizom und dichtbüscheligen Wurzeln. Die rundlichen Blätter sind lang gestielt, mit herzförmigem Grund, spitz sägezähnig gelappt und behaart. Der Blütenstiel überragt die Blattbüschel wesentlich, er trägt eine 5–12blütige Dolde. Die Blütenglöckchen sind rosa, hängend, klein. Von ihr gibt es auch eine weißblühende Form und *C. matthioli* f. *pekinensis*, welche größere Blüten besitzt und 7–9lappige, eingeschnittene Blätter hat. Die Blütezeit liegt im Mai-Juni. Die Pflanze erinnert stark an Primeln der Cortusoides-Sektion. Liebt schattig-humose Plätze mit einem Minimum an Bodenfeuchte. Ältere Pflanzen können durch Teilung vermehrt werden, auch Aussaat ist möglich. ♃ ◐ ⊖ ○ ◭ △ ◬

Corydalis bracteata, Altai-Lerchensporn, Papaveraceae (Fumariaceae), Mohngewächse (Erdrauchgewächse). Wächst in Sibirien und im Altai. Aus einem knolligen Wurzelstock entwickeln sich 10–20 cm, unter günstigen Umständen bis 35 cm hohe unverzweigte Triebe. Die Blätter sind doppelt dreiteilig. Die Blüten sind 2,5–4,5 cm groß, mit einem 15 mm großen Sporn, hellgelb, in Trauben stehend. Insgesamt im Habitus etwas an *C. cava* erinnernd. *Corydalis* gewinnen für den Garten, auch den Steingarten, immer mehr an Bedeutung. Die Gattung umfaßt 200–300 Arten (je nach Ansicht der Botaniker). Ihnen gemeinsam ist das Anhängsel an den Samen, das Ameisen anlockt, die dann für die Verbreitung der Art sorgen, der unterschiedlich lange Sporn, die mehrfach geteilten Blätter und die fleischigen Triebe. *C. bracteata* ist eine ansehnliche Art, die im April-Mai blüht. ♃ ◐ ○ ⊖ △ ◭
▽

Corydalis cashmeriana, Kaschmir-Lerchensporn, Blauer Himalaja-Lerchensporn. Diese in einem Gebiet von Kaschmir bis Bhutan wachsende Art gehört zu den gesuchtesten Arten. Der Wurzelstock besteht aus fleischigen Wurzeln und knöllchenartigen Blattschuppen. Die Pflanze selbst wird nur etwa 15 cm hoch. Die teils grundständigen Blättern sind dreiteilig und tief eingeschnitten. Jeder Stengel, der 5–15 cm hoch werden kann, trägt im April-Mai 6–8 Blüten von 2–2,5 cm Länge, die bis zu 6 Stück in einer Traube stehen. Die Farbe ist ein leuchtendes Blau mit türkisfarbenem Schimmer. Leider ist die Pflanze nicht sehr einfach. Sie stellt hohe Ansprüche an Luftfeuchtigkeit und Kühle, warme Lagen mag sie keinesfalls. Der Boden soll mildfeucht sein (ohne Staunässe!), humusangereichert und von saurer Bodenreaktion. Es gibt Neueinführungen, die noch zwergiger sind. ♃ ⏶ ⊟ ◐ ⊖ ◬ △
▽

Corydalis cava, Hohler Lerchensporn. ▷ Wächst in S- und M-Europa und hat eine kugelige bis walnußgroße, hohle Knolle. Diese heimische Art wächst gerne am Rande von Laubwäldern in humusreichen Böden. Der Stengel wird je nach Standort 10–35 cm hoch, hat 2 doppelt dreiteilige Blätter, die tief eingeschnitten sind und eine blaugrüne Tönung aufweisen. Die Blütentraube ist ziemlich dicht und trägt 10–20 Einzelblüten. Diese sind lilarot oder weiß gefärbt und besitzen am Ende einen gebogenen Sporn. Im Garten stellt sie zwar keine großen Ansprüche. Lediglich eine Mulchschicht ist wichtig, wie in der Natur auch, in der sie wenig gestört werden möchte. Im Steingarten kommt sie in halbschattige, absonnige Teile, wo auch der entsprechende humusreiche Boden gegeben werden kann. Diese Art liebt zwar einen mildfeuchten Boden, erträgt aber auch Trokkenheit. ♃ ◐ ⊖ ◭ △

◁ **Corydalis flexuosa,** Gebogener Lerchensporn. Heimat ist W-China. Ein »Newcomer« unter den Steingartenpflanzen. Dieser Lerchensporn wurde erst in den letzten Jahren stärker verbreitet. Er erinnert etwas an *C. cashmeriana,* ist aber höher und etwas grober. Neben Blüten, die ebenfalls ein leuchtendes Blau aufweisen, wie der Kaschmir-Lerchensporn, gibt es auch solche, die ein mehr stumpferes metallisches Blau zeigen. Es scheint, daß diese Art weniger empfindlich ist, als vergleichbare Lerchensporn-Arten. Ein Typ ist als *C. flexuosa* 'China Blue' bekannt. Diese Pflanze wird etwa 30 cm hoch und hat tief himmelblaue Blüten. Sie bevorzugt im Steingarten halbschattige Plätze und stark humosen Boden, wobei Laubwaldmull besonders geliebt wird. Im Gegensatz zu *C. cashmeriana* scheint sie einen gewissen Kalkanteil zu tolerieren. Blüht im April-Mai, manchmal auch länger. ♃ ◐ ⊖ ◭ △ ◬

Corydals solida 'George Baker' (*Corydalis solida* 'Transsylvanica'), Siebenbürger Lerchensporn'. Die eigentliche Art des Gefingerten Lerchensporn ist in ganz Europa beheimatet, außer im Norden und Westen. Durch das große Verbreitungsgebiet bedingt, gibt es unterschiedliche Formen. Die schönsten Typen für den Garten, mit lachs- und orangeroten Blütenfarben wachsen in Siebenbürgen. Oft unter der Bezeichnung *C. solida* 'Transsylvanica' verbreitet, die richtige Bezeichnung dürfte 'George Baker' lauten. Während am Naturstandort überwiegend trübrote Typen wachsen, treten hin und wieder auch vereinzelt Pflanzen mit den gesuchten leuchtenden Farben auf. Ein Gartenschatz im Frühling, der im Frühsommer schon wieder einzieht. Erfreulich ist, daß diese auffallenden Pflanzen weitgehend farbecht aus Samen fallen, sonst Vermehrung durch Wurzelknöllchen. ♃ ◙ ◐ ⊖ ○ ◭ △ ◬ ▷

△

Corydalis ochroleuca, Gelblichweißer Mauerlerchensporn. Heimat ist der W-Balkan und Italien. Ideales Gegenstück zum Gelben Lerchensporn (*C. lutea*). Pflanze mit fleischigem, verzweigtem Stengel, dichtbuschig wachsend, je nach Standort 20–40 cm hoch, die Blätter sind bläulichgrün, bis 3fach gefiedert. Die Blüten weißlichgelb, stehen zu 6 bis 16 in endständigen, dichten Trauben. Dauerblüher von Mai bis September. Bei dieser Art ist der Blattstiel geflügelt und die Samen sind mattschwarz. Wie *C. lutea* ist auch *C. ochroleuca* eine ideale Pflanze für halbschattige und absonnige Trockenmauerfugen. Beide kann man auch gemischt pflanzen, was einen guten Effekt ergibt. *C. ochroleuca* scheint dabei etwas trockenheitsverträglicher zu sein. Diese Art ist gegenüber *C. lutea* auch etwas weniger samenstreuend. Aber auch diese Art verliert man kaum, Sämlinge sind immer da. ♃ ◐ ⊖ ● ◭ △

◁ **Corydalis wilsonii,** Wilsons Lerchensporn, China-Lerchensporn, beheimatet in Zentralchina. Am Naturstandort wächst die Pflanze meist an trockenen Felsen. Diese Staude bildet eine Pfahlwurzel, aus der die rosettenartigen Blätter treiben. Diese sind etwa 7,5 cm lang, locker und stumpflappig gefiedert, blaubereift und stehen auch an dem 15–30 cm hohen aufstrebenden Stengel. Die bis zu 2 cm großen, prächtig gelben, meist dottergelben, weiß gespitzten Blüten sind mit einem stumpfen bis 0,5 cm großen Sporn versehen. Sie stehen in lockeren, bis 20 cm großen, einseitswendigen Trauben. Die Blütezeit reicht von Mai-September. Diese Art möchte im Gegensatz zu vielen anderen Lerchensporn-Arten auch im Garten etwas sonniger und trockener stehen, sie kann auch in Trokkenmauerfugen wachsen. Der Liebhaber dieser Gattung findet noch weitere schöne Arten. ♃ ⁞ ○ ⊖ ◐ ◭ △

Corynephorus canescens, Silbergras, ▷ Gramineae (Poaceae), Gräser. Heimat ist S- und M-Europa, wo es auf kalkarmen, trockenen Sandböden wächst. Das Gras wird 15–25 cm hoch, es wächst igelpolsterig und hat graugrüne, borstige Blätter und silberfarbene, oft rötlich überlaufene Rispen, diese erscheinen von Juni-August. Das feinhalmige Gras ist oft nur zweijährig, sät sich aber gerne selbst aus, so daß man die Pflanze kaum verliert. Eigentlich ein Gras für Heide- und Dünenflächen, es kann aber auch an sonnig-trockenen Stellen im Steingarten verwendet werden. Wichtig ist das Gras auch als Begleitpflanze in Sukkulentengärten, wo es mit seiner feinen Struktur ein Gegenpol zu den oft dickblätterigen Sukkulenten bildet. Auch als Einzelpflanze für Tröge geeignet, die Pflanze ist dann dem Auge mit ihren feinborstigen Blättern näher. Vermehrung durch Aussaat. ⊙-♃ ⊟ 🅃 ○ ◐ △ ▲ ◬

◁ **Cotoneaster microphyllus 'Schneiderianus',** Schneiders Teppichmispel. Eine nomenklatorisch etwas unsichere Art, bei der sicher *C. microphyllus* f. *thymifolius* beteiligt ist. Die Art kommt aus den immergrünen Laubwaldzonen von W- und SW-China und dem Himalaja. Hübsch aber nicht immer frosthart. Auch *C. microphyllus* f. *thymifolius* ist empfindlich und benötigt einen halbschattigen, geschützten Platz, während *C. microphyllus* 'Schneiderianus' absolut winterhart ist. Sie wächst mit ausgebreiteten und aufliegenden Zweigen, die sich jeder Oberflächenform anpassen. Die immergrünen, dunkelgrünen Blättchen sind 0,5–1 cm lang und 0,3–0,4 cm breit. Die weißrosa Blüten erscheinen im Frühsommer, und im Herbst schmükken die kleinen roten Früchte. Eine dankbare Pflanze, die selbst in Trögen verwendet werden kann, wo sie dicht am Trograndnach unten wächst. ♄ ⁓ ஃ ⁞ 🅃 ○ ◐ ⊖ ▲ △ ◬

△
Cotoneaster adpressus, Niederliegende Zwergmispel, Rosaceae, Rosengewächse. Wächst in W-China in der sommergrünen Laubwaldzone, in Hochlagen um 3000 m. Es ist ein kurztriebiger Strauch, der niederliegend und robust ist. Die Triebe sind fächerig verzweigt und oft dem Boden eng anliegend. Die gesamte Pflanze wird selten über 25 cm hoch. Die kleinen Blättchen sind breit-eiförmig, stumpfgrün und am Rande wellig. Im Herbst nehmen sie eine braunrote Färbung an. Die Blütezeit liegt im Juni, die Blüten sind klein und rosaweiß gefärbt. Im Herbst erscheinen dann die lange haftenden, eirundlichen, etwa 0,7 cm langen, roten Früchte. Leider lieben auch Schildläuse diese Pflanze. Von dieser Art gibt es noch eine Miniatur, als 'Little Gem' bekannt, die in allen Teilen kleiner ist und kaum über 10 cm hoch wird, die Triebe liegen ebenfalls fest und dicht dem Boden auf. ♄ ⁞ 🅃 ஃ ○ ◐ ⊖ △ ◬ ▲

Cotula squalida (Neuerdings auch zu *Leptinella*), Fiederpolster, Compositae (Asteraceae), Korbblütler (Asterngewächse). Wächst ▷ in Neuseeland von der Küste bis in Höhenlagen von 1300 m auf feuchten Gebirgswiesen, an Flußrändern und sonstigen nicht zu trockenen, auch felsigen Stellen. Es ist eine verhältnismäßig unempfindliche Art, die insgesamt etwas variabel ist. Die flachen Polster werden nur 3–5 cm hoch. Sie hat bis 20 cm lange kriechende, verzweigte Stengel. Die gesamte Pflanze ist mehr oder weniger behaart. Die Blätter sind länglich-eiförmig, braungrün und tief fiederschnittig. Die Köpfchen sind gleichgeschlechtlich, die Blüten zeigen eine unauffällige weißgrün-gelbe Farbe. Die Hüllblätter sind leicht rötlich gerandet. Blütezeit ist Juli-August. Benötigt in rauhen Lagen etwas Winterschutz durch Koniferenreiser. Der Boden darf keinesfalls zu nährstoffreich sein. ♃ ⁓ ⌓ ⁞ ⌃ ◐ ○ ⊖ ▲ △

Crassula setulosa var. curta (*Crassula* ▷ *milfordiae*), Polsterdickblatt, Crassulaceae. Heimat ist Südafrika, speziell am Kap, in Natal und Lesotho. Ob die Umwandlung des Namens berechtigt ist, kann nicht mit letzter Sicherheit gesagt werden, aber wir beugen uns dem »Zander«. Die Art bildet niedrige, rasenartige Matten, bestehend aus sehr kleinen Rosetten. Obwohl diese Gattung der ganzen sukkulenten Familie den Namen gegeben hat, hat diese Art wenig sukkulente Eigenschaften. Die Pflanze hat rötliche Stiele, die kleinen Blätter sind länglich lanzettlich, 8–10 mm lang und 2,5–4 mm breit. Die Blüten sind elfenbeinweiß, nicht immer ist die Pflanze aber reichblütig. Die Polster zeigen oft eine leicht rötliche Färbung, die sich dem Herbst zu verstärkt. Vermehrt wird durch Teilung und durch Stecklinge. Diese Südafrikanerin ist in Mitteleuropa nicht immer winterhart. ♃ ⌓ ⌃ ⊤ ○ ◐ ⚠ △

△

Crepis aurea, Goldpippau, Compositae (Asteraceae), Korbblütler (Asterngewächse). Wächst in den Alpen und in den Gebirgen Italiens und des S- und W-Balkans. Ist dort eine bekannte Pflanze von Matten, Weiden und steinigen, grasigen Hängen zwischen 900–2900 m Höhe, wächst in humosen Böden auf Kalk und auf Urgestein. Die Pflanze erinnert etwas an einen kleineren, eher orangefarbenen Löwenzahn, wobei zu sagen ist, daß es farblich etwas unterschiedliche Typen gibt. Dichtblätterige Rosetten löwenzahnähnlicher Blätter, aus denen von Mai-August bis 20 cm hohe Stengel treiben, die die orangerote Blüte tragen. Die Köpfchen sind meist einzeln, selten bis zu 6, im oberen Teil mit dunklen, zottigen Haaren besetzt. Kronblätter lineal, vorne stumpf. Am leichtesten gedeihende Art für volle Sonne und einen etwas feuchten Boden. Partner: *Gentiana dinarica, Gentiana angustifolia.* ♃ ○ ⊖ ◐ ▲ △ ⚠

△

Crepis incana, Aschgauer Pippau. Kommt in S- und SO-Griechenland vor. Entsprechend ihrer südlichen Verbreitung ist die Pflanze wesentlich heikler, speziell nässeempfindlicher, als die vorherige Art. Die Pflanze wird etwa 15 cm hoch, teils unbehaart, teils fein silberhaarig. Die wurzelständigen Blätter sind 3–13 cm lang und 1–2 cm breit,verkehrtlanzettlich, gespitzt und fiederschnittig, die einzelnen Segmente stark gelappt und gezähnt. Die Stengelblätter sind aufsitzend, die obersten sind hüllblattartig. Wenig bis vielköpfig, die Blüten sind magentarosa. Eine hübsche Art, die nicht sehr oft im Angebot ist. Attraktiver als *Crepis aurea.*Wichtig sind Pflanzplätze in voller Sonne und ein Boden mit ausgezeichneter Dränage. Kann durch übermäßige Winternässe oft auswintern, Vermehrung durch Aussaat und Teilung. Die Art ist in Katalogen auch unter dem Namen *Crepis rosea* zu finden. ♃ ⌃ ○ ◐ ▲ △ ⚠

△

Crepis pygmaea, Zwergpippau. In den Gebirgen SW-Europas, in den S-Alpen und S-Apennin, Pyrenäen, meist im kalkhaltigen Geröll, in Höhenlagen von 1500 bis fast 3000 m. Die Pflanze wird nur bis 15 cm hoch. Es ist eine fast kahle, weißfilzige Pflanze mit niederliegendem oder bogig aufsteigendem, beblättertem Stengel, dieser ist meist verzweigt und einköpfig. Die Blätter sind eiförmig und am Grund herzförmig oder gestutzt, insgesamt unregelmäßig, leicht gezähnt. Sie haben einen geflügelten Stiel und sind auf der Unterseite oft etwas violett überlaufen. Die 10–15 mm langen Hüllblätter sind graufilzig wie die Kopfstiele und breit glokkenförmig. Die Pappusborsten sind biegsam und weiß. Blüten alle zungenförmig, gelb, die randnahen oft rötlich. Dieser alpine Zwerg blüht von Juni-August. Sicher keine außergewöhnliche Pflanze, aber etwas für den Alpenpflanzenfan. ♃ ⌓ ⁞ ⊞ ○ ◐ ▲ △

△
Crocus baytopiorum, Türkisfarbener Krokus, Baytops Krokus, Iridaceae, Schwertliliengewächse. Wächst in der W-Türkei, wo er erst im Jahre 1973 nahe Denizli gefunden wurde. Wegen der hellblauen-türkisfarbenen Blüte eine gesuchte Art, die noch sehr selten ist. In ihren morphologischen Eigenschaften hat diese verhältnismäßig neueingeführte Art viele Ähnlichkeiten mit der *Crocus vernus*-Gruppe. Die bestimmenden Eigenschaften von *C. baytopiorum* sind die klare blaue Blütenfarbe, die schmalen Blätter, die großen papierartigen,weißen Hüllblätter, die oft so lang sind, daß sie bis zur Basis der Blütensegmente reichen und die verlängerten roten Samen mit einer auffallenden Samennaht. Die Pflanze wächst am Heimatstandort im Kalksteinschutt in über 1300 m Höhe in lokkeren *Pinus*-Beständen. Die Pflanze scheint in offener Lage in einem dränierten Boden gut zu gedeihen. ♃ ○ ⊖ △

△
Crocus biflorus ssp. adamii, Kaukasus-Schottenkrokus, Schottischer Krokus. Die Gattung ist mit etwa 90 Arten umfangreich, wobei manche Arten ein großes Gebiet besiedeln, andere dagegen endemisch vorkommen. *C. biflorus* gehört zur ersten Gruppe, sein Vorkommen reicht von Italien bis zum Kaukasus und dem Iran, die Unterart *C. b.* ssp. *adamii* beschränkt sich jedoch auf den Kaukasus und den nördlichen Iran. Sie ist in der Natur verhältnismäßig selten, aber aus gärtnerischer Kultur öfter angeboten. Die Pflanze hat eine flachkugelige Knolle und eine glatte Hülle. Diese Unterart hat schlanke Blüten und ist im Innern violettblau, blauer als die meisten anderen Arten. Außen ist die Blüte rehbraun mit dunkler Aderung. Die Narben sind orange. Ein dankbarer Frühlingsblüher. Für naturnahe Anlagen eignen sich diese Arten besser als die großblumigen Züchtungen. ♃ ○ ◐ △

△
Crocus biflorus 'Weldenii Fairy'. Eine Sorte aus gärtnerischer Kultur, die ebenfalls in den Biflorus-Komplex gehört. Die Blüte ist innen silberweiß und außen licht-blaugrau getönt, die Narbe ist orange. Eine reizende Pflanze, die auch durch den niedrigen, kompakten Wuchs besticht. Die Höhe beträgt 6–8 cm, die Blütezeit ist je nach Wetterlage von Februar-März. Wie bei allen Krokus, sollte man versuchen eine möglichst naturnahe Szenerie zu schaffen. So sollten immer Gruppen von mindestens 5 Stück gepflanzt werden. Der Abstand von Pflanze zu Pflanze sollte möglichst unterschiedlich sein. Deshalb ist die alte Gärtnermethode immer noch anzuraten, indem man die Knöllchen in die nach oben zeigende Hand nimmt und mit der anderen von unten dagegen schlägt. Wo die Knollen dann am Boden liegen, werden sie gepflanzt. Dadurch ist eine natürliche Wirkung gewährleistet. ♃ ○ ◐ △

Crocus chrysanthus 'Eye Catcher'. Die ▷ verschiedenen Sorten von *C. chrysanthus* gehören wohl zu den wichtigsten botanischen Krokus-Arten. Sie zeichnen sich trotz ihrer Kleinheit durch einen robusten Wuchs aus, auch die Vermehrungsfreudigkeit mit Tochterknollen spielt eine Rolle. Die eigentliche Art ist gelb und außen violett. Die Höhe beträgt 8–10 cm und die Blütezeit liegt im Bereich Februar-März. Durch Einkreuzen ist die große Sortenpalette entstanden. Die abgebildete Sorte 'Eye Catcher' zeigt eine interessante Farbe, die äußeren Blütenblätter sind tief pflaumenblau-purpurn mit schmalem, weißem Rand und die inneren sind grauweiß mit einer purpurfarbenen Basis. Die Innenseite ist grauweiß mit gelber Mitte. Die Knöllchen dieser Sorten von *C. chrysanthus* werden sehr preiswert angeboten, so daß man auch andere Sorten versuchen sollte, es lohnt. ♃ ○ ◐ △

Crocus corsicus, Korsischer Krokus. Wie ▷ der Name sagt, ist die Heimat Korsika, wo diese Art hauptsächlich zentral und im Norden vorkommt. Die Pflanze wächst dort an buschigen und felsigen Hängen, aber auch auf grasigen Flächen in größeren Höhen zwischen 500 und 2300 m. Eine niedrige botanische Art, die zwar meist keinen großen Zuwachs zeigt, aber insgesamt am Pflanzplatz ziemlich dauerhaft ist. Die Form der Knolle ist mehr tropfenförmig. Die faserige Hülle ist grob genetzt, speziell der Spitze zu. Die verwachsenen Blätter, meist 3–4, sind zur Blütezeit etwas kürzer als die Blüte. Sie sind 1–1,5 mm breit und dunkelgrün. Die kleinen Blüten duften manchmal, sie sind normalerweise hell cremefarben und purpurfarben gebändert, meist mit drei oder vier Streifen. Manchmal zeigen die Pflanzen auch nur einen violetten Mittelstreifen und beidseitig eine intensive Aderung. ♃ ◙ ○ ◐ ◬ △

Crocus flavus (*Crocus aureus*), Gold-Krokus. ▷ Heimat ist SO-Europa und Kleinasien, dort im trockenen Grasland zwischen Sträuchern und in lichten Wäldern, von der Küste bis in Höhen von 1000 m. Ein Krokus mit ausgezeichnetem Zuwachs, sehr früher Blüte und Unempfindlichkeit. Aus ihm wurde auch die großblütige Gartensorte ‘Großer Gelber’ gezüchtet. Diese kleine Art hat verhältnismäßig große, flachkugelige Knollen mit einem Durchmesser von 10–15 mm. Die 4–8 Blätter sind zur Blütezeit kürzer als die Blüten, verlängern sich aber später. Die Blüten duften sehr gut und sie können eine Färbung von fahlgelb bis tief orangegelb aufweisen, manchmal können sie zur Kronröhre hin auch etwas bräunlich getönt sein. Die Kronröhre ist 5–15 cm lang und die Petalen 2–3,5 cm lang und 0,6–1,2 cm breit. Die Art sät sich spontan aus, deshalb flächig wachsend. ♃ ◙ 🅃 ○ ◐ ◬-▲

Crocus korolkowii. Korolkows Krokus. In Turkestan, in den Kara Tau-Bergen zwischen Taschkent und Karak-Ati und Bergen am Sarawaschan-Fluß, wo die Pflanze an offenen, grasbestandenen oder felsigen Plätzen wächst, in Höhen von 1200–3150 m. Birnenförmige Knollen mit 1–2 cm Durchmesser, abgeflacht an der Basis und längsfaserig. Verbundene Blätter, zwischen 10–20, zur Blütezeit meist kürzer als die Blüte, 1–2,5 mm breit, grün, unbehaart oder leicht rauh am Rande von Kiel und Blattspreite. Die duftenden Blüten sind mittelgroß, goldgelb, außen graubraun oder bronze getuscht, die Basis im Innern zeigt ebenfalls eine braune Färbung. Die Blütezeit liegt im Februar-März, oft zu einer Zeit, in der Schneeschauer und rasch folgender Sonnenschein keine Seltenheit sind. Bei stärkerer Sonneneinstrahlung breiten sich die Blütenblätter breit aus und bieten so einen reizenden Anblick. ♃ ◬ 🅃 ○ ◐ ◬-▲
▽

◁ **Crocus fleischeri** (*Crocus candidus*), Fleischers Krokus. Heimat ist Kleinasien, wo die Pflanze an offenen, felsigen Hängen wächst. Auch in mit Eichen und Kiefern sehr locker bewaldeten Gebieten in Höhen von 750–1300 vorkommend, auf verhältnismäßig schwerem Boden auf Kalk. Eine sehr frühblühende Art, die im Alpinenhaus oft schon im Januar ihre Blüten öffnet. Die Pflanze hat weiße Blüten und orange Staubfäden. Sie ist verhältnismäßig klein, aber reichblütig. Die Knolle ist tropfenförmig, hat einen Durchmesser von 0,8–1,5 cm, ist gelblich und von einer feinfaserigen Hülle umgeben. Die duftende Blüte sitzt zwischen den Blättern, sie ist schlank und geöffnet sternförmig, es erscheinen pro Knolle 1–2 Blüten. Bei Blühbeginn sind die Narben dunkel orangerot, sie verfärben sich dann später zimtbraun. Es ist eine Art, die wegen der frühen Blüte auch eine dankbare Alpinenhauspflanze ist. ♃ ◙ ◬ ○ ◐ ◬-▲

◁ **Crocus sieberi ssp. atticus,** Attica-Krokus. Die Art ist mit verschiedenen Unterarten in Griechenland verbreitet. *C. sieberi* ssp. *atticus* ist speziell in Attica und auf Andos zu finden, meist in lockeren Koniferenwäldern und an offenen, felsigen Hängen, gewöhnlich auf Kalksteinunterlage in 400–1350 m. Tropfenförmige Knolle, 3–8 Blätter, gewöhnlich 2–6 mm breit während der Blütezeit, Blütenfarbe fahl- bis tief lilablau oder violett, Schlund gelb, unbehaart oder sparsam flaumhaarig. Kronröhre bis 7 cm lang, Blütensegmente bis 3,5 cm lang und 1,5 cm breit. In voller Sonne klappen die Segmente weit auseinander, sie zeigen dann das dreifarbige Innere, die gelbe Basis, die weiße Zwischenzone und das fahle Blaulila. Im Steingarten, wie alle diese Wildarten, für einen sonnigen Platz dankbar. Wenn auch die meisten Arten auf Kalk wachsen, sind sie im Garten anspruchslos. ♃ ◙ 🅃 ○ ◐ △-▲

△

Crocus speciosus, Prachtkrokus. Weit verbreitete Krokus-Art, im N-Iran, in Kleinasien und dem Kaukasus wachsend, meist in Wäldern oder in torfigen alpinen Flächen, sowohl auf Kalk als auch auf kalkfreiem Untergrund, in Höhen von 800–2350 m. Die Blütezeit der Krokus-Gattung geht an den Naturstandorten im Mittelmeerraum, je nach Art, vom Herbstbeginn bis tief in den Frühling. *C. speciosus* ist einer der wichtigsten Herbstblüher im Sortiment, etwa 20 cm hoch werdend. Die Knolle ist kugelig, die Hülle dünn und häutig, am Grunde sich in Ringen ablösend. Die Blüten erscheinen vom September bis Oktober, die Blätter jedoch erst im Frühjahr. Die Blüten sind groß, langröhrig, becherförmig, schieferblau mit dunkleren Adern. Es gibt aber auch Varianten, die bis nach Weiß gehen. Der Schlund ist weiß oder gelblichweiß und die Staubgefäße gelb. Es gibt davon etliche Namenssorten. ♃ ◙ ○ ◐ △-▲

Crocus tommasinianus, Elfenkrokus. Beheimatet in Dalmatien, im Biokovo-Gebirge, in Ungarn und N-Bulgarien, dort meist in Wäldern, auf schattierten Felsbänken und höheren Gipfeln, wo die Pflanze kurz nach der Schneeschmelze blüht. Meist auf Kalkunterlage in Höhen von 1000–1500 m. Besitzt eine rundliche Knolle, die Hülle ist fein netzfaserig. Schlanke Blüten, meist lila mit weißem Schlund, in Kultur meist im Februar-März blühend. Diese dankbare, frühblühende Art breitet sich durch Selbstaussaat stärker aus, als andere Krokus-Arten. Die eigentliche Art ist weniger verbreitet als die Farbauslesen. Bekannte Namenssorten sind 'Whitewell Purple', tiefviolett, robust und bestockungswillig; 'Taplow Ruby' zeigt ein zartes Rotpurpur; 'Ruby Giant' ist größer und hat purpurviolette Blüten; 'Albus' ist die weiße Form; 'Pictus' hat große, lavendelblaue Blüten mit purpurfarbenen Spitzen. ♃ ◙ ○ ◐ △-▲ ▷

◁ **Crocus versicolor,** Silberlackkrokus. Kommt in den SW-Alpen vor, so in den Meeralpen, dem Gebiet nördlich von Grenoble, bis NW-Italien gehend. An grasbestandenen oder steinigen Plätzen in offener Lage, sehr lockeren Kiefernwäldern meist auf Kalkunterlage, von Seehöhe bis in eine Höhe von 1300 m. Die Knollen sind birnenförmig und fein längsfaserig. Die Blüten sind schlank, silberweiß, außen mit einem rotvioletten Federmuster versehen. Die Blütezeit liegt für einen Krokus ziemlich spät, im März-April. Von dieser Art gibt es auch eine kräftiger gemusterte Auslese *C. versicolor* 'Picturatus', sonst kaum Unterschiede. Beide sind für sehr trockene Lagen geeignet. Das Pflanzen der frühjahrsblühenden Krokus-Arten ist problemlos, es erfolgt im Herbst. Es kommen zwar auch noch flach gepflanzte Knöllchen zur Blüte, eine Tiefe von 5–10 cm ist aber besser. Sonst anspruchslos. ♃ ◙ ○ ◐ △-▲

△
Cyclamen coum, Februaralpenveilchen, Primulaceae, Primelgewächse. Hat ein ziemlich großes Verbreitungsgebiet, das von der Krim über Bulgarien, der Türkei, außer Inneranatolien, dem Kaukasus bis nach W-Syrien und N-Israel reicht. Es hat eine nur unten bewurzelte Knolle, die Blätter sind kleiner, rund- oder nierenförmig, dunkelgrün oder etwas silbern gezeichnet, unterseits grün, rötlich oder dunkelkarmin. Die Blüte ist etwas gestaucht, bei südlicher Herkunft auch normal cyclamenförmig. Die Blüte variiert von weiß bis dunkelkarmin, wobei am Blütengrund ein weißes Auge zu erkennen ist und darüber ein dunkler Fleck. Diese harte Art beginnt bei geeigneter Witterung schon im Februar mit der Blüte, oft noch eher, die Hauptblüte liegt im März. Diese Art samt sich selbst aus, so daß sich am passenden Standort Teppiche bilden. *C. coum* ssp. *caucasicum* hat herzförmige Blätter. ♃ ◙ ◐ ⊖ ◬-▲

△
Cyclamen hederifolium (*Cyclamen neapolitanum*), Neapelalpenveilchen. Wächst im Mittelmeergebiet, zieht von S-Frankreich bis zur W-Türkei, ebenfalls auf Korsika, Sardinien, in der Ägäis und auf Kreta. Trotz der südlichen Herkunft bei uns völlig winterhart, es ist das beste Alpenveilchen für den Garten. Runde Knollen, die bis 20 cm groß sein können und nur an der Oberseite wurzeln. Der untere Teil des Blattstiels ist unterirdisch kriechend, die Form und Farbe der Blattspreite ist unterschiedlich, herz-spießförmig, manchmal an Efeublätter erinnernd, leicht gezackt, dunkelgrün mit variierender weißlichgrauer Zeichnung. Die ziemlich großen Blüten sind geröhrt, dunkelrosa, sie besitzen an der Basis einen dunklen Fleck. Die Formen aus der Ägäis haben auch einen angenehmen Duft. Die Blütezeit liegt im August-September. Die wintergrünen Blätter sind ebenfalls zierend. ♃ ◙ ⊞ ◐ ⊖ ○ ◬-▲

△
Cyclamen hederifolium 'Album' (*Cyclamen neapolitanum* 'Album'), Weißes Neapelalpenveilchen. Die Albinoform kommt manchmal in natürlichen Beständen vor. Langjährige Beobachtungen haben gezeigt, daß diese weiße Form noch wüchsiger ist als der schon gut gedeihende rosa Typ. Außer der Blütenfarbe zeigen sich weiter keine Unterschiede. Beim Ansiedeln von trocken gelagerten Knollen muß man Geduld haben, oft dauert es einige Zeit, bis sich diese etablieren. Wenn sie Fuß gefaßt haben, können sie sehr dauerhaft sein. Alle *Cyclamen* lieben einen leicht beschatteten, eher trockenen als feuchten Standort und etwas kalkhaltigen Humusboden. Die für das mitteleuropäische Klima geeigneten Arten schätzen etwa 7–8 cm Substrat über der Knolle. Im Steingarten fühlen sich die Alpenveilchen besonders unter Zwerggehölzen wohl, die eine lichte Beschattung garantieren. ♃ ◙ ⊞ ◐ ⊖ ◬-▲

Cyclamen purpurascens (*Cyclamen europaeum*), Europäisches Alpenveilchen. Das Naturvorkommen geht von SO-Frankreich bis zu den W-Karpaten, südlich bis Bosnien. Es ist die am weitesten nach Norden gehende Art, die auch im Handel oft angeboten wird. Die Art ist, einmal angesiedelt, sehr dauerhaft. Die Knollen sind rundlich und haben oft lange Triebhälse und manchmal Nebenknollen, sie sind etwas korkig und allseitig bewurzelt. Die Blätter sind breit herz- bis nierenförmig, ganzjährig vorhanden, rundlich oder wenig zugespitzt, dunkelgrün, graugrün und unterseits purpurn. Die Blüten sind rosa, duftend, etwa 15 cm hoch. Blütezeit ist August-Oktober. Auch diese Art liebt einen leicht beschatteten Platz und gedeiht gut in frischer, aber nicht feuchter, kalkhaltiger, humoser Erde, der etwas Lehm zugesetzt wird. Knollen dieser Art etwa 5 cm mit Erde bedecken. Gut winterhart. ♃ ◙ ⊞ ◐ ⊖ ◬-▲ ▷

◁ **Cyclamen trochopteranthum,** Propellerzyklamen. Diese seltene Art aus SW-Anatolien stellt in etwa die Verbindung zwischen herbst- und frühlingsblühenden Arten her. Die Pflanze ist nahe verwandt mit *C. coum* und wurde auch oft als *C. coum* ssp. *alpinum* bezeichnet. Sie hat auch viel Ähnlichkeit mit dieser, ist aber kleiner, meist nur 10 cm hoch. Das wichtigste Unterscheidungsmerkmal ist jedoch die Blüte, denn die Blütenblätter sind bei dieser Art um 90 Grad gedreht, so daß sie etwas an einen Propeller erinnern. Die Blüten sind rosa ohne weißes Auge. Es gibt aber etwas unterschiedliche Formen mit helleren rosa und weißen Tönen. Diese Art gehört zwar zu den härteren Typen, es kann aber in Ausnahmewintern zu Ausfällen kommen. Ideal ist diese Rarität im Alpinenhaus, wo die Pflanze oft mit der Blüte um Weihnachten beginnt und bis weit in den Februar schmückt. ♃ ⓐ ◙ ◐ ⊖ △-△

△
Cypripedium calceolus var. parviflorum (*Cypripedium parviflorum*), Kleinblütiger Frauenschuh, Orchidaceae, Orchideen. Je nach Autor wird diese nahe Verwandte unseres europäischen Frauenschuhes als Varietät von diesem betrachtet oder als eigenständige Art; wir folgen dem »Zander«. Heimat ist NO-USA und Gebiete in Kanada. Wächst dort an feuchteren Standorten, an Waldrändern und Mooren. Diese Varietät vertritt den Frauenschuh im Nordosten von Amerika. Die Pflanze wird 20–35 cm hoch und neigt zu stärkerer Horstbildung. Blätter breitlanzettlich, dunkelgrün und etwa 3,4 cm breit, pro Stengel bilden sich 1–2 Blüten aus, die einen Durchmesser von 5–7 cm haben. Sepalen und Petalen sind dunkelbraun, der Schuh ist goldgelb, innen rot gepunktet und die Petalen sind stark korkenzieherartig gedreht, eine insgesamt unverwechselbare Art. ♃ ⟿ ⊟ ◐ ⊖ ○ △-▲

△
Cypripedium calceolus var. pubescens (*Cypripedium pubescens*), Behaarter Frauenschuh. Wächst in N-Amerika, in feuchten Wiesen und Wäldern. Angaben, die auf das Vorkommen im Osten des Subkontinents hinweisen, bedürfen einer Ergänzung. Der Autor sah diese Pflanze vorwiegend in W-Kanada und NW-USA. Es ist eine unter günstigen Umständen 50–60 cm hohe Pflanze mit fein behaartem Stengel (Name!), breitlanzettlichen, genervten und behaarten Blättern. 1–2blütig, die Zweiblütigkeit ist allerdings seltener als bei *C. calceolum* var. *parviflorum*. Blütendurchmesser 8–10 cm, Petalen und Sepalen sind gelblich-grün mit bräunlicher Aderung. Hin und wieder kommen auch Typen mit bräunlichen Petalen vor. Der Schuh (= Labellum) ist goldgelb, innen dunkelrot gepunktet. Liebt in Kultur, genauso wie die vorherige Art, einen etwas feuchteren und kühleren Standort. ♃ ⟿ ⊟ ◐ ⊖ ○ △-▲

◁ **Cypripedium californicum,** Kalifornischer Frauenschuh. Eine sehr seltene Art, deren Vorkommen auf N-Kalifornien und auf S-Oregon beschränkt ist. Wächst an Flußufern in Redwood-Wäldern, meist in Höhenlagen von 500 m. Die Pflanze kann, je nach Standort, unterschiedlich hoch werden, zwischen 20 und 100 cm. Die Blätter sind breit, etwa 5–10 cm, leicht behaart. Der Blütenstand ist vielblütiger als bei anderen Frauenschuh-Arten, 3–10blütig. Die Blüten sind kleiner und haben einen Durchmesser zwischen 3 und 4 cm. Sepalen und Petalen sind meist cremefarben bis gelbbraun. Der große Schuh ist weiß, fein rot oder orangefarben gepunktet. Die Pflanze kann zwar mildere Winter überleben, doch ist bei dieser Rarität Kultur im Alpinenhaus in Gefäßen anzuraten. Sie liebt in der Vegetationsperiode sehr viel Feuchtigkeit, möchte es im Winter aber trokkener haben. ♃ ⓐ ⊟ ◐ ⊖ ○ △-▲ Ⓝ

Cypripedium macranthon (*Cypripedium macranthum*), Großblütiger Frauenschuh. Heimat ist NO- und O-Asien, schon in der Ukraine beginnend und in Japan endend. Wächst in lichten Laubwäldern, meist in höheren Lagen, der Untergrund ist meist Kalk. Wird 25–40 cm hoch, unter Umständen auch bis 50 cm. Mit 3–4 breitlanzettlichen bis eiförmigen Stengelblättern, diese sind besonders an den Nervenlinien leicht behaart. Meist pro Stengel nur eine große Blüte, rosaviolett bis purpurrosa, dunkler geadert, mit 10–12 cm Durchmesser. Der Schuh ist ebenso breit wie lang. Eine völlig winterharte Art, die bei geeigneter Kultur nicht zu schwierig zu pflegen ist. Alle Frauenschuh-Arten fallen unter das Washingtoner Artenschutzabkommen. Gehandelte Pflanzen dürfen nur gärtnerischen Kulturen entstammen (Herkunftszertifikat!). Standort halbschattig, nicht zu trokken halten. ♃ ⊞ ◐ ⊖ △-▲ ▷

◁ **Cytisus ardoini 'Cottage',** Ardoinis Geißklee. Leguminosae (Fabaceae), Hülsenfrüchtler. Eine Pflanze der SW-Alpen, speziell der Meeralpen. Die Gattung umfaßt etwa 25–30 Arten, darunter auch eine Reihe von kleineren und zwergigen Arten, die sich für Steinanlagen eignen. Die Art ist ein ausgebreiteter Strauch von 20–60 cm Höhe. Die Blätter sind dreiteilig, deutlich gestielt, die Blättchen sind oberseits dicht, unterseits zerstreut anliegend behaart. Hülse abstehend, wollig-behaart. Die jungen Zweige sind scharf, 8–10kantig. Die Blüten sind kräftig gelb, achselblütig, einzeln oder zu dreien in Gruppen an kurzen Stielen. Von dieser Art gibt es die gärtnerische Auslese *C. ardoini* 'Cottage', etwa 40 cm hoch (manchmal auch höher), dicht wachsend, Stengel grün mit gräulichem Anflug, ebenso die Blätter, Blüte cremegelb. Wahrscheinlich handelt es sich um eine Hybride. ♄ ⊞ ⊡ ○ △-▲

△ **Cypripedium reginae,** Königinfrauenschuh, Mokassin-Frauenschuh. Wächst in NO-USA und in Kanada, auf nährstoffreicheren Sumpfböden, in Mooren, in lichten Wäldern und Waldrändern. Die Pflanze ist kalkmeidend. Die kräftige Pflanze kann zwischen 30 und 90 cm hoch werden, meist schwankt die Höhe jedoch um 40 cm. Pro Stengel hat sie 3–8 Blätter, diese sind breitoval, spitz zulaufend, weich, behaart und hellgrün. Die Stengel tragen 1–2 Blüten, manchmal auch 3. Der Durchmesser der Blüten beträgt 8–10 cm. Die Petalen und Sepalen sind weiß und der fast kugelförmige Schuh kann zwischen rosa und purpurrot gefärbt sein. Blütezeit Ende Mai bis Anfang Juni. Macht in Kultur keine zu großen Schwierigkeiten. Liebt einen feuchten, sonnig-halbschattigen Standort. Als Substrat wird eine Mischung aus krümeligem Lehm mit Moorerde und saurer Bodenreaktion empfohlen. ♃ ⟿ ⊟ ◐ ⊖ ○ △-▲

Cytisus decumbens, Kriechginster. Eine Pflanze mit größerer Verbreitung, von Albanien über Dalmatien, M-Italien bis nach S- und M-Frankreich, dort meist auf Magerwiesen und lichten Wäldern auf kalkhaltigen Böden. Die Pflanze wird nur 15–20 cm hoch, kann aber im Laufe der Zeit in die Breite wachsen. Deshalb kann dieser attraktive, dankbare Strauch für sehr kleine Anlagen weniger empfohlen werden. Der Strauch hat niederliegende, ausgebreitete Zweige. Die Blättchen sind einfach, elliptisch, etwa 2 cm lang und unterseits dicht behaart. Etwa gegen Mitte Mai ist dieser niedrige Strauch dicht mit den goldgelben Blüten besetzt. Frosthart und auch gegen längere Trockenheit resistent. Besonders hübsch und gut wachsend ist die Pflanze, wenn sie in Kalksteinfugen steht, deshalb ist sie auch eine Trockenmauerpflanze. Dort geht sie nicht so sehr in die Breite. ♄ ⟿ ⌓ ⁞ ⊞ ○ △-▲ ▷

◁ **Dactylorhiza elata** (*Orchis elata*), Hohes Knabenkraut, Orchidaceae, Orchideen. Wächst im westlichen Mittelmeergebiet und N-Afrika, in feuchten Bergwäldern. Eine im Garten dankbare, stattliche Art, die wider Erwarten gut winterhart ist. Die Pflanze wird 40–100 cm hoch, unter Umständen auch noch höher, und hat auch verhältnismäßig große Knollen. Die Blätter sind lang und lanzettlich und normalerweise ungefleckt. Der beachtenswerte, große Blütenstand ist anfangs pyramidenförmig und aufgeblüht walzenförmig-langgestreckt, die Blüten sind rosa bis leuchtend purpur. Die Blütezeit liegt im Mai-Juni. Der Zuwachs am passenden Standort ist gut, so daß kräftige Pflanzen aufgenommen und geteilt werden können. Die Ansprüche an den Boden sind nicht sehr hoch, ein neutraler bis leicht sauerer, mildfeuchter Gartenboden mit etwas Humus genügt zur Kultur. ♃ ⛰ ⊟ ◐ ⊖ ○ △-▲

Dactylorhiza foliosa, Blattreiches Knabenkraut, Madeira-Knabenkraut. Endemisch auf Madeira in schattigen Tälern und Wäldern, auf Naßwiesen mit saueren Böden. Eine 50–70 cm hohe Erdorchidee, die verhältnismäßig große Knollen hat. Die Blätter sind breitlanzettlich bis länglich-lanzettlich und normalerweise ungefleckt. Der Blütenstand ist anfangs pyramiden-, voll aufgeblüht walzenförmig und dichtblütig. Die Blüten sind rosa bis purpurn und ziemlich groß. Diese haben deutlich seitlich abstehende Sepalen und eine breitrunde, leicht dreilappige Lippe mit einer undeutlichen Punkt- und Strichzeichnung. Der Sporn ist kurz. Blütezeit im Mai-Juni. Diese Art ist ziemlich tolerant und akzeptiert verschiedene Standortsituationen. Das Pflanzsubstrat sollte überwiegend mineralisch sein, aber trotzdem gut Feuchtigkeit halten, etwa lehmiger Sand mit *Sphagnum*-Zusatz. ♃ ⛰ ⊟ ◐ ⊖ ○ △-▲
▽

Dactylorhiza majalis ssp. praetermissa (*Dactylorhiza praetermissa*), Übersehenes Knabenkraut. Neuerdings als Unterart von *D. majalis* angesehen. Verbreitet in NW-Europa, den Benelux-Ländern und NW-Deutschland, besonders in kalkhaltigen Naßwiesen und Flachmooren. Wird 30–40 cm hoch, manchmal auch höher. Die Knollen sind 3–4teilig. Am kräftigen Stiel stehen lanzettliche Blätter, ungefleckt oder mit ringförmigen Flecken versehen. Hat einen länglichen, zylindrischen, dichtblütigen Blütenstand mit vorstehenden Tragblättern, die leicht dreilappige Lippe der Einzelblüten ist im Zentrum fast weiß mit zahlreichen purpurnen Flecken. Bei den rosa bis purpurnen Blüten stehen die seitlichen Sepalen ab, während die mittlere und die Petalen sich zusammenneigen. Der kegelförmig Sporn ist dunkelrot gepunktet. Die Blütezeit geht von Mitte Juni bis Mitte Juli. Liebt Sumpf. ♃ ≈ ⊞ ○ △-▲
▽

Daphne arbuscula, Bäumchenartiger Seidelbast, Tatra-Seidelbast, Thymelaeaceae, Purgierstrauchgewächse. Heimat sind die Berge der Slowakei. Ein kleiner, vielverzweigter, halbausgebreiteter, immergrüner Strauch, 10–20 cm hoch, am zusagenden Platz in luftfeuchter Lage auch bis 50 cm hoch. Die jungen Triebe sind rötlich oder gelblich gefärbt, glatt oder nur fein behaart. Die Belaubung ist wechselblätterig, dunkelgrün und glänzend, dick und lederig, immer glatt an der Oberseite, an der Unterseite leicht behaart. Die Form ist lineal, der Rand zurückgerollt, 9–18 mm lang und 2–5 mm breit. Die Blüten sind duftend, variierend von tiefrosa bis weiß, meist rosa. Sie stehen kopfständig in Büscheln zu 5–30 Stück, manchmal auch noch mehr. Blüht April-Juni. Wächst am Heimatstandort auf Dolomitkalk, gedeiht im eigenen Garten aber auch in einem torfigen Substrat. Liebt einen sonnigen Stand. ♄ ○ ⊖ △-▲ ▷

◁ **Daphne cneorum,** Rosmarinseidelbast. Beheimatet in N-Spanien, S- und M-Frankreich, in der Schweiz, N-Italien, Österreich und über den Balkan bis tief nach Rußland. Ein immergrüner Strauch, der etwa 20–30 cm hoch wird, polsterartig wächst, mit braunen Zweigen und dunkelgrünen, an der Unterseite bläulichen Blättern, die am Triebende dicht gedrängt stehen. Sie ähneln dem Rosmarin. Die fast nelkenartig duftenden Blüten stehen endständig in Büscheln von 6–8 rosa Einzelblüten. Die Blütezeit liegt im April-Mai. Der Strauch ist oft so reichblühend, daß die Blätter kaum noch zu sehen sind. Es ist eine ideale Steingartenpflanze, die auch auf Mauerkronen gut wächst, in vollsonniger bis leicht beschatteter Lage. Der Rosmarinseidelbast liebt einen frischen, humosen, kalkhaltigen Boden, der gut durchlässig ist. Frühjahrsenziane, Ginster, Geißklee sind gute Partner. ♄ ⌓ ⁞⁞ ⊞ ○ ◐ △-▲

Daphne glomerata, Geknäulter Seidelbast, ▷ Schopfiger Seidelbast. Wächst im Kaukasus und der Türkei an steinigen Hängen in torfigen Nestern, auch an halbschattigen Stellen zusammen mit *Rhododendron luteum* und Kiefern in Höhenlagen zwischen 1400 und 3000 m. Gehört zu den attraktivsten Seidelbast-Arten, ist aber in der Gartenkultur nicht sehr verbreitet. Es ist ein mehr oder weniger ausgebreiteter, immergrüner, unbehaarter Strauch, meist 20–30 cm hoch, bei dem die jungen Zweige gelblichbraun gefärbt sind. Die Blätter sind wechselständig, lederig, glänzend dunkelgrün, mehr büschelig zur Spitze der Verzweigung zu, verkehrt-lanzettlich, vorne abgestumpft, am Rand etwas eingerollt, 2,5–4 cm lang und 0,7–1,5 cm breit. Die Blüten sind cremeweiß, manchmal mit leicht rosa gefärbter Röhre, sehr stark duftend. Sie stehen in kopfständigen Büscheln mit bis zu 30 Einzelblüten. ♄ ⁞⁞ ○ ◐ ⊖ △-▲ N

Daphne × napolitana (*Daphne × neapolitana*), Neapel-Seidelbast. Keine Art, sondern eine Hybride mit ungewisser Herkunft. Es wird vermutet, daß die Pflanze einer Kreuzung *D. cneorum* × *D. oleoides* entstammt. In der Gartenkultur verbreiteter, etwas höher wachsender Seidelbast. Dicht verzweigter, aufrechter, immergrüner Strauch, meist 50–75 cm hoch. Die jungen Zweige sind fein behaart mit fahlen Haaren, die älteren sind dunkelbraun mit dunkleren Haaren. Die Blätter sind wechselständig, oben dunkelgrün, unten fahler. Sie sind lederig, zerstreut entlang der Zweige stehend, unbehaart, ausgenommen an der Basis, verkehrt-lanzettlich oder schmal verkehrt-eiförmig, 2–3,5 cm lang und 0,5–0,7 cm breit. Die tief rosafarbenen Blüten stehen meist zu 6–8 Stück (manchmal mehr) in kopfständigen Büscheln, vereinzelt auch oft in den oberen Blattachseln. Blütezeit März-April. ♄ H ○ ◐ ⊖ △-▲
▽

◁ **Daphne mezereum,** Kellerhals, Gewöhnlicher Seidelbast. Großes Verbreitungsgebiet, von Westeuropa über den Kaukasus und Kleinasien, nach Sibirien bis zum Altai. Er wächst gerne in kalkreichen Mittelgebirgen, in Wäldern, meist in sickerfeuchten Mullböden. Von der Größe her gehört er nicht in kleine Steinanlagen, im Alter erreicht er 1 m, oder noch etwas höher. Es ist ein etwas steifer, runder, verzweigter, nur sommergrüner Strauch. Die Zweige sind kahl, dick und biegsam. Die Blätter sind dünn, lebhaft grün, an der Unterseite bläulich und an den Zweigenden gehäuft stehend. Die Blüten erscheinen wesentlich früher als die Blätter, bereits im Februar-März. Sie erscheinen als seitlich stehende Büschel von 2–4 Stück, entlang der vorjährigen Triebe, so daß eine zylindrische Blütenwalze geformt wird. Die Farbe ist rosa bis rötlich-purpurn. (Gelblichweiß bei *D. mezereum* f. *alba*) ♄ ♧ H ◐ ⊖ ○ ● △-▲

◁ **Daphne oleoides,** ölbaumähnlicher Seidelbast. Wächst in den Gebirgen S-Europas, in Algerien, Kleinasien, Afghanistan und im Himalaja. Ein vielverzweigter, immergrüner Strauch bis zu 50 cm hoch (manchmal höher), die jungen Zweige zeigen einen warmen Braunton und sind leicht flaumhaarig, die älteren sind glatt. Die Blätter stehen vereinzelt entlang der Zweige, sie sind wechselständig, fest und lederig, gräulich, etwas behaart in der Jugend, verkehrt-eirund bis elliptisch, vorne stumpf oder zugespitzt, bis zu 4,5 cm lang und 0,3–1,2 cm breit. Die Blüten sind cremeweiß bis weiß, vereinzelt mit einem rosafarbenen Anflug und duftend. Sie stehen in kopfständigen Büscheln von 2–8 Stück. Blütezeit April–Juni. Die fleischigen Früchte sind orangerot. Wie alle Seidelbast-Arten ist auch sie in all ihren Teilen giftig. Diese Art ist hinsichtlich ihrer Winterhärte empfindlicher. ♄ ☘ ⌃ H ○ ● ⊖ △-▲

△
Daphne petraea, Felsröschen, Felsenseidelbast. Wächst in den Südalpen mit Zentrum um den Gardasee, besonders in Dolomit-Felsspalten in Höhenlagen zwischen 600 und 2000 m. Ein wunderschöner kleiner Spalierstrauch mit knorrigen Ästen, der unter Naturschutz steht. Insgesamt gesehen ist diese kleine Seidelbast-Art nicht gartenfreundlich. Nur als ganz junge Pflanze ansiedeln. Der niederliegende Strauch wird höchstens 15 cm hoch, nur in Kultur kann er etwas höher werden. Formt dichte Matten von wurzelnden Zweigen, die in der Jugend grünlichbraun gefärbt und sparsam behaart sind; die älteren sind graubraun mit aufstehenden Blattnarben. Die dunkelgrünen Blätter sind glänzend, lederig, unbehaart, aufsitzend, lineal, verkehrt-lanzettlich, stumpf oder nur leicht gespitzt, 8–12 mm lang, 2–3 mm breit und der Spitze zu gehäuft stehend. Blüten duftend, prächtig-rosa. ♄ ⌓ ⁞ ⊞ T ○ ⊖ ◐ ▲-△

△
Daphne sericea (*Daphne collina*), Hügeliger Seidelbast. Wächst in Gebieten des mittleren und östlichen Mittelmeerbereiches, meist an felsigen Plätzen, von Seehöhe bis 1500 m. Ein dichtverzweigter, kompakter, kleiner, aufrechter, immergrüner Strauch, meist 30–40 cm hoch, älter auch 60 cm erreichend. Kann dann eine Fläche bis zu 1,8 m Durchmesser bedecken. Deshalb trotz des niedrigen Wuchses keine Pflanze für kleine Steinanlagen. Die jungen Zweige sind braun und behaart, die Blätter sind wechselständig, glänzend grün, lederig, oberseits mehr oder weniger unbehaart, an der Unterseite fahler grün und seidig behaart, kurz gestielt, verkehrt-eiförmig, an der Spitze eher gerundet, verschmälert an der Basis, 2–4 cm lang und 0,6–1,3 cm breit. Die schönen Blüten sind tief rosapurpurn, sehr gut duftend, kopfständig in Büscheln von 5–15 Stück stehend. Früchte orangerot. ♄ ☘ ⌓ ○ ◐ △-▲

Darmera peltata 'Nana', Kleines Schildblatt, Saxifragaceae, Steinbrechgewächse. Heimat sind die USA, besonders von Oregon bis Kalifornien, dort bevorzugt an Bachrändern. Die Art bedeckt oft größere Flächen und die Pflanze erreicht häufig 1 m Höhe und dürfte für Steinanlagen zu groß sein. Im Handel ist hin und wieder die Form 'Nana', die etwas kleiner und kompakter wächst und etwa 50–60 cm hoch wird und für die es geeignete Plätze in größeren Steingärten gibt, wenn sie auch mit der Zeit etwas größere Flächen bedeckt. Die Pflanze breitet sich durch horizontale, oft an der Oberfläche liegende, dicke Rhizome aus, die oben mit rundlichen Schuppenblättern besetzt sind. Die rosa Blüten erscheinen von April–Mai schon vor dem Blattaustrieb. Sie stehen in vielblumigen Trugdolden auf steifen, behaarten, blattlosen Schäften. Die Blätter sind schildförmig und gelappt. ♃ ⩫ H ○ ◐ ⊖ ▲ ▷

Degenia velebitica, Velebit-Degenie, Cruciferae (Brassicaceae), Kreuzblütler (Kohlgewächse). Wächst in Bosnien und Kroatien, dort im Velebitgebirge. In Kultur zwar leicht zu vermehrende Pflanze, die aber sehr nässeempfindlich ist und im Winter durch eine Glasscheibe geschützt werden sollte. Polsterförmige, silbergraue Staude aus grauen Rosetten. Der Stengel ist bis zu 10 cm lang. Die wenigen lineal-lanzettlichen Blätter sind etwa 2,5 × 24 mm groß, beidseitig silbergrau und ohne Blattstiel. Die leuchtend zitronengelben Blüten stehen zu 6–20 Stück in gedrängten Trauben, die wie Dolden wirken. Die Blütezeit liegt im Mai-Juni. Kultur in gut dränierten, steinigen Böden in voller Sonnenlage, kalkliebend. Leicht durch Samen vermehrbar. Die Pflanze wächst auch recht gut in Trögen und Kübeln, wenn nur die Abneigung gegen zu viel Feuchtigkeit berücksichtigt wird. ♃ ⌓ ⁞ ⊞ 🅃 ○ ◬-▲ ▷

Delosperma cooperi, Coopers Mittagsblümchen, Aizoaceae, Mittagsblumengewächse. Wächst in Südafrika im Oranjefreistaat. Eine etwas halbstrauchig wachsende, niederliegende, reichverästelte, warzige, bis 10 cm hohe Sukkulente. Die Blätter sind bis 5,5 cm lang, 5 mm dick, zylindrisch und stumpf, stielrund und weichfleischig. Die Blüten, die einen Durchmesser von 4,5–5 cm aufweisen, sind aufsitzend. Es sind purpurkarminrote Strahlenblüten mit weißem Zentrum. Blütezeit Juni-Juli. Diese südafrikanische Mittagsblume läßt sich durch Abtrennen von Trieben, die oft schon bewurzelt sind, leicht vermehren. Leider ist die Pflanze empfindlich gegen Winternässe, gute Dränage ist nötig. Das Substrat sollte nicht zu nahrhaft sein, um einen schönen, kompakten Wuchs zu gewährleisten. In Zentraleuropa nicht immer völlig winterhart, in milden Gegenden auch schön im Trog. ♃ ⇝ ⌓ ⁞ ◬ ⌃ 🅃 ○ ◬-▲
▽

Delosperma nubigena (*Delosperma lineare*), Gelbe Staudenmittagsblume, Lesothomittagsblume. Heimat ist Südafrika, dort in höheren Gebirgslagen wachsend, besonders in Lesotho. Die Nomenklatur ist noch immer nicht vollständig geklärt. Zweifler sollten die Pflanze als *D. nubigena* hort. betrachten. Es handelt sich bei dieser Pflanze sicher um die wüchsigste und auch härteste Art der perennierenden Mittagsblumen. Sie hält bei sehr guter Dränage auch in Zentraleuropa normale Winter aus. Oftmals faulen Äste weg, aus der Basis kommt dann aber meist ein Neutrieb. Bildet große, hell smaragdgrüne Polster, die sich bei Frost oft etwas rötlich verfärben. Blättchen 1–1,5 cm lang, 2–3 mm dick, lanzettlich-eiförmig, zugespitzt, sukkulent. Die Blüten, die sehr zahlreich erscheinen, haben einen Durchmesser von 1,5–2 cm, sie sind gelb und haben in der Mitte rötliche Staubgefäße. ♃ ⇝ ⌓ ⁞ 🅃 ○ ◬-▲
▽

◁ **Delphinium elatum,** Hoher Rittersporn, Ranunculaceae, Hahnenfußgewächse. Hat ein weites Verbreitungsgebiet, von den Pyrenäen über die Alpen, Sudeten, Karpaten, Rußland bis nach N- und M-Asien. Trotz der großen Verbreitung nie gehäuft vorkommend. Wichtige Stammpflanze der hohen Gartenrittersporne. Wird 1,2–1,5 m hoch und ist deshalb eine Hintergrundpflanze. Bei Pflanzen mit größerer Höhe handelt es sich meist um Sämlinge aus unkontrollierten, spontanen Kreuzungen. Wächst straff aufrecht, hat 5–7spaltige Blätter. Der Blütenstand ist eine schlanke, kaum verzweigte, vielblütige Traube. Die Blüten sind violettblau mit schwarzen Honigblättern. Die Blütezeit liegt wie bei den *Delphinium*-Hybriden im Juni-Juli. Wer die Pflanzen am Naturstandort im Hochgebirge gesehen hat, weiß, daß die eigentliche Verwendung dieser Art, trotz der Höhe, in Steinanlagen liegt. ♃ 🄷 ○ ◐ ▲ 🄽

Delphinium grandiflorum, Großblütiger ▷ Zwergrittersporn. Wächst in O-Sibirien und W-China. Niedere Staude von etwa 30–50 cm Höhe. Züchtungen können unter Umständen bis 1 m hoch werden, andererseits gibt es auch noch niedrigere Zwerge. Die unteren Blätter sind gestielt, die oberen sitzend, wobei die Blattstielbasis nicht ausgedehnt oder stengelumfassend ist, sie sind in zahlreiche lineale Segmente geteilt. Die ansehnlichen Blüten haben einen Durchmesser von 24–36 mm. Die Kelchblätter sind blau oder violett, breit bis stumpf, 12–24 mm lang, der Sporn ist gewöhnlich länger als der Kelch, obere Kronblätter gelblich oder bläulich, die unteren bläulich, rötlich oder weiß. Die Blütezeit reicht von Juni-August. Die Art ist nicht sehr langlebig, oft hilft radikaler Rückschnitt nach der Blüte. Wird in zunehmenden Maße ein- und zweijährig gezogen, leicht aus Samen vermehrbar. ⊙-⊙-♃ ○ ◐ △-▲

◁ **Delphinium nudicaule,** Kalifornischer Zwergrittersporn. Wächst in Kalifornien und dem südlichen Oregon. Eine kleine Staude von 20–40 cm Höhe mit verzweigten, lockeren bräunlichen Stengeln. Die Blätter sind rundlich, fleischig, meist dreiteilig tief gelappt, glockige Blüten mit langem, waagrechtem Sporn, in lockeren Trauben stehend, von leuchtend orangeroter Farbe. Die Blütezeit reicht von Juli-August. Der knollige kleine Wurzelstock ist gegen Nässe empfindlich, deshalb wird für die Kultur ein sandig-durchlässiger Boden gefordert, sowie ein warmer, sonniger Platz. Die Pflanzen ziehen bald nach der Blüte ein und wollen es dann besonders trocken. Sie treiben aber oft schon wieder im Spätherbst Blätter, die vor Wintersonne geschützt werden müssen, also insgesamt gesehen eine schutzbedürftige Pflanze. Vermehrung durch Aussaat, der Samen wird gut angesetzt. ⊙-⊙-♃ [T] ○ ◐ △-▲

Delphinium tatsienense, Szetschuan-Rittersporn. Heimat ist China. Hat gewisse Ähnlichkeiten mit *D. grandiflorum*, besitzt jedoch dreiteilige Blätter, die an der Basis nicht handförmig geteilt sind. Der Blütenstand ist lockerer, mehr ausgebreitet. Der Gesamteindruck der Blütenfarbe ist enzian- bis violettblau. Die Kelchblätter sind 3 cm lang, violettblau mit einem Fleck nahe der Spitze, breit und stumpf. Kronblätter düstergelb, die unteren blau mit gelbem Bart. Eine unempfindliche, wüchsige Art, die aber ähnlich *D. grandiflorum* nicht besonders langlebig ist. Es gibt auch eine weißblühende Form, *D. tatsienense* 'Album'. Sie wird zwar mit 30–45 cm etwas höher, findet jedoch ihren Platz in nicht zu kleinen Steingärten. Die Kurzlebigkeit wird durch die einfache Samenvermehrung aufgewogen, manchmal erfolgt auch Selbstaussaat. Gut durchlässiger Boden ist erforderlich. ⊙-♃ [H] ○ ◐ △-▲
▽

Delphinium przewalskii, Mongolenrittersporn. ▷ Kommt in der westlichen Mongolei vor. Eine Staude, deren Stengel sich schon von der Basis an verzweigen, wird etwa 20–25 cm hoch, behaart. Die Blätter sind oben glatt und unten behaart, tief 3–5fach gelappt, die Lappen sind stumpf, sie sind wiederum in 2–3 Segmente geschlitzt, die 2–6 mm breit sind. Die Blüten sind endständig, einzelstehend oder zu wenigen doldig zu einer Traube vereinigt, tief blau. Die Kelchblätter sind eiförmig bis elliptisch-eiförmig, bis 2,5 cm groß. Der Sporn ist gerade oder gebogen, bis 2 cm lang, die Kronblätter sind dunkel bräunlich. Hat gerne eine Ruhezeit von September-Oktober. Eine Rittersporn-Art, die durch ihren duftigen Wuchs besticht und die man gerne im Steingarten hält. Absolut winterhart, benötigt aber eine ausgezeichnete Dränage, sonst ist die Pflanze hinsichtlich des Substrats ziemlich anspruchslos. ♃ ○ ◐ ⊖ △-▲

◁ **Dendranthema weyrichii** (*Chrysanthemum weyrichii*), Ostasiatische Zwergmargerite, Compositae (Asteraceae), Korbblütler (Asterngewächse). Heimat ist Japan, Sachalin und Kamtschatka. Mattenförmige Staude, die 12–15 cm hoch wird, manchmal auch bis zu 30 cm. Bildet einen verholzenden Wurzelstock. Der Stengel ist beblättert und manchmal verzweigt. Die Blätter sind gestielt, glänzendgrün mit weitgespreizten Fiedern. Die Blütenköpfchen haben einen Durchmesser von etwa 5 cm, mit gelber Scheibe und rosa Strahlenblüten. Die Hüllschuppen sind häutig, silbergrau und dunkelbraun gesäumt. Eine liebenswerte Kleinstaude, die keinesfalls in zu nahrhaften Boden gesetzt werden darf, da sie sonst kurzlebig ist. Will einen durchlässigen, sandig-humosen Boden, kann sowohl sonnig als auch halbschattig stehen. Die Blütezeit liegt im Juni-Juli. Schön zu *Veronica*-Arten. ♃ ⟿ ○ ◐ ⊖ △-▲

△
Dentaria enneaphyllos (*Cardamine enneaphyllos*), Weiße Zahnwurz, Cruciferae (Brassicaceae), Kreuzblütler (Kohlgewächse). Verbreitet in den Alpen, M-Deutschland, NW-Balkan. Keine Prachtgestalt, aber ein liebenswerter Frühblüher. Beginnt den Reigen bei den Zahnwurz-Arten. Es ist ein Frühlingsgeophyt, der schon frühzeitig wieder einzieht. Blüht im März-April zusammen mit Leberblümchen, Märzenbecher und Seidelbast. Kriechender, schuppiger Wurzelstock, aus dem die 20–30 cm hohen Blattschirme treiben. Diese sind quirlartig und haben dreilappige Blätter. Die Blüten stehen in trugdoldenartiger Traube und sind gelblich. Liebt etwas nährstoffreichen, humosen Boden, ebenfalls eine milde Bodenfeuchtigkeit, die aber während der kurzen Vegetationsperiode, jahreszeitlich bedingt, meist vorhanden ist. Robuste Pflanze, aber weniger für vollsonnige Plätze geeignet. ♃ ⟿ ◐ ⊖ △-▲

△
Dentaria pentaphyllos (*Dentaria digitata, Cardamine pentaphyllos*), Fingerzahnwurz. Wächst in den Pyrenäen, Cevennen, Vogesen, S-Deutschland und den Alpen. Die insgesamt im Vergleich zur vorstehenden attraktivere Art wird etwa 30–40 cm hoch und bildet dichte, halbkugelige Horste. Die weiter unten stehenden Blätter sind länger gestielt und 5zählig gefingert als die oben stehenden, die 3–4zählig sind. Die Blüten stehen gut über dem Blatthorst, der Blütenstand ist eine Traube und die Blütenfarbe kann von lila bis purpurviolett gehen. Die Blütezeit liegt im Mai-Juni. Auch wenn der Schwerpunkt ihrer Verwendung mehr in Kombination mit Gehölzen und in Gehölzrandbereichen liegt, finden sich in Steinanlagen, wenn sie etwas größer sind, immer Plätze für die Zahnwurz. Auch diese Art ist ziemlich anspruchslos und gedeiht normalerweise in jedem guten Gartenboden. ♃ ◐ ⊖ ○ △-▲

Deutzia gracilis. Schlanker Maiblumenstrauch, Saxifragaceae (Hydrangeaceae), Steinbrechgewächse (Hortensiengewächse). Heimat dieses kleinen Strauches ist Japan. Von den zahlreichen Arten und Sorten der *Deutzia* eignen sich kaum welche für den Steingarten, ausgenommen diese Pflanze. Mit 40–70 cm ist sie die zierlichste Art. Der Wuchs ist straff aufrecht. Die Blätter sind länglich-lanzettlich, hellgrün und 3–6 cm lang. Im Mai-Juni erscheinen die reinweißen, bis 2 cm breiten Blüten. Diese stehen traubig zu 4–9 Stück. Die Art liebt einen mehr frischen, anlehmigen Boden, sie ist kalktolerant. Auf sandigen Böden zeigt sie meist nur einen kümmerlichen Wuchs. Trotz der Tendenz zu einer milden Feuchtigkeit im Wurzelbereich liebt diese Deutzie Sonne, wenn sie regelmäßig reich blühen soll. Es gibt auch einige Varietäten: 'Aurea' (gelbe Blüten), 'Marmorata' (gelb gefleckte Blätter). ♃ [H] ○ △-▲ ▷

Dianthus arenarius, Sandnelke, Caryophyllaceae, Nelkengewächse. Weitverbreitete Nelke, wächst in S-Schweden, O-Deutschland, Tschechien, der Slowakei, Polen, Ungarn, Rußland und der Ukraine. Zerstreut, manchmal auch gesellig auf saueren, sandigen Böden, oft in Kiefernwäldern. Es ist eine Polsterpflanze mit kräftiger Haupt- und sproßbürtigen Wurzeln. Die blütentragenden Triebe werden 10–30 cm hoch, pro Sproß mit 3–7 Internodien. Meist befinden sich unterhalb der Blüte 1–3 schuppenförmige Hochblätter. Die lineal-lanzettlichen Blätter sind 3nervig und 1–2 mm breit. Die Kronblätter sind bis 13 mm lang und bis über die Mitte eingeschlitzt. Die Farbe ist weiß und am Schlund oft grünlich. Pro Sproß stehen meist 1–2 Blüten, selten bis 4. Liebt sonnige Plätze und sandigen Boden. Ein sehr stark geschlitzter Typ ist unter dem Sortennamen 'Schneeflocke' bekannt. ♃ ⌓ ⁞ ⊟ ○ ◬-▲ ▷

Dianthus glacialis, Gletschernelke. Wächst in den O-Alpen, Karpaten. Eine unbehaarte kleine Staude, die nur 5–10 cm hoch wird. Bildet dichte Rasen. Blüte auf dünnen, 1–3blütigen Stengeln. Besitzt 2–4 Kelchschuppen, die eiförmig, gespitzt und gleich lang sind wie der etwa 7 mm lange Kelch, der sich nach oben erweitert. Trägt einzelstehende Blüten in leuchtend-rosa bis rötlichpurpur. Die Unterseite der Kronblätter ist meist gelblich. Die Blütezeit liegt im Mai-Juni. Es ist eine schöne Nelke für den Steingarten und das Alpinum, aber nicht immer ganz einfach zu kultivieren. Benötigt kalkfreien, kiesigen Boden. Liebt keine vollsonnigen Lagen, fühlt sich mehr in absonniger Position wohl. Von dieser Art gibt es auch eine weißblütige Form, *D. glacialis* 'Alba', die auch treu aus Samen fällt. Wesentlich unempfindlicher ist der meist halbgefüllt blühende Bastard *D.* × *roysii.* ♃ ⌓ ⁞ ⊟ ⊖ ◐ ◬-△
▽

◁ **Dianthus deltoides,** Heidenelke. Wächst in weiten Teilen Europas und Asiens, in den USA eingebürgert. Auf Heiden, Bergwiesen und im Magerrasen. Liebt mäßig frischen bis halbtrockenen Boden, der meist basenreich, aber kalkarm, leicht sauer, sandig oder anlehmig ist. Es ist eine nicht sehr langlebige Staude mit dünnen Primärwurzeln. Die verzweigten, ausgebreiteten Wurzeln bewurzeln sich sproßbürtig. Die blühenden Triebe werden bis zu 20 cm hoch, meist jedoch nur 10–15 cm. Bildet kleinblätterige, rasenartige grüne oder braungrüne Polster. Kleine Blüten in wenigblütigen Rispen oder auch einzelstehend. 2–4 Kelchschuppen sind eiförmig, krautig und plötzlich in eine Spitze übergehend. Kronblätter etwa 10 mm lang, rosarot, rot oder purpurrot. Wenn auch kurzlebig, läßt sie sich leicht aus Samen ziehen. Die abgebildete Pflanze entstammt der Samenmischung 'Microchips'. ⊙-♃ ⌓ 🅃 ○ ◬-▲

Dianthus gracilis 'Simulans' (*Dianthus gracilis* ssp. *simulans, Dianthus gracilis* var. *simulans*), Mazedonische Zwergnelke. Findet sich in höheren mazedonischen Gebirgen. Die Art selbst kann höher werden, 15–40 cm, sie hat einfache oder verzweigte Stengel, die etwa 1 mm breiten Basalblätter fehlen oft schon wieder zur Blütezeit. Die Stengelblätter, 4–6 Paar, sind kürzer als die Stengelabschnitte, sie sind flach und gespitzt. Die Blüte hat 4–6 Kelchschuppen, diese messen ein Viertel bis ein Drittel der Kelchlänge, sie sind eirund, gespitzt. Die Kronblätter sind 5–10 mm lang, oberseits tief rosa, unterseits gelb oder leicht purpurn getönt. *D. gracilis* 'Simulans' ist eine zwergige Form dieser Nelke, die kleine, feste, spitzstachelige, grüne Polster bildet, die manchmal auch etwas mehr nach Blaugrün tendieren und nur etwa 6 cm hoch werden. Reichlich lachsrosa blühend. Auch für Tröge. ♃ ⌓ ⁞ 🅃 ○ ◬-△ ▷

△
Dianthus gratianopolitanus, Pfingstnelke. Kommt in W- und M-Europa vor und geht bis zum Ural und Italien. Wächst dort auf basenreichen, oft aber auch auf kalkarmen, flachgründigen Böden (z.B. Serpentin). Meist an felsigen Hängen in Felsspalten und nie sehr häufig. Ausdauernde, lockerwüchsige Polsterpflanze, deren Blütenstengel eine Höhe von 10–20 cm erreicht, diese haben 4–6 Stengelabschnitte. Die Blätter sind 2–6 cm lang und etwa 2 mm breit, sie sind lineal. Unterhalb der Blüte befinden sich oft ein paar schuppenförmige Hochblätter. Die Pflanze entwickelt normalerweise eine hellrote Blüte pro Stengel, seltener 2 oder 3. Sie hat 4 Kelchschuppen, diese sind elliptisch bis eiförmig, krautig und nur schmal hautrandig. Die obere Schuppe ist kurz gespitzt, die untere lang. Die Art selbst ist hübsch, wird aber im Gegensatz zu ihren Sorten nicht oft angeboten. ♃ ⌓ ⁞ T ○ ◬-▲

△
Dianthus gratianopolitanus 'Mirakel', Pfingstnelken-Hybride 'Mirakel'. Die Art selbst wächst in W- und M-Europa und ist vorstehend beschrieben. Von ihr gibt es zahlreiche Sorten, sie gehören zu den wichtigsten Steingartennelken. Teilweise sind andere Arten mit eingekreuzt, es lassen sich aber die genauen Ursprünge kaum mehr feststellen, was auch zweitrangig ist. Es gibt Sorten, die wenig Zuwachs zeigen und andere, die ziemlich raumgreifend sind. Fast immer ist das Blattpolster eine Zierde. Manche sind sehr kurz- und steifblätterig, andere haben längere Blätter, wichtig ist die Blattfarbe, die über ein breites Spektrum von silbrig-hellblau bis blaugrün reicht. Entsprechend breit gefächert ist die Palette der roten und rosa Blütenfarben, weißblühende Typen gibt es selbstverständlich auch. 'Mirakel' ist eine etwas größere Hybride mit leuchtend roten Blüten. Schön im Trog. ♃ ⁓ ⌓ ⁞ T ○ ◐ ◬-▲

△
Dianthus haematocalyx ssp. pindicola (*Dianthus pindicola*), Pindus-Nelke. Die Art selbst wächst in Albanien, Griechenland und Mazedonien. Polsterbildende, unbehaarte Staude von 3–30 cm Höhe, je nach Unterart. Die Blätter sind lineal bis lineal-lanzettlich, gespitzt oder stumpf, mit 4–6 eiförmigen bis lanzettlichen Kelchschuppen, die eine mehr oder weniger offene Spitze haben. Der Kelch ist 16–26 mm lang, 4–7 mm breit und nach oben zugespitzt. Die Kronblätter sind oberseits purpurrot, unterseits gelblich und gebärtet. Die Blütezeit liegt im Juli-August. Die abgebildete Unterart *D. haematocalyx* ssp. *pindicola* wächst im Pindusgebirge in Griechenland. Diese unterscheidet sich von der Art durch die weniger meergrüne Farbe, den nur 5 cm hohen Blütenstengel und den an der Basis weniger aufgeblasenen Kelch. Sie eignet sich mit ihrem mehr polsterförmigen Wuchs auch für Tröge. ♃ ⌓ ⁞ T ○ ◬-▲

Dianthus-Hybride 'La Bourboule'. ▷
Diese Hybride ist unter den unterschiedlichsten Sortennamen verbreitet ('La Bourbille', 'La Bourbeule'), wir folgen in der Schreibweise dem »Index Hortensis«. Auf alle Fälle handelt es sich um eine dankbare, auch in England beliebte Hybride. Sie bildet dichte Polster, die zur Blütezeit mit einfachen Blüten übersät sind. Verströmt einen zarten Duft, der an *D. petraeus* ssp. *noëanus* erinnert. Nur 3–5 cm hoch und deshalb ideal für Steinspalten, Geröllbeete, Tröge und ähnliche kleine Pflanzflächen. Blütezeit April-Juni, je nach Lage. Von dieser gibt es auch ein weißes Gegenstück, *D.* 'La Bourboule Alba'. Wahrscheinlich auch eine *D. gratianopolitanus*-Hybride, doch lassen sich eindeutige Angaben nicht finden. Diese Pflanze soll für zahlreiche Namenssorten stehen, deren Herkunft nicht immer klar ist, die es aber wert sind, gepflanzt zu werden. ♃ ⌓ ⁞ T ○ ◬-▲

◁ **Dianthus imereticus** (*Dianthus imeretinus*), Hohe Kaukasusnelke. Heimat ist der Kaukasus, bei Kutaisa auf Kalkfelsen wachsend. 30–60 cm hohe Staude mit lanzettlichen Blättern, 4–7 cm lang und 3–7 mm breit, mit 7 kleinen Adern. Die Blüten stehen an kurzen Stielchen und bilden einen büscheligen Blütenstand. Die kleinen Blüten haben einen zylindrischen Kelch und sind 20–30 mm lang. Die Vorblätter sind gleich oder halb so lang wie der Kelch. Die Kronblätter sind rosa und fein gezähnt. Eine nicht sehr verbreitete Wildnelke, die zwar ziemlich hoch wächst, es aber wert ist, in größeren Steingärten gepflanzt zu werden. Sie wirkt insgesamt wie eine stark vergrößerte Heidenelke (*Dianthus deltoides*). Die Blütezeit reicht von Juli-September, vereinzelt finden sich Pflanzen, die bis in den Oktober blühen. Die Pflanze sät sich am passenden Ort selbst aus, so daß immer Jungpflanzen da sind. ♃ 🄷 ○ ◐ ⚠

△
Dianthus monspessulanus, Montpelliernelke. Findet sich in S- und M-Europa von Portugal bis Kroatien und von den Schweizer Alpen bis M-Italien. Wächst auf Bergwiesen, in lichten Wäldern und an Waldrändern, auch an Felsen, in mineralreichen, aber nicht immer kalkhaltigen Böden. Die Staude bildet lockere Polster, 20–50 cm hoch. Die in Kultur verbreiteten Typen sind auf Kurztriebigkeit ausgelesen und werden meist nur 20 cm hoch. Der Stengel ist schlank, einfach oder nur wenig verzweigt, meist mit 8–10 Stengelabschnitten. Lineal-lanzettliche Blätter, 3–10 cm lang und 1–4 mm breit, spitz und mehr oder weniger schlaff ausgebreitet. Blüten einzeln stehend oder in wenigblütigen Rispen mit 4 lanzettlichen bis eiförmigen Kelchschuppen. Die Blüten sind rosa, die Kronblattspreite ist 10–18 mm lang. Es gibt auch weißblühende Typen. Blütezeit ist Juni-Juli. Die Blüten duften stark. ♃ ⌓ ⁞ ○ ⚠-⚠ 🄽

△
Dianthus myrtinervius, Mazedonische Zwergnelke. Wächst in den Bergen im griechisch-mazedonischen Grenzgebiet. Mehr oder weniger niederliegende Staude, dicht belaubt. Blätter 2–5 mm lang, elliptisch, länger als die Stengelabschnitte. 2–4 Kelchschuppen, die äußeren sind blattähnlich und halb so lang wie der Kelch. Dieser ist krautig, glokkenförmig und 5–8 mm lang. Rosa Blütenfarbe mit Auge, einzeln stehend an kurzen Stengeln, Platte der Kronblätter ist 3–5 mm lang. Insgesamt erinnert diese Pflanze an eine stark verkleinerte Heidenelke (*Dianthus deltoides*). *D. myrtinervius* ist jedoch im Gegensatz zu dieser nicht so kurzlebig, sondern gut ausdauernd. Fühlt sich besonders in Steinfugen wohl, insgesamt gesehen keine schwierige Pflanze, nur wenig verbreitet. Scheint weniger Kalk zu lieben, in Fugen einer Muschelkalkmauer wurde sie etwas chlorotisch. ♃ ⌓ ⁞ ⊟ 🅃 ○ ⚠-△

◁ **Dianthus nardiformis,** Borstengrasförmige Nelke. Heimat sind die niederen Donauberge und die Dobrudscha. Eine polsterbildende Staude, die nur etwa 10 cm hoch wird. Arteigen sind die 10–12 mm langen, borstigen Basalblätter, die Stengelblätter, 6–10 Paar, sind länger als die Stengelabschnitte. Die Blüten stehen einzeln. Sie besitzen 4–6 begrannte, eiförmige Kelchschuppen, die halb so lang sind wie der Kelch. Dieser oberhalb der Mitte verschmälerte Kelch ist 15–18 mm lang. Die Blüten sind rosa, die Platte der Kronblätter mißt etwa 5 mm, sie ist gebärtet und gezähnt. Eine nicht sehr oft im Angebot zu findende Wildnelke, Samen wird bei den Tauschaktionen der Liebhabergesellschaften hin und wieder angeboten. Wie bei allen Nelken ist die Anzucht problemlos. *D. nardiformis* liebt volle Sonne und einen durchlässigen, mehr sandigen Boden. Auch für Tröge geeignet. ♃ ⌓ ⁞ 🅃 ○ ⚠-⚠

Dianthus pavonius (*Dianthus neglectus*), ▷ Vernachlässigte Nelke, Pfauennelke. Wächst in den O-Pyrenäen, in den SW-Alpen, in den O-Alpen selten, vorwiegend auf Urgesteinsuntergrund, zwischen Felsen und Geröll in der alpinen und subalpinen Stufe. Hübsche kleine, polsterbildendende, nur 5–10 cm hohe Staude mit 3–5 Stengelabschnitten. Blätter 1–3,5 cm lang und 1–2,5 mm breit, schmallineal, steif und spitz. Die Blüten stehen meist einzeln, selten zu 2 oder 3. Sie besitzen 2 oder 4 Kelchschuppen, die allmählich in eine Spitze übergehen, etwa gleich lang wie der Kelch, der 12–16 mm lang ist, zylindrisch und mit bleichen, häutigen Kelchzähnen versehen ist. Die Platte der Kronblätter ist 10–15 mm lang, oberseits mit von Pflanze zu Pflanze unterschiedlichen Rottönen, unterseits meist grünlichgelb und ohne Zeichnung, gezähnt und schwach gebärtet. Die Pflanze blüht Juni–Juli. ♃ ⌓ ⁞ ⊡ ○ △-△

Dianthus petraeus ssp. petraeus, Felsennelke, Geröllnelke. Die Art und ihre Unterarten wachsen auf der Balkan-Halbinsel und in W- und M-Rumänien. Bildet blaugrüne oder grüne, mattenbildende Polster, die nicht bei allen Unterarten fest sind. Die Pflanze wird zur Blütezeit etwa 20–30 cm hoch, hat spitze, 3nervige Blätter, meist 3–5 Paar Stengelblätter, 2, meist aber 4, eiförmige oder elliptische Kelchschuppen, die spitz bis lang zugespitzt sind. Die Platte der Kronblätter ist 4–10 mm lang, kahl oder nur sehr wenig behaart, gezähnt, weiß oder sehr schwach rosa getönt. Die abgebildete *D. petraeus* ssp. *petraeus* ist eine dankbare, graziöse Nelke. Sie hat spitze oder zugespitzte krautige Kelchschuppen und einen 22–25 mm langen Kelch. Die weißen Kronblätter sind gezähnt bis stark geschlitzt. Der Stengel ist meist kantig und nur 15–20 cm hoch. Blütezeit zwischen Juli und August. ♃ ⌓ ⁞ ⊡ ○ △-▲
▽

Dianthus ruprechtii, Ruprechts Nelke. Heimat ist der Zentralkaukasus, Dagestan. Dort auf subalpinen Wiesen in Höhenlagen zwischen 1600 und 2000 m. Wie öfter bei der Systematik von Pflanzen aus der ehemaligen Sowjetunion kann nicht gesagt werden, ob die Eigenständigkeit dieser Art gerechtfertigt ist, oder ob es sich um eine Unterart von *D. carthusianorum* handelt, sie steht ihr zumindest nahe. Höhenangabe in der Literatur: 20–50 cm, in Kultur zeigen Pflanzen meist nur eine Höhe von 20–25 cm, die die Pflanze für den Steingarten viel wichtiger macht, als die Typen der heimischen Kartäusernelke, die wegen des Höhenwachstums in Steinanlagen weniger beliebt ist. Die Blätter von *D. ruprechtii* sind lineal, 7–10 cm lang und 2–5 mm breit, 3–7aderig. Im Juli–August erscheinen die rosa Blüten, die zu 4–6 Stück kopfständig zusammenstehen. Samenvermehrung problemlos. ♃ ⁞ ⊡ ○ △-△
▽

Dianthus spiculifolius, Fransennelke. ▷ Wächst in den O-Karpaten und in der W-Ukraine, meist auf kalkhaltigem Untergrund. Die botanische Stellung dieser Nelke wird von Botanikern unterschiedlich bewertet, deshalb manchmal auch als *D. petraeus* ssp. *spiculifolius* bezeichnet. Bildet grüne Polster mit langen linealen und gespitzten Blättern und normalerweise einzeln stehenden Blüten, die auf 25–28 cm hohen Stengeln stehen. Diese können weiß oder rosa sein, sie sind geschlitzt und gebärtet. Dies und die Größe der Kronblattplatte (10–15 mm) sind das auffälligste Unterscheidungsmerkmal zu *D. petraeus.* Auch außerhalb der Blüte eine ansehnliche Pflanze, da die dichten, fast stacheligen Polster zu jeder Jahreszeit attraktiv aussehen. Weißblühende Nelken-Arten sind in Steinanlagen auch deshalb wichtig, weil sie zwischen etwas »schreienden« Farbtönen vermitteln können. ♃ ⁞ ⌓ ⊡ ○ △-▲

◁**Dianthus sylvestris 'Dwarf Form',** Bergwaldnelke, Steinnelke. Von den Allgäuer Alpen, den Schweizer Jura bis nach S- und O-Spanien und Griechenland verbreitet. Die Art bildet dichte Polster, die einem kurzen, dicken, verholzenden Wurzelstock entspringen. Die Blätter sind grün, vielzählig, 0,5–1 mm breit und zurückgebogen. Die Art hat 0,5–1 cm hohe Blütenschäfte, die 1–2, selten 3, nicht duftende Blüten tragen. Diese haben 2–5, bei einer Unterart auch 8 Kelchschuppen. Sie sind breit, verkehrt-eiförmig, trockenhäutig, gestutzt oder lang zugespitzt, ein Viertel so lang wie der Kelch, der 12–29 mm lang und 4–7 mm breit ist. Die Platte der Kelchblätter ist unbehaart, rosa, ganzrandig bis gezähnt. Die als 'Dwarf Form' bekannte Nelke dürfte ein Typ von *D. sylvestris* ssp. *sylvestris* sein. Mit 15–25 cm Höhe ist sie besser für den Steingarten geeignet als die Art. ♃ ⌓ ⁞ 🅃 ○ ◐ ⚠-▲

△
Dianthus subacaulis, Kurzstengelige Nelke. Wächst in Gebirgen SW-Europas. Wichtige Steingartennelke. Bildet dichte, meist flache Polster, 3–5 cm hoch, zur Blüte etwa 20 cm. Sie besitzt einen kräftigen Wurzelstock, der verholzen kann. Die Stengel sind unverzweigt. Die Blätter an der Basis sind meist 10 mm lang und 1 mm breit, die Stengelblätter sind kürzer und anliegend. Die Blüten haben 4 Kelchschuppen, die breit-eiförmig, zugespitzt oder spitz sind, etwa ein Drittel so lang wie der Kelch. Die Platte der Kronblätter ist 3–5 mm lang, unbehaart, ganzrandig und fahl rosa. Die gut gedeihende, keinesfalls schwierige Pflanze ist in manchen Gärten etwas blühfaul, was aber durch die schönen, großen, flachen Polster wieder ausgeglichen wird. In Kultur sind Auslesen mit unterschiedlicher Blütenfarbe, sie zeigen oft kräftigere rosa und rote Töne als die Pflanzen in der Natur. ♃ ⁞ ⌓ 🅃 ○ ⚠-▲

Diascia cordata, Herzförmige Diascie, ▷ Scrophulariaceae, Braunwurzgewächse. Das östliche S-Afrika, Natal, das Drakensberggebiet sind die Heimat. Bildet 20–25 cm hohe stark verzweigte Kräuter mit kahlen niederliegenden oder aufrechten Stengeln. Diese sind im Querschnitt vierkantig. Die Blätter sind gegenständig, eiförmig, scharf gesägt, beidseitig grün, manchmal auch etwas bläulich überhaucht, kurz gestielt, bis 3 cm lang und 2 cm breit. Die Blüten stehen endständig in schlanken, wenig bis vielblütigen Trauben, wachsen vereinzelt auch in den oberen Achseln. Die Blütenkrone ist rosa, 12–18 mm breit, mit 2 Sporen versehen. Etwas höher als breit werdend. Diese Pflanzen haben erst in den letzten Jahren an Bedeutung gewonnen, obwohl sie nur für milde Gegenden empfohlen werden können und dort meist auch Winterschutz bedürfen, besser ist Alpinenhauskultur. ♃ ⌂ ⌃ ○ ◐ ⚠-△

Diascia integerrima, Ganzrandige Diascie. ▷ Ist ebenfalls in Südafrika beheimatet. Diese Pflanze ist wüchsiger und auch wesentlich höher wachsend als die vorstehende Art. Sie kann besonders in milden Gegenden, wo sie nicht zurückfriert, bis 50 cm erreichen. Blätter unbehaart, gräulich, ganzrandig oder mit 5–6 leichten Einschnitten bei größeren Blättern. Blattstielchen bis 3 mm lang. Die Blüten sind irisierend rosapink, sie stehen an aufrechten Trauben. Diese Art macht einen »ordentlichen« Eindruck im Gegensatz zu dem oft vorhandenen Stengelgewirr anderer Arten und Sorten. Außerdem ist diese Art ziemlich lange und reich blühend. Die Winterhärte ist auch bei dieser Art problematisch, zumindest, wenn die Wintertemperatur unter −5 °C sinkt. Lediglich eine ähnliche Art, *D. rigescens* toleriert Temperaturen bis −13 °C, deshalb ist Alpinenhauskultur anzuraten.
♃ ⌂ ⌃ ○ ⚠-▲

◁ **Diascia 'Salmon Supreme',** Lachsfarbene Hybrid-Diascie. Lange Zeit war außer den Arten nur die Hybride 'Ruby Field', die 1971 gezüchtet wurde, im Angebot. In den letzten Jahren sind jedoch weitere Hybriden in England entstanden, bei denen besonders die abgebildete Sorte 'Salmon Supreme' wegen ihres nicht ins bläuliche gehenden Rosatones schön ist. Sonst unterscheiden sich die im Handel befindlichen Arten und Sorten wenig. Alle wollen einen sonnigen Platz und einen durchlässigen Boden. Die fehlende Winterhärte, auch die Hybriden halten unter günstigen Umständen meist nicht mehr als -10°C aus, sollte nicht daran hindern, sich mit diesen Pflanzen zu beschäftigen. Man überwintert kleine Teilpflanzen im Kasten oder Alpinenhaus. Bis zur sommerlichen Blütezeit haben sie sich dann wieder zu attraktiven Pflanzen entwickelt. Stecklingsvermehrung! ♃ ⛰ ⌒ ○ △-▲

Dicentra cucullaria, Kapuzen-Herzblume, Papaveraceae (Fumariaceae), Mohngewächse (Erdrauchgewächse). Heimat ist N-Amerika, von Quebec bis N-Dakota, südlich bis Georgia, Alabama, Missouri und Kansas, Washington bis Oregon und Idaho. Bildet einen dichten Wurzelstock aus Büscheln von kleinen, rosa, ovalen Knollen. Die Blätter sind beidseitig graugrün, fiederteilig und in der Außenlinie dreieckig, 10–36 cm lang und 4–18 cm breit. Die Pflanze wird in Kultur meist nur 20 cm hoch, am Naturstandort finden sich auch höhere Exemplare (bis 40 cm). Die Blüten sind herz- bis keilförmig, weiß mit gelber Spitze oder auch rosa und mit weitgespreizten, aufgeblasenen Anhängsel, zu 2–14 Stück in einer Traube stehend. Blüht von April bis Mai. Als 'Dutchman Breeches' in Amerika bekannt. Die Pflanze ist ein Frühlingsgeophyt. Verlangt nicht zu trockenen Humusboden. ♃ ◐ ⊖ ○ △-▲
▽

Dicentra eximia 'Adrian Bloom', Ausgezeichnete Herzblume. Wächst in den USA, im Alleghenygebirge, von New York und W-Virginia bis Georgia und Tennessee. Bildet kräftige, kriechende, schuppige Rhizome. Bis zu 10 Basalblätter, dreiteilig zusammengesetzt, beidseitig graugrün, dreieckig in der Außenlinie, 10–36 cm lang und 4–18 cm breit, insgesamt etwas farnartig wirkend. Blütenstiel bis 65 cm hoch mit 5–45 Blüten in einer Rispe, oft zwischen den Blättern hängend. Die Blütenfarbe ist rosarot bis magentarosa, selten weiß. Herzförmig an der Basis und vorne in einen langen Hals verschmälert. Die Spitzen der äußern Petalen sind auseinanderstrebend, zurückgebogen. Die Blütezeit reicht von Mai-September. Sehr wüchsig, aber trotz der Größe hübsch für größere Steingärten. Die Sorte 'Adrian Bloom' hat größere Blüten mit einem tieferen Rotton. Andere sind 'Silversmith' und 'Bountiful'. ♃ ⊞ ◐ ⊖ ▲
▽

Dicentra peregrina, Fremde Herzblume. ▷ Eine asiatische *Dicentra* mit Heimat in Sibirien, China und Japan. Ein Steingartenschatz mit nur 15 cm Höhe und graugrüner Belaubung. Der Umriß der Blätter ist breit dreieckig in der Außenlinie. Alle Blätter sind bodenständig, tief und fein geschlitzt, 4–16 cm lang und 1–4 cm breit. Blattstiel 3–12 cm lang. Die Einzelblättchen sind tief in lineale Segmente geteilt, etwa 1 mm oder wenig mehr breit. Halbaufrecht stehende, gestielte Blüten, herzförmig in der Außenlinie, weiß oder purpurrot, wobei die äußeren Petalen stark zurückgebogen und 15–25 mm lang sind, der Sporn ist 2–3 mm lang. Die Blüten stehen bis zu 8 Stück am bis 15 cm hohen Stengel. Blüht Mai-Juni. Nicht einfach in Kultur. Kultur in schotterig-sandigem Boden, im Freiland im Winter Regenschutz mittels einer Glasplatte geben. Im Frühling wird milde Feuchtigkeit benötigt. ♃ ⛰ ⌒ ◐ ⊖ ○ △-△

◁**Dichelostemma ida-maia** (*Brevoortia coccinea, Brodiaea ida-maia*), Feuerwerksblume, Liliaceae (Alliaceae), Liliengewächse (Lauchgewächse). Wächst in den W-USA, in Kalifornien und Oregon. Eine seltene Zwiebelpflanze, deren Blütenstiel 30–90 cm hoch werden kann, dessen Verwendung aber in Steinanlagen berechtigt ist, auch wenn die Härte an der Grenze liegt. Wächst in humusreicher Erde in Wäldern, aber in mineralischen Böden an Hängen. Es ist eine in der Natur sehr seltene Pflanze, die äußerst attraktiv ist, besonders wenn mehrere Pflanzen beisammen stehen. Sie besitzt schmale, etwa 40 cm lange Blätter und eine dichte Dolde, die aus 6–18 Einzelblüten besteht. Blumenscheide etwas rot getönt. Die schmalglockigen Blüten sitzen an schlanken, gebogenen, später hängenden Blütenstielen. Die blutroten Einzelblüten haben am Grund 6 Ausbuchtungen. ♃ ◬ ⌃ ○ △-▲ 🄽

Dionysia aretioides, Aretiaähnliche Dionysie, Primulaceae, Primelgewächse. Im Iran und am Elburs an absonnigen Felsen, die im Fühling sehr feucht sind. Die Arten der Gattung *Dionysia* sind bei Steingarten- und Alpinenhaus-Spezialisten sehr gesucht. Die Pflanzen sind zum Teil schwierig in Kultur. *D. aretioides* gehört dabei zu den einfacher zu haltenden Arten. Bildet dichte, niedrige Polster, die etwas breiter als bei anderen Arten werden können (30–40 cm). Die Blätter der blühenden Triebe sind zurückgerollt, eilänglich bis spatelförmig, etwa 6 mm lang und 1,5 mm breit, mit Haaren bedeckt und unterseits weiß oder gelb bemehlt. Die Blätter der nicht blühenden Triebe sind flach und etwa doppelt so groß. Die Blüten sind bis 15 mm groß und von gelber Farbe. Das Substrat sollte sehr durchlässig und kalkhaltig sein. Liebt einen zwar hellen aber keinesfalls stark sonnigen Platz. ♃ ⌓ ◬ ⌃ ⊖ ◐ △-△
▽

◁**Digitalis grandiflora** (*Digitalis ambigua*), Großblütiger Fingerhut, Scrophulariaceae, Braunwurzgewächse. Das natürliche Vorkommen liegt in Europa und Sibirien. Kann zwar etwas höher werden, 0,5–1 m, fügt sich aber sehr gut in größere Steinanlagen ein, wie auch in den Alpen, wo die Pflanze an steinigen, grasigen Böschungen zwischen allerlei Polsterstauden wächst. Besitzt einen mehrköpfigen, ausdauernden Wurzelstock. Die Blätter sind lanzettlich und unregelmäßig gesägt. Der Blütenstand ist eine gedrungene Traube, die sich mit dem Öffnen der Blüten lockert. Die Blüten sind weitglockig mit ausgeschweiftem, spitzzipfeligem Rand, sie stehen einseitswendig. Die Blüten sind blaßgelb und innen zusätzlich braun genetzt. Die Blütezeit geht von Juni bis August. Alte Pflanzen lassen sich teilen, Samenanzucht ist einfach. Am zusagenden Ort sät sich die Pflanze oft auch selbst aus. ♃ 🄷 ○ ◐ ⊖ △-▲ 🄽

Dodecatheon meadia, Große Götterblume, Primulaceae, Primelgewächse. Wächst in O-Nordamerika, von Maryland und Pennsylvanien südlich bis Georgia, Alabama, Louisiana und Texas. Es handelt sich dabei um die häufigste und die auch gärtnerisch am meisten kultivierte Art. Sie wird je nach Standort zwischen 20 und 50 cm hoch. Die Blätter sind normal verkehrt-eiförmig oder länglich-oval, stumpf, gelegentlich kerbsägig, oft zur Basis zu rötlich, 7–20 cm lang. Die Dolde ist 10–20blütig. Die Einzelblüte ist hell-dunkelrosa, an der Basis weiß, die Kronblätter sind lanzettlich, die Staubfäden orange, frei oder in einer kurzen Röhre locker verbunden. Es gibt auch noch andere Farbsorten, 'Album' hat weiße und 'Splendidum' karminrote Blüten. Blütezeit Mai-Juni. Bevorzugt nährstoffreichen Humusboden, der zur Vegetationszeit genügend feucht ist. Zieht bald ein. ▷
♃ ○ ◐ ⊖ △-▲

◁ **Dodecatheon pulchellum,** Niedliche Götterblume. Wächst in N-Amerika, von Alaska bis Kalifornien, östlich bis zu den Rocky Mountains. Normalerweise kleiner als die vorstehende Art und die Blütezeit liegt 2 Wochen später als bei dieser. Die Blätter sind glatt oder spärlich drüsenhaarig, verkehrt-lanzettlich bis oval-spatelig, bis 22 cm lang, ganzrandig oder gekerbt. Sie zeigen keine rote Färbung an der Basis. Der Blütenschaft ist 7–45 cm hoch und trägt eine Dolde mit 3–25 Blüten. Die 5 Kronblätter zeigen eine lavendelfarbene bis magentarote Färbung, die Staubblattröhre ist vereinzelt oder fast einzelstehend und gelb, die Staubbeutel sind purpurrot. Es handelt sich ebenfalls um eine leicht gedeihende Art. Wichtig ist genügend Feuchtigkeit zur Vegetationszeit, sie will aber später trockener stehen. Die Vermehrung erfolgt ausschließlich über Anzucht aus Samen, die einfach ist. ♃ ○ ◐ ⊖ ◬-▲

◁ **Dodecatheon redolens 'Red Wings',** Zartduftende Götterblume. Östliches N-Amerika, von Kalifornien bis Nevada und Utah. Eine ziemlich robuste Art, die stark drüsenhaarig ist. Die Blätter sind verkehrt-lanzettlich, bis 35 cm lang. Die Stengel sind 12–50 cm hoch und tragen eine Dolde mit 5–10 Blüten. Die 5 Kronblätter sind magentarot bis mauve, die Kronröhre ist ungeteilt und gelb,die Basis der Staubfäden bedeckend, die Pollen sind dunkel. Die bekannte Auslesesorte 'Red Wings', die treu aus Samen fällt, ist ein wesentlich kleinerer Typ mit schönen karminroten Blüten. Leider sind viele Samen, die man von Götterblumen erhält, nicht immer echt; oft haben sie sich mit anderen, im gleichen Garten stehenden gekreuzt. Aber alle sind hübsch. Man pflanze gruppenweise und kennzeichne nach dem frühen Einziehen den Pflanzplatz, damit dort später nichts anderes gepflanzt wird. ♃ ⛰ ○ ◐ ⊖ ◬-△

Doronicumorientale'Goldkranz',Kaukasischer Gemswurz. Eine Pflanze aus SO-Europa, Kleinasien und dem Kaukasus. Die Art wird etwa 40 cm hoch, hat einen schuppigen, behaarten Wurzelstock. Die Grundblätter sind breit-herzförmig, unregelmäßig gekerbt, kahl und hellgrün. Die Stengelblätter sind stengelumfassend. Der etwas behaarte Stengel ist meist einköpfig, sowohl Zungen als auch Scheibenblüten sind gelb. Blütezeit April-Mai. Frühestblühende und wichtigste Art für den Garten. Es wurden zahlreiche Sorten mit unterschiedlicher Größe gezüchtet. Bei der Auswahl sollte man deren unterschiedlichesHöhenwachstumberücksichtigen, da es Sorten von 25–50 cm Höhe gibt. In größeren Steinanlagen kann man auch größere Sorten verwenden, in kleineren muß man sich auf die kleineren beschränken. Die abgebildete Sorte 'Goldkranz' wird nur 35 cm und 'Goldzwerg' nur 25 cm hoch. ♃ ○ ◐ △-▲
▽

Doronicum grandiflorum, Großblütige ▷ Gemswurz, Compositae (Asteraceae), Korbblütler (Asterngewächse). Wächst in den Alpen, in den Pyrenäen und auf Korsika. Meist auf Felsschutt, offenen Rasengesellschaften, Felsspalten und Karfluren, immer auf kalkreichem Untergrund. Die Pflanzen werden bis 50 cm hoch. Die Stengel sind drüsig behaart, sie tragen eine oder mehrere Blüten. Die grundständigen Blätter sind an der Basis leicht herzförmig oder gestutzt und deutlich gestielt, grob gezähnt bis leicht ganzrandig. Die oberen Blätter haben einen stengelumfassenden Stiel oder sind mit dem herzförmigen Grund aufsitzend; sie sind gezähnt. Die Blütenköpfe sind 5–6 cm breit, sowohl Zungen- als auch Scheibenblüten sind goldgelb. Die mehrreihigen Hüllblätter sind 2 cm lang. Nur für das größere Alpinum, im normalen Steingarten durch *D. orientale*-Sorten ersetzen. ♃ ⊞ 🄷 ○ ◐ ▲ 🄽

◁ **Douglasia laevigata var. ciliolata** (*Douglasia laevigata* var. *ciliata*), Bewimperte Douglasie, Primulaceae, Primelgewächse. Wächst in den Bergen der Pazifik-Region der USA, in Washington an der Westseite der Kaskaden und südwärts bis zum Mt. Hood in Oregon und an weiteren Plätzen der Region. Eine schöne amerikanische Felsenpflanze, doch ist sie in Kultur nicht einfach. Bildet dichte, kleine Polster von 4–5 cm Höhe, mit 0,6–1,2 cm langen, gespitzten Blättern, gehäuft am Ende der büscheligen Stengel stehend. Diese immergrünen Blätter sind glänzend grün und normalerweise ganzrandig, manchmal mit kurzen, steifen Randhaaren versehen. Blüten brillant rosarot oder auch karmin mit einem Durchmesser von 0,6 cm. Sie sind röhrenförmig mit 5 ausgebreiteten Lappen. Wichtig ist eine gute Dränage, das Substrat darf keinesfalls nahrhaft sein, sondern sandig-mager. ♃ ⌓ ⁞ ⊟ ○ ◐ ⊖ ⚠-△

△
Draba aizoides, Märzdrabe, Immergrünes Hungerblümchen, Frühblühendes Hungerblümchen, Cruciferae (Brassicaceae), Kreuzblütler (Kohlgewächse). Wächst in den Alpen, den Pyrenäen, im Jura, den Karpaten. Bildet größere Polster aus lockeren Rosetten, die sich aus steifborstig-bewimperten, starren Blättchen zusammensetzen. Die gelben Blüten stehen zusammen in Dolden auf 2–4 cm langen Stengelchen. Bei dieser Art sind die Griffel schon in der Blüte lang, beim Verblühen die Kronblätter überragend. Blüte meist schon Ende März beginnend. In den Gärtnereien oft angebotene, unempfindliche Art. Der Standort sollte möglichst vollsonnig sein. Das Substrat durchlässig und mehr sandig-steinig als zu humos-nahrhaft. Vergeilt bei zuviel Nährstoffen. Liebt Kalk, ohne auf ihn angewiesen zu sein. Paßt gut zu krustigen Steinbrech- und Hauswurz-Arten. Ideale Pflanze für Tröge. ♃ ⌓ ⁞ ⊞ ⊡ ○ ⚠-▲

△
Draba athoa, Athos-Hungerblümchen. Beheimatet in Mazedonien, Albanien und Griechenland, gerne an und zwischen Felsen, oft am Rande schmelzenden Schnees blühend. Ist in der Kultur ein nicht sehr verbreitetes Hungerblümchen, das keine großen Polster bildet, sondern mehr lockere Rosettenhaufen. Eine ziemlich robuste Pflanze, die bis zu 12 cm hoch wird und immer borstiges Rosettenlaub hat, mit breiten, linealen Rosettenblättern und einen stärker bewimperten Rand. Die Blüten sind für Hungerblümchen verhältnismäßig groß und gelb, Kronblätter und Staubfäden 6–7 mm lang. Flache Samen, 6–10 mm lang, normalerweise borstig. Wächst auf Kalkunterlage, besonders gerne zwischen Tuffsteinen, auf denen sich bei Selbstaussaat die Pflänzchen mit ihren Wurzeln in den Poren festhalten und praktisch ohne Erde wachsen. Ein liebenswerter, dauerhafter Vagabund. ♃ ⁞ ⊞ ⊡ ○ ⚠-△

◁ **Draba rigida var. imbricata** (*Draba imbricata*), Dachziegelige Kaukasusdrabe. Wächst im Kaukasus, in Armenien und der Türkei, meist an Hängen im Steinschutt. Ein Hungerblümchen, das zu den »besseren« Arten gehört. Bildet kleine, ganz flache Polster mit winzigen Rosetten, frischgrün, im Gegensatz zu dem mehr gräulichen Grün von *D. mollissima*, die noch dichter und flacher wächst. Obwohl die Pflanze am Naturstandort meist auf kalkfreier Unterlage wächst, fühlt sie sich im Garten in Löchern von Tuffsteinen besonders wohl. Die kleinen, dünnen Blütenstengel werden 3–5 cm hoch und tragen die kleine Dolde mit den gelben Blütchen. Die Blütenstengel stehen selten dicht, sondern vereinzelt, so daß das frischgrüne Polster wie ein Hintergrund wirkt. Besitzt keine Fernwirkung, etwas für Nahbetrachtung und für eher kleinere Steingärten und Tröge zu empfehlen. ♃ ⌓ ⁞ ⊡ ○ ◐ ⚠-△

Draba × suendermannii, Sündermanns ▷ Hungerblümchen. Neben den zahlreichen gelbblühenden Hungerblümchen gibt es auch eine Reihe von weißblühenden, *D. × suendermannii* gehört zu den besonders empfehlenswerten. Es bildet schöne grüne, wüchsige, gewölbte Polster. Diese bei der Firma Sündermann entstandene Hybride entstammt einer Kreuzung von *D. dedeana* mit einer unbekannten Art. Die Blütezeit liegt im April-Mai. An dichtstehenden, 5 cm hohen Stielchen stehen die weißen Blüten. Diese Pflanze liebt wie alle *Draba*-Arten keine Nässe, ist jedoch im Vergleich unempfindlicher als andere Arten. Sie ist eine ideale Pflanze für Felsspalten und Tuffsteinlöcher. Insgesamt werden die *Draba*-Arten wegen ihrer einfachen Kultur viel zu gering geachtet und sollten häufiger verwendet werden. Die Vermehrung erfolgt normalerweise durch Aussaat, aber auch Teilung ist möglich. ♃ ⌓ ⁞ 🅃 ○ △-▲

Dracocephalum ruyschiana, Drachenkopf, Labiatae (Lamiaceae), Lippenblütler (Taubnesselgewächse). Wächst in M-, N- und O-Europa bis N-Asien und Japan, dort in Waldsteppen, trockenen Magerwiesen, in lichten Wäldern, auf Kalk und auf kalkfreier Unterlage. Die Pflanze kann bis 60 cm hoch werden und gehört daher nur in größere Steinanlagen und eher in den Hintergrund. Bildet aufsteigende bis aufrechte Äste mit kahlen oder kurz behaarten Stengeln. Die Blätter sind lineal-lanzettlich, ganzrandig, am Rande eingerollt, 7 cm lang und etwa 9 mm breit. Während die unteren Blätter kurz gestielt sind, sind die oberen sitzend. Die Blüten stehen an einer dichten, endständigen Ähre in Quirlen zu 2–6 Stück. Die Blütenkrone ist 2–3 cm lang, blau; es gibt aber auch weiße und rosa Formen. Diese unempfindliche Wildstaude ist am Pflanzplatz sehr dauerhaft. Bevorzugt eher Halbschatten. ♃ 🄷 ◐ ⊖ ○ ▲ ▽

Drosanthemum hispidum, Steifhaarige Mittagsblume, Aizoaceae, Mittagsblumengewächse. In Südafrika, Namibia vorkommend. Botanische Beschreibungen aus Büchern stimmen nicht immer mit den im Handel befindlichen Pflanzen in allen Punkten überein, so auch bei dieser besonders in England verbreiteten, staudigen Mittagsblume. Ihre Größenangabe liegt in der Literatur wesentlich höher als bei den kultivierten Pflanzen. Statt 40–50 cm bildet die Pflanze in Kultur nur etwa 10 cm hohe Teppiche verästelter Triebe aus. Die Blätter sind 15–25 mm lang, 3–4 mm dick, zylindrisch, stumpf, lichtgrün, manchmal auch mit rotem Anflug und transparenten Warzen. Die zahlreichen Blüten haben einen Durchmesser von 2–3 cm und zeigen ein schönes, glänzendes Rosarot mit hellerer Mitte. Leider in Mitteleuropa nur bedingt winterhart, für sehr geschützte Plätze und Alpinenhaus. ♃ ⌓ ⌂ ⌃ 🅃 ○ △-△ ▽

Dryas octopetala, Alpensilberwurz, Rosaceae, Rosengewächse. ▷ Ein niederer Spalierstrauch, der in der gesamten nördlichen gemäßigten Zone und im polaren Bereich vorkommt, meist in Höhenlagen von 1200–2500 m. In den europäischen Alpen auf kalkhaltiger Unterlage, Grob- und Feinschutt. Bildet niederliegende, bis 50 cm lange Triebe, die dichte Matten und Polster ergeben. Die Blätter sind 5–40 mm lang und 2,5–20 mm breit, länglich bis eiförmig, an der Basis herzförmig oder angestutzt, runzelig, gekerbt, oberseits sattgrün, unterseits weißfilzig. Die Blütenstiele sind 5–25 cm hoch. Die schalenförmigen Blüten sind weiß mit durchschnittlich 8 Kronblättern. Blütezeit Mai-Juni. Später entwickeln sich graue Samenschöpfe. Wegen des Ausbreitungsvermögens nicht für kleine Steingärten. Es sind aber auch einige kleinere Typen im Handel. *D. × suendermannii* ist besonders wüchsig. ♄ ⟿ ⌓ ⁞ ○ ◐ ⊖ △-▲

◁ **Dryopteris affinis** (*Dryopteris borreri, D. paleacea*), Goldschuppenfarn, Dryopteridaceae, Wurmfarngewächse. Hat ein weites Verbreitungsgebiet in W-Europa nach Norden bis Norwegen, im Mittelmeergebiet und in den Tropen. Meist auf nährstoffreichen Böden in Bergwäldern. In den Alpen bis in Höhenlagen von etwa 1000 m. Dieser Farn kann 0,8–1,3 m hoch werden und eignet sich deshalb nicht für kleinere Anlagen, ist aber in größeren eine sehr gute Hintergrundpflanze. Wächst trichterartig und hat feste, lederartige, dunkelgrüne, mattglänzende Wedel, die bis in den Winter grün bleiben. Die Stiele sind dicht beschuppt, besonders beim Austrieb kommt der goldbraune Farbton zur Wirkung. Die Wedel werden bis 20 cm breit, sie sind zweifach gefiedert, die Fiederchen sind dicht und breit ansitzend. Wächst in jedem guten Gartenboden. Es gibt davon auch einige Sorten. ♃ [H] ◐ ⊖ ▲

△ **Echinocereus viridiflorus,** Grünblütiger Igelsäulenkaktus, Cactaceae, Kakteen. Wächst in SW-USA, New Mexico und Colorado bis Texas. Von dieser Gattung gibt es einige Arten, die auch in Mitteleuropa im Freien ausdauern, wenn auch oft Regenschutz gegeben werden muß. Temperaturen bis etwa –15°C werden dann ertragen. Macht meist nur einen Stamm und ist selten verzweigt, aufrecht, kugelig-eirund oder zylindrisch, 2,5–12,5 cm hoch und 2,5–5 cm breit, mit 6–14 Rippen, beulig. Der Stachelring ist rund bis elliptisch. Die Blüten haben 3 cm Durchmesser, sie sind trichterförmig, weit geöffnet, gelbgrün und nach Zitronen duftend. Benötigt einen steinig-sandigen Boden, der gut durchlässig ist und volle Sonne hat, die Pflanze will im Sommer »braten«. Schön im Trog und auch mit anderen Sukkulenten in Steingärten, die als Xerophytengärten gestaltet sind. ♃ ⓐ ⌃ [T] ○ ▲-△

△ **Edraianthus graminifolius,** Grasblättrige Büschelglocke, Campanulaceae, Glokkenblumengewächse. Das Naturvorkommen liegt in den Gebirgen Albaniens, Dalmatiens, S- und M-Griechenlands. Von den glockenblumenähnlichen Stauden ist diese Art gärtnerisch besonders verbreitet. Bei ihr sind die Blätter etwa 10 cm lang, lanzettlich-lineal. Der Stengel ist meist niederliegend und trägt an der Spitze die in Knäueln sitzenden Blüten. Meist 5–10 zusammen; sie sind blauviolett und schmal. Wichtig ist ein trockensonniger Steingartenplatz, besonders geeignet für Fels- und Trockenmauerfugen, für Geröll und ähnliche Steingartenplätze. Der Boden soll gut durchlässig sein, locker, leicht humos und auch kalkhaltig. Stehende Winternässe führt zu Ausfällen. Die Vermehrung macht keine Schwierigkeiten, Aussaat ist möglich, aber auch Vermehrung durch krautige Stecklinge. ♃ ⁞ [T] ○ ▲-▲

◁ **Edraianthus pumilio,** Zwergige Büschelglocke. Wächst in Kroatien, Bosnien, Montenegro. Eine zwergige, polsterbildende Art, die nur 5–10 cm hoch wird, sie ist fein behaart. Die Blätter sind steif und nadelförmig, 1–1,5 cm lang, sie erscheinen durch die silbrigen, anliegenden Haare graugrün. Die Blüten sind fast sitzend, schmalglockig, einzelstehend, 2,5 cm lang. Die Kelchzipfel sind 1/3 bis 1/2 mal so lang wie die Blütenkrone, spitz und abstehend. Die Blütenzipfel sind spitz nach außen stehend, amethystviolett bis blauviolett. Eine sehr reichblühende, wertvolle Pflanze. Es gibt weitere Arten, die alle ihren Pflanzplatz in Steinanlagen finden. Hingewiesen sei besonders auf *E. tenuifolius* und deren weißblühende Form *E. tenuifolius* 'Albus'. Diese und die abgebildete *E. pumilio* sind auch ausgezeichnete Trogpflanzen, wo sie über den Trogrand wachsen. Liebt kalkhaltiges Substrat. ♃ ⁞ ⌓ ⊞ [T] ▲-△

◁ **Epilobium canum ssp. angustifolium** (*Epilobium cana, Zauschneria californica*), Kolibritrompete, Onagraceae, Nachtkerzengewächse. Leider wurde für diese Kalifornierin, die in den SW-USA und in NW-Mexiko wächst, der gebräuchliche Gattungsname *Zauschneria* eliminiert. Die Pflanze ist staudig bis strauchig und benötigt einen sonnig-heißen Standort, um gut zu gedeihen. Wird 40-60 cm hoch, die Triebe sind steif aufrecht und mehrfach verzweigt. Die Blätter sind 1,3-4 cm lang und etwa 0,5 cm breit, lineal und gräulich-filzig behaart. Die Blüten sind 3-4 cm lang, trichterförmig und leuchtend orangerot. Blütezeit Juli-September. Durch die kalifornische Heimat bedingt, in Mitteleuropa nicht immer einfach. Beste Dränage und Winterschutz aus Koniferenzweigen oder Kiefernnadeln sind notwendig. Im Frühling erfolgt ein Rückschnitt, damit die Pflanze wieder austreibt. ♃-ђ ⁞ ⌒ ○ △-▲

△
Epilobium fleischeri, Kiesweidenröschen. Geht von den Seealpen bis zu den Zentralalpen, südöstlich bis zur Krain, nach Norden bis ins Allgäu und N-Tirol. Dort meist in der subalpinen Stufe in feuchtem Felsschutt, Moränen, an Bachufern, auf kalkfreiem Untergrund. Es ist eine Pflanze mit niederliegend bis aufstrebenden Stengeln, oft rasenartig wachsend, 30-50 cm hoch. Die Stengel sind beblättert, unten verholzend, insgesamt kahl oder oben nur spärlich behaart. Die Blätter sind 4 cm lang und 5 mm breit, sie stehen wechselständig, sind einnervig und am Rande drüsig gezähnt. Die Blüten stehen in endständigen Trauben, sie sind bis 4 cm breit und vierzählig. Die Kelchblätter sind schmal und nicht ganz so lang wie die Kronblätter. Blütenfarbe kräftig rosarot, Die Blütezeit geht von Juni-Juli. Für größere Steinanlagen, für sonnige, aber nicht austrocknende kalkfreie Plätze. ♃ ⌓ ○ ◐ ▲ N

△
Epimedium diphyllum, Zweiblätterige Elfenblume, Berberidaceae, Sauerdorngewächse. Die Heimat Japan ist (Kyushu). Im Garten sind meist Namenssorten verbreitet, die alle sehr dankbare, dauerhafte Pflanzen sind. In den Steingarten passen aber auch die etwas stilleren Arten. Diese Art ist besonders zierlich und wird nur 10-20 cm hoch. Sie hat dünne (1-2 mm), kurze, kriechende Rhizome. Die büschelige Pflanze ist nur 2blätterig, die Einzelblätter sind oval-dreieckig, stumpf an der Spitze, dünn und lichtgrün, 2-5 cm lang und 1-2 cm breit. Die Blütenstiele haben eine 4-9blütige Traube mit glockenförmigen, weißen, hängenden Blüten. Die Blüten sind im Gegensatz zu anderen Arten spornlos. Eine liebenswerte Pflanze, die halbschattige Lagen und einen nicht zu schweren, humusreichen Boden bevorzugt. Außerhalb der Blütezeit schmücken die Pflanzen durch ihre lichtgrünen Blätter. ♃ ⌓ ◐ ⊖ △-▲

Epimedium perralderianum, Großdornige Elfenblume. ▷ Die Heimat ist Algerien, sie ist aber trotz des südlichen Heimatgebietes in M-Europa winterhart. Die Pflanze bildet schöne, etwa 30 cm hohe Laubteppiche und gehört daher in größere Anlagen. Hat stärkere, kriechende Rhizome. Die Blätter sind dreizählig, die einzelnen Blättchen herz-eiförmig, 5-8 cm lang, glänzend grün oder rotbraun gefleckt, stachelig gerandet, derb, im Austrieb bronzefarben und wintergrün. Besonders zum Herbst hin entwickelt sich eine bräunliche Zeichnung. Die Blüten dieser Art sind leuchtend gelb, sie haben einen Durchmesser bis 20 mm und stehen in einer einfachen, lockeren Traube zu 12-25. Die äußeren Sepalen sind länglich, sehr klein und früh abfallend. Die inneren sind verkehrt-eiförmig, horizontal ausgebreitet. Die Petalen sind klein, gelb und haben einen kleinen, braunen Sporn. ♃ ⟿ ⌓ ◐ ⊖ ● ▲

◁ **Epimedium pubigerum,** Flaumbildende Elfenblume. Wächst in O-Bulgarien, Kleinasien und Transkaukasien. Eine weitere Art der Elfenblumen, die nicht so farbkräftig ist wie viele Namenssorten. Sie hat im Steingarten ihre Berechtigung, besonders auch wegen des lederartigen, wintergrünen Laubes. Nach Literaturangaben 20–50 cm hoch werdend, nach eigener Erfahrung aber kaum über 30 cm gehend. Die Pflanze ist verwandt mit *E. alpinum* und hat kurze, etwa 5 mm dicke Rhizome. Die Blätter sind dreiteilig, die Einzelblättchen sind rundlich, herzförmig an der Basis, etwas stachelig am Rand und unterseits flaumhaarig. Die Blüten sind klein und stehen locker in 20–30blütigen Rispen, sie haben einen Durchmesser von 8–12 mm und sind fahl gelb. Die äußeren Sepalen sind 3 mm lang, grün mit rötlichem Anflug, die inneren Sepalen sind weiß bis fahlrosa. ♃ ⁓ ⁞ ◐ ⊖ ● △-▲

△
Eranthis × tubergenii, Tubergens Winterling, Ranunculaceae, Hahnenfußgewächse. In den Gärten ist meist *E. hyemalis* zu finden, welche in SO-Frankreich, Italien, Kroatien, Serbien, Ungarn und Bulgarien beheimatet ist. Manchmal findet sich auch *E. cilicia* aus Kleinasien, welche später blüht. Bei der abgebildeten *E. × tubergenii* handelt es sich um eine Kreuzung von *E. cilicica* mit *E. hyemalis.* Es ist eine sterile Pflanze, das heißt, sie setzt keinen Samen an. Großflächiges Aussamen, was in anderen Gartenteilen erwünscht sein kann, ist in Steinanlagen oft unerwünscht, deshalb bietet diese Hybride an solchen Plätzen Vorteile. Die Pflanze wird bis 15 cm hoch, sie hat große Blätter und goldgelbe, kugelige Blüten mit einem Durchmesser von 3–5 cm. Durch ihre Sterilität wird die Blütezeit gegenüber den Arten verlängert. Die Vermehrung erfolgt durch Teilung der Knollen. ♃ ▣ ○ ◐ ⊖ △-▲

△
Eremurus lactiflorus, Milchweiße Steppenkerze, Liliaceae (Asphodelaceae), Liliengewächse (Junkerliliengewächse). Die Gattung ist in W- und M-Asien beheimatet. Die meisten Arten werden für Steinanlagen etwas zu wuchtig, ausgenommen in größeren Anlagen. Neben den Sorten, die in Kultur sind, gibt es aber auch einige, die sich im Höhenwachstum beschränken. Leider sind diese aber weniger attraktiv und selten im Angebot. Hier hilft meist nur Eigenanzucht aus Samen, den man durch den Samentausch bei Pflanzenliebhabergesellschaften oder dem internationalen Samentausch der Botanischen Gärten erhält. Bis zur Blüte benötigt man etwas Geduld. Durchaus attraktiv ist die abgebildete, im Tien-schan wachsende *E. lactiflorus,* deren Blütenstiel bis 1 m hoch wird. Der Wuchs ist aufrecht, die Schräglage auf dem Foto ist durch die Gehölznachbarschaft bedingt. ♃ ▣ ○ ▲

Erica carnea (*Erica herbacea*), Schneeheide, Ericaceae, Heidekrautgewächse. Heimat sind die Alpen, S-Mitteleuropa. Für den Steingarten ist diese im Vorfrühling blühende Art besonders wichtig, eröffnet sie doch mit vielen Zwiebelgewächsen den Blütenreigen. Es ist ein niederliegender Zwergstrauch mit bis etwa 30 cm Höhe. Als niederliegende Stämmchen entspringen zahlreiche aufgebogene Zweige, die dicht mit immergrünen, nadelförmigen, quirlständigen, lebhaft grünen Blättern besetzt sind. Bereits im Herbst werden die fleischfarbenen, bei Sorten auch andersfarbigen, Blüten vorgebildet. Sie sitzen an 10 cm langen, einseitswendigen Trauben. Die Schneeheide liebt sonnige Plätze und kann in größeren Anlagen auch flächiger gepflanzt werden. Damit die Pflanzen nicht struppig werden und verkahlen, erfolgt hin und wieder ein Rückschnitt. Sie wächst auf kalkreicher Unterlage. ♄ ⌓ ○ △-▲ ▷

Erica mackaiana, Mackays Heide. Wächst ▷ in den winterbegünstigten Landstrichen von NW-Irland und NW-Spanien. Es gibt eine ganze Reihe von Erika-Arten, die wegen andersgelagerter Blütezeit wichtig sind. Leider sind sie meist weniger hart. Dazu gehört die etwas schutzbedürftige *E. mackaiana.* Sie wächst im Jugendstadium meist aufrecht, während sie als ältere Pflanze einen niederliegenden Kleinstrauch bildet. Diese Heide wird 10–30 cm hoch, kann aber im Alter auch höher werden. Insgesamt ähnelt die Pflanze der mehr verbreiteten *E. tetralix.* Die quirlständigen Blätter sind zu viert in einem Kranz angeordnet, länglich lanzettlich, dunkelgrün, behaart, oberseits kahl, wobei die Ränder etwas hochgebogen sind, dadurch wird die weißliche Unterseite sichtbar. Die rosa Blüten stehen in schirmartigen Dolden. Es genügt ein normaler, torfangereicherter Gartenboden. ♄ ⌒ ○ ◐ ◬-▲

◁ **Erica vagans 'Holden Pink',** Cornwall-Heide, Wanderheide. Wächst in England (Cornwall), W-Frankreich und N-Spanien. 30–40 cm hoher Strauch, im Alter auch höher werdend (bis 80 cm). Dabei ist in Steinanlagen zu berücksichtigen, daß diese Art mit ihren Sorten meist flach wuchernd ist. An den aufsteigenden Stielen stehen die nadelförmigen, spitzen Blätter zu 4 in Quirlen, 5–10 mm lang, dunkelgrün, weich, unterhalb rinnig mit stark eingebogenen Rändern. Die Blüten bilden eine bis zu 25 cm lange, aufrechte, zylindrische Traube, die von unten nach oben erblüht. Die Einzelblüte ist kugel- bis urnenförmig, 4 mm lang und rosa bis purpurrosa gefärbt. Blütezeit von Juli bis September, dauert manchmal auch noch länger. Braucht in strengen Wintern in Mitteleuropa Schutz, ist aber unempfindlicher als die vorstehende. Liebt sauren Boden, ist aber etwas kalktolerant. ♄ ⌒ ⊟ ○ ◐ ◬-▲

Erigeron caespitosus (neuerdings auch unter *E. tener* geführt), Rasenartiger Feinstrahl. Wächst in NW-USA an Felsen, steinigen Plätzen und offenen Kiefernwäldern in Höhen von 2600–3700 m. Büschelig aus einer Pfahlwurzel wachsend, mit Blütenstengeln von 10–15 cm Höhe. Die grundständigen Blätter sind spatelförmig oder lanzettlich, 4–7 cm lang und etwas borstig weißhaarig. Die endständigen Blüten stehen einzeln oder zu 2 oder 3 und haben einen Durchmesser von 2–3,2 cm. Die Blütenfarbe ist violett, lavendelrosa, es gibt aber auch weiße Albinoformen (Bild). Es existieren eine ganze Reihe ähnlicher Arten, leider ist es unverständlich warum diese nicht häufiger Eingang in die Kultur gefunden haben. Die Vermehrung ist unproblematisch, sie erfolgt durch Aussaat. Die Pflanze liebt einen sonnigen Platz, wächst aber auch noch im Halbschatten zufriedenstellend. ♃ ○ ◐ ◬-▲ [N]
▽

Erigeron aureus (*Haplopappus brandegei*), ▷ Gelbe Feinstrahlaster, Gelbes Berufkraut, Compositae (Asteraceae), Korbblütler (Asterngewächse). Ein Zwerg aus Amerika, wächst dort in den Bergen des US-Staates Washington und im kanadischen Britisch Kolumbien. Wegen seiner gelben Blütenfarbe und des sehr niedrigen Wuchses eine Ausnahmeerscheinung und gut für den Steingarten geeignet. Bildet kleine, büschelförmige, oft halbkugelige Pflanzen, 8–13 cm hoch. Das grundständige Laub ist lang gestielt, spatelförmig bis verkehrt-eirund oder elliptisch, 3–5 cm lang. Die Blütenköpfe stehen einzeln, sie haben einen Durchmesser von etwa 2,5 cm. Diese Pflanze hat eine verhältnismäßig lange Blütezeit, sie reicht vom Frühling bis zum Herbst. Um eine gute Wirkung zu haben, pflanzt man diesen Feinstrahl gruppenweise. Es gibt auch einen cremegelben Typ mit dem Sortennamen 'Canary Bird'. ♃ [T] ○ ◐ ◬-△

◁ **Erigeron compositus,** Zusammengesetzter Feinstrahl. Wächst im W-Nordamerika, in Kanada und in Grönland an sandigen Plätzen, besonders an Südseiten von Gebirgsausläufern. Büschelig wachsend, oft auch lockerpolsterförmig, vielrosettig, einer tiefgehenden Pfahlwurzel entspringend. Die kleinen, 4–8 cm hohen Polster können oft mehr als 20 cm im Durchmesser haben. Blätter dicht gedrängt, lang gestielt, 2–6 cm lang, wobei jede der fächerförmigen Blattspreiten 3–4mal gelappt ist, die unteren sind dreifach dreiteilig. Die einzelstehenden Blütenköpfe mit 1,5–2 cm Durchmesser haben eine gelbliche Scheibe, die Strahlenblüten sind weiß, bläulich oder rosa. Oft sind die Blüten zartrosa, werden beim Verblühen aber in der Farbe intensiver. Blütezeit im Juni-Juli. Die Pflanze kann sowohl im Steingarten als auch im Alpinenhaus verwendet werden. Vermehrung durch Aussaat. ♃ ⌓ ⁞ ○ ◐ △-▲ N

△
Erigeron glabellus, Kahler Feinstrahl. Vorkommen in den zentralen N-USA, von Manitoba bis Wisconsin, kommt auch bis nach Alaska vor, an Hügeln und Berghängen im subalpinen Bereich. Büschelig wachsende, kleine Art mit niederliegenden bis aufstrebenden, 15–30 cm langen Stengeln, die vereinzelt länger sein können. Die grundständigen Blätter sind verkehrt-lanzettlich, 5–10 cm lang, die Stengelblätter sind wesentlich kleiner. Die Blütenköpfe haben einen Durchmesser von 3 cm. Die Blütenfarbe ist blau, rosa und gelegentlich auch weiß (Bild!). Die Blütezeit liegt im Juni-Juli. Bekannt ist auch eine *E. glabellus* ssp. *pubescens* mit ziemlich langen Stengelhaaren. Diese kleine Art liebt sonnige Plätze und einen durchlässigen normalen Gartenboden, stehende Nässe wird nicht vertragen. Beste Vermehrungsart ist Anzucht aus Samen. Hübsche Nachbarn sind Nelken und Glockenblumen. ♃ ○-◐ △-▲

△
Erigeron karvinskianus (*Erigeron mucronatus*), Spanisches Gänseblümchen. Das eigentliche Heimatvorkommen dieser Art liegt im Bergland von Mexiko, die Pflanze ist aber in Spanien, W-Europa einschließlich der Britischen Inseln eingebürgert. In N- und M-Europa nicht winterhart; manche Winter werden unbeschadet überstanden, manche nicht. Die Pflanze verbreitet sich oft auch durch Selbstaussaat, so daß fast immer Jungpflanzen vorhanden sind. Obwohl die Pflanze meist in anderen Gartensektoren verwendet wird, ist sie doch auch eine liebenswerte Steingartenpflanze. Locker flach, polster- und mattenförmig, im Alter am Heimatstandort auch strauchig werdend. Trägt Massen von 1,5 cm großen, weißen Blüten, die an Gänseblümchen erinnern; sie werden im Verblühen rosa. Die Blütezeit geht meist bis zum Frost. Leicht durch Aussaat zu vermehren. Schön in Fugen. ⊙-♃ ⌓ ⁞ ⌃ ○ △-▲

Erigeron pumilus (*Erigeron pumilis*), Niedriger Feinstrahl. Kommt auf trockenen Flächen in N-Dakota, Kansas, Britisch Kolumbien, Colorado und Utah vor. Kleine, ausdauernde Pflanze mit einer tiefgehenden Wurzeln, mit behaarten büscheligen, schlanken Trieben, einfach oder verzweigt, 10–24 cm hoch. Die behaarten Blätter sind ganzrandig, die bodenständigen und die unteren sind schmal-spatelförmig oder lineal, die Stengelblätter sind lineal, sitzend, 0,8–5,4 cm lang und gespitzt. Die weißen Blütenköpfe mit kurzen Stielchen und 1,4–2,4 cm Durchmesser stehen einzeln oder zu mehreren. Die Hüllblätter sind lineal, zugespitzt und behaart. Ebenfalls ein kleiner Feinstrahl, der selten im Angebot ist. Eine Art für sehr trockene Plätze, gute Dränage ist unbedingt notwendig. Das Substrat sollte einen hohen Anteil an Sand und Steinchen haben und einen geringen an Nährstoffen. ♃ ⁞ ○ △-▲ N ▷

◁ **Erigeron speciosus,** Prächtiger Feinstrahl. Vorkommen in den W-USA, von Alberta bis Britisch Kolumbien nach Süden bis Oregon, New Mexico und Arizona. Es handelt sich dabei um die Ausgangsart unserer großblütigen Gartenhybriden, diese werden aber für den Steingarten zu groß. Dagegen gibt es von der eigentlichen Art Hybriden, die mit 40–50 cm Höhe durchaus ihre Berechtigung in größeren Steinanlagen haben. Der Stengel ist reich beblättert, die Stengelblätter sind länglich-spitz, die Grundblätter dagegen spatelförmig. Die Blütenköpfe stehen in großen Doldentrauben und haben ein Spektrum von weiß über bläulich bis rosa. Schon in der Natur sind die Blütentöne unterschiedlich. Die Art wird nicht oft angeboten, sondern nur die hohen Hybriden. Eine für den Steingarten brauchbare Sorte ist 'Mrs. Beal', überreich zart lila blühend. Nur 20 cm hoch wird die rosa Sorte 'Four Winds'. ♃ ○ △-◬

◁ **Erinus alpinus 'Albus',** Weißer Alpenbalsam. Von der vorstehenden Art gibt es eine Auslese mit dem Sortennamen 'Dr. Hähnle' mit einer wesentlich intensiveren, karminroten Färbung. Weiter gibt es die abgebildete weiße Albinoform, die ein idealer Partner zur rosablühenden Art und zur Sorte 'Dr. Hähnle' ist. Alle säen sich auch gerne selbst aus. Besonders in Trockenmauerfugen und auf Tuffsteinen fühlen sie sich besonders wohl. Schöne Nachbarn sind kleine Schleifenblumen, wie *Iberis saxatilis* oder Hungerblümchen wie *Draba bruniifolia.* Wenn einmal einige Pflanzen angesiedelt sind, muß man sich um das Fortbestehen der Art keine Gedanken machen, Sämlinge sind immer vorhanden, vorausgesetzt das Substrat sagt der Pflanze zu. Mit der Höhe von nur 5–10 cm im blütenlosen Zustand und bis 20 cm zur Blüte ist sie auch für Tröge und ähnliche Pflanzplätze geeignet. ♃ ⁞ ⊞ ⊡ ○-◐ ◬-△

△
Erinus alpinus, Alpenbalsam, Scrophulariaceae, Braunwurzgewächse. Findet sich in N-, S- und O-Spanien mit Mallorca, Schweiz, W-Österreich und N-Afrika. Wächst dort an Felshängen, Geröllhalden oder auch in engen Felsspalten, sowohl in der alpinen als auch in der subalpinen Stufe der Hochgebirge. Der Untergrund ist dort meist Kalk, selten Urgestein. In manchen Gärten gedeiht die Pflanze schlecht, während sie in anderen ganze Anlagen besiedelt. Möglicherweise spielt beim schlechten Gedeihen Kalkmangel eine Rolle. Bildet niedere, lockere Rasen aus gehäuften Grundblättern und Blütenstengel mit länglich-spatelförmigen Stengelblättern. Die purpurrosa Blüten stehen in sich später verlängernden, endständigen Trauben an bis etwa 15 cm hohen Stengeln. Die Krone hat nur eine Breite von 10–15 mm, die Abschnitte sind dunkler geadert. Die Blütezeit reicht von Mai-Juli. ♃ ⁞ ⊞ ⊡ ○-◐ ◬-△

Eriogonum caespitosum ssp. douglasii ▷ (bei manchen Autoren auch eigenständig: *Eriogonum douglasii*), Rasenartiger Wollknöterich, Polygonaceae, Knöterichgewächse. Heimat in den USA, wächst an östlichen Hängen der Sierra Nevada in Höhenlagen von 1300–2000 m. Diese Unterart ist nicht ganz so dichtpolsterig wie die eigentliche Art, aber die Stengel in der Mitte sind mit einem Quirl aus 5–6 verkehrt-lanzettlichen Hochblättern versehen. Die Blütenstengel werden bis etwa 12 cm hoch. Die Blättchen sind weißfilzig, die runden Blütenköpfchen sind gelb. Die Blütezeit liegt meist Juni-Juli. Kultur in trokkenen, durchlässigen Böden in voller Sonne. Sie liebt wie die meisten *Eriogonum*-Arten keinen Kalk. Alle weißfilzigen Arten benötigen in Mitteleuropa sicherheitshalber einen winterlichen Nässeschutz. Bei Beachtung dieser Ansprüche auch in sonnigen Trögen gedeihend. ♃ ⊟ ⌓ ⁞ ○ △-◬

Eriogonum ovalifolium, Eiblätteriger ▷ Wollknöterich. Wächst in W-Nordamerika auf Granit in 3000–4000 m Höhe. Bildet schöne, kompakte, dichte, etwa bis 8 cm hohe silberige Polster. Die Blätter messen 5–15 mm, sie sind breit, verkehrt-lanzettlich bis elliptisch. Die schlanken Blüten stehen gedrängt in rundlichen Blütenköpfen mit bis 2 cm Durchmesser, an schaftförmigen, weißwolligen 20 cm hohen Stengeln, meist weißlich bis cremefarben mit grünen Linien. Manchmal im Alter auch mit purpurvioletter Tönung. Von dieser Art gibt es Unterarten und Varietäten, die etwas abweichen. Am zusagenden Ort kann die Pflanze sehr dauerhaft sein, sie benötigt aber einige Zeit, bis sie sich etabliert hat. Die Pflanzen lieben unbedingt volle Sonne, einen nicht zu fetten Gartenboden mit einem hohen Anteil an Urgesteinssplitt und Sand. Auch diese Art ist ein ausgesprochener Kalkflieher. ♃ ⌓ ⁞ ⊟ ○ △-▲

◁ **Eriophorum russeolum,** Rötliches Wollgras, Sibirisches Wollgras, Cyperaceae, Zypergrasgewächse. Arktisches und subarktisches Europa, dort in der Tundra, im Sumpf, Moor und an Seeufern wachsend. Die Wollgräser eignen sich für Heidegärten, Moorbeete und ähnliche Plätze mit überwiegend Rohhumusboden. Aber auch in Steinanlagen bieten sich oft Plätze für Wollgräser an. Während *E. angustifolium* und *E. latifolium* wuchern, sind *E. scheuchzeri* und *E. vaginatum* weniger wüchsig und für solche Plätze geeignet. Die abgebildete Art, die im Gegensatz zu den genannten Arten, die weiße Fruchtstände haben, mehr rötlich getönte hat, wächst eher etwas heterogen, 10–80 cm hoch und treibt ebenfalls Rhizome. Die Blätter werden bis 1 mm stark; sind ebenso lang oder länger als die Blütentriebe. Alle Wollgräser bevorzugen ein Substrat mit milder Bodenfeuchte und eine saure Bodenreaktion. ♃ ≈ ⊟ ○-◐

△
Eriophyllum lanatum, Wollblatt, Wüstengoldaster, Compositae (Asteraceae), Korbblütler (Asterngewächse). Westliches N-Amerika, von Britisch Kolumbien bis Oregon und Montana. Wächst dort an sonnigen, trockenen und mageren Plätzen vom Tiefland bis in mittlere Gebirgslagen. Wird 15–30 cm hoch, in Kultur auf nährstoffreichen Untergrund auch höher aber sparriger wachsend. Es ist eine lockerbuschige, wollig-filzig behaarte Staude, mit niederliegenden bis aufstrebenden, verzweigten Stengeln. Die Blätter sind im Umriß spatelförmig, rundlich oder oval, insgesamt sehr variabel. Sie sind 3–5teilig eingeschnitten oder gefiedert. Die Blütenköpfchen stehen einzeln, sie sind margeritenartig, bis 4 cm im Durchmesser, sowohl die Scheibenblüte als auch die Strahlenblüten sind gelb. Blütezeit von Juni bis in den August. Diese anspruchslose, reichblühende Staude erträgt Winternässe schlecht. ♃ ⁞ ○ △-▲ N

Erodium chrysanthemum, Chrysanthemenähnlicher Reiherschnabel, Geraniaceae, Geraniengewächse. Heimat ist Griechenland. Diese polsterartig wachsende Art wird 10–15 cm hoch, manchmal auch bis 20 cm. Die Pflanze kann in die Breite gehen, und ein Durchmesser von 40 cm und mehr ist keine Seltenheit. Die Stengel sind dick und verzweigt. Die 3,5 cm langen, silberigen Blätter sind doppelt gefiedert, mit breiten, stumpfen Segmenten. Die im Mai-Juni erscheinenden gelblichweißen bis schwefelgelben Blüten haben einen Durchmesser von 20 mm, sie sind flach-schalenförmig und stehen zu 2–5 in einer Dolde an kurzen Stielchen. Die Kronblätter sind eiförmig und stumpf. Die Pflanze ist, schon durch ihre Herkunft bedingt, ein ausgesprochenes Sonnenkind. Der Boden sollte durchlässig sein mit einem Anteil von Sand und Steinsplitt und keinesfalls zu nährstoffreich. ♃ ⌓ ⁞ ○ △-▲ ▷

Erodium glandulosum (*Erodium petraeum* ssp. *glandulosum*), Drüsiger Reiherschnabel. *E. glandulosum* wird manchmal auch zu *E. petraeum* gestellt. Dieser kommt aus den Pyrenäen. Es ist eine schopfige Staude mit bis zu 23 cm Höhe, seitlich bis 30 cm ausgebreitet, stark riechend. Alle Blätter sind grundständig, doppeltgefiedert, tiefgeteilt, die Adern sind drüsig-behaart. Die Blüten haben einen Durchmesser von 2,5 cm, sie sind flach-schalenförmig in Büscheln bis zu 5 Stück. Die Kronblätter sind lilarosa, wobei die oberen 2 auffälliger gestrichelt sind. Außer der Art gibt es auch noch eine Ausleseform, *E. glandulosum* 'Roseum' mit tiefrosa Blüten, die purpurrot marmoriert sind. Ebenfalls ein Sonnenkind, das einen durchlässigen Boden liebt. Ein nicht zu nährstoffreicher Boden hält die Pflanzen kompakt. Die Vermehrung erfolgt durch Aussaat, Teilung und durch Stecklinge. ♃ ⌓ ⁞ ○ △-▲ ▷

Erodium guttatum, Getüpfelter Reiherschnabel. Wächst in Gebieten SW-Europas. Diese schopfige Staude wird 8–15 cm hoch und verholzt oft an der Basis. Die Blätter sind bis 2,5 cm lang, eiförmig bis länglich herzförmig, leicht gelappt und am Rande gekerbt, seidig. Die Blüten haben einen Durchmesser von 2,5 cm, sie stehen doldig zu 2–3, die Blütenstiele sind bis 15 cm lang. Die Kronblätter sind breit eiförmig, an der Spitze gerundet. Sie zeigen ein fahles Rosalila, die oberen beiden sind an der Basis tiefer getönt und geadert. Die meisten Reiherschnabel-Arten werden für kleine Steingartenanlagen zu groß. Wo jedoch das Größenverhältnis nicht stört, erfreuen die etwas stilleren Reiherschnabel durch ihre lange Blütezeit. Leider werden nur wenige von Staudengärtnereien angeboten, so daß man oft aus Samen selbst anziehen muß, den man im Samentausch erhält. ♃ ⌓ ⁞ ○ △-▲ ▷

Erodium petraeum (nach »Zander«, in England neuerdings: *Erodium foetidum*), Felsenreiherschnabel. Wächst ebenfalls in den Pyrenäen und in Teilen von S-Frankreich. Etwa 15 cm hohe Staude, bei der alle Blätter bodenständig sind. Sie sind ziemlich zahlreich, leicht behaart, graugrün, gefiedert mit 3–12 cm langen Blattstielen, Blütenspindel gezähnt. Die Blüten haben einen Durchmesser von 2 cm, sie stehen zu 2–7 an den an der Basis entspringenden Stengeln von etwa 12 cm Höhe. Die Blütenstielchen sind 1–3,5 cm lang, fadenförmig und rauhwollig. Die Sepalen sind eirund und messen 9 × 4 mm. Die Petalen messen 13 × 7 mm und sind keilförmig bis verkehrt-eiförmig, sie sind rosa und dunkler geadert. Leider gibt es bei *Erodium* ein ziemliches Durcheinander, sowohl hinsichtlich der Nomenklatur als auch in den Gärtnereien. *E. petraeum* blüht lange, von Mai-August. ♃ ⁞ ○ △-▲
▽

◁ **Erodium manescavii,** Magentaroter Pyrenäenreiherschnabel. Wächst in den Pyrenäen, speziell im Ostteil. Eine stengellose, wuchtige, 20–40 cm hohe Staude, die nur in größere Anlagen paßt. Die wenigen Blätter sind alle bodenständig und 30 × 10 cm groß, viel länger als der Blattstiel, sie sind lanzettlich bis eiförmig-lanzettlich, behaart und gefiedert. Die Blattsegmente sind eirund, kurz gestielt und der Rand ist gezähnt. Die aus der Basis treibenden Blütenstengel werden 25–30 cm hoch und die Blüten haben einen Durchmesser von bis zu 3,5 cm, die Stielchen messen 2–6 cm. Die Sepalen sind eirund bis länglich eirund, sie sind behaart und haben vor der Fruchtbildung eine Länge von 2,5 cm. Die Petalen sind breit-eirund, 2 cm lang und 1 cm breit. Die Blütenfarbe ist mit ihrem sehr auffälligen Magentarot nicht immer einfach einzuordnen. Liebt sonnige bis halbschattige Plätze. ♃ H ○ ◐ ▲

Erodium rupestre. Auch eine nomenklatorisch unklare Art. Die Pflanze kommt ebenfalls aus den Pyrenäen, sie ist nahe verwandt mit *E. petraeum*, wird in Gärten oft mit ihr verwechselt. Es ist eine stengellose Staude mit zahlreichen bodenständigen, eirunden bis verlängert-eirunden Blättern, 2–6 cm lang und 0,8–1,3 cm breit, doppelt gefiedert, oben silberig und unten grün, die Blattstiele sind 1–1,5mal länger als die Blattspreite. Die grundständigen Blütenstengel sind bis 6,5 cm, die Blütenstielchen 8–15 mm lang und die Blüten haben einen Durchmesser von etwa 1,5 cm, sie stehen zu 1–3, selten zu 4. Die weißen Blüten sind leicht rosa geadert, aber ungefleckt. Die abgebildete Pflanze aus dem Savill-Garden, nahe London, zeigt entgegen der Beschreibung bei den oberen beiden Kronblättern kräftig purpurne Flecken; möglicherweise handelt es sich um eine Hybride von *E. rupestre.* ♃ ⁞ ○ △-▲ ▷

Eryngium planum, Zwergedeldistel. Wächst in M- und SO-Europa, Vorder- und M-Asien, im Altai und in Kaschmir. Die Art kann zwar ebenso hoch werden wie *E. alpinum*, manchmal auch noch höher, ist in all ihren Teilen sonst kleiner und zierlicher. Es gibt aber auch einige kleinere Sorten, deren Standfestigkeit zwar beklagt wird, was aber meist auf ein zu nahrhaftes Substrat zurückzuführen ist. Die Stengel sind steif aufrecht mit abstehenden Ästen. Die Grundblätter sind gestielt, ungeteilt und herzförmig. Die Blütenköpfe sind verhältnismäßig klein, blau getönt und zahlreich; bei der Sorte 'Argenteum' ist die Pflanze insgesamt mehr silbrigweiß. 'Blauer Zwerg' wird nur 40–50 cm hoch und paßt deshalb auch in Steingärten normaler Größe. Sie hat besonders intensiv gefärbte Blütenköpfe. Vermehrung durch Aussaat, die Sorten durch Wurzelschnittlinge. Sonnige Plätze aussuchen! ♃ H ○ △-▲
▽

Eryngium alpinum, Alpendistel, Edeldistel, Mannstreu, Umbelliferae (Apiaceae), Doldenblütler (Selleriegewächse). Bekannte Staude der Alpen, des Juras und den Gebirgen des ehemaligen W- und M-Jugoslawien. Diese 50–70 cm hohe Staude hat eine tiefgehende, fleischige Wurzel und langgestielte Grundblätter, die tief-herzförmig und zugespitzt sind. Die Stengelblätter sind rundlich, an der Spitze vielfach gelappt. Die Stengel sind im oberen Teil stahlblau getönt. Die 3–5 Blütenköpfe sind zylindrisch, 4 cm lang und stahlblau. Es gibt einige schöne Auslesen, wie 'Superbum' mit größeren Blütenköpfen und intensiverer Färbung, 'Amethyst' hat tiefviolette Blütenköpfe und fein geteiltes Laub, 'Opal' ist silbriglila. 'Blue Star' blüht kleiner und hat tiefblaue Blütenstände. Blütezeit Juli-August. Vermehrung durch Aussaat, Sorten durch Wurzelschnittlinge. Für sonnige Lagen geeignet. ♃ H ○ △-▲ ▷

◁ **Erysimum capitatum,** Kopfiger Schöterich, Küstengoldlack, Cruciferae (Brassicaceae), Kreuzblütler (Kohlgewächse). Heimat ist das westliche N-Amerika. Keine eigentliche Staude, meist nur zweijährig, bei zeitigem Rückschnitt nach der Blüte aber auch länger ausdauernd. Meist 30–40 cm hoch, vereinzelt auch bis 60 cm. Aufrechte, flaumige Stengel, manchmal verzweigt. Die Blätter sind 4–15 cm lang und 0,5–1 cm breit, länglich bis verkehrt-lanzettlich oder lineal, ganzrandig, gewellt oder gezähnt. Die Kronblätter sind bis 25 mm lang, rundlich und gelb-creme oder bräunlich-maron gefärbt. Die Art ist insgesamt etwas variabel. Es gibt für Steinanlagen ähnliche Arten, die zeitweise angeboten werden, so die halbstrauchige *E. kotschyanum*, die gelbblühende *E. humile*, die gelbe *E. rhaeticum* und *E. pulchellum*, alle haben etwa die gleiche Wirkung: gelbe Blüten für den Frühling. ⊙-♃ ⌓ ⁞ ○ ◐ △-▲ N

◁ **Erysimum 'Türkischer Basar',** Orange Schöterichhybride. In M-Europa sind Hybriden der Gattung *Erysimum* wenig verbreitet. Die abgebildete Sorte ist eine der wenigen Ausnahmen, sie wird öfter in Gartencentern angeboten. Ursache der geringen Verbreitung ist auch die wenig ausgeprägte Winterhärte, da die immergrünen Blätter bei Kahlfrost oft leiden. Im klimatisch begünstigten Großbritannien gibt es dagegen eine ganze Reihe von Sorten mit gelben, orangen und bräunlichen Blüten, oft mit Violett zweifarbig getönt. Bei etwas Schutz vor Wintersonne dürften die Pflanzen aber auch in kälteren Gebieten gedeihen. Auch in Mauerfugen wachsen sie sehr gut. Die abgebildete Sorte 'Türkischer Basar' bildet kleine Polster, die reichlich orangefarbene Blütenstände hervorbringen. Alle lieben keine übermäßige Nässe, besonders nicht im Winter. Deshalb ist ein durchlässiger Boden wichtig. ⊙-♃ ⌓ ⁞ ○ ◐ ⚠-⚠

△
Erythronium americanum, Amerikanischer Hundszahn, Liliaceae, Liliengewächse. Wächst im östlichen N-Amerika, wo sie auf humusreichen Waldböden vorkommt. Diese Art ist leicht von anderen gelbblühenden, ähnlichen Arten zu unterscheiden, da sie pro Stengel nur eine Blüte hervorbringt. *E. americanum* ist selten im Angebot, man sollte sie 10 cm tief pflanzen. In frostreichen Lagen ist etwas Winterschutz durch Kiefernnadeln oder ähnliches Material ratsam. Die blaß- bis kräftiggelb gefärbten Blüten haben spitzauslaufende, etwas rückwärts gebogene Kronblätter. Sie sind an der äußeren Basis oft etwas rötlich überhaucht und im Inneren rötlich getupft. Die Blüte ist vor dem Öffnen 3–4 cm lang und voll erblüht fast doppelt so breit. Die einzelnen Blüten stehen an 8–15 cm hohen Stengeln, zwischen breit-lanzettlich geformten Blättern, sie sind tiefgrün mit dunkler Marmorierung. ♃ ◙ ◐ ⊖ ⚠-⚠

Erythronium dens-canis, Europäischer ▷ Hundszahn, Forellenlilie. Heimat ist S-Europa, N-Asien und Japan, wo sie in lichten Laubwäldern, auf buschigen Geröllhalden und feuchten Bergwiesen wächst. Aus den weißlichen, schmalen, zylindrischen Zwiebelknollen, die etwas an den Eckzahn eines Hundes erinnern, entwickeln sich im Frühling die anmutigen, eigenartig geformten Pflanzen. Wenn die Mutterzwiebelknolle Fuß gefaßt hat, entwickeln sich daran bald dicht sitzende Nebenknollen, so daß sich die Pflanze kolonienartig verbreiten kann. Die Pflanze bildet sehr dekoratives, grundständiges Laub, das grün und rotbraun marmoriert ist. Auf 10–20 cm hohen Stielen stehen die einzelnen, nickenden Blüten, deren Blütenblätter lilienähnlich zurückgebogen sind. Ihr Durchmesser beträgt bis zu 5 cm und die Blütenfarbe bei der Art schwankt zwischen hell- und dunkelrosa. ♃ ◙ ◐ ⊖ ○ ⚠-⚠

Erythronium-Hybride 'Pagoda', Pagodenhundszahn. ▷ Während verschiedene gelbblühende Arten manchmal schwierige Pfleglinge sind, wie *E. americanum* oder die noch schwierigere *E. grandiflorum*, sind einige Sorten wesentlich wüchsiger, besonders 'Pagoda'. Es ist eine Hybride zwischen *E. revolutum* 'White Beauty' und *E. tuolumnense*. Eine robuste Pflanze, die 4–5 große schwefelgelbe Blüten pro Stiel hervorbringt. Im Zentrum der Blüte befindet sich ein bräunlicher Ring, aber nur beim Aufblühen; dieser verschwindet später wieder. Die Blätter sind grün und bronzefarben marmoriert. Die Pflanze ist mit 25–30 cm Höhe für einen Hundszahn sehr stattlich. Liebt einen halbschattigen Standort in lockeren und frischen Gartenböden, die humusangereichert sind. Im Spätsommer-Frühherbst sollte man die Zwiebelknollen sobald wie möglich pflanzen; sie trocknen sehr leicht aus. ♃ ◙ ◐ ⊖ ⚠-⚠

Euonymus fortunei 'Emerald Gold', ▷ Grüngoldener Spindelstrauch, Celastraceae, Baumwürgergewächse. Die Art selbst kommt in Mittelchina sowohl in immergrünen Hartlaubwäldern als auch in sommergrünen feuchten Waldungen vor. Die eigentliche Art kann mit ihren Haftwurzeln bis 5 m hoch klettern. In Kultur befinden sich nur verschiedene Sorten, die als Kleingehölze und Bodendecker auch eine Bedeutung im Steingarten haben. Es gibt wenige immergrüne Gehölze, die die gleiche Winterhärte aufweisen. Diese entstammen meist *E. fortunei* var. *radicans*. Die abgebildete 'Emerald Gold' ist mit den grün-gold panaschierten Blättern besonders attraktiv und wüchsig. Wächst mit niederliegenden Trieben, kann aber im Alter 1 m hoch werden und höher. Manchmal rankt die Pflanze ihrer urspünglichen Wuchsform nach auch an Wänden hoch. Sie verträgt jeden Schnitt. ♄ ⇝ ⁞ 🄷 ○ ◐ ⊖ △-▲

Euonymus fortunei 'Silver Queen', ▷ Grünweißer Königinspindelstrauch. Eine weitere Form, die breit aufrecht wächst und im Alter eine Höhe bis 80 cm erreichen kann, wobei sie sich an Hindernissen wie Mauern und Zäunen auch höher hinaufschiebt. Die Blätter sind mit 4–6 cm Länge verhältnismäßig groß. Der Austrieb ist rahmgelb, später sind die Blätter rahmweiß gerandet oder gefleckt. Die Blätter sind elliptisch bis breit eiförmig. Diese attraktive Form ist leider etwas empfindlicher als andere Sorten und benötigt Schutz vor Wintersonne. Die Vermehrung all der hübschen Sorten macht keine Schwierigkeiten. Sie kann durch Stecklinge erfolgen oder durch Abtrennen von Trieben, bei denen sich schon oft Wurzeln gebildet haben. Wenn diese Spindelstrauch-Arten auch hin und wieder in ihre Schranken verwiesen werden müssen, gehören sie in den Steingarten. ♄ ⇝ ⁞ 🄷 ○ ◐ ⊖ △-▲

Euphorbia myrsinites, Walzenwolfsmilch. Wächst in S-Europa, bis zur Krim und in Kleinasien, dort an mageren sonnigen Plätzen. Bildet dicke, niederliegende Triebe, bis etwa 20 cm, die dicht walzenförmig beblättert sind. Die Blätter sind fleischig, blaugrün bereift. Die eigentlichen Blüten sind unscheinbar, die grünlichgelben Hochblätter zeigen sich im Juni-Juli. Besonders hübsch in Trokkenmauerfugen und in Xerophytengärten. Vermehrung durch Aussaat, manchmal kann auch Selbstaussaat beobachtet werden. Ohne Blüte eigentlich schöner als zur Blütezeit. Enthält wie viele Euphorbien einen Milchsaft, den man nicht in die Augen bringen darf. Liebt sonnige Lagen und ein kalkhaltiges Substrat. In Fugen eignen sich als Nachbarn durchaus buntblühende Frühlingspolster, so besonders *Campanula portenschlagiana*, auch *Gypsophila repens*, *Globularia cordifolia* und ähnliche. ♃ ⁞ ⊞ 🅃 ○ ◐ △-▲
▽

◁ **Euphorbia capitulata,** Köpfchenförmige Steingartenwolfsmilch, Euphorbiaceae, Wolfsmilchgewächse. Heimatgebiet ist die Balkanhalbinsel. Wolfsmilch-Arten sind enorm vielgestaltig. *E. capitulata* ist eine kleine, nicht sukkulente Staude mit niederliegenden, glatten, etwa 10 cm langen, dicht beblätterten Trieben. Sie ist mit ihren Ausläufern mattenbildend. Die Stengelbätter sind verkehrt-eiförmig, bis 1 cm lang und überlappend, ganzrandig, an der Spitze meist stumpf und graugrün gefärbt. Die kleinen Blütenköpfchen sind gelb, das Auffallende daran sind die Hochblätter, die eigentliche Blüte ist unscheinbar. Die Blütezeit reicht von Juni-August. Sicher keine sehr auffällige Pflanze, aber ein liebenswerter Geselle, der sich besonders in Mauerfugen wohlfühlt, aber auch im Steingeröll. Liebt sonnige Plätze und einen durchlässigen Boden mit einem Anteil Kalksplitt. ♃ ⌓ ⁞ ⊞ ○ ◐ △-▲

◁ **Euphorbia polychroma** (*Euphorbia epithymoides*), Kugelwolfsmilch, Goldwolfsmilch. Heimat ist M- und SO-Europa bis zur M-Ukraine und Bulgarien. Staude mit einem vieltriebigen Wurzelstock, die Stengel wachsen aufrecht und werden 30–40 cm hoch, sie sind weichzottig behaart. Die Blätter sind sitzend, länglich, vorne stumpf und behaart. Der trugdoldige Blütenstand bildet sich gleichzeitig mit dem Austrieb, die sich später entwickelnde Verzweigung setzt keine Blüten an. Auch hier ist es nicht die Blüte, die ins Auge fällt, sondern die dicht stehenden Hochblätter. Sie haben eine leuchtend grünlichgelbe Farbe, die später aber mehr zu grün tendiert. Diese halbkugelige Staude ist wegen ihrer Höhe nur für größere Steinanlagen geeignet. Sie liebt volle Sonne und einen durchlässigen kalkhaltigen Boden. Vermehrung erfolgt durch Aussaat, bei Auslesen durch Stecklinge. ♃ ⊞ 🄷 ○ ▲

Festuca ovina, Schafschwingel, Gramineae (Poaceae), Gräser. Kommt in N- und M-Europa, in N-Italien, Sibirien und N-Afrika vor. Es ist ein formenreiches Horstgras, dessen Sorten zu den in Steinanlagen beliebtesten Gräsern gehören. Es ist allerdings umstritten, ob diese Kultursorten mehr zu *F. cinerea* oder mehr zu *F. ovina* gehören. In Großbritannien wird wieder häufiger der alte Name *F. glauca* verwendet und auch *F. ovina* var. *glauca.* Das soll den Steingartenbesitzer nicht stören. Diese halbkugeligen Horstgräser werden meist 15–20 cm hoch, die Blätter sind schmal und zeigen je nach Sorte andere bläuliche, bläulichgrüne oder graugrüne Nuancen. Widerstandsfähig gegen größere Trockenheit, liebt keine sommerliche Nässe. Vermehrung der Sorten durch Teilung. Schöne Sorten sind 'Aprilgrün', 'Bergsilber', 'Blaufink', 'Blauglut', 'Meerblau', 'Palatinate', 'Silberreiher' und andere. ♃ 🅃 ○ △-▲
▽

Euryops acraeus (*Euryops evansii* hort.), ▷ Südafrikanische Goldmargerite, Compositae (Asteraceae), Korbblütler (Asterngewächse). Heimat ist Südafrika, Basutoland und die Drakensberge. Ein hübscher kleiner Zwergstrauch, dem man allerdings zwei Wünsche erfüllen muß: Kalkfreies Substrat und in Mitteleuropa etwas Winterschutz. Er ist auch außerhalb der Blütezeit durch die silbergraue Belaubung attraktiv. Die Blätter sind nur etwa 2 cm lang, länglich silbergrau und am Rande leicht zurückgerollt. Sie stehen an den Zweigenden gehäuft. Der gesamte Wuchs ist etwas halbkugelig. Im Mai-Juni erscheinen, in manchen Jahren gehäuft, die margeritenartigen Blütenköpfchen mit 2–2,5 cm Durchmesser, jedes hat 11 Strahlenblüten. Die Pflanze bevorzugt gut dränierte, vollsonnige, trockene und besonders geschützte Stellen im Steingarten. Wirkt besonders schön zwischen Steinen. ♄ ⁞ ⊟ ⌒ ○ △-▲

◁ **Festuca valesiaca 'Glaucantha'** (Teilweise umstritten, ob diese Form zu *F. glaucantha* gehört), Walliser Zwergschwingel. Wächst in S-, M- und O-Europa, Westasien und dem Kaukasus. Auf alle Fälle ein sehr hübsches Steingartengras, noch wesentlich kleiner als die vorstehend erwähnten Sorten, ein Zwerg mit sehr starker silbergrauer Färbung. Sämlinge sind meist reinerbig, man sollte jedoch besser vegetativ vermehren. Normalerweise ein 10–15 cm hohes dichtes und flaches Horstgras mit haarfeinen, blausilberigen Blättern, wobei der farbgebende Reif abwischbar ist. Die Blütenrispe steht aufrecht, sie ist etwa 10 cm lang, schmal und dicht. Dieser Schwingel ist wintergrün. Auch für kleinste, ausgewählte Plätze, wie Tröge und Schalen geeignet. Ein sonniger Platz ist Voraussetzung für gutes Gedeihen, ebenso ein gut durchlässiger Boden, der nicht zu nahrhaft sein soll. ♃ 🅃 ○ △-▲

Fragaria-Hybride 'Pink Panda', Rosa Ziererdbeere, Rosaceae, Rosengewächse. Erdbeeren haben in Steinanlagen durchaus ihre Berechtigung, so läßt sich die Walderdbeere, *Fragaria vesca*, an vielen Stellen verwenden. Möglich ist auch noch die Verwendung der Monatserdbeeren an Steingartenplätzen, während die großfrüchtigen Kultursorten schon den Rahmen sprengen. In England ist vor einigen Jahren eine Kreuzung zwischen einer Erdbeere und einer rotblühenden *Potentilla* (Fingerkraut) geglückt. Man gab dieser Kreuzung den absatzfördernden Namen 'Pink Panda'. Diese Kreuzung wird besonders als Bodendecker verwendet, fügt sich aber auch gut in Steinanlagen ein. Diese Pflanze entwickelt auch Früchte, die aber nicht sehr zahlreich und weniger schmackhaft sind. Schmückend sind die leuchtend rosa Blüten, die zwischen den frischgrünen Blättern stehen. ♃ ⩫ ⁝ ○ ◐ △-▲
▽

◁**Fothergilla gardenii,** Bergfederbuschstrauch, Hamamelidaceae, Hamamelisgewächse. Das Verbreitungsgebiet geht von N-Carolina bis S-Alabama. Dieser kleine, dekorative Strauch wird kaum über 1 m hoch und deshalb ist seine Verwendung im Steingarten, besonders in Hintergrundfunktion und als Solitär, durchaus berechtigt. Der Strauch besitzt viele dünne, im Alter breit ausladende Zweige. Die Blüten werden nur etwa 3 cm lang und bilden eine gedrängte, gelblichweiße Ähre. Die Pflanze wächst sehr langsam und sie wird deshalb auch in kleineren Steinanlagen kaum lästig. Sie wünscht einen humosen, torfhaltigen, frischen Boden, verabscheut aber andererseits stauende Nässe. Die Pflanze wächst sowohl in voller Sonne als auch im Halbschatten. Dort schmückt der Bergfederbuschstrauch auch im Herbst noch durch die orangefarbene bis rote Blattfärbung. ♄ ⊞ ○ ◐ ⊖ △-▲

Fritillaria armena, Armenische Fritillarie. Wächst in der NO-Türkei und Armenien, wo sie an Hügeln in kahlen, steinigen Erdflächen vorkommt, oft noch neben schmelzendem Schnee in 1800–2800 m Höhe. Die Zwiebeln sind klein und haben einen Durchmesser von nur 1 cm, sind kugelig und 2schuppig. Der Stengel erreicht eine Höhe von 10–20 cm, er ist schlank und die wechselständigen Blätter sind in Basisnähe lanzettlich und stengelumfassend, die oberen dagegen lineal. Die konischen, einzelstehenden, eher kleinen Blüten sind tief rot bis purpurbraun, sie erscheinen von Mai bis Juni. Die Kronblätter sind elliptisch-lanzettlich, bis 2 cm lang und an der Spitze bewimpert. Zu den typischen Kennzeichen gehören neben der Blütenfarbe die dunklere Innenseite und der warzige Griffel. Die Pflanze liebt sonnige Plätze und einen nicht zu nahrhaften Boden. Man sollte immer gruppenweise pflanzen. ♃ ⌂ ◙ ○ △-▲
▽

Fritillaria affinis (*Fritillaria lanceolata*), ▷ Verwandte Fritillarie, Reiskörnerfritillarie, Liliaceae, Liliengewächse. Bei den Fritillarien handelt es sich um eine interessante Gattung mit etwa 100 Arten, die für den Garten in den zurückliegenden Jahrzehnten immer mehr an Bedeutung gewonnen haben, auch wenn die meisten Arten keine leuchtenden Blütenfarben zeigen. Wenig verbreitet ist die abgebildete *F. affinis*, die in NW-Amerika beheimatet ist, in Kalifornien, Oregon, Washington. Besitzt eine Zwiebel mit etwa 2 cm Durchmesser, an der sich an der Basis eine Vielzahl von Brutzwiebelchen bilden (»Reiskörner«). Der Stengel schwankt zwischen 15 und 120 cm Höhe (!). Die Blätter (zwischen 3 und 15) sitzen in 1–3 Quirlen am Stengel, sie sind lineal-lanzettlich bis eirund. Es entwickeln sich 1–4 kleine, 2–4 cm lange, grün bis purpurbraune, schachbrettartig gemusterte Blüten. ♃ ⌂ ◙ ⊟ ◐ ⊖ ○ △-▲

◁**Fritillaria aurea × pinardii.** In neuerer Zeit sind neben den bekannten oder weniger bekannten Arten auch Hybriden von Fritillarien im Angebot; manche haben Sortennamen bekommen und manche, wie die abgebildete Pflanze, nicht. Einige sind durch Kreuzungen in der Kultur entstanden und manche wie *F. aurea × pinardii* sind Naturhybriden, die aus der Zentraltürkei stammen. Diese Hybride ist nicht einheitlich, sondern es gibt verschiedene Typen. Die Zwiebeln haben etwa 2 cm Durchmesser, oft an der Basis mit kleinen Brutzwiebelchen besetzt. Der Stengel wird 10–20 cm hoch, Blätter aufrecht stehend, graugrün, lanzettlich. Die Blüten stehen meist einzeln, sie sind mehr glockig. Vollständig aufgeblüht sind die Kronblätter weit offen und haben einen Durchmesser bis 4 cm. Die Blütenfarbe ist gelb mit leicht angedeutetem braunem Schachbrettmuster, außen oft auch grünlich. ♃ ◬ ◙ ○ △-▲

Fritillaria camtschatcensis, Kamtschatka-Fritillarie, Schwarze Fritillarie. Hat ein sehr großes Verbreitungsgebiet in Sibirien, Japan, Alaska, Kanada bis in die NW-USA, wächst dort in offenen, feuchten Wäldern oder auf subalpinen Wiesen bis 1800 m Höhe und an grasbewachsenen Plätzen nahe der Küste. Zwiebel 2,5–3 cm breit mit zahlreichen Brutzwiebelchen an der Basis. Die Höhe der Blütenstiele kann sehr unterschiedlich sein und zwischen 15 und 75 cm liegen. Sie sind mit zahlreichen Blättern besetzt, wobei die unteren in Quirlen stehen, die oberen wechselständig, sie sind lanzettlich bis eirund. Die Blüten, 1–8 Stück, überwiegend aber 1–3, sind breit glockenförmig, an kurzen Stielchen stehend. Sie sind weinrot bis dunkelpurpur, manchmal beinahe schwarz gefärbt. Die Pflanzen haben einen durchdringenden Geruch. Diese Art ist ein Leckerbissen für Nacktschnecken. ♃ ~ ◙ ⊟ ○ ◐ △-▲
▽

Fritillaria bucharica (*Rhinopetalum bucharicum*), Buchara-Fritillarie. ▷ Wächst in M-Asien und in N-Afghanistan, speziell im Pamir und Altai an felsigen Hängen in Höhen von 1000–2400 m. Hat größere Zwiebeln mit bis zu 4 cm Durchmesser, sie sind kugelig und setzen sich aus zwei Schuppen zusammen. Bildet kräftige, etwas warzige Stengel von 20–25 cm Höhe. Das untere, blaugrüne Blattpaar ist meist gegenüberstehend und die folgenden Blätter sind wechselständig, lanzettlich bis eirund. Im März-April erscheinen die traubig stehenden Blüten, sie sind horizontal stehend oder hängend, zu 1–10, normalerweise zwischen 4 und 7. Die Form ist breitglockig, die Farbe silberweiß und die Basis der Segmente zeigt einen grünlichen Ton. Diese Art ist ziemlich unproblematisch, benötigt aber eine absolute Sommerruhe, deshalb ist Alpinenhauskultur besonders erfolgversprechend. ♃ ◬ ⁞ ○ △-▲

Fritillaria crassifolia, Dickblätterige Fritillarie. ▷ Eine weitere Art aus der Türkei, dem Libanon, Syrien und N-Iran, meist an Kalksteinhängen und sonstigen offenen Plätzen in Höhenlagen zwischen 1500 und 2600 m. Zwiebeln mit etwa 2,5 cm Durchmesser, kugelig bis spindelförmig. Stengel 6–35 cm hoch. Die Blätter, normalerweise 4, sind wechselständig und lanzettlich. Die 1–3 Blüten sind breitglockig, die Kronblätter sind 18–24 mm lang, gelblich bis grün, am Rande schmal braun getönt oder gewürfelt. Insgesamt eine sehr uneinheitliche Art, bedingt durch unterschiedliche Herkunft. Die Libanonform erreicht die durchaus stattliche Höhe von 35 cm, während Pflanzen aus der Türkei oft nur 10–15 cm hoch sind. Bedingt durch die Herkunft ist auch ihre Winterresistenz unterschiedlich. Eine Kultur im Alpinenhaus ist einer solchen im Freiland vorzuziehen. Blüte März-April. ♃ ◬ ⁞ ⊞ ○ ◐ △-▲

△
Fritillaria graeca, Griechische Fritillarie. Wächst in Griechenland, Albanien, Mazedonien in lichten Bergwäldern zwischen Kalksteinen. Keine einheitliche Art, es gibt verschiedenen Unterarten, wobei *F. graeca* ssp. *thessala* besonders bekannt ist. Die Art hat Zwiebeln mit 2,5 cm Durchmesser, kugelig bis spindelartig. Der Stengel wird 6–20 cm hoch. Die 7–10 wechselständigen, graugrünen Blätter werden 3–5 cm, vereinzelt auch bis 11 cm lang und 1–2,5 cm breit. Die weiter unten stehenden können auch gegenständig sein. Die 1–3 Blüten sind breitglockig, die Kronblätter sind 18–24 mm lang und stumpf. Die Grundfarbe ist braun, leicht schachbrettartig gefleckt, auffallend ist der klare grüne Mittelstreifen. Vermehrt wird durch Aussaat und Anzucht aus den Brutzwiebeln. Man braucht Geduld, es dauert bei beiden Vermehrungsarten meist 4 Jahre bis zur Blüte. Gruppenweise pflanzen! ♃ ⛰ ◼ ⊞ ◐ ⊖ ○ △-▲

△
Fritillaria hispanica (*Fritillaria lusitanica*), Spanische Fritillarie. Neuerdings wird in der Literatur wieder die Bezeichnung *F. hispanica* vorgezogen. Wächst in Spanien und Portugal in offenen Kiefernwäldern, sowohl in niedrigen Höhenlagen als auch an Felsen und in Gesteinsschutt in Höhen bis 3000 m (Sierra Nevada). Sie hat gewisse Ähnlichkeiten mit *F. pyrenaica*, ist jedoch in der Blütenform wesentlich schlanker. Zwiebeln mit 2–2,5 cm Durchmesser, Stengel 10–50 cm hoch, meist um die 40 cm, mit 6–10 linealen oder schmal-lanzettlichen Blättern, 5–7 cm lang. Die 1–3 Blüten sind glockig, 2–4 cm lang, an der Spitze meist zurückgebogen. Die Farbe ist hauptsächlich rotbraun, in der Mitte mehr oder weniger deutlich von einem grünen Streifen unterbrochen; die Spitzen sind gelblich und im Innern zeigt sich ein gelbbraunes Würfelmuster. Die Blütezeit dieser Art liegt im April-Mai. ♃ ⛰ ◼ ○ △-▲

△
Fritillaria latifolia, Breitblätterige Fritillarie, Kaukasus-Fritillarie. Wächst im Kaukasus und der NO-Türkei, dort meist auf alpinen Matten und an steinigen Hängen, oft neben schmelzendem Schnee in Höhenlagen von 1800–3000 m. Gedeiht im Freiland besser als im Alpinenhaus und liebt einen eher torfigen Boden. Stattliche Zwiebeln mit etwa 2,5 cm Durchmesser, sie sind rundlich und teilen sich in zwei fleischige Schuppen. Der Stengel wird 4–35 cm hoch. Die 5–9 Blätter sind wechselständig, eirund bis lanzettlich und glänzend grün. Die Blüten stehen einzeln und sind breit bis schalenförmig, die Kronblätter sind 35–50 mm lang und dunkelmaron gefärbt, manchmal auch mit etwas gelblicher, schachbrettartiger Zeichnung. Von dieser Art sind ebenfalls einige Unterarten und Varietäten bekannt, so. *F. latifolia* ssp. *nobilis*, nur 10 cm hoch und mit rotem Karomuster versehen. ♃ ◼ ○ ◐ △-▲ N

Fritillaria meleagris, Schachbrettblume, ▷ Kibitzei. Wächst in M-, O- und SO-Europa und im Kaukasus, meist auf frischen Wiesen und in Talauen oder auf feuchten Waldlichtungen. Hat kleine, runde, manchmal abgeflachte Zwiebeln mit etwa 2,5 cm Durchmesser, bestehend aus zwei großen, dicken Schuppen. Der Stengel wird 15–30 cm hoch, die 4–6 Blätter sind wechselständig, lineal bis lineal-lanzettlich, gespitzt und 6–13 cm lang. Die Blüten sind einzelstehend, seltener 2 Stück. Sie sind sehr breit-becherartig, im Verblühen mehr eiförmig, die Kronblätter sind 3–4,5 cm lang und fast ebenso breit, die inneren etwas breiter als die äußeren. In der Natur ist die Art braun gefärbt, dabei schachbrettartig mit hellen und dunklen Karos überzogen; selten finden sich auch weißblühende Pflanzen. In der Kultur gibt es eine Reihe unterschiedlich gefärbter Sorten oder Mischungen.
♃ ∿ ◼ ○ ◐ △-▲

Fritillaria messanensis ssp. gracilis, ▷ Grazile Albanien-Fritillarie. Beheimatet in N-Albanien, Mazedonien, Montenegro, wo die Art zwischen Sträuchern und in offenen Kiefern- und Eichenwäldern wächst. Während die eigentliche Art, durch die südliche Herkunft bedingt, nicht so robust und winterhart wie andere Frittilarien und daher vorwiegend für das Alpinenhaus zu empfehlen ist, hält diese Unterart auch gut im Freien aus. Wird 30–50 cm hoch, die wechselständigen Blätter sind lineal-lanzettlich. Die 1–4 Blüten stehen meist jedoch solitär, sie sind langglockig, etwa 3–5 cm lang und 3 cm breit, die Kronblätter sind grün und haben am Rand einen braunen Streifen, ein schöner Kontrast. Man muß immer berücksichtigen, daß die Pflanzen in Färbung und Zeichnung variieren. Die eigentliche Art, *F. messanensis* ssp. *messanensis,* hat ein Würfelmuster und die oberen Blätter sind quirlig. ♃ Ⓐ ◙ ○ ◐ △-▲

△
Fritillaria messanensis ssp. atlantica, Nordafrika-Fritillarie. Wächst in Marokko, speziell im Hohen Atlas, Mittleren Atlas und im Rif. Wegen der südlichen Herkunft nur für das Alpinenhaus geeignet, im Freien nur bei gutem Schutz zu überwintern. Wächst am Heimatstandort in Zedernwäldern und zwischen Sträuchern in Höhenlagen von 1200–3000 m. Blütezeit April-Juni. Allein von dieser Unterart kann man auch wieder etwas unterschiedliche Formen aus dem Tiefland, der subalpinen und der alpinen Zone unterscheiden. Insgesamt zeichnet sich diese Unterart durch etwas kürzere und breitere Blätter aus. Die gedrungenere Blüte, die brauner ist, läßt gegenüber der vorher besprochenen schon wieder ein Schachbrettmuster erkennen. Bei Alpinenhauskultur, bei der die Blüte schon sehr früh beginnt, stellt man die Töpfe und Schalen später bis zum Herbst in einen Frühbeetkasten. ♃ Ⓐ ◙ ⌒ ○ △-▲

△
Fritillaria michailovskyi, Michailovskys Fritillarie. Ein hübscher Zwerg aus der NO-Türkei, wo die Pflanze auf Schutthalden und unbegrasten Hängen wächst. Die Pflanze wird seit einigen Jahren verstärkt in Samenfachgeschäften, Gartencentern und im Versandhandel angeboten und hat deshalb an Bedeutung gewonnen. Zwiebeln mit 2,5 cm Durchmesser. Der Stengel ist nur 6–24 cm groß und die lanzettlichen Blätter sind 5–9 cm lang, sie sind wechselständig, die unteren auch etwas gegenständig. Die 1–4 Blüten sind mehr oder weniger hängend. Die Farbe ist dunkelrotbraun und der Rand breit goldgelb getönt, was einen guten Kontrast bildet. Diese preiswert angebotenen Zwiebelchen sollte man nicht einzeln sondern möglichst gruppenweise pflanzen. Ideal ist ein sonniger Platz im Vordergrund der Anlage, damit man die Schönheit dieser Fritillarie auch sehen kann. ♃ Ⓐ ◙ ○ ◐ △-△

◁ **Fritillaria minuta,** Kleine Fritillarie. Eine Art aus der O-Türkei und dem NW-Iran, wo sie an kahlen Hängen und zwischen Eichengebüsch in Höhenlagen von 1000–3500 m wächst. Blüht dort im April-Juni, meist etwas nach der Schneeschmelze. Eine nicht ganz leichte Art, die besser im Alpinenhaus oder im Blumenzwiebelkasten zu pflegen ist als im Freiland, dort sicherheitshalber mit gutem Winterschutz. Die Pflanze wird 5–20 cm, bei Alpinenhauskultur auch noch etwas höher. Die Zwiebeln haben einen Durchmesser bis 3 cm. An der Basis sind sie oft mit zahlreichen Brutzwiebelchen besetzt. Die 5–7 gegenständigen Blätter, wobei die oberen 3 auch einen Quirl bilden können, sind lanzettlich und gespitzt. Länge 7–10 cm, Breite 1–3 cm, sie sind glänzend-grün. Blüten zu 1–3, schmalglockig, die Kronblätter sind lanzettlich, gespitzt und schokoladenbraun, ziegelrot oder rotbraun. ♃ Ⓐ ◙ ⌒ ○ ◐ △-▲

◁ **Fritillaria pallidiflora,** Blaßblütige Fritillarie. Eine der härtesten und wüchsigsten Fritillarien, die in O-Sibirien und NW-China verbreitet ist. Geht besonders im Altai-Gebirge auch bis in große Höhen. Größere Zwiebeln mit bis zu 5 cm Durchmesser, kugelig bis spindelförmig. Der Stengel hat eine Höhe zwischen 10 und 80 cm, normalerweise zwischen 20 und 45 cm. An ihm können die Blätter wechsel- oder gegenständig sitzen, sie sind spitz-lanzettlich und graugrün. Pro Stengel normalerweise 1–6 Blüten, in Ausnahmefällen auch mehr, sie sind breitglockig, 4 cm lang, strohgelb bis cremefarben, innen auf einem hellen Grund leicht braunrot, schachbrettartig gemustert. Es gibt auch Pflanzen mit kaum sichtbarer Musterung. Die Blüten haben einen schwachen, aber wenig ansprechenden Geruch. Liebt frischen Humus- oder Torfboden und zieht halbschattige Plätze vollsonnigen vor. ♃ ◙ ◐ ⊖ ○ ◬-◭

△
Fritillaria persica 'Adiyaman' (*F. libanotica*), Persische Fritillarie. Eine große eindrucksvolle Art, die in einem Gebiet von der S-Türkei bis zum W-Iran wächst, südlich bis Israel, wo sie an felsigen Hängen, zwischen Gestrüpp und an Rändern von Kornfeldern vorkommt, in Höhen von 700–2800 m. Die Pflanze, besonders die aus der S-Türkei stammende Form 'Adiyaman' wird oft angeboten. Sie wächst an einem warmen Platz gut, ist aber nicht in jedem Garten blütenreich. Die länglichen Zwiebeln sind bis 6 cm hoch. Der Stengel kann 70–100 cm Höhe erreichen, manchmal auch noch höher. Die oft etwas gedrehten Blätter sind wechselständig, lanzettlich und graugrün. Die Blüten, etwa 10–30, stehen in einer aufrechten, kopfständigen Ähre, sie sind schmalglockig und hängen an kurzen Stielchen. Die Farbe ist braun bis pflaumenfarben mit einem oberflächlichen Wachsschimmer. ♃ ◙ ○ ◐ △-◭

△
Fritillaria pyrenaica, Pyrenäen-Fritillarie. Heimat ist S-Frankreich und NW-Spanien. Eine beliebte Art, die besonders durch die nach außen gebogenen gelben Kronblattzipfel auffällt. Wächst dort auf subalpinen Wiesen in Höhenlagen von 450–2000 m. Runde Zwiebeln mit 3 cm Durchmesser. Stengel 15–30 cm hoch, mit 7–10 wechselständigen, hellgrünen, lanzettlichen bis lineal-lanzettlichen Blättern besetzt, 4,5–11 cm lang und 0,5–1 cm breit. Insgesamt sind die Blätter kürzer als bei vielen anderen Arten. Die Blüten, normalerweise 2, sind glockig mit zurückgebogenem Saum und 2,5–3,5 cm lang. An der Außenseite sind die Blüten purpurbraun bis schokoladenbraun, die Innenseite ist olivgrün bis gelblich, farblich variabel. Diese hübsche Art liebt einen sonnigen Stand und einen gut dränierten Boden. Es gibt auch Formen, die eine fahlgelbe, grünlich angehauchte Blüte haben. ♃ ◙ ○ ◬-◭

◁ **Fritillaria pudica,** Westküstenfritillarie, Gelbe Fritillarie. Eine Pflanze des westlichen Nordamerika. Das Verbreitungsgebiet geht von Britisch Kolumbien bis Wyoming und südlich bis New Mexico, wo sie an sandigen, kiesigen Plätzen wächst, in 400 bis 2000 m Höhe oft schon neben schmelzendem Schnee. Diese hübsche, kleine Fritillarie, die im Heimatgebiet oft in größeren Mengen auch an unwirtlichen Stellen vorkommt, ist in Kultur ein nicht immer einfacher Pflegling, besser im Alpinenhaus oder Zwiebelblumenkasten. Dicke, scheibenartige Zwiebeln, aus 2–4 Schuppen zusammengesetzt mit vielen kleinen Brutzwiebelchen an der Basis. Stengel 10–30 cm hoch. Die Blätter, 2–7, sind lineal bis schmal-lanzettlich und rinnig. Die 1oder 2 Blüten sind schmalglockig, gelb oder gelborange, 1–2,5 cm lang. Liebt keinen Kalk. Diese Art sollte gruppenweise gepflanzt werden. ♃ ◙ ◬ ⊟ ⌒ ○ ◬-△

Fritillaria raddeana (*Fritillaria askabadensis*), Gelbe Zwergkaiserkrone. Wächst in NO-Afghanistan, NO-Iran bis zum Libanon, an felsigen Hängen und zwischen Gestrüpp, in 1000–1500 m Höhe. Besitzt sehr große Zwiebeln mit einem Durchmesser bis zu 10 cm. Der Stengel wird 50–80 cm hoch. Die zahlreichen Blätter stehen in lockeren Quirlen, sie sind glänzend grün. Die Blüten, bis zu 20, sind wie bei der bekannten Kaiserkrone (*Fritillaria imperialis*) unterhalb des kopfständigen Blattschopfes angeordnet. Sie sind konisch bis glockig, fahlgelb, gelbgrün oder strohgelb, 2–3,7 cm lang, wenn voll erblüht weit geöffnet und mit schwachem Geruch. Eine sehr hübsche Pflanze, die noch vor der Kaiserkrone blüht. Hauptforderung ist sommerlicher Nässeschutz! Gedeiht aber sonst sehr gut. Auch für Alpinenhaus und Zwiebelblumenkasten geeignet. Wirkt besonders vor Koniferen. ♃ ◬ ◙ ○ △-▲ ▷

Fritillaria roylei, Kaschmir-Fritillarie. Beheimatet im W-Himalaja einschließlich Kaschmir, Pakistan und im nördlichen Pandschab, wächst auf Wiesen und grasbestandenen Hängen in Höhen von 2700–4000 m. Die Pflanze ist ähnlich *F. cirrhosa*, hat aber breitere Blätter ohne Blattranken. *F. roylei* hat streng riechende Zwiebeln mit etwa 3 cm Durchmesser und einen 20–60 cm hohen Stengel. Die zahlreichen, etwas gedrehten Blätter stehen quirlig, zu 4–5 in 6–7 Quirlen, sie sind lineal-lanzettlich bis lanzettlich. Die 1–3, manchmal auch 4–5 breitglockigen, nikkenden Blüten sind 3,5–5 cm lang. Die Grundfarbe der Blüten ist grün, oft gelb angehaucht und der Basis zu stellenweise bräunlich, unifarben oder leicht kariert. Die Blütezeit liegt im April-Mai, am Naturstandort auf höher gelegenen Himalajawiesen im August. Ist selten im Angebot, Samenanzucht erfordert Geduld. ♃ ◬ ◙ ○ ◐ ◬-▲ ▽

Fritillaria thunbergii (*Fritillaria verticillata* var. *thunbergii*), Thunbergs Fritillarie. Das Heimatgebiet ist O-China, wo die Pflanze in Bambuswäldern wächst, in Japan eingebürgert. Liebt einen torfigen Boden in offener Gartenlage. Wird oft mit *F. verticillata* verwechselt, die in Zentralasien wächst und die viel größere Blüten hat. *F. thunbergii* hat spindelförmige Zwiebeln mit 2,5 cm Durchmesser, einen 30–80 cm hohen Stengel und zahlreiche Blätter; die untersten sind gegenständig, die anderen wechselständig oder quirlig, sie sind lineal. Die Blüten, normalerweise 2–6, sind breitglockig bis schüsselartig, die Brakteen sind spiralig-rankig. Die Blüten sind 2,3–3,5 cm lang, weißlich, oft grün geadert oder mit Würfelmuster. Es gibt verschiedene Klone, manche blühen nur sehr zögernd. Die Blütezeit liegt im März-April. Die Pflanze ist aber sehr winterhart, es lohnt sich, sie zu pflanzen. ♃ ◙ ○ ◐ ◬-▲ ▽

Fritillaria tubaeformis (*Fritillaria tubiformis*), Dauphine-Fritillarie, Röhrenförmige Fritillarie. Das natürliche Vorkommen liegt in Südfrankreich und in NW-Italien, wo sie in alpinen Wiesen von 1500–2000 m Höhe wächst. Sie blüht von Mai-Juli, ziemlich spät. Rundliche Zwiebeln mit 2,5 cm Durchmesser, meist aus zwei fleischigen Schuppen bestehend. Der Stengel ist 4–35 cm hoch mit 5–9 wechselständigen Blättern, graugrün, lanzettlich bis lineal-lanzettlich. Die kopfständige Blüte ist sehr breitglockig bis röhrenförmig, 3,5–5 cm lang. Die Farbe ist tief braunrot bis schwarzpurpur, außen manchmal grau angehaucht, oft tiefer geadert oder würfelig gefleckt, im Innern meist mit stärkerem Schachbrettmuster versehen. Sehr schön ist auch *F. tubaeformis* var. *moggridgei* mit der Grundfarbe gelb, oft mit einem grünen Anflug. Beide lieben es im Sommer weniger trocken. ♃ ◬ ◙ ○ ◐ ◬-△ ▷

Gagea chrysantha (*Gagea amblyopetala*), ▷ Gelbstern, Goldstern, Liliaceae, Liliengewächse. Wächst auf Sizilien, Kreta, bis zum ehemaligen Jugoslawien, S-Rußland und der W-Türkei, an steinig-felsigen Plätzen und an strauchigen Hängen in Höhenlagen von 1200–1500 m. Die ganze Gattung ist nicht sehr auffällig, aber für Stellen im Steingarten und Alpinum, an denen man die kleinen Zwiebelpflanzen nahe betrachten kann, sind sie geeignet. Diese Art blüht bereits im März-April und wird nur 10–15 cm hoch. Die beiden Basalblätter sind lineal, bis zu 2,5 cm breit, sie erscheinen bereits im Herbst. Auf einem doldig verzweigten Stengel stehen die kleinen, gelben Blüten. Die Kronblätter sind elliptisch und vorne gerundet, die Außenseite ist manchmal grünlich oder auch rötlich angehaucht. Der Blütendurchmesser beträgt 1,6–2 cm. Sie sind ausgesprochene Liebhaberpflanzen! ♃ ⛰ ◙ ○ ◐ △-△ 🄽

Galanthus nivalis, Kleines Schneeglöckchen. Heimat ist W-, M-, S- und SO-Europa, von den Pyrenäen bis S-Rußland, in lichten Wäldern, auf frischem, lockerem Boden. Es hat graugrüne, etwa 5 cm lange Blätter, die beim Außtrieb flach zusammengepreßt sind. Die äußeren Blütenblätter werden etwa 2 cm lang, während die inneren wesentlich kürzer sind und eine grüne Markierung am Rand aufweisen. Diese Art erkennt man durch das Fehlen der grünen Zone an der Basis der Segmente. Blüht Februar-März. Diese Art liebt einen frischeren Boden und eine mehr halbschattige Lage als *Galanthus elwesii.* Von dieser Pflanze, die schon sehr lange die Gärten besiedelt, gibt es einige Unterarten und Formen, besonders die gefüllt blühende *G. nivalis* 'Plenus' (auch 'Flore Pleno'), deren Schönheit man nur durch Betrachten der Blüte von unten erkennt. Die Zwiebeln gruppenweise legen. ♃ ◙ ◐ ⊖ ○ △-▲
▽

△
Galanthus elwesii, Türkisches Schneeglöckchen, Riesenschneeglöckchen, Amaryllidaceae, Amaryllisgewächse. Wächst im ehemaligen M-Jugoslawien bis zur SW-Ukraine und O-Griechenland und in Kleinasien. Es ist die häufigste Schneeglöckchen-Art in unseren Gärten. Die Art ist kräftiger, hat längere Stiele und größere Blätter als unser bekanntes heimisches Schneeglöckchen, *Galanthus nivalis.* Es wird 10–20 cm hoch und hat beim Austrieb ineinander gerollte blaugrüne Blätter. Die Pflanze erscheint schon sehr früh, meist 8–14 Tage früher als das heimische Schneeglöckchen. Erkennbar ist die Pflanze auch an der 1,5–2,5 cm großen Blüte, deren innere Blütenblätter eine sehr breite dunkelgrüne Zone zeigen. Die Pflanze liebt wärmere Plätze und möchte im Gegensatz zur heimischen Art auch etwas sonniger stehen. Das Foto zeigt die Art zusammen mit *Adonis amurensis.* ♃ ◙ ○ ◐ △-▲

◁ **Galanthus reginae-olgae** (*Galanthus nivalis* ssp. *reginae-olgae, G. coryrensis*), Herbstblühendes Schneeglöckchen. Zeitweilig wurde diese Pflanze als Unterart von *G. nivalis* angesehen, neuerdings wird in der Literatur wieder die Eigenständigkeit anerkannt. Diese Art wächst auf dem Peloponnes, in MW-Griechenland, auf Korfu und Sizilien. Es gibt von dieser Art Klone, die bereits im September-Oktober blühen und solche, deren Blütezeit im Dezember liegt und bis in das neue Jahr reicht. Die Blüte hat sehr viel Ähnlichkeit mit *G. nivalis.* Die austreibenden Blätter zeigen jedoch eine ausgeprägte silbergraue Mittelrippe. Diese Art benötigt, bedingt durch die Herkunft, sonnigere Plätze als *G. nivalis.* Besonders auch für Alpinenhaus-Kultur geeignet. Der Liebhaber dieser Gattung, deren Arten vom Laien kaum unterschieden werden, kann auch zahlreiche Sorten sammeln. ♃ ⛰ ◙ ○ △-▲

◁ **Galium odoratum** (*Asperula odorata*), Waldmeister, Rubiaceae, Krappgewächse. Wächst in Europa, N-Afrika und Sibirien, in Buchen- und Laubmischwäldern. Ein Bodendecker im Garten, es gibt aber durchaus Situationen in größeren Steinanlagen, bei denen man auch den Waldmeister verwenden kann. Dabei muß sein Ausbreitungsdrang berücksichtigt werden. Normalerweise 10–30 cm hoch wachsend mit dünnen, stark verzweigten Rhizomen. Die lanzettlichen Blätter haben eine dornige Spitze, sie stehen in Quirlen zu 6–9 an einem 4kantigen Stengel. Die Blüten stehen in einer endständigen, lockeren, verzweigten Trugdolde, sie sind weiß, manchmal mit einem rosa Anflug. In Steinanlagen an halbschattige Plätzen mit frischeren Böden pflanzen, dabei ist die Bodenreaktion nicht ausschlaggebend, der Waldmeister wächst auch auf Kalk. Nicht zu zarten Nachbarn setzen. ♃ ⁓ ⌓ 🄷 ◐ ● ⌓ △-◭

△
Gaultheria procumbens, Rebhuhnbeere, Ericaceae, Heidekrautgewächse. Heimat sind Gebiete des atlantischen N-Amerika, von Kanada südwärts bis Carolina, wo die Pflanze besonders in Waldlichtungen und an Waldrändern wächst, meist auf sauer-sandigen Böden. Ein etwa 15 cm hoher Zwergstrauch, der sich durch unterirdische Ausläufer stark verbreitern kann. Schon die immergrünen, glänzend-dunkelgrünen, 1–3 cm langen Blätter, die sich im Herbst rötlich verfärben, sind schmückend. Ebenso der kupferfarbene Austrieb im Frühling. Von Juni-August blüht dieser Zwergstrauch mit weißen bis rosa, nikkenden kegel- bis urnenförmigen Blüten. Die sich später bildenden kugeligen Früchte sind leuchtend rot und ebenfalls lange schmükkend. Im Steingarten gibt es genügend halbschattige und absonnige Plätze, an denen man frische, sauere, sandig-humose Böden schaffen kann. ♄ ⁓ ⌓ ⊟ ◐ ⊖ △-◭

△
Genista hispanica, Spanischer Ginster, Leguminosae (Fabaceae), Hülsenfrüchtler. Heimat sind Gebiete in S-Frankreich, N-Italien und in Spanien, dort auf warmen, trockenen Kalkböden. Viele kleine Ginster-Arten finden ihren idealen Standort in Steinanlagen. Der Spanische Ginster, 30–80 cm hoch, bildet einen sehr dichten, eher kugeligen Strauch, der stark verzweigt ist. Die vielen dornigen, dicht und lang behaarten Zweige haben schon vor der Blüte Schmuckwert. Die Blütezeit geht von Juni-Juli, die Blüten sind goldgelb, sie stehen bis zu 12 in endständigen Köpfchen. Eine sehr reichblühende und schöne Art, die lediglich einen Schutz vor direkter Wintersonne benötigt, sonst leidet die Pflanze in Ausnahmewintern, wenn sie dann auch wieder aus der Basis durchtreibt. Bei den verschiedenen Zwergginster-Arten muß man auf die gewünschte Bodenreaktion achten, dieser liebt Kalk. ♄ ⁞ ⊞ 🄷 ⌃ ○ △-◭

◁ **Genista sagittalis,** Flügelginster. Wächst in Teilen von M-Europa, SO-Belgien, südlich bis Spanien, S-Italien und Griechenland. In der Natur meist auf kalkarmen Heideböden wachsend, kann in Kultur auch auf mehr anlehmigen Böden stehen, doch sollten diese möglichst kalkarm sein, sonst wird die Pflanze chlorotisch und gedeiht schlecht. Die Pflanze ist rasenbildend mit kriechenden und wurzelnden Ästchen, wobei die aufrecht stehenden Triebe mit 2 breiten, unterbrochenen Flügeln versehen sind, etwa 10–15 cm hoch. Im Mai öffnen sich zahlreiche goldgelbe Blüten, in kurzen endständigen Trauben stehend. Volle Sonne wird gewünscht, aber leichter Schutz vor Wintersonne. Von dieser ansprechenden Ginster-Art, die sich besser für größere Steinanlagen eignet, gibt es auch noch einen Zwerg, *G. sagittalis* var. *minor.* Hinsichtlich der Ansprüche gilt das Vorhergesagte. ♄ ⁓ ⌓ ⌃ ○ ◐ △-◭

◁ **Gentiana acaulis 'Alba'** (*Gentiana kochiana* 'Alba'), Weißblühender, breitblätteriger Enzian, Weißer Keulen-Enzian, Gentianaceae, Enziangewächse. Da die Bezeichnung *G. acaulis* vielfach als Überbegriff für alle »stengellosen« Enziane gebraucht wurde, muß hingewiesen werden, daß es sich hier um die Art handelt, die als *G. kochiana* bekannt war. Wächst in Gebirgen von S- und des südlichen M-Europa, südlich bis N-Spanien, M-Italien und Bulgarien. Hinsichtlich der Bodenreaktion etwas tolerant, wenn er auch grundsätzlich ein Urgesteinsenzian ist und sauere Bodenreaktion bevorzugt. Bildet eine kahle, glatte, mattgrüne Blattrosette, wobei an dem sehr kurzen Stengelstück noch 1–2 Paar eiförmige Stengelblätter stehen. Die grundständigen Laubblätter sind 4–15 cm lang und elliptisch-oval oder eiförmig. Blütenglocke groß, oft bis 6 cm hoch. Das Bild zeigt die seltene weiße Form. ♃ ⌓ ⊟ ◐ ○ ⊖ ◬-▲

△
Gentiana algida, Arktischer Enzian, Schnee-Enzian. Wächst in O-Sibirien, SW-China, Japan, im Himalaja, Alaska und weiteren nordamerikanischen Gebieten. An Hängen in mehr trockeneren Lagen. Eine etwas variable Art, die lockere Tuffs zwischen 8 und 30 cm Höhe bildet. Die Pflanze hat gelbgrüne, angewinkelte Stengel, spatelförmige bis länglich lineale, stumpfe, fleischige Grundblätter von etwa 5 cm Länge und etwas kürzere lanzettliche Stengelblätter. Die Blüten sind meist gelblichweiß, mit blauen Punkten bedeckt und an der Außenseite blau gerippt. Sie stehen zu 1–3 in kopf- und blattwinkelständigen, gestielten Büscheln. Die Pflanze ist als älteres Exemplar durchaus attraktiv, leider ist sie in Gärten schwierig zu halten und sehr selten im Angebot. Es bleibt meist nur eigene Anzucht aus Samen, die bei Behandlung als Kaltkeimer keine Schwierigkeiten bereitet. ♃ ⊟ ○ ◐ ⊖ ◬-▲

△
Gentiana angustifolia, Schmalblätteriger Enzian. Wächst in den SW-Alpen bis zur Schweiz, im Jura und in den Pyrenäen. Vertritt in den Westalpen den dort fehlenden *G. clusii.* Es ist eine in Natur kalkstete Art, die im Garten noch eine leicht sauere Bodenreaktion akzeptiert und auch etwas Trockenheit. Diese Art hat schmale, lange Laubblätter und von der gesamten Acaulis-Gruppe (»Stengellose Enziane«) hat sie die längsten Stengel, oft bis 7 cm lang. Wird meist 7–10 cm hoch und hat eine kahle, grundständige Blattrosette. Am Stengel befinden sich meist zwei Blattpaare. Die weichen, mattgrünen Rosettenblätter sind lineal-lanzettlich bis lanzettlich und 5,4 cm lang bei nur 5–9 mm Breite. Glockenförmige Blüte, bei der die Zipfel kürzer sind als die halbe Länge der Röhre, sie sind eirund-länglich und leuchtend dunkelblau. Einfach gedeihende und dankbare Art. ♃ ⌓ ⊞ 🅃 ◐ ○ ⊖ ◬-▲

Gentiana asclepiadea, Schwalbenwurzenzian. ▷ Wächst in S-und M-Europa, nördlich bis zum Riesengebirge, bis in die NW-Ukraine, in Vorderasien und dem Kaukasus. Er ist keine Pflanze der Hochlagen sondern kommt mehr in subalpinen Gebieten vor. Diese kalkholde, etwas feuchtigkeitsliebende prächtige Art wächst in Waldlichtungen, Schluchten, an feuchten Hängen und ähnlichen Plätzen. Die Art ist sehr ausdauernd, wird meist 50–60 cm hoch, kann aber auch höher werden und gehört bei Steinanlagen in den Hintergrund. *G. asclepiadea* bildet keine grundständige Blattrosette. Aus dem kräftigen Wurzelstock treiben dichtbeblätterte, aufrechte bis überhängende Stengel. Die paarweise stehenden Stengelblätter sind etwa 8 cm lang und 3,5 cm breit, eilanzettlich, ungestielt und lange zugespitzt. Die blauen (weißen oder rosa) Blüten stehen bis zu dreien in den oberen Blattachseln. ♃ ⊞ 🄷 ◐ ⊖ ○ △-▲

◁ **Gentiana bavarica,** Bayerischer Enzian. Wächst in den Alpen, von den Seealpen bis Niederösterreich, in den Abruzzen und im Apennin, wo die Pflanze von der subalpinen Stufe bis zur hohen alpinen Stufe wächst. Besiedelt feuchte Matten und Weiden, berieselten Feinschutt, quellige Stellen und Bachränder. Ist indifferent, kommt sowohl auf Kalk als auch auf Urgestein vor. Die Pflanze wird je nach Standort 4–20 cm hoch und bildet kleine grüne, überwinternde Rasen, die aus dichtbeblätterten, blütenlosen 0,5–2 cm kantigen, aufstrebenden Trieben bestehen. Dazwischen stehen die einblütigen, kopfständigen Blüten. Die fast gleichgroßen Laubblätter stehen dicht und schindelartig, sie sind abgerundet, stumpf, spatel- oder verkehrt-eiförmig, im vorderen Drittel breiter, 10–15 mm lang. Die tiefblaue Blütenkrone kann als stieltellerförmig bezeichnet werden. In Kultur nicht einfach. ♃ ⌓ ○ ◐ ⊖ ◬-△ 🄽

△
Gentiana burseri, Bursers Enzian. Wächst in den Pyrenäen und den SW-Alpen. Eine mit *G. purpurea* verwandte Art. Eine aufrechte, meist 50–60 cm hohe Pflanze, manchmal auch bis 90 cm. Die grundständigen Blätter sind verhältnismäßig groß, manchmal mehr als 23 cm lang und halb so breit. Die Stengelblätter werden nach oben zu kleiner. Die in Quirlen stehenden Blüten entspringen den Blattachseln der an der Spitze stehenden Blätter und zeigen ein eigenartiges Grünlichgelb, manchmal auch mit braunen Punkten besetzt. Die Blütenkrone ist etwa 4 cm lang. Es gibt auch noch eine Unterart, *G. burseri* ssp. *villarsii,* diese ist stärker braun gepunktet und hat stumpfere Blütenzipfel. Eine hübsche Pflanze, die aber nicht so attraktiv ist, daß man sie haben muß, eher für Sammler. Kann im Garten durch *G. lutea* ersetzt werden. Stellt dort keine besonderen Bodenansprüche. ♃ 🄷 ○ ◐ ⊖ △-◭ 🄽

Gentiana clusii 'Alba', Weißblühender ▷ Clusius-Enzian. Unter den blaublühenden Enzian-Arten treten in der Natur hin und wieder weißblühende Mutanten auf. Da diese verhältnismäßig selten sind und die Nachfrage nicht klein ist, werden diese Albino-Formen wahrscheinlich immer Raritäten bleiben. Beide, die blau- und die weißblühende Form von *G. clusii* gehören aber neben *G. angustifolia* und *G. dinarica* zu den leicht gedeihenden Enzianen des Frühlings. Ein normaler, etwas lehmhaltiger, nicht voll austrocknender Gartenboden sagt ihnen besonders zu, die Pflanzen sind aber nur in voller Sonne blütenreich. Die Blütezeit reicht von April-Juni, die Art remontiert oft im Herbst. Bei dem weißblühenden Typ gibt es hinsichtlich der Benachbarung, durch die verträgliche Farbe, keinerlei Schwierigkeiten. Idealer Partner zu der blaublühenden Art ist *Primula auricula.* ♃ ⟿ ⌓ ⊞ ○ ◬-◭

Gentiana clusii, Clusius-Enzian, Großblütiger Enzian. ▷ Wächst in den M- und O-Alpen, von Hochsavoyen bis Niederösterreich, vom Tessin bis Kroatien, im Jura, Schwarzwald, Karpaten, Cevennen. Dort auf Mäh- und Magerwiesen aber auch auf Fels in Höhenlagen von 1200–2700 m. Die Pflanze ist auf Kalkboden beschränkt. Von den übrigen Arten der Acaulis-Gruppe (»Stengellose Enziane«) ist diese durch die immer spitzen, am Grunde nie eingeschnittenen Kelchzipfel gut zu unterscheiden. Die Blüte wird 4–8 cm hoch, hat im Innern keine grünen Flecken, sondern ist trübviolett getönt. Die Blattrosette hat lederige, lanzettliche bis lanzettlich-elliptische, glänzende, steife Blätter. Diese sind zugespitzt, die größte Breite liegt unterhalb der Mitte. Der Stengel ist kurz, 2–8 cm lang, zur Samenreife meist verlängert. Die Blütenfarbe ist tiefblau, allgemein als Enzianblau bezeichnet. ♃ ⟿ ⌓ ⊞ ○ ◬-◭

◁ **Gentiana dahurica** (*Gentiana sibirica*), Sibirischer Enzian, China-Enzian. Vorkommen in O-Sibirien und NW-China. Die Art gehört sicher nicht zu den attraktivsten, aber zu den unempfindlichsten Enzianen, die mit jedem tiefgründigen Gartenboden in voller Sonne zufrieden sind, unabhängig von der vorhandenen Bodenreaktion. Bildet einen kräftigen Wurzelstock, der faserig bedeckt ist. Die Stengel sind aufrecht bis leicht nach außen gebogen und 30–40 cm hoch. Die Basalblätter sind lanzettlich, bis 20 cm lang und eigenartig 1–3nervig. Die Stengelblätter sind schmäler und kürzer. Die fahl- bis tiefblauen, meist vierzipfeligen, 3 cm langen Blüten mit kleinen weißen Punkten sind schmal-röhrenförmig. Sie stehen einzeln oder meist in Büscheln in den oberen Blattachseln. Die Blütezeit liegt erst im August. Gärtnerisch sind meist viele der Sommerenziane durcheinander gekommen. ♃ ⁞ ○ ◐ △-▲

△
Gentiana cruciata ssp. phlogifolia, Phloxblätteriger Kreuzenzian, Siebenbürger Enzian. Die Art ist weit verbreitet in S-, M- und O-Europa, in W-Sibirien, Kaukasus, Kleinasien und im Iran. Wächst auf kurzgrasigen Wiesen, an strauchbestandenen, sonnigen Abhängen und Waldrändern von der Ebene bis etwa in 1500 m Höhe. Mit Vorliebe auf kalkhaltigen Böden, ist aber nicht daran gebunden. Sie formt eine grundständige Blattrosette, die sich jährlich erneuert. Aus ihr entspringen mehrere, aufsteigende, dicke, dicht beblätterte Stengel. Die Stengelblätter sind lanzettlich und kreuzweise übereinander gestellt, meist 3nervig, selten 5nervig. Die Blüten stehen in kopf- und achselständigen Büscheln. Die Krone ist keulenförmig-glockig, aufrecht, außen schmutzigblau oder grünlich, innen blau. *G. cruciata* ssp. *phlogifolia* stammt aus Siebenbürgen, in Kultur oft vermischt. ♃ ⁞ ○ ⊖ ◐ △-▲

Gentiana dinarica, Dinarischer Enzian. ▷ Wächst in den Gebirgen des ehemaligen SW-Jugoslawien, in Albanien, den Abruzzen, immer in Kalkgebieten. Diese Art ist vorwiegend in den Kultursorten enthalten. Sie hat breite, elliptische, prächtig grüne und steife Rosettenblätter. Die Pflanzen werden meist bis 7 cm hoch. Bei der Blüte werden die Kelchzähne etwas über halb so lang wie die Röhre, schmal-lanzettlich und verengt an der Basis. Die Blüte ist röhrig-glockig und von prächtig blauer Farbe, sie hat keine grünlichen Punkte und Flecken im Schlund. Hauptblütezeit im Juni. Reichblühende Art, deren Blüte im Verhältnis zu den anderen Pflanzenteilen ziemlich groß ist. Wenn man ihr volle Sonne, einen anlehmigen, kalkhaltigen und etwas feuchten Boden gibt, macht die Pflanze keine Schwierigkeiten. Schöne Auslesen sind unter den Namen 'Frohnleiten' und 'Härlen' im Handel. ♃ ⁓ ⌓ ⊞ 🅃 ○ ◐ △-▲

◁ **Gentiana farreri,** Farrers Enzian, Wellensittichenzian. Wächst von NW-Kansu bis Tibet in hochalpinen Rasen. Bildet als junge Pflanze kleine Rosetten linealer Blätter. Diese entwickeln sich dann zu verzweigten Trieben, die 10–15 cm lang werden und mit vielen sich gegenüberstehenden Blattpaaren umgeben sind. Die frischgrünen Blätter sind länglich-schmal, etwa 3,5 cm lang und deutlich zurückgebogen. Die einzelstehenden, 6–7 cm langen Blüten am Ende der Triebe sind röhrenförmig und zeigen ein helles, leuchtendes Blau, das schon zu Türkis tendiert. Die geöffnete Blüte hat einen Durchmesser von etwa 3 cm. Der Schlund ist weiß, die Außenseite gelblichweiß gestreift. Die Blütezeit liegt im Spätsommer. Diese Art ist leider kaum noch rein in Kultur, sie ist fast immer verbastardiert mit anderen chinesischen Herbstenzianen. Liebt kalkfreien Boden, ist aber etwas toleranter. ♃ ⊟ ○ ◐ ⊖ △-▲

◁ **Gentiana fischeri** (*Gentiana gebleri*), Fischers Sommerenzian. Wächst in Mittelasien, speziell im Altai, in Höhenlagen um 1800 m. Die Bezeichnung dieser Art ist unklar und es muß auch etwas bezweifelt werden, ob der Artstatus berechtigt ist, oder ob sie als Unterart von *G. septemfida* einzustufen ist, dann würde die Bezeichnung *G. septemfida* ssp. *fischeri* lauten. Da von dieser Art Samen über osteuropäische Pflanzenfreunde zu uns gekommen ist, befindet sich diese Pflanze, die insgesamt als eine reichblühende kompakte *G. septemfida* zu betrachten ist, öfter in Kultur. In Gärten, in denen beide Pflanzen, *G. fischeri* und *G. septemfida* stehen, dürfte nur vegetativ, durch Frühjahrsstecklinge, vermehrt werden, da beide unausweichlich miteinander kreuzen. Hübsch auf Trockenmauerkronen, wächst auch gut in Fugen. Wichtig, da zur Blütezeit im Steingarten wenig anderes blüht. ♃ ⁞ ○ ◐ △-▲

Gentiana grossheimii, Zwergkranzenzian. ▷ Die Heimat dürfte ebenfalls Zentralasien sein und ähnlich wie bei der vorangegangenen Pflanze ist der Artstatus etwas fraglich und es erinnert ebenfalls vieles an *G. septemfida*, nur ist sie insgesamt kleiner. Überhaupt muß der ganze Komplex der Sommerenzian-Arten einmal von Botanikern neu bearbeitet werden. Fest steht, daß die Botaniker der ehemaligen Sowjetunion mit der Vergabe des Artstatus wesentlich großzügiger verfahren sind als Botaniker westlicher Länder. Die Pflanze wächst insgesamt etwas lockerer als *G. septemfida*. Die Blütezeit liegt ebenfalls im Hochsommer und da sind blühende Pflanzen im Steingarten willkommen. Die Blüten stehen nicht so kompakt in Büscheln wie bei anderen Sommerenzian-Arten. Der Blütenfarbton ist hübsch mittelblau, er kann aber nicht mit dem Enzianblau der Frühlingsenziane konkurrieren. ♃ ⁞ ⊤ ○ ◐ ⊖ △-▲

Gentiana-Hybride 'Azurhimmel', Chinesische Herbstenzianhybride. Wie die vorstehende Sorte eine Bereicherung herbstlicher Steingärten. Diese Hybride soll für viele weitere Sorten stehen, die oft sehr ähnlich sind. Diese gesunde und wüchsige Sorte hat verhältnismäßig große Blüten in einem in Richtung ultramarinblau tendierenden Farbton. (Leider werden Blautöne auch von modernem Farbfilmmaterial nicht genau wiedergegeben). Auffällig ist auch die intensive Streifung auf der Außenseite der Röhre. Die Ansprüche der Chinesischen Herbstenziane sind nicht sehr unterschiedlich; ein etwas torfiger, humoser, leicht sauerer und mildfeuchter Boden sagt ihnen besonders zu. Die Lage soll sonnig sein, aber ausgesprochene Südhänge sollte man meiden. Beim Pflanzen in etwa 30 cm Abstand erhält man normalerweise in zwei Jahren geschlossene Flächen. Leichter Reisigschutz! ♃ ⌓ ⊟ ⋀ ○ ◐ △-▲
▽

◁ **Gentiana-Hybride 'Emmen'**, Chinesische Herbstenzian-Hybride. Aus den chinesischen Herbstenzian-Arten, *G. sino-ornata*, *G. farreri*, *G. veitchiorum*, *G. ornata* und neuerdings einigen weiteren, wurden schon bald nach ihrer Einführung Hybriden entwickelt, die ebenso schön waren wie ihre Eltern, meist aber wüchsiger und unempfindlicher als diese. Praktisch sind bei den Sorten alle Blautöne vorhanden, aber auch weiß. Die Sorte 'Emmen' ist bei der Alpenpflanzengärtnerei J. Eschmann in Emmen bei Luzern entstanden und ist ein leuchtend schmetterlingsblauer Herbstblüher mit weißem Schlund. Die Pflanze ist großblumig, die Höhe beträgt etwa 12 cm. Sie hat eine verhältnismäßig lange Blütezeit und ist gut ausdauernd. Im Steingarten eignen sich diese chinesischen Herbstenziane wegen der gleichen Ansprüche gut als Vor- oder Zwischenpflanzung zu Zwergrhododendren. ♃ ⌓ ⁞ ⊟ ◐ ○ ⊖ △-▲

Gentiana 'Ishizuchii' (*Gentiana ishizuchii*), Roter Japanenzian. Hinter dieser Bezeichnung steckt eine Hybride, deshalb wurde hier die Artbezeichnung als Sortenname übernommen. Eine schöne, in Japan entstandene Hybride mit roten Blüten, die insgesamt gesehen etwas an *G. septemfida* erinnert. Der Name stammt von einem japanischen Berg, dem Mt. Ishizuchi (Shikoku). Entstanden ist die Hybride aber in einer Gärtnerei und angeblich soll es sich um eine Kreuzung zwischen *G. scabra* var. *buergeri* f. *procumbens* und *G. septemfida* handeln. Dieser dunkelrosa, rosa und rot blühende Enzian ist sehr gesucht, aber selten im Angebot. Es darf nicht verschweigen werden, daß es sich in Mitteleuropa um einen sehr schwierigen Pflegling handelt, der ein humoses, durchlässiges Substrat verlangt und besonders an eine sauere Bodenreaktion gebunden ist. Liebt sonnige Plätze. ♃ ⁞ ⊟ ○ ◐ ◬-▲ ▷

◁ **Gentiana kaufmanniana,** Kaufmanns Enzian. Ein weiterer Typ aus dem Komplex von *G. septemfida*, dessen Artstatus angezweifelt werden muß. Diese Pflanze wurde über osteuropäische Pflanzenfreunde verbreitet und entstammt mittelasiatischen Gebirgen der ehemaligen Sowjetunion. Der Typ ist kleiner als *G. septemfida* und die Triebe wachsen mehr aufrecht als bei anderen Pflanzen dieses Komplexes. Ungeachtet der etwas dubiosen Herkunft und der fraglichen Nomenklatur ist diese Pflanze hübsch und ein wichtiger Sommerblüher im Steingarten. Die tiefblauen Blüten stehen kopfständig und in dichten Büscheln an den etwa 20 cm langen beblätterten Trieben. Die Pflanze liebt sonnige Lagen, akzeptiert aber auch absonnige und halbschattige Plätze. Gute Nachbarn sind *Sedum album* 'Coral Carpet', *Silene schafta*, *Festuca*-Sorten. Liebt etwas anlehmige Böden. ♃ ⁞ 🅃 ○ ⊖ ◐ ◬-▲

Gentiana lutea × purpurea (*Gentiana × hybrida*). Kommt in den Alpen, in Gebieten wo beide Eltern wachsen, vor. Meist etwa 60–80 cm hoch und insgesamt auch morphologisch zwischen den Eltern stehend. Auffallend ist die Blütenfarbe, etwa zwischen ziegelrot und zinnoberrot stehend und insgesamt etwas variierend. Solche Hybriden sind naturgemäß selten im Angebot und wahrscheinlich nur über Botanische Gärten erhältlich. Die Gruppe der hohen Enziane um *G. lutea* ist selbstverständlich nicht für kleine Steingärten geeignet, sondern nur für größere Steinanlagen. Die Ansiedlung erfolgt immer als Jungpflanze mit Topfballen. Alle diese Arten und Hybriden benötigen Geduld, da oft eine ganze Reihe von Jahren vergehen, bis die Pflanzen zur Blüte kommen. Diese Enziane lieben Sonne und einen etwas anlehmigen Boden, der eine gute Dränage aufweisen muß. ♃ 🄷 ○ ◐ ▲ ▽

Gentiana lutea, Gelber Enzian. Diese imposante Art kommt in zahlreichen Gebirgen in M- und S-Europa und in W-Anatolien vor. Sie wächst dort gesellig auf Schutthalden, Weiden, Karfluren, an Felsen und Flachmooren, in der alpinen Stufe bis 2500 m steigend. Die kahle, stattliche Art wird 50–190 cm hoch, meist zwischen 70 und 100 cm. Die Pfahlwurzel ist mehrschopfig, wenig verzweigt und armdick. Die bläulichgrünen, elliptischen Blätter sind stark bogennervig gerippt, 5–7nervig, bis 30 cm lang und bis 15 cm breit. Die unteren sind kurz gestielt, die oberen aufsitzend. Die Blüten stehen in 3–10blütigen Trugdolden in den Blattachseln, sie sind goldgelb mit kurzer Röhre. Die Kronzipfel sind spitz und schmal-lanzettlich und sternförmig ausgebreitet. Ansiedeln im Garten nur als Jungpflanze mit Topfballen. Vermehrung nur durch Aussaat. Liebt bevorzugt einen sonnigen Stand. ♃ ⊞ 🄷 ○ ◐ ▲ 🄽 ▷

△
Gentiana makinoi, Makinos Japanenzian. Heimat sind die Berge Zentraljapans. Es ist eine aufrechte Art ohne Blattrosette, die Höhe kann dabei stark variieren, zwischen 30 und 60 cm. Die Stengelblätter sind lanzettlich bis oval, etwa 5 cm lang, 3aderig, wobei die obersten Blätter die größte Ausdehnung zeigen, sie sind vorne stark gespitzt. Die Blüten sind kopfständig oder sitzen in den oberen Blattachseln. Die Kelchröhre ist etwa 12 cm lang und ungeteilt, die Kelchzipfel sind in der Länge ungleichmäßig, zwei sind meist langlineal, mit scharfer Spitze, die anderen 3 sind kürzer und nahezu dreieckig. Die Blüten sind 3,5–4 cm lang und röhrenförmig-glockig. Die Farbe ist ein helleres Blau mit ungleichmäßigen Flecken, bei dunkleren Typen fällt die Fleckung nicht auf. Blütezeit August-September. Es gibt auch weißblühende Pflanzen. Benötigt zum guten Gedeihen kalkfreien Boden. ♃ ⊟ 🄷 ◐ ⊖ ○ △-▲

△
Gentiana newberry, Amerikanischer Mattenenzian. Wächst in den Bergen von Kalifornien, Oregon und von Nevada in Höhen bis 3000 m. Er ist von anderen amerikanischen Enzian-Arten schon durch die Wuchsform unterschieden. Zwergige, nur 5–10 cm hohe Pflanze, die Matten aus kurzen, etwa 5 cm langen Trieben bildet, aus denen die Blütentriebe aufsteigen. Die Blätter der grundständigen Rosette sind verkehrt-eiförmig oder spatelig und etwa 2,5 cm lang. Die verkehrteiförmigen oder lanzettlichen Stengelblätter stehen paarweise und sind etwa 1,2 cm lang. Am Ende der Stengel stehen die stiellosen Blüten einzeln oder hin und wieder auch zu zweien. Der Kelch ist röhrig und etwas länger als die lanzettlichen Kelchzipfel. Die Blüte ist eher fahlblau, variiert aber etwas. Die Pflanze bevorzugt zwar freie Lagen, benötigt aber ein etwas frischeres Substrat. Liebt keinen Kalk! ♃ ⌓ ⊟ ○ ⊖ ◐ △-▲

△
Gentiana paradoxa, Seltsamer Kaukasusenzian. Wurde erst ziemlich spät in die Gartenkultur eingeführt. Stammt aus den Bergen des W-Kaukasus bis zur Kolchis, meist auf basischen Böden wachsend. Es ist eine 30–40 cm hohe Staude mit geraden Stengeln und schmal-linealen Blättern. Die Blüten sind verhältnismäßig groß, 4–5 cm lang, lichtblau bis mittelblau und fast weiß in der Blütenkrone. Diese hat in den sekundären Kronzipfeln unsymmetrische Falten. Die Blütezeit ist verhältnismäßig lang, sie reicht von August bis Mitte Oktober. Je nach Lichtverhältnissen wirkt der Blütenfarbton unterschiedlich blau. Neuerdings sind verschiedene Hybriden verbreitet worden, die aus Kreuzungen mit *G. septemfida* stammen, aber im Aussehen mehr zu *G. paradoxa* tendieren. Bei Aussaat der Samen, die man erst im Spätwinter den Pflanzenresten entnimmt, erfolgt baldige Keimung. ♃ ○ ◐ △-▲

Gentiana punctata, Punktierter Enzian, ▷ Tüpfelenzian. Hat ein großes Verbreitungsgebiet in den Alpen, Sudeten, Karpaten, im Balkan südlich bis S-Bulgarien. Meist auf steinigen Matten und Weiden, Karfluren, Schutthalden und Moränen, sowohl auf Kalk als auch auf Urgestein. Aus dem dicken Wurzelstock, der bis 1 m lange Wurzeln besitzen kann, treibt die kräftige, 20–60 cm hohe, aufrechte Pflanze mit mehreren unverzweigten Stengeln, die mit gegenständigen, glänzenden, eiförmig-elliptischen, zugespitzten, 5nervigen Blättern besetzt sind. In den oberen Blattachseln und an den Stengelspitzen stehen die meist kopfig gehäuften Blüten. Die aufrechten Blütenkronen sind glockig, nach oben zu etwas erweitert, mit 5–8 kurzen, stumpfen Kronzipfeln. Sie sind blaßgelb und mehr oder weniger punktiert. Volle Sonne und ein tiefgründiger Boden werden gewünscht. ♃ 🄷 ○ △-▲ 🄽

◁ **Gentiana purpurea,** Purpurenzian, Purpurroter Enzian. In den Alpen, dem Apennin, Südnorwegen, in Höhenlagen von 1600–2700 m. Meist gesellig auf Weiden, Wiesen und Karfluren, auch im lichten Gebüsch wachsend. Diese aufrechte, 20–60 cm hohe Staude, bei der die Stengel hohl sind, ist mit gegenständigen, ei-lanzettlichen, 5nervigen Blättern besetzt. Die unteren sind gestielt, die oberen aufsitzend. Die ansehnlichen, aufrechten, sitzenden Blüten stehen an der Spitze des Stengels kopfig gehäuft (5–10), sie sind manchmal auch nur in den oberen Blattachseln ausgebildet. Die Blüten sind glockig, nach oben zu etwas erweitert und haben 5–8 stumpfe Zipfel. Sie sind außen purpurrot gefärbt und innen mehr gelblich und purpurrot gepunktet. Blütezeit Juli-September. Die Pflanze wird in Kultur kaum mehr als 45 cm hoch. Sie liebt einen mehr moorig-sandigen, sauren Boden. ♃ ⊟ H ○ ◐ △-▲ N

Gentiana scabra 'Pyramidalis', Rauher ▷ Japanenzian. Heimat ist Japan, wo von dieser Art eine ganze Reihe von Varietäten und Formen vorkommen. Die Sorte 'Pyramidalis' dürfte wahrscheinlich in Kultur entstanden sein. Bildet mehr oder weniger aufrechte, belaubte Stengel, etwa 30 cm hoch werdend. Die Blätter sind oval, der Rand und die Mittelrippe sind rauh. Jedes Blattpaar umgibt mit seiner Basis den Stengel. Die Stengelglieder haben etwa die gleiche Länge wie die Blätter. 4–5 Blüten stehen in Trauben zusammmen in den oberen Blattachseln und am Triebende. Sie sind immer ungestielt. Der Kelch ist 10–12 mm lang und röhrig, die Kelchzipfel sind in der Form ungleichmäßig. Die Blütenkrone mißt über 2,5 cm Länge und ist glockig, tief-dunkelblau. Diese Art beschließt den Enzianreigen, sie blüht oft erst in der zweiten Novemberhälfte. Liebt sauren, humosen Boden. ♃ ⊟ ○ ◐ △-▲

△ **Gentiana pyrenaica,** Pyrenäenenzian. Diese Art hat zwei weit auseinander liegende Vorkommen, einerseits in den Pyrenäen und andererseits in den Karpaten, in Bulgarien, in Mazedonien und im Kaukasus, Türkisch-Armenien und dem Iran, an Berghängen an feucht-torfigen Stellen, bis 2800 m und höher. Die Pflanze bildet Schöpfe von etwas über 7 cm Höhe. Sie haben ein lineales, glänzendes, grünes Laub. Die einzelnen aufrechtstehenden, kopfständigen Blüten sind innen violettblau und außen meist etwas grünlich. Die trichterförmigen Blüten erinnern etwas an die *Gentiana*-Acaulis-Gruppe, sie werden 3,4–4 cm groß. Die Falten sind genau so groß wie die Blütenlappen. Die Blütezeit liegt im Juni-Juli. Eine sehr hübsche Art, die extrem an eine saure Bodenreaktion gebunden ist. In Kalkgegenden sollte man die Finger davon lassen. Liebt ein mildfeuchtes, torfiges Substrat. ♃ ⊟ ○ ◐ ⊖ △-▲ N

Gentiana septemfida var. lagodechiana, ▷ Kranzenzian, Sommerenzian. Hat ein großes Verbreitungsgebiet: Kleinasien, Iran, O-Kaukasus, Altai, Turkestan. Groß ist die morphologische Variationsbreite, deshalb gibt es auch viele verwandte Formen, die von Botanikern der ehemaligen Sowjetunion, zu Recht oder zu Unrecht, einen eigenen Artstatus erhielten. Siehe *G. fischeri, G. grossheimii, G. kaufmanniana.* Der aus dem östlichen Kaukasusgebiet stammende *G. septemfida* var. *lagodechiana* ist aber die bekannteste Pflanze aus dieser Gruppe und oft im gärtnerischen Angebot. Am Heimatstandort wächst diese Pflanze auf feuchteren, felsigen Plätzen. Sie bildet niederliegende, bis 30 cm lange Triebe, die erst an der Spitze aufgerichtet sind. Im Gegensatz zur Art hat die Pflanze an der Spitze und in den Blattachseln nur einzeln stehende, dunkelblauen Blüten. Blütezeit Juni-September. ♃ ⌓ ⁞⁞ T ○ ◐ △-▲

Gentiana septemfida 'Albocaerulea', ▷ Weißblauer Kranzenzian, Weißblauer Sommerenzian. Wie bei den Frühlingsenzianen kommen auch bei den verschiedenen Sommerenzianen weißblühende oder weißblaue Formen vor, sie sind genauso selten, wenn nicht seltener. Nicht immer zeigen die Blüten solcher Pflanzen ein reines Weiß, so ist oft ein Anflug von rot vorhanden oder wie bei 'Albocaeruleum' ein bläulicher Schimmer. In den meisten Fällen ergeben sich bei Aussaat wieder normale, blaublühende Typen, es bleibt dann nur die vegetative Vermehrung, die wenig ergiebig bleibt. Bei *G. septemfida* 'Albocaeruleum' ist bei Aussaaten jedoch verstärkt mit Albinoformen zu rechnen. Sehr nahe mit *G. septemfida* ist *G. gelida* verwandt, der ebenfalls im Kaukasusgebiet vorkommt. Er unterscheidet sich vom Sommerenzian nur geringfügig, hat aber fahlgelbe bis milchweiße Blüten. ♃ ⌓ ⁞ 🅃 ○ ◐ ◬-▲

Gentiana tibetica, Weißer Tibetenzian. Wächst in W-Nepal, Sikkim, Bhutan, SO-Tibet in Höhen von 3700–4500 m, an freien Hängen in eher trockener Lage. Häufiger in Kultur anzutreffen. Es ist eine sehr robuste Pflanze, aufrecht wachsend 20–60 cm hoch. Die grundständigen Blätter sind breit-lanzettlich, bis 30 cm lang, nach unten in den geflügelten Stiel verengt. Die Stengelblätter sind schmaler und an der Basis stengelumfassend. Die kopfständigen Blüten stehen in einer dichten Traube, meist von den oberen Blättern umgeben. Die Krone ist röhrig-trichterförmig, 2,5–3 cm lang, mit 5 dreieckig-ovalen Lappen, welche dreimal so lang sind wie die Falte. Der Kelch ist pergamentartig und mit einem Schlitz an der Seite versehen. Die Blütenfarbe ist grauweiß, manchmal auch grünlichweiß oder gelblichweiß. Macht in normaler Gartenerde an sonnigen Plätzen kaum Schwierigkeiten. ♃ ⁞ ○ ◐ ⊖ ◬-▲
▽

△
Gentiana sino-ornata (*Gentiana sinoornata*), Chinesischer Herbstenzian, Oktoberenzian. Kommt aus den Gebirgen von Tibet, W-Jünnan und dem Lichiang-Gebirgszug. Die Art bildet eine zentrale Rosette, von der radial niederliegende, aufstrebende, oft wurzelnde Triebe ausgehen. Die paarweise stehenden Blätter an den Trieben sind schmallineal zugespitzt, sattgrün und ziemlich steif. Die einzelstehenden Blüten sind trichterförmig, tief azurblau im Innern, außen matter und mit breiten, purpurblauen Streifen versehen. Der Kelch ist kürzer als 3,5 cm, die Kelchzipfel haben etwa die gleiche schmale Form wie die Blätter, sie sind lediglich an der Basis verbreitert und vorne zugespitzt. Eine sehr attraktive Gartenpflanze, der man allerdings ihre Hauptforderung nach saurer Bodenreaktion erfüllen muß. Liebt leichten, humosen, mildfeuchten Boden und auch hohe Luftfeuchtigkeit. ♃ ⇝ ⊟ ○ ◐ ⊖ ◬-▲

Gentiana triflora, Dreiblütiger Enzian. ▷ Eine Pflanze aus O-Sibirien, Korea, Sachalin und Japan, wo sie auf Bergwiesen wächst. Es gibt von dieser Art verschiedene Varietäten, bei der manche nicht völlig geklärt sind. Die Art hat 30–80 cm hohe Stengel, wobei niedrige Formen mit einer Stengelhöhe von 30–40 cm Höhe besser für den Steingarten geeignet sind. Die Stengelblätter stehen paarweise, jedes Paar im rechten Winkel zum nächsten Paar. Die Blätter an der Basis sind kleiner. Die Blüten stehen in den oberen Blattachseln und an der Spitze, wobei die kopfständigen meist zu dreien vereinigt und stiellos sind. Die in den Blattachseln sitzenden sind einzeln oder zu zweien und haben einen kurzen Stiel. Die röhrig-keulige Blüte ist dunkel- bis purpurblau. Blütezeit August-September. Liebt einen mildfeuchten Humusboden mit saurer Bodenreaktion. Vermehrung durch Aussaat. ♃ ⊟ ○ ◐ ⊖ ◬-▲

Gentiana verna, Frühlingsenzian, Schusternagerl. ▷ Wächst in vielen europäischen Gebirgen, im Kaukasus, Turkestan, Afghanistan, Altai, O-Sibirien und in der Mongolei. Der Untergrund kann sowohl aus Kalk als auch aus Urgestein bestehen. Wächst verbreitet und meist gesellig, sowohl auf trockenen als auch auf feuchten Wiesen, Weiden, Heiden, an trockenen Rainen, auf Felsen, in Flachmooren und im lichten Waldschatten. Es gibt verschiedene Formen. Die Art wächst lockerrasig, wird 3–12 cm hoch. Sie besteht aus einfachen, blütenlosen und blütentragenden Trieben, wobei die Blüten meist einzeln stehen, selten zu 2 oder 3. Die grundständigen Laubblätter bilden eine Rosette, deren Blättchen elliptisch-lanzettlich sind. Die aufrechten, kurzen Stengel tragen 2–3 spatelförmige Blattpaare. Stieltellerförmige Blüte, 1,8–3 cm breit, lauchtend blau. Durchlässiger, mildfeuchter Boden. ♃ ⌓ ○ ◐ ⊖ △-▲ N

◁ **Gentianella germanica,** Deutscher Enzian, Gentianaceae, Enziangewächse. Diese zweijährige Pflanze, selten kurzlebige Staude, kommt in M-Europa, Schweden und in den Karpaten auf mageren Weiden, auf frischen, meist kalkreichen Böden vor. Wird etwa 35 cm hoch, es gibt auch niedrigere und höher wachsende Formen. Im ersten Jahr wird eine Blattrosette entwickelt, welche im folgenden Winter zurückgeht. Die im folgenden Jahr erscheinenden Triebe sind aufrecht, gewöhnlich verzweigt, ausgehend von der zur Blütezeit schon absterbenden Rosette. Die Blüten sind 2,5–3,5 cm lang, trichterförmig und fünfzählig. Sie sind blaupurpur, rosa oder weißlich. Zur Blütezeit eine attraktive Pflanze, deren Verwendung im Garten nur durch die Kurzlebigkeit eingeschränkt wird. Diese Eigenschaft besitzen fast alle *Gentianella,* von denen es zahlreiche Arten gibt. Pflanzen aus Samen! ⊙ ○ ◐ △-▲

△
Gentiana verna ssp. pontica (*G. verna* 'Angulosa') Großblütiges Schusternagerl, Balkan-Frühlingsenzian. Aus dem großen Formenkreis von *G. verna* ist diese Pflanze die bekannteste und sie gedeiht im Garten leichter als die Art. Das Naturvorkommen liegt im Kaukasus und in bulgarischen und türkischen Gebieten. Es gibt botanisch gewisse Unklarheiten, man sollte die Pflanze eher als gärtnerischen Typ auffassen. Die Matten sind etwas lockerer geformt als bei der Art, die Blätter sind schmal-lanzettlich, können unter Umständen über 5 cm lang werden. Die Blüten sind tief-himmelblau und länger als die der Art. Deutlich unterschieden werden kann diese Unterart durch den Kelch, da entlang der Kelchröhre fünf deutliche Flügel zu erkennen sind, die bis zur Spitze der Kelchzipfel reichen. *G. verna* ssp. *pontica* oder bekannter *G. verna* 'Angulosa' erträgt mehr Trockenheit. ♃ ⌓ ○ ◐ △-▲

Geranium cinereum 'Ballerina', Ballerinastorchenschnabel, Geraniaceae, Storchenschnabelgewächse. ▷ Eine Hybride aus *G. cinereum* var. *cinereum* und *G. cinereum* var. *subcaulescens.* Man findet aber schon in der Natur, in den Pyrenäen, Pflanzen, die der Sorte 'Ballerina' sehr ähneln. Die grundständigen Blätter sind nicht mehr als 5 cm breit und in 7 Abschnitte geteilt. Die Stengelblätter sind paarig, ziemlich gut entwickelt und in 5 Abschnitte geteilt. Pro Stengel werden etwa 4 Blattpaare und 8 Blüten entwickelt. Die Grundfarbe der Blüten ist blaß purpurrosa, zum Grunde hin blasser werdend, insgesamt mit einem Netz kräftiger, feiner, dunkelroter Adern überzogen, an der Basis zu einer dunkelroten, V-förmigen Zone zusammenlaufend. Der Kronblattgrund ist an der Oberseite behaart und weist auch an den Rändern jeweils ein kräftiges Haarbüschel auf. Hat eine lange, sommerliche Blütezeit. ♃ ○ ◐ △-▲

Geranium dalmaticum, Dalmatinischer Storchenschnabel. Wächst in Dalmatien, Montenegro und Albanien. Wichtigstes Steingartengeranium. Bildet 10–15 cm hohe Polster aus dichtverzweigten Stämmchen und Rhizomen. Die grundständigen Blätter sind bis 4 cm breit, fast bis zum Grund geteilt, die Lappen sind ganzrandig, an der Spitze mit 3 Zähnen versehen, sattgrün, glatt, an trockenen Plätzen im Herbst rötlich verfärbend. Die rosa Blüten stehen paarweise, es gibt auch eine weißblühende Form ('Album'), die allerdings weniger wüchsig ist. Hervorzuheben ist die Dauerhaftigkeit. So gibt es Pflanzen, die seit 20 Jahren unverpflanzt in einer Trockenmauerfuge stehen. Sie erträgt Trockenheit, kann aber auch lange Regenperioden ohne Schaden überstehen. Die Pflanze läßt sich gut teilen, aber auch Stecklingsvermehrung mit reifen Triebspitzen bereitet keine Schwierigkeiten. ♃ ⏦ ⌓ ⁞ T ○ ◐ ⚠-⚠
▽

◁ **Geranium clarkei 'Kaschmir White',** Weißer Kaschmir-Storchenschnabel. Eine Art aus Kaschmir, die mit *G. pratense* verwandt ist und von der es auch eine violett blühende Form im Handel gibt. Wesentlich niedriger als *G. pratense.* Durch Rhizome ausgebreitet wachsende Pflanze. Ein etwas locker stehender Storchenschnabel mit scharf gezähnten Blättern und mit Blüten, die mehr nach oben gewendet sind. Die weißen Kronblätter haben blasse, lilarosa Adern, die aus der Ferne betrachtet einen etwas gräulichen Schimmer zeigen. Das Gegenstück dazu ist *G. clarkei* 'Kaschmir Purple'. Bei Aussaat von *G. clarkei* 'Kaschmir White' erhält man neben weißblütigen Sämlingen meist auch einige violett blühende Typen. Eine für nicht zu kleine Steinanlagen gut geeignete, hübsche Pflanze, bei der man den unteridischen Ausbreitungsdrang der Rhizome berücksichtigen muß. Liebt sonnige Lagen. ♃ ⏦ ⌓ ⁞ ○ ◐ △-⚠

Geranium himalayense 'Plenum', Gefüllter Himalaja-Storchenschnabel. Bildet etwa 30–40 cm hohe Polster, die sich stärker ausbreiten, deshalb keine Pflanze für kleine Steingärtchen, nur für größere Steinanlagen. Die Art ist im Himalaja von NO-Afghanistan bis M-Nepal und in der Pamir-Region verbreitet. Die Blätter von *G. himalayense* 'Plenum' sind klein und haben kurze, ziemlich rundliche Abschnitte, Lappen und Zähne. 'Plenum' hat gefüllte, rotviolette Blüten, die einen Durchmesser bis 35 mm aufweisen. Die Kronblätter sind schmal und an der Oberseite manchmal gelappt. Die Blüten haben innerhalb des äußeren Kronblattkreises einen zweiten Kelch. Die Farbe ist purpurrosa mit blauer Schattierung und dunkleren Adern. Für Steinanlagen ist es vorteilhaft, daß die gefüllte Sorte nicht so starkwüchsig ist wie die Art. Wächst in jedem durchlässigen Gartenboden, liebt volle Sonne. ♃ ⏦ H ○ ◐ ⚠
▽

Geranium endressii 'Wargrave Pink', ▷ Polsterbildender Pyrenäen-Storchenschnabel. Wächst in den W-Pyrenäen, hauptsächlich im französischen Teil. Eine Auslese davon ist die rosa blühende Sorte 'Wargrave Pink'. Staude mit langen kriechenden Rhizomen und langen niederliegenden Trieben, deshalb weniger für kleine Steinanlagen geeignet. Blätter bis 8 cm breit und 5lappig eingeschnitten, etwas glänzend und in wintermilden Gebieten immergrün. Der Rand ist unregelmäßig gezähnt. Blüten von Mai bis in den August zu zweien erscheinend, diese sind an langen Stielen am Trieb verteilt. Die Kronblätter sind frischrosa und je nach Alter der Blüten etwas heller oder dunkler, was einen schönen Effekt ergibt. Die Art konmmt in der Natur auf eher frischeren Böden vor, widersteht aber im Garten auch stärkerem Wurzeldruck. Liebt sonnigen Standort, wächst aber auch noch im Halbschatten. ♃ ⌓ ○ ◐ ⚠

◁ **Geranium psilostemon,** Armenischer Storchenschnabel. Heimat ist die NO-Türkei und die SW-Kaukasusregion. Hinsichtlich der Verwendung in Steinanlagen handelt es sich bei dieser Art um einen Grenzfall, da die Pflanze doch ziemlich stattlich werden kann; an zusagenden Plätzen erreicht sie 80 cm Höhe und mehr. In mageren Böden kann sie wesentlich niedriger bleiben und die Sorte *G. psilostemon* 'Bressingham Flair' kann man uneingeschränkt für größere Anlagen empfehlen. Es ist eine aufrechte Pflanze mit gedrungenem Wurzelstock, großen grundständigen Blättern, die in 7 Abschnitte geteilt sind, wobei die Lappen etwas länger als breiter sind, zum Teil tief gezähnt mit mehreren Zähnen. Stengelblätter paarig, meist in 5 Abschnitte geteilt. Die Blüten sind aufrecht, flach schüsselförmig, strahlend magentarot, bei der Sorte 'Bressingham Flair' ist die Blütenfarbe etwas sanfter. ♃ [H] ○ ◐ ▲

Genranium sanguineum 'Jubilee Pink', Rosa Blutstorchenschnabel. Die Art *G. sanguineum* ist in vielen Teilen Europas, im Kaukasus, in Armenien und in Kleinasien beheimatet. Gehört neben *G. dalmaticum* zu den wichtigsten Storchenschnabel-Arten für Steinanlagen. Die Art ist niedrig, buschig, die Blätter haben fast bis zum Grund gelappte Abschnitte. Die Blütenstände sind locker, der Blütenstengel beblättert und die Teilblütenstände einblütig. Die Art ist sehr ausdauernd, hat unterirdische, sich gemäßigt ausbreitende Rhizome. Es gibt von dieser Art eine ganze Reihe von Sorten, wobei 'Jubilee Pink' mit zu den schönsten gehört. Die Pflanze wächst wesentlich gedrungener als die Art und zeigt magentarosa Blüten, die einen Durchmesser von etwa 38 mm haben. Die Blüte beginnt oft schon im Mai und zieht sich lange hin. Liebt sonnige Lage und stellt keine Bodenansprüche. ♃ ⌓ ⁝| ○ ◐ △ ▲
▽

Geranium renardii, Kreppblatt-Storchenschnabel. ▷ Heimat ist das Kaukasusgebiet. Eine niedrige, bis 30 cm hohe, sehr ausdauernde Art mit nierenförmig-rundlichen, langgestielten, flach geteilten und gelappten Blättern. Auffallend ist die arttypische, kreppartige Oberflächenstruktur, die etwas an Salbei erinnert und die Pflanze auch außerhalb der Blütezeit attraktiv macht. Der Blütenstand ist dicht, die Kronblätter sind keilförmig, gekerbt und die Grundfarbe ist weiß, dicht purpurviolett geadert. Der dauerhafte Wurzelstock ist dick, holzig und dicht auf der Erde kriechend. Wer Freude an den Pflanzen haben will, sollte sie in sehr mageren Boden setzen, damit sie nicht zu »fett« werden. Sie gedeihen auch in Felsspalten, wo sie einen kompakten, niedrigen Wuchs entwickeln. Die Pflanze gedeiht sowohl in sonniger Lage als auch im Halbschatten. Es kommt oft zur Selbstaussaat. ♃ ⁝| ○ ◐ △-▲

◁ **Geranium sanguineum 'Sheperds Warning',** Sheperds Blutstorchenschnabel. Diese Sorte ist ein weiterer Edelstein aus der Sanguineum-Gruppe. Die Blüten sind im Farbton noch etwas tiefer und intensiver rot als bei der vorher genannten Sorte 'Jubilee Pink'. Eine echte Warnfarbe, wobei zu sagen ist, daß beide genannte Sorten sich trotz ihrer leuchtenden Blütenfarben gut in Steinanlagen einfügen lassen, besser als bei der eigentlichen Art, deren magentaroter Blütenfarbton fast schon zu schreiend ist. Die Sorte 'Sheperds Warning' ist ebenfalls kompakter als die eigentliche Art und beide können in Mauerfugen gesetzt werden. Ebenfalls lassen sie sich in Zwischenräumen von Gehflächen verwenden. Die Art selbst wächst meist auf trokkenen Standorten in der Natur, oft zwischen niedrigen Sträuchern, hauptsächlich auf Kalkstein, sie ist aber nicht streng daran gebunden. ♃ ⌓ ⁝| ○ ◐ △-▲

◁ **Geranium sanguineum var. striatum** (*Geranium sanguineum* var. *lancastriense*), Lancaster-Storchenschnabel, Gestreifter Storchenschnabel. Wem alle bisher genannten Storchenschnabel in der Blütenfarbe zu aufdringlich waren, wählt diese Varietät, die eine blaß fleischrosa Blütenfarbe zeigt. Der Gesamteindruck entsteht aus einem schwach rosigen Grundton. Diese Pflanze ist nicht ganz einheitlich, sondern variiert in Wuchsform und Blattfarbe, es gibt kleine Formen und sehr zwergige. Die Blütezeit beginnt im Mai. Auch diese Pflanze kann in Trockenmauern, Plattenfugen, aber auch in größeren Flächen verwendet werden. Man sollte immer bedenken, daß man mit den meisten *Geranium* Pflanzen zur Verfügung hat, die eine ziemlich lange Blütezeit haben, die oft diejenige anderer Pflanzen, die für Steinanlagen geeignet sind, überdauert. Schöne Nachbarn sind niedrige Gräser. ♃ ⌓ ⁞ ○ ◐ △-▲

△
Geranium sylvaticum, Waldstorchenschnabel. Heimisch, wächst in Europa, W-Sibirien, Kleinasien, Armenien, im Kaukasus und dem Iran. Nicht an den Wald gebunden, die Art kommt auch in freien Lagen auf Wiesen, Hochstaudenfluren und ähnlichen Plätzen vor. Wegen des Höhenwachstums nur für größere Steinanlagen geeignet. Kann bis 60 cm hoch werden, die Höhe ist aber stark vom Ernährungszustand abhängig. In magerem Substrat bleibt die Pflanze kompakter. Eine Staude mit kurzem Rhizom mit meist grundständigen Blättern und tief 5–7teiligen Abschnitten, diese sind gezähnt oder fiederschnittig. An den aufrechten, etwas kantigen und oft rotbraun gefleckten Stengeln stehen die Blüten zu zweien in Trugdolden. Die Blütenfarbe ist rotviolett, das Zentrum der Blüten ist heller im Farbton, fast weiß. Von dieser Art gibt es auch eine schöne weißblühende Form ('Album'). ♃ 🅷 ○ ◐ ⊖ ▲

△
Geum coccineum 'Werner Arends', Gartennelkenwurz, Rosaceae, Rosengewächse. Die Art selbst ist in Kleinasien und auf dem Balkan beheimatet. Es ist eine lockere, 30–50 cm hohe Staude, mit kurz behaarten, aufrechten Blättern, auffallend großen, nierenförmigen Endblättchen, die viel größer sind als die Seitenblättchen. Schalenförmige, ziegelrote Blüten im Mai-Oktober. Neben der bekannten, wertvollen Sorte 'Borisii', die sich durch einen gedrungenen Wuchs auszeichnet, ist die abgebildete Sorte 'Werner Arends' zu empfehlen. Sie eignet sich sehr gut für Steingärten, da sie nur 25 cm hoch wird und orangerote, halbgefüllte Blüten hat. Die Pflanze remontiert auch sehr gut. Insgesamt gesehen ist diese Art und ihre Sorten feuchtigkeitsliebend, sie vertragen aber auch andererseits längere Trockenheit. Hübsche Nachbarn sind die Alpenastern und niedere gelbe Schafgarben. ♃ ○ ◐ △-▲

◁ **Geum montanum,** Gebirgsnelkenwurz. Wächst in Hochgebirgslagen von M- und S-Europa an steinigen Plätzen, offenen Wäldern und grasigen Hängen. Gewöhnlich breite Büschel formende Staude, die 10–20 cm hoch wird, keine Ausläufer macht und nur kurze Rhizome besitzt. Die Blätter sind unterbrochen leierförmig gefiedert, das spitzenständige Blatteil ist nieren- bis rundlich-herzförmig, gezähnt und bis 6 cm lang. Die Blüten haben einen Durchmesser von 2,5–4 cm, sie sind goldgelb, oft kopfständig oder, selten zu 3, an 10 cm hohen Stielen. Die Blütezeit reicht von Mai bis Juni. Eine Staude für Alpenpflanzenliebhaber, insgesamt zwar robust, aber andererseits nicht in jedem Gartenboden gut wachsend. Sehr hübsch ist die Partnerschaft mit Arten der *Gentiana*-Acaulis-Gruppe, speziell mit *Gentiana dinarica*. Verträgt sowohl sonnige als auch halbschattige Plätze. ♃ ⌓ ○ ◐ ⊖ △-▲ 🅽

◁ **Glaucidium palmatum,** Ranunculaceae, Hahnenfußgewächse. Heimat ist Japan (Hondshu und Hokkaido). Die Pflanzen können zwar unter Umständen bis 60 cm hoch werden, normalerweise werden sie aber nur 20–30 cm hoch, sie eignen sich daher gut für vorwiegend halbschattige Steingartenplätze. Die Pflanze besitzt einen etwas knolligen Wurzelstock. Der Stengel ist unverzweigt mit 2–3 langgestielten, hellgrünen Blättern. Diese können 20–30 cm breit werden, sie sind in der Jugend etwas behaart, später aber kahl und handförmig 5–7lappig geteilt. Die Blüten öffnen sich meist schon vor der Blattentfaltung. Sie haben einen Durchmesser von 5–7 cm, sie sind einzeln, endständig, schalenförmig und besitzen 4 Kronblätter. Die Blütezeit ist April-Mai, die Blütenfarbe ist zartlila, bei der Sorte 'Album' weiß. Liebt einen windgeschützten Platz und einen mildfeuchten humosen Boden. ♃ ⊟ ◐ ⊖ ○ △-◭

△ **Globularia cordifolia,** Polsterkugelblume, Globulariaceae, Kugelblumengewächse. Die Pflanze ist weit verbreitet über NO-Spanien, den Pyrenäen, Alpen, Alpenvorland, den Karpaten und den Balkan. Eigentlich keine Staude, sondern ein kleiner Zwergstrauch, der an den niederliegenden Zweigen an den Knoten wurzelt. Bildet schöne Matten und Polster mit 30 cm und mehr Durchmesser. Die immergrünen Blätter sind 1–2 cm lang, spatelig, verkehrt-eirund oder rundlich, manchmal mit kerbiger Spitze, mehr oder weniger glänzend tiefgrün. Die an 2–10 cm hohen Stengel stehenden blauen Blütenköpfe haben einen Durchmesser von 1–2 cm. Die Blütezeit liegt im Mai-Juni. Liebt einen vollsonnigen Platz im Steingarten, muß aber andererseits in Zentraleuropa vor Wintersonne geschützt werden. Schöne Nachbarn sind *Helianthemum.* Außer der blauen Art auch weiß und rosablühende Formen. ♄ ⁓ ⌓ ⁞ ⊡ ○ ◐ ◬-◭

△ **Globularia punctata** (*Globularia elongata, Globularia wilkommii*), Punktierte Kugelblume. Wächst von N-Frankreich bis Tschechien, südlich bis Spanien. Italien, Griechenland und S-Rußland. Besiedelt dort trokkene Hänge, Wiesen, Felsen, offene Wälder, meist auf Kalk vorkommend. Etwa 15–30 cm hohe, immergrüne Staude, die Rosetten bildet, aber keine Ausläufer treibt. Die unteren Blätter formen eine Rosette, sie sind verkehrteiförmig bis spatelig, gestielt, die Seitenadern sind deutlich erkennbar, die Stengelblätter sind verschmälert, lanzettlich-länglich, aufsitzend und vorne abgerundet. Die Blütenköpfchen sind reinblau und haben einen Durchmesser von etwa 1,5 cm, umgeben von zahlreichen Hüllblättchen, sie sind lanzettlich und zugespitzt. Es gibt auch eine seltene weißblühende Form, *G. punctata* 'Alba'. Die Pflanze liebt Kalk und keine Staunässe. ♃ ⁞ ⊞ ○ ◐ ◬-◭

△ **Globularia vulgaris,** Verbreitete Kugelblume. Kommt in den Bergen von N-, M- und Ostspanien vor und in S-Frankreich und Schweden. Es ist eine büschelförmige Pflanze von 20–25 cm Höhe ohne Ausläufer. Die Blätter sind elliptisch bis lanzettlich und an der Spitze befinden sich drei mehr oder weniger ausgeprägte Zähnchen. Die zahlreichen Hüllblättchen sind lanzettlich. Die Blütenköpfchen haben einen Durchmesser von 2–2,5 cm, sie zeigen einen schönen Blauton. Die Pflanze liebt einen sonnigen Stand und einen gut durchlässigen Boden. Kugelblumen sind keine auffälligen Steingartenpflanzen, aber wegen der allgemein seltenen Blütenfarbe gesucht. Unter den etwa 28 Arten der Gattung gibt es noch weitere, die sich für Steinanlagen eignen. Schöne Nachbarn sind das Dolomiten-Fingerkraut (*Potentilla nitida*), das Polsterseifenkraut (*Saponaria × olivana*) und kleine Gräser. ♃ ○ ⊖ ◐ ◬-◭

◁ **Gymnadenia conopsea,** Mückenhändelwurz, Orchidaceae, Orchideen. Ist in ganz Europa und östlich bis nach China verbreitet. Die Pflanze kommt stellenweise gehäuft vor, meist in trockenen Wiesen, lichten Wäldern, aber auch in kalkreichen Feuchtgebieten. Die meisten Erdorchideen sind im Garten schwierige Pfleglinge, die Mückenhändelwurz macht da eine Ausnahme. Die Pflanze kann zwischen 20 und 80 cm hoch werden, die 4–8 Blätter sind lineal-lanzettlich. Der Blütenstand ist dicht und vielblütig, die Blüten sind klein, kräftig rosa mit dreilappiger Lippe und sehr langem Sporn. Die Blütezeit liegt im Mai-August. Da man dieser Orchidee oft in den Bergen begegnet, möchte man sie gerne in Steinanlagen haben. Beim Erwerb darauf achten, daß sie aus gärtnerischer Kultur stammt, alle Erdorchideen sind geschützt. Diese Orchidee ist völlig winterhart und benötigt keinen Schutz. ♃ ⛰ ⊞ ○ ◐ △-▲

Gypsophila cerastioides, Hornkrautähnliches Schleierkraut, Caryophyllaceae, Nelkengewächse. Das Heimatgebiet geht von Bhutan bis Pakistan, wächst dort im felsigen Gelände in Höhen von 1200–4700 m. Der Boden ist steinig aber auch humusreich. Bildet kleine bis mittelgroße polsterförmige Matten mit 25 cm Durchmesser und größer. Wird bis 10 cm hoch. Die Blätter sind verkehrt-eiförmig, 6–10 mm lang, manchmal auch mehr, sie sind dicht flaumhaarig. Die Blüten, die 1 cm oder etwas mehr im Durchmesser haben, sind weiß und haben feine, purpurrote Linien, die vom Zentrum ausgehen. Sie stehen in kleinen Trauben und erscheinen ab Ende Mai-Sommer. Diese Pflanze erinnert mehr an ein Hornkraut (*Cerastium*) als an ein Schleierkraut. Die Pflanze ist wenig verbreitet und keine auffallende Erscheinung, aber wegen ihres verbindlichen Blütenfarbtons gut zu gebrauchen. ♃ ⌓ ⁞ ⛰ ○ ◐ △-▲
▽

Gypsophila aretioides, Faulblütiges Hartpolsterschleierkraut. Wächst in den höheren Bergen des Iran, im Kaukasus und in ihren Ausläufern. Eine ungewöhnliche Pflanze, die dichte buckelige Polster bildet, oft mit bis 30 cm und mehr Durchmesser. Die Stämmchen sind zwergig-schmal und haben graugrüne Blättchen. Sie sind so dicht gepackt, daß sich die Oberfläche hart und rauh anfühlt. Die perlweißen Blüten haben etwa 1 cm Durchmesser, sie sind einzelstehend und stengellos. Junge Pflanzen blühen kaum. Im eigenen Garten kam die Pflanze noch nie zur Blüte, aber auch die Polster schmücken. *G. aretioides* 'Caucasica' ist ein Typ der etwas kleiner und an der Oberfläche noch härter ist. Die selten erscheinenden Blüten zeigen rosa Adern. Die Pflanze liebt gut dränierte, sonnige Plätze. Sie ist empfindlich gegen starke Winternässe. Auch Alpinenhauskultur. ▷
♃ ⛰ ⌓ ⁞ ⊡ ○ ◐ △-▲

◁ **Gypsophila repens 'Rosea',** Kriechendes Schleierkraut, Teppichschleierkraut. Wächst in den Gebirgen von M- und S-Europa, auf Schotterfluren und steinigen Halden, meist auf Kalkböden. Lockerrasige Staude mit kriechenden oder aufsteigenden Stengeln, etwa 10 cm hoch. Die Pflanze ist locker beblättert, die Blätter sind lineal, graugrün, spitz. Bei der Art stehen die Blüten in nicht sehr dichten, rispigen Trugdolden, sie sind weiß und erscheinen im Mai-August. Außer der weißblühenden Art gibt es einige rosablühende Sorten. 'Rosea' blüht zartrosa, 'Rosa Schönheit' hat dunkelrosa Blüten, wobei diese Sorte auch kompakte Polster aufweist und attraktiv ist. 'Letchworth' wird gern an den Rand von Trögen und Kübeln gepflanzt, wo sie lang herunterhängt. Alle lieben im Garten einen sonnigen Platz und einen durchlässigen Boden. Namenssorten besser durch Stecklinge vermehren. ♃ ⋙ ⌓ ⁞ ⊡ ○ △-▲

◁ **Gypsophila repens var. pratensis,** Dichtpolsteriges Teppichschleierkraut. In der Literatur fälschlich auch als *G. repens* 'Fratensis' zu finden. Es ist eine sehr attraktive Varietät, die dichtpolsteriger ist und rosa Blüten besitzt, wie das Foto zeigt, das im Botanischen Garten von Kew aufgenommen wurde. Die Pflanzen hängen attraktiv herab, was sie auch zur Randbepflanzung von Trögen wertvoll macht. Die Polsterschleierkräuter vom *G. repens*-Typ sind alle wertvolle Steingartenpflanzen und zur Blütezeit im Mai-Juli gibt es genügend passende Partner, wie die Karpatenglockenblume (*Campanula carpatica*), Polsterglockenblumen (*C. portenschlagiana*, *C. poscharskyana*), Marokkanischer Hahnenfuß (*Ranunculus gramineus*), Sonnenröschen (*Helianthemum*-Hybriden), Ehrenpreis-Arten (*Veronica*), verschiedene Steinnelken (*Dianthus gratianopolitanus* -Sorten).
♃ ⁓ ⌓ ⁞ 🅃 ○ ◐ △-▲

△
Gypsophila-Hybride 'Rosenschleier', Großes Polsterschleierkraut. Ein sehr wüchsiges und dauerhaftes Polsterschleierkraut, das aus einer Kreuzung *G. paniculata* × *G. repens* 'Rosea' hervorgegangen ist und auch gerne als Vorpflanzung in Staudenrabatten und in Wildstaudenpflanzungen verwendet wird. Es ist wegen seiner Größe nicht für kleinere Steinanlagen geeignet, man sollte in größeren Steingärten aber nicht auf diese Pflanze verzichten. Die Blütezeit liegt im Juli und kann zu dieser Zeit etwa 40 cm hohe zartrosa, gefüllt blühende Polster bilden, die bis 1 m^2 Fläche bedecken können. Wo es die Größenverhältnisse zulassen, kann diese Sorte auch in Trockenmauern gepflanzt werden, wo sie halbkugelige Kissen bildet. Bei flächiger Pflanzung in größeren Steinanlagen eignen sich niedrige Sorten von *Salvia nemorosa* gut als Nachbarn zu *G.* -Hybride 'Rosenschleier'.
♃ ⌓ ⁞ 🄷 ○ ◐ ▲

Haberlea rhodopensis, Haberlee, Gesneriaceae, Gesneriengewächse. In den Rhodopen und anderen Balkangebirgen wachsend. Interessante Gattung, die ähnlich *Ramonda* Tertiärrelikte sind. Sie bilden Rosetten aus derben immergrünen, breitlanzettlichen, grob und einfach gesägten Blättern. Sie sind bis 4 cm breit, 13 cm lang, stumpfgrün, rauh, am Rande bewimpert. Schon die nichtblühenden Rosetten haben einen Schmuckwert. Im Mai-Juni erscheinen dann die lilablauen Blüten. Es gibt unterschiedliche Sorten. Die Sorte 'Virginalis' hat weiße Blüten mit gelblichen Schlundflecken. Der Blütenstengel ist blattlos und die 1–10 Blüten stehen endständig. Die Haberleen sind am zusagenden Platz sehr langlebig. An windgeschützten Plätzen, besonders in nordseitigen Trockenmauern, die ein Mindestmaß an Feuchtigkeit besitzen, fühlen sie sich auf anmoorig-kalkhaltigem Substrat wohl. ♃ ⁞ ⊞ ◐ ⊖ △-▲ ▷

Hacquetia epipactis, Schaftdolde, Umbelliferae (Apiaceae), Doldenblütler (Selleriegewächse). Wächst in den O-Kalkalpen, S-Sudeten und in den Karpaten, an grasigen, etwas feuchten Abhängen, in lichten Laubwäldern und im Gebüsch. Die Pflanze liebt auch im Garten einen humos-anlehmigen Boden, der frisch und kalkhaltig ist. Sie ist sehr dauerhaft und an zusagenden Plätzen sät sie sich auch aus. Es ist eine 10–25 cm hohe Staude, die einen knotig-brüchigen Wurzelstock besitzt und rundliche, handförmig geteilte, 3-5lappige Blätter. Sie sind immer grundständig und lang gestielt. Die Blüten entwickeln sich schon vor den Blättern, wobei sie in einer kopfigen Dolde zusammengedrängt sind. Was allgemein als grüne Kronblätter wirkt, sind nur blattartige Hüllblätter. Die Blütezeit ist bereits im März-Mai. Schön mit Gedenkemein (*Omphalodes verna*), Primeln, Lungenkräutern. ♃ ⊞ ◐ ⊖ ● △-▲ ▷

Hakonechloa macra 'Aureola' (Japan: ▷ 'Urahajusa Zuku'), Gelbbuntes Japangras, Gramineae (Poaceae), Gräser. Wächst in Japan, besonders an feuchteren Felspartien in den Bergen. Dieses Ziergras breitet sich durch Ausläufer aus, ist aber andererseits nicht raumgreifend, so daß man es auch in nicht zu kleinen Steinanlagen verwenden kann. Die am Naturstandort vorhandene Bindung an Feuchtigkeit ist im Garten weniger ausgeprägt. Im eigenen Garten wuchs die Pflanze jahrelang gut, obwohl sehr trocken am Fuße eines Wacholders. Insgesamt wird dieses Ziergras etwa 30 cm hoch und blüht im August-September. Die Blätter sind gelb und fein grün gestreift. Sie entwickeln sich einheitlich in eine Richtung, was einen guten Effekt ergibt. Wächst noch an sonnigen Plätzen, liebt aber eher halbschattige Partien. An wintersonnenexponierten Plätzen gibt man Winterschutz. ♃ ⟿ ⌃ ◐ ○ ⊖ △-▲

△

× **Halimiocistus revolii,** Hybridzistrose, Cistaceae, Zistrosengewächse. Es handelt sich dabei um interessante Gattungshybriden, die wegen der leichten Kreuzbarkeit von *Halimium* mit *Helianthemum* teils in England, teils in der Natur spontan entstanden sind. × *Halimiocistus revolii* ist eine Hybride aus *Halimium alyssoides* × *Cistus salviifolius.* Diese dekorative Pflanze ist in England in Steinanlagen zu finden. Sie dürfte aber in den meisten Gärten Mitteleuropas nicht hart genug sein, oder nur bei sorgfältigen Schutzmaßnahmen. Sicherer ist bei dieser Hybride die Alpinenhaus- oder Kalthauskultur. × *Halimiocistus revolii* ist ein kleiner Zwergstrauch, der im Alter etwa eine Höhe von 50 cm erreicht. Er ist dicht beblättert und immergrün. Die Triebe sind weiß-flaumhaarig. Die zahlreichen Blüten stehen in kopfständigen Trugdolden und sind weiß bis fahlgelb. ♄ ⓐ ⌃ Ⓗ ○ ▲

Hebe buchananii 'Minor', Buchanans Zwerghebe, Zwergstrauchveronica, Scrophulariaceae, Braunwurzgewächse. Heimat ist Neuseeland, die Southern Alps auf der Südinsel, wo sie in Höhenlagen von 900–1900 m wächst. Die Art und ihre Form gehört zu den härteren Heben, die auch gut in mitteleuropäischen Gärten wachsen. Die Art ist ein langsam wachsendes Sträuchlein von etwa 20 cm Höhe, kann aber im Alter 60–90 cm breit werden. Die Verzweigung ist kräftig und schwärzlich in der Farbe, dicht narbig und gedreht. Die Blätter sind breit-eirund, 3–6 mm lang und breit, blaugrün, oben dunkler, unten heller. Die weißen Blüten stehen in kurzen Ähren, etwa 2 cm lang. Blütezeit im späten Mai und frühen Juni. Diese harte Art, die bei Sonnenschutz auch für Tröge geeignet ist, wird in der Sonne mehr blaugrün. *H. buchananii* 'Minor' ist kleiner und kompakter! ♄ ⌓ ⊟ ○ ◐ ⧊-▲

▽

Hebe macrantha, Großblütige Hebe. Heimat ist Neuseeland, wo die Pflanze in den Canterbury Alps und in den Southern Alps zwischen alpinen Sträuchern in Höhen von 600–1500 m wächst. Es ist eine Art, die in strengen Wintern auch in England einmal auswintert, deshalb ist in Mitteleuropa unbedingt Schutz anzuraten. Eine eher verholzende und sparsam verzweigte Art, die bis 45 cm hoch werden kann. Die Pflanze ist außerhalb der Blütezeit nicht so attraktiv wie viele andere Heben, aber zur Blütezeit durch die verhältnismäßig großen Blüten auffallend. Die elliptischen Blätter sind dick und eher lederig, fahl- bis gelblichgrün in der Farbe, 1,3–2,5 cm lang und 6–13 mm breit. Die Blattränder sind stumpf oder nur mäßig gezähnt. An den Enden der Zweige stehen im Frühling (Mai) die großen, reinweißen Blüten, dicht geschlossen zu 2–6 Stück. Die Einzelblüte mißt 2,5 cm. ♄ ⓐ ⌃ Ⓗ ○ ▲

▽

Hedera helix 'Marginata', Weißrandiger ▷ Efeu, Araliaceae, Araliengewächse. Die Art selbst wächst in Europa, östlich bis Litauen und bis zur Ukraine. Es gibt von dieser Pflanze zahlreiche Formen, wobei die kleinblätterigen gut für Steinanlagen zu verwenden sind. Durch den kriechenden malerischen Wuchs bedingt, lassen sich auch panaschierte Sorten unbedenklich in naturnahe Anlagen einfügen, ohne zu stören. Nicht alle in Erwerbsgärtnereien erworbene sind völlig unempfindlich gegen Wintersonne, man muß hier oft etwas selektieren, was bei der leichten Vermehrbarkeit und dem günstigen Preis nicht schwierig sein dürfte. Man kann die immergrünen Pflanzen an senkrechten Flächen oder auch an Gehölzen hochranken lassen, wo sie sich mit ihren Haftwurzeln festhalten. Dekorativer ist jedoch ein dem Boden anliegendes Wachstum. Die Pflanze erträgt auch Trockenheit. ♄ ⁓ ⁞ 🅃 ◐ ⊖ ○ △-▲

△
Hebe ochracea 'James Stirling', Ockergelbe Hebe. Wächst auf der Südinsel von Neuseeland. In den Gärten ziemlich verbreitet, jedoch meist unter den falschen Namen *Hebe armstrongii* gezogen. Die Pflanze kann im Alter einen rundlichen Busch bis 60 cm Höhe bilden. Hat eine mehr starre, starke Verzweigung, bei der die Einzelzweige vierkantig sind, olivgrün und ockerfarben an der Spitze. Insgesamt erinnert die Pflanze etwas an eine kleine Konifere. Die kleinen weißen Blüten sitzen am Ende der Zweige in kleinen Ähren bis zu 10 und erscheinen im Mai-Juni. Die Sorte *H. ochracea* 'James Stirling' ist niedriger, verzweigter und auch wesentlich schöner als die Art. Sie hat die gleichen kleinen, dicht anliegenden Blätter, die Zweige sind aber mehr gelbgrün. Diese Art und die Sorte 'James Stirling' ist in den meisten Gärten Mitteleuropas bei etwas Schutz vor Wintersonne hart. ♄ ⊟ 🄷 ○ ◐ △-▲

◁ **Helianthemum cinereum,** Aschgraues Sonnenröschen, Cistaceae, Zistrosengewächse. Mehr mediterranes Europa, von Spanien bis Italien in Kalksteingebirgen, meist an sandigsteinigen, trockenen Plätzen. Bildet ein lockeres, polsteriges Sträuchlein, von grüner bis grausilbriger Farbe, überall mit aufrechten Zweigen besetzt. Die Blätter sind eirund bis lanzettlich mit rundlicher oder herzförmiger Basis. Die Blüten haben einen Durchmesser von 8–10 mm, sie sind gelb und stehen in rispigen Trauben. Die Blütezeit reicht von Mai bis zum Spätsommer. In sonnigen Steinanlagen gehören Sonnenröschen zu den lange blühenden Pflanzen und sollten nicht fehlen. Diese mediterrane Art benötigt in Mitteleuropa Winterschutz und ist mehr für Sammler und Spezialisten geeignet. Sie benötigt einen nicht zu nahrhaften, eher sandigsteinigen Boden in voller Sonnenlage, sie will »braten«. ♄ ⌓ ⁞ ⊞ ○ △-▲

Helianthemum-Hybride 'Henfield Brillant', Sonnenröschen-Hybride 'Henfield Brillant'. Es wurden zahlreiche Sonnenröschen-Hybriden gezüchtet, die das ganze Farbspektrum umfassen, bis auf violette und blaue Farbtöne. Oft sind die Hybriden auch zweifarbig blühend. Sie wachsen flach teppichartig mit einer Höhe von 10–20 cm und blühen von Juni bis September. 'Henfield Brillant' hat graugrüne Blätter und leuchtend orangerote Blüten, wird 20 cm hoch. Die Pflanze gehört leider zu den Sorten, die in Mitteleuropa etwas Winterschutz benötigen. Bei der Verwendung solch leuchtend-farbiger Sorten benötigt man in naturnahen Anlagen etwas Fingerspitzengefühl. Alle *Helianthemum*-Hybriden lieben vollsonnige Plätze. Empfehlenswert ist es, die Pflanzen nach der Hauptblüte im August zurückzuschneiden, damit der schöne, kompakte Wuchs erhalten bleibt. ♄ ⌓ ⁞ ⌃ ○ △-▲ ▷

Helianthemum-Hybride 'Lawreson Pink', Sonnenröschen-Hybride 'Lawreson Pink'. Eine weitere, weit verbreitete Hybride, die ebenfalls etwa 20 cm hoch wird, ein dunkelgrünes Blatt hat und eine lachsrosa Blüte mit hellerer Mitte. Durch den Blütenfarbton bedingt, läßt sich die Pflanze wesentlich leichter in naturnahe Pflanzungen einfügen. Diese Hybride ist auch etwas härter in Mitteleuropa als die vorhergenannte. Die Benachbarung der Sonnenröschen bereitet keinerlei Schwierigkeiten, da es im Stein- und im Heidegarten zu dieser Zeit genügend Partner gibt, so *Linum perenne*, *Campanula*-Arten, *Hieracium*-Arten, Zwergnadelgehölze, kleine Schwingel-Arten. Die *Helianthemum*-Hybriden haben doch ein gewisses Ausdehnungsvermögen, so daß in kleinen Steinanlagen oft die Proportionen gesprengt werden, deshalb sind sie nur für große Anlagen und »normale« Größen geeignet. ♃ ⌓ ⁞ ○ △-▲ ▷

◁ **Helianthemum morisianum,** Sardisches Sonnenröschen. Wächst in den Bergen von Sardinien. Es ist fraglich, ob diese Art der italienischen Flora den Artstatus verdient. Wahrscheinlich ist es eine Unterart von *Helianthemum nummularium*, von der die »Flora Europaea« alleine 8 Stück aufführt. Bildet lockere Matten mit grünen, 5–30 mm langen, lanzettlichen bis eirunden Blättern, die Blüten sind rosa aber auch weiß (Bild!). Diese südliche Pflanze benötigt in Mitteleuropa vorsorglich etwas Winterschutz und ist bedingt durch ihre Herkunft sehr sonneliebend. Um einen schönen kompakten Wuchs zu erhalten, sollte das Substrat mehr sandig-steinig und weniger humos-nahrhaft sein. Es ist ebenfalls ein dankbarer Dauerblüher, doch halten die Einzelblüten nicht so lange wie bei den gefüllt blühenden Hybriden. Auch diese Pflanze sollte von Zeit zu Zeit kräftig zurückgeschnitten werden. ♄ ⌓ ⁞ ⌃ ○ △-▲

△ **Helianthemum lunulatum,** Halbmondförmiges Sonnenröschen. Diese Art wächst in den Seealpen an sonnigen, steinigen Plätzen. Hübsche Art mit aufrechter Verzweigung in der Jugend, etwa 20 cm hoch. Die Blätter sind bis 1 cm lang, lanzettlich und grün. Die kopfständigen Blüten erreichen einen Durchmesser von 1,5 cm. Es gibt zwei von der Blüte her unterschiedliche Formen, solche mit einem halbmondförmigen, orangen Basalfleck und solche ohne diesen, wie bei der Abbildung, die eine Pflanze aus dem Botanischen Garten Kew zeigt. Diese reichblühende Pflanze sollte in exponierten Lagen in mitteleuropäischen Gärten etwas Schutz durch Koniferenzweige bekommen. Alle Sonnenröschen-Arten und -Sorten sind nicht nur gut geeignete Pflanzen für Trockenmauerkronen, sondern auch ideale Pflanzen für Trockenmauerfugen. Alle *Helianthemum* lassen sich durch Sommerstecklinge vermehren. ♄ ⌓ ⁞ ⌃ ○ △-▲

Helianthemum oelandicum ssp. alpestre (*Helianthemum oelandicum* ssp. *alpestris*), Alpensonnenröschen. Beheimatet in den Alpen und den Karpaten. Wächst ganz flach und wird nur 5–8 cm hoch, bildet dichtrasige Polster aus. Die Blätter sind sehr kurz gestielt, dunkelgrün, lanzettlich bis verkehrtlanzettlich, 0,6–1,8 cm lang und 0,2–0,6 cm breit, fein flaumhaarig, der Rand ist etwas zurückgerollt. Die gelben Blüten stehen in Trugdolden zu 2–10 und haben einen Durchmesser von 1,5 cm, sie erscheinen von Juni–August. Öfter finden sich diese Pflanzen in Katalogen und in Gärtnereien unter der Bezeichnung *Helianthemum serpyllifolium*, die völlig identisch ist mit der abgebildeten Unterart. Insgesamt gibt es von *Helianthemum oelandicum* fünf Unterarten, die alle voneinander etwas abweichend sind, *H. oelandicum* ssp. *alpestre* ist jedoch die schönste Unterart. ♄ ⌓ ⁞ 🅃 ○ ▲-▲ ▷

◁ **Helichrysum bellidioides,** Gänseblümchenartige Strohblume, Compositae (Asteraceae), Korbblütler (Asterngewächse). Eine halbstrauchige Pflanze aus Neuseeland (N- und S-Insel, Stewart-Insel, bis 1600 m Höhe). Bildet kriechende, bis 20 cm lange Triebe, die etwa 5 cm hohe Polster und Matten bilden. Die Triebe sind verzweigt und wurzeln, sie sind locker filzig behaart. Die Blätter sind normalerweise wechselständig, bis 6 mm lang, rundlich, keilförmig gespitzt, oberseits glatt und weißlich behaart. Die Blüten sind weiß, bis 3 cm breit. Sie stehen meist am Ende der etwa 10 cm hohen, aufrechten, fertilen Triebe, die Hüllblätter sind papierartig. Diese Pflanze ist in M-Europa empfindlich und braucht Winter- und Regenschutz. Besser ist das Alpinenhaus. Die Blütezeit geht von Juli-August. Liebt einen sonnigen Platz und ein nicht zu nahrhaftes, durchlässiges Substrat. ♃-♄ ⁓ ⌓ ⁞ ⌃ ○ ◬-▲

△
Helichrysum bellum, Schöne Strohblume. Eine sehr hübsche Pflanze, die hin und wieder angeboten wird, deren genaue botanische Bezeichnung aber nicht ganz gesichert ist, ebenso nicht ihre Herkunft. Trotz dieser Einschränkungen soll diese Pflanze erwähnt werden, da sie zu den feuchtigkeits- und kälteresistenten *Helichrysum*-Arten gehört. Bildet dichte, etwa 5 cm hohe Polster, aus denen sich im Mai-Juni die schönen kopfständigen Strohblümchen entwickeln. Sie sind weiß und haben eine gelbe Blütenscheibe. Sie stehen auf etwa 20 cm hohen, schlanken, mit anliegenden lanzettlichen Blättchen besetzten Stengeln. Fast alle staudigen und halbstrauchigen *Helichrysum* sind entweder empfindlich gegen Nässe oder Winterkälte oder gegen beides. Diese Art dagegen hat bisher jeden mitteleuropäischen Winter vertragen und auch gegen Dauerregen scheint sie ziemlich resistent zu sein. ♃ ⁓ ⌓ ○ △-▲

Helichrysum milfordiae, Milfords Strohblume. Bekannte, etwas halbstrauchige Art aus S-Afrika (Lesotho und Natal). Bildet hübsche, nur 3-5 cm hohe rasige Polster, bestehend aus kleinen Rosetten, die dicht silberzottig behaart sind. Die Blättchen sind elliptisch oder verkehrt-eirund bis halbspatelig, wechselständig und bis 1,5 cm lang. Die Blüten sind einzelstehend, groß und haben etwa einen Durchmesser von 3 cm. Beim Öffnen sind die Knospen zugespitzt, sie zeigen erst eine karminrosa Tönung, vollerblüht sind die Blüten weiß. Die Blütezeit liegt im Juni-Juli. Diese sehr hübsche Pflanze ist nicht immer ganz einfach im Garten, wo sie auf mineralischen Böden besser wächst als auf anderen. Sie liebt einen freien, sonnigen Stand, zieht aber nach Osten geneigte Flächen vor. Eine gute Dränage ist selbstverständlich. Zu vermehren hauptsächlich durch Teilung und Stecklinge. ♃-♄ ⌓ ⁞ ⌃ ⊡ ○ ◬-▲ ▷

Helichrysum thianshanicum, Tienschan-Strohblume. Diese bekannte Art ist in Turkestan beheimatet. Hübsche polsterrasige Pflanze, die 20-30 cm hoch wächst. Sie ist in allen Teilen wollig behaart. Die Stengel sind aufrecht und normalerweise verzweigt, die Grundblätter sind lanzettlich, die Stengelblätter lineal und sitzend. Die gelben Blütenköpfchen stehen in dichten Doldentrauben, sie erscheinen im Juni-Juli. Die ganze Pflanze duftet etwas aromatisch, ähnlich Liebstöckel, wobei der Geruch besonders nach einem Regen ausgeprägt ist. Eine hübsche und dankbare Pflanze, die volle Sonne benötigt. Das Substrat soll mehr mineralisch sein, also sandig-steinig und nicht zu nahrhaft. Gute Dränage ist Voraussetzung für gutes Gedeihen. In verdichteten Böden kommt es bei längeren Regenperioden zu Fäulnis. Gute Nachbarn sind blaue Frühsommerastern, *Prunella*, *Veronica*-Arten. ♃ ⌓ ⁞ ⊡ ○ △-▲ ▷

Helleborus multifidus ssp. istriacus, ▷ Grünblühende Lenzrose, Ranunculaceae, Hahnenfußgewächse. Die Art wächst in Slowenien, Istrien und in NO-Italien. Hat kräftige Wurzeln, die Basalblätter sind sommergrün, lederartig und fußspaltig, wobei die Teilblätter tief geteilt sind. Bei der abgebildeten Unterart sind sie weniger geteilt, die Segmente sind nur 10–14 cm lang und bis 3,5 cm breit, unten etwas fein behaart und der Rand ist fein gesägt. Die Stengel werden bis 30 cm hoch, sie sind grün, unten etwas purpurbraun. Die 3–8 Blüten stehen über dem verzweigten Laub, sie sind tassen- bis schalenförmig, nickend, leuchtendgrün und haben einen Durchmesser von etwa 4,5 cm. Die Blütezeit liegt in Mitteleuropa im März-April. Leuchtend grüne Blüten sind etwas außergewöhnlich, sie gehören aber dazu. In größeren Steingärten finden sich halbschattige oder absonnige Plätze. ♃ 🄷 ◐ ⊖ ● ○ △-▲

△
Helleborus foeditus, Stinkende Nieswurz. Heimat ist SW-Europa, wo die Pflanze an Waldrändern, im Laubwald und im buschigen Gelände, meist auf trockenem, kalkhaltigem Untergrund vorkommt. Keine ausgesprochene Pflanze für Steingärten, sie kann immerhin 60–80 cm hoch werden, andererseits kann diese immergrüne, etwas halbstrauchige Art dekorative Hintergrundbilder in Steinanlagen vermitteln. Bildet schöne, reichbeblätterte Stämmchen. Die Blätter sind fußförmig mit bis zu 11 Blattsegmenten. Die dunkelgrünen Blätter kontrastieren im Spätwinter sehr gut zu den hellgrünen Blütenanlagen. Die Blüten sind kugelig-glockig, beim Erblühen mit purpurfarbenen Rändern und Spitzen. Sie stehen zahlreich zu einer spitzen Rispe vereinigt am Ende der Stämmchen. Alte Pflanzen können auch bis zu 50 cm in die Breite gehen. Schutz vor Wintersonne ist nötig. ♃-ħ ⊞ ⌒ 🄷 ◐ ⊖ ● ○ ▲

△
Helleborus niger, Schneerose, Christrose. Heimat ist der NW-Balkan, der Apennin und die S-Kalkalpen, teilweise auch die nördlichen, wo die Pflanze in Bergwäldern, in den S-Alpen auch auf Kalkmagerrasen wächst. Diese langlebigen Stauden verdienen durchaus ihren Platz in Steinanlagen, vorausgesetzt, daß deren Fläche nicht zu beschränkt ist und diese nicht nur aus einem Südhang bestehen. Die Pflanze bildet einen kräftigen Wurzelstock aus kurzen, verzweigten Rhizomen und kräftigen braunen bis schwarzen Wurzeln. Die immergrünen Blätter sind 7–9teilig, dick, lederig und fußförmig. Zur Spitze hin sind sie unregelmäßig gezähnt. Der fleischige Blütenstengel ist rot gepunktet, er trägt eine meist reinweise Schalenblüte, deren Außenseite oft rötlich überlaufen ist. Es gibt Sorten mit unterschiedlicher Blütengröße und Blütezeit. (*H. niger* 'Praecox' ab Oktober.) ♃ ⊞ ◐ ⊖ ○ △-▲

◁ **Helleborus-Orientalis-Hybriden,** Bunte Lenzrosen-Hybriden. Das Vorkommen der Art liegt in Griechenland, der Türkei und im Gebiet östlich des Schwarzen Meeres. Während die Art wenig in Gärten verbreitet ist, sind es die bunten Hybriden um so mehr. Es sind kräftige, wintergrüne Stauden, die an starken Stielen fächerförmige Blätter mit 5–11 Einzelblättern tragen, die am Rande grob und doppelt gesägt sind. Da die Pflanzen 40–50 cm hoch werden können, aber auch breit, eignen sie sich nicht für kleine Anlagen. Die nickenden, später mehr seitlich bis aufrecht stehenden Blüten können ziemlich groß werden, oft bis 7 cm Durchmesser. Die Blütenfarbe kann sehr unterschiedlich sein, neben meist etwas stumpfen Rot-Nuancen gibt es weißgrüne, elfenbeingelbe, grüne, rosa und blaurot blühende Hybriden, oft innen punktiert. Auch gefüllt blühende Pflanzen sind bekannt. ♃ ⊞ 🄷 ◐ ⊖ ○ ▲

Helonias bullata, Sumpfnelke, Helonie, Liliaceae (Melanthiaceae), Liliengewächse. Das Naturvorkommen liegt in N-Amerika, wo sie besonders in *Sphagnum*-Sümpfen vorkommt. Es ist eine immergrüne Staude, die bis 45 cm hoch werden kann, in Kultur aber meist niedriger bleibt. Sie bildet rosettig angeordnete, dünne, lanzettliche Blätter, die aus dem dikken und knolligen Wurzelstock entspringen. Sie sind glänzend-dunkelgrün, 20–40 cm lang, 1–5 cm breit und haben parallele Nerven. Die Blüten stehen bis zu 30 cm hoch in dichten Ähren, sie sind rosa oder rosaviolett mit bläulichen Staubbeuteln. Die Blütezeit reicht von Ende April bis Anfang Juni. Die Pflanze liebt keinen Kalk und will anmoorige, feuchte Böden. In Steinanlagen bleibt ihre Verwendung auf den Steingartensumpf, auf Moorbeetflächen und auf Randbezirke von Bachläufen und vom Steingartenpool beschränkt. ♃ ⩫ ⊟ ○ ◐ ◬-◭ ▷

Hemerocallis-Hybride 'Little Orange Boy'. In den letzten Jahrzehnten wurden unzählige *Hemerocallis* gezüchtet, »normale«, aber auch viele kleine Miniatursorten. Viele dieser Zwerge zeigen auffallende Blütenfarben oder auch Blütenfarbenkombinationen, die meist so leuchtend sind, daß sie in naturnahen Pflanzungen stören. Hier ist das Fingerspitzengefühl des Pflanzenden gefordert. In regelmäßigen Steinanlagen muß man sich in dieser Hinsicht weniger Beschränkung auferlegen. Die abgebildete Sorte ist lediglich ein Beispiel für viele andere niedrige Sorten. Von 20 cm Höhe bis zu einen Größenwachstum, das die Verwendung in Steinanlagen unmöglich macht, ist alles vorhanden. Die Pflanzen wollen eine sonnige Lage, sie kommen aber auch noch im lichten Halbschatten vor. An den Boden werden keine großen Ansprüche gestellt, jeder nahrhafte Gartenboden ist geeignet. ♃ 🄷 ○ ◐ ◭

▽

◁ **Hemerocallis middendorffii,** Middendorffs Taglilie, Liliaceae (Hemerocallidaceae), Liliengewächse (Tagliliengewächse). Die Heimat liegt in O-Asien, wo sie im Amurbecken, auf Sachalin und auf Hokkaido (Japan) wächst. Es gibt einige Taglilien-Arten, die durchaus ihren Platz in größeren Steinanlagen finden können, so *H. dumortieri* (50–60 cm) oder *H. minor* (40–60cm). Auch *H. middendorffii* mit 60–80 cm Höhe kann in größeren Anlagen noch eine Hintergrundfunktion übernehmen. Auch der Laubbusch ist bereits zierend, dessen Blätter flach, glatt, etwa 1,5 cm breit und nach oben hin umgeschlagen sind. Die gelborangen Blüten sind fast geruchlos, schalenförmig und erreichen einen Durchmesser von etwa 7–8 cm. Die 5,5 cm langen Sepalen sind elliptisch, die um 1 cm längeren Petalen mehr spatelförmig. Die Blütezeit liegt im Juni, sie remontiert im September. ♃ 🄷 ○ ◭

Hepatica × media 'Ballardii' (*Hepatica × ballardii*), Steriles Ballard-Leberblümchen, Ranunculaceae, Hahnenfußgewächse. Leberblümchen erfreuen sich zunehmender Beliebtheit, was schon an den astronomischen Preisen für einzelne Arten zu erkennen ist. Die sterile Hybride *Hepatica × media* 'Ballardii' ist aus einer Kreuzung von *H. nobilis* mit *H. transsylvanica* hervorgegangen. Diese hat verhältnismäßig große Blütenschalen und tiefblaue Blüten. Bei der abgebildeten Pflanze dürfte es sich höchstwahrscheinlich um *H. × media* 'Buis' handeln, die große silberblaue Blüten aufweist. Leider gibt das moderne Farbfilmmaterial trotz aller technischen Fortschritte solch komplizierten Farbtöne nicht richtig wieder, die Abbildungen zeigen daher immer ein zu rotstichiges Blau. Leberblümchen setzt man im Steingarten am besten an eher absonnige oder lichtschattige Plätze. ♃ ⊞ ◐ ⊖ ○ ◬-◭ ▷

Hepatica nobilis, Leberblümchen. Das Vorkommen erstreckt sich von Europa bis O-Asien, wo es besonders in Laubwäldern zu finden ist. Entsprechend dem riesigen Verbreitungsgebiet haben sich viele, etwas unterschiedliche Formen herausgebildet. Wird normalerweise 10–15 cm hoch und hat gut ausgebildete, dreilappige Blätter, deren Abschnitte ganzrandig sind. Diese sind dunkelgrün und unterseits oft violett getönt. Wenn der Standort geschützt und die Pflanze pilzfrei ist, sind die Blätter wintergrün. Im Frühling erscheinen erst die Blüten und dann die neuen Blätter. Die Blütenfarbe ist sehr unterschiedlich und Ausgangspunkt für Leberblümchen-Sammlungen. Hellblau, dunkelblau und hellblauviolett sind die Hauptfarben, aber auch Sorten mit weißen, rosa und roten Blüten sind bekannt, dazu kommen noch halbgefüllte und gefüllte Formen. Blütezeit März-April. ♃ ⊞ ◐ ⊖ ○ △-▲ ▷

△
Hepatica nobilis 'Alba', Weißblühendes Leberblümchen. Öfter im Angebot findet sich die weißblühende Form des Leberblümchens. Es ist sehr reichblühend und unterscheidet sich sonst kaum von der Art in ihren Eigenschaften und Ansprüchen. Sehr sonnig-trokkene Lagen sollte man meiden, lichter Halbschatten und absonnige Stellen sind günstig. Der Boden sollte etwas humos und kalkhaltig sein, mit anlehmig, humos-kalkhaltig ist die Forderung wohl richtig umschrieben. Trotz der frühen Blüte im März-April (oft auch schon im Februar), gibt es eine große Auswahl an geeigneten Partnern. Dazu gehören Amur-Adonisröschen, Veilchen, Kissenprimeln, Haselwurz, Frühlingswaldwicke, Seidelbast, Zahnwurz, Schneeheide, Lerchensporn, Apennin-Anemone, Lenzrosen. Alle genannten Arten haben in etwa die gleichen Ansprüche an Standort und Boden wie Leberblümchen. ♃ ⊞ ◐ ⊖ ○ △-▲

△
Hepatica nobilis 'Plena', Gefülltes Leberblümchen. Schon seit dem Mittelalter finden sich gefüllte Leberblümchen in den Gärten. Durch die notwendige, aber wenig ergiebige vegetative Vermehrung bedingt, sind es immer Raritäten geblieben. Die abgebildete gefüllte Form unseres blauen Leberblümchens ist seltener anzutreffen als die gefüllte rote Form. Von den blauen, gefüllten Leberblümchen gibt es andererseits wieder unterschiedliche Sorten, wobei manche eher zu einem reinen Blauton tendieren, oder andere, wie die abgebildete Form, haben eher violettblaue Blüten. Alle sind echte Gartenschätze, die man möglichst wenig stören sollte, wenn ihnen ein Gartenplatz besonders zusagt. Zu den gesuchtesten Typen der Sammler gehört sicher *H. nobilis* 'Alba Plena', leider ist diese Form kaum erhältlich. Die Ansprüche all dieser Spielarten unterscheiden sich kaum von der Art. ♃ ⊞ ◐ ⊖ ○ △-▲

△
Hepatica nobilis 'Rubra Plena', Rotgefülltes Leberblümchen. Uralter Gartenschatz seit dem Mittelalter. Auch bei ihr gibt es etwas abweichende Formen hinsichtlich des Rottones, der Blütengröße und Dichte der Füllung. Die Pflanze ist auffällig und wird im Garten von Besuchern bestaunt. Eine Kombination von *Daphne mezerum* 'Album', *Crocus tommasinianus* und dem gefüllten roten Leberblümchen ist eine Attraktion. Leider werden Leberblümchen von Blattkrankheiten befallen, welche sich erst durch braune Flecken, später durch das Schwarzwerden und Absterben des ganzen Blattes bemerkbar machen. Hier muß der Liebhaber über seinen eigenen Schatten springen und vorbeugend mit einem Fungizid spritzen. Vermehrt werden all die schönen Formen durch Teilung älterer Stauden (nicht zu oft!). Weitere Sammlungsobjekte sind die vielen Formen mit Blattzeichnungen. ♃ ⊞ ◐ ⊖ ○ △-▲

◁ **Hermodactylus tuberosus,** Wolfsschwertel, Iridaceae, Irisgewächse. Wächst im Mittelmeergebiet von S-Frankreich bis nach Griechenland, meist auf Wiesen in Küstennähe. Aus diesem Grund ist die nahe mit *Iris* verwandte Pflanze auch nicht völlig winterhart. Es wird eine Untergrenze von –15°C angegeben. Deshalb muß vorbeugender Winterschutz gegeben werden oder es wird die Kultur im Alpinenhaus vorgezogen. Bildet eine fleischige, länglich-unregelmäßige Knolle, die waagrecht im Boden liegt. Die unteren Blätter sind scheidenartig, die anderen erinnern etwas an diejenigen von *Iris reticulata.* Der Stiel ist mit Schuppenblättern besetzt, er wird 20–25 cm hoch und trägt die etwa 5 cm große Blüte. Sie ist grünlich-durchsichtig, dunkelbraun oder bläulich am Hängeblatt. Die Blätter entwickeln erst nach der Blüte ihre volle Länge von etwa 50 cm. Liebt Kalk im Boden. ♃ ◘ ⌂ ⊞ ⌒ ○ △-▲

△

Heuchera cylindrica, Walzenförmiges Purpurglöckchen, Saxifragaceae, Steinbrechgewächse. Heimat ist W-Nordamerika, von Britisch Kolumbien bis Kalifornien. Keine so auffallende Schönheit wie die bunten Hybriden, aber sehr gut in Steinanlagen passend. Die Pflanze bildet schöne Blattschöpfe mit herzförmigen, gelappten Blättern von dunkelgrüner Farbe. Der Blütenstengel trägt kleine bräunliche Blüten, die weiße Form, *H. cylindrica* 'Alba' mit ihren cremefarbenen Blüten ist attraktiver. In den Siskiou-Mountains gibt es auch zwergige Formen mit nur 20–25 cm Höhe. Aber auch die höheren Typen lassen sich in Steinanlagen gut einfügen, ihre schlanken dünnen Blütenstengel stören die Proportionen nicht. Ein leicht beschatteter Gartenplatz wird vollsonnigen Plätzen vorgezogen. Der Boden sollte etwas frisch sein, längere Trockenzeiten werden meist schlecht ertragen. ♃ ⁞ H ◐ ⊖ △-▲ N

Heuchera micrantha, Kleinblütiges Purpurglöckchen. Hat etwa das gleiche Verbreitungsgebiet im westlichen N-Amerika wie die vorstehende Art. Die grau gezeichneten Blätter sind hübsch. Blattstengel und Blütenstiele sind an der Basis weißhaarig. Die Blätter sind flach gelappt. Die Pflanze entwickelt zahlreiche Blütenstengel mit unzähligen kleinen rötlichweißen Blütchen, die an einen kleinen Insektenschwarm erinnern. Die Pflanze kann zwar bis 90 cm hoch werden, dies ist aber die Ausnahme, meist erreichen sie eine Höhe von 30–50 cm. Auch sie kann trotz ihrer Endgröße in Steingärten verwendet werden, die schlanken Blütenstengel und die duftigen zarten Blüten wirken insgesamt auflockernd. Die Pflanzen wachsen selbst noch in ost- und westseitigen Trockenmauerfugen, wenn ein Mindestmaß an Bodenfeuchtigkeit vorhanden ist. Hinsichtlich Bodenraktion ist die Pflanze indifferent. ♃ ⁞ H ◐ ⊖ △-▲ N ▷

Heuchera micrantha var. diversifolia 'Palace Purple', meist einfach unter der Bezeichnung *Heuchera* 'Palace Purple' bekannt, Purpurblatt. Manchmal wird die botanische Stellung auch angezweifelt und die Pflanze als Hybride betrachtet. Ungeachtet botanischer Unstimmigkeiten ist es eine hübsche Pflanze, die in kürzester Zeit Gärtnereien und Gärten eroberte. In Deutschland wurde sie von den Staudengärtnern zu einer der drei Stauden des Jahres 1994 erkoren. Gegenüber *H. micrantha* fällt sie durch das eindrucksvolle, glänzende, tief purpurbronzefarbene Laub auf, von dem sich die vielen kleinen, weißen Blüten gut abheben. Besonders für etwas halbschattige Gartenplätze. Sehr schön sind die filigranartigen Blütenstände vor dunklem Hintergrund. Die Pflanze wird etwas breiter als andere *Heuchera*-Arten und -Sorten, deshalb ist die Staude nicht für kleine Anlagen geeignet. ♃ ⌓ H ◐ ⊖ ○ ▲ ▷

◁**Heuchera × brizoides 'Widar',** Rotes Purpurglöckchen, Blutströpfchen. Ein Elter ist *H. sanguinea.* Diese Art ist in den USA, in Arizona, New Mexico und in N-Mexiko beheimatet. Von ihr gibt es eine ganze Anzahl Formen und Hybriden, die sich trotz ihrer roten und rosa Blütenfarben gut in Steinanlagen verwenden lassen. Ihr zartes Laub ergibt keinen »Paukenschlag«. Die Pflanzen werden 30–40 cm hoch, manche Hybriden auch 60 cm und höher. Die Blätter sind rundlich-herzförmig und nur mäßig 5–7fach gelappt, sie sind gezähnt und bewimpert, der Stengel ist abstehend behaart. 'Widar' hat besonders hohe Blütenstengel, sie können 60–80 cm hoch werden, die Pflanze ist wüchsig und strahlend scharlachrot. Weitere schöne Sorten sind 'Feuerregen' (rot), 'Carmen' (dunkelrot), 'Rakete' (zinnoberot), 'Red Spangles' (leuchtend scharlachrot). Sie können sonniger stehen. ♃ 🄷 ◐ ○ ⊖ △-⚠

Hieracium intybaceum, Zichorienartiges ▷ Habichtskraut, Compositae (Asteraceae), Korbblütler (Asterngewächse). Die Gattung *Hieracium* ist ziemlich groß und vielgestaltig. Von diesen sind nicht sehr viele in Kultur. Alle haben eine mehr oder weniger unregelmäßige Wuchsform. In Steinanlagen kann aber die eine oder andere Art Verwendung finden. *H. intybaceum* ist eine Pflanze der Alpen und der Vogesen. Bildet schopfige bis schmal-buschige Pflanzen von 10–30 cm Höhe und keine eigentlichen Basisblätter, doch finden sich oft am Unterteil der Stengel gehäuft Blätter, die eine Basisrosette vortäuschen. Die 3–16 cm langen Blätter sind länglich-lanzettlich, gezähnt, von eher gelbgrüner Färbung und mit klebrigen Drüsenhaaren besetzt. Die 1–6 Blütenköpfe haben einen Durchmesser von bis 3,5 cm und sind fahl gelb. Dieses Habichtskraut eignet sich für naturnahe Gestaltungen. ♃ ⁞ ○ ⊖ ◐ △-⚠

△
Heuchera sanguinea 'Snow Storm', Panaschiertes Purpurglöckchen. Unter diesem Namen wird eine attraktive Form (weiße Flecken auf den grünen Blättern) angeboten. Diese marmorierten Blattrosetten sind auch außerhalb der Blütezeit ein Schmuckstück. Dabei ist die weiße Farbe im Zentrum stärker und am Rand zu überwiegt der Grünton. Solche Formen und auch die Hybriden werden selbstverständlich nur vegetativ vermehrt, teils durch Teilung, durch Rißlinge oder durch Stecklinge, wobei ein kleines Stück vom »alten Holz« vorhanden sein soll. Die *Heuchera* lieben allgemein gesehen einen frischen, humosen, nährstoffreichen Boden, der möglichst eine neutrale Bodenreaktion haben sollte. Bei strengen Lehmböden sollte man Torf oder Rindenhumus zusetzen. Halbschattige Lagen oder auch sonnige, wenn ein Minimum an Bodenfeuchte gewahrt bleibt, werden bevorzugt. ♃ ◐ ○ ⊖ △-⚠

◁**Hippocrepis comosa,** Hufeisenklee, Leguminosae (Fabaceae), Hülsenfrüchtler. Wächst in W-, M- und S-Europa, nördlich bis England gehend, wo die Pflanze in etwas lückenhaften Trocken- und Halbtrockenrasen auf warmen, sonnigen, stickstoffarmen, lockeren und basischen Böden vorkommt. Die Pflanze ist am Grund leicht verholzt und niederliegend bis aufsteigend. Hat zahlreiche, 10–30 cm lange, ausgebreitete Stengel. Die Blätter sind langgestielt und 5–7paarig. Die Einzelblättchen sind meist verkehrt-eiförmig und sitzend. Die Pflanze entwickelt 5–12blütige, langgestielte Dolden, die Blüten sind gelb. Die Hülsen haben wenige hufeisenförmige, bei Reife braune Glieder. Die Blütezeit reicht von Mai-Juli. Im Steingarten besonders für sonnige Südseiten in einem mehr anlehmigen, aber trotzdem durchlässigen Boden. Sämlinge sollten frühzeitig an den endgültigen Platz kommen. ♃ ⇝ ⌓ ⁞ ⊞ 🅃 ○ ⚠-⚠

◁ **Holcus mollis 'Albo-variegatus',** Weiß-panaschiertes Honiggras, Gramineae (Poaceae), Gräser. Die eigentliche Art ist in ganz Europa bis auf den Nordosten verbreitet und hat für den Garten kaum Bedeutung. Die weißbunte Form dagegen ist an manchen Stellen des Steingartens durchaus erwünscht. Diese Varietät ist nicht so wüchsig wie die Art. Sie hat an den Rändern breite weiße Streifen und im Zentrum einen schmalen grünen. Die Blätter werden meist nur 10 cm lang, mit Blüte werden etwa 30 cm erreicht. Dieses Ziergras kommt wesentlich weniger zum Blühen als die Art. Vermehrt werden solche panaschierten Gräser immer vegetativ (Teilung), da bei Aussaaten wieder die reingrüne Art entsteht. Die Art bevorzugt zwar etwas leicht sauere Böden, sie und die panaschierte Form wachsen aber auch auf leichten Kalkböden. Das Substrat sollte eine milde Feuchte aufweisen. ♃ ○ ⊖ ◐ △-▲

△
Hosta gracillima 'Variegata' (*Hosta* 'Vera Verde'), Liliaceae (Hostaceae), Liliengewächse (Funkiengewächse). Unter den *Hosta*-Hybriden und -Formen gibt es zahlreiche Sorten, die von der Größe her gut in Steinanlagen passen. Hinsichtlich der Namensgebung dieser Pflanze gibt es unterschiedliche Meinungen. Teilweise wird sie als Sport von *Hosta gracillima* angesehen, teilweise als Abkömmling von *Hosta cathayana.* Unabhängig davon ist es eine kleine *Hosta*, die etwas stärker ausläufertreibend ist. Sie hat aufrechte, lanzettliche, etwa 12 cm lange Blätter, die eine grüne Grundfarbe aufweisen und einen cremefarbenen Rand. Die Blütenstengel werden etwa 15 cm hoch, die Blüten sind mauvefarben und erscheinen im Hoch- und Spätsommer. Sie verträgt sowohl Schattenlagen als auch wechselsonnige Plätze. Deshalb für viele Steingartenplätze brauchbar, außer für Südlagen. ♃ ⁓ ◐ ⊖ ● △-▲

△
Hosta-Hybride 'Sea Sprite'. Eine hübsche kleine *Hosta*, die sehr viel Ähnlichkeit mit den Sorten 'Kabitan' und 'Rheingold' hat. Der wesentliche Unterschied liegt in der Grundfarbe, diese ist mehr chartreuse und nicht so gelb. Das Blatt zeigt eine mehr oder weniger ausgeprägte Wellung. Aufrecht wachsend, etwa 20 cm bei einem Pflanzen-Durchmesser von etwa 35 cm. Die Blätter sind etwa 2,5 cm breit und besitzen 3 Adern. Die Form ist lanzettlich und der Rand ist grün. Besitzt eine größere Sonnenresistenz als die ähnliche 'Kabitan'. 'Sea Sprite' wächst gut. Die Blüten sind trichterförmig, fahl orchideenlila mit leichten Streifen, sie stehen an etwa 35 cm hohen Stengeln. Die Pflanze kann sowohl im Schatten stehen, verträgt aber auch einiges an Sonne. Gut in Steingärten in O-und W-Lager., aber auch in nördlich geneigten Flächer.. Liebt frische, mildfeuchte und möglichst humusreiche Böden. ♃ ◐ ⊖ ● △-▲

Hosta-Hybride 'Silberlöffel'. Diese weißgerandete Sorte ist in ihrem Wuchs wesentlich gemäßigter als die vorstehend genannten Sorten und es dauert einige Zeit, bis sich ein stattlicher Horst entwickelt. Der Horstdurchmesser beträgt etwa 30 cm und die Höhe des Blütenstengels kann bis zu 50 cm gehen. Dieser ist schlank und elegant, deshalb stört die Pflanze auch in kleineren Pflanzflächen nicht. Das Blatt ist spitz-oval, die Grundfarbe ist grün und der Rand weiß. Buntblätterige *Hosta*, aber auch panaschierte Typen, müssen mit etwas Fingerspitzengefühl in Steinanlagen eingeordnet werden, besonders in naturnahen Pflanzungen. Großzügiger kann man damit umgehen, wenn es sich um eher dekorative Anlagen handelt. 'Silberlöffel' stellt die gleichen Ansprüche wie die vorstehenden Sorten. Die Bandbreite geht von schattigen Lagen bis zu wechselsonnigen Plätzen, bei frischen Böden. ♃ ◐ ⊖ ● △-▲ ▷

Hosta-Hybride 'Rheingold'. Ähnlich der ▷ Sorte 'Kabitan', doch wesentlich gesünder und wüchsiger. Der Horstdurchmesser kann bei älteren Pflanzen bis 40 cm betragen und die Höhe des Blütenstengels bis 50 cm. Die Blätter sind oval-lanzettlich, in der Grundfarbe gelb-chartreuse mit grünem, gewelltem Rand. Auch bei dieser Sorte sind wechselsonnige Plätze durchaus verträglich, wobei dies selbstverständlich mit von der Bodenfeuchtigkeit abhängig ist. Zwergige *Hosta* wirken besonders gut als Partner zu Zwerggehölzen. Ideal ist die Partnerschaft zu frühlingsblühenden Zwiebelblumen. Da die *Hosta* verhältnismäßig spät austreiben, verdecken sie mit ihren neuen Blättern wohltuend die verblühenden und bald einziehenden Reste der Zwiebelblumen. Besonders gut wirken *Hosta* mit ihrem aufstrebenden oder überhängenden Wuchs auch zwischen matten- und polsterbildenden Pflanzen. ♃ ◐ ⊖ ● △-◬

△
Hosta lancifolia 'Frühlingsgold'. In England stellt man teilweise diese Pflanze nicht zu *H. lancifolia* (welche nach W. George Schmid auch nur eine Sorte und keine Art ist), sondern betrachtet sie als Abkömmling von *H. sieboldii.* Eine hübsche kleine *Hosta,* bei der die Blätter zart gelb und grün gestreift sind, der Rand ist dabei grünlich. Diese Farbkombination ergibt insgesamt ein angenehmes Chartreuse; sie ist nicht schreiend und deshalb kann diese Pflanze auch noch bei naturnahen Gestaltungen verwendet werden. Die Blätter sind oval-lanzettlich und haben eine leichte Wellung. Die Höhe der Pflanze beträgt etwa 35 cm. Die Ansprüche sind gleich den vorhergenannten Sorten, trockene sonnige Lagen sollte man meiden. Vermehrt werden die Sorten durch Teilung. Die Pflanzen ertragen diesen Eingriff während der gesamten Vegetationsperiode, besonders günstig im Frühling. ♃ ◐ ⊖ ● △-◬

△
Hosta lancifolia 'Subcrocea'. Auch bei dieser kleinen *Hosta* ist die Namensgebung etwas unklar. Sie wird auch oft zu *H. sieboldii* gestellt und muß dann *H. sieboldii* 'Subcrocea' heißen. Wer diesen Unklarheiten aus dem Weg gehen will, verwendet nur den Sortennamen. Die Pflanze bildet oft keine geschlossenen runden Horste, sondern ist im Alter mehr mattenbildend. Die lanzettlichen Blätter sind hell-schwefelgelb bis goldgelb, wobei die Färbung stark von der Gartensituation und der Besonnung abhängig ist, in schattigeren Partien geht die Färbung auf grün zu. Die Blätter sind leicht gewellt, die Pflanze wird etwa 25 cm hoch. Die Blütezeit reicht von Juni-Juli. Ein schöner Steingartenplatz findet sich zwischen Zwergrhododendron-Arten und -Hybriden. An den Boden stellen *Hosta* keine großen Ansprüche, doch werden leichte, humose und mildfeuchte Substrate bevorzugt. ♃ ◐ ⊖ ● ◬-◬

△
Hosta venusta 'Variegata', Panaschierte Zwerghosta. Eine gesuchte kleine Zwergform. Die Art selbst ist in Korea beheimatet, Fundorte in Japan stammen wahrscheinlich aus eingeführten Pflanzen. Schon in der Natur zeigt sich diese kleine Art mit kriechenden Rhizomen sehr variabel. Sie hat 2–6 cm lange, oben geflügelte, schmalrinnige Blattstiele, die zur Basis zu etwas rosapurpurn gefleckt sein können. Die Spreite ist unten herzförmig und nach oben zu gespitzt. Der Rand ist flach oder nur leicht gewellt. Die Angaben hinsichtlich der Blattgröße schwanken, es gibt etwas größerblätterige mit bis 6,5 cm langen und kleinblätterige mit bis 3 cm langen Blättern. Beide sind im Handel verbreitet. Die Blattfarbe zeigt ein stumpfes, mittleres Olivgrün und die Blätter haben 3–4 Nervenpaare. Die Form 'Variegata' ist sehr elegant und hat ein cremeweißes Zentrum. Die Pflanze wird nur 15–20 cm hoch. ♃ T ◐ ⊖ ● ◬-△

◁ **Houstonia caerulea,** Porzellansternchen, Rubiaceae, Krappgewächse. Vorkommen in Nordamerika von Neuschottland bis Quebec, Ontario und Wisconsin, südlich bis Georgia, wo sie an nassen Felsen und an feuchten grasigen Stellen wächst. Diese in Kultur nicht sehr ausdauernde Pflanze wächst in 5–15 cm hohen Büscheln, mit aufrechten, wenig verzweigten, dünnen Stengeln, an dem die 6–9 mm langen, länglich bis eirund-spatelförmigen, mehr oder weniger behaarten Blättchen stehen. Die unteren sind kurz gestielt, die oberen sind aufsitzend. Die kleine Krone ist trichterförmig (etwa 1 cm im Durchmesser), sie ist hell blauviolett oder annähernd weiß mit einem gelben Auge, blüht April–Juni. Sie zieht Halbschatten und einen feuchten, humosen, kalkfreien Boden vor. Wegen ihrer Kurzlebigkeit kann man die Pflanze auch als Einjahrs- oder Zweijahrspflanze behandeln. ⊙-⊙-♃ ⌇ ⌓ ⁞ ⊟ ◐ ⊖ ⚠-△

Houttuynia cordata 'Chamäleon', Buntblätteriger Molchschwanz, Sauruaceae, Molchschwanzgewächse. Diese nur eine Art umfassende Gattung wächst vom Himalaja bis nach Japan. Es ist eine krautige Staude, wobei die buntpanaschierte Sorte 'Chamäleon' eine alte japanische Kulturform ist. Die gesamte Pflanze hat einen etwas pfefferartigen Geruch. Die Art wächst auch noch in eher trockeneren Bereichen, obwohl die Pflanze eigentlich gerne sumpfig steht. An den kriechenden Stengeln stehen die herzförmigen Blätter, die bei der Sorte 'Chamäleon' eine grün-gelb-rote Färbung haben. Die Blüten haben vierlappige, weiße Hochblätter. Die Pflanze ist wuchernd, was allerdings von Garten zu Garten unterschiedlich ist. In trockeneren Böden und in winterkalten Gebieten von M-Europa, wo sie durch Zurückfrieren in ihre Schranken verwiesen wird, ist das Wachstum stark gebremst. ♃ ⌇ ⌇ ⌓ ◐ ○ ⊖ △-⚠ ▷

Hyacinthoides hispanica (*Scilla hispanica, Scilla campanulata, Endymion hispanicus*), Glockenscilla, Liliaceae (Hyacinthaceae), Liliengewächse (Hyazinthengewächse). Heimat ist Spanien und Portugal. Es ist eine weit verbreitete, 20–30 cm hohe Pflanze mit großen, fleischigen Zwiebeln. Sie treibt im Frühling breit-lanzettlich, glänzende Blätter, die dichte, rosettenartige Horste bilden. An kräftigen Stielen stehen die Blüten in pyramidalen Trauben. Die einzelnen Blüten sind glockig mit zurückgebogenen Zipfeln, hängend, meist blau gefärbt. Es gibt aber auch zahlreiche andersgefärbte Kultursorten (lila, rosa, weiß). Insgesamt erinnert die Pflanze etwas an Hyazinthen. Diese Pflanzen sind überaus wüchsig und können an manchen Stellen sogar lästig werden. Im Steingarten besteht die Gefahr weniger, da man dort die Pflanzen besser im Auge hat. Für Halbschatten und Sonne. ♃ ◙ ◐ ⊖ ○ △-⚠
▽

◁ **Hutchinsia alpina** (*Pritzelago alpina*), Alpengemskresse, Cruciferae (Brassicaceae), Kreuzblütler (Kohlgewächse). Wächst in europäischen Hochgebirgen. Botaniker unterscheiden 3 verschiedene Unterarten, wovon *H. alpina* ssp. *auerswaldii* wegen ihrer Reichblütigkeit besonders zu empfehlen ist. Diese polsterbildenden, weißblühenden Alpenpflanzen werden 5–10 cm hoch, die Stengel sind nicht beblättert und meist nur spärlich behaart. Die grundständigen Blätter sind fiederschnittig mit 5–9 eiförmig-lanzettlichen Abschnitten und kahl. Der Blütenstand ist locker, die Blütezeit reicht von Mai–Juni. Die Kronblätter sind etwa 3 mm breit, sie verschmälern sich plötzlich in den Nagel. Im Steingarten lassen sich die Pflanzen vielfältig verwenden; sie wachsen auf steinig-kiesigen, lehmdurchsetzten, kalkhaltigen, feuchten Böden. Vermehrung durch Aussaat oder Teilung. ♃ ⌇⌓ ⁞ ⊞ T ○ ◐ ⚠-△ N

Hypericum aegypticum, Ägyptisches Strauchjohanniskraut, Guttiferae (Hypericaceae), Johanniskrautgewächse. Dieser Strauch wächst auf Kreta und Sardinien, kommt aber auch in Gegenden von N-Afrika vor, an Klippen und an Felsen, oft in Küstennähe. Diese Johanniskraut-Art ist schutzbedürftig, im zentralen M-Europa ist Alpinenhauskultur vorzuziehen. Friert auch oft in klimatisch günstiger gelegenen Gärten gelegentlich zurück, remontiert dann aber wieder aus der Basis. Kann am Naturstandort einen mächtigen Busch bis 2 m Höhe bilden, in Kultur wird dieses immergrüne Sträuchlein aber nur 15–20 cm hoch, meist etwas breiter als hoch. Die Blätter werden bis 1 cm lang, sie sind elliptisch bis schmal-länglich, lederartig und von graugrüner Farbe. Die bis 1 cm großen, gelbgefärbten Blüten stehen einzeln an den Zweigspitzen, sie erscheinen im Frühling-Sommer. ♄ ⁞ ⌂ ⌒ ○ △-▲
▽

◁ **Hylomecon japonicum,** Japanischer Goldmohn, Papaveraceae, Mohngewächse. Die Pflanze ist in Ostasien verbreitet. Es ist ein Frühjahrsgeophyt, der schon frühzeitig wieder einzieht. Die Staude wird 20–30 cm hoch. Die gestielten Blätter sind gefiedert und am Rande grob gesägt. Die meist einzeln stehenden Blüten sind schalenförmig. Sie haben einen Durchmesser von 5 cm und sind goldgelb gefärbt, was einen schönen Kontrast zu dem sattgrünen Laub ergibt. Die Blütezeit liegt im April-Mai. Sie ist zwar nur von kurzer Dauer, die Pflanze bietet aber während dieser Zeit einen attraktiven Blickpunkt. Der kräftige, rhizomartige, dicht verzweigte Wurzelstock ist sehr dauerhaft und man kann sich viele Jahre an der Art erfreuen. Man sollte der Pflanze einen halbschattigen, schattigen oder absonnigen Platz in größeren Steingärten geben. Mildfeucht-humoser Boden. ♃ ⏦ H ◐ ⊖ ● ▲

Iberis sempervirens 'Weißer Zwerg', Immergrüne Zwergschleifenblume. Die Art wächst im Mittelmeerraum, an felsigen Stellen der höheren Gebirge. Ein mattenförmiger, immergrüner, kleiner Strauch, oft auch zu den Stauden gestellt. Die Art wird selten über 20 cm hoch, kann aber sehr in die Breite gehen und bis 60 cm Durchmesser erreichen. Die Blätter sind länglich-spatelig, bis 2,5 cm lang bei einer Breite von 5 mm. Sie sind tiefgrün und etwas lederig. Die Blüten sind reinweiß, sie stehen in einer kompakten, 4–5 cm breiten Doldentraube. Blütezeit Mai. Von der Art gibt es etliche Sorten im Angebot. 'Findel', 'Weißer Zwerg', 'Zwergschneeflocke' sind beliebt. Die abgebildete 'Weißer Zwerg' (= 'Little Gem') ist eine Sorte, die auch für kleine Pflanzplätze und Tröge geeignet ist. Sie wird nur 15 cm hoch, ist reichblühend und kleinblütig. Stecklingsvermehrung im Sommer. ♃-♄ ⌓ ⁞ T ○ ◐ ▲-△
▽

Iberis pruitii (*Iberis candolleana*), Candolls ▷ Schleifenblume, Flachpolsterschleifenblume, Cruciferae (Brassicaceae), Kreuzblütler (Kohlgewächse). Die Pflanze kommt aus Hochgebirgen des Mittelmeerraumes und ist ziemlich variabel. Sie ist staudig-halbstrauchig. Bildet kleine Polster und Tuffs mit ausgebreiteten bis aufsteigenden Stengeln, die 3–15 cm lang sind. Die Blätter sind verkehrteirund bis verkehrt-lanzettlich oder spatelförmig, manchmal mit wenigen endständigen Zähnen; sie sind eher fleischig. Die Blüten können weiß oder lila sein, aber auch Zwischennuancen aufweisen. Sie stehen in kompakten Doldentrauben. Blütezeit März-April. Die Pflanze bevorzugt einen sonnigen Platz, einen eher mineralischen Boden und gute Dränage. Diese kleine Art sollte man an etwas bessere Plätze setzen, wo man die Pflanze im Auge hat; sie ist auch für Tröge gut geeignet. ♃-♄ ⌓ ⁞ T ○ ▲-△

◁ **Ilex crenata 'Golden Gem',** Gekerbte Stechpalme, Aquifoliaceae, Stechpalmengewächse. Die Art wächst in Japan, sowohl im Bereich der immergrünen als auch der sommergrünen Laubwaldzone, wo die Pflanze 2–3 m hoch werden kann. Der kurzverzweigte Strauch besitzt kurz gestielte, derbe, elliptische bis länglich-lanzettliche, dunkelgrüne, glänzende Blätter von 2–3 cm Länge. Die Blüten sind unscheinbar, aus ihnen entwickeln sich später 6 mm dicke schwarzbraune Früchte. Von ihr gibt es einige niedrige und langsam wachsende Zwergformen, die sich durchaus für den Steingarten eignen. Zu ihnen gehört die abgebildete 'Golden Gem'. Sie hat einen niederen, etwas breitausladenden Wuchs und wird insgesamt breiter als hoch. Die Blätter sind etwas kleiner als bei der Art, sie sind im Austrieb, falls die Pflanze nicht zu schattig steht, goldgelb, später vergrünen sie etwas. ♄ 🅷 ◐ ⊖ ○ △-▲

◁ **Imperata cylindrica 'Red Baron',** Japanisches Blutgras, Rotes Alang-Alang-Gras, Gramineae (Poaceae), Gräser. Die Art dieser Gartenform wächst in S-Europa, im Mittelmeerraum, in den altweltlichen Tropen und in Australien. Die Sorte 'Red Baron' wächst horstig, verbreitet sich durch Ausläufer, aber sehr verhalten. In kälteren Gegenden wird das Wachstum auch durch das Klima gedämpft. Schmückend ist das schöne rote Laub, das die Pflanze vom Austrieb bis in den Herbst behält. Es kommt besonders im Gegenlicht der Abendsonne gut zur Geltung. Die Pflanze erreicht eine Höhe von 30–40 cm, deshalb kann das schöne Gras auch noch in größeren Steinanlagen verwendet werden. Das Gras kommt sehr selten zum Blühen, der Blütenstand ähnelt dem des Wiesenfuchsschwanzes. In kalten Klimaten Mitteleuropas ist es in der Regel besser, etwas Winterschutz zu geben. ♃ ⌒ 🅷 ◐ ⊖ ○ △-▲

Incarvillea mairei var. grandiflora, Großblütige Freilandgloxinie. Wächst in SO-Tibet, Bhutan, Nepal und W-China, auf Gebirgswiesen bis in Höhen von 3500 m. Wird meist 15–25 cm hoch. Die Blätter haben im Gegensatz zur Art gewöhnlich nur 1–2 Fiederpaare, sie sind 12–24 cm lang, dunkelgrün runzelig mit gekerbten Rändern. Die Pflanze ist 1-, 2- oder 3blütig, wenn mehrblütig, ist der Blütenschaft in der unteren Hälfte verzweigt. Es sind etwas unterschiedliche Formen verbreitet. Die Blüten sind größer als bei der Art, sie sind kräftig karminrosa und haben einen gelben Schlund. Die Blütezeit geht von Mai bis Juni. Es gibt zu dieser Zeit genügend attraktive Partner, wie *Veronica prostrata* 'Alba' (weißblühender Polsterehrenpreis), *Campanula glomerata* (Knäuelglockenblume), *Delphinium tatsienense* (Schlitzblatt-Rittersporn), *Paronychia kapela* (Mauermiere), kleine Gräser. ♃ ⌒ ○ ⊖ ◐ △-▲
▽

Incarvillea delavayi, Hohe Freilandgloxinie, Bignoniaceae, Bignoniengewächse. Diese Art kommt aus W-China, besonders aus Jünnan. Die Pflanze hat eine dicke, rübenartige Wurzel und wird bis zu 60 cm hoch. In den meisten Fällen bleibt sie wesentlich niedriger, so daß sie durchaus für Steingärten gegeignet ist, wenn es sich nicht um sehr kleine Anlagen handelt. Die Blätter, grund- oder stengelständig, können bis 30 cm lang werden, sie sind bis 3fach gefiedert. Die großen, meist rosafarbenen aber auch roten Blüten sitzen zu mehreren am Stengelende. Es gibt auch eine weißblühende Form, *I. delavayi* 'Alba'. Die Blüten sind bis 7 cm lang, mit gelbem Schlund und trompetenförmig. Blütezeit im Juni-Juli. Kultur in sonniger bis halbschattiger Lage, der Boden sollte frisch, durchlässig, nährstoffreich und etwas kalkhaltig sein. Vermehrung durch Aussaat. Eine oft angebotene Art. ♃ ⊞ ⌒ ○ ⊖ ◐ △-▲ ▷

◁ **Incarvillea mairei 'Nyoto Sama',** Tibetanische Freilandgloxinie. Es ist eine Zwergform aus Tibet. Sie hat grundständige, glatte Blätter ohne Lappen, im Verhältnis zur Gesamtpflanze sehr große, rosa Blüten. Außerdem zeichnet sich diese Pflanze durch eine sehr frühe Blüte aus, sie beginnt im Mai. Sie bevorzugt einen durchlässigen, nahrhaften Boden ohne stärker an eine Bodenreaktion gebunden zu sein. Die Lage kann sonnig bis halbschattig sein. Die Anzucht aus den verhältnismäßig großen Samen ist nicht schwierig, man sollte auch öfter für Nachzucht sorgen, da die Pflanze nicht sehr alt wird und auch strenge Winter ihren Tribut verlangen. Obwohl die Pflanze aus dem klimatisch benachteiligten Tibet kommt, ist es in M-Europa besser, vorsorglich etwas Winterschutz durch Laub zu geben. Wenn ein gewisser Schutz gegeben wird, kann die Pflanze auch in Tröge gepflanzt werden. ♃ ⌃ ○ ⊖ ◐ ⚠-△

Inula ensifolia 'Goldammer', Zwerg-Schwertalant. Die vorstehende Art ist schon eine wichtige Steingartenpflanze, noch empfehlenswerter ist die etwas kleinere, nur etwa 20 cm hohe *I. ensifolia* 'Compacta', die einen noch geschlosseneren Blütenbusch bildet und besonders für Steinanlagen mit beschränkter Größe empfohlen werden kann. Noch kleiner ist die abgebildete Sorte *I. ensifolia* 'Goldammer', die nur 12–15 cm hoch wird und eine echte Zwergform ist, die sich auch für Tröge, Kübel und sonstige intime Pflanzplätze eignet. Die Pflanze ist trotz ihrer Kleinheit robust und dauerhaft. Sie bevorzugt wie die großen Sorten einen sonnigen Platz und ein durchlässiges, etwas kalkhaltiges Substrat. Für den Zwerg-Schwertalant gibt es allerlei hübsche Nachbarn: niedere Perlpfötchen-Sorten, wie *Anaphalis triplinervis* 'Sommerschnee', Heidegünsel (*Origanum vulgare* 'Compactum'). ♃ ⊞ ⊡ ○ ◐ ⚠-△
▽

△
Inula ensifolia, Schwertalant, Compositae (Asteraceae), Korbblütler (Asterngewächse). Kommt in O- und dem östlichen M-Europa, westlich bis N-Italien, in Gotland und dem Kaukasus vor, wo die Pflanze an sonnigen, grasigen Abhängen wächst, meist auf Kalk. Sie bildet 25–30 cm hohe dichte Büschel und hat einen Wurzelstock mit kurzen Ausläufern. Die Pflanze entwickelt dünne und straffe Stengel, die dicht beblättert sind. Die Blätter sind schmal-lanzettlich, auffallend geadert, 4–9 cm lang, ganzrandig, steif, sitzend und sind dunkel- bis bräunlichgrün gefärbt. Die Blütenköpfchen sind meist einzelstehend und die zahlreichen Strahlenblüten und Röhrenblüten sind gelb; der Durchmesser beträgt meist etwas über 4 cm. Die Blütezeit liegt im Juli-August. Wegen der sommerlichen Blüte und wegen zahlreicher anderer guter Eigenschaften eine sehr wichtige Pflanze für Steinanlagen. ♃ ⁞ ⊞ ○ ◐ ⚠-▲

◁ **Ipheion uniflorum** (*Triteleia uniflora*), Frühlings-Sternblume, Liliaceae (Alliaceae), Liliengewächse (Lauchgewächse). S-Brasilien, Uruguay, Argentinien sind die Heimat dieser Zwiebelpflanze. Hinsichtlich ihrer Winterhärte ist sie in M-Europa ein Grenzfall, man sollte ihr etwas Schutz gewähren. Es ist eine zwiebelbildende Staude, die etwa 15 cm hoch wird. Die Zwiebeln sind eiförmig und mit einer dünnen, häutigen Schale versehen. Sie hat flache, lineale, blaugrüne Blätter. Die Blüten stehen aufrecht, sie sind sternförmig, fast weiß mit einer leichten Tönung ins Blaulila. Die Blütezeit liegt im März-Mai, an günstigen Stellen kann diese noch früher beginnen. Eine Pflanze, die außerordentlich reich und lange blüht. In M-Europa wird man die ganze Schönheit der Pflanze erst im Alpinenhaus erleben können. Diese Art liebt einen sonnigen Platz und einen gut durchlässigen, etwas humosen Boden. ♃ ⚠ ◘ ⌃ ○ ◐ ⚠-▲

◁ **Iris albo-marginata** (*Iris albomarginata, Juno albo-marginata*), Weißrandige Junoiris, Iridaceae, Schwertliliengewächse. Vorkommen in Zentralasien, besonders im Tienschan. Es gibt Unklarheiten, da unterschiedliche Formen bekannt sind. Am Naturstandort gibt es ganz zwergige Formen, die nur einen Stengel von 5 cm Länge haben. Die in Gärten verbreiteten Formen werden etwa 30 cm hoch. Die Rhizome sind von einer papierartigen Schicht umhüllt, die Wurzeln sind fleischig und verdickt. Die Blätter sind rinnig, an der Basis bis 3 cm breit, graugrün mit einem weißlichen Rand, wobei die Spitze plötzlich verschmälert ist. Die 3–5 Blüten sind bläulich, die Röhre ist etwa 4 cm lang. Im Zentrum der hängenden Blütenblätter befindet sich eine weiße Rippe, umgeben von einer gelben Zone. Der Nagel ist nicht breit geflügelt, die Domblätter sind reduziert. Winterschutz in M-Europa. ♃ ⌂ ⌒ ○ ◬-▲

△

Iris aphylla 'Caerulea', Einziehende Bartiris. Von M-Deutschland bis SO-Europa, im Kaukasus und in Kleinasien sporadisch vorkommend. Diese Art ist mit ihrem natürlichen Vorkommen die am weitesten nach Norden vordringende Bartiris, die nördlichsten Vorkommen sind aus Polen bekannt. Auch in der Höhe gibt es unterschiedliche Formen, von 20 cm bis 35 cm. Allen gemeinsam ist das völlige Einziehen der Blätter im Winter. Andere, höhere Bartiris-Arten überwintern meistens mit sichtbaren Blättern oder Blattresten. Die Blätter, 0,5–2 cm breit, sind fächerartig, die äußeren gebogen. Der Wuchs ist aufrecht, bei manchen Formen ist der Stengel auch mehrfach gebogen, er ist von der Basis her oder ab der Mitte verzweigt. Die 1–5 Blüten sind etwas zart und violett. Die Sorte 'Caerulea' hat eisblaue Blüten. Die Pflanze ist absolut winterhart und nicht feuchtigkeitsempfindlich. ♃ ⊞ ○ ◐ △-▲

Iris attica (*Iris pumila* var. *attica*), Griechische Zwergschwertlilie. Vorkommen in Griechenland, Mazedonien und W-Türkei, der eigentliche Typ findet sich in Attika und am Parnaß. Die Pflanze ist in allen Teilen kleiner als *I. pumila*, sie hat besonders stark sichelförmig gebogene Blätter und der Bart der Blüten ist immer einfarbig, während der von *I. pumila* immer zweifarbig ist. Insgesamt wird dieser Zwerg nur 8–12 cm hoch, die Blätter stehen in Fächern, sie sind 4–7 cm lang und 0,4–0,7 cm breit, sichelförmig. Die Blüten sind kopfständig, 3,5–4,5 cm im Durchmesser, die Kronröhre ist bis 7 cm lang, strohgelb oder violett oder auch zweifarbig. Die Pflanze benötigt unbedingt volle Sonne und einen durchlässigen, steinigen Boden, übermäßige Winterfeuchtigkeit ist Gift! Die Blütezeit liegt in M-Europa Ende April. Besser aus Samen vermehren als durch Teilung. Sehr schön in Trögen. ♃ ⌂ ⊞ T ○ ◬-△ ▷

Iris bloudowii, Altai-Sandiris. Wächst in M-Asien und China, man kann sie als asiatisches Gegenstück der europäischen Sandiris (*I. pontica*, syn. *I. arenaria*) bezeichnen. Sie wächst an Heimatstandorten auf alpinen Matten und Wiesen. Sie wird 15–35 cm hoch. Ihr Rhizom ist nicht ausläufertreibend, das Laub ist größer als bei der europäischen Sandiris und es hat beim Austrieb etwas bräunliche Blattspitzen. Die 2–3 Blüten haben einen Durchmesser von 5 cm und mehr. Sie sind gelb und an der Basis braun bis purpurbraun. Die Brakteen sind etwas aufgeblasen, der Bart ist gelb. Die Samen besitzen ein fleischiges Anhängsel. In Kultur nicht zu schwierig, die Pflanze ist feuchtigkeitsverträglicher als die europäische Sandiris. Leider ist diese Art im Handel nicht sehr verbreitet und selten zu bekommen. Die Anzucht erfolgt aus Samen oder Teilung, welche nicht sehr ergiebig ist. ♃ ⌂ T ○ ◬-▲ ▷

Iris bracteata, Waldiris. Gehört zu den Arten der Pacific-Coast-Iris, sie wächst in den USA, in S-Oregon und N-Kalifornien und findet sich dort in lichten Waldgebieten. Diese Pflanze wird insgesamt nur 20–30 cm hoch, die Blätter sind dick und bis 1 cm breit. Die hüllblattähnlichen Blätter entlang des Stengels haben normalerweise einen leichten Anflug von Purpurrot. Pro Stengel werden 2 Blüten entwickelt. Ihre Grundfarbe ist meist strohgelb, sie kann aber auch rötliche Cremetöne und einen rötlicheren Gelbton aufweisen, versehen mit einer rötlichen oder purpurnen Aderung. Der Durchmesser der Blüten beträgt etwa 6–7,5 cm, sie sind ziemlich groß im Verhältnis zur Gesamtgestalt. Die Hängeblätter sind ausgebreitet, die Domblätter sind etwas wellig, sie stehen gut nach oben. Die Kronröhre ist kurz, kräftig und trichterförmig. Liebt kalkfreien, durchlässigen Waldboden. ♃ ⛰ ⊟ ⌒ ◐ ⊖ ○ △-▲ ▷

◁ **Iris cristata 'Alba',** Weiße Indianer-Zwergiris. Wächst im NO der USA. Die Art hat dünne Rhizome, die stark verzweigt sind. An den Knoten dieser ausläuferbildenden Art treiben die Blattschößlinge empor. Die Art kann etwas variieren, besonders in der Laubgröße. Die Blätter können von 4–15 cm lang und 1–3 cm breit werden. Der Blütenstiel ist sehr kurz, 2,5–4,5 cm oder auch fehlend, er ist belaubt und trägt 1–2 Blüten pro Hüllblatt. Diese haben einen Durchmesser von 3–4 cm, vereinzelt auch größer. Blütenfarbe fahllila bis purpurblau, bei der abgebildeten Sorte 'Alba' weiß. Die Röhre mißt 10 cm, die Hängeblätter sind verkehrt-eirund, stumpf und zurückgebogen. Das Zentrum ist bei 'Alba' gelb, dort befindet sich auch der Kamm. Die Blütezeit liegt im Mai. Die Pflanze bevorzugt einen durchlässig-humosen Boden mit etwas saurer Bodenreaktion und halbschattige Plätze. ♃ ⁓ ⊟ ◐ ⊖ △-▲

△
Iris bucharica (*Juno bucharica*), Buchara-Junoiris, Geweihiris. Wächst in den südlichen Teilen der ehemaligen Sowjetunion und in Afghanistan bis in Höhen von 1500 m. Eine kräftige Pflanze mit bis 40 cm hohen Stengeln. Die Rhizome haben eine papierartige Hülle und die Wurzeln sind dünn. Die Blätter werden bis zur Blütezeit 30 cm lang und sie sind an der Basis oft bis 3,5 cm breit, später verlängert. Sie umfassen den Stengel, sind rinnig, glänzend grün mit weißem, hornartigem Rand. Die 2–6 duftenden Blüten haben einen Durchmesser bis 5 cm, sie stehen in den oberen Achseln der Blätter. Die goldgelbe bis weiße Kronröhre ist bis 4,5 cm lang. Die Domblätter sind weiß, klein und horizontal abstehend. Die Hängeblätter sind cremeweiß, sie haben auf der breiten Spreite ein kräftiges Dunkelgelb. Diese *Iris* ist schön und die härteste und auch wüchsigste Art aller Junoiris. ♃ ◙ ○ ◐ △-▲

Iris danfordiae (*Iridodictyum danfordiae*), ▷ Kleine gelbe Zwiebeliris. Heimat ist der Kilikische Taurus in der Türkei. Im Gegensatz zur *I. winogradowii*, der anderen kleinen gelbblühenden, äußerst seltenen Zwiebeliris, ist *I. danfordiae* oft im Angebot. Aus den länglichen kleinen Zwiebelchen entwickeln sich zuerst die kleinen Irisblüten, wobei die Hängeblätter einen schwarzpunktierten Nagel haben, die Lippe ist grün gesprenkelt. Die Domblätter sind unscheinbar und borstenartig. Der wichtige Vorfrühlingsblüher öffnet seine Blüten bei günstiger Witterung schon im Februar. Zur Blütezeit ist die Pflanze nur 10 cm hoch, die 4kantigen Blätter sind zur Blütezeit noch niedrig, sie entwickeln sich erst anschließend bis zu einer Länge von 30–40 cm, was etwas störend wirkt. Die Zwiebeln spalten sich in viele kleine Tochterzwiebeln auf, die längere Zeit bis zur Blühfähigkeit benötigen. ♃ ◙ ○ ◐ △-▲

Iris forrestii, Forrests China-Iris. Der Naturstandort ist in SW-China, besonders auf Bergwiesen in Jünnan in 3000–4000 m Höhe. Das Höhenwachstum ist stark vom Standort abhängig und reicht von 35–55 cm. Die Blätter sind kürzer als der Blütenstengel, lineal-grasartig, etwa 0,5 cm breit. Die Oberseite ist glänzend, die Unterseite eher matt. Der Blütenstengel ist unverzweigt, er trägt an der Spitze 2 Blüten, manchmal auch nur eine. Der Blütendurchmesser beträgt zwischen 5 und 7 cm, die Farbe ist buttergelb, die Domblätter stehen aufrecht. Die schmal-ovalen Hängeblätter haben einen dunkelgelben Fleck, der mit unterbrochenen rotbraunen Adern gezeichnet ist. Die Hüllblätter sind krautig und grün. Der Blütenstengel ist hohl und mit 2–3 kleinen Blättern besetzt. Die Pflanze liebt etwas saueren Boden, als Wiesenpflanze volle Sonne, aber andererseits Bodenfeuchtigkeit. ♃ ≈ ⊟ ▣ ○ ◐ ▲
▽

Iris foetidissima 'Citrina', Gelbblühende ▷ Stinkiris. Heimat ist S- und W-Europa, nördlich bis England, östlich bis NO-Italien und Kroatien. Der Name ist eine Verleumdung, lediglich beim Zerreiben der Blätter tritt ein etwas unangenehmer Geruch auf. Aus einem schmalen, langsam wachsenden Rhizom entwickeln sich die 35–55 cm langen Blätter. Der Blütenstengel wird 30–60 cm hoch und trägt etliche verkürzte Stengelblätter, zur Blütezeit ist noch keine Verzweigung ausgebildet, erst anschließend entwickelt sich der Stengel vollständig. Die erst im Juni-Juli erscheinenden Blüten sind wenig auffällig und meist schmutzig-lila. Es gibt aber auch gelbblühende Typen wie die Sorte 'Citrina'. Trotzdem eine beachtenswerte Gartenpflanze, die in Mitteleuropa einen etwas geschützten Platz bekommen sollte. Sie bevorzugt dort etwas halbschattige oder absonnige Stellen und saueren Boden. ♃ ▣ ◐ ⊖ ○ ▲

Iris graminea, Grasartige Iris, Pflaumenduftiris. Wächst in M- und S-Europa, westlich bis SW-Frankreich und Spanien, östlich bis zur M-Ukraine und zum Kaukasus. Beliebte alte Bauerngartenstaude, die in größeren Steinanlagen durchaus verwendet werden kann. Es gibt mehrere Formen. Die Pflanze hat schmales, grasartiges Laub und bildet dichte Blatthorste von 20–45 cm Höhe. Die Blattbreite schwankt zwischen 3–7 mm. Die nach Pflaumen duftenden Blüten fallen wenig auf, sie sitzen ziemlich tief zwischen den zahlreichen Blättern. Die kurzen abgeflachten Stengel tragen 2 endständige Knospen, meist ist der Stengel 10–20 cm hoch und nicht hohl. Der Gesamteindruck der Blütenfarbe ist blauviolett wie die Domblätter. Die Hängeblätter sind dagegen am Nagel gelblichweiß und blau geadert. Wenn die Blüte auch wenig auffällig ist, wird diese Zwergspuria gerne gepflanzt. ♃ ▣ ○ ◐ ▲
▽

◁ **Iris graebneriana** (*Iris graeberiana*), Graebners Junoiris. Wächst in Turkestan. Die Pflanze hat große Zwiebeln mit einer papierartigen Schale. Sie wird je nach Standort 20–45 cm hoch und bringt 4–6 Blüten. Die aufrecht bis ausgebreiteten Blätter sind 13–17 cm lang. Die in den Achseln stehenden silbrig-hellblauen Blüten haben einen Durchmesser von etwa 6 cm. Die Hängeblattspreite ist methylenblau mit heller Mitte und blauer Aderung. Die Blütezeit liegt Ende April-Anfang Mai. Diese hin und wieder im Handel angebotene Art liebt im Steingarten eine warme, sonnige Position. Sie ist dort winterhart und blühwillig. Nur in sehr niederschlagsreichen Gebieten nimmt man die Zwiebeln nach dem Einziehen im Juli-August aus dem Boden, im November werden sie wieder gepflanzt. Die fleischigen Wurzeln an den Zwiebeln sollten dabei nicht beschädigt werden. ♃ ▣ ○ △-▲

Iris histrioides 'Major', Großblütige Miniaturzwiebeliris. Die Art wächst im nördlichen Kleinasien und geht bis NW-Persien. Das Vorkommen von *I. histrioides* 'Major' beschränkt sich auf das Hügelgelände von Amasien (Armenien). Gehört wohl zu den hübschesten und auffälligsten der kleinen Zwiebeliris. Die prächtig blauen Blüten sind wesentlich größer als die von *I. reticulata* und ihren Hybriden, dabei wird die Pflanze nur 5–8 cm hoch. Die Blätter sind zur Blütezeit noch gar nicht zu sehen oder sie kommen eben erst aus dem Boden. Die Blütenfarbe ist ein strahlendes Königsblau, der Fuß der Hängeblätter hat eine weiße Mitte und eine goldfarbene Rippe, die Spreite ist nahezu kreisrund. Die Domblätter werden groß, etwa gleich groß wie die Hängeblätter. Die stämmigen Blütenknospen schauen oft schon Ende Januar aus dem Boden. Vermehrung durch Tochterzwiebeln. ♃ ⓐ 🅃 ○ ◐ △-▲ ▷

Iris innominata, Namenlose Iris, Bunte Siskyou-Iris. Eine weitere Pacific-Coast-Iris, die in den W-USA, in Oregon und N-Kalifornien wächst. Diese *Iris* gehört zu den attraktivsten der Sektion. Die Blütenfarbe ist von Horst zu Horst unterschiedlich und geht von fahlgelb über goldgelb, lila, orchideenrosa bis zu blauen und violetten Nuancen. Manche Blüten sind mit sienaroten Adern durchzogen. Die Pflanze wird etwa 30 cm hoch, kann aber ebenfalls variieren. Aus den Hüllblättern können sich zwei Blüten entwickeln, überwiegend bildet sich jedoch nur eine aus. Die Griffeläste sind gerundet, gebogen, der Rand ist gezähnt und nur wenig gelappt. Die Blütensegmente sind verhältnismäßig breit und meist gerundet. Die Kronröhre ist mittellang (ca. 2 cm), schlank und an der Spitze leicht röhrenförmig. Leicht saurer Boden und gute Dränage! In Zentraleuropa etwas Winterschutz. ♃ ⊟ ⌒ ◐ ⊖ ○ △-▲ 🄽
▽

◁ **Iris humilis** (*Iris arenaria, Iris flavissima*), Sandiris. Wächst in Niederösterreich, in Tschechien und Ungarn sowie Innerasien. Spärliche Rhizomhorste treiben frühzeitig aus, wobei die Blütenstengel nur etwa 10 cm hoch werden, die der asiatischen Form etwa doppelt so hoch. Die Blätter sind 2–7 mm breit, die Spitzen sind nach innen gerichtet. Die Stengel sind zweiblütig, die Blütenfarbe variiert zwischen Licht- und Tiefgelb, oft sind die Blüten auch etwas purpurn geadert. Diese liebenswerte kleine *Iris* hat leider nur eine kurzzeitige Blüte. Die Einzelblüten öffnen sich oft nur für einen Tag, sind aber sehr hübsch. Etwas für Liebhaber, für intime Gartenplätze, die sehr sonnig sein sollen und die eine vorzügliche Dränage gewährleisten. Diese Iris zieht bald im Herbst völlig ein. Sie ist völlig winterhart und ist mit ihrem asiatischen Vorkommen die »nördlichste« Bartiris. ♃ ⓐ 🅃 ○ △-△

Iris kerneriana, Gelbe Zwergspuria, Kerners Iris. Wächst in Gebieten der M- und N-Türkei und in Armenien. Hat schlanke, kurz verzweigte Rhizome. Die aufrechten Blatt-Tuffs sind ziemlich dicht gedrängt. Die Blätter sind lineal, an der Basis 8–10 mm breit, 7 mm in der Mitte, gerade und aufrecht wachsend, oben in einer scharfen Spitze endend. Die Blattfarbe ist stumpf-mittelgrün bis leicht gräulichgrün. Die längsten Blätter stehen etwa in gleicher Höhe wie die Blütenstengel zur Blüte. Der Stengel ist im Querschnitt elliptisch und unverzweigt. Die Pflanze wird etwa 30–35 cm hoch, mitunter bis 45 cm. Die Art ist meist zweiblütig, die Blütenfarbe primelgelb, teils überzogen mit einem kräftigen Narzissengelb, besonders an den hängenden Kronblättern. Wertvolle *Iris*, die leider nicht leicht erhältlich ist. Der Boden sollte nie völlig austrocknen. Die Pflanze zieht ganz ein. ♃ 🄷 ○ ◐ ▲ ▷

◁ **Iris korolkowii 'Violacea'**, Korolkows Regeliairis. Die Pflanze wächst in den zentralasiatischen Gebieten der ehemaligen Sowjetunion und in NO-Afghanistan. Kompakte Rhizome, die sich nicht so ausbreiten wie bei der verwandten *I. stolonifera.* Die Blätter sind schmal, hellgrün und 30–60 cm lang. Die Blütenstengel tragen 2–3 endständige Blüten, die hoch gebaut sind mit konischem Dom. Die Grundfarbe ist weiß mit grünlichgrauem Schein, darüber liegt ein rötlichbraunes Adernetz. Bart und Mittelfleck auf den Hängeblättern sind rotbraun. Bei der abgebildeten Form 'Violacea' sind die Adern, der Mittelfleck und der Bart violett. Die Domblätter sind spitz-eiförmig. Die Blütezeit liegt im Mai. Der Boden soll gut durchlässig sein, der Platz warm und sonnig. In niederschlagsreichen Gebieten die Rhizome im Sommer nach dem Einziehen herausnehmen und im November wieder pflanzen. ♃ ○ △-▲

△
Iris kuschakewiczii (*Juno kuschakewiczii*), Kuschakewiczs Junoiris. Das natürliche Vorkommen liegt in Turkestan, im Tien-schan und anderen Teilen des ehemaligen sowjetischen Mittelasien. Eine kleine Junoiris, deren Zwiebeln mit einer papierartigen Hülle umgeben sind. Die Pflanze ist zur Blütezeit nur etwa 8–15 cm hoch, verlängert sich aber anschließend. Die 4–5 etwa 12 cm langen Blätter sitzen ziemlich dicht an der Basis, sie umschließen die Blüte. Die Blätter sind glänzend graugrün, mit gewellten, hornartigen Rändern und überhängend, das obere Laub ist entsprechend kleiner. Typisch sind bei älteren Pflanzen die 3–4 Blüten an einem kurzen Stengel. Die Blüte an der Spitze ist knapp 4 cm breit, die seitlichen Blüten entsprechend kleiner. Die Grundfarbe ist ein leichtes Blauviolett, die Hängeblätter zeigen einen maronfarbenen Signalfleck. Kultur besser im Alpinenhaus. ♃ ◙ Ⓐ ⌃ ○ ▲-△

△
Iris latifolia (*Xiphium latifolium, Iris anglica*), Pyrenäen-Zwiebeliris, Englische Iris. Vorkommen in den Pyrenäen. Aus der mittelgroßen Zwiebel entwickelt sich der etwa 60 cm hohe Blütenstand, mit 2 oder 3 großen Blüten, die nacheinander aufblühen. Die Einzelblüte hat einen Durchmesser von 12–21 cm, sie ist dunkelblau mit einem auffallenden goldgelben Fleck. Nur hin und wieder finden sich in der Natur andersfarbige, etwa weißblühende Typen. Die Blätter sind steif, rinnig und blaugrün gefärbt. Die Zwiebeln sind im Herbst möglichst sofort zu pflanzen, 10–15 cm tief. Im Gegensatz zu allen anderen Zwiebeliris liebt *I. latifolia* ein feuchtes Substrat, besonders während der Vegetationszeit im Frühling. Abweichend von den anderen verwandten Arten wird das Laub erst im Vorfrühling sichtbar. Nur für größere Steinanlagen. An feuchteren Plätzen gut dauerhaft. ♃ ◙ Ⓗ ○ ◐ ▲ Ⓝ

Iris lazica (*Iris unguicularis* ssp. *lazica*), ▷ Breitblätterige Winteriris. Wächst besonders auf Küstenhügeln am Schwarzen Meer. Die Pflanze wird nur etwa 25 cm hoch. Sie bildet Tuffs aus immergrünen, fächerartig zusammenstehenden Blättern, die aus verzweigten, kurzen, kräftigen Rhizomen treiben. Breite etwa 1,5 cm, also breiter als die der verwandten *I. unguicularis* und wesentlich breiter als die von *I. cretensis.* Im Spätherbst und im Winter erscheinen die blaß-hellblauen, duftlosen Blüten, die sich nicht von denen von *I. unguicularis* unterscheiden. Sie sind aufsitzend, die Kronröhre ist 7–10 cm lang, die Platte ist rundlich mit einem zentralen, gelben Streifen. Diese *Iris* ist in M-Europa nur unter günstigsten Bedingungen im Freien zu halten, hier ist Alpinenhaus-Kultur vorzuziehen. Das Substrat sollte durchlässig sein, mildfeucht im Winter, im Sommer trocken und der Platz sonnig. ♃ Ⓐ ⌃ ○ ▲

Iris lutescens (*Iris chamaeiris*), Südfranzösische Zwergschwertlilie. ▷ Das natürliche Vorkommen geht von Spanien über S-Frankreich bis nach NW-Italien und die Schweiz. Die Blütenfarbe dieser Zwergiris ist sehr variabel, es gibt purpurblaue, rotpurpurne, mittel- und fahlgelbe, aber auch weiße Formen, sowohl ein- als auch zweifarbige. Bei den zweifarbigen sind die Hängeblätter immer dunkler als die Domblätter. Gleichermaßen ist das Höhenwachstum sehr verschieden; es gibt echte Miniaturen von nur 16 cm Höhe und größere bis 22 cm, manchmal auch noch höher wachsende. Entsprechend der Vielfalt herrscht manchmal Unklarheiten bei der Benennung. Die abgebildete Form ist *I. lutescens* var. *statellae* (*I. chamaeiris* var. *statellae*). Inwieweit dieser Name berechtigt ist, kann nicht gesagt werden, die Art ist sehr formenreich. Bei allen Typen steht die Blüte gut über den Blättern. ♃ ⊞ 🅃 ○ △-▲

△
Iris magnifica 'Alba' (*Juno magnifica* 'Alba'), Prächtige Junoiris, Stattliche Junoiris. Heimat ist Turkestan. Es ist eine der stattlichsten Junoiris mit großen Zwiebeln, die von einer papierartigen Schale umgeben sind. Sie wird öfter im Handel angeboten. Der Stengel kann bis 60 cm hoch werden und bis 7 Blüten tragen. Sie sind von hell-lavendelblauer Farbe, die wie bei der abgebildeten 'Alba' auch weiß sein kann. Die Spreite der Hängeblätter besitzt eine gelbe Zone. Die Blütezeit liegt Ende April-Mai. Das üppige Laub ist bis 3,5 cm breit, rinnenförmig und fahlgrün. Die 3-7 Blüten stehen kopfständig und in den Blattachseln, sie können bis 8 cm breit werden, die Kronröhre ist 4-4,5 cm lang. Diese *Juno* gehört zu den Arten, die auch in Mitteleuropa hart sind. Wichtig ist ein gut durchlässiger Boden bei ausreichender Feuchtigkeit zur Treibzeit. Im Sommer trocken halten. ♃ ◼ 🄷 ○ △-▲

△
Iris missouriensis var. pelogonus (*Iris montana*), Kleine Missouri-Iris. Das Naturvorkommen liegt hauptsächlich in den W-USA, die Varietät im Staate Montana. Während die Art für Steingärten etwas zu groß ist, läßt sich diese Varietät in größeren Steinanlagen noch verwenden. Sie erreicht eine Höhe von nur wenig über 30 cm. Die Blütenstengel sind nicht verzweigt, sie tragen 1-3 Blüten. Das grundständige Laub steht dicht, aufrecht und ist gerippt, es ist bis 25 cm lang und bis 6 mm breit. Die Hängeblätter der Blüten sind etwa 7 cm lang und 2 cm breit. Farblich gibt es unterschiedliche Typen. Bei der abgebildeten Pflanze sind die Hängeblätter fast weiß, etwas geadert, mit gelblichem Basalfleck. Andere haben eine eher blaupurpurne Farbe, ebenfalls dunkler geadert. Die Domblätter stehen aufrecht und lanzenartig-spitz, sie sind fahllila gefärbt. Liebt einen freien Stand. ♃ 🄷 ○ ⊖ ▲

△
Iris nusairiensis (*Juno nusairiensis*), Syrische Junoiris. Ist in Syrien beheimatet. Hat eine eirunde Zwiebel von etwa 1,5 cm Durchmesser, von einer schwärzlichen Schale umgeben. Der Stengel ist nur 7-10 cm hoch mit zwei häutigen Blattscheiden an der Basis. Die Blätter sind paarig gegenüberstehend, sichelförmig und leicht gedreht, sie sind 1,5 cm breit. Das obere Blattpaar hat eine ausgedehnte Blattscheide (das Hauptcharakteristikum der Art). Die Farbe der 3-6 Blüten ist hübsch blau, insgesamt von Pflanze zu Pflanze etwas schwankend. Der Ton der abgebildeten Pflanze ist wesentlich rotstichiger wiedergegeben. Wächst am Heimatstandort in steinigen Böden bis in Höhen von 1500 m. Die Härte der Pflanze ist etwa mit *I. aucheri* zu vergleichen, deshalb kommt in M-Europa vornehmlich Alpinenhauskultur in Betracht. Bei Kultur im Freien muß guter Schutz gegeben werden. ♃ ⏶ ◼ ⌃ ○ △-△

Iris pallida ssp. cengtialti (*Iris cengtialti*), Südalpeniris, Gardasee-Iris. Wächst im S-Alpengebiet, in Trient, am Gardasee, klassischer Fundort: Cengio Alto. Eine Bartiris, die mit einer Höhe von 30–45 cm durchaus noch in größere Steingärten paßt. Die Blätter zeigen eine etwas grünlichere Färbung als bei *I. pallida*, deren Blätter einen mehr gräulichen Farbton aufweisen. Die Blütenfarbe ist mehr lavendelfarben, es gibt aber auch eher ins Violette gehende Typen. Der Bart ist weiß, an der Spitze gelblich. Die Hüllblätter sind wie bei allen Arten dieser Gruppe (*Iris pallida*, *Iris pallida* ssp. *illyrica*) schon zur Blütezeit trockenhäutig, die Färbung ist bei *I. pallida* ssp. *cengtialti* aber mehr bräunlich. Das Substrat soll kalkhaltig, durchlässig und nicht zu nahrhaft sein. Die Blütezeit liegt Ende Mai-Anfang Juni. Schön in größeren Steinanlagen, wo die ähnliche *I. pallida* schon zu mächtig wird. ♃ ⊞ 🄷 ○ ▲
▽

Iris orchioides (*Juno orchioides*), Orchisähnliche Junoiris. ▷ Heimat ist Turkestan und besonders der Tien-schan, wo die Pflanzen bis in Höhen von 2000 m vorkommen. Die Zwiebeln sind groß und eiförmig. Der Schaft wird etwa 30 cm hoch und hat breite gegenständige Blätter mit einem hornigen Rand. Die Pflanze bringt 3–6 Blüten, 5–8 cm im Durchmesser mit einem Fahlgelb, das manchmal in bläuliche Töne übergeht, die Leiste ist orangegelb, die Narbe groß und hellgelb. Es wurden auch schon lilafarbene Typen gefunden. Bei manchen im Handel angebotenen Pflanzen handelt es sich angeblich um eine reingelbe Form von *I. bucharica*. Das Bild zeigt neben der gelbblühenden *I. orchioides* auch *I. warleyensis* (*Juno warleyensis*), die ähnlich ist, aber mehr weißliche bis bläuliche Farbtöne zeigt. Von der Winterhärte her ist *I. orchioides* an der Grenze, *I. warleyensis* ist härter. ♃ ◼ ⌂ ⌒ ○ △-▲

Iris paradoxa f. coshab, Paradoxe Iris. Eine zwergige Oncocyclusiris. Wächst von der O-Türkei bis zum N-Iran. Von den wunderschönen Oncocyclusiris wird nur diese und *I. samariae* in diesem Buch aufgeführt, obwohl sie meist an steinigen Hängen wachsen, also in Situationen, die Steingarten und Alpinum sehr ähnlich sind. Doch ist ihre Kultur im Freiland in M-Europa ziemlich schwierig, da jede sommerliche Feuchtigkeit zum Absterben führen kann. Es gibt aber Situationen, wo Plätze einerseits sonnig sind, aber andererseits im Regenschatten von Dachvorsprüngen liegen. Ungewöhnliche *Iris* mit einem extremen Größenunterschied zwischen Dom- und Hängeblättern. Die verkürzten, schwarzpurpurnen Hängeblätter sind von kräftigem Wuchs, sie tragen einen schwarzen Bart. Die großen Domblätter sind dagegen zart, weißlich und lila geadert. Auch für Alpinenhauskultur. ♃ ⌂ ⌒ ○ △-▲
▽

◁ **Iris pallida ssp. illyrica** (*Iris illyrica*), Illyrische Iris. Wächst auf der illyrischen Halbinsel, die typische Form wächst bei Fiume. Wird in der »Flora Europaea« nicht als eigenständig anerkannt, sondern als Zwischenform von *I. pallida* und *I. pallida* ssp. *cengtialti* angesehen, sie ist es jedoch wert erwähnt zu werden. Wie die anderen *Iris* dieser Gruppe hat auch diese schon zur Blütezeit trockenhäutige Hüllblätter. Die Blätter sind mattgrün und die Blüten zeigen eine schöne satinblaue Farbe (leider werden Blautöne auch bei modernen Farbfilmen nicht richtig wiedergegeben). Die Hängeblätter tragen einen hellgelben bis orangegelben Bart. Gut geeignet für trockene, kalkhaltige, sonnige Steingartenplätze mit guter Dränage. Die Pflanzen sind meist noch etwas niedriger als *I. pallida* ssp. *cengtialti*. Die Blütezeit dauert nicht lange, aber es lohnt die Pflanzung in größeren Anlagen. ♃ ⊞ 🄷 ○ ▲

Iris × pogocyclus, Oncocyclushybride. ▷ Nicht allgemein verbreitete Iris-Hybriden, die der Liebhaber durch Kreuzen von Pogoniris (= Bartiris) mit Oncocyclusiris erhält, wie hier, wo als Muttersorte kleine *I. pumila* verwendet wurden. Spezialisten haben dafür sogar noch eine weitere Bezeichnung: *I.* × *oncopumila.* Das Bild zeigt eine solche Hybride mit dem deutlich erkennbaren, vererbten Onco-Fleck. Etwas für sonnige und warme Steingartenplätze. Der nur allgemein an *Iris* Interessierte wird eher auf die vielen anderen Zwergiris-Hybriden zurückgreifen (*Iris*-Pumila-Hybriden). Leider leiden manche Bartiriszwerge unter Rhizomfäule, wenn sie zu naß stehen, besonders wenn das Substrat nicht genügend durchlässig ist. Noch gefährdeter sind Hybriden, die »Oncocyclusblut« in sich haben, wie beispielsweise die abgebildete Form. Reine Oncocyclusiris sind noch empfindlicher. ♃ ⌂ ⌒ ○ △-▲

△

Iris prismatica, Prismatische Iris. Vorkommen in den USA auf etwas sumpfigem Grund und an sandigen Stränden der Atlantikküste in den NO-Staaten. Auch in den Bergen von N-Carolina, Georgia und Tennessee. Diese zierliche, etwa 50 cm hohe (vereinzelt auch höhere), bartlose *Iris* ist nicht einfach im Garten zu halten; der Irisliebhaber wird in größeren Steinanlagen passende Plätze finden oder schaffen. Gleicht etwa einer kleinen *Iris sibirica,* die Pflanzen bilden aber keine dichten Horste wie diese, sondern sie wandern umher und treiben hier und dort grasähnliche Blattbüschel hervor. Die Blütenstengel sind 30–50 cm hoch, schlank, drahtig, markgefüllt, sie sind nicht gerade sondern oft gewunden. Jeder Stengel, der manchmal verzweigt ist, bringt 2–3 blau-lila Blüten hervor, die einer kleinen Blüte von *I. sibirica* gleichen. Das Basallaub ist mattgrün, schlank 30–50 cm hoch. ♃ ⇝ ⊟ H ▲

Iris pseudocaucasica (*Juno pseudocaucasica*), Armenische Junoiris. ▷ Diese Junoiris wächst in der NO-Türkei, im Kaukasus, Transkaukasien und geht bis in den NW-Iran, wo sie bis in 1000 m Höhe vorkommt. Es ist eine zwergwüchsige Art mit 12–13 cm Höhe und hat eine gewisse Ähnlichkeit mit *I. caucasica* und mit *I. aucheri.* Die Unterseite der Blätter ist aber graugrün. Die Blütenfarbe ist unterschiedlich, es gibt blau-hellviolette Typen, aber auch blaß-gelbgrüne oder cremefarbene. Das Bild zeigt eine Pflanze aus der Umgebung des Sewansee-Gebietes. Die meist 2–3 Blüten haben einen Durchmesser von 4–5 cm, am Hängeblatt befindet sich eine gelbe Furche, deren Nagel ist weit-gewellt. Wie alle Junoiris liebt es diese Pflanze nach dem Einziehen im Frühsommer möglichst trocken und warm bei einer sehr guten Dränage. Sicherer ist in M-Europa die Kultur im Alpinenhaus. ♃ ⌂ ◙ ⌒ ○ △-△

◁ **Iris pumila,** Zwergschwertlilie, Kleine Rhizomiris. Das natürliche Vorkommen liegt im südlichen M-Europa, SO-Europa, Kleinasien, Kaukasus, Transkaukasien. Von dieser weit verbreiteten kleinen *Iris* gibt es zahlreiche Varietäten und Formen. Die abgebildete Pflanze ist *I. pumila* f. *aequiloba.* Insgesamt gesehen können die Blüten, Blütenfarbe, Länge der Hüllblätter und des Stengellaubes und andere Eigenschaften variieren. Allen Formen gemeinsam ist das Fehlen eines sichtbaren Stengels. Gut sichtbar sind eine verlängerte Kronröhre und ein deutlich abgesetzter ovaler Farbfleck auf den Hängeblättern. Die Pflanzen sind einfach blühend, deshalb ist die Blütezeit eines Horstes verhältnismäßig kurz. Liebhaber pflegen diese attraktive Zwergiris in Steinanlagen, wo sie auch durch die elegante, etwas mehr waagrechte Haltung der Hängeblätter auffällt (nicht bei der abgebildeten Form). ♃ ⊞ T ○ △-▲

Iris-Pumila-Hybride 'Blaugold'. Eine robuste Hybride aus Deutschland, die besonders auch durch die elegante Blütenform besticht. Die Domblätter sind gut geschlossen und die Hängeblätter zeigen die gewünschte waagrechte Haltung. Die Blütenfarbe ist tiefgelb, wobei der blauviolette Bart gut kontrastiert. Von Herrn Denkewitz im niederschlagsreichen Hamburg gezüchtet, ist die Pflanze gut feuchtigkeitsresistent, was man nicht von allen Sorten sagen kann, da es besonders bei Züchtungen aus den wärmeren Teilen der USA zu Rhizomfäule kommen kann. Andererseits muß gesagt werden, daß *Iris*-Pumila-Hybriden im Vergleich wesentlich widerstandsfähiger sind als Neuzüchtungen von hohen Bartiris aus diesen Gebieten. Der Pflanzende wird im Steingarten diesen *Iris*-Pumila-Hybriden immer einen warmen, vollsonnigen Platz mit sehr guter Dränage geben (Zusatz von Sand). ♃ ⟿ [T] ○ △-▲
▽

Iris-Pumila-Hybride 'Amphora'. Frühere Züchtungen von Zwergiris, etwa aus Zeiten Ende des 19. Jahrhunderts, beruhten auf Kreuzungen mit *I. chamaeiris* (jetzt: *I. lutescens*), was sich aber in Fortführung der Züchtung als Sackgasse erwies. Erst in der zweiten Hälfte des 20. Jahrhunderts, als man Naturformen von *I. pumila* als einen Elternteil heranzog und mit tetraploiden hohen Bartiris kreuzte, war der Bann gebrochen. Seitdem gibt es eine sehr große Anzahl von Züchtungen kleiner Bartiris. Besonders in den USA, in Großbritannien und in Deutschland sind viele Sorten entstanden, von der die folgende Auswahl einen kleinen Überblick geben soll. Die hier abgebildete Sorte 'Amphora' zeigt eine elegante Farbkombination, die Grundfarbe ist weiß und der kleine gelbe Hängeblattfleck ist nicht auf das Zentrum konzentriert, sondern zieht sich sanft und weit über die Spreite. ♃ ⟿ [T] ○ △-▲ ▷

Iris-Pumila-Hybride 'Eiswürfel'. Eine deutsche Züchtung von Herrn Denkewitz, die ebenfalls kräftig und robust wächst. Auch bei dieser Sorte ist die Haltung der Hängeblätter sehr ansprechend. Die Farbe kann als helleisblau bezeichnet werden, leider wird auch hier durch das Filmmaterial der Farbton ins Violette verfälscht. Bei der Verwendung im Steingarten sollte man etwas Fingerspitzengefühl entwickeln, weniger bei Steingärten allgemeiner Gestaltung und bei regelmäßigen Steinanlagen. Manche Sorten wirken in sehr naturnahen Gestaltungen etwas gartenhaft. Hier muß man den richtigen Weg finden. Sorten wie 'Eiswürfel' können dagegen in jeder Art von Gestaltung verwendet werden. Solche farblich neutralen Sorten finden auch leichter Partnerstauden, als solche, die einen eher auffälligeren Farbton zeigen. Die Wirkung wird durch den Pflanzennachbarn unterstrichen. ♃ ⟿ [T] ○ △-▲
▽

Iris-Pumila-Hybride 'Dale Denis'. Eine etwas ältere Züchtung, bei der die Haltung der Hängeblätter nicht so waagrecht ist, wie bei neueren Züchtungen. Es handelt sich von der Färbung her um eine kleine 'Plicata'. Die Grundfarbe ist weiß, der Rand der Domblätter ist kräftig violett gestrichelt ebenso wie der Rand der Hängeblätter, wenn auch etwas verhaltener. Es gibt hunderte von Zwergiriszüchtungen und man sollte beim Kauf von den Beschreibungen in den Listen ausgehen. Die Höhe der einzelnen Züchtungen ist unterschiedlich und reicht etwa von 15 bis 30 cm. Die kleinen Typen sind eher für den eigentlichen Irisfan, denn die Blütezeit ist sehr kurz, sie haben nur 1 Blüte oder 2, während die meisten Neuzüchtungen, die etwas höher sind, 2–3 Blüten pro Stengel entwickeln, denn dieser ist im Gegensatz zu *I. pumila* vorhanden. Die Blüten öffnen sich nacheinander. ♃ ⟿ [T] ○ △-▲ ▷

Iris-Pumila-Hybride 'Pink Amber'. Bei ▷ Beginn der Zwergiriszüchtung waren rosa-, aprikosenfarbene und ähnliche Töne nicht vorhanden, ebensowenig wie bei den hohen Bartiris. Erst als bei den letztgenannten die Züchtung solcher Sorten gelang, folgten in den USA auch die ersten kleinen Sorten in diesem Farbspektrum. Die Sorte 'Pink Amber' gehörte zu den frühen Züchtungen. Die Farbe kann man eigentlich schlecht charakterisieren. Rosa-lachs kommt noch am nähesten. Der Farbton fällt dem Besucher auf, leider ist der jährliche Zuwachs etwas verhaltener und auch die Feuchtigkeitsempfindlichkeit ist etwas höher, was man aber bei dem selteneren Farbton akzeptiert. Tritt einmal Rhizomfäule auf, schneidet man das befallene Rhizomstück weg (nicht zu knapp !) und pudert die Schnittstelle mit einem geeigneten Fungizid ein. Wer dies umgehen will, nimmt Holzkohlepulver. ♃ ⟿ T ○ △-▲

Iris-Pumila-Hybride 'Quip'. Diese Sorte ▷ kann ebenfalls als schwach ausgebildete 'Plicata' bezeichnet werden. Die Grundfarbe ist weiß, Dom- und Hängeblätter zeigen jedoch eine leichte violette Strichelung. Der Dom dieser Sorte ist nicht, wie meist angestrebt, geschlossen, sondern steht ziemlich offen, was aber hier durch die Tatsache ausgeglichen wird, daß dadurch der Blick auf die violetten Griffeläste frei ist, was die Zweifarbigkeit dieser Sorte verstärkt. Auf die unterschiedlichen Höhen der einzelnen Sorten wurde schon hingewiesen. In den USA, aber auch in Großbritannien, werden die kleinen Sorten noch offiziell nach ihrer Größe unterteilt, man spricht von »Miniature Tall Bearded« (MTB) und von »Standard Tall Bearded« (STB). Bis zu 20 cm spricht man kurz von »Miniature Dwarfs« und von 21–40 cm von »Standard Dwarfs«. In Mitteleuropa ist diese Unterteilung nicht üblich. ♃ ⟿ T ○ △-▲

Iris-Pumila-Hybride 'Stockholm'. Es handelt sich um eine sehr dauerhafte Sorte, die ihren Platz behauptet, Hauptsache ist, sie steht warm und sonnig. Große Blüten stehen an nicht zu hohen Stengeln, die Farbe zeigt ein verträgliches Hellgelb und der Bart ist lila. Auch die Form ist sehr ansprechend. Insgesamt wirkt die Pflanze eher als »Farbfleck« als manch andere Sorte. Sie ist auch gegenüber Mineraldünger unempfindlich. Mit Düngergaben muß man vorsichtig sein. Einerseits haben diese Züchtungen einen stärkeren Nährstoffbedarf als Pflanzen aus der Natur, andererseits muß man wegen Überdüngung zurückhaltend sein. Vorsichtig muß man besonders mit Stickstoff umgehen, deshalb wird man bei tierischem Dünger etwas achtgeben. Eher sollte man im Frühling etwas chloridfreien Mehrnährstoff-Dünger verabreichen und auch hin und wieder etwas Kalk geben. ♃ ⟿ T ○ △-▲
▽

◁ **Iris-Pumila-Hybride 'Sonnentrude'.** Eine robuste und wüchsige deutsche Züchtung von Herrn Denkewitz, Hamburg. Eine Sorte der neuen Irisgeneration mit guter Wuchsform, beachtlicher Blütengröße und sehr hübscher Farbkombination. Die Domblätter sind weiß, aber nicht von einem kalkigen, kalten Weiß, sondern von einem Weiß, das man schon als leicht cremefarben bezeichnen kann. Im guten Kontrast dazu stehen die gelben Hängeblätter, die wiederum einen Bart in der Farbe der Domblätter tragen. Hinsichtlich der Bodenansprüche sind die Sorten der *Iris*-Pumila-Hybriden toleranter gegenüber der eigentlichen *I. pumila* geworden. Zwar lieben auch die Hybriden ein kalkhaltiges Substrat, doch sind sie keinesfalls mehr so darauf angewiesen. Die Sorten gedeihen in jedem einigermaßen akzeptablen Gartenboden, der neutral sein kann oder auch schon schwach sauer. ♃ ⟿ T ○ △-▲

Iris reichenbachii, Reichenbachs Zwergiris. Vorkommen in Mazedonien, Bulgarien, Bosnien-Herzegowina, Karpaten, Moldaugebiet und der Karpatoukraine. Eine dankbare Zwergiris für den Steingarten. Sie ist ähnlich *I. suaveolens* (*I. mellita*), doch wird sie wesentlich größer, zwischen 18 und 30 cm hoch. Das breitere Laub mißt bis zu 1,5 cm. Die 1–2 Blüten sind kopfständig, manchmal auch seitlich erscheinend, die Pflanzen sind aber insgesamt reichblütig. Die Blüten messen etwa 6 cm im Durchmesser. Sie sind meist gelb, aber auch violettbraun, wobei die Adern oft dunkler gefärbt sind. Die Hüllblätter sind kahnförmig, scharf gekielt, ein Kennzeichen der Art. Die Kronröhre ist kürzer, etwa 2,5 cm lang, der Bart ist gelb oder weiß mit blauen Spitzen. Die Domblätter sind länglich, oft länger als die Hängeblätter. Diese hübsche Art ist verhältnismäßig wüchsig und reichblühend. ♃ ⟿ ⊞ ○ △-▲
▽

Iris-Pumila-Hybride 'Tomingo'. Diese ▷ etwas ältere Hybride zeigt eine vorzügliche Haltung der Hängeblätter und einen gut geschlossenen Dom. Von der Einfarbigkeit der Blüte, auch der Bart ist gelb, geht eine intensive Farbwirkung aus, die durch die Reichblütigkeit noch unterstrichen wird. Hin und wieder teilen! Oft wird die insgesamt etwas kurze Blütezeit beanstandet, aber das reizvolle an Steingärten und sonstigen alpinen Anlagen ist ja gerade die abwechslungsreiche Blütenfolge, bei der die *Iris*-Pumila-Hybriden nicht fehlen dürfen. Spezielle Irisliebhaber können durch Pflanzung von unterschiedlichen *Iris*-Arten und von Züchtungen eine durchgehende Irisblüte im Steingarten von Februar bis in den Juni hinein erzielen, während dann in anderen Gartenteilen die weitere Irisblüte bis in den August durch größere und höhere Arten und Sorten fortgesetzt werden kann. ♃ ⟿ 🅃 ○ △-▲

Iris reticulata 'Margerite' (*Iridodictyum reticulatum* 'Margerite'), Netzblattiris 'Margerite'. Eine weitere neue Sorte aus diesem Zwiebeliris-Komplex ist diese Züchtung. Sie zeigt für diese Sortengruppe eine verhältnismäßig große, violette Blüte mit einer weißen Zeichnung auf den Hängeblättern. Diese sind unterseits weiß mit einer violetten Strichelung. Sonst unterscheidet sie sich nicht von anderen Arten. Die linealen, spitzen Blätter sind zur Blütezeit noch kleiner als die Blüten, sie verlängern sich erst nach der Blüte. Insgesamt gesehen sind diese zwar etwas störend, aber man nimmt diese »Unart« gerne in Kauf, denn auf die schöne und vor allen sehr frühe Blüte will man nicht verzichten (Februar-März). Zudem sind die kleinen, außen netzartigen Zwiebelchen sehr preiswert. Selbstverständlich eignen sich auch all diese kleinen *Iris* ebenso für die Alpinenhauskultur. ♃ ⓐ ⊞ ○ △-▲
▽

Iris reticulata 'Jeannine' (*Iridodictyum reticulatum* 'Jeannine'), Netzblattiris 'Jeannine'. ▷ In den letzten Jahren ist in das Sortiment der kleinen Netzblattiris wieder Bewegung gekommen. Es werden verstärkt neue Sorten angeboten, die neue Farben und Farbtonkombinationen zeigen. Eine sehr blaue Sorte ist die abgebildete 'Jeannine'. Sie zeigt eine kräftig violettblaue Farbe auf den Hängeblättern mit einem auffallenden orangefarbenen Fleck. Die Blüten verströmen einen zarten Duft. Die Pflanzen sind zur Blütezeit etwa 15 cm hoch, die Blätter überragen die Blüten nur wenig, erst nach der Blüte verlängern sie sich bis auf 30–35 cm. Sie lieben einen durchlässigen, etwas kalkhaltigen Boden. Die Zwiebeln dieser Sorte zerfallen nach der Blüte nicht in so viele kleine Brutzwiebelchen, sondern bilden einige größere aus, die früher wieder zur Blüte kommen als bei der eigentlichen Art. ♃ ◙ ⊞ ○ △-▲

△
Iris samariae, Samaria-Oncocyclusiris. Heimat ist Israel, besonders das Gebiet um Nablus, etwa in Höhenlagen von 800 m, dort meist auf Terra-rossa-Böden. Sie ist nicht sehr unterschiedlich zu *I. lortetii,* nur *I. samariae* blüht wesentlich früher. Sie hat Blüten mit einem Durchmesser von 10 cm an 30 cm hohen Stengeln. Die Hängeblätter sind etwas weniger stark zurückgebogen als bei *I. lortetii,* sie sind cremefarben, braunpurpurn geadert und gepunktet, der Bart ist braungelb bis purpurbraun. Der Dom ist zart purpurrosa, es gibt aber auch Typen mit etwas stärkerer Färbung des Domes. Wie alle Oncocyclusiris des südlicheren Verbreitungskreises (Syrien, Libanon, Israel, Jordanien) ist auch diese *Iris* in Mitteleuropa nur mit größerem Aufwand im Freien zu halten, besser ist Alpinenhauskultur. Sie will es im eingezogenen Zustand während des Sommers warm und völlig trocken haben. ♃ ⌂ ⌒ ○ △-▲

△
Iris × sindpers (*Juno × sindpers*), Porzellaniris, Junoiris-Hybride. Bei den Junoiris gibt es wenig Hybriden. Die abgebildete Pflanze ist eine davon. Sie ist schon lange bekannt, aber immer noch selten im Angebot. Sie entstammt einer Kreuzung von *Iris aucheri* mit *Iris persica.* Der Name von *Iris aucheri* lautete früher *I. sindjarensis,* deshalb die Namenskombination. Eine echte Zwergform, die zur Blütezeit nur 7–10 cm hoch ist und schon im März-April blüht. Die Farbe ist ein helles Porzellanblau mit seegrün und orange. Dieser Zwerg benötigt einen warmen Platz, der nach dem Einziehen absolut trocken ist. Deshalb ist Alpinenhauskultur in M-Europa einer Freilandkultur vorzuziehen. Man kann die Junoiris auch nach dem Einziehen aus dem Boden nehmen und im Oktober wieder pflanzen. Während der Zeit im trockenen Sand aufbewahren, dabei die fleischigen Wurzeln nicht abbrechen. ♃ ⌂ ◼ ⌒ ○ △-▲

△
Iris stolonifera, Ausläufertreibende Regeliairis. Heimat ist das Gebiet von Turkestan. Die schlanken Rhizome treiben bis zu 20 cm lange Ausläufer. Die Blätter sind im Austrieb rötlichbraun, die Pflanze wird insgesamt 40–60 cm hoch, sie eignet sich deshalb nur für größere Steinanlagen. Die Basis der Pflanze ist rötlich und auch die Hüllblätter sind rötlich überlaufen, zur Blütezeit sind die Spitzen schon trockenhäutig. Die Blüten haben einen auseinanderklaffenden Dom, die Dom- und Hängeblätter sind stärker gewellt. Die Farbe des Domes ist weiß, was von der heliotropfarbenen Schattierung überdeckt wird, und breit milchschokoladenfarben geändert. Die Hängeblätter zeigen diesen braunen Ton am Rande noch stärker, allmählich nach innen zum Zentrum der Platte in ein prächtiges Lila übergehend. Auch diese Pflanze will nach dem Einziehen im Sommer sehr trocken stehen. ♃ ⟿ ⌒ ○ ▲

Iris suaveolens (*Iris mellita*), Wohlriechende Zwergiris. Weit über den Balkan verbreitete *Iris.* Geht von Albanien über Mazedonien, Bulgarien bis in die N-Türkei. Die Höhe des Blütenstengels beträgt nur 10–14 cm. Die Blätter sind stark sichelförmig gebogen, stärker als bei anderen zwergigen Bartiris. Sie sind manchmal bereift und manchmal mit einem rötlichen Saum bedeckt. Die Hüllblätter sind grün, lang und scharf gekielt. Die Blütenfarbe ist ein rauchiges Purpurrot und Purpurrosa, es gibt auch rauchige Mischfarben oder stumpfe Gelbtöne. Die Hängeblätter sind immer kürzer und schmäler, sie sind nach innen gerollt, die Domblätter sind hoch und steil. Der Bart ist bläulich oder rotviolett, nach unten zu oft weißlich. Am Stengel befinden sich meist zwei Blüten, selten eine oder noch seltener 3. Liebt einen durchlässigen Boden mit etwas Kalkzusatz. Etwas für kleine Plätze. ♃ ⊞ ⊡ ○ △-△ ▷

△
Iris tectorum, Dachiris. Das natürliche Vorkommen liegt in China. Eine mittelhohe Evansiairis, die meist auch noch in M-Europa winterhart ist. Die Pflanze wird etwa 40 cm hoch und kann deshalb in mittelgroßen und großen Steinanlagen verwendet werden. Sie besitzt kräftige, schmale, braune, kriechende Rhizome. Die Stengel sind verzweigt und bis 40 cm lang. Die Blätter sind hellgrün, dünn, 3–4 cm breit und deutlich gerippt, sie sind etwa 30 cm lang. Aus den Hochblättern entwickeln sich 2–3 etwas flatterige Blüten von 10 cm Breite. Sie sind blaulila und etwas dunkler geadert und gefleckt. Die Hängeblätter sind 2,5 cm breit, der Kamm ist gut geteilt, weiß mit dunkleren Spitzen. Die Ränder sind etwas gewellt. In der Vollblüte sind Dom- und Hängeblätter fast gleichmäßig radförmig auseinandergebreitet. Liebt etwas frischere Böden und eine eher sauere Bodenreaktion.
♃ ⊟ ○ ⊖ ◐ △-▲

△
Iris tenax, Zähe Pazifikiris. Diese Art stößt von den Pacific-Coast-Iris an der Westküste der USA am weitesten nach Norden vor, bis in den Staat Washington. Sie geht über Oregon nach Süden, bis sie an das nördliche Verbreitungsgebiet von *I. innominata* stößt. Sie ist mehr eine Pflanze offener, sonniger Lagen. Die Pflanze wird 30 cm hoch und der Stengel trägt 1 oder 2 Blüten, die einen Durchmesser von 7–9 cm haben. Sie zeigen ein sehr fahles Gelb, sind lavendelfarben oder violett. Die Hüllblätter sind schmal, auseinandergehend und die Kronröhre ist kurz, nur bis 1 cm. Die Hängeblätter sind lanzettlich, bis 2,5 cm breit, zurückgebogen und mit einem weißen oder gelblichen Zentralfleck versehen. Die lanzettlichen Domblätter sind 6 mm breit. Alteingewachsene Pflanzen sind sehr reichblühend. Es ist die kälteresistenteste Art der Pacific-Coast-Iris. Benötigt sauere Bodenreaktion!
♃ ⊟ H ○ ⊖ ◐ △-▲

◁ **Iris timofejewii.** Timofejews Zwergiris. Wächst im Kaukasus, besonders in Dagestan, bevorzugt in mittlerer Berglage an trockenen, steinigen Hängen, die nach Süden geneigt sind. Der Untergrund ist ein leichter, durchlässiger, etwas anlehmiger Boden mit viel kalkhaltigem Gestein. Die Pflanzen haben kurze, schmale, blaugrüne, sichelförmige Blätter von 10–14 cm Länge. Die 5 cm großen Blüten haben etwas Ähnlichkeit mit *I. pumila* und die Blütenfarbe ist rötlich-blauviolett. Der Dom ist ziemlich geschlossen, er ist leicht gedreht, die Hängeblätter sind ziemlich schlank, bei Vollblüte stark zurückgebogen, der Bart ist weiß und besitzt beidseitig ein weißes Strichmuster. Die Kronröhre ist 4–5 cm lang und die Hüllblätter sind groß und krautig. Diese *Iris* hat im Gegensatz zu *I. pumila* einen Stengel und sie ist meist zweiblütig. Eine verhältnismäßig schwierige *Iris* in Kultur, etwas für Könner. ♃ ⊞ ○ ▲-△

△
Iris × thompsonii (*Iris innominata* × *Iris douglasiana*), Pazifik-Hybride. Aus den zahlreichen Arten der Californicaeiris sind in den letzten Jahrzehnten zahlreiche attraktive gärtnerische Hybriden entstanden. In Gebieten im pazifischen Bereich der USA, an denen zwei oder mehrere Arten gleichzeitig vorkommen und an Stellen, wo sich das jeweilige Verbreitungsgebiet berührt, entstanden ebenfalls spontane Hybriden. Dazu gehört auch die abgebildete *I. × thompsonii*, die aus dem Smith River Canyon stammt. Es ist eine hübsche kleine, aber elegante *Iris* von 25–30 cm Höhe. Sie hat schmal-lineale Blätter und violette Blüten (meist einblütig), mit einer weißen Zeichnung im Zentrum des Hängeblattes. Dom- und Hängeblätter sind schön gewellt. Leider ist die Kultur, genauso wie bei den anderen Arten und Hybriden dieser Gruppe, in M-Europa nicht besonders einfach.
♃ ⊟ ⌂ ○ ◐ ⊖ △-▲

Iris variegata f. albiflora (*Iris lepida*), ▷ Weiße pontische Bartiris. Die Art *I. variegata* hat ein sehr weites Verbreitungsgebiet, von Süddeutschland bis Kroatien und in die W-Ukraine. Es ist eine ziemlich niedrig wachsende Art (15–40 cm), die wie *I. aphylla* im Winter völlig einzieht. Die Hüllblätter sind krautig und etwas aufgeblasen. Die Blüten der Art sind gelb und die Hängeblätter sind mit einer blauen bis braunen Aderung versehen. Die abgebildete Albino-Form hat weiße Blüten, auf deren Hängeblättern nur eine sehr schwach-lila Aderung zu erkennen ist. Diese Farbvariante findet sich manchmal in Spezialliteratur unter dem eigenständigen Namen *I. lepida*. *I. variegata* ist meist zweiblütig und die Blüten haben einen Durchmesser von etwa 6,5 cm. Es gibt mehrere Typen hinsichtlich Höhe und Verzweigung. Schöne Steingartenpflanze mit einer ziemlich späten Blütezeit. ♃ ⤳ ⊞ ○ △-▲

Iris vicaria (*Juno vicaria*), Stellvertretende Junoiris. Wächst in Zentralasien, besonders in Turkestan, wo sie an steinigen Hängen vorkommt. Eine Art, die kräftig entwickelte Schäfte hat, sie steht *I. magnifica* (*Juno magnifica*) sehr nahe. Aus großen Zwiebeln entwickeln sich die 20–50 cm hohen *Iris*. Sie entwickelt 5–7 gebogene, etwa 15 cm lange Blätter, die 1,5–3 cm breit sind. Die 2–5 Blüten haben einen Durchmesser von 4–5 cm, sie sind sehr licht-blauviolett. Der Kamm ist wellenförmig weiß oder gelb auf einem gelben Fleck. Der Nagel ist ungewellt und mit dunklen Linien versehen. Die Domblätter sind bis 2,5 cm lang und geadert. Die auf dem Foto zu sehende kleine Junoiris ist *I. nusairiensis* (*Juno nusairiensis*). Bei Befriedigung ihrer Ansprüche (sehr gute Dränage und Schutz vor längerer Sommerfeuchtigkeit) kann diese *Iris* in M-Europa auch im Freien gehalten werden. ♃ Ⓐ ◙ ⌒ ○ △-▲
▽

◁ **Iris variegata var. pontica,** Bunte pontische Bartiris. Es handelt sich um einen weiteren Typ von *I. variegata*, welcher aus der Dobrudscha stammt. Ob die botanische Anerkennung als Varietät berechtigt ist oder nicht, kann nicht gesagt werden. Der Unterschied zur Art liegt in der Höhe und in der Färbung der Blüte, die Varietät wird etwa 40 cm hoch. Die Grundfarbe ist mehr dunkel Ockergelb und die Aderung auf den Hängeblättern ist kräftig rotbraun, sie fließ im Zentrum zu einem kräftigen, breiten Fleck zusammen, der Rand ist dann wieder ockergelb. Die Blüten sind auch etwas schmäler als beim Typ. Alle anderen Eigenschaften sind identisch mit der Art. Im Steingarten ist *I. variegata* wegen der späten Blütezeit besonders wichtig, die in etwa mit derjenigen der Hohen Bartiris übereinstimmt. Alle anderen zwergigen Bartiris sind zu diesem Zeitpunkt schon verblüht. ♃ ⤳ ⊞ ○ △-▲

Iris winogradowii (*Iridodictyum winogradowii*), Winogradows gelbe Zwiebeliris. ▷ Kommt aus dem Kaukasus, wo sie auf einem verhältnismäßig kleinen Gebiet auf Bergwiesen wächst. Von *I. danfordiae*, der anderen kleinen Zwiebeliris, unterscheidet sich diese durch die verhältnismäßig großen, 5 cm langen, lanzettlichen Domblätter. Die Blüten duften zart nach Holunder. Von *I. histrioides* unterscheidet sie sich durch die fahlgelben Blüten, die im Zentrum der Hängeblätter etwas grünlich gefleckt sind und verstärkt am Nagel. Die blühende Pflanze wird etwa 15 cm hoch. Eine schöne, aber seltene und verhältnismäßig teuere kleine Zwiebeliris. Die Pflanze entwickelt nach der Blüte einige neue Zwiebeln, die im übernächsten Jahr blühen und viele reiskornartige Brutzwiebelchen, die wesentlich länger bis zur Blüte benötigen. Liebt einen durchlässigen, humosen Boden. ♃ Ⓐ ◙ ○ ◐ ▲-△

◁ **Isopyrum thalictroides,** Muschelblümchen, Ranunculaceae, Hahnenfußgewächse. Heimat ist SO-Europa. Ein reizender Frühjahrsgeophyt, auf den man auch im Steingarten nicht verzichten sollte. Es ist eine 10–20 cm hohe Pflanze mit einem dünnen, schwach kriechenden Wurzelstock. Die schlanken, aufrechten, im oberen Teil verzweigten Stengel sind beblättert und mehrblütig. Die Blätter sind doppelt dreizählig, gefiedert und blaugrün überlaufen. Die schalenförmigen großen, weißen Blüten öffnen sich im April-Mai, schon bald nach der Blüte ziehen die Pflanzen wieder ein, was zu berücksichtigen ist. Die Pflanzen ähneln stark dem Buschwindröschen, sind aber von diesem leicht zu unterscheiden: *I. thalictroides* ist mehrblütig im Gegensatz zum einblütigen Buschwindröschen. Die zarte Pflanze kann im Laufe der Zeit größere Flächen bedecken. ♃ ⁓ ⌓ ◐ ⊖ ○ ● △-▲

△

Jasione heldreichii (*Jasione jankae*), Heldreichs Sandglöckchen, Campanulaceae, Glokkenblumengewächse. Das natürliche Vorkommen liegt auf dem Balkan, von Rumänien bis zur Türkei. Eine Sandglöckchen-Art, die nahe mit *J. montana* verwandt ist. Die Pflanze ist oft nicht sehr ausdauernd, sie ist manchmal nur zweijährig. Sie wird 10–20 cm hoch, kurz steifhaarig. Die 3 mm breiten Blätter sind lineal-lanzettlich, sie sind manchmal spärlich bewimpert. Die äußeren zur Blüte gehörigen Hüllblätter sind lanzettlich bis lineal-lanzettlich und tief gezähnt. Die Blütenköpfe sind blau, sie haben etwa 1 cm Durchmesser. Es sind keine auffälligen Pflanzen, aber blau blühende kleine Arten sind immer gesucht. Verwendung im Steingarten und auch in der Trockenmauer oder im Trokkenmauerwall, in durchlässigem Substrat. Vermehrung durch Aussaat oder auch durch Teilung im Frühling. ⊙-♃ ⌓ ⁞ ○ ◐ △-▲ ▷

Ixiolirion tataricum (*I. montanum*), Blaulilie, Liliaceae (Ixoliriaceae), Liliengewächse (Blauliliengewächse), laut »Zander« zu den Amaryllidaceae (Amaryllisgewächsen) gehörend. Kommt in einem Gebiet von Kleinasien bis W-Sibirien vor, im Iran, Irak, Afghanistan, Pakistan. Eine Zwiebelpflanze von 20–30 cm Höhe. Die Zwiebeln sind bis 3 cm dick und haben einen langen Hals. Die grundständigen Blätter und die Stengelblätter sind sehr schmal und lineal. Die 4 cm langen lilablauen Blüten sind trichterförmig mit leicht zurückgeschlagenen Zipfeln. Diese stehen in einer unregelmäßigen Dolde. Die Blütezeit reicht von Mai-Juni. Eine anspruchslose Zwiebelpflanze, die man im Steingarten in Tuffs von 10–15 oder mehr pflanzt. Kultur in warmen, durchlässigen, sandigen Böden. Liebt als Dünger abgelagerten Kompost. Wo es der Pflanze gefällt, kann sie auch verwildern, ohne lästig zu werden. ♃ ⊡ ○ △-▲

Jasione laevis (*Jasione perennis*), Glattes Sandglöckchen. Heimat ist W- und das westliche M-Europa, auf dem Balkan bis SW-Rumänien und bis S-Italien. Büschelig wachsende, etwas Ausläufer treibende, 20–30 cm hohe, manchmal auch noch höhere Art. Die Stengel sind mit schmal-länglichen Blättern besetzt, die nicht breiter sind als 3–4 mm, sie sind bewimpert. Die Blütenköpfe sind blau und haben einen Durchmesser von 2,5–4 cm. Die kleinen Blüten haben einen weit herausragenden Griffel. Die im Samenhandel erhältliche Sorte 'Blaulicht' ist großblütig, reinblau und samenvermehrbar. Sie wird leider noch etwas höher. Die Blütezeit der Art liegt im Juli-August. Sie schätzt kalkfreien bis kalkarmen Boden, der nicht zu nahrhaft sein sollte, da die Pflanzen sonst leicht lagern, und eine möglichst vollsonnige Lage. Vermehrung durch Aussaat, Teilung und auch durch Stecklinge. ♃ ⊟ ⊡ ○ ▲ ▷

Jovibarba allionii × hirta, Jupiterbart-Hybride, Crassulaceae, Dickblattgewächse. *Jovibarba* sind nahe Verwandte von *Sempervivum* und von manchen Autoren zu diesen gestellt. Die abgebildete Hybride ist, wie andere, in gärtnerischer Kultur entstanden. *J. allionii* kommt im südwestlichen Teil der Alpen vor und bildet Polster aus geschlossenen Rosetten, sie sind kugelig, fahlgrün bis gelbgrün mit meist 2–3 cm Durchmesser. Dabei sind die Rosettenblätter stark nach innen gekrümmt. Die Tochterrosetten sind oft ungestielt oder stehen an kurzen Stolonen. An exponierten Plätzen außen leicht rötlich gefärbt. *J. hirta* hat ihr Verbreitungsgebiet mehr in den östlichen Alpen, in Ungarn, den Karpaten und in Dalmatien. Diese Art hat mehr offene und größere Rosetten, die eher sternartig sind. Die abgebildete Hybride aus diesen beiden Arten tendiert mehr zu *J. allionii.* ♃ ⌓ ⁞ 🅃 ○ △-▲ ▷

△

Juniperus squamata 'Blue Star', Blaukissenwacholder, Cupressaceae, Zypressengewächse. Es gibt eine ganze Reihe von Zwergwacholdern, die sich zur Verwendung in Steinanlagen eignen. Sowohl solche in Säulenform als auch niedrige, mehr breitwachsende Sorten. Die Stammart der abgebildeten Sorte, *J. squamata,* ist im Himalaja, in M- und W-China zu Hause. Von ihr stammt diese Sorte, die von der Größe her gut in Steinanlagen paßt. Wird sie einmal zu groß, kann man zurückschneiden oder zieht sie als Stämmchen in der Art eines Bonsai. Läßt man diesen bläulich benadelten Wacholder ungehindert wachsen, kann die Pflanze im Alter schon 70–80 cm Höhe erreichen bei einer Breite bis zu 1,5 m. Es dauert längere Zeit, bis dieser dichte halbkugelige Busch dieses Volumen erreicht, deshalb kann man diese Sorte auch für Trogbepflanzung und kleinere Steingärten empfehlen. ♄ ⚲ 🅃 ○ ◐ △-▲

△

Kalmiopsis leachiana, Scheinlorbeerrose, Ericaceae, Heidekrautgewächse. Wächst in Bergen von SW-Oregon an Felssimsen und Flußklippen und ist geschützt. Sie wird bis 30 cm hoch, ist immergrün, aufrecht wachsend und gut verzweigt. Die Blätter sind wechselständig bis 3 cm lang und 7–11 mm breit, eirund oder verkehrt-eirund. Die Blüten sind kopfständig, sie stehen in einer länglichen Traube, meist in Gruppen von 6–9 Stück. Sie sind prächtig rosa und ähneln kleinen *Kalmia*-Blüten. Die Blütezeit im Frühling dauert länger an. Der kleine, rundliche Busch ist aber auch schon durch die Belaubung attraktiv. Leider ist die Winterhärte in M-Europa nicht immer ausreichend. Die Frostgrenze dürfte bei −15 °C liegen, deshalb ist auch Alpinenhauskultur zu empfehlen. Die Pflanze liebt einen feuchten, torfigen und saueren Boden im Halbschatten oder an absonnigen Plätzen. ♄ ⌓ ⌂ ⊟ ⌃ ◐ ⊖ △-▲

Lamium maculatum 'Aureum', Gelbblätterige Taubnessel, Labiatae (Lamiaceae), Lippenblütler (Taubnesselgewächse). Die Art, die Gefleckte Taubnessel, wächst in Europa, nördlich bis N-Deutschland und N-Rußland, in Kleinasien und dem N-Iran. Es ist eine kurze, verzweigte, Ausläufer treibende, etwa 20 cm hohe Art. Während die Blätter bei der Art dunkelgrün und zuweilen gefleckt sind, haben diese bei der Sorte 'Aureum' einen schönen, hellen Gelbton. In der Mitte entlang der Hauptader zieht sich eine weißgelbe Zone. Junge Blätter sind mehr gelbgrün. Diese Art ist kompakt, schwach wachsend und sie benötigt etwas mehr Aufmerksamkeit. Die Taubnesseln und ihre Gartenformen bevorzugen Halbschatten und einen mittelschweren Boden. Sie vertragen andererseits bei feuchterem Stand keine stärkere Beschattung. Sät sich wie manch andere Sorte kaum selbst aus. ♃ ⌓ ◐ ⊖ ○ △-▲ ▷

Lamium maculatum 'Chequers', Silberstrich-Taubnessel. Eine weitverbreitete Sorte, die im Gegensatz zur vorstehenden sehr robust ist, sich aussät und auch etwas höher wächst (bis 25 cm). Die Blätter sind dunkelgrün und mit einem silbrigen Mittelband auffallend gezeichnet, die Blüten sind violettrosa, die Sorte ist reichblühend. 'Chequers' verträgt auch im Gegensatz zu anderen Sorten eher volle Sonne. Ist die Sorte echt, verschwindet das silberige Mittelband im Hochsommer fast völlig. Es gibt ähnliche Sorten, wie 'Sterling Silver', bei der die Blätter unterschiedlich sind. Teilweise entwickelt die Pflanze ganz silbrige Blätter, aber auch gleichzeitig grüne mit einem silbrigen Streifen. Manchen Gartenliebhabern sind Taubnesseln für den Steingarten zu gewöhnlich. Es benötigt eine gewisse Reifung, ehe man für diese Pflanzen Sympathie entwickelt. Es gibt zahlreiche Sorten! ♃ ⌓ ◐ ○ ⊖ △-◬ ▷

△
Lamium maculatum 'White Nancy', Silbrige Taubnessel. Auch hinsichtlich ihrer Blattgröße gibt es bei den Hybriden Unterschiede. Die abgebildete Sorte 'White Nancy' ist etwas kleinblätteriger und die Blätter stehen dicht und sind einheitlich silberig. Sie wächst aber trotzdem kräftig und bildet bald größere Polster. Violette Verfärbungen treten hin und wieder auf. 'White Nancy' hat als einzige der silberblätterigen Sorten auch einen grünen Rand. 'White Nancy' ist, wie schon der Name sagt, weißblütig, aber grundsätzlich ist bei den zahlreichen Taubnessel-Arten nicht die Blüte der Blickfang, sondern die gezeichneten Blätter. Fast alle Maculatum-Hybriden blühen im Mai-Juni, lediglich die vorstehende 'Chequers' beginnt etwas später und hält länger. Schön sehen die Teppiche aus, wenn aus ihnen eine etwas größere Pflanze ragt, beispielsweise Salomonssiegel, Lungenkraut u.a. ♃ ⌓ ◐ ⊖ ○ △-◬

△
Larix kaempferi 'Nana' (*Larix leptolepis* 'Nana'), Japanische Zwerglärche, Pinaceae, Kieferngewächse. Leider scheinen sich die Botaniker nicht zu einigen, welches der richtige Name ist, wir folgen hier dem »Zander«. Die Art selbst ist in M-Japan zu Hause. Es gibt von ihr einige wenige Zwergformen. Die bei Hillier, Winchester, England, entstandene Form 'Nana' wächst sehr langsam und bildet einen zierlichen, dichten Busch. Die Nadeln der Kurztriebe sind 8–10 mm lang. An den Jungtrieben sind die graugrünen Nadeln offensichtlich länger, dabei in der Mitte der Langtriebe am längsten. Diese Lärche eignet sich sehr gut für nicht zu kleine Steinanlagen, eigentlich ist sie als nadelabwerfende Konifere immer attraktiv: Das braune Zweiggewirr schmückt im Winter, der frischgrüne Austrieb im Frühling, die sommerliche Konifere ebenso wie die wunderschöne Herbstfärbung (Bild). ♄ ⇞ ⊟ ⊞ ○ ◐ ⊖ △-◬

Lathyrus vernus, Frühlingsplatterbse, Leguminosae (Fabaceae), Hülsenfrüchtler. Heimat ist Europa, bis W-Sibirien, der Kaukasus und N-Kleinasien. Primär eine hübsche Schattenstaude zur Verwendung unter Bäumen und Sträuchern in Verbindung mit anderen Halbschattenstauden des Frühlings. In größeren Steinanlagen finden sich aber ebenfalls passende Plätze, die nicht in voller Sonne liegen. Diese frühblühende, dichtbuschige Art macht keine Ausläufer und benimmt sich gesittet, es kommt lediglich zur Selbstaussaat an Stellen wo es der Pflanze gefällt, sie wird aber nicht lästig. Die Pflanze wird 20–30 cm hoch, die Blüten sind am Anfang rotviolett, später erfolgt eine weniger schöne Verfärbung zu grünblau. Schöner sind in dieser Hinsicht die Sorten 'Albiflorus', 'Alboroseus' und 'Roseus'. Bei allen stehen die Blüten zu 5–15 in Trauben. Die Blütezeit liegt bereits im April-Mai. ♃ ⊞ ◐ ⊖ ● ◬ ▷

Leontopodium alpinum ssp. alpinum, ▷ Echtes Alpenedelweiß, Compositae (Asteraceae), Korbblütler (Asterngewächse). Das Vorkommen liegt in den Alpen, den Pyrenäen, Jura, Karpaten und im N-Balkan, auf Felsbändern, Geröllhalden, Grashängen, auf Kalk, wo sie bis über 3000 m steigt. Beim Begriff »Alpenpflanzen« wird normalerweise immer zuerst an Enzian und Edelweiß gedacht, und die populäre Pflanze darf in Steinanlagen nicht fehlen. Es ist eine 5–20 cm hohe, dicht weißfilzige Pflanze. Bei zu nahrhaftem Stand geht die silberweiße Färbung im Tiefland, nicht immer, aber manchmal verloren. Deshalb sollten schöne Pflanzen vegetativ vermehrt werden. Die Pflanze hat grundständige und stengelständige Blätter und silberige, sternförmig angeordnete Hochblätter, die eigentlichen Blüten befinden sich im Zentrum. Die Pflanzen machen keine Schwierigkeiten. ♃ ⌓ ⁞ ⊞ ⊡ ○ ◬-▲

◁ **Leontopodium kurilense,** Kurilen-Edelweiß. Das Vorkommen liegt in O-Sibirien, speziell auf den Kurilen. Es ist eine robuste Art, die weniger nässeempfindlich ist. Es fehlt ihr aber ein wenig die Eleganz der europäischen Arten. Die Pflanze ist polsterbildend und wird bis 20 cm hoch, die Blütenstengel stehen aufrecht und die Blätter sind bis 5 cm lang. Ihre Form ist verkehrt-eiförmig bis lanzettlich oder stumpf-spatelförmig und graufilzig. Die Hochblätter der Blütensterne sind zahlreich und wollig, ihr Durchmesser beträgt etwa 4 cm, die Blütenköpfchen im Innern 6 mm. In sehr niederschlagsreichen Gebieten ist diese Art vorzuziehen, trotzdem wird eine gute Dränage benötigt. Partner gibt es zur Blütezeit viele, erinnert sei an die verschiedenen Teppichveronika, an bessere *Sedum*-Arten, Teppichglockenblume, Sommerenzian (*Gentiana septemfida* var. *lagodechiana*). ♃ ⌓ ⊡ ○ ◐ ◬-▲

△
Leontopodium alpinum ssp. nivale (*Leontopodium nivale*), Schnee-Edelweiß. Wächst in SW-Bulgarien im ehemaligen Jugoslawien und in den Abruzzen, meist über Marmorkalk, bis nahe 1500 m Höhe. Diese Unterart ist im Wuchs kompakter als die vorstehende, oft erreicht die Pflanze nur 5 cm, im Garten meist 8–10 cm Höhe. Die Blätter sind breit-lanzettlich, abgerundet bis löffelförmig und dicht graufilzig behaart. Die Blütensterne sind auffallend dicht-weißzottig. Hinsichtlich Winternässe ist diese Unterart weniger tolerant als die zentraleuropäische. Bildet keine so vieltriebigen Büschel wie diese und bestockt sich nur langsam und mäßig. Vermehrung deshalb meist nur durch Aussaat. Man sucht als Samenträger besonders attraktive Pflanzen aus, diese dürfen auch nicht in der Nähe mit anderen Edelweiß-Arten stehen. Die Aussaat selbst ist ziemlich problemlos. ♃ ⁞ ⊞ ⊡ ○ ⊖ ◬-▲

Leptinella atrata (*Cotula atrata*), Schwarzblühendes Fiederpolster, Compositae (Asteraceae), Korbblütler (Asterngewächse). Diese Gattung wird etwas durcheinander gewirbelt, deshalb erscheint die Pflanze jetzt als *Leptinella.* Heimat dieser etwas eigenartigen, aber auch etwas empfindlichen Pflanze ist Neuseeland. Bildet ein schönes Polster aus Fiederblättern. Die Pflanze hat unterirdisch kriechende Ausläufer und aufsteigende, beblätterte Triebe, die bis 10 cm lang sind. Die dicken, etwas fleischigen, graugrünen Blätter sind 1,5–3 cm lang und 0,5–2 cm breit, sie sind federartig gefiedert und teilweise etwas behaart. Oft zeigen die Blätter auch einen etwas purpurbraunen Anflug. Die eindrucksvollen knopfartigen Blütenköpfe (1–2 cm im Durchmesser) sitzen an 3–6 cm hohen Stengeln. Die Blütchen im Innern sind schwarzbraun. Liebt schotterigen Boden und keinen Kalk. ♃ ⌓ ⌓ ⊟ ◐ ◬-△ ▷

◁ **Leptospermum scoparium 'Mani White',** Weißliche Südseemyrte. Eine weitere Sorte der vorstehend beschriebenen Pflanze. Während die Art in der Natur hoch wird, erreicht diese Sorte 50–60 cm, kann aber auch noch etwas höher werden. Sie besitzt weiße bis zartrosa Blüten. Während *L. humifusum* ziemlich hart ist, sind die Sorten von *L. scoparium* empfindlich, sie dürften nur unter besonderen Schutzmaßnahmen den Winter in Mitteleuropa im Freien überstehen. Andererseits sind es hübsche kleine Sträucher, so daß man nicht auf sie verzichten sollte, falls ein Alpinenhaus vorhanden ist. Es empfiehlt sich das Einsenken als Kübelpflanzen während des Sommers. Sie benötigen einen sonnigen Platz mit nahrhaftem, humosem und durchlässigem Boden. Die Bodenreaktion sollte neutral bis leicht sauer sein, doch ist sie gegenüber Kalk nicht zu empfindlich. ♄ ⌂ ⊟ ⌃ ○ △-▲

△ **Leptospermum scoparium 'Kiwi',** Neuseeländischer Teestrauch, Südseemyrte, Myrtaceae, Myrtengewächse. Beheimatet in Neuseeland, Tasmanien und Australien. Ein veränderlicher Strauch, von dem es zahlreiche Sorten gibt. Die Art selbst bildet einen bis 2 m hohen Strauch, der manchmal auch noch höher wird. Die jüngeren Triebe sind manchmal leicht flaumhaarig. Die Blätter sind stark voneinander abweichend, sie sind abstehend oder etwas zurückgebogen, die Blätter können 7–20 mm lang und 2–6 mm breit sein, schmal bis breit-elliptisch, breit-lanzettlich oder verkehrt-lanzettlich, oft silbrig behaart, an neuen kurzen Trieben ziemlich dick. Die Blüten sind weiß oder seltener rosa, normalerweise 8–12 mm im Durchmesser, vereinzelt auch größer. Die Blüten stehen entlang der Zweige. Die abgebildete 'Kiwi' ist die kleinste Sorte, die nur flache, etwa 5 cm hohe Polster bildet. ♄ ⌂ ⊟ ⌃ ○ △

◁ **Leucanthemopsis alpina** (*Chrysanthemum alpinum*), Alpenmargerite, Alpen-Wucherblume, Compositae (Asteraceae), Korbblütler (Asterngewächse). Wächst in den Gebirgen Europas, von den Karpaten bis M-Spanien, Apennin und Bosnien. Wird nur etwa 10–15 cm hoch. Wächst büschelig bis mattenförmig, die Triebe sind aufstrebend. Die Blätter sind 4 cm lang, normalerweise grundständig, eirund bis spatelförmig, gekerbt bis fiederspaltig oder handförmig gespalten, grauhaarig bis dichter silbrig behaart. Die Blütenköpfchen haben einen Durchmesser von 4 cm, die Zungenblüten sind weiß, manchmal mit rosa Anflug, die Blütenscheibe ist gelb. Leider ist diese hübsche kleine Margerite, die am Naturstandort begeistert, im Tiefland nicht leicht und nicht langlebig. Empfohlen wird Anzucht aus Samen und Pflanzung auf feuchter Urgesteinsmoräne. ♃ ⇝ ⌓ ⊟ ○ ⊖ ◐ △-▲

Leucanthemum maximum 'Silberprinzeßchen' (*Chrysanthemum maximum*), Kleine Sommermargerite, Compositae (Asteraceae), Korbblütler (Asterngewächse). Von den großblumigen weißen Margeriten des Gartens gibt es einige niedere Formen, die sich auch gut in Steinanlagen verwenden lassen. Die eigentliche Art, aus der die Sorten gezogen wurden, wächst in den Pyrenäen. Sie ist nur wenig unterschiedlich zu unserer gewöhnlichen Wiesenmargerite, *L. vulgare*. Lediglich das grundständige Laub ist ganzrandig bis gezähnt und die Blütenköpfe sind größer, bis 9 cm Durchmesser. 'Silberprinzeßchen' kann aus Samen gezogen werden, doch variieren die Sämlinge etwas in der Größe der Blüten und Höhe der Pflanzen. Die Pflanze wird meist 30–40 cm hoch. Wenn möglich, sollte man schöne, kleine, kompakte Typen auslesen und dann vegetativ vermehren. ♃ ○ ◐ ▲ ▷

Leucojum autumnale, Herbst-Knotenblume, Amaryllidaceae, Amaryllisgewächse. Vorkommen in Spanien, Portugal, Sardinien, Sizilien, Marokko. Während *L. vernum* und *L. aestivum* bekannte Gartenpflanzen sind, ist die kleinblütige und erst im Herbst blühende *L. autumnale* wenig bekannt. Durch die südliche Herkunft bedingt ist die Pflanze in M-Europa nicht hart, sie empfiehlt sich dort nur für das Alpinenhaus oder es muß ein guter Winterschutz gegeben werden. Die sehr kleinen Zwiebeln sind rund, mitunter mit vielen winzigen Brutzwiebelchen besetzt. Die Blätter erscheinen erst nach der Blüte oder sie sind zu dieser Zeit erst sehr kurz. Sie sind fadenförmig. Die Blütenschäfte sind oft braun getönt und werden bis 15 cm hoch, vereinzelt auch höher. Diese sind mit 1–3 Blüten besetzt, sie sind glockig-sternig, weiß, an der Basis manchmal leicht rosa getönt; sie haben nur ein Hochblatt. ♃ ◬ ◙ ⌃ ○ ◬-△
▽

Leucogenes leondopodium, Neuseeländer Edelweiß, Compositae (Asteraceae), Korbblütler (Asterngewächse). Wächst in Neuseeland auf der Nord- und Südinsel, in höheren Lagen von 1200–1800 m, bevorzugt an exponierten, felsigen Stellen. Eine niedrige, filzig behaarte Staude, die im Alter an der Basis etwas verholzt. Die Blätter sind bis 2 cm lang und bis 0,5 cm breit, lineal bis lanzettlich-länglich, vorne gespitzt oder halbgespitzt, silberweiß bis gelbfilzig. Die Blüten haben einen Durchmesser bis 2,5 cm, die eigentlichen Blütenköpfchen, 8–20, sind von den filzigen Hochblättern umgeben. Insgesamt eine interessante, aber etwas schwierige neuseeländische Pflanze, die auch im Alpinenhaus nicht leicht ist. Die Pflanzen benötigen Schutz vor stärkerer Nässe rund um das Jahr. Ebenfalls einen eher steinigen Boden und keinen Kalk. Vermehrung durch Stecklinge oder durch Aussaat. ♃ ◬ ⊟ ⌃ ○ ◬-△ ▷

Lewisia brachycalyx, Kurzkelchige Bitterwurz. Portulacaceae, Portulakgewächse. Vorkommen in Utah, Arizona, New Mexico, S-Kalifornien. Es ist eine während des Winters einziehende *Lewisia*-Art, die oft mit der anderen weißblühenden und ebenfalls einziehenden *L. nevadensis* verwechselt wird. *L. brachycalyx* hat jedoch breitere Blätter und größere, reinweiße Blüten. Auf einem kurzen, dicken Wurzelstock, mit langen, verzweigten Wurzeln, sitzen die stark beblätterten Rosetten. Die Blätter sind fleischig, 3,4–6 cm lang, breit verkehrt-lanzettlich mit gerundeter Spitze und gräulichgrüner Farbe. Aus dem Zentrum der Blattrosette treiben zahlreiche Blütenstiele, die kürzer sind als die Blätter. Die Blüten haben einen Durchmesser von 3,5–4 cm, sie haben 5–9 Blütenblätter, weiß, hin und wieder auch rosa angehaucht. Blütezeit Mai-Anfang Juni. Auch für Tröge und Schalen. ♃ ⊤ ○ ◬-△
▽

◁ **Leucojum nicaense,** Nizza-Knotenblume. Wächst in S-Frankreich und in Monaco an steinigen Hanglagen immer auf Kalkstein. Eine kleine, reizende frühjahrsblühende Art. Hat rundliche Zwiebeln mit bis zu 2 cm Durchmesser. 2–4 Blätter bis zu 25 cm lang, meist jedoch kürzer, schmal linealisch, manchmal gewunden, tiefgrün-graugrün, sie erscheinen bereits im Herbst. Die Blütenstengel sind bis 15 cm hoch, meist jedoch niedriger. Hat 2 lineale Spathen, die 1–3 Blüten stehen an kurzen Stielchen. Die Blütensegmente sind weiß, verkehrt-lanzettlich und die äußeren drei zugespitzt, bis 12 mm lang und auseinanderstrebend. Auf dem Fruchtknoten findet sich eine 6klappige Scheibe. Diese kleine Art ist wesentlich härter als die vorstehende, ist aber andererseits doch nicht so hart wie unsere Frühlingsknotenblume, deshalb Winterschutz geben oder Alpinenhauskultur. ♃ ◬ ◙ ⊞ ⌃ ○ ◐ ◬-▲

Lewisia-Cotyledon-Hybride, Markisenblume, Bitterwurz-Hybride. ▷ Bekannteste und verbreiteste Gruppe bei den Lewisien. Die Art selbst ist in N-Kalifornien und in Oregon an felsigen Plätzen zu finden. Auf einem 1–2 cm starken Wurzelstock mit ziemlich dicken Wurzeln sitzen die immergrünen Rosetten. Die zahlreichen Basalblätter sind 4–12 cm lang, spatelförmig, wobei der breiteste Teil nahe der Spitze ist. Die Blattränder sind glatt, aber gelegentlich gewellt. Die Blütenstiele können bis 30 cm hoch werden mit 2–4 gegenständigen Brakteen unterhalb des Blütenstandes. Die Blütenblätter, die zu 8–10 stehen, sind weiß, rosa, lachsfarben, apricot, rot oder weisen weitere Zwischentöne auf, oft mit einem weißen Längsstreifen. Blütenperiode April–Juni. In M-Europa nicht an heiße Südseiten pflanzen. Sie lieben ein kalkfreies, durchlässiges Substrat und keinen Humus am Wurzelhals. ♃ ⁞ ⊟ ⊡ ◐ ⊖ ○ △-▲

△

Lewisia cotyledon 'Alba', Weißblühende Markisenblume. Unter den vielfarbigen Sämlingen findet sich höchst selten ein reinweiß blühender Typ. Deshalb bleibt oft nur die wenig ergiebige vegetative Vermehrung. Bei älteren Pflanzen bilden sich oft dicht nebeneinander stehende Rosetten, die man vorsichtig mit einem scharfen Messer abtrennt und als Rosettenstecklinge topft. Eine Vermehrung, die Geduld erfordert, ist die durch Blattstecklinge. Man dreht an der Basis eine Reihe von äußeren Blättern ab und steckt diese flach in ein Sand-Torf-Gemisch, wobei der Sandanteil überwiegen sollte. Die Schalen mit den gesteckten Blättern werden im Kalten Kasten überwintert. Sonst unterscheiden sich die prächtigen weißblühenden Typen kaum von den übrigen buntblühenden Pflanzen. Sie wirkt besonders schön in ost- oder nordseitigen Trockenmauern aus dunklem Gestein wie Schiefer. ♃ ⁞ ⊟ ◐ ⊖ ○ △-▲

Lewisia longipetala, Zwergige Sternblütenbitterwurz. ▷ Von manchen Botanikern als eigenständige Art betrachtet, von anderen dagegen als Unterart von *L. pygmaea.* Wächst verstreut in den westlichen Teilen der USA in 2400–3700 m Höhe. Der Boden ist am Naturstandort sehr steinig und durchlässig. Der Wurzelstock ist rübenartig und manchmal verzweigt. Die Blätter sind 10–12 cm lang und bis 5 mm breit, sie stehen in Rosetten und sind lanzettlich. Die Blütenstände sind kürzer als die Blattrosetten. Die Pflanze ist 1–8blütig, manchmal auch mit noch mehr Blüten. Die Einzelblüte hat 6–8 rosafarbene, länglich-lanzettliche Blütenblätter. Diese Art hat oft an den Blütenblättern eine leichte Zähnung. Diese Pflanze wird im Handel verhältnismäßig selten angeboten, obwohl sie ziemlich gut wächst, wenn man sicherheitshalber auch etwas Reisigschutz in M-Europa geben sollte. ♃ ⁞ ⊟ ⌒ ◐ ⊖ ○ △-▲

◁ **Lewisia nevadensis,** Nevada-Bitterwurz. Wächst in Oregon, der Sierra Nevada und in den San Bernadino-Bergen von Kalifornien und Colorado, östlich bis Montana und Nevada, wo die Pflanze meist auf Gebirgswiesen vorkommt. Es ist eine weitere laubabwerfende Lewisie mit einem kurzen Wurzelstock und fleischigen und verzweigten Wurzeln. Die Blätter stehen spärlich zu 5–15 halbaufrecht, sie sind lineal bis lineal-lanzettlich, 3,5–8,5 cm lang. Insgesamt halten die Blätter nur kurze Zeit. Auf zahlreichen Stielen, die kürzer sind als die Blätter und teilweise bis in die Erde stehen, befinden sich die einblütigen, selten zweiblütigen, weißen Blüten. Die Brakteen sind schmal, die Kelchblätter spitz und nicht drüsig. Die Blütezeit liegt im Juni–August. Eine ziemlich unempfindliche Bitterwurz-Art, die sich besonders durch Aussaat leicht anziehen läßt. Liebt durchlässigen Boden. ♃ ⊟ ○ ⊖ △-▲

◁ **Lewisia 'Pinkie'.** In den letzten Jahrzehnten wurden auch viele Namenssorten in den Handel gegeben, meist Sorten von *L. cotyledon*, aber auch solche, bei denen andere Arten beteiligt waren. Eine besonders empfehlenswerte Bitterwurz-Hybride ist 'Pinkie', welche einer Kreuzung von *L. longipetala* (*L. pygmaea* ssp. *longipetala*) mit *L. cotyledon* entstammt. Diese reinrosa blühende, kompakte Hybride ist bei der Firma Ingwersen in Großbritannien entstanden. Sie zeichnet sich besonders durch ihre lange Blütezeit und ihre Dauerhaftigkeit aus. Es ist eine sehr hübsche Pflanze für kleinere Pflanzplätze wie Kübel und Tröge. Eine gewisse Gefahr hinsichtlich der Dauerhaftigkeit besteht in zu nahrhaftem, humosem Boden. Ideal ist ein Substrat, das sehr viel feinen Gesteinssplitt enthält und nur wenig (20–25 %) Erde mit normalem Nährstoffanteil, der möglichst kalkfrei sein soll. ♃ ⁞ ⊟ 🅃 ⊖ ◐ ○ ⚠-△

△

Lewisia pygmaea, Zwergbitterwurz. Der Unterschied zu *L. longipetala* ist sehr gering, diese wird von manchen Autoren als Unterart von dieser angesehen und heißt dann korrekt *L. pygmaea* ssp. *longipetala*. *L. pygmaea* wächst in Kalifornien, Montana, New Mexico und Colorado. Eine laubabwerfende Lewisie mit kurzem Wurzelstock und spindelförmigen Wurzeln, die selten verzweigt sind. Entwickelt zahlreiche lange, schmale, riemenförmige Basalblätter, deren Enden von stumpf bis spitz variieren; sie sind an der Basis erweitert und 3–7 cm lang und über 3 mm breit. Sehr kurzer Stiel, kaum über dem Laub stehend und im Alter zurückgebogen. Der Blütenstand ist normalerweise dreiblütig, die Kelchblätter sind purpurn überhaucht, drüsig gezähnt und zeitweilig im Alter auffällig geadert. Die 5–8 Blütenblätter sind weiß oder rosa, variabel in Länge und Breite. Verhältnismäßig einfach. ♃ ⊟ 🅃 ⊖ ◐ ○ ⚠-△

Lewisia rediviva 'Alba', Weiße ausdauernde Bitterwurz, Idaho-Bitterwurz. Geht von Britisch Kolumbien bis Kalifornien und östlich bis Montana, Colorado und Arizona. Der Hinweis auf Dauerhaftigkeit in der Namensgebung bezieht sich nicht auf die jährliche Präsenz im Garten, sondern auf die Zähigkeit und das Behauptungsvermögen in der Natur. Denn diese Art bleibt während eines großen Teils der Vegetationsperiode eingezogen. Bereits im Herbst sind die neuen Blättchen sichtbar, die sich im Frühling dicht und büschelig, pfriemenförmig entwickeln. Sie sind glatt, graugrün, lineal und bis 4 cm lang. Diese Blattbüschel verschwinden schon wieder während der Blütezeit! Sie haben 12–18 rosa gefärbte Petalen, seltener weiße. Nicht ganz einfach zu halten, benötigt Nässeschutz im Winter und eine gute Dränage. Ist hinsichtlich der Bodenreaktion nicht besonders empfindlich. ♃ ⛰ ⌒ ○ ◐ ⊖ ⚠-▲ 🄽 ▷

Lewisia tweedyi, Großblütenbitterwurz. Wächst in einem verhältnismäßig kleinen Gebiet in den USA, in Washington, auf felsigen Hängen, an Böschungen und Waldrändern. Es ist zweifelsfrei die attraktivste aller Lewisien mit ihren stattlichen Blättern und den großen, auffälligen Blüten. Sie hat einen kurzen, dicken Wurzelstock mit fleischigen, rötlichen, verzweigten Wurzeln. Die Basalblätter sind verkehrt-eiförmig, ganzrandig und manchmal drüsig. Sie sind 8–15 cm lang und 2,5–4 cm breit. Die Pflanze ist meist 3blütig, die Kelchblätter sind rundlich-oval, die Blütenblätter, zwischen 10 und 12, sind gelb oder pfirsichrosa, selten weiß und 2,5–3 cm lang. Im unteren Wurzelbereich verträgt diese Art etwas mehr Humus und Bodenfrische als andere Arten, aber immer bei guter Dränage. Der Wurzelhals sollte auch hier mehr mit mineralischem Substrat wie Gesteinssplitt umgeben sein. ♃ ⊟ ⌒ ○ ⊖ ◐ ⚠-▲ 🄽 ▷

◁ **Lewisia tweedyi 'Alba'** (*Lewisia tweedyi* 'White Form'), Weißblühende Großblütenbitterwurz. Es ist die seltene weißblühende Form der vorstehenden Art. Wie bei der Art sterben die großen Blätter im Herbst ab und die Pflanzen zeigen während der kalten Jahreszeit nur kurze, fleischige Überwinterungsblätter. Die Pflanzen stehen am Naturstandort meist vollsonnig, doch ist in M-Europa ein absonniger oder halbschattiger Platz vorzuziehen. Man sollte diese Art nicht in enge Steinspalten drängen, die Pflanzen benötigen etwas Wurzelraum. Neben der normalen Pflege im Freiland (in kalten Wintern Schutz gewähren) eignet sich *L. tweedyi* besonders auch für die Alpinenhauskultur. Diese Art ist selbststeril, vermehrt wird meist durch Rosettenstecklinge, die von Mai-September leicht wurzeln und gut wachsen. Schöne Partner sind »bessere« *Sedum*-Arten und *Acantholimon.* ♃ ⊟ ⌃ [T] ○ ⊖ ◐ △-▲

Lilium amabile var. luteum (*Lilium amabile* 'Luteum'), Liebliche Lilie, Liliaceae, Liliengewächse. Ist in Korea beheimatet, wo sie in sandigen Lehmböden zwischen Gras und Sträuchern wächst. Sie hat kugelige, weiße, etwas zugespitzte Zwiebeln. Die Pflanze erreicht eine Höhe von 40–100 cm. Die Blätter stehen ziemlich zahlreich am Stengel, sie sind länglich bis lanzettlich, wobei die Blattspitzen in einem leicht verdickten, braunen Punkt enden. Der Blütenstand ist traubig und besteht aus 1–6 türkenbundähnlichen Blüten. Sie zeigen bei der Art ein glänzendes Orangerot, teilweise mit schwarzer Sprenkelung. Bei *L. amabile* var. *luteum* ist die Farbe glänzend orangegelb, die nach innen zu ebenfalls etwas punktiert ist. Die Blütezeit liegt im Juni-Juli. Diese Lilie verträgt auch volle Sonnenlagen und ist weniger trockenheitsempfindlich. Ist deshalb besonders gut für Steinanlagen geeignet. ♃ ▣ [H] ○ ◐ ⊖ △-▲ ▷

◁ **Lilium bolanderi,** Serpentinlilie. Wächst in S-Oregon und N-Kalifornien in Höhen von 900–1800 m. Unverwechselbare Lilie, deren Blüten an eine Glockenblume erinnern. Die grünlichgelbe Zwiebel ist nicht dichtschuppig, sondern hat nur lose angewachsene Schuppen. Die Pflanze wird 30–90 cm hoch und trägt 3–6 Blattquirle aus wachsartigen, lanzettlichen und blaugrün gefärbten Blättern. Der Blütenstand ist traubig, er kann bis zu 9 Blüten in Glockenform tragen. Sie sind außen mehr ziegel- bis weinrot und innen schwach karminrot und fein dunkelrot gepunktet. Blütezeit im Juni-Juli. Die Kultur dieser seltenen Lilie ist nicht einfach. Am Naturstandort wächst sie in festem Lehmboden auf Fels- und Schuttunterlagen, oft auf Serpentingestein. Verträgt während der Vegetationsperiode ziemlich viel Feuchtigkeit, liebt es aber, im Herbst und Winter trocken zu stehen. ♃ ▣ ⊟ [H] ○ ◐ ⊖ △-▲ [N]

△ **Lilium armenum,** Armenische Lilie. Bei den Arten der im Kaukasus und in Transkaukasien wachsenden Lilien können sich Botaniker über die Berechtigung als eigenständige Art streiten, den Pflanzenliebhaber wird das weniger stören; alle sind hübsche Pflanzen auch für Steinanlagen, wo sie die niedrigen Partnerpflanzen dekorativ ergänzen können. Manchmal wird diese hübsche Lilie als Varietät von *L. szovitsianum* angesehen, dann *L. szovitsianum* var. *armenum.* Das Foto zeigt sie am Naturstandort in der Nähe des Sewansees in Transkaukasien, wo sie auf Wiesen zwischen hohem Gras wächst, in Höhenlagen von 1800–2000 m, sowohl in sonnigen Lagen, als auch an schattigen Nordhängen. Bei den Zwiebeln sind die äußeren Schuppen goldgelb, der Stengel wird bis 2 m hoch, meist jedoch um 1 m. Blüte gelb, glokkig mit zurückgebogenen Blütenblättern. ♃ ▣ [H] ○ ◐ ⊖ ▲ [N]

◁ **Lilium bulbiferum var. bulbiferum,** Bulbentragende Feuerlilie. Europäische Lilie, die in N-Spanien, Deutschland, O-Frankreich, in den Alpen, auf Korsika, in Italien und im ehemaligen Jugoslawien wächst. Schon seit dem Mittelalter in Gärten gezogen, wobei diese Unterart ziemlich selten ist, im Gegensatz zu *L. bulbiferum* ssp. *croceum*, welche in Bauerngärten noch öfter anzutreffen ist. Die Zwiebeln bei *L. bulbiferum* var. *bulbiferum* sind weiß und rund, die Stengel erreichen eine Höhe von 60–120 cm, sie sind mit zahlreichen lanzettlichen Blättern besetzt, wobei in den Blattachseln der oberen Blätter während des Sommers Achselbulben entstehen. Die Blüten stehen in endständigen Dolden mit bis zu 20 (meist viel weniger) aufrechten, orangegelben Schalenblüten, wobei die Farbe in den Blütenblattspitzen sich nach Orangerot verfärbt. Die Blüten haben eine feine Sprenkelung. ♃ ○

△
Lilium callosum, Dickliche Zwerglilie. Ist in China (Hupeh), Japan, der Mandschurei, O-Sibirien und Formosa zu Hause. Eine zarte, 30–60 cm hohe Lilie, vereinzelt auch bis 90 cm hoch wachsend. Am schlanken Stengel entwickeln sich bis zu 9 kleine, türkenbundförmige Blüten, die im Zentrum eng-trichterartig sind. Die Farbe ist ein grelles Ziegelrot mit feiner schwarzer Sprenkelung im Trichterinnern. Die Blattspitzen haben eine ziemlich dicke Struktur (Name!). Eine echte Steingartenlilie, die auch für kleinere Anlagen geeignet ist. Sie ist leider nicht sehr langlebig, wird auch nicht oft angeboten, ist aber andererseits sehr leicht aus Samen anzuziehen. Wie die meisten Lilien benötigt sie eine gute Dränage, ist aber insgesamt gesehen grundsätzlich nicht so feuchtigkeitempfindlich wie andere. Üblicherweise genügt ein normaler Gartenboden. Absolut winterharte Lilienart. ♃ ◐ ○ ⊖

△
Lilium carniolicum var. carniolicum, Krainer Lilie. Neuerdings von manchen Botanikern nicht mehr als eigenständig betrachtet, sondern als Unterart von *L. pyrenaicum*, sie heißt dann *L. pyrenaicum* ssp. *carniolicum*. Wächst von der Krain über Istrien, Dalmatien und Kroatien, auf Gebirgsmatten zwischen Fels und Busch auf strengen Lehm- und Geröllböden, die nur eine geringe Humusauflage haben, normalerweise auf Kalk. Hat gelbliche Zwiebeln von 6–7 cm Durchmesser und Blütenschäfte von 30–90 cm Höhe, mit vielen zerstreut stehenden, lanzettlichen Blättern, die waagrecht stehen mit nach oben zeigenden Spitzen. Die Blüten sind türkenbundförmig, sie stehen an verhältnismäßig kurzen, dicken Blütenstielen. Die Blütezeit liegt Ende Mai-Juni, also sehr früh. Die Pflanze wird selten angeboten, was bedauerlich ist, da sie, einmal eingewachsen, gut ausdauernd ist. ♃ ○ ◐ ⊖

Lilium carniolicum ssp. jankae (*L. carniolicum* var. *jankae* und neuerdings: *L. pyrenaicum* ssp. *carniolicum* var. *jankae*), Jankas Lilie. Das Hauptverbreitungsgebiet dieser Lilie liegt in Bosnien und S-Kroatien in Höhenlagen von 600–1300 m und in Bulgarien, Serbien und Rumänien. Diese nahe mit *L. carniolicum* var. *carniolicum* verwandte Form hat behaarte Blattränder und Blattnerven. Die Blüten sind türkenbundförmig, aber kanariengelb, teilweise im Schlund fein schwarz gesprenkelt, teilweise auch nicht, die Staubbeutel haben eine zinnoberrote Färbung. Die 30–80 cm hohen Schäfte sind meist 1–4blütig. Eine verhältnismäßig selten angebotene Lilie, die von der Höhe her und vom gesamten Habitus gut in Steinanlagen paßt. Die Pflanze kann durchaus sonnig stehen, akzeptiert aber auch halbschattige und absonnige Lagen. Leider ist die Samenanzucht etwas langwierig. ♃ ○ ⊖ ◐ ▷

◁**Lilium cernuum,** Nickende Korealilie. Wächst in Korea, der Mandschurei und in der russischen Ussuri-Region, wo sie im anlehmigen Sand, aber auch auf felsigen Böden zwischen Gras und Gestrüpp vorkommt. Aus der verhältnismäßig großen Zwiebel, die aus nur wenigen Schuppen besteht, entwickelt sich der 30–80 cm hohe Stengel, der mit schmalen, grasartigen Blättern besetzt ist. Diese Lilie blüht im Juni türkenbundförmig. Der Stengel trägt meist nur wenige, oftmals aber auch bis 8 Blüten. Sie strömen einen feinen Duft aus und die Farbe zeigt einen bei Wildlilien sehr seltenen Fliederton, der karminrot punktiert ist. Gut kontrastieren dazu die orangefarbenen Pollen. Insgesamt eine sehr hübsche kleine Lilie, die lediglich den Nachteil hat, daß sie nicht sehr langlebig ist, was aber durch die leichte Anzucht aus Samen wettgemacht wird. Diese Art ist auch wichtig für Kreuzungen. ♃ Ⓐ H ○ ◐ △-△

△
Lilium columbianum, Columbia-Lilie. Diese Westküstenlilie hat das größte Verbreitungsgebiet; es reicht vom südlichen Britisch Kolumbien über Washington, Oregon bis N-Kalifornien, östlich bis Idaho. Den Namen hat diese Lilie nach dem Columbia-Fluß im US-Staat Washington, an dessen Ufern sie zuerst gefunden wurde. Sie wächst unter unterschiedlichen Bedingungen auf verschiedenen Böden. Aus kleinen Zwiebeln von etwa 4 cm Durchmesser, die oft sehr tief in der Erde sitzen, entwickelt sich der 60–150 cm hohe Stengel mit den breitlanzettlichen Blättern, die im unteren Teil des Stengels in Quirlen stehen. Der traubige Blütenstand besteht aus 2–8 türkenbundartigen Blüten. Diese sind innen trichterförmig und ab der Mitte stark zurückgebogen. Die Farbe ist ein glänzendes Gelb bis Gelborange, besetzt mit zahlreichen kleinen, purpurfarbenen Sprenkeln, verstärkt nach innen. ♃ ◙ ⊟ H ○ ◐ ⊖ ▲ N

Lilium concolor 'Partheneion' (*Lilium concolor* var. *partheneion*). Einfarbige Lilie. Eine Art mit sehr weitem Verbreitungsgebiet, das Teile von China umfaßt, Japan, Korea und russische Gebiete am mittleren Amur und bei Wladiwostok. Wächst dort meist auf Kalkuntergrund in Humusnestern oder in sandiglehmigen Böden in Wiesen oder zwischen Gebüsch. Diese Art ist veränderlich, was sich in einer Reihe von Varietäten niederschlägt. Die Zwiebeln sind klein, rund, weiß und nur aus wenigen breiten Schuppen bestehend. Es ist eine kleine Lilie mit aufrechten, einzeln stehenden oder bis zu zehn vereinigten, sternförmigen Blüten. Sie sind scharlachrot und die meisten Pflanzen haben keine Sprenkel. Die linealen, lanzettlichen Blätter stehen zerstreut, gut waagrecht gehalten am 30–90 cm hohen Stengel. Diese hübsche kleine Lilie ist leider nicht langlebig, aber gut samenvermehrbar. ♃ ◙ ⊞ H ○ △-▲ ▷

◁**Lilium dauricum var. luteum,** Ostsibirische Lilie. Wächst in größeren Gebieten in O-Asien, wie N-Japan, Kamtschatka, N-Korea, Mongolei, Mandschurei und vom Altai bis zur Amur-Region. Aus breit-runden weißen Zwiebeln von 3–8 cm Durchmesser, die aus eingeschnürten, gliederartigen Schuppen bestehen, entwickelt sich der 30–75 cm hohe Stengel, der oft gerippt und mit zerstreut stehenden, dunkelgrünen, lanzettlichen Blättern besetzt ist. Diese Lilie trägt 1–6 aufrechte, kelchförmige Schalenblüten von orangeroter bis scharlachroter Farbe mit verschieden starker Sprenkelung in einem doldigen Blütenstand. *L. dauricum* var. *luteum* (Bild!) hat reingelbe, schwarz gesprenkelte Blüten. Die Blütenknospen und ein Teil des Blütenstandes sind meist flaumig behaart. Diese Lilie ist, durch das Verbreitungsgebiet bedingt, winterhart und schätzt einen fetten, eher feuchten kalkfreien Boden. ♃ ◙ ⊟ H ○ ◐ △-▲

Lilium formosanum var. pricei, Hochgebirgsformosalilie. N-Formosa; das höher gelegene Bergland ist das Heimatgebiet dieser unverwechselbaren Lilie. Sie wächst dort sowohl auf Sandstein als auch auf vulkanischem Boden. Die eigentliche *L. formosanum* ist in M-Europa nicht winterhart. Man kann bei früher Aussaat die Formosalilie in 6–8 Monaten zur Blüte bringen, in M-Europa spät im Oktober, zu einer Zeit, wenn oft schon erste Frühfröste kommen. Anders die *L. formosanum* var. *pricei*, die am Naturstandort in hohen Lagen wächst und deshalb winterhart ist. Diese kleine Trichterlilie wird etwa 30–60 cm hoch, hat eine sehr kleine, aus wenigen Schuppen bestehende Zwiebel. Die Pflanze trägt 1–2 Blüten, die einen langen, feinröhrigen, weißen Trichter bilden, der am Rücken kräftig rot gezeichnet ist. Leider nicht sehr langlebig, aber leicht aus Samen zu ziehen. ♃ ◬ 🅷 ○ ◐ △-▲
▽

Lilium davidii, Davids Chinalilie. Das Verbreitungsgebiet liegt in China, so in W-Szetschuan und NW-Jünnan, wo sie in Gebieten von 1500–3000 m Höhe wächst. Die Zwiebel ist weiß, meist breiter als hoch, sie verfärbt sich rötlich, wenn sie längere Zeit an der Luft liegt. Die hübsche Art ähnelt einem Martagon-Typ, der auch im Garten willig wächst, von dem es einige unterschiedliche Typen gibt. *L. davidii* hat straff aufrecht wachsende Stengel mit zahlreichen schräg aufrecht bis waagrecht abstehenden Blättern, deren Spitzen nach abwärts gebogen sind. Diese sind 8–12 cm lang, 2–3 mm breit und an den Rändern rauhborstig. An steifen waagrecht stehenden Blütenstielen stehen 6–20, aber vereinzelt bis 40 Blüten. Diese sind zinnober- bis scharlachrot und nach innen zu fein schwarz gesprenkelt. Die Pollen sind scharlachrot. Stengel und Knospen sind oft flockig behaart. ♃ ◙ 🅷 ○ ◐ ▲ ▷

Lilium × hollandicum, Holländische Hybridlilie. Diese uralte holländische Hybride soll für zahlreiche niedere Sorten aus dem Komplex der »Asiatischen Lilien« stehen, die auch in Steinanlagen verwendet werden können und von denen es jährlich neue Sorten gibt. Die abgebildete Sorte ist schon zwischen 1840 und 1853 entstanden, aus einer Kreuzung zwischen *L. bulbiferum* und *L. maculatum* 'Atrosanguineum'. Es entstanden daraus eine ganze Reihe von Sorten, wobei 'Vermillion Brillant' karmin-blutrote Blüten in schönen, kräftigen Dolden hat. Die Abbildung zeigt eine einblütige Jungpflanze. Diese Sorten von *L.* × *hollandicum* haben sich enorm lange im Sortiment gehalten, erst durch die Aktivierung der Lilienzucht in der 2. Hälfte des 20. Jahrhunderts wurden sie aus dem gängigen Sortiment verdrängt. Die »Asiatischen Hybriden« werden überall preiswert angeboten. ♃ ◬ 🅷 ○ ◐ ⊖ △-▲
▽

◁ **Lilium grayi,** Grays Allegheny-Lilie. Diese Lilie wächst in den US-Staaten N-Carolina, Tennessee und Virginia, an den Berghängen der Allegheny-Gebirges in 900–1800 m Höhe. Sie ist nahe verwandt mit *L. canadense* und durch ihre Form unverwechselbar. Die Pflanze kann sehr hoch werden, unter Umständen bis 1,75 m. Diese Lilie hat stolonenartige Zwiebeln mit weißen, fleischigen Schuppen. Die lanzettlichen bis länglich-lanzettlichen in Quirlen sitzenden Blätter sind 5–12 cm lang und 1,5–3 cm breit. Die 1–8 Blüten sind ohne Duft und schmal-trichterförmig; die einzelnen Blütenblattsegmente sind nicht zurückgebogen oder zurückgerollt. Die Blüten sind außen karminfarben und im Innern orange, kräftigrot-purpurfarben gesprenkelt. Die Pollen sind orangebraun. Diese Lilie benötigt eine sauere Bodenreaktion; nicht einfach zu halten. Samenanzucht, aber Langsamkeimer. ♃ ◙ ⊟ 🅷 ○ ◐ ▲

Lilium martagon var. album (*Lilium* ▷ *martagon* 'Album'), Weiße Türkenbundlilie. In großen Teilen Eurasiens verbreitet, so auch im südlicheren Deutschland. Besonders gerne auf Kalkunterlage in Buchenwäldern, an Wald- und Wiesenrändern. Die Zwiebel ist rund und gelb, mit zahlreichen zugespitzten Schuppen. Der runde Stengel, oft dunkel überlaufen, hat meist einen Quirl spatelförmiger Blätter, die darüber stehenden sind verstreut. Höhe 60–120 cm, manche Typen in Kultur bis 180 cm. In der Natur meist 3–12 Blüten pro Stengel, in Kultur bis zu 50 in einem traubigen Blütenstand, wobei die Blütenknospen oft weißwollig behaart sind. Die Blütenfarbe variiert von hellrosa über braunrosa bis zum kräftigen Karminrosa. Es gibt zwei weiße Varietäten, die abgebildete *L. martagon* var. *album* mit reinweißen Blüten und die rosagesprenkelte *L. martagon* var. *albiflorum*. ♃ ◙ ⊞ ▣ ◐ ⊖ ○ ▲

Lilium oxypetalum var. insigne, Spitzpetalige Himalajalilie. Wächst in W-Nepal, Kumaon und Garhwal in Höhen von 2900–4000 m, an felsigen Hängen und in lichten Koniferenwäldern auf Kalkstein. Eine kleine Lilie mit bis zu 25 cm Höhe. Sie hat zusammengedrängte Zwiebeln, bis 5 cm hoch, die Schuppen sind lanzettlich und etwa 1 cm breit. Die prächtig grünen Blätter sind bis 7,5 cm lang und bis 1,2 cm breit, verteilt stehend, unten quirlig, sitzend, elliptisch. Die 1–2 Blüten sind schalenförmig, etwas hängend, an sehr kurzen Blütenstielen. Die 6 Blütensegmente sind bis 5,5 cm lang, bei der Art zitronengelb und oft purpurn gepunktet. Die abgebildete *L. oxypetalum* var. *insigne* hat purpurfarbene Blüten, die Segmente sind in der Mitte weißlich. Eine Lilie, die sehr gut in Steinanlagen paßt, aber ziemlich heikel ist. Sie benötigt eine hohe Luftfeuchtigkeit. Nahe verwandt mit *L. nanum*. ♃ ◙ ◐ ⊖ ○ △-▲ ▽

◁ **Lilium monadelphum,** Verwachsene Kaukasuslilie. Wächst im Nordkaukasus von Maikop bis zum Kuban an Gebirgshängen und in Buchenwäldern, meist im schwarzen Laubhumus. Diese Art wird hin und wieder angeboten. Es ist eine weitere Lilie des etwas ungeklärten Kaukasus-Lilien-Komplexes, deren Status in der Systematik oft unklar ist (es handelt sich dabei um *L. monadelphum*, *L. szovtsianum*, *L. kesselringianum*, *L. armenum*). Diese sehr früh, Mitte Juni, blühende Lilie, wird 60–80 cm hoch, in Kultur auch bis 120 cm. Sie trägt 5–20 cm große, stark duftende, hängende, trichterförmige, weit offene, gelbe Blüten, manche mit einer schwach lilarötlichen Sprenkelung. Die Staubfäden sind am Grunde zu einer Röhre verwachsen. Dies ist der einzige morphologische Unterschied zu *L. szovitsianum*, der wohl den Artstatus fraglich erscheinen läßt. Die Pollenfarbe ist orangegelb. ♃ ◙ ▣ ◐ ⊖ ○ ▲ Ⓝ

◁ **Lilium philadelphicum,** Philadelphia-Lilie, Nordamerikanische Schalenlilie. Eine Art, die ein riesiges Verbreitungsgebiet hat. Es reicht von den Osthängen der Rocky Mountains bis zum Zusammenfluß von Ohio und Mississippi. Diese Pflanze kommt auf den unterschiedlichsten Substraten vor, ist im Garten trotzdem ein schwieriger Pflegling. Die Zwiebel wird an kurzen Stolonen gebildet. Die Stengel werden 45–90 cm hoch, bewegen sich jedoch meist an der unteren Grenze. Die lanzettlichen Blätter stehen in mehreren Quirlen um den Stengel. Die 1–5 weit offenen, in Dolden stehenden Blütenschalen sind lebhaft orangescharlach gefärbt und gegen das Blüteninnere orangefarben und dunkelbraun gesprenkelt. Typisch ist die Form der Blütenblätter, die an der Basis schmal-klauenförmig sind, so daß sich zwischen ihnen am Grunde ein elliptisches Loch zeigt. ♃ ◙ ⊟ ▣ ○ ◐ ▲ Ⓝ

◁ **Lilium pyrenaicum,** Pyrenäenlilie. Wächst in den O-Pyrenäen und im Departement Tarn in SW-Frankreich an Waldrändern, in Wiesen und im Bergland zwischen 500 und 1500 m Höhe. In England ist sie verwildert in Hecken anzutreffen. Breitrunde, gelblichweiße Zwiebeln mit bis zu 7 cm Durchmesser. Die Höhe beträgt 30–120 cm, der Stengel ist mit vielen lineal-lanzettlichen Blättern besetzt. Die Blüten bilden einen traubigen Blütenstand mit 1–12 kleinen, nickenden, türkenbundähnlichen Blüten von grünlichgelber Farbe mit schwacher, schwarzer Sprenkelung; sie duften unangenehm. *L. pyrenaicun* var. *rubrum* hat orangerote, braungesprenkelte Blüten. Insgesamt sind die Blüten im Verhältnis zur starken Belaubung etwas klein. Blüht oft schon sehr früh Ende Mai-Anfang Juni. Gedeiht gut in lehmig-humosem Boden in voller Sonne und im Halbschatten auch auf kalkhaltigen Böden. ♃ ◙ 🄷 ○ ◐ ⊖ ▲

Lilium rhodopaeum, Rhodopen-Lilie. Ist ▷ in den Rhodopen in Bulgarien und N-Griechenland zu finden. Wächst auf Wiesen in 1300 m Höhe. Eine sehr seltene Lilie, die erst vor kurzem entdeckt wurde. Sie ist nahe mit der Kaukasuslilie, *Lilium monadelphum,* verwandt und man kann diese als leichter erhältlichen Ersatz pflanzen. Diese Lilie hat zusammengedrängte Zwiebeln aus weißen oder fahlgelben, schmalen Schuppen. Zahlreiche wechselständige Blätter, sie sind lineal, gespitzt, behaart am Rand und an der Unterseite der Adern. Sie trägt 1–5 trichterförmige, hängende, stark duftende, zitronengelbe Blüten. Die Blütenblätter sind 8–12 cm lang, zurückgebogen, ungepunktet. Die Pollen sind rot. Blütezeit im Juni. Man bekommt von dieser Rarität nur hin und wieder Samen bei internationalen Tauschaktionen. Sie liebt einen eher sonnigen Platz und gute Dränage. ♃ ◬ 🄷 ○ ◐ ▲

Lilium superbum, Stolze Lilie. Heimat ist der amerikanische Osten, von Massachusetts und Indiana im Westen bis nach Alabama und Florida im Süden reichend, wo sie an humusreichen, feuchten Hängen wächst und in saueren Wiesen und Marschen. Die Zwiebel der öfter angebotenen Lilie ist rund, weißlich, zugespitzt und an kräftigen Stolonen stehend. Meist um 1,5 m hohe Stengel bildend, unter günstigen Kulturbedingungen auch bis 3 m gehend. Die Blätter sind lanzettlich und stehen quirlständig. Der pyramidale Blütenstand kann bis 40 langstielige, große, hängende, türkenbundartige Blüten tragen. Sie sind in der Grundfarbe orangegelb, zur Spitze zu mehr oder weniger stark karminrot gefärbt, im Innern bräunlich gesprenkelt und an der Basis befindet sich ein grüner Stern. Insgesamt ist die Farbtönung ziemlich variabel. Die Blütezeit liegt ziemlich spät, im Juli-August. ♃ ◙ ⊟ 🄷 ◐ ⊖ ○ ▲
▽

◁ **Lilium rubellum,** Rotschimmernde Lilie, Mädchenlilie. Vorkommen in Japan, im nördlichen Teil der Hauptinsel Honshu, wo diese alpine Lilie zwischen Gras und Gebüsch in Höhenlagen von 900–1800 m wächst. Sie hat große, weiße, länglich-ovale Zwiebeln mit ovalen Schuppen. Am Naturstandort wird die Pflanze nur etwa 30 cm hoch, in Kultur bis 50 cm. Die Blätter sind spiralig um den Stengel gestellt, sie sind kurzgestielt und länglichoval, nach oben zu etwas gehäufter. Die Blüte ist eine glockige Trompete, die horizontal absteht, 7,5 cm lang und 6,5 cm weit ist. Sie ist zartrosa und wohlriechend, im Verblühen purpurrosa werdend. Pro Stengel entwickeln sich 1–3 Blüten, vereinzelt bis zu 9 Stück. Die Pollen sind goldgelb und die Samenkapsel ist ballförmig mit dreieckigen, dünnen Samen. Diese Lilie treibt früh aus (Mitte April) und kommt schon in der 2. Maihälfte zum Blühen. ♃ ◙ ⊟ ⋀ 🄷 ◐ ⊖ ○ ▲

△
Lilium szovitsianum, Szovits Kaukasuslilie. Diese Lilie wächst im S- und W-Kaukasus und ist botanisch wahrscheinlich nur eine geographische Form von *L. monadelphum*. Nähere Angaben über den schwierigen Komplex wurden schon bei *L. armenum* und *L. monadelphum* gemacht, siehe dort. In neuerer englischer Literatur wird diese Lilie ohne nomenklatorischen Unterschied zu *L. monadelphum* gestellt. Wir folgen hier mehr den Lilien-Liebhabern und russischen Botanikern und behandeln diese schöne Art eigenständig. Sie wächst an Berghängen, bevorzugt in der subalpinen Zone. Die Zwiebeln haben schmale Schuppen, der Stengel wird 100–150 cm hoch, der 2–8, gelegentlich bis 20 Blüten trägt. Die hellgelben Blüten sind türkenbundförmig und die Segmente nur halb zurückgeschlagen. Liebt gegenüber *L. monadelphum* einen anlehmigeren Boden. Nur Herbstpflanzung! ♃ ◙ ⌒ Ⓗ ○ ◐ ⊖ ▲

△
Lilium tsingtauense, Tsingtau-Lilie. Eine ostasiatische Lilie, die in China in Schantung und in Korea in den Diamond Mountains wächst. Die Zwiebeln sind oval, weiß und haben etwa 2,5 cm Durchmesser. Der hohle Stengel wird 40–90 cm hoch. An ihm sind die Blätter quirlig angeordnet, meist in 2 Quirlen. Die Blätter sind bis 15 cm lang und 4 cm breit, verkehrt-lanzettlich und gestielt, leicht marmoriert und gezeichnet. Die Blüten sind typisch für die Art, da ihre Perigonblätter nicht ganz radialsymmetrisch angeordnet sind, sie stehen nach oben hin gedrängter, zu 1–6 in einer Traube. Sie sind ohne Duft, manchmal ist auch ein leicht unangenehmer Geruch feststellbar, aufrecht, sternförmig, glänzend orangerot mit rötlichen Sprenkeln. Der Pollen ist orange. Liebt keinen zu sonnigen Stand sondern Halbschatten und ein mildfeuchtes, neutrales bis leicht saueres, durchlässiges Substrat. ♃ ◙ Ⓗ ◐ ⊖ ▲

△
Lilium vollmeri, Vollmers Sumpflilie. Wächst in N-Kalifornien und S-Oregon. Tanzt hinsichtlich ihrer Feuchtigkeitsverträglichkeit aus der Reihe. Sie wächst in wasserdurchflossenem Gelände, oft an Bachrändern, bei denen die Zwiebeln unterhalb der Wasserlinie stehen. Sie hat ein gelbes, mit eingeschnürten Schuppen besetztes Rhizom und ist horizontal kriechend. Der Blütenstengel ist 75–90 cm hoch. Die blaßgrünen Blätter stehen in 1–2 Quirlen, aber auch vereinzelt am Stengel, sie sind bis 15 cm lang und elliptisch-linear. Die Blüten, zu 1–10 in einer Traube an langen Stielen stehend, sind türkenbundförmig mit zurückgerollten Blütenblättern. Die Grundfarbe ist orange mit dunkelroten bis fast schwarzen Flecken im Innern der Blüten und einer karminroten Zone nach außen zu. In Gärten ist diese Lilie noch nicht sehr verbreitet, sie benötigt dort ebenfalls einen feuchteren Stand. ♃ ◙ ⊟ Ⓗ ○ ◐ ▲ Ⓝ

Linum arboreum, Strauchartiger Lein, Linaceae, Leingewächse. Beheimatet in Griechenland, auf Kreta, Rhodos und in SW-Anatolien. Bildet einen bis 50 cm hohen, dichtbuschigen Strauch und ist daher nur für größere Steinanlagen zu empfehlen. Auch ist die Härte an der Grenze, in M-Europa nur in Weinbaugebieten zu empfehlen, sonst besser im Alpinenhaus oder mit sorgfältigem Schutz. Es scheinen sich in letzter Zeit allerdings einige härtere Typen zu verbreiten. So zeigt das Foto ein Exemplar in Freilandkultur im Botanischen Garten Würzburg. Die Pflanze entwickelt zahlreiche sterile Triebe. Die Blätter sind bis 2 cm lang, spatelförmig, dick, einaderig und immergrün. Die Ränder sind etwas knorpelig, mit ein paar Drüsen an der Basis. Die Blüten sind goldgelb, sie stehen gedrängt in einer wenigblütigen Trugdolde. Die Blütezeit dieses hübschen kleinen Strauches liegt im Mai-Juli. ♄ Ⓐ ⌒ ○ △-▲ ▷

Linum capitatum, Kopfiger Goldlein. Ist in ▷ großen Teilen von M- und S-Europa zu finden, besonders in S-Italien, auf dem Balkan und auch in Kleinasien. Diese Art wird in Kultur öfter mit *L. flavum* verwechselt, die letztgenannte hat jedoch lockerere Blütenköpfe. Diese attraktive Art benötigt etwas Winterschutz, besonders vor Wintersonne. Die Pflanze wird 20-40 cm hoch. Die Blätter sind spitz bis abgestumpft, der Basis zu mit Randdrüsen. Das grundständige Laub ist verkehrt-eiförmig bis lanzettlich, an der Spitze stumpf, die oberen Stengelblätter sind lanzettlich und gespitzt. Die Blüten sind gelb, bis 2,5 cm im Durchmesser, zu 5-10 in einer halbkopfigen Trugdolde stehend. Benötigt einen gut dränierten Boden und bevorzugt einen vollsonnigen Platz. Die Pflanze ist etwas variabel, Die Aufnahme zeigt einen etwas kleineren Typ aus Montenegro. Schön neben kleinen *Festuca*-Arten. ♃ ⌃ ○ ◐ △-▲

◁ **Linum perenne,** Blauer Lein, Blauer Staudenflachs. M- und Osteuropa, W-Asien sind die Heimat dieser variablen Art. Straff aufrechte, bis 60 cm hohe Pflanze, wobei die unteren Stengelteile normalerweise blattlos sind. Die Blätter sind bis 2,5 cm lang, lineal bis lanzettlich, zugespitzt, meist einaderig, am Rande oft trockenhäutig, ausgenommen die oberen Blätter und die Brakteen. Die fahlblauen Blüten haben einen Durchmesser von 2,5 cm, sie stehen in vielverzweigten Rispen. Es gibt auch weiße Typen. Die Art blüht von Juni-August, sie und auch die Unterarten blühen an sonnigen Tagen nur bis zum späten Vormittag. Die eigentliche Art ist wegen ihrer Höhe kaum für kleine Steingartenanlagen zu empfehlen. Es gibt aber auch die Unterart *L. perenne* ssp. *alpinum,* die wegen ihrer geringen Höhe für Steinanlagen wertvoll ist. Die Triebe sind niederliegend bis aufstrebend, 15-30 cm hoch. ♃ H ○ ◐ ⊖ ▲

△
Linum monogynum 'Dwarf Form', Weißer Neuseelandlein, Echter Neuseelandflachs. Endemische Art Neuseelands, wo er an Felsbändern und Klippen nahe der Küste wächst. Sowohl auf der Nord-, als auch auf der Südinsel, den Stewart- und den Chatham-Islands. Sie ist halbstrauchig, wird 15-50 cm hoch und hat schmale, fahlgrüne bis graugrüne, glänzende Blätter. Sie sind 2,5 cm lang, lineal oder lanzettlich und zugespitzt. Aus dem ausdauernden Wurzelstock entwickeln sich zahlreiche, drahtige, verzweigte Triebe. Die Blüten stehen kopfständig in einer Doldentraube. Sie sind groß und malvenartig, ihr Durchmesser beträgt bis 2,5 cm. Die Sepalen sind eirund bis lanzettlich-eirund und weiß. Die Pflanze ist in unseren Gärten noch nicht sehr verbreitet und bedarf in M-Europa eines guten Winterschutzes. 'Dwarf Form' ist in allen Teilen etwas kleiner und kompakter als die Art. ♃ ⌂ ⌃ ○ △-▲

Linum suffruticosum ssp. salsoides (*L. salsoides*), Weißer Zwerglein. Vorkommen in ▷ N-Spanien, W-Alpen und nördlich bis M-Frankreich. Diese Unterart ist im Gegensatz zur Art mehr staudig als halbstrauchig. Sie verholzt an der Basis nur wenig. Die Pflanze wächst 5-25 cm hoch, die Triebe sind schräg aufstrebend, darunter sind viele sterile Triebe, insgesamt dichte Matten bildend. Die Blätter sind schmaler als bei der Art, fadenartig-pfriemenförmig. Die Blüten sind 2,5-3 cm breit, weiß und am Nagel oft weißlichrosa bis dunkelviolett geadert. Von dieser Unterart gibt es noch einen sonst nicht sehr unterschiedlichen Typ, 'Nanum', 8-10 cm hoch, größere Matten bis zu 45 cm Durchmesser bildend. Sehr reichblühend, liebt einen sonnigen Platz und ein durchlässiges Substrat. Bei vermehrter Winternässe kommt es manchmal zu Ausfällen. Vermehrung durch Aussaat. ♃ ⌓ ◙ T ○ ◐ △-▲

◁ **Liriope muscari,** Muscariblütige Liriope, Liliaceae (Convallariaceae), Liliengewächse (Maiglöckchengewächse). Vorkommen in Ostasien (China, Taiwan, Japan). Die Art kann bis 45 cm hoch werden und die Blätter bis 60 cm lang, die in Kultur verbreiteten Sorten und Auslesen erreichen jedoch meist nur eine Höhe von 18–30 cm. Die Blätter bilden dichte Tuffs, sie sind 1–2 cm breit und haben auf der Unterseite 10 Längsstreifen. Der Blütenstengel ist 15–30 cm lang, grünviolett, steif und rinnig, die Blütenspindel ist dunkel, selten zur Spitze hin verzweigt. Die Blütentraube ist bis 2 cm breit und 8–12 cm lang, zwischen den Laubspitzen stehend oder knapp über dem Laub. Die Blütenfarbe ist mauve, dunkel-und hellviolett oder weiß. Die einzelnen Blattbüschel bringen 4–7 Blüten. Das immergrüne Laub ist an exponierten Stellen im Winter gefährdet, sortenmäßig unterschiedlich. ♃ ⊟ ⌒ ⊖ ◐ ○ △-▲

△
Lithodora diffusa 'Heavenly Blue' (*Lithospermum diffusum*), Ausgebreiteter Steinsame, Enzianblauer Steinsame, Boraginaceae, Rauhblattgewächse. Wächst in SW-Europa, nördlich bis NW-Frankreich, besonders in Kiefernwäldern, in buschigem Gelände und auch auf Strandböden. Ein hübscher Zwergstrauch mit dem gesuchten reinblauen Blütenton, der durch den Farbfilm leider falsch wiedergegeben wird. Dieser 15 cm hohe Zwergstrauch mit niederliegenden Zweigen, die bis 50 cm messen können, die aber auch kletternd über Hindernisse wachsen, ist besetzt mit kleinen, flachen, lanzettlichen Blättern, die lineal oder länglich bis elliptisch sind, am Rand etwas zurückgerollt. Die Blüten, die von Mai–Juni erscheinen, zeigen ein reines Enzianblau, im Innern haben sie einen breiten Haarring mit einem Durchmesser von etwas über 2 cm. Besonders schön ist 'Heavenly Blue'. ♃ ⟿ ⌓ ⊟ ⌒ ○ ◐ △-▲

△
Lithodora oleifolia (*Lithospermum oleifolium*), ölbaumblätterige Steinsame. Endemisch in einem kleinen Gebiet in den O-Pyrenäen wachsend. Kleiner Halbstrauch mit nur 10–15 cm Höhe, mitunter auch höher. Macht kurze unterirdische Ausläufer und kann bei längerer Standzeit große Bestände bilden. Die Triebe selbst sind weißbehaart. Die kleinen Blätter sind sitzend, elliptisch, 4 cm lang und 1,5 cm breit, oberseits grau- und unterseits weißbehaart, sie stehen nach außen zu gehäuft an der Spitze nichtblühender Triebe. Der Blütenstand bildet eine Trugdolde, diese ist 3–7blütig. Die Einzelblüte hat einen Durchmesser von etwa 12 mm. Sie zeigt beim Erblühen einen rosa Farbton, der zur Vollblüte in Lichtblau übergeht. Die vorherstehende Art, *L. diffusa*, ist ein ausgesprochener Kalkflieher, diese Art dagegen liebt Kalk im Substrat und fühlt sich zwischen Kalkstein wohl. ♃ ⟿ ⌓ ⊞ ⌒ ○ ◐ △-▲

Lonicera japonica var. repens 'Aureo-reticulata' ▷ (*Lonicera japonica* var. *repens* 'Reticulata'), Buntblätteriges Japangeißblatt, Caprifoliaceae, Geißblattgewächse. Die Art wächst in O-Asien, so in Japan, Korea, der Mandschurei, in China eingebürgert. Ein halbimmergrüner bis immergrüner wüchsiger Strauch. Interessant für Steinanlagen ist *L. japonica* var. *repens*, die niedrig bleibt. Die Pflanze ist kletternd, kriechend oder bodendeckend und die Zweige sind oft maron getönt und behaart. Die Sorte 'Aureo-reticulata' hat eirunde, gegenständige, frischgrüne Blätter mit einer dichten, gelben Aderung, welche die Pflanze auch für Topfpflanzengärtner interessant macht. Die röhrigen Blüten sind weiß bis gelb und duftend, 3 cm lang, der Kronsaum ist regelmäßig 5lappig. Blüht Juni–September. Der primäre Schmuck sind die kriechenden, hübsch gezeichneten Blätter.
♄ ⟿ ⌓ ⌒ ○ ◐ △-▲

Lonicera nitida 'Baggesens Gold', Zwergiges Goldgeißblatt. Die Art wächst in W-China, wo die Pflanze von der immergrünen begünstigten Laubwaldzone bis in höhere Lagen mit sommergrünen Laubgehölzen reicht. Der immergrüne Strauch wird bei uns kaum über 1 m hoch, geht aber etwas in die Breite. Er hat dicht behaarte Triebe, die in der Jugend purpurfarbenen sind und kreisförmig angeordnet stehen. Die Blätter sind klein, myrtenähnlich, eiförmig-lanzettlich und 6–12 mm lang, bei der Sorte 'Baggesens Gold' etwas kleiner. Während die Blätter der Art dunkelgrün sind, zeigt die abgebildete Sorte einen blassen Gelbton mit wenig Grün. Die Blüten spielen in Steinanlagen kaum eine Rolle, sie sind rahmweiß und wenig ansehnlich. Die Sorte wächst zierlicher als die Art und paßt gut in etwas größere Steingärten, sie stellt kaum Ansprüche an den Boden. Schutz vor Wintersonne! ♄ ⌒ ○ ◐ △-▲ ▷

△

◁ **Lychnis alpina** (*Viscaria alpina*), Alpenpechnelke, Caryophyllaceae, Nelkengewächse. Geht von den Pyrenäen, dem Apennin über die Alpen nordwärts bis nach Grönland und herüber bis Labrador und Neufundland. Diese kleine, etwa 12 cm hohe Pechnelke widerspricht ihrem Namen, denn der Stengel ist nicht klebrig. Die Basisblätter stehen büschelig-rosettig und sind lanzettlich. Die Blüten stehen dicht und mehr kopfig, zu 6–20 vereint. Die Petalen sind normalerweise fahl purpurn und tief zweispaltig. Insgesamt ist die Pflanze, bedingt durch das große Verbreitungsgebiet, etwas variabel. So gibt es auch Typen mit farblich abweichenden Blüten, 'Alba' hat weiße und 'Rosea' rosa Blüten. Diese kleine Pflanze kann sich mit der Zeit zu Matten entwickeln. Möchte unbedingt ein Substrat mit etwas sauerer Bodenreaktion, wenn sie ein Dauergast in Steinanlagen sein soll. ♃ ⌓ ⊟ 🅃 ○ ◐ ⊖ ▲-▲

Luzula nivea, Schneemarbel, Juncaceae, Binsengewächse. Dieses hübsche Gras hat seine Heimat in NO-Spanien, M-Frankreich und geht bis Slowenien und M-Italien. Es wächst dort in lockeren Bergwäldern und liebt einen eher frischen, humosen Lehmboden. Bildet eine lockere, horstige Staude, deren Blätter immergrün sind und die sich durch eine stärkere Bewimperung am Rande auszeichnen. Diese sind bis 25 cm lang, bei einer Breite von 4 mm. Der Blütenstand wird höher und erreicht etwa 40 cm, pro Stengel werden 6–20 Blüten ausgebildet. Diese sind büschelig zusammengezogen, die Blütenblätter sind ungleichmäßig, zugespitzt und weiß. Die Blütezeit liegt im Juni-August. Dieses Ziergras ist sehr anspruchslos und in Steinanlagen gut ausdauernd. Auch der Widerstand gegen Wurzeldruck ist beachtlich. Besonders hübsch ist dieses Gras neben Zwerggehölzen. ♃ 🄷 ◐ ⊖ ○ △-▲

Lychnis-Arkwrightii-Hybriden, Vulkan-Lichtnelke. Eine hübsche, aber nicht langlebige Hybride, die aus einer Kreuzung von *L. calcedonica* mit *L. haageana* hervorgegangen ist, wobei hier *L. haageana* auch schon wieder hybriden Ursprungs und *L.* × *haageana* als Schreibweise korrekt ist. Auch wenn diese Hybriden nicht lange leben, sind sie es wert in Steinanlagen gesetzt zu werden. Eine besonders attraktive Sorte ist 'Vesuvius', welche dunkelpurpurn gefärbte Blätter hat und sehr große, orange-scharlachfarbene Blüten; die Hauptblütezeit ist der Juli. Man kann diese Pflanzen auch annuell behandeln oder als Bienne ziehen. Die Anzucht aus Samen macht dabei keinerlei Schwierigkeiten. Die Pflanzen erreichen bei magerem Stand etwa eine Höhe bis 30 cm, bei nahrhaftem Boden auch mehr. Neuerdings gibt es davon kompaktere Auslesen. Für naturnahe Pflanzungen zu auffällig. ⊙-⊙-♃ 🄷 ⌒ ○ △-▲ ▷

◁**Lychnis flos-cuculi,** Kuckuckslichtnelke, Kuckucksblume. In Europa heimische Wiesenpflanze. Lange Zeit als Gartenstaude zu »gewöhnlich«, findet sie in neuerer Zeit aber immer zahlreichere Liebhaber, da die Pflanze durch Kulturmaßnahmen fortschreitend aus den Wiesen verschwindet. Es ist eine kurzlebige Halbrosettenstaude mit Ausläufertrieben. Die Pflanze wird je nach Standort unterschiedlich hoch, zwischen 30 und 50 cm. Die Blüten sind rosarot und sie sind unter den Knoten der Blütentriebe schwach klebrig. Die Kronblätter sind 4spaltig. Die Blütezeit liegt im Mai-Juni. Die Kuckuckslichtnelke ist auch in Steinanlagen auf Plätze angewiesen, die bis in die obere Zone durchfeuchtet sind. Sie verbreitet sich herdenweise durch zarte Ausläuferrhizome. Wenn die Pflanze nicht zu früh zurückgeschnitten wird, verbreitet sie sich am zusagenden Ort auch durch Selbstaussaat. ♃ ⁓ ⁓ [H] ○ ▲ [N]

Lychnis flos-cuculi 'Alba', Weißblühende ▷ Kuckuckslichtnelke. In der Natur finden sich auch hin und wieder weißblühende Typen. Wie beim rosaroten Typ sind die Blätter schmal-lanzettlich und etwas rauh. In der Natur wächst die Pflanze vorwiegend in Fett-, Sumpf- und Moorwiesen, auf sickernassen oder wechselfeuchten, nährstoffreichen, humosen Lehm- und Tonböden. Wächst in der Ebene und reicht bis ins Gebirge. Die Gartensituation sollte angepaßt sein. Die Pflanze kann in Steinanlagen nur im Steingartensumpf, am Rande von Steingartentümpeln und in ähnlichen, etwas feuchteren Situationen verwendet werden. Dabei ist auch zu berücksichtigen, daß die Pflanze etwas herumvagabundiert, sie eignet sich deshalb speziell für naturnahe Gestaltungen. Schöne Bilder erreicht man, wenn der rosarot blühende Typ zusammen mit der weißblühende Variante gepflanzt wird. ♃ ⁓ ⁓ [H] ○ ▲

Lychnis viscaria (*Viscaria viscosa*), Pechnelke, Klebrige Lichtnelke. Eine von W-Europa bis W-Asien weit verbreitete, wintergrüne Halbrosettenstaude, die 30–60 cm hohe Blütenstengel bildet. Die Blätter sind lanzettlich-lineal und meist grundständig. Der Blütenstand ist locker-rispig, fast quirlig und steht in 3–4 Etagen. Die Blütenfarbe ist purpurrot, purpurrosa oder rosenrot, die Blüte besitzt 5 Petalen. Die Blütentriebe haben unterhalb der Knoten einen Leimring, daher rührt der Name. Blütezeit ist Mai-Juni. Wird gerne von Tagfaltern, Hummeln und Käfern aufgesucht. In der Natur breitet sich die Pechnelke im Halbtrockenrasen ausläuferartig aus, meidet aber extrem trockene Standorte. Das Substrat im Garten sollte keinesfalls zu fett sein. Die Art liebt einen kalkarmen, sandigen Lehmboden. Andererseits kann sie auch zwischen Kalksteinen stehen ohne zu leiden. ♃ ⁞ ○ △-▲
▽

◁ **Lychnis flos-jovis,** Jupiter-Lichtnelke. Heimat sind die M- und W-Alpen. Kleine, dichtweißfilzige Staude mit aufrechten, meist unverzweigten Stengeln. Die in der Literatur oft angegebene Höhe von 60–80 cm wird von den in den Gärten verbreiteten Typen nicht erreicht, sie werden etwa 25–30 cm hoch und eignen sich daher sehr gut für Steinanlagen. Die Blätter sind lanzettlich-spatelförmig, der Blütenstand ist mehr oder weniger kopfständig, es sind dichte Trugdolden mit 4–10 Blüten. Der Kelch ist 10–12 mm lang und die Blüten haben einen Durchmesser von 2–3,5 cm. Die Blütenfarbe ist rosarot, ein schöner Kontrast zu den graufilzigen anderen Teilen der Pflanze. Der Boden sollte gut durchlässig sein, zu viel Feuchtigkeit, besonders im Winter, kann zur Fäulnis führen. Neben der rosarot blühenden Pflanze gibt es auch weißblütige Varianten und auch purpurfarbene. ♃ ○ ◐ △-▲

Lychnis viscaria 'Splendens Plena', Gefülltblühende Pechnelke. Seit dem Mittelalter findet sich die gefüllt blühende Form in den Gärten, die besonders den Vorteil einer längeren Blütezeit hat. Sonst unterscheidet sie sich kaum von der einfach blühenden Art. Man gibt ihr gerne einen Platz in Steinanlagen und kann damit schöne Gruppen gestalten. So ist die Himalaja-Aster, *Aster tongolensis*, schön dazu. Dekorativ ist sie auch, wenn sie aus den großen Polstern von *Campanula portenschlagiana* herauswächst. In größeren Steingärten kann man *Gypsophila repens* 'Rosenschleier' als Partner nehmen oder auch *Veronica austriaca* ssp. *teucrium*, den tiefblauen Ehrenpreis. Von der Pechnelke gibt es noch weitere Varianten, die man in Steinanlagen verwenden kann. 'Alba' hat einfache weiße Blüten, 'Albiflora' gefüllte weiße, sie ist aber sehr selten. 'Kugelblitz' ist kleiner. ♃ ⁞ ○ ◐ △-◭ ▷

△
Marrubium supinum, Spanisches Mäuseohr, Labiatae (Lamiaceae), Lippenblütler (Taubnesselgewächse). Wächst in M-, S- und SO-Spanien. Hier gibt es in der Literatur Unstimmigkeiten und der Komplex bedarf der Überarbeitung. Am Naturstandort höher werdend, wächst die Art bei uns mehr kissenförmig. Die Triebe sind niederliegend und die Pflanze wird nur etwa 15–20 cm hoch. Die Pflanze ist weich-wollfilzig, die Blätter sind eirund und die kleinen rosalila Blüten sind unscheinbar. Den Blickfang bilden die schönen, filzigen Blätter. Es sind Pflanzen für sonnig-trockene Lagen im Steingarten, längere Nässeperioden vertragen sie schlecht. In Mitteleuropa sollte man vorsorglich etwas Winterschutz durch Koniferenäste geben. Vermehrung durch Teilung, aber auch durch Stecklinge. Gute Partner sind Sukkulente, wie Opuntien, *Sedum*, *Sempervivum* und ähnliche Pflanzen. ♃ ⁓ ⁞ ⊡ ⌃ ○ ◬ ◭

△
Matthiola fruticulosa ssp. fruticulosa, Kleinstrauchige Levkoje, Cruciferae (Brassicaceae), Kreuzblütler (Kohlgewächse). Vorkommen in Südeuropa und dem Mittelmeergebiet. Eine staudige bis halbstrauchige Pflanze, bei der die Basis verholzt, die Grundachse ist verzweigt, unterirdisch wandernd. Die Blätter sind verkehrt-lanzettlich, ziemlich weißhaarig, ganzrandig. Die Blütenfarbe ist unterschiedlich, gelb-purpurn bis schmutzigpurpurn. *M. fruticulosa* var. *vallesiaca* ist rötlich-violett. Die Blüten stehen in einer armblütigen Traube. Die Blütezeit reicht von April bis Mai. Liebt sonnige, schotterige Steingartenplätze mit guter Dränage. Die Vermehrung erfolgt sowohl durch Samen als auch durch Teilung. In Mitteleuropa sollte man der Pflanze Schutz vor Wintersonne geben. Eine Liebhaberpflanze, die an geeigneter Stelle durchaus attraktiv sein kann. Nicht oft im Angebot. ♃-♄ ⁓ ⁞ ⌃ ○ △-◭

Mazus reptans, Kriechendes Lippenmäulchen, Scropulariaceae, Braunwurzgewächse. Diese Art kommt aus dem Himalaja. Eine lockere, polsterbildende Art mit schlanken, 5 cm langen, kriechenden, wurzelnden Trieben. Die bis 10 mm langen Blättchen sind lanzettlich bis elliptisch, grob gezähnt. Die Blüten sitzen zu 2–5 in Trauben, sie sind purpurblau, auf der unteren Lippe befindet sich ein weißer Fleck, der aber auch gelb oder purpurrot sein kann. Es ist ein hübscher kleiner Bodendecker für etwas geschützte, feuchte Plätze im Steingarten. Sicherheitshalber überwintert man einige getopfte Pflanzen im Kalten Kasten. Winterschutz durch Koniferenzweige in Mitteleuropa, da nicht völlig winterhart. Etwas unempfindlicher ist *M. pumilio*, die sich rhizomartig ausbreitet. Keinesfalls darf das Substrat kalkhaltig sein, sonst wird die Pflanze sofort chlorotisch. ♃ ⁓ ⌓ ⊟ ⌃ ◐ ⊖ ○ ◬-◭ ▷

◁ **Meconopsis betonicifolia 'Crewson Hybrid',** Tibetanischer Scheinmohn, Papaveraceae, Mohngewächse. Beheimatet in Tibet, W-China, Oberburma, wo die Pflanze noch in 3000–4000 m Höhe wächst. Die Pflanze wird zwar 70–120 cm hoch, sie paßt aber neben anderen Plätzen auch gut in Steinanlagen. Während die Art durch Samen vermehrt wird, muß die Sorte 'Crewson Hybrid' vegetativ durch Teilung vermehrt werden. Die Pflanze besitzt einen kurzen Wurzelstock, bodenständige Blätter und der steife Stengel ist locker beblättert. Der Stengel ist kahl oder wie die Blätter braun behaart. Die Blätter sind lang gestielt, oval und gekerbt. Die etwas nickenden, langgestielten Blüten haben meist 4 Petalen, sie entspringen den oberen Blattachseln. Sie sind himmelblau gefärbt, wobei die gelben Staubfäden eine schönen Kontrast bilden. Bevorzugt einen etwas sauer-humosen Boden. ♃ ⊟ 🅗 ◐ ⊖ ○ ◬

△
Meconopsis cambrica, Pyrenäen-Scheinmohn. Heimat ist W-Europa, geht bis nach England (Wales). Ein durchaus attraktiver Scheinmohn, andererseits verstreut er viele Samen. Die buschige Pflanze wird 30–40 cm hoch. Die Blätter sind fiederlappig geteilt und hellgrün, unterseits mehr bläulich und abstehend behaart. Die Schalenblüten sind langgestielt, sie haben einen Durchmesser von 3–5 cm. Die Blütenfarbe ist unterschiedlich, gelb oder orangegelb ('Aurantiaca'), es gibt auch gefüllt blühende Sorten ('Plena'). Sehr lange Blütezeit, oft von Juni bis Oktober. Keinesfalls sollte man die Pflanze in kleinen Steingärten pflanzen. Die Samenkapseln sollte man immer rechtzeitig entfernen. Die Pflanze ist kalkliebend und bevorzugt anlehmige Böden. Vermehrung durch Aussaat, doch sind in den meisten Fällen genügend Sämlinge vorhanden. Schön zwischen robusten Glockenblumen. ♃ ⊞ 🅗 ○ ◐ ⊖ ◬

△
Meconopsis grandis, Großblütiger Scheinmohn. Wächst in Nepal, Sikkim, Tibet in 3000–4000 m Höhe. Mit 80–100 cm Höhe eine stattliche Pflanze. Sie paßt deshalb nur in größere Steinanlagen. Diese Staude hat eine kräftige Pfahlwurzel und bildet steife, aufrechte Stengel, die blattlos sind oder nur 1–2 Blätter aufweisen. Die grundständigen Blätter können eine Länge von 30 cm erreichen, sie sind elliptisch, gekerbt und rötlichbraun behaart. Die schalenförmigen, einzelstehenden Blüten können einen Durchmesser von bis zu 12 cm besitzen. Die Blütenfarbe ist unterschiedlich und kann von stumpf Violettblau bis zu leuchtendem Türkisblau reichen. Es ist immer fraglich ob man echte *M. grandis* besitzt, da es viele Hybriden mit *M. betonicifolia* gibt und beide in der Gartenkultur durcheinander gekommen sind. Das spielt aber keine große Rolle! Liebt sauer-humosen, kühlen Boden. ♃ ⊟ 🅗 ◐ ⊖ ○ ◬

Meconopsis integrifolia, Ungeteilter ▷ Scheinmohn. Ist in W-China, Tibet und Oberburma verbreitet. Es ist eine kurzlebige Staude, die bis zu 90 cm hoch werden kann und deshalb eher für größere Anlagen geeignet ist. Die Blätter sind mit feinen orangeroten Haaren bedeckt. Der Stengel ist ebenfalls behaart. Das grundständige Laub steht in einer dichten Rosette, es ist ganzrandig und verkehrt-lanzettlich bis verkehrt-eirund oder auch lineal, der Basis zu verschmälert, zugespitzt oder abgestumpft, bis 38 cm lang und bis 5 cm breit. Die oberen Stengelblätter sind halbaufsitzend, schmal elliptisch bis lineal. Die obersten Blätter bilden einen Pseudoquirl. Die 4–5 Blüten stehen einzeln an achselständigen, manchmal bis 45 cm langen Stielen, selten an einfachen Stengeln. Die Schalenblüten sind gelb oder selten weiß, die Petalen messen 3 × 3 cm, sie sind halbrund oder verkehrt-eiförmig. ⊙-♃ ⊟ 🅗 ◐ ⊖ ○ ◬

◁ **Meconopsis punicea,** Granatroter Scheinmohn. Wächst in NO-Tibet und China (Kansu und Szetschuan). Es ist eine nicht sehr langlebige Staude, die eine Höhe bis 75 cm erreicht. Die bis 38 cm langen und bis 3 cm breiten Basalblätter stehen in einer Rosette, sie sind verkehrt-lanzettlich und verschmälern sich der Basis zu. Sie bedecken den Stengel an der Basis. Die einzelstehenden Blüten sind nickend. Petalen normalerweise 4, vereinzelt bis 6, sie sind rhombisch-elliptisch, 10 cm lang und bis 5 cm breit, vorne zugespitzt oder gerundet und von tiefroter Farbe. Die Staubgefäße sind gelb, was einen guten Kontrast ergibt. Die Blütezeit liegt hauptsächlich im Juni. Diese Art ist etwas schwieriger zu halten und auch meist nicht sehr langlebig. Vermehrung durch Aussaat. Das Substrat sollte leicht sauer, mildfeucht, humos und trotzdem gut durchlässig sein. ⊙-♃ ⊟ H ◐ ⊖ ○ ▲

△
Melica ciliata, Wimperperlgras, Gramineae (Poaceae), Gräser. Wächst in S-, M- und SO-Europa, N-Afrika und im Kaukasus, an sonnigen Berghängen und an Felsen auf Kalkuntergrund. Ein horstbildendes Gras, das zwischen 30 und 70 cm hoch wird. Deshalb nur für größere Steinanlagen geeignet. Die Blütenstände sind dichte, hellbraune Ährenrispen, in der Vollreife bleicher werdend. Sie schmücken das Gras ab Mitte Mai bis weit in den Juni hinein. Dieses Gras wird allgemein zu wenig beachtet, kann es doch im Heide- und Steppengarten und in sonstigen sonnigen Wildstaudenpflanzungen gut verwendet werden. Gleichermaßen ziert es in Steinpartien, an Plätzen, die seinem natürlichen Vorkommen am nächsten kommen. Vermehrt wird durch Teilung, bevorzugt aber durch Aussaat. Bei der Benachbarung sollte darauf geachtet werden, daß die Partner das Wimperperlgras nicht zu sehr bedrängen. ♃ ⊞ H ○ △-▲

△
Melissa officinalis 'Variegata', Buntblätterige Zitronenmelisse, Labiatae (Lamiaceae), Lippenblütler (Taubnesselgewächse). Vorkommen der Art in S-Europa, im Mittelmeergebiet, Vorderasien, M-Asien. Sie wächst dort zwischen Gesträuch und an anderen etwas beschatteten Plätzen. Es ist eine 30–70 cm hohe, aufrecht wachsende, verzweigte Pflanze, die kurze Wurzelausläufer bildet und stark nach Zitronen duftet. Die grobgesägten Blätter sind eiförmig und haben auffällige Adern. Die Blüten stehen in 6- bis mehrblütigen lockeren, mehr oder weniger einseitswendigen Scheinquirlen. Sie sind an der unteren Lippe gezähnt und fahlgelb. Blütezeit Juni-August. Bei *M. officinalis* 'Variegata' sind die Blätter am Rand zum Teil goldgelb gefleckt. Manche Typen zeigen einen zart violetten Ton, niemand wird aber die Pflanze wegen ihrer Blüte in den Garten pflanzen, zierend sind die Blätter. ♃ ⁓ H ○ ◐ △-▲

◁ **Mentha suaveolens 'Variegata',** Panaschierte Apfelminze, Labiatae (Lamiaceae), Lippenblütler (Taubnesselgewächse). Diese aromatische, fruchtig duftende Minze ist in Gebieten S- und W-Europas beheimatet. Es ist eine 40–100 cm hohe Staude, in den mitteleuropäischen Gärten ist sie meist jedoch niedriger. Die Triebe sind sparsam bis dicht weißfilzig, sie haben einen apfelähnlichen Duft. Die Blätter sind 3–4,5 cm lang und 2–4 cm breit, aufsitzend oder kurz gestielt, runzelig und an beiden Seiten fein behaart mit stumpfer Spitze. Der Rand ist gezähnt mit 10–20 Zähnen. Die Blüten stehen in zahlreichen Scheinquirlen, meist dichtgedrängt, sie formen eine kopfständige Ähre, die 4–9 cm lang sein kann. Die Blüten sind weiß oder rosa. *M. suaveolens* 'Variegata' ist wesentlich niedriger und paßt in Steingärten. Diese Minzen treiben meist Ausläufer, deshalb Vorsicht! ♃ ⁓ ⌓ H ○ ◐ △-▲

◁ **Merendera trigyna** (*Merendera eichleri*), Irrlichtblume, Dreigriffelige Scheinherbstzeitlose, Liliaceae, Liliengewächse. Wächst in der Türkei, dem Kaukasus und im Iran. Die Knolle mißt 3,5 × 2 cm, sie ist verlängert eirund, die trockenhäutige Außenhaut ist schwarz oder schwarzbraun. Die Blätter sind bis 17 cm lang und 0,3–1,8 cm breit. Meist sind es 3 Blätter, die sich entwickeln und die Form ist schmal-lanzettlich, sichtbar zur Blütezeit. Die 1–3 Blüten sind rosa oder weiß, die Blütenblätter haben eine Länge von 20–30 mm × 4–9 mm. Sie stehen aufrecht und sind länglich bis schmal elliptisch. Von dieser nahe mit Herbstzeitlosen verwandten Gattung gibt es etliche Arten, die durchaus ihren Platz im Steingarten finden können. Dabei ist darauf zu achten, daß es Herbstblüher und auch Frühlingsblüher gibt. *M. trigyna* blüht im zeitigen Frühling. Auch gut für das Alpinenhaus. ♃ ⛰ ◙ ○ ◐ △-▲

△
Mertensia paniculata, Rispiges Blauglöckchen, Boraginaceae, Rauhblattgewächse. Wächst im östlichen N-Amerika, von der Hudson Bay bis Alaska, südlich bis Michigan, Idaho, Montana und Washington. Eine größere, bis 60 cm hohe, aufrecht wachsende Staude. Verschiedene Lokalformen bleiben aber auch wesentlich niedriger. Trotzdem keine Pflanze für kleine Steinanlagen. Der Stengel ist weich-behaart und die Blätter sind rauh und fein behaart. Die grundständigen Blätter werden bis 20 cm lang und bis 14 cm breit, sie sind eiförmig-halbrund oder elliptisch-lanzettlich und gespitzt. Der Blattstiel kann bis 25 cm messen. Die Stengelblätter haben eine Länge bis 18 cm und eine Breite bis zu 8 cm. Sie sind eirund bis lanzettlich, spitz, aufsitzend oder halbaufsitzend. Die in lockeren Trauben hängenden Blüten sind in der Jugend rosa, sie werden mit dem Alter dann immer blauer. ♃ H ○ ◐ ⊖ ▲ N

△
Mertensia virginica, Virginisches Blauglöckchen. Wächst in den USA von New York bis S-Carolina, Tennessee und Alabama. Die Pflanze hat einen schwarzbraunen, fleischigen Wurzelstock und wird 40–60 cm hoch, deshalb nur für größere Anlagen verwendbar. Die grundständigen Blätter werden bis 20 cm lang und bis 12 cm breit, sie sind elliptisch oder eirund, lang gestielt, unbehaart oder leicht warzig an der Oberseite. Die Stengelblätter sind elliptisch-länglich bis eirund, unbehaart, aufsitzend oder kurzgestielt. Insgesamt sind die Blätter etwas fleischig, nach dem Austrieb oft metallisch schimmernd, später blaugrün. Die 2–3 cm großen, glockenförmigen Blüten sind normalerweise satt himmelblau, es gibt aber auch rosablühende ('Rubra') und weißblühende ('Alba') Varianten. Zieht bald nach der Blüte ein. Manchmal kommt es zur Selbstaussaat. Liebt einen mildfeuchten, humosen Boden. ♃ H ◐ ⊖ ▲

Mesembryanthemum putarielli (*Mesembryanthemum puterilli*), Orangefarbenes Mittagsblümchen, Aizoaceae, Mittagsblumengewächse. Sicher eine Südafrikanerin, sonst aber eine Sukkulente mit sehr fraglicher Nomenklatur; sie wird jedoch im Handel oft unter dieser Bezeichnung angeboten und ist ein reizender Lückenfüller. Die Pflanze ist in Mitteleuropa keinesfalls hart und nach eigener Erfahrung auch nicht langlebig. Diese soll für viele Pflanzen aus dieser Gruppe, die sich ähnlich verhalten, stehen. Entweder man sät annuelle Mittagsblumengewächse oder man überwintert Stecklinge von perennierenden Arten. Im Frühling werden diese Pflanzen dann ausgepflanzt, wobei selbstverständlich etwas Fingerspitzengefühl zur Einordnung nötig ist. Unproblematisch ist die Benachbarung in Steinanlagen, die als Xerophytengärten gestaltet wurden. Alle lieben vollsonnige Plätze. ⊙-♃ ⌓ ⛰ T ○ △-▲ ▷

◁ **Meum athamanticum,** Bärwurz, Umbelliferae (Apiaceae), Doldenblütler (Selleriegewächse). Wächst in W- und M-Europa, bis nach S-Italien und Bulgarien auf Magerwiesen, Bergwiesen und an Wegrainen auf frischen, kalkfreien oder kalkarmen, mäßig sauer-humosen, sandigen Lehmböden. In den Alpen auch auf Kalk, bis 2500 m steigend. Die Blätter sind meist grundständig, grasgrün und haarfein zerteilt. Die gesamte Pflanze verströmt einen würzigen Duft. Je nach Standort erreicht sie eine Höhe von 15–50 cm. Die Blütezeit liegt im Mai-Juni. Die Blüten sind weiß, selten rötlich oder cremeweiß. Die blühende Pflanze ist durchaus attraktiv, wichtiger als Schmuckelement ist jedoch das feine Laub. Vermehrt wird durch Aussaat, da die Teilung möglich aber unergiebig ist. An den Boden werden wenig Ansprüche gestellt, jeder einigermaßen lehmig-humose Gartenboden wird akzeptiert. ♃ 🅗 ○ ◐ △-▲

△
Milium effusum 'Aureum', Gelbblätteriges Flattergras, Goldwaldhirse, Gramineae (Poaceae), Gräser. Europa, Sibirien, Himalaja, Nordamerika sind Verbreitungsgebiete. Während das blühende, heimische Flattergras eine Höhe von 180 cm erreichen kann, bleibt die gelblätterige Form mit lockeren, bis 30 cm hohen Horsten für Steinanlagen durchaus akzeptabel, blühend wird eine Höhe von 60–80 cm erreicht. Wegen der gelben Farbe von Blättern und Rispen ein durchaus effektvolles Ziergras. Die Pflanze macht kurze Ausläufer, so daß sich manchmal kleine Herden bilden. Einmal angesiedelt, verliert man dieses Ziergras kaum, da es sich leicht selbst aussät. Die Form fällt beständig aus Samen, alle Sämlinge behalten die goldgelbe Färbung. Wenn der Höhepunkt der Blütezeit überschritten ist, schneidet man das Gras zurück, da es sonst in der Folge einen unordentlichen Anblick bietet. ♃ ⁞ 🅗 ○ ◐ △-▲

△
Mimulus × hybridus (*Mimulus cupreus*), Kupferfarbene Gauklerblume, Scrophulariaceae, Braunwurzgewächse. Diese Pflanze ist fälschlich unter dem Namen *M. cupreus* verbreitet, einer aus Chile stammenden annuellen Art. In neuerer Literatur wird die Pflanze zu *M. × hybridus* gestellt, gewisse Zweifel müssen aber trotzdem noch ausgeräumt werden. Unabhängig von der etwas verworrenen Nomenklatur ist sie eine sehr schöne Steingartenpflanze. Sie ist 6–20 cm hoch und wächst rasig. Die Stengel sind niederliegend bis aufstrebend, vom Grund auf verästelt, bis oben beblättert und überall leicht wurzelnd. Die Blätter, zumeist nur mit 3 Hauptnerven, sind klein und gezähnt. Die achselständigen Blüten sind 2–5 cm lang, kupferrot zu goldgelb hin verblassend, sie stehen zu 1–6. Es gibt eine ganze Reihe von Auslesen und Sorten. Alle *Mimulus* sind wenig langlebige Pflanzen. ♃ ⟿ ⌓ ⋀ ○ ◐ ⊖ △-▲

◁ **Mimulus primuloides,** Primelähnliche Gauklerblume. Wächst in nordamerikanischen Gebirgen von Washington bis Kalifornien. Eine rhizombildende Staude, rosettenartig oder kurz gestielt. Die schwachen Triebe stehen aufrecht oder sind aufstrebend, der Blütenschaft wird bis zu 10 cm hoch. Die Blätter sind 1–4 cm lang und verkehrt-lanzettlich bis elliptisch verkehrt-eirund, sie sind ganzrandig oder sehr fein gezähnt, keilförmig und an der Basis aufsitzend, zuerst weichhaarig, später kahl, dreiaderig. Die Blüten sind kopfständig, klein, 15–20 mm groß, von gelber Farbe, sie stehen an fadenförmigen Stengeln. Sie haben eine trichterförmige Röhre und einen zweilippigen Saum. Die Blütezeit reicht von Juli bis September. Der Platz im Garten sollte zwar hell aber nicht zu trocken sein. Eine kleine, sehr reichblühende Art. Vorsichtshalber leichten Winterschutz gewähren!. ♃ ⟿ ⌓ ⋀ ○ ◐ ⊖ △-▲

Minuartia juniperina (*Alsine juniperina*), Wacholderartige Steinmiere. Wächst in Griechenland und SW-Asien. Bildet 10–15 cm hohe, lockere dunkelgrüne Rasen. Die Triebe sind niederliegend bis aufsteigend. Die pfriemlichen Blätter sind klein, spitzstachelig. Der Blütenstand ist fast doldig. Die kleinen weißen Blüten erscheinen von Juni bis Juli. Die Gattung umfaßt etwa 60 verschiedene Arten in der gemäßigten und kalten Zone der nördlichen Halbkugel. Da diese Gattung nahe verwandt ist mit der Gattung *Arenaria*, hat es oft nomenklatorische Schwierigkeiten gegeben. Die Pflanzen sind besonders wegen ihrer weißen Blütenfarbe wichtig, denn sie haben in der bunten Vielfalt des Steingartens eine verbindende Funktion. Alle lieben einen gut durchlässigen Boden, *M. juniperifolia* bevorzugt ein etwas sandiges Substrat. Gute Nachbarn sind Glockenblumen und Nelken. ♃ ⁓ ⌓ ⁞ ⊡ ○ ◐ △-▲
▽

Minuartia imbricata, Dachziegelartige ▷ Steinmiere, Caryophyllaceae, Nelkengewächse. Hier herrscht eine nomenklatorische Unstimmigkeit. Bei dieser Pflanze handelt es sich nicht um *M. imbricata* (C.A. Meyer), Nakai (*Arenaria imbricata*), sondern um *M. imbricata* M.B. Die Pflanze ist im Kaukasus zuhause. Es ist eine dichtschopfige Staude mit etwa 10 cm langen aufrechten Blütenstengeln, unbehaart bis sparsam behaart. Die Blätter sind lineal bis lineal-lanzettlich, etwa 6 mm lang, langwimperig. Die Blüten sind kopfständig, mit länglichen, etwa 6 mm langen Sepalen, die Petalen sind verkehrt-eirund bis spatelförmig, etwa 1,2 cm lang und weiß. Es gibt viele ähnliche Arten. Die Gattung ist sehr nahe verwandt mit *Arenaria*. Die morphologischen Unterschiede sind gering und der Gärtner kann viele *Arenaria* und *Minuartia* nicht oder kaum unterscheiden, da sie sehr ähnlich sind. ♃ ⁓ ⌓ ⁞ ○ ⊖ ◐ △-▲

Moehringa muscosa, Moosmiere, Caryophyllaceae, Nelkengewächse. Wächst in Gebirgen S- und M-Europas in montanen und subalpinen Kalkschuttgesellschaften, in feuchten, schattigen Felswänden. Bildet lockere, saftig-grüne Rasen mit 5–20 cm langen Stengeln. Die Blätter sind schmal-lineal bis fadenförmig, 2,5–3 cm lang. Die Blütenstiele stehen endständig, sie sind 1–3 cm lang und 2–6blütig. Die vierzähligen Blüten sind weiß und erscheinen von Mai–September. In den meisten Steingärten gibt es auch etwas halbschattige und auch feuchtere Plätze wie absonnige Steinspalten, die sich für die Moosmiere anbieten. Nachbarn sind bevorzugt kleine Steingartenfarne, wie Streifenfarn und Hirschzunge aber auch *Campanula cochleariifolia*, welche durchaus an solchen absonnigen Plätzen gedeiht. Als Substrat wird ein locker-humoser, kalkhaltiger Boden bevorzugt. ♃ ⁓ ⌓ ⊞ ⁞ ◐ ⊖ △-▲
▽

◁ **Minuartia kashmirica** (*Minuartia lineata*), Kaschmir-Steinmiere. Das Verbreitungsgebiet reicht von Afghanistan bis W-Nepal und nach Tibet, wo sie an felsigen Hängen wächst, in Höhenlagen von 1500–5000 m. Es ist eine dichtbuschige, drüsige Staude, besetzt mit kleinen, pfriemenartigen Blättchen und mit kurzen, schlanken, aufrechten Trieben, die Büschel von wenigen weißen Blüten tragen. Diese sind sternförmig und haben fünf weiße Petalen. Die Pflanze bildet im Gegensatz zu anderen Arten keine großen Polster, wächst eher buschig und fühlt sich besonders in Felsspalten und in Trockenmauerfugen wohl. Diese nicht sehr in die Breite gehende Art läßt sich auch gut in Trögen unterbringen. Das Substrat sollte aber durchlässig sein und nicht zu nahrhaft, günstig ist die Beigabe von Gesteinsschutt. Vermehrt wird im Sommer durch das Stecken nichtblühender Triebe.
♃ ⁞ ⊡ ○ △-▲

< **Molinia caerulea 'Variegata',** Weißbuntes Pfeifengras, Buntes Besenried, Gramineae (Poaceae), Gräser. Das Vorkommen erstreckt sich über Europa bis W-Sibirien, Kleinasien und den Kaukasus. Die meisten Standortvarietäten des Pfeifengrases werden für Steinanlagen etwas zu mächtig. Akzeptabel ist noch *M. caerulea* 'Moorhexe', welche 40–60 cm hoch wird und durch den lang andauernden Flor schmückt, aber auch durch die Herbstfärbung. Ein hübsches Gras, das auch in Steinanlagen paßt, ausgenommen in sehr kleine, ist das abgebildete *M. caerulea* 'Variegata'. Es bildet schöne ordentliche Blatthorste mit gelblichweißbunten Blättern. Unter normalen Umständen wird es 30–40 cm hoch, selten höher. Die Blütenähren sind dunkelbraun, sie bilden einen guten Kontrast zum Blatthorst. Es wuchert nicht und fällt auch nicht auseinander. Vermehrung nur durch Teilung. ♃ ⊞ ○ ◐ ⊖ △-▲

△
Moltkia × intermedia, Hybrid-Moltkie, Boraginaceae, Rauhblattgewächse. Diese staudige bis halbstrauchige Hybride ist in Kultur aus *M. petraea* × *M. suffruticosa* entstanden. Diese Hybride ähnelt dabei eher *M. suffruticosa*, ist aber etwas größer und mehr halbstrauchartig. Die Pflanze ist besonders wegen der reinblauen Blüten wichtig. Der Farbton wird leider durch das Fotomaterial verfälscht. Bildet 20 cm hohe Kissen mit linealen, blaugrünen Blättern. Die prächtig-dunkelblauen Blüten stehen in Wickeltrauben. Die Blütezeit reicht von Juli bis August. Die Pflanze wünscht ein durchlässiges, etwas kalkhaltiges Substrat und schätzt im Steingarten besonders einen Platz in Felsspalten, in und auf Trockenmauern, in Trögen und an ähnlichen Plätzen, an denen die tagsüber gespeicherte Sonnenwärme nachts ausstrahlt. Diese Hybride wird nur durch Stecklinge vermehrt. ♃-♄ ⁞ ⊞ ○ △-▲

△
Moltkia petraea, Felsen-Moltkie. Verbreitet in Kroatien, Bosnien, südlich bis M-Griechenland, wo die Pflanze in Spalten von Kalkfelsen wächst. Eine kleine halbstrauchige Pflanze, je nach Standort 25–40 cm hoch wachsend. Wächst aufrecht und stark verzweigt. Die dunkelgrünen Blätter sind etwa 5 cm lang und 6 mm breit, verkehrt-lanzettlich oder länglich-lanzettlich bis lineal, halbangespitzt oder stumpf, unten seidig behaart, der Rand ist zurückgerollt. Die Blüten sind blau bis violettblau, sie stehen in Wickeln. Es ist ein dankbarer Dauerblüher von Mai bis August. Die Moltkien werden viel zu wenig in Steingärten gepflanzt, bringen sie doch über lange Zeit den gesuchten blauen Blütenfarbton. In Zentraleuropa sollte man etwas Winterschutz geben, die Pflanze muß besonders vor Wintersonneneinstrahlung geschützt werden. Vermehrung durch Aussaat oder Stecklinge. ♃-♄ ⌓ ⁞ ⊞ ⌃ ○ △-▲

Morina persica, Persische Kardendistel, ▷ Dipsacaceae (Morinaceae), Kardendistelgewächse. Beheimatet im Iran, in Kleinasien und im S- und O-Balkan. Eine robuste 30–90 cm hohe »Distel«, die der bekannteren *M. longifolia* sehr ähnlich ist. *M. persica* ist jedoch insgesamt etwas kleiner, kompakter und bizarrer. Die schmal-lanzettlichen Blätter werden 15–20 cm lang und 1–2 cm breit, sie sind lineal bis elliptisch, gezähnt bis gefiedert, unbehaart und zweizeilig stachelig. Die Blüten sind in entfernt stehenden Quirlen angeordnet. Die Einzelblüte hat eine bis 3 cm lange Röhre und eine offenstehende Lippe, rosa gefärbt. Gut geeignet für größere Steinanlagen, wo der meist flächige Wuchs anderer Stauden durch solche »Raketen« wohltuend unterbrochen wird. *M. persica* ist etwas nässeempfindlicher als *M. longifolia.* Diese Staude ist besonders dekorativ am Fuße von Trockenmauern. ♃ ⊞ ⊞ ○ △-▲

Muehlenbeckia axillaris, Achselständige Muehlenbeckie, Polygonaceae, Knöterichgewächse. Beheimatet in Neuseeland, Tasmanien und Australien. Oft werbewirksam als kleinstes Gehölz der Erde angeboten. Ein kleiner, sommergrüner Zwergstrauch der dichte, kriechende Matten bildet. Die wechselständigen, kleinen Blättchen stehen an dunklen, dünnen, drahtigen Trieben, sie sind rundlich und bräunlich-grün. Die Blüten sind unauffällig, zweihäusig bis zwitterig und gelbgrün. Die Pflanze ist mit ihren unterirdischen, kurzen Ausläufern gut ausdauernd. In Mitteleuropa gibt man ihr einen Platz ohne direkte Wintersonnen-Einstrahlung. Sie bevorzugt einen freien Stand und einen nicht zu trockenen neutralen bis schwach saueren Boden. Die Ausleseform 'Compacta' ist in all ihren Teilen noch etwas kleiner. Vermehrt wird durch Teilung oder Stecklinge, die bald getopft werden. ♄ ⁓ ⌓ ⊟ ○ ◐ ⊖ ◬-▲
▽

Morisia monanthos, Korsische Morisie, ▷ Cruciferae (Brassicaceae), Kreuzblütler (Kohlgewächse). Die kleine Pflanze ist auf Korsika und Sardinien beheimatet. Aus einem in der Erde sitzenden Stamm entwickeln sich die rosettigen, am Boden aufliegenden Blätter. Diese sind länglich-lanzettlich, fiederschnittig, prächtig glänzend-grün und 5–8 cm lang. Die Adern an der Unterseite sind flaumhaarig. Die Blüten, etwa 8–16 pro Rosette, sind einzelstehend an aufrechten Stielchen und goldgelb mit einem Durchmesser von 2 cm. Eine kleine Pflanze, die sich sowohl für Steingärten in etwas schotterigem Boden als auch für das Alpinenhaus als Topfpflanze eignet. Wichtig ist immer eine exzellente Dränage. Die Winterhärte ist in Mitteleuropa nicht immer voll gegeben. Wenn die übrigen Konditionen stimmen, werden Temperaturen bis ungefähr −15° C ertragen.
♃ ⁞ 🅃 ⌃ ○ ◬-△

Muscari aucheri (*Muscari tubergenianum*), Tubergens Traubenhyazinthe. Diese etwa 20 cm hohe Art kommt aus dem NW-Iran; ihr auffälligstes Merkmal sind die zweifarbig getönten Blütentrauben. Zusätzlich ist diese Art besonders reichblühend. Aus einer hellhäutigen Zwiebel wachsen die etwa 10–20 cm hohen Blätter, die bis 1,5 cm breit sein können, aufrecht oder auseinanderstrebend stehend. Die Blütentraube ist eirund bis zylindrisch, sie hat mittelblaue sowie bleichere sterile Blüten an der Spitze. Das vorliegende Bild zeigt die Pflanze noch nicht voll entwickelt. Die Blätter werden vom Blütenstand um etwa 5 cm überragt. Die Blütezeit liegt im April. Es ist eine Art, die nicht lästig wird und der man in Steinanlagen gerne einen Platz gewährt. Man muß ihr nicht immer eine Fläche bieten, sie kann auch in Steinspalten und an ähnlichen Plätzen gepflanzt werden. ♃ ◙ 🅃 ○ ◐ ◬-▲
▽

Muscari armeniacum 'Blue Spike', Gefülltblühende Traubenhyazinthe, Liliaceae, Liliengewächse. ▷ Die Art *M. armeniacum* ist in Armenien, dem Kaukasus, Kleinasien, Rumänien und Mazedonien zu finden. Diese Pflanze steht *M. bryoides* nahe, die Blätter von *M. armeniacum* stehen jedoch rosettig und die Blüten werden höher. Von dieser Art gibt es die abgebildete Sorte 'Blue Spike', die himmelblaue, gefüllte Blütenähren hervorbringt, allerdings gibt es dazwischen immer einmal auch einfach blühende. Wie schon bei anderen Pflanzen erwähnt, sind gefüllt blühende Typen auch immer etwas länger blühend. Am Naturstandort wächst die Art im Bergland an grasigen und steinigen Hängen bis zu 2000 m Höhe. Das unterstreicht die Anspruchslosigkeit der Pflanze, sie wünscht im Garten lediglich einen Platz mit guter Dränage in voller Sonne. Weniger für naturnahe Szenerien. ♃ ◙ 🅃 ○ ◬-▲

△
Muscari bourgaei, Weißlinige Traubenhyazinthe. Diese Art kommt endemisch in der Türkei vor und wächst im mäßig hohen Bergland auf Wiesenmatten und an steinigen Plätzen. *M. bourgaei* ist im Blumenzwiebelangebot etwas seltener zu finden. Diese Traubenhyazinthe hat oft eine weiße Linie entlang des Zentrums der schmalen Blätter, welche meist nur einen halben Zentimeter breit sind. Die Mehrzahl der Blätter wird kaum länger als 10 cm, was allerdings durch die vermehrte Anzahl, die eine Zwiebel hervorbringt, ausgeglichen wird. Die Blüten stehen in einer dichten, kleinen, prächtig blauen Ähre. Die Form ist eher rundlich und die einzelnen Blütchen haben ein schmales weißes Band an den 6 kleinen Blütenblättern. In Kultur ist diese Art mehr auf gute Dränage angewiesen als andere Arten dieser Gattung. Der Zuwachs durch Tochterzwiebeln ist verhältnismäßig gering. ♃ ◬ ◫ ○ ⊖ ◬-◭

△
Muscari comosum 'Plumosum' (*Leopoldia comosa*), Monströse Traubenhyazinthe, Federbuschhyazinthe. Die Art selbst ist weit verbreitet in Gebirgen von M-Europa, S-Rußland, Frankreich und des Mittelmeergebiets, wo sie meist in trockenen Wiesen oder anderen nicht bearbeiteten Flächen wächst. Sie zeichnet sich durch verhältnismäßig breite Blätter aus, die bis 2,5 cm erreichen können. Der Stengel erreicht eine Höhe von 25–35 cm. Die Wildart ist kaum noch in Gärten verbreitet, dagegen mehr diese etwas monströse Form 'Plumosum', die violettblaue Federhyazinthe. Diese etwa 20–30 cm hohen Pflanzen haben einen verkümmerten Blütenstand. Was entfernt als Blütenstand wirkt, sind nur verzweigte, violettblaue Blütenstielchen. Die Grundform als Rispe ist erhalten geblieben, alles erinnert an einen Federbusch. Die Pflanze ist schon lange in Kultur. »Blütezeit« ab Ende Mai. ♃ ◙ ○ ◐ ◬-◭

△
Muscari latifolium, Breitblätterige Traubenhyazinthe. Heimisch ist diese Art in der NW-Türkei, wo sie meist in lichten Kiefernwäldern vorkommt. Es ist eine sehr stattliche Art, die 30–40 cm Höhe erreichen kann. Die Zwiebeln bringen 1–2, meist jedoch nur 1 aufrecht stehendes, bis 2 cm breites Blatt hervor, das zugespitzt ist. Die längliche Blütentraube ist nur 10–20blütig. Die oberen Blüten sind steril, röhrig und hellblau, die unteren sind länglich-eiförmig und dunkelblau. Die Blütezeit dieser Art liegt im April-Mai, sie ist verhältnismäßig lang andauernd. Diese Art gehört zu den Spätblühern der Gattung. Der Zuwachs an Tochterzwiebeln hält sich in Grenzen, die Pflanze wird nicht lästig. Die Pflanze bevorzugt trotz ihrer Herkunft aus Kiefernwäldern einen offenen, sonnigen Stand, der Boden sollte aber während der Vegetationszeit nicht zu trocken sein, sondern ausreichend feucht. ♃ ◙ ○ ⊖ ◬-◭

Muscari woronowii 'Alba', Woronows ▷ Traubenhyazinthe. Eine nicht genau definierbare Art, die wahrscheinlich der Kaukasusregion entstammt, die aber wegen ihrer positiven Eigenschaften hier aufgeführt werden soll. Auf jeden Fall ist es nicht ratsam, diese Pflanze zu *M. botryoides* 'Alba' zu gesellen, da zwischen beiden augenfällige Unterschiede vorhanden sind. Die Pflanze wird etwas höher, 20 cm und mehr. Die Blätter treiben zum Teil oft schon im Herbst aus. Im April-Mai entwickeln sich in großer Anzahl die Blütenstengel, die einen länglichen, walzenförmigen Blütenstand mit dichtgedrängten, weißen Blütchen tragen. Auffallend ist die verhältnismäßig lange Blütezeit und beim Verblühen die attraktive Verfärbung zu einem Rosaton, so daß die Blüten oben weiß sind und nach unten in hellrosa übergehen. Diese botanisch nicht ganz sichere Art ist sehr dauerhaft. ♃ ◙ ○ ◐ ◬-◭

Myosotis australis, Gelbes Vergißmeinnicht, Australisches Vergißmeinnicht, Boraginaceae, Rauhblattgewächse. Dieses farblich aus der Reihe tanzende Vergißmeinnicht wächst in Neuseeland, Australien und Tasmanien. Es ist eine kleine Staude, die sich schon nahe der Basis verzweigt, wobei die einzelnen Zweige bis 30 cm lang werden können. Manche Pflanzen sind nur wenig verzweigt, andere vermehrt. Die Triebe stehen aufrecht oder sind aufstrebend. Die grundständigen Blätter sind bis zu 6 cm lang, elliptisch oder spatelförmig mit abgerundeter Spitze und ausgebreiteten Haaren an der Oberseite, mit kurzen zurückgebogenen an der Unterseite. Die Blütenstiele sind bis 6 cm lang und die Stengelblätter messen 1,5 cm, sie sind länglich-spatelförmig und aufsitzend. Die Blüten sind gelb oder weiß. Die Blütenfarbe macht die Pflanze interessant; sie ist aber nicht sehr dauerhaft. ⊙-♃ ⁞ ○ ◐ ◬-▲ ▷

△

Myosotis palustris, Sumpfvergißmeinnicht. Besiedelt ein größflächiges Gebiet in Europa und in Sibirien, wo es in feuchten Wiesen und an Gewässern weit verbreitet ist. Bedingt durch das große Verbreitungsgebiet gibt es auch zahlreiche unterschiedliche Formen. Die Art kann 10–40 cm hoch werden und treibt Ausläufer. Im Steingarten beschränkt sich ihre Verwendung auf den Steingartensumpf, auf Randzonen des Steingartentümpels und auf sonstige feuchtere Stellen. Der Stengel ist kantig und etwas behaart, die Blätter sind länglich-lanzettlich, frischgrün und etwas glänzend. Die schönen Blüten stehen in wickelartigen Trauben, die später lokkerer werden. Sie haben eine schöne himmelblaue Farbe mit weißen Schlundschuppen und gelbem Auge. Die Blütezeit reicht von Mai bis August. Wo es der Pflanze gefällt, kommt es zur Selbstaussaat. Teilung bei Namenssorten. ♃ ⇝ ∿ ○ ◐ ▲

△

Myosotis rehsteineri, Bodensee-Vergißmeinnicht. Wächst als Uferpflanze an einigen mitteleuropäischen Seen. Es ist eine sehr niedrige Staude von nur 3–5 cm Höhe. Der Wuchs dieser Pflanze ist mehr rasig, die Triebe sind ausgebreitet-aufsteigend, etwa 10 cm lang. Die Blätter sind bis 2, 5 cm lang, länglich, vorne stumpf mit anliegenden Haaren. Der Blütenstand ist meist unten beblättert. Die Blüten sind zart rosa bis himmelblau, sie erscheinen im April-Mai. Diese hübsche Zwergart fühlt sich nicht in allen Gärten wohl. Während sie in manchen sehr wüchsig ist, bereitet sie in anderen Schwierigkeiten. Sie liebt einen vollsonnigen Stand und eine feuchte bis nasse, moorig-humose Erde. Vorsichtshalber in Mitteleuropa Schutz vor Wintersonne gewähren. Vermehrt wird normalerweise durch Teilung, da nur sehr wenig Saat angesetzt wird. Die Bildwiedergabe ist zu rotstichig. ♃ ⇝ ∿ ⌓ ○ ◬-▲

Narcissus bicolor, Zweifarbige Pyrenäennarzisse, Amaryllidaceae, Amaryllisgewächse. Diese seltene Art ist in den Pyrenäen beheimatet. Sie wurde von manchen Autoren nicht als Art angesehen, sondern als Kulturform, was nicht richtig ist. Das Foto zeigt eine Pflanze am Naturstandort. Auch bei der Nomenklatur gibt es keine einheitliche Linie, da sie teilweise als Unterart der variablen *N. pseudonarcissus* angesehen wird. Unabhängig davon ist es eine hübsche Trompetennarzisse. Auf einem bis 35 cm langen Stiel sitzt jeweils eine Blüte mit rahmgelben bis hellgelben Blättern, die etwas breiter und nicht gedreht sind. Die goldgelbe, leicht sechskantige, etwa 30 mm lange Trompete, die am Rande aufgebogen ist, steht im guten Kontrast zu den Kronblättern. Diese Art besitzt ziemlich große, schlanke Zwiebeln. Wächst im Steingarten gut an mildfeuchten, licht beschatteten Plätzen. ♃ ◙ ◐ ⊖ ○ △ ▲ ▷

Narcissus bulbocodium (*Corbularia bulbocodium*), Reifrocknarzisse. Wächst in Spanien, Portugal, SW-Frankreich, Marokko und Algerien. Diese populäre, zwergige Narzisse ist mit einigen Unterarten bekannt. Es ist eine reizende kleine Narzisse, die nur 10–20 cm hoch wird, mit fast stielrunden, aber rinnigen Blättern. Die Blüten stehen mehr oder weniger aufrecht, nicht nickend. Die Nebenkrone ist breit trichterförmig und augenfällig, weniger die kleinen lanzettlichen Abschnitte, die sie umgeben. Das Bild zeigt eine Pflanze vom Naturstandort in Portugal. Die bei uns im Handel befindlichen Typen sind bevorzugt *N. bulbocodium* ssp. *conspicuus* oder *N. bulbocodium* ssp. *genuinus*. Die Ansprüche an den Boden sind gering, er kann leicht sauer bis leicht alkalisch sein. Wichtig ist ein möglichst trockener Stand, besonders während des eingezogenen Zustandes im Sommer. ▷
♃ ▣ ○ ◬-△ Ⓝ

◁ **Narcissus cyclamineus,** Alpenveilchen-Narzisse. Heimat ist Portugal und Spanien. Den Namen hat diese Art von der Blütenform, die mit den zurückgebogenen Blütenblättern und den ebensolangen Nebenkronen entfernt an eine Alpenveilchenblüte (*Cyclamen*) erinnert. Entwickelt 12 cm lange Blätter, die meist breit gespreizt wachsen, so daß diese trotz der größeren Länge den Blütenstiel nicht überragen. Die hängenden gelben Blüten lassen zwei Teile erkennen. Die etwa 20 mm lange, nach hinten umgeschlagene Blütenkrone und die gleichlangen Nebenkronen, die sich taillenartig verengen. Die Kronröhre ist mit 1,5–2,5 cm ziemlich kurz. Die Blüte mißt vom Saum der schlanken, zylindrischen Trompete bis zu den Spitzen der scharf zurückgeschlagenen Perigonblätter 3–4,5 cm. In Kultur wählerisch, nur in manchen Gärten wächst sie gut und es kommt zur Selbstaussaat.
♃ ▣ ⊟ ◐ ⊖ ○ ◬-▲

Narcissus-Hybride 'Sonata', Narzissen-Sorte 'Sonata'. Diese kleine Sorte wurde schon 1910 gezüchtet, sie ist aber immer noch beliebt. Von der Einteilung her gehört sie zu der Klasse 9, den Dichternarzissen. Deren Grundcharakteristika sind: normalerweise eine Blüte pro Stengel, Hauptkrone reinweiß, Nebenkrone meist flach-schalenförmig mit grünem oder gelbem Zentrum und rotem Saum. Hervorzuheben ist auch der Duft. Die Dichternarzisse, wie *N. poeticus* genannt wird, ist die in Europa am weitesten verbreitete Art. Diese ist mit 45 cm Höhe nur für große Steinanlagen geeignet, deshalb empfehlen sich kleinere Sorten, wie die abgebildete 'Sonata'. Dichternarzissen haben helle Zwiebeln mit einem länglichen Hals. Im Garten gehören diese Narzissen und ihre Abkömmlinge zu den Spätblühern. Die Art liebt frischere Böden und fühlt sich auch an Halbschattenplätzen wohl. ♃ ▣ ○ ◐ ⊖ △-▲
▽

Narcissus-Hybride 'Roger', Narzissensorte 'Roger'. Im Laufe der langen Zeit, in der die Narzissen in Kultur sind, entstanden unzählige Sorten. Um eine gewisse Ordnung in diese Sortenflut zu bekommen, wurden die Narzissen in einzelne Klassen unterteilt, auch Divisionen genannt. Zwergige Sorten gibt es praktisch in jeder Klasse, so daß auch für die Verwendung in Steingärten eine große Anzahl vorhanden ist. Die abgebildete Sorte 'Roger' gehört bei dieser Einteilung zur Klasse 6, die die Abkömmlinge der Cyclamineus-Narzissen umfaßt. Die Sorte ist ein dankbarer Massenblüher und hat leicht zurückgeschlagene Blütenblätter von cremegelber Farbe und eine orangefarbene Nebenkrone. Die ganze Pflanze wird etwa 35 cm hoch und gehört zu den frühblühenden Sorten. Die abgebildeten Narzissen-Sorten stellen nur eine kleine Auswahl der im Handel angebotenen Sorten dar. ♃ ▣ ◐ ○ ⊖ ◬-△ ▷

◁ **Narcissus-Hybride 'Hillstar',** Narzissen-Sorte 'Hillstar'. Diese hübsche Narzisse gehört zur Klasse 7, den Jonquillen-Narzissen. Die Hauptcharakteristika dieser Gruppe sind: An einem runden Stengel befinden sich 1–3 Blüten, die Blätter sind schmal und dunkelgrün, die Hauptkronenblättchen sind ausgebreitet, nicht zurückgeschlagen und die Blüten sind duftend. 'Hillstar' wird mit einer Höhe von 40 cm etwas höher, sie läßt sich aber wegen ihrer mittelgroßen Blüten noch in Steingärten üblicher Größe verwenden, ohne die Proportionen zu sprengen. Diese Sorte kommt aus den USA, sie wurde 1979 gezüchtet und ist noch nicht allzulange auf dem Markt. Sie hat ein hellzitronengelbes Perigon mit weißem Hof an der Basis, die Krone ist elfenbeinfarben mit einem dunkleren Hauch und einem weißen Rand. Pro Stiel trägt diese Sorte meist 2–3 mittelgroße Blüten. Blütezeit April. ♃ ◙ ○ ◐ ⊖ ▲

Narcissus poeticus var. recurvus (*Narcissus recurvus*), Zurückgekrümmte Dichternazisse, im Englischen heißt diese Pflanze 'Pheasant's Eye' ('Fasanenauge'). Wächst in der Schweiz bis in Höhen von 2000 m und gehört im Garten zu den Spätblühern der Gattung, Mitte-Ende Mai. Die Bezeichnung »recurvus« stammt von den augenfällig zurückgeneigten Perigonblättern. Die strahlend weißen Blüten haben einen Durchmesser von 4,5–6 cm, sie stehen auf 30–40 cm hohen Schäften. Die Nebenkrone ist gelblichgrün mit einem kräftig roten Saum. Diese Narzisse duftet wie alle Dichternarzissen, doch muß der Duft dieser Varietät in der Nähe schon als aufdringlich empfunden werden. Sie lieben in Steinanlagen Stellen, bei denen der Boden auch im Hochsommer etwas frisch bleibt. Oft treibt die Zwiebel neue Wurzeln, ehe das alte Laub völlig eingezogen ist. Nicht lange trokken lagern. ♃ ◙ ◐ ⊖ ○ ▲
▽

△
Narcissus × odorus 'Rugulosus' (*Narcissus campernelle*), Duftende Jonquillen-Hybride. Eine etwas botanisch hin und her geschobene Gruppe. Entstanden sind die *N. × odorus* aus Kreuzungen von *N. pseudonarcissus* ssp. *major* × *N. jonquilla*. Auch 'Rugulosus' wird mit 30–40 cm Höhe etwas größer, aber die schlanken hängenden Blüten sind nicht so wuchtig, als daß sie in größeren Steinanlagen stören würden. Die Pflanze bringt Büschel leuchtend gelber Blüten hervor, etwa gleich hoch wie die hellgrünen Blätter stehend, die etwas nickend sind. Wie der Name schon sagt, mit duftenden Blüten, allerdings etwas weniger aufdringlich als bei den reinen Jonquillen. Die Pflanze ist für frischere Böden dankbar, wobei das Substrat durchaus etwas anlehmig sein kann; oft ist dieser Boden für die Dauerhaftigkeit verantwortlich. Die Blütezeit für diese Narzisse liegt mittelspät, April-Mai. ♃ ◙ ○ ◐ ⊖ ▲

Narcissus pseudonarcissus, Wilde Trompetennarzisse, Wilde Osterglocke. Beheimatet in W-Europa, der W-Schweiz, Italien und in W-Mitteleuropa (Hundsrück, Eifel, Hohes Venn). Diese Art hat sich trotz ihrer Ähnlichkeit zu den Kulturformen der Trompetennarzissen noch etwas an natürlichem Aussehen bewahrt. Insgesamt eine variable Art, bedingt durch das große Verbreitungsgebiet. Die Art hat bis 35 cm lange und 6–12 mm breite, aufrechte blaugrüne Blätter und einen mindestens ebenso langen, zweikieligen Stengel. An ihm sitzen die gelben Blüten einzeln, horizontal oder leicht nickend. Die Blütenblätter sind nur wenig oder aber auch sehr viel heller als diejenigen der Trompete. Diese wird zwischen 20 und 35 mm lang, sie ist am Rand nur wenig verbreitert, aber ungleichmäßig eingeschnitten. Mit etwa 35 cm Höhe eignet sich diese Art nur für nicht zu kleine Steinanlagen. ♃ ◙ 🄷 ◐ ⊖ ○ △-▲
▽

◁ **Narcissus scaberulus,** Rauhrandige Zwergnarzisse. Es ist eine Flachlandnarzisse, die in N- und M-Portugal wächst. Die Pflanze ist in M-Europa nur bei sehr gutem Winterschutz im Freien zu halten, leicht jedoch im Alpinenhaus. Aus den kleinen Zwiebeln treibt mit dem Laub ein zylindrischer, sechsrippiger Stengel von 10–15 cm Höhe, im Alpinenhaus auch oft höher werdend. Dieser besitzt an 1–1,5 cm langen Stielchen 1–3 kräftig gelbe Blüten. Die leicht gekrümmte Kronröhre ist etwa 1,5 cm lang. Die Perigonblätter sind oval und ein wenig zurückgebogen. Der gesamte Blütendurchmesser beträgt nur 1,2–1,5 cm. Die zweigekielten Blätter sind nur etwa 2 mm breit und haben rauhe Ränder, was im Namen seinen Eingang gefunden hat. Die Art wächst am Naturstandort auf Granitböden, die während der Wachstumszeit sehr feucht sind, liebt ähnliche Verhältnisse im Alpinenhaus. ♃ ⌂ ◙ ⊟ ⌒ ○ △-▲

△ **Narcissus triandrus var. triandrus,** Engelstränennarzisse. Hinsichtlich ihres Heimatgebietes gibt es bei dieser Art etwas unterschiedliche Angaben. Nach »Zander« wächst sie im Mittelmeergebiet und SW-Europa. Unabhängig davon ist es eine reizende kleine Narzisse, die vielfach zu Kreuzungen herangezogen wurde. Ein wesentlicher Faktor ist die stark zurückgeschlagene Hauptkrone, deren Blätter immer schmal-linealisch und oft etwas gedreht sind. Die gesamte Blüte von der Spitze der zurückgebogenen Perigonblättern bis zum Rand der Nebenkrone mißt 1,5–3 cm, selten etwas mehr. Letztere kann bei einzelnen Typen unterschiedlich geformt sein, sowohl halbkugelig, zylindrisch oder auch glockig mit einem erweiterten Saum. Insgesamt wird die Pflanze etwa 30 cm hoch, der Stengel trägt 1–3, selten mehr, blaßgelbe Blüten. In M-Europa vorsorglich Winterschutz geben. ♃ ⌂ ◙ ⌒ ○ ◐ △-▲

Nomocharis pardanthina, Pantherblumenlilie. Liliaceae, Liliengewächse. Das Vorkommen liegt in der chinesischen Provinz Yünnan. Die gesamte Gattung beinhaltet zauberhafte Gewächse, deren Haltung in M-Europa mit größeren Schwierigkeiten verbunden ist. Sie benötigen hohe Luftfeuchtigkeit. Die Pflanzen besitzen 3–10 zarte Schalenblüten. Sie sind in der Grundfarbe zartrosa gefärbt und hängen geneigt an 10–15 cm langen Stielen. Der Blütenstengel wird 50–80 cm hoch, der wechsel- aber auch quirlständig beblättert ist. Die Kronblätter sind tellerartig ausgebreitet, wobei die inneren Segmente wesentlich breiter sind als die äußeren. Der Rand der inneren ist dabei hübsch ausgefranst. An der Basis ist ein rotbraunes bis schwarzrotes Auge. Es gibt Typen ohne Flekken, aber auch solche bei denen sich auf der Innenseite attraktive, dunkelrote Tupfen befinden. ♃ ◙ ⊟ ⌒ ◐ ⊖ △-▲ ▷

Nymphaea-Hybride 'Firecrest', Zwergseerose 'Firecrest', Nymphaeaceae, Seerosengewächse. Seerosen gibt es für jeden Wasserstand zwischen 10 cm und 2 m, aber nicht jede Seerose ist für jeden Wasserstand geeignet, jede Hybride hat ihren Bereich. Man muß im kleinen Steingartentümpel oder Miniaturteich keinesfalls auf die Königin der Wasserpflanzen verzichten. Es gibt auch eine geeignete Art, *Nymphaea tetragona,* die oft unter dem Namen *Nymphaea pygmaea* im Handel angeboten wird. Diese weit verbreitete Pflanze hat ein kurzes, dickes Rhizom, 1–3 cm dick, teilweise mit wolligen, schwarzen Haaren bedeckt. Die 4–10 cm langen und 3–7 cm breiten Blätter sind rundlich-herzförmig, die Blüten sind weiß. Daneben gibt es Hybriden wie die abgebildete Sorte 'Firecrest', außerdem 'Chrysantha', 'Ellisiana', Graziella', 'Indiana' u.a., die schon mit 20 cm tiefem Wasserstand auskommen. ♃ ≋ ⌒ ○ △-▲ ▷

△
Oenothera caespitosa, Pazifik-Nachtkerze, Onagraceae (Oenotheraceae), Nachtkerzengewächse. Beheimatet in den W-USA, von Dakota bis Washington, südlich bis Colorado, Nevada und Kalifornien. Lockere Tuffs formende, nicht sehr langlebige Pflanze, oft auch nur zweijährig. Mit 1 bis mehreren Stengeln, die 10–40 cm lang werden; manche sind auch fast stengellos. Die Blätter stehen in Rosetten, sie sind bis 25 cm lang und 1–4 cm breit, verkehrt-lanzettlich bis rhombisch oder spatelförmig, der Rand ist unregelmäßig gezähnt. Die bis 8 cm großen Blüten sind weiß, im Verblühen rosa, was einen guten Kontrast gibt. Diese Art ist ein Nachtblüher, die Blüten öffnen sich erst am späten Nachmittag. Die Blütezeit liegt im Juni-Juli. Die Art ist hübsch, so daß man in Steinanlagen ihre kurze Lebensdauer akzeptiert. Die Pflanze liebt volle Sonne und etwas schotterig-durchlässige Böden. ⊙-♃ ⁞ ○ ◐ △-▲

Oenothera fruticosa, Halbstrauchige ▷ Nachtkerze. Auch diese Art wächst in den USA, von Massachusetts bis New York, Michigan und Missouri, südlich bis Florida und Oklahoma. Von dieser Art gibt es etliche Sorten, die für Steinanlagen zu groß werden oder nur in größere Anlagen passen. Die eigentliche Art kann hier eher verwendet werden, sie wird 30–70 cm hoch. Die Stengel stehen aufrecht, können aber auch etwas gebeugt wachsen. Sie sind rötlich, etwas behaart und nach oben verzweigt. Die eiförmigen bis lanzettlichen Blätter sind entfernt gezähnt, 3–12 cm lang und 0,5–3 cm breit. Diese Nachtkerzen-Art ist ein Tagblüher. Die Blüten sind tiefgelb, sie stehen gut im Kontrast zu den meist rot gefärbten Knospen. Sie ist gut winterhart und liebt einen sonnigen Stand. An den Boden werden keinere größeren Ansprüche gestellt. Im Steingarten eher etwas mager halten. ♃ ⊞ ○ ◐ △-▲

◁ **Oenothera speciosa,** Prächtige Nachtkerze. Wächst in den USA von Missouri und Kansas bis Texas und Mexiko. Auch diese Art ist nicht besonders dauerhaft, besitzt aber eine leichte Vermehrbarkeit durch Aussaat oder Wurzelschnittlinge. Andererseits ist es eine sehr hübsche Pflanze. Sie wird etwa 30 cm hoch, manchmal auch etwas höher und bildet einen ausläufertreibenden Wurzelstock. Die Stengel sind niederliegend bis aufrecht. Die Blätter sind länglich-lanzettlich oder lanzettlich, der Rand ist entfernt gezähnt oder gefiedert. Die Blüten sind weiß und im Verblühen rosa, manchmal auch insgesamt bis auf die weiße Basis zartrosa. Diese Nachtkerze ist ein Tagblüher und duftet stark. Die Blüten erscheinen von Juni-September. Dieser Dauerblüher wächst im Steingarten gerne auf Mauerkronen. Bei flächiger Pflanzung wirkt diese Nachtkerze manchmal etwas ungeordnet. ♃ ⇝ ⌓ ⁞ ⌃ ○ △-▲

△
Oenothera missouriensis (neuerdings in englischer Literatur *Oenothera macrocarpa*), Missouri-Nachtkerze. Wächst in den südlichen USA von Missouri und Kansas bis Texas. Diese dekorative, großblütige Art kann größere Flächen bedecken, sie ist deshalb weniger für kleine Anlagen geeignet. Schön ist die Pflanze auch, wenn sie über Trockenmauern herunterhängen kann. Diese Nachtkerze hat einen kräftigen Wurzelstock, der sehr tief gehen kann. Der Wuchs ist ausgebreitet, flach-niederliegend. Die Höhe beträgt nur 10–20 cm. Die Verzweigung erfolgt von der Basis her. Die Blätter sind 2–8 cm lang, lanzettlich bis eirund oder verkehrt-eirund, fast ganzrandig bis gezähnt, dunkelgrün mit silbriger Mittelrippe. Die Blüten dieses Massenblühers öffnen sich erst gegen Abend. An den Boden werden keine größeren Ansprüche gestellt, die Lage sollte allerdings sehr sonnig sein. ♃ ⇝ ⁞ ○ ▲

△
Omphalodes cappadocica, Türkisches Gedenkemein, Nabelwurz, Boraginaceae, Rauhblattgewächse. Beheimatet in Kleinasien und im W-Kaukasus. Wächst büschelig und macht nur sehr kurze Ausläufer. Die Blätter sind oval-lanzettlich zugespitzt, mattgrün und lang gestielt. Die Blüten erscheinen in einer lockeren Traube, die Einzelblüte ist klar blau und hat eine weiße Mitte. Die Blütezeit ist im April-Mai. Zwar keine so attraktive Pflanze wie die flächendeckende *O. verna*, aber trotzdem eine wertvolle Steingartenpflanze. Liebt keine vollsonnigen Plätze, eher lichten Schatten oder einen absonnigen Stand. Ist insgesamt sehr dauerhaft, doch kann es in M-Europa in Ausnahmewintern zu Ausfällen kommen, deshalb in rauhen Lagen vorsorglichen Winterschutz gewähren. Schöne Nachbarn sind *Epimedium, Tiarella, Uvularia*, Schattensteinbrech, Veilchen und kleine Farne. ♃ ⟿ ⌃ ◐ ⊖ ● △-▲

△
Omphalodes verna, Frühlingsgedenkemein. Die eigentliche Art unterscheidet sich von der vorstehenden nur durch die Farbe. Die in Trauben stehenden Blüten sind intensiv himmelblau mit weißer Mitte. Von ihr gibt es auch einen etwas großblütigeren Klon, *O. verna* 'Grandiflora'. Das Gedenkemein gehört zum Frühling und findet auch im Steingarten seinen Platz, allerdings muß man seinen ungestümen Drang, größere Teppiche zu bilden, berücksichtigen. Für kleine Steinanlagen ist diese hübsche Pflanze weniger geeignet. Andererseits verträgt die Pflanze jeden Eingriff, der sie in ihre Schranken verweist. An den Boden werden kaum Ansprüche gestellt, sie paßt sich gut an, nur auf eine gewisse Frühjahrsfeuchtigkeit muß geachtet werden. Nachbarn finden sich zu dieser Zeit immer, so Primeln der Vernales-Sektion, *Waldsteinia geoides, Tiarella*-Arten und kleine Schattengräser. ♃ ⟿ ⊞ ⌓ ◐ ⊖ ● △-▲

△
Omphalodes verna 'Alba', Weißblühendes Frühlingsgedenkemein. Heimat sind die SO-Alpen, südlich bis zum N-Apennin und M-Rumänien. Die eigentliche Art und auch die weißblühende Form sind gut teppichbildend, sie werden 10–20 cm hoch und treiben Ausläufer. Die grundständigen Blätter werden bis 20 cm lang und 6 cm breit, sie sind oval oder oval-lanzettlich oder fast herzförmig geformt, mit einer Spitze versehen oder zugespitzt, sparsam behaart und lang gestielt. Die Stengelblätter sind kleiner, oval bis elliptisch, kurzgestielt oder aufsitzend. Der kopfständige Blütenstand hat Brakteen nahe der Basis. Die kleinen weißen Blüten haben einen Durchmesser von 12 mm. Die Blütezeit liegt im März-April. Vermehrt werden sollte der weißblühende Typ nur durch Teilung, die durchaus ergiebig ist. Wie auch die Art kann er durch starken Zuwachs kleinere Nachbarn bedrängen. ♃ ⟿ ⊞ ⌓ ◐ ⊖ ● △-▲

Ononis cristata (*Ononis cenisia*), Kammförmiger Hauhechel, Leguminosae (Fabaceae), Hülsenfrüchtler. Diese Art wächst in den SW-Alpen, im M-Apennin, O-Pyrenäen und in den Gebirgen O-Spaniens. Es ist eine niederliegende Staude von 5–25 cm Höhe mit kurzbehaarten, drüsigen Stengeln. Die Blätter sind dreiteilig, die Teilblättchen 5–10 mm lang, länglich oder verkehrt-lanzettlich und etwas lederig. Der kopfständige Blütenstand ist 1–6blütig. Die Blütenkrone ist 10–14 mm lang und rosa. Hübsche teppichbildende Art, die in M-Europa einen guten Winterschutz benötigt. Sonst fügt sie sich gut in Alpinum, Steingarten oder Steinbeet ein. Verlangt wird ein warmer, geschützter und trockener Platz. Der Boden muß eine gute Dränage aufweisen. Diese Art bevorzugt die Nachbarschaft von Steinen. Zu den geeigneten Partnern gehören *Anaphalis, Antennaria, Satureja montana* und *Thymus*. ♃ ⟿ ⌓ ⌃ ○ △-▲ ▷

◁ **Onosma alboroseum,** Weißrosa Lotwurz, Boraginaceae, Rauhblattgewächse. Eine Pflanze Kleinasiens. Eine Staude mit bis 25 cm langen Stengeln, die niederliegend bis aufstrebend sind, manchmal verzweigt, an der Basis oft verholzend. Mit sterilen Blattrosetten, die Rosettenblätter sind schmal-eiförmig oder fast lanzettlich, gespitzt bis stumpf, dicht sternhaarig, 30–90 mm lang und 6–20 mm breit. Die Stengelblätter sind sitzend. Die bis 20 cm hohen Blütenstände stehen mit 2–3 Wickeln an der Spitze. Die Blütenkronen sind 2–2,5 cm lang, sie sind röhrig-glockig und von weißer Farbe, mit der Entwicklung vorne, an den Zipfeln beginnend, rosa werdend und dann rot. Beim Verblühen färbt sich dieser Bereich tief-purpurn oder violett-blau. Diese schöne Pflanze ist von der Härte her in Mitteleuropa als durchaus winterhart zu bezeichnen, braucht aber oft Nässeschutz. ♃-♄ ⌓ ⌃ ○ △-▲

Onosma helveticum, Schweizer Lotwurz, Schweizer Goldtropfen. In den S- und SW-Alpen wachsend, von den Seealpen bis ins Wallis und Südtirol, dort in Felsschutt und in lückigen Rasenbeständen vorkommend. Eine bis 50 cm hoch werdende Pflanze von meist buschigem Aussehen, sowohl mit nichtblühenden Rosetten und einigen blühenden, einfachen oder nur an der Spitze verzweigten Stengeln. An der Basis von sternförmig angeordneten, kurzen Borsten umgeben, sonst kurzhaarig und zusätzlich mit brüchigen, 2–3 mm langen Borsten besetzt. Die blaßgelben Blüten sind 20–25 mm lang, bis zweimal so lang wie der Kelch. Die Blütenstiele sind kurz, nur etwa 2 mm lang. Die Blütezeit reicht von Juni bis September. Nicht so oft im Angebot wie andere Arten, aber verhältnismäßig unempfindlich. Bevorzugt freie Lage und ein schotteriges, gut durchlässiges Substrat. ♃ ⁞ ○ △-▲ N
▽

Onosma polyphyllum, Vielblätterige Lotwurz. Beheimatet auf der Krim und im westlichen Transkaukasien. Es ist ein lockere Polster bildender Halbstrauch mit aufrechten Stämmchen. Die Blätter sind verhältnismäßig klein, schmal-lanzettlich, anliegend behaart und deshalb oft silberig erscheinend. Die Blütenstengel werden bis 25 cm hoch und sind doppelt so lang wie die sterilen, nicht blühenden Triebe. Die röhrenförmige Krone zeigt eine sattgelbe Färbung. Die schmalen Blätter sterben bei dieser Art im Winter ab, so daß die Pflanze zu dieser Zeit wie abgestorben aussieht. Im Frühling treibt diese Art sehr spät wieder aus. Es ist aber insgesamt gesehen eine verhältnismäßig einfach im Freiland zu kultivierende Art. Im Alpinum, Steingarten und Steinbeet in sehr sonnige Lage pflanzen. Das Substrat sollte schotterig-durchlässig sein. Besonders schön neben blaublühenden Moltkien. ♃-♄ ⁞ ○ △-▲
▽

Onosma tauricum, Südrussische Lotwurz. ▷ Diese Art findet sich in Gebieten SO-Europas, besonders auf der Krim und in NW-Transkaukasien. Es handelt sich um eine Art, die hin und wieder im gärtnerischen Angebot zu finden ist. Sie bildet verhältnismäßig große Polster aus Blattrosetten mit schmalen, graugrünen bis grauen Blättern. Die Triebe mit den Blütenständen sind 15–35 cm hoch, die Tragblätter der Blüten überragen den Kelch, die Blüten sind aufsitzend und bis 40 mm lang. Die Farbe der Krone ist dunkelgelb. Diese Art ist nicht so regenempfindlich im Winter wie verschiedene andere Arten und kann auch in mitteleuropäischen Gärten verwendet werden. Gut in Fugen und auf Kronen von Trockenmauern. Ein gut durchlässiges Substrat ist Voraussetzung für gutes Gedeihen und Dauerhaftigkeit. Es gibt eine ganze Reihe von ähnlichen Arten mit gleichen Ansprüchen. ♃ ⌓ ⁞ ○ △-▲

Ophiopogon planiscapus 'Nigrescens' (*Ophiopogon planiscapus* 'Black Dragon'), Schwarzblätteriger Schlangenbart. Die Heimat der Art ist Japan, wo die Pflanze im warmen Hügelland meist am Waldrand wächst. Die Sorte 'Nigrescens' oder 'Black Dragon', wie sie auch genannt wird, ist besonders in Liebhabergärten verbreitet und scheint etwas härter zu sein als die Art, die in strengen Wintern Schutz benötigt. Es ist auch eine dekorative Pflanze für das Alpinenhaus. Durch das schwärzliche, bis 35 cm lange und 3–5 mm breite, lineale Laub und die reichlich gebildeten schwarzen Beeren ist es eine auffällige Pflanze. Die weißen oder lilafarbenen Blüten, die in etwa 6,5 cm langen Trauben stehen, sind nicht der Blickfang. Wer Absaaten von 'Nigrescens' aussät, erhält neben schwarzblätterigen Nachkommen auch grünblätterige Typen. Sicherer ist vegetative Vermehrung. ♃ ⇝ ⍓ ⊟ ⌃ ◐ ○ ⊖ △-▲
▽

◁ **Ophiopogon japonicus 'Minor',** Japanischer Zwergschlangenbart, Zwerglilienrasen, Liliaceae, Liliengewächse. Die Art bildet lange, dünne Rhizome. Die Blätter sind bis 25 cm lang, es gibt aber auch Varianten mit bis 40 cm Länge. Blattbreite bis 3 mm. Diese sind an der Basis schmal-lineal und eher steif, dunkelgrün und etwas gebogen, die Blütenstiele sind 5–10 cm lang. Die Blüten sind hell-lila oder weiß, in einer lockeren kurzen Traube stehend. Die Pflanze bildet erst büschelige, später mehr dichte Rasen. Die abgebildete Sorte 'Minor' ist in all ihren Teilen noch kleiner. Sie bildet mit ihren zurückgebogenen Blättern besonders dichte und niedere Rasen. Bei etwas Schutz kann *O. japonicus* und seine Formen in M-Europa in den Gärten verwendet werden. An geschützten und warmen, aber nicht vollsonnigen Plätzen bleibt das Laub am schönsten. Substrat: Sauer-humos. ♃ ⇝ ⌓ ⊟ ◐ ⊖ △-▲

Opuntia-Hybride, Feigenkaktus-Hybride. Von einigen der winterharten Kakteen-Arten gibt es eine ganze Reihe von Varietäten, Formen und auch Sorten. So besonders von *O. phaeacantha* und von *O. polyacantha.* Diese Hybriden gehören zu den härtesten und unempfindlichsten Kakteen in mitteleuropäischen Wintern. So gibt es auch von *O. polyacantha* Naturhybriden, besonders mit *O. fragilis, O. compressa* und anderen. Manche davon sind nur sehr schwierig auseinanderzuhalten. In Steinanlagen finden diese Kakteen ihren Platz, wobei zur Einordnung etwas Fingerspitzengefühl notwendig ist, falls es sich nicht um ein reines Xerophytenareal handelt. Wichtig ist immer ein sonniger Platz und ein Substrat, das verhältnismäßig humusarm sein soll. Hinsichtlich Bodenreaktion sind die Freilandkakteen nicht sehr wählerisch, doch tendieren sie eher zu einem leicht saueren Substrat. ♃ ⌓ ⍓ ⌃ ☐ ○ △-▲
▽

Opuntia fragilis, Zerbrechlicher Feigenkaktus, Cactaceae, Kakteen. Sie wächst in N-Amerika, von Manitoba bis Britisch Kolumbien. Eine Kakteen-Art, die niedere, etwa 20 cm hohe Kolonien bildet. Die Farbe ist dunkelgrün, mit 4 cm langen Trieben, die ungehöckert, fast kreisrund sind. Die Areolen sind klein, weiß, die Stacheln sind gelbbraun, oben heller und bis 3 cm lang. Die Glochiden sind gelbweiß und die Blüten gelb bis blaßrötlichgelb, im Verblühen immer einen mehr rötlichen Ton annehmend. Obwohl am Naturstandort sehr reichblühend, ist diese Art im Garten oft blühfaul. Die Glieder brechen leicht ab, wurzeln aber sehr schnell. Diese Art ist verhältnismäßig hart und widerstandsfähig. Von ihr gibt es einige Varietäten, die sich besonders durch die Form der Glieder und deren Oberfläche (glatt oder gehöckert) unterscheiden. Gute Dränage ist unbedingt nötig. ♃ ⌓ ☐ ○ △-▲ N ▷

◁ **Orchis militaris,** Helmknabenkraut, Orchidaceae, Orchideen. In weiten Teilen von M-Europa bis W-Asien zu Hause, wo die Pflanze an Waldrändern und im gebüschreichen Halbtrockenrasen wächst. Diese Erdorchidee wird je nach Standort 30–60 cm hoch, hat breitlanzettliche, glänzende Blätter, meist 7–10. Der Blütenstand ist nicht sehr dicht, aber vielblütig. Die Sepalen und die seitlich stehenden Petalen bilden von der Form her einen spitzen Helm. Die Farbe ist bläulichrosa, die Lippe dreilappig, die Seitenlappen sind schmal, die Mittellappen sind geteilt. Die Lippe ist rosarot gefärbt, manchmal auch ins Violette gehend und dunkelrot gefleckt. Die Blütezeit liegt im April-Juni. Eine der wenigen *Orchis*-Arten, die bei guter Pflege lange im Garten aushalten. Bevorzugt wird lichter Schlagschatten und ein mehr mineralisches Substrat mit geringem Kalkanteil und milder Feuchtigkeit. ♃ ◐ ⊖ △-▲

Origanum × hybridum, Hybrid-Dost, Labiatae (Lamiaceae), Lippenblütler (Taubnesselgewächse). Eine nicht ganz klare Hybride, die unter dieser etwas ungewöhnlichen Bezeichnung verbreitet ist; wahrscheinlich sind die Eltern *O. dictamnus* × *O. sipyleum.* Hübsche 30–40 cm hohe, aromatisch duftende Staude mit kurzgestielten, bis 2,5 cm langen, graubehaarten Blättern. Gegenüber *O. dictamnus* ist diese Hybride etwas weniger weißwollig. Die Blütenköpfchen sind der letztgenannten Art sehr ähnlich, die Farbe ist bläulich-purpurfarben. Diese wüchsige Pflanze hat ihren bevorzugten Stand im Alpinenhaus, hält aber bei gutem Winterschutz auch im Freien aus. Wichtig in Steinanlagen wegen der späten Blütezeit, die von Juli bis Oktober reicht. Alle Arten vom Dost lieben einen sonnigen und trockenen Standort und ein durchlässiges, eher mineralisches Substrat. ♃ ⌓ ⁞ ⌂ ⌃ ○ △-▲
▽

Origanum vulgare 'Aureum', Golddost. Die eigentliche grünlaubige Art wächst in Europa, Sibirien, Kleinasien, im Himalaja und Iran, wo die Pflanze zwischen lichtem Gehölz, auf Magerwiesen und steinigen Hängen vorkommt, sowohl auf Kalkgestein, als auch auf kalkfreiem Untergrund. Die 20–60 cm hohe Art ist in allen Pflanzenteilen duftend. Die Pflanze treibt Ausläufer, die Stengel stehen aufrecht und sind ästig. Die gestielten, spitz-eiförmigen Blätter sind weichbehaart und die Hochblätter oft braunrot. Die Blüten stehen in 1–3blütigen Scheinquirlen, die sich wiederum zu rispen- und doldenartigen Blütenständen zusammensetzen. Die Krone selbst ist klein, purpurn bis fleischfarben, mitunter auch weißlich. Die Sorte 'Aureum' gleicht der Art, sie ist aber kompakter, nur 15 cm hoch und die Blätter sind gelb gefärbt. Verbreitet ist ein reingelber und ein gelbgrüner Typ. ♃ ⇝ ⌓ ⁞ ○ △-▲
▽

Origanum vulgare 'Rosenkuppel'. Rosenkuppel-Dost. Von *O. vulgare* gibt es eine ganze Reihe von Sorten, die sich in Wuchshöhe und Blütenfarbton unterscheiden. Eine 30–40 cm hohe Sorte ist 'Rosenkuppel', die durch das intensive Lilarosa auffällt. Diese etwas höhere Sorte bekommt ihren Platz in größeren Steinanlagen. Noch höher wird die Sorte 'Heideturm' mit 70 cm und dunkelrosa Farbton. Sie kommt wegen ihrer Höhe mehr in Wildstaudenpflanzungen in Frage. Das Gegenstück mit nur 15 cm Höhe ist 'Compactum', das selbst in kleinen Steingärten Platz findet, der Farbton ist rosalila. Gedrungene Sorten mit etwa 20 cm Höhe sind 'Heidrose' (rosa) und 'Tumbias' und 'Alba' mit weißen Blüten. Alle sind unempfindlich und Trockenheit ertragend. In gleiche Situationen passen als Nachbarn Sonnenröschen (*Helianthemum*), Braunella (*Prunella*), Ballonglocke (*Platycodon*). ♃ ⇝ ⌓ ⁞ ○ △-▲ ▷

Ornithogalum balanse (wir bleiben bei ▷ diesem alteingeführten Namen, neuerdings wird diese Art in englischer Literatur als *O. oligophyllum* geführt), Anatolischer Frühlingsmilchstern, Liliaceae (Hyacinthaceae), Liliengewächse (Hyazinthengewächse). Das Naturvorkommen liegt in der NO-Türkei und Armenien. Es ist eine dankbare und für den Garten geeignete Art, die am Heimatstandort auf alpinen Wiesen zu finden ist, oft nahe der Schneegrenze bis in 2500 m Höhe. Aus der Zwiebel entwickeln sich 2-3 glänzende, lineale Blätter bis 8 cm lang, manchmal bis 15 cm. Die Blüten stehen doldentraubig, zu 2-5, mit einem Blütendurchmesser von etwa 2,5 cm. Sie sind reinweiß und tragen auf der Außenseite einen breiten grünen Streifen. Die Blütezeit liegt sehr früh, im März-April und oft ergeben sich hübsche Bilder zusammen mit Krokus-Arten, Leberblümchen, Frühlingsalpenveilchen u. a. ♃ ◙ ○ ◐ △-▲

△
Ornithogalum collinum (*O. tenuifolium*), Mittelmeer-Zwergmilchstern, Hügel-Milchstern. Wächst im Mittelmeergebiet, dort an Berghängen auf Freiflächen zwischen Gestrüpp. Insgesamt herrscht bei den zahlreichen zwergigen Arten mit ihren schmalen Blättern keine völlige nomenklatorische Klarheit. Sie unterscheiden sich oft auch nur in der Blattbehaarung und in Details der Zwiebeln. Die Art wird 5-10 cm hoch und hat verhältnismäßig große Zwiebeln und lange, schmale Blätter, die weit über den Blütenstand hinausreichen. Diese sind im unteren Teil behaart. An sehr kurzen Stielen entwickeln sich die kleinen Blütendolden mit ihren sternförmigen Blütchen. Sie sind weiß und haben auf der Rückseite breite grüne Streifen. Die Blütezeit liegt im April, etwas später als bei der vorangegangenen Art. Sie benötigt eine gute Dränage und in M-Europa etwas Winterschutz. ♃ ◙ ⌒ ○ ◐ △-△

△
Ornithogalum nanum (*O. sibthorpii*), Zwergmilchstern. Auch bei dieser Art gibt es nomenklatorische Unklarkeiten, was aber der Verwendung dieser hübschen, kleinen Art nicht hinderlich sein sollte. Heimat ist die Balkan-Halbinsel, die Ägäis-Region und SO-Rumänien. Die Pflanze wird 5-10 cm hoch und zeichnet sich durch sehr lange, schmale Blätter mit einer Breite von 1,5-4,5 mm aus. Sie werden 5-9 cm, mitunter auch 12 cm lang. Sie sind graugrün, unbehaart und immer wesentlich länger als der Blütenstand. Dieser ist doldentraubig und auf der Bodenoberfläche aufsitzend. Es entwickeln sich meist 3-7 Blüten, manchmal auch mehr (bis 15). Die Blütenblätter sind 12-26 mm lang, oval-elliptisch, weiß, mit einem fahlgrünen Streifen auf der Rückseite. Die Staubgefäße sind gelb oder leicht grünlich. Auch diese etwas seltener angebotene Milchstern-Art blüht schon im März-April. ♃ ◙ ○ ◐ △-△

Ornithogalum narbonense, Narbonne-Milchstern. Weit verbreitete Art aus den Mittelmeerländern, aus N-Afrika und W-Asien, dem Kaukasus und NW-Iran. Eine beliebte und hübsche Pflanze, die 30-50 cm hoch wird. Sie besitzt schmale, graugrüne Blätter, steife, aufrechte Stengel und pyramidal stehende Blütentrauben mit vielen, reinweißen Blüten, oft bis zu 50 Stück. Wie bei vielen Milchstern-Arten befindet sich auf der Außenseite der weißen Kronblätter ein grüner Strich, der bei dieser Art allerdings sehr schmal ist. Der Durchmesser der Einzelblüte beträgt 1-2 cm. Diese bekannte Art ist *O. pyramidale* sehr ähnlich, mit der sie oft verwechselt wird. Augenfällig ist die frühere Blütezeit von *O. narbonense*, die im Juni liegt. Die Art macht im Steingarten kaum Schwierigkeiten, sie liebt einen freien, sonnigen Platz und einen Boden ohne Staunässe. Schön zwischen Glokkenblumen. ♃ ◙ ▣ ○ △-▲
▽

Orostachys aggregatus, Gehäuftstehende ▷ Sternwurz, Crassulaceae, Dickblattgewächse. Nomenklatorisch nicht voll gesichert, aber unter dieser Bezeichnung gärtnerisch verbreitet, manche Botaniker ordnen diese Art zu *O. malacophyllus.* Heimat ist die Mongolei, China und Japan. Zwar bilden die meisten Arten nur kurzlebige Rosetten, doch ist es eine sehr interessante Gattung, die ihre Verwendung hauptsächlich in Steinanlagen findet. Man kann die Gesamtgestalt als »hauswurzähnlich« bezeichnen. Die Art hat Ähnlichkeiten mit *O. iwarenge.* Der Hauptunterschied sind die grünen Blätter mit den etwas abgerundeten Spitzen. Sie sind 2–4 cm lang und 1–2 cm breit. Auch öffnet sich die Rosette von *O. aggregatus* etwas weiter. Die Pflanze bildet lockere Rasen, die Blütezeit liegt im Spätsommer. Die pyramidalen Blütenstände sind zweitrangig, schmückend sind die Rosetten. ♃ ⇝ ⌓ Ⓐ ⌃ ○ ⚠-▲

Orostachys iwarenge, Silbergraue Sternwurz. ▷ Eine Art, die in Japan und China verbreitet ist, die nomenklatorisch Schwierigkeiten bereitet und bei der manche botanische Beschreibung nicht mit der gärtnerisch verbreiteten Pflanze übereinstimmt. Es ist eine kurzlebige Art, man kann sie als monokarp bezeichnen, es überwintern aber meist einige Winterknospen. Die Pflanze wird von manchen Botanikern als große, silbrig bemehlte Form von *O. malacophyllus* angesehen. Es werden dichte Polster gebildet, die Blätter sind 30–70 mm lang und 7–28 mm breit, zahlreich in Rosetten stehend, sie sind länglich spatelförmig, unbehaart und an der Spitze stumpf. Die Blütentraube wird 5–20 cm hoch, sie ist dicht- und vielblütig, die Blüten sind halb aufsitzend und weiß. Die Petalen sind 5–7 mm lang. Durch die silbrige Färbung der Rosettenpolster sehr hübsch, etwas für Sukkulentensammler. ♃ ⇝ ⌓ ⌃ ○ ⚠-△

△
Orostachys furusei, Kugelsternwurz. Heimat ist Japan, speziell die Nordinsel Hokkaido. Die Pflanze sieht aus wie eine kugelige Hauswurz-Art. Die Rosetten entwickeln sich an kurzen, dünnen, aufrechten oder ausgebreiteten Stielen. Die fleischigen, verkehrteiförmigen, flachen Blätter sind 10–20 mm lang und 5–10 mm breit. Die in Trauben stehenden Blüten werden 5–10 cm hoch, sie sind vielblütig und die Blüten sind aufsitzend. Die Sepalen messen 3,5 mm, die Petalen 4,5–5 mm, sie sind schmal-eiförmig und fahlgrün. Die Blüten spielen kaum eine Rolle (die fertilen Rosetten sterben nach der Blüte und Samenbildung ab), aber die oft großen Polster mit den grau-rötlichen Rosetten sehen hübsch aus. Wichtig ist eine sehr gute Dränage, da es sonst sehr leicht zu Fäulnis kommt. Die Pflanze benötigt in M-Europa vorsichtshalber einen Regenschutz. Vermehrung durch Teilung. ♃ ⇝ ⌓ ⌃ ○ ⚠-△

◁ **Orostachys spinosus** (*Umbilicus spinosus*), Panzerwurz. Gut ausdauernde und auch bekannteste Art. Das Vorkommen liegt in N- und M-Asien, so in Sibirien, der Mongolei, Altai und W-Tibet. Bildet gedrängte, kahle Rosetten mit einem Durchmesser von 2–7 cm. Der Blütenstengel wird 10–30 cm hoch. Der Blütenstand ist zylindrisch. Die Blätter der Rosette sind 15–25 mm lang und 3–5 mm breit, graugrün, länglich-spatelig, lineal, die Spitze ist lang, dornig und weißlich. Die Pflanzen kommen erst mehrjährig zur Blüte. Die Einzelblüte ist sternförmig und gelblich. Blütezeit im Juni-Juli. Die Beschaffung dieser Art dürfte keine Schwierigkeiten bereiten und die Vermehrung geschieht durch Nebenrosetten und durch Aussaat. Interessante Liebhaberpflanze, die gut in Steingärten und Xerophytengärten paßt. Besonders in sonnenabgewandten Lagen fühlt sie sich wohl.
♃ ⌓ 🅃 ⊖ ◐ ○ ⚠-△

◁ **Osteospermum barberiae 'Compactum'** (*Osteospermum jucundum* 'Compactum' hort., *Dimorphoteca barberiae* 'Compactum'), Kleines Kapkörbchen, Compositae (Asteraceae), Korbblütler (Asterngewächse). Die Heimat ist Südafrika und die Pflanze benötigt in M-Europa deshalb im Winter etwas Schutz. Es ist eine Art, die sich etwas durch Rhizome ausbreitet. Sie wird bis 50 cm hoch, die abgebildete 'Compactum' (auch unter 'Nanum' laufend) nur etwa 15 cm. Sie ist drüsenhaarig. Die Blütenstengel sind niederliegend, aufstrebend oder aufrecht, bei der Form 'Compactum' fast immer aufrecht. Die Blätter sind länglich-lanzettlich bis spatelförmig, sparsam und unregelmäßig gezähnt, bei der Art bis 15 cm lang, bei 'Compactum' etwa 7 cm. Die einzelnen, kopfständigen Blüten haben Kronblätter, die oben magentafarben und unten licht braun-orange sind, die Blütenscheibe ist gelb. ♃ ⟿ ⌓ ⌃ ○ △-▲

Oxalis depressa (*Oxalis inops*). Die Übertragung des botanischen Namens lautet »Unansehnlicher Sauerklee«. Dies würde aber einer Verleumdung gleichen, denn es handelt sich bei dieser Art um eine attraktive kleine Art. Die Bezeichnung Kap-Sauerklee ist besser, denn die Art kommt aus S-Afrika. Gärtnerisch meist nur unter dem Synonym bekannt. Es ist eine knollige, fast stengellose Staude. Die Pflanze wird 4–12 cm hoch und breitet sich unterirdisch durch schlanke, mehr senkrechte Rhizome aus, die von der Knolle bis zur Bodenoberfläche etwa 5 cm messen. Die Blütenstielchen sind nur 8–20 mm lang, sie sind unbehaart, aufrecht oder ausgebreitet. Die drei Blattabschnitte sind 3–10 mm lang und 5–16 mm breit, rundlich bis dreieckig-eiförmig, dunkelgrün, manchmal auch dunkler gefleckt. Die Blüten sind groß (3 cm Durchmesser), rosa, weiß und gelb im Schlund. ♃ ⟿ ▣ ⊟ ○ ◐ ⊖ △-▲
▽

△
Oxalis adenophylla, Cordilleren-Sauerklee, Oxalidaceae, Sauerkleegewächse. Kommt aus S-Amerika, speziell aus Chile und W-Argentinien. Aus einem Grundstock mit faserigen Schuppen entwickelt sich die 8–10 cm hohe Pflanze. Die zahlreichen Blätter sind aufrecht bis aufstrebend. Die Blattstiele sind 5–12 cm lang und rotbraun gefärbt. Die zahlreichen Teilabschnitte sind fast herzförmig, silbergrau und unbehaart. Die Blütenstiele sind so lang wie die Blätter, die mit 1–3 Blüten besetzt sind und einen Durchmesser von 2,5 cm haben. Sie sind lilarosa bis violett gefärbt, mit dunkleren Adern und 5 purpurfarbenen Flecken im Innern des weißen Schlundes. Die Blütezeit ist Frühlingsende-Sommeranfang. Eine für *Oxalis* ziemlich harte und dauerhafte Art, die für Steinanlagen zu empfehlen ist. Benötigt einen gut durchlässigen Boden. Im zentralen M-Europa etwas Winterschutz. ♃ ▣ ⌃ ○ △-▲

◁ **Oxalis obtusa,** Stumpfer Sauerklee. Heimat ist Südafrika, wo im Namaqualand und im SW-Kapgebiet mehr als 200 verschiedene Sauerklee-Arten wachsen, einige gehen auch bis Natal und in das östliche Transvaal. Die meisten sind in M-Europa nicht hart und können nur im Alpinenhaus kultiviert werden. Die abgebildete *O. obtusa* hält in geschützten Lagen dagegen auch im Freien aus. Diese in S-Afrika weit verbreitete Pflanze wächst an der Küste bis in das Binnenland. Kommt fast immer auf sandigen Böden vor. Sie ist in ihrem Verbreitungsgebiet hinsichtlich Blütengröße und Farbe nicht sehr einheitlich, die meisten zeigen etwas Hellgelb auf aprikosenfarbenem Untergrund, doch gibt es auch hell-rosafarbene Pflanzen mit gelber Basis (Foto). Dort zusammen mit *Rhodohypoxis baurii* 'Alba'. Die Blättchen sind klein und zur Blütezeit fast vollkommen von Blüten überdeckt. ♃ ⟿ ⌓ ⌓ ⌃ ○ △-△

◁ **Pachysandra terminalis 'Green Carpet',** Isander, Dickmännchen, Buxaceae, Buchsbaumgewächse. Das Heimatgebiet liegt in China und Japan. Eigentlich sind diese Pflanzen in erster Linie Bodendecker unter Gehölzen, doch gibt es sicher auch Situationen in Steinanlagen, bei denen man diese Pflanze ebenfalls verwenden kann. Die Art wird etwa 30 cm hoch und erobert schnell größere Flächen. Besser für die Verwendung in Steingärten und an ähnlichen Plätzen ist die nur 15 cm hohe Sorte 'Green Carpet'. Alle verbreiten sich durch unterirdische Ausläufer, Art und Sorte sind immergrün. An den Trieben stehen die Blätter zur Spitze zu gehäuft, bei den fertilen Trieben werden sie dann von kleinen, weißen Blütenähren überragt. Diese sind aber unbedeutend, wichtig ist der gleichmäßig-dunkelgrüne Blätterteppich. Die Pflanzen halten auch Trockenheit aus, lieben aber mildfeuchten Boden. ♃ ⟿ ◐ ⊖ ○ △-▲

△
Paeonia anomala var. intermedia, Sibirische Pfingstrose, Paeoniaceae, Pfingstrosengewächse. Diese Varietät ist weit verbreitet, von der Halbinsel Kola über W-Sibirien bis zum Altai. Wen Pfingstrosen-Arten im Steingarten stören, hat wohl noch nie Päonien am Naturstandort erlebt. Sie wachsen fast immer in entsprechender Nachbarschaft zu Steinen. Die meist 50–60 cm hohe Pflanze hat etwas fleischige Blätter mit glänzender Oberseite, sie sind doppelt dreizählig und so tief zerteilt, daß sie fast zipfelig wirken. Blüten im Juni. Sie haben einen Durchmesser von 8–10 cm, sind rosa bis dunkelrosenrot und besitzen gelbe Staubgefäße. Die Blüten stehen einzeln an langen Stielen und hängen meist zur Seite oder nach unten. Die Art wird kaum kultiviert, was in Gärten zu finden ist, ist die abgebildete *P. anomala* var. *intermedia.* Die Unterschiede sind auch sehr gering und beziehen sich auf die Fruchtblätter. ♃ ⊞ ○ ▲

△
Paeonia mlokosewitschii, Zitronenpäonie, Mlokosewitschs Pfingstrose. Das natürliche Vorkommen liegt im O-Kaukasus. Die Pflanze wird mit einer Höhe von 45–60 cm recht ansehnlich und paßt deshalb nur in etwas größere Steinanlagen. Oft zeigt die Art einen eher ausgebreiteten Wuchs, sie wird oft nicht so hoch, benötigt dann aber auch mehr Platz. Die doppelt dreizähligen Blätter zeigen einen typisch blaugrünen Farbton. Unterseits sind die Blätter etwas heller gefärbt und leicht behaart. Oft haben sie auch rötliche Ränder und Längsnerven. Die gelben Blüten besitzen 8 Kronblätter, goldgelbe Staubgefäße und teils runde und teils längliche Kelchblätter. Die Blütenfarbe variiert stark und geht von fast weiß über rahmgelb bis zum kräftigen Zitronengelb, manchmal sind sie auch leicht rosa überhaucht. Sie blüht schon als eine der frühesten Päonien im April-Mai. ♃ ⊞ ○ ◐ ▲

Paeonia officinalis ssp. humilis (*Paeonia humilis*), Zwerg-Bauernpfingstrose. Verbreitet in SW-Europa. Es sind zu *P. officinalis* auch keine gravierende Unterschiede vorhanden. Die Unterart wird lediglich nur 40–50 cm hoch und hat wesentlich kleinere Blattabschnitte, die 5–6 cm lang und 1–2 cm breit sind. Der Stengel ist kahl oder nur leicht behaart. Die unteren Blätter sind doppelt dreizählig und dunkelgrün gefärbt. Die zahlreichen Blättchen sind tief eingeschnitten und die länglich-elliptischen Blattabschnitte sind auf der Oberseite kahl und auf der Unterseite weich behaart. Blütezeit ist Mai-Juni und die roten, schalenförmigen Blüten erreichen oft einen Durchmesser bis 13 cm, also verhältnismäßig große Blüten zur Gesamtgestalt. Die Blüte duftet leicht und hat rote Staubfäden mit gelben Staubbeuteln. Wegen der geringeren Größe besser unterzubringen als *P. officinalis.* ♃ ⊞ ⊞ ○ ▲ ▷

Paeonia obovata 'Alba', Weiße Wiesen- ▷ päonie. Beheimatet ist diese hübsche Pflanze im östlichen Sibirien, in der Mandschurei, China und Japan, sie wächst dort auf Gebirgswiesen in höheren Regionen. Die Pflanze wird meist 40–50 cm hoch, gehört also zu den Päonien-Arten, die noch in größere Steinanlagen passen. Sie hat einen zylindrischen Wurzelstock. Die unteren Blätter sind doppelt dreizählig und untererseits weichhaarig. Von den breit-eirunden bis verkehrt-eirunden Blättchen sind die mittleren meist langgestielt. Die Blüten sind reinweiß und die graugrünen Blätter zeigen oft einen kupferfarbenen Überzug. Es ist eine attraktive Wildpäonie, die allerdings einen etwas geschützteren Platz benötigt. Besonders gegen kalte Ostwinde ist die Pflanze im Frühling empfindlich. Diese Art liebt im Vergleich zu anderen Päonien-Arten etwas mehr Humus im Boden. ♃ 🄷 ○ △-▲

Paeonia peregrina, Fremdartige Päonie. Diese Art wächst in Kleinasien, Italien, S-Rumänien, Griechenland, Bulgarien, Albanien, Mazedonien, dort oft zwischen Geröll und Kalksteinfelsen oder zwischen Sträuchern. Die Art paßt wegen ihrer Höhe von 30–45 cm auch noch in mittelgroße Steingärten. Sie hat schlanke Wurzeln und dekorative, am Rande etwas gezähnte Blätter, wobei die unteren deutlich doppelt dreizählig sind. Die Oberseite der Blätter ist glänzend-grün, die Unterseite dagegen mehr bläulich, glatt oder spärlich behaart. Die tiefroten Blüten sind eher konkav geformt. Sie erreichen einen Durchmesser von 7–12 cm. Neben der Wildform gibt es einige Kultursorten, die etwas anders gefärbte Blüten aufweisen. Alle sind auf einen vollsonnigen Platz angewiesen und lieben einen etwas nahrhafteren Boden, der selbstverständlich gut dräniert sein soll. Verträgt auch gut Trockenheit. ♃ ⊞ 🄷 ○ △-▲
▽

Paeonia tenuifolia, Netzblattpäonie. Wächst in SO-Europa, in Kleinasien und dem Kaukasus, wo die Pflanze auf Trockenwiesen vorkommt. Sie hat knollig verdickte Wurzeln und wird 35–50 cm hoch. Die Stengel sind unverzweigt. Die Blätter sind dreiteilig und tief zerschlitzt. Die Fiederzipfel sind ungeteilt, 1–2 mm breit und herablaufend. Die Blüten sind ziegel- bis purpurrot, die Kronblätter stehen zu 8–10, die Staubfäden sind rot und die Staubbeutel sind gelb. Die 2–3 Fruchtblätter sind zottig braunrot behaart. Die Narbe ist rot und spiralig zurückgebogen. Die meist glänzenden Samen sind dunkelbraun. Neben der nachstehend beschriebenen gefüllten Sorte gibt es laut Literatur auch die Formen 'Rosea' und 'Alba'. Beide dürften aber identisch sein, denn die 'Alba' des Handels ist auch immer etwas rosa gefärbt. Diese unverwechselbare Päonie benötigt durchlässigen Boden bei voller Sonne. ♃ 🄷 ○ △-▲
▽

◁ **Paeonia tenuifolia 'Flore Pleno'** (*P. tenuifolia* 'Plena'). Es handelt sich um die gefülltblühende Form der vorstehenden Art. Sie wirkt selbstverständlich »gartenhafter« und sollte in sehr naturnahen Steinanlagen möglichst nicht verwendet werden, sondern verstärkt in dekorativen, architektonischen Gestaltungen. Diese seit langem in Kultur befindliche Form hat Vor- und Nachteile. Vorteilhaft ist die Blütezeit, die doch etwas länger dauert als bei der eigentlichen Art. Nachteilig ist die schwere Blüte, da sie bei Regenwetter zu Boden gedrückt wird. Vorsorgliches, nicht ins Auge fallendes Hochbinden ist anzuraten. Besonders hübsch wirkt die Pflanze vor Zwergkoniferen oder wenn sie aus einem großen Teppich von *Potentilla neumanniana* oder deren Formen heraus blüht. Eine gute Kombinationspflanze ist auch die Junkerlilie, *Asphodeline lutea*. Volle Sonne! ♃ 🄷 ○ △-▲

◁ **Paeonia veitchii,** Veitchs Päonie. Wächst in China, speziell in der Provinz Szetschuan. Die Pflanze ist mit *P. anomala* verwandt, kann aber leicht unterschieden werden, da *P. veitchii* mehrere Blüten am Stengel hat, außerdem blüht diese wesentlich später, Ende Juni. Die Pflanze wird 20–50 cm hoch, die Blätter sind doppelt dreizählig. Die Blättchen sind tief in 2–4 Segmente eingeschnitten, so daß oft bis 15 Blattabschnitte vorhanden sind. Diese sind etwas breiter als bei *P. anomala.* Jeder Stengel bringt drei oder mehr purpurrosa bis purpurfarbene Blüten hervor. Sie sind 5–10 cm im Durchmesser und hängen leicht über, was der Pflanze ein elegantes Aussehen gibt. Die Blüten haben rosa Staubfäden mit gelben Staubbeuteln. Noch besser für Steingärten eignet sich *P. veitchii* var. *woodwardii,* da diese nur etwa 30 cm hoch wird. Sie hat keine besonderen Bodenansprüche. ♃ H ○-◐ △-▲

Paederota lutea, Gelbes Mänderle, Scrophulariaceae, Braunwurzgewächse. Wächst in den O-Alpen und in Gebirgen des ehemaligen W-Jugoslawien. Kommt stets auf Kalkuntergrund vor, liebt besonders Felsspalten an beschatteten, steilen Felswänden. Die Stengel werden 10–20 cm lang und sind kräuselig-flaumig. Die Blätter sind 20–35 mm lang und 10–25 mm breit und mit mindestens 10 Zähnen an jeder Seite besetzt. Die Form ist schmal-eiförmig bis lanzettlich. Die Blüten stehen in einer endständigen, dichten, 2–4 cm langen, ährenförmigen Traube. Die Blütenkrone ist gelb. Die Blütezeit reicht von Juni bis August. Im Steingarten sollte die Pflanze in besonders nach Osten zeigenden Trockenmauerfugen oder Geröllböden gepflanzt werden. Die im Handel wenig verbreitete Pflanze liebt ein durchlässiges Substrat, das aber andererseits etwas feuchtigkeitshaltend sein soll. ♃ ⁞ ⊞ ⊖ ◐ △-▲
▽

Papaver burseri (*Papaver alpinum* ssp. *alpinum*), Bursers Alpenmohn, Papaveraceae, Mohngewächse. Verbreitet in den N-Alpen und N-Karpaten, meist auf Kalk zwischen 1900 und 2500 m Höhe wachsend. Bildet zahlreiche grundständige Blätter, die mehrfach fiederteilig, schmalzipfelig und blaugrün sind. Der Stengel ist einblütig und blattlos und etwa 15 cm hoch. Die Blüten sind meist weiß mit gelbem Grund, doch gibt es auch gelbblühende Varianten. Die Blütenblätter sind etwa 2 cm lang, rund bis verkehrt-eiförmig. Diese niederen Mohn-Arten sind ideale Steingartenpflanzen, die zwar nicht langlebig sind, aber sich leicht durch Aussaat vermehren lassen. Oft auch Selbstaussaat. Sie lieben einen vollsonnigen Platz und einen warmen, mit Steinen angereicherten Boden. Gute Dränage. Die Blütezeit liegt im Juni-August. Oft sind die angebotenen Samen nicht mehr typisch. ♃ ⊞ T ○ △-▲ N
▽

◁ **Papaver kerneri,** Kerners Alpenmohn. Früher waren *P. alpinum, P. kerneri, P. rhaeticum* und *P. sendtneri* in der Art *P. alpinum* zusammengefaßt. Dies gibt schon einen Hinweis auf die nahe Verwandtschaft und die geringen Unterschiede. Diese sind zur vorstehenden Art besonders geringfügig. Es ist hauptsächlich die gelbe oder orangegelbe Blütenfarbe und Abweichungen bei der Samenkapsel, die bei *P. kerneri* 1 cm breit und breit-keulenartig geformt ist. Auch haben die Blüten meist einen größeren Durchmesser. Diese Art wächst häufiger in den SO-Alpen, Bosnien, Siebenbürgen. In ihren Ansprüchen sind die beiden genannten Arten gleich. Im Steingarten passen sie gut zu bläulichen *Festuca*-Arten und -Sorten und zu blauem Lein. Weitere Nachbarn sind *Potentilla nitida, Satureja montana* und großrosettige, krustige Steinbrech-Arten. Wichtig ist eine vorzügliche Dränage. ♃ ⊞ T ○ △-▲

△
Papaver kluanense, Rocky-Mountain-Mohn. Wächst in den nördlichen Rocky Mountains in Kanada, besonders am Whistler, Jasper, wo die Pflanze sporadisch auf Steinschutt-Flächen vorkommt. Keinesfalls sind große Unterschiede zum europäischen Alpenmohn vorhanden. Am Naturstandort wird die Art nur etwa 6–9 cm hoch und wächst sehr kompakt, in Kultur im Tiefland aber merklich höher. Die Blätter sind ziemlich behaart und die Samenkapseln sind mehr kugelig. Die Blütenfarbe ist ebenfalls gelb. Trotz der Kurzlebigkeit sollte man auf solche kleinen Mohn-Arten nicht verzichten. Reifen Samen abnehmen und an Ort und Stelle verstreuen. Am zusagenden Platz werden sich genügend Sämlinge entwickeln, oft an den unmöglichsten Stellen, so daß sich zur Blütezeit dekorative Bilder ergeben. Sollten sich zu viele Sämlinge entwickeln, ist es bei diesen Mohn-Arten leicht, sie auszujäten. ♃ ⁞ ○ ◐ △-▲

△
Papaver nudicaule, Islandmohn. Wächst in den arktischen und subarktischen Gebieten von Asien und N-Amerika, südlich bis in die Rocky Mountains. Diese Art wird etwa 40 cm hoch mit drahtigen, blattlosen Stengeln. Die Blätter sind immer grundständig, fiederspaltig, etwas bläulichgrün, sie sind weniger fein zerteilt als bei *P. burseri* (Alpenmohn). Die Stengel sind einblütig-kopfständig, die Blüten erscheinen vom April bis zum Herbst. Daß in der Natur nur gelbe Typen vorkommen stimmt nicht, es finden sich dort schon die wichtigen Farben gelb, orange und weiß. Diese Pflanze wird normalerweise zweijährig kultiviert, da die Samenanzucht unproblematisch ist. Es gibt verschiedene Sorten, die sich hauptsächlich durch die Blütengröße und die Höhe unterscheiden. So kann für Steinanlagen besonders die Samen-Sorte 'Gartenzwerg' mit 20–30 cm Höhe empfohlen werden. ⊙-♃ ⊞ ○ △-▲

Paronychia kapela ssp. serpyllifolia, Thymianblätterige Mauermiere, Caryophyllaceae, Nelkengewächse. Wächst in den Spanischen Pyrenäen, in Frankreich (Seealpen). Flache rasenbildende Pflanze, die sich von der ähnlichen *Herniaria* durch die aufspringenden Fruchtkapseln und den großen, trockenhäutigen, glänzenden Nebenblättern unterscheidet. Die Blätter selbst sind dunkelgrün, rundlich dicht angepreßt. Oft rotbraune Herbstfärbung. Blütezeit Juni-Juli. Die Blüte selbst ist unscheinbar. Verwendung als niederer Bodendecker zum Überwachsen von Böschungen und Felsen. Besonders schön an Tuffsteinen. Liebt sonnige Lagen und ein gut durchlässiges Substrat. Vermehrt wird durch Teilung und Stecklinge. Diese Pflanze benötigt zwar längere Zeit um größere Flächen zu überdecken, ist aber andererseits sehr dauerhaft. Schöne Nachbarn sind krustige Saxifragen. ♃ ⁓ ⌓ ⁞ 🅃 ○ △-▲
▽

◁ **Parahebe caterractae 'Alba',** Wasserfall-Nebenhebe, Scrophulariaceae, Braunwurzgewächse. Diese kleine Pflanze wächst in Neuseeland in niederen Lagen, aber auch im Bergland an Flußufern und Felsen. Es ist ein Halbstrauch. Insgesamt ist die Art sehr vielgestaltig, außer der Blüte, die aber zur Unterscheidung wenig nützlich ist. Die Triebe werden etwa bis 30 cm hoch. Sie sind niederliegend bis aufstrebend, holzig wenn ausgereift, in der Jugend etwas purpurn gefärbt. Die ovalen bis lanzettlichen Blätter sind etwa 4 cm lang, oberseits dunkelgrün, unten etwas heller, unbehaart und gespitzt. Der Rand ist geschlossen und scharf gezähnt. Die Pflanze hat sehr zahlreiche, in Trauben stehende Blüten. Blütentriebe bis 10 cm, Blütenstielchen bis 15 mm lang. Die Blütenfarbe ist weiß mit rosa oder purpurnen Adern. In England ist die Art hart, in M-Europa nur bei gutem Schutz. ♃-♄ ▲ ⌃ 🄷 ○ ▲

◁ **Pediocactus simpsonii,** Simpsons Kaktus, Cactaceae, Kakteen. Wächst in den westlichen USA und reicht mit seinem Vorkommen bis SW-Kanada. Die Pflanzen sind ballförmig, sie ziehen sich bei stärkerer Trockenheit zum größten Teil in den Boden zurück, wie das Bild vom Naturstandort zeigt. Sie wachsen auf steinigen Böden, meist an Berghängen mit Lava- oder Basaltuntergrund. Die Pflanzen stehen einzeln oder vergesellschaftet, sie sind stark bestachelt. Die Blüten zeigen ein Magentarosa. Die Pflanze wird 5–10 cm lang mit 5–6 cm Durchmesser. Eine durchaus gut gedeihende Art, wenn man sie in Böden setzt, die eine exzellente Dränage aufweisen. Der Platz muß sonnig und warm sein und möglichst so beschaffen, daß man Schutz vor Winternässe geben kann. Die etwas ungewöhnliche Gestalt fügt sich besonders gut in Sukkulentengärten und Xerophytenpartien ein. ♃ ⌓ ⌃ ○ ◬-△ N

△
Pennisetum alopecuroides, Lampenputzergras, Federborstengras, Gramineae (Poaceae), Gräser. Beheimatet in Japan und Korea, südlich bis zu den Philippinen. Dieses dekorative Ziergras kann mitunter bis 1,5 m hoch werden und paßt dann nur in sehr große Steinanlagen. Es gibt aber auch einige zwergige Sorten, die in Steingärten normaler Größe gepflanzt werden können, wie 'Hameln' (60 cm) und 'Weserbergland' (40 cm hoch). Diese Sorten kommen auch noch in klimatisch weniger begünstigten Gebieten zur Blüte, während sich bei anderen Sorten die Ähren gerade erst hochschieben, wenn in M-Europa oft noch Frühfröste kommen. Denn gerade die flaumigen, bräunlichen, oft etwas rosig schimmernden Rispenähren, manchmal bis 20 cm lang, sind ein reizvoller Schmuck, oft bis tief in den Winter. Liebt einen warmen Platz, milde Feuchte und hin und wieder Düngernachhilfe. ♃ H ○ ◭

△
Penstemon fruticosus, Halbstrauchiger Penstemon, Scrophulariaceae, Braunwurzgewächse. Wir folgen keinesfalls dem »Zander«, sondern neuerer englischer Literatur, denn *P. fruticosus* und *P. scouleri* sind zu unterschiedlich, als daß sie zu einer Art vereinigt werden können. Wächst von Washington bis Oregon, östlich bis Montana und Wyoming. Formt dichte, breite Büschel, bis 40 cm hoch. Sie sind kahl, unterhalb des Blütenstandes oft bereift. Die Triebe verholzen an der Basis. Die Blätter sind 1–5 cm lang und 0,5–1,5 cm breit, schmal-lanzettlich bis verkehrt-lanzettlich oder elliptisch, ganzrandig oder sehr fein gesägt oder gezähnt. Die Blüten sind lavendelblau bis hell purpurfarben. Insgesamt eine schwierige Gattung, die zu vielerlei Verwechslungen führt. Diese Art kann am passenden Platz gut ausdauern, was nicht von allen gesagt werden kann. Liebt sauere Bodenreaktion. ♃♄ ⁞⁞ ⊟ ○ ⊖ ◐ △-◭ N

Penstemon hirsutus 'Pygmaeus', Rauhhaariger Penstemonzwerg. ▷ Wächst im östlichen N-Amerika, Quebec und Maine bis Michigan und Wisconsin, südlich bis Virginia und Kentucky, meist an trockenen Plätzen. Die Art wird verhältnismäßig hoch, 40–80 cm, die abgebildete Form 'Pygmaeus' dagegen nur etwa 15 cm. Hat aufrechte, etwas klebrigbehaarte Stengel, die Blätter sind länglich bis lanzettlich, die grundständigen dagegen eirund und regelmäßig gesägt. Bildet einen lockeren, blattlosen Blütenstand, bei dem die Blüten meist im rechten Winkel hängen. Diese sind langgestielt, schmutzigviolett und im Schlund dicht gebärtet. Bei der im Handel befindlichen Form 'Pygmaeus' ist die Blütenfarbe durchaus attraktiv, außen lila, zur Spitze der Krone hin intensiver lila, innen mehr weißlich. Liebt einen sonnigen, trockenen Platz. Am zusagenden Platz kommt es auch oft zur Selbstaussaat. ♃ T ○ ◬-△

Penstemon pulchellus hort., Blauer Teppichbartfaden. Nomenklatorisch ist diese Pflanze immer noch nicht vollständig eingeordnet, aber andererseits handelt es sich um eine Art, die zu den unempfindlichsten und ausdauernsten Vertretern dieser Gattung in M-Europa gehört. Möglicherweise ist es ein spezieller Typ von *P. campanulatus.* Diese Art hat allerdings ihr Vorkommen in den Bergen von Mexiko und Guatemala. Die Blätter bei der Gartenform sind lineal bis lineal-lanzettlich. Aus dem lockerblätterigen Grundpolster erheben sich die straffen, aufrechten Stengel, die gegenständig beblättert sind. Die traubigen, kopfständigen Blütenköpfe sind ziemlich dicht. Die Blütenfarbe zeigt ein schönes Blau, das leider auf dem Foto mehr rotstichig wiedergegeben wird. Während *P. campanulatus* leichten Winterschutz benötigt, ist *P. pulchellus* hort. (*P. campanulatus* 'Pulchellus') winterhart. ♃ ⌓ 🅃 ○ ◐ ⊖ △-▲ ▷

△
Penstemon menziesii 'Microphyllus', Menzies Bartfaden. Das natürliche Vorkommen reicht von Britisch Kolumbien (Vancouver) bis nach Washington. Die Pflanze bildet kriechende Matten mit an der Basis verholzenden Trieben. Die Blätter sind 0,5–1,5 cm lang und 0,4–0,7 cm breit, elliptisch bis rundlich, mehr oder weniger fein gesägt-gezähnt, grün, kahl, mehr oder weniger drüsig gepunktet. Der Blütenstand ist traubig, drüsigbehaart, wenig blütig, die Einzelblüten sind 2,5–3,5 cm lang bei etwa 7 mm Durchmesser. Die Farbe ist purpurn bis violett. Bei der Sorte 'Microphyllus' ist alles noch reduzierter und kompakter, die Pflanze wird 8–10 cm hoch und die Blätter sind sehr klein. Es gibt auch lavendelfarbene Typen. Die Art und die Form sind ziemlich kalkempfindlich und in M-Europa muß vorsorglich etwas Winterschutz durch Koniferenzweige gegeben werden. ♃♄ ⌓ ⊟ ⋀ ○ ◐ ⊖ △-▲ 🄽

Penstemon scouleri (*Penstemon fruticosus* var. *scouleri*), Pazifikbartfaden. Wächst von Washington bis Idaho und Britisch Kolumbien. Bildet dichte, breite Horste, je nach Standort 10–40 cm hoch, meist um 25 cm. Mit kahlen Trieben, die oft unterhalb des Blütenstandes bereift sind und an der Basis verholzt. Die Blätter sind lineal-lanzettlich, fast ganzrandig bis augenfällig gesägt, meist 2–5 mm breit, nach oben zu reduziert, sie sind etwas wintergrün. Die Blüten sind traubig und bei der Art meist purpurviolett. Es gibt davon auch zahlreiche Gartensorten mit unterschiedlichen Blütenfarben. 'Albus' hat weiße, 'Six Hills' purpurrosa, 'Red Form' karminpurpurne, 'Purple Gem' violettpurpurne, 'Roseus' rosa Blüten. Sie haben auch ein unterschiedliches Höhenwachstum. Auch diese Art und ihre Sorten sind Kalkflieher und in M-Europa sollte etwas Winterschutz gewährt werden. ♃♄ ⌓ ⊟ ⋀ ○ ◐ ⊖ △-▲ 🄽 ▷

△
Penstemon rupicola (*Penstemon newberryi* var. *rupicola*), Felsen-Bartfaden. Beheimatet in den W-USA, von Washington bis Kalifornien. Eine der besten Bartfaden-Arten für den Steingarten. Formt sehr flache Matten mit an der Basis verholzenden Trieben. Die blühenden Triebe werden etwa 10 cm lang, graugrün, kahl oder mehr oder weniger dicht weißgräulich. Die Blätter sind 0,8–2 cm lang und 0,6–1,2 cm breit, elliptisch oder rundlich, fein gesägt-gezähnt, zum Blütenstand hin reduziert. Die Blüten stehen in Büscheln, sie sind karminrosa und erscheinen von Juni-Juli. Von dieser Art gibt es etliche Gartenformen, so 'Pink Dragon' mit lachsrosa Blüten, 'Diamond Lake' ist größer und hat tiefrosa Blüten, 'Albus' ist weißblühend. Diese Art liebt keinen Kalk. In M-Europa ist Schutz vor Wintersonne notwendig. Schöne Nachbarn sind *Veronica incana*, *Sedum dasyphyllum.* ♃♄ ⌓ ⁞ ⊟ ⋀ ○ ◐ ⊖ △-▲ 🄽

◁ **Penstemon tolmiei** (*Penstemon procerus* ssp. *tolmiei*), Niedriger Felsenbartfaden. Wächst von Britisch Kolumbien bis Washington. Ein hübscher kleiner *Penstemon*, der auch noch in sehr kleine Steinanlagen und auch Tröge paßt. Er hat eine gut ausgebildete grundständige Rosette, beidseitig kahl, bestehend aus 5–15 schlanken Blättern, einschließlich des kurzen Blattstiels, sie sind lanzettlich bis elliptisch. Die Stengelblätter sind stengelumfassend. Der knäulige Blütenstand ist kurz und die Blüten zeigen ein schönes Indigoblau, auf dem Foto ist der Farbton zu rot. Diese Art gehört zu den etwas robusteren Pflanzen der Gattung. Sie ist zwar ebenfalls kalkfliehend, aber insgesamt toleranter. Vorsorglich sollte man auch ihr in M-Europa etwas Winterschutz durch Koniferenzweige geben. Das Substrat sollte durchlässig sein, humos und einen Anteil von Urgesteinssplitt haben.
♃ ⌓ ⊟ ⌃ ○ ◐ ⊖ ▲-△

△
Pernettya mucronata, Torfmyrte, Ericaceae, Heidekrautgewächse. Das Naturvorkommen liegt am Ostrand der südamerikanischen Anden, von Patagonien bis nach Feuerland an der W-Küste von Chile, meist im Patagonischen Lorbeerwald. Dieser kleine, immergrüne, dicht verzweigte Strauch wird bis etwa 50 cm hoch. Er ist auch etwas ausläufertreibend. Die Blättchen sind schmalelliptisch, bis 2 cm lang, derb-lederig und stachelspitzig. Aus den achselständigen Blüten, die im Mai-Juni erscheinen, klein und krugförmig sind, entwickeln sich bis 12 mm dicke, runde bis abgeflachte Früchte, die magentarot, rosa oder rosaviolett gefärbt sind. Es gibt auch eine weißfrüchtige Form. Um Früchte zu erhalten ist immer auch eine männliche Pflanze zu setzen, da die Pflanze zweihäusig ist. Benötigt Winterschutz in M-Europa, liebt ein saueres, feucht-humoses Substrat.
♄ ⊟ ⌃ H ○ ◐ ⊖ △-▲

△
Perovskia abrotanoides, Silberstrauch, Labiatae (Lamiaceae), Lippenblütler (Taubnesselgewächse). Wächst im Iran, Turkestan, Afghanistan, Pakistan und im Tien-schan. Ein hübscher Halbstrauch, der sich auch gut in größere Steinanlagen einfügt. Er wird normalerweise 70–80 cm hoch und hat zahlreiche aufrechte Triebe, die sich nach dem alljährlichen Rückschnitt neu entwickeln. Die Blätter sind fiederteilig bis doppelt fiederteilig, 3–6 cm lang und grauweiß. Im Spätsommer (August-September) entwickeln sich am Ende der Triebe die lila Blüten, die in langen Scheinähren stehen und über eine sehr lange Zeit schmücken. Die Pflanze ist zwar ausläufertreibend, aber nur mäßig. Sie liebt warme, sonnige Plätze und einen mehr durchlässigen, mineralischen, basenreichen Boden. Der jährliche Rückschnitt erfolgt im Frühling. Hübsch neben *Sedum floriferum* 'Weihenstephaner Gold'. ♄ ⟿ ⊞ H ○ ▲

Petrocallis pyrenaica, Steinschmückel, ▷ Cruciferae (Brassicaceae), Kreuzblütler (Kohlgewächse). Wächst in den Alpen, den Pyrenäen und der Tatra, wo die Pflanze an trockenen, sonnigen Kalk- und Dolomitfelsen, in Steinspalten und im Kalksteinschutt vorkommt. Bildet dichte, flache Polster, die einen Durchmesser bis 30 cm erreichen können und aus kleinen, dichten Rosetten bestehen. Die Rosettenblättchen sind nur 4–6 mm lang, keilförmig, 3–5 spaltig, borstig gewimpert. Die Blüten stehen in wenigblühenden Doldentrauben, sie sind duftend, lila oder rosa, seltener weiß. Blütezeit Mai-Juni. Im Steingarten liebt die Pflanze nach Osten geneigte Steinspalten oder mit Kalkschutt durchsetzte Geröllflächen mit lehmig-humosem Untergrund. Die weißblühende Form ist gartenwilliger. Schön in Trögen. Vermehrung durch in Sand leicht wurzelnde Seitentriebe, Ende August. ♃ ⌓ ⊞ T ○ ◐ ⊖ ▲-△

△

Petrorhagia saxifraga 'Alba Plena' (*Tunica saxifraga*), Gefülltblühende Felsennelke, Caryophyllaceae, Nelkengewächse. Vorkommen in S- und M-Europa, Vorderasien, im Kaukasus, Iran, wo sie an felsigen und sandigen Plätzen bis 1300 m Höhe wächst. Es ist eine mattenförmige, lockerrasige, halbkahle Staude, die bis 40 cm hoch werden kann, in Kultur aber wesentlich niedriger bleibt. Die Blätter sind lineal und gekielt. Der Blütenstand ist eine lockere Trugdolde, die Blütenfarbe der Art ist fahl rosa mit etwas kräftigeren rosa Adern. In Kultur sind verschiedene Typen, die weißblühende 'Alba', 'Pleniflora Rosea' mit gefüllten rosa Blüten, 'Lady Mary' hellrosa gefüllt und die abgebildete hübsche 'Alba Plena'. Die Blütezeit reicht von Juni bis September. An zusagenden Plätzen sät sich die Art gerne selbst aus. Die gefüllten Sorten können nur durch Stecklinge vermehrt werden. ♃ ⌓ ⁞ 🅃 ○ ◬-▲

Phalaris arundinacea 'Dwarfs Garters', ▷ Panaschiertes Zwergglanzgras, Gramineae (Poaceae), Gräser. Zirkumpolar vorkommendes Rispengras mit knäulig zusammengedrückten Ährchen. Die Art wird bis 2 m hoch und treibt verstärkt Ausläufer. Das Gras hat große Ähnlichkeit mit dem Schilf. Niemand wird jedoch auf den Gedanken kommen, Schilf oder auch das normale Rohrglanzgras in Steinanlagen zu setzen. Andererseits ist es durchaus denkbar, daß man die abgebildete Form 'Dwarfs Garters' ('Elegantissima') an exponierten Plätzen größerer, eher architektonischer Steingärten verwendet. Das Gras wird nur 30–35 cm hoch und sprengt keinesfalls die Proportionen. Die Art hat abwechselnd weiß und grün längsgestreifte Blattspreiten, wobei die eine Hälfte stärker grün, die andere stärker weiß gefärbt ist. Diese niedere und kompakte Form wuchert wesentlich weniger als die Art. ♃ ⟿ 🄷 ○ ◐ ● ▲

Phlox bifida 'Starbright', Kompakter ▷ Sandphlox. Das Vorkommen der eigentlichen Art ist bei der vorstehenden Sorte vermerkt. Die Sandphloxe haben die Eigenschaft schnell zu vergreisen und sehr sparrig zu wachsen. Bei der abgebildeten Sorte sind diese etwas negativen Eigenschaften weniger ausgeprägt. Sie bildet schöne kompakte Polster mit zahlreichen Blüten (kleiner als bei der vorstehenden Sorte). Der Gesamteindruck der Blüte ist fahl blau, durch den verstärkten Blauton im Innern und durch die eckige Blütenform wirken die Blüten wie Sterne. Die Blütezeit liegt wie bei den meisten anderen Polsterphloxen im April-Mai. Sonnige Plätze sind Voraussetzung für gutes Gedeihen, ebenfalls ein gut durchlässiges Substrat. Besonders schön ist die Sorte zwischen Trockenmauerfugen und auf Mauerkronen. Die Vermehrung erfolgt durch Stecklinge. ♃ ⌓ ⁞ 🅃 ○ ◬-▲

△

Phlox bifida 'Blue Form', Zweispaltiger Polsterphlox, Sandphlox, Polemoniaceae, Sperrkrautgewächse, Himmelsleitergewächse. In den USA von Michigan bis Kansas und Arkansas an felsigen Hängen und sandigen Hügeln. Bildet 10–20 cm hohe lockere, rasenartige Matten. Die Triebe sind niederliegend bis aufsteigend und rauh behaart. Die Blätter sind 3–6 cm lang und 0,2–0,4 cm breit, entfernt stehend, lineal bis lanzettlich oder schmal elliptisch, bewimpert, die oberen behaart. Der Blütenstand ist drüsenhaarig, lokker, meist 6–9blütig, selten bis 12blütig. Die Blüten duften und sind in der Natur lavendelfarben bis weiß. Schöne weißblühende Sorten sind 'Alba', 'Colvins White'. 'Starbright' formt kompaktere Matten und ist fahl blau. Attraktiv ist 'Blue Form', sie zeigt ein schönes kräftiges Blau, nicht so rotstichig wie auf dem Foto. Alle haben ziemlich tief eingeschnittene Kronblätter. ♃ ⌓ ⁞ ○ ◐ ◬-▲

◁ **Phlox borealis,** Nördlicher Phlox. Vorkommen in Kanada und in Alaska. Rasenbildende Staude mit nur 6–8 cm Höhe, aufstrebende Triebe. Die Blätter sind 8–15 mm lang und 1,5–2,5 cm breit, lineal, bewimpert, kahl. Der Blütenstand ist 1–3blütig, Blüten an 8–25 mm langen Stielchen, sie sind intensiv rosa, rund, 2 cm im Durchmesser. Die Blütezeit liegt im Mai-Juni. Insgesamt in Kultur nicht sehr schwierig. Das Substrat sollte gut durchlässig sein mit einem hohen mineralischen Anteil und möglichst kalkfrei. Paßt in Trockenmauerfugen und auf Mauerkronen, aber auch für flächige Pflanzungen geeignet. Schön zu niederen Schleifenblumen (*Iberis saxatile*), Blaukissen (*Aubrieta*-Sorten), Zwergiris, Teppichveronica (*Veronica prostrata*), Hornveilchen (*Viola cornuta*). *Phlox borealis* läßt sich leicht aus Stecklingen vermehren. Es gibt zusätzlich auch farblich etwas abweichende Typen. ♃ ⌓ ⁞ ⊟ 🅃 ○ ◐ △-▲

Phlox caespitosa, Rasenbildender Phlox, ▷ Polsterphlox. Wächst in mehreren Unterarten im Nordwesten der USA, in lockeren Fichtenwäldern und an Felsen. Dieser polsterbildende *Phlox* hat verzweigte, aufrecht oder ausgebreitet Triebe. Die Blätter sind 4–8 mm lang, seltener bis 12 mm, lineal und sich überlappend, steif, 3aderig, drüsenhaarig bis kahl, vorne zugespitzt, an den Rändern verdickt. Die einzelstehenden, kopfständigen Blüten haben einen Durchmesser von 1–1,5 cm, sind weiß, fahlblau oder zartrosa. Bei der letztgenannten Sorte ist das Auge immer verstärkt rot. Wenn auch in Steingärten überwiegend Sorten des Polsterphloxes verwendet werden und nicht Arten, gibt es doch viele Sammler, die sich auch mit diesen reizenden Pflanzen aus der Natur beschäftigen, wenn es auch oft schwieriger ist, diese zu bekommen. Das Foto zeigt eine Pflanze vom Naturstandort in Idaho. ♃ ⌓ ⁞ 🅃 ○ ◐ △-▲ 🄽

Phlox douglasii, Douglas Phlox. Wächst in den USA von NW-Montana bis O-Washington und NO-Oregon. Die Pflanze stößt dabei auch auf kanadisches Gebiet vor, wie das Foto aus den Snow Mountains im Süden von Britisch Kolumbien zeigt. Die Pflanze ist sehr wichtig, da sie an vielen Polsterphlox-Hybriden beteiligt ist. Am Naturstandort wächst sie meist auf Kalkuntergrund im Gegensatz zu der ähnlichen *P. caespitosa*. Die Staude wird bis 20 cm hoch, sie bildet in Kultur mehr lockere, drüsenhaarige Polster. Die Blätter sind 1–1,2 cm lang und 1–1,5 mm breit. Sie sind steif, pfriemlich bis lineal-pfriemlich, spitznadelig und dunkelgrün. Der Blütenstand ist 1–3blütig an 1–6 mm langen Stielchen, die Blütenfarbe ist weiß, rosa oder bläulich. Die ganze Farbpalette findet sich schon nebeneinander am Naturstandort, wo die Pflanzen auf Gesteinsschutt auch besonders kompakt wachsen. ♃ ⌓ ⁞ ⊞ 🅃 ○ ◐ △-▲ 🄽
▽

◁ **Phlox diffusa,** Zerstreuter Phlox. Verbreitet in den USA, von Washington und S-Dakota bis Kalifornien und Utah. Diese Art kann sowohl lockere als auch dichte Matten bilden, sie kann schon als etwas halbstrauchig bezeichnet werden, Höhe zwischen 10 und 30 cm. Die verzweigten Triebe sind ausgebreitet bis aufsteigend mit kräftiger Basis. Die Blätter sind 1–1,5 cm lang, lineal-pfriemlich, gelbgrün, filzig bis fast kahl, etwas stechend. Die Blüten stehen normalerweise einzeln. Sie sind kopfständig an kurzen, beblätterten Zweigen, die Blütenstielchen sind sehr kurz. Die Blüten haben einen Durchmesser von etwa 1,2 cm, sie sind weiß, lila oder rosa gefärbt, im Zentrum meist heller, die Röhre ist 9–13 mm lang und die Lappen 6–7 mm, schmal bis breit verkehrt-eiförmig. Ebenfalls eine echte Art, die manchmal im Angebot ist, besonders in englischen Gärtnereien. Nicht sehr schwierig. ♃ ⌓ ⁞ 🅃 ○ ◐ △-▲

◁ **Phlox douglasii 'Violett Queen',** Polsterphlox-Hybride 'Violett Queen'. Wie erwähnt ist die vorstehende Art an zahlreichen Gartensorten des Polsterphloxes beteiligt. Kreuzungspartner waren dabei Sorten von *P. subulata*, aber auch andere Arten wie beispielsweise *P. caespitosa* waren beteiligt. Die als Douglasii-Sorten bezeichneten Sorten lassen sich dabei nicht immer klar gegen die Subulata-Sorten abgrenzen, was gärtnerisch auch nicht weiter wichtig ist. Die abgebildete Sorte 'Violett Queen' ist sehr kompakt, kann aber manchmal etwas chlorotisch werden. Sie zeigt ein schönes Violett, was durch den Farbfilm stark verfälscht wird. Andere schöne Sorten sind 'Apollo' (kräftig violettrosa), 'Boothmanns Variety' (violettrosa mit dunklerem Auge), 'Crackerjack' (leuchtend karminrot, dichte Polster, reich blühend), 'Georg Arends' (violettrosa mit dunklerem Auge), 'Iceberg' (weiß). ♃ ⌓ ⁞ T ○ ◐ △-▲

△

Phlox pilosa ssp. fulgida 'Moody Blue', ▷ Präriephlox 'Moody Blue'. Die Art selbst ist in den östlichen USA weit verbreitet. Sie wird ziemlich hoch, 40 cm und mehr und unterscheidet sich gegenüber *P. divaricata* durch das Fehlen der niederliegenden, halbimmergrünen, sterilen Triebe und ihre lineale oder lanzettliche Blattform. Von dieser Art gibt es wiederum einige Unterarten, darunter auch *P. pilosa* ssp. *fulgida*, die sich durch einen etwas weißbehaarten Blütenstand auszeichnet und die in Minnesota und N-Dakota vorkommt. Aus diesem Phlox kommt ein weiterer schöner Farbtyp mit bläulichen Blüten (blauer als auf dem Foto) und einem auffallenden roten Auge. Diese Pflanze ist fälschlich in Gärtnereien unter dem Namen 'Chatahoochee' verbreitet, einem Namen, der einem anderen *Phlox* zusteht. Man sollte diesen etwa 20 cm hoch werdenden *Phlox* richtig benennen: 'Moody Blue'. ♃ ⌓ ⁞ H ○ △-▲

Phlox multiflora, Vielblütiger Phlox. Wächst in den USA von Colorado bis Montana. Polsterbildende Staude mit niederliegendem Wuchs, insgesamt 8–15 cm hoch. Die Blätter sind 1,5–2,5 cm lang und 1,5–2 mm breit, lineal und normalerweise kahl. Der Blütenstand ist 1–3blütig, sparsam behaart oder drüsig. Der Kelch ist 9–13 mm lang und seine Lappen sind lineal-pfriemlich und spitz. Die Blüten haben einen Durchmesser von 1–1,6 cm, sie sind weiß oder lila bis rosa, ihre Lappen sind verkehrt-eiförmig. Von dieser Art gibt es zwei Unterarten, die ebenfalls in Kultur sind, *P. multiflora* ssp. *multiflora* und *P. multiflora* ssp. *patula*. Augenfälligster Unterschied ist die Anzahl der Blüten. Die erstgenannte Unterart hat einzelstehende, bei der anderen stehen sie zu 1–3. Es sind ebenfalls hübsche Pflanzen für den Sammler, der botanisch weniger interessierte Laie zieht Polsterphlox-Sorten vor. ♃ ⌓ ⁞ T ○ ◐ △-▲

Phlox × procumbens (*Phlox amoena* ▷ hort.), Anmutiger Phlox. Diese alte, schon zu Beginn des 19. Jahrhunderts beschriebene Hybride, die aus einer Kreuzung von *P. stolonifera* mit *P. subulata* hervorgegangen ist, geisterte lange Zeit fälschlich als *P. amoena* durch die Literatur und die Pflanzenlisten. Büschelige, ausgebreitete Staude mit aufrechten Trieben, wobei die sterilen Sprosse dem Boden bogig anliegen und manchmal wurzeln. Die Pflanze wird 15–25 cm hoch. Die Blätter sind bis 2,5 cm lang und bis 0,5 cm breit, sie sind schmal-lanzettlich, verkehrt-lanzettlich bis elliptisch und behaart. Der Blütenstand ist locker bis dichtdoldig und die Blüten zeigen ein schönes Magentarot. Von der Art gibt es auch Variegata-Typen und einige Sorten, wie 'Rosea' (mit rosa Blüten), 'Millstream' (dunkelrosa mit weißem Ring und rotem Stern). Zeigt im Herbst oft eine schöne Nachblüte. ♃ ⌓ ⊟ T ○ ◐ △-▲

◁ **Phlox stolonifera,** Kriechender Phlox. Wächst in den USA von Pennsylvanien bis Ohio und südlich bis Colorado und Georgia. Ein etwa 15–25 cm hoch werdender *Phlox*, der durch Ausläufer schnell große Teppiche und Matten bildet. Die immergrünen Blätter an den sterilen Trieben sind bis 4,5 cm lang und bis 1,8 cm breit, sie besitzen einen langen, grob bewimperten Stiel. Sie sind verkehrt-eirund, seltener verkehrt-lanzettlich. Die Blätter an den fertilen Trieben sind kleiner, etwa 2 × 2 cm, rundlich und aufsitzend. Die Blüten stehen an 0,5–3 cm langen Stielchen und bilden endständige Doldentrauben. Die Blütenfarben umfassen weiß, heliotrop, hellrosa, rosa und mauve-blau. Dieser *Phlox* ist kein Sonnenphlox, sondern liebt halbschattige Plätze. Die Vermehrung ist einfach, es sind bei kräftigen Pflanzen immer genug Ausläuferstecklinge vorhanden. Saueres Substrat! ♃ ⌇ ⌓ ⊟ ◐ ⊖ △-▲

Phlox subulata ssp. brittonii (*Phlox brittonii*), Brittons Phlox. Wächst in den USA, in Virginia und N-Carolina. Bildet Matten aus Girlanden von dichtbeblätterten, immergrünen Trieben, aus denen die 4–6, manchmal auch bis 10 cm hohen Blütentriebe mit meist 5 Stengelknoten aufsteigen. Die Blüten sind meist kleiner als bei *P. subulata* ssp. *subulata*. Sie sind weiß bis lavendelfarben, oft gepaart mit einem violetten, ringförmigen Streifen. Die Blütenröhre ist 10–13 mm lang. Die Aufnahme stammt vom Naturstandort und zeigt diesen *Phlox* zusammen mit dem dort wild wachsenden Feigenkaktus *Opuntia compressa*, was auch ein Hinweis auf einen mehr trockenen, sonnigen Standort gibt. Die Blütezeit dieses niedrigen, kleinblütigen Phloxes weicht nicht stark von dem der anderen Arten ab und liegt im Mai-Juni. Stecklingsvermehrung, da hier keine Samen ausgebildet werden. ♃ ⌓ ⁞ ○ △-▲ N
▽

Phlox subulata ssp. subulata, Moosphlox, Bergphlox. ▷ Diese Art formt dichte Matten und Polster, oft bis 50 cm und mehr breit. In den USA von New York bis Maryland und Michigan, dort an mehr trockenen, felsigen und sandigen Hängen, auch im lichten Schatten von Gebüschen. Es gibt von dieser Art mehrere Unterarten. Die Blätter sind 6–20 mm lang und 1–1,5 mm breit, lineal bis elliptisch, zur Basis hin bewimpert, vorne gespitzt. Bei der abgebildeten Unterart ragen die Staubbeutel aus der Röhre heraus, die Narben erreichen die Höhe des Blütentellers. Liebt es eher sonnig zwischen Steinen. Die Blütenfarbe ist sehr variabel: Weiß, purpurn, lila, rosa, lavendelfarben, hellviolett. Auch bei dieser Art sind die natürlichen Typen schon sehr attraktiv, sie sind in Kultur aber selten zu finden. Es überwiegen die zahlreichen Kultursorten. Das Foto zeigt eine Aufnahme vom Naturstandort. ♃ ⌓ ⁞ T ○ ◐ △-▲ N

◁ **Phlox subulata 'Maischnee'** (in Großbritannien manchmal 'Snow Queen' oder 'May Snow'), Polsterphlox-Hybride. Von *P. subulata* gibt es zahlreiche Sorten, jede Staudengärtnerei führt ein Sortiment davon und selbst viele Marktgärtner mit gemischtem Programm haben einige dieser wüchsigen Polsterphloxe. Meist sind es rosa und rosarote Sorten, seltener bläulich oder weiß blühende. Eine sehr großblütige ist *P. subulata* 'Maischnee', von der das Foto eine Jungpflanze zeigt. Die Einordnung in der Pflanzung ist bei weißen Blütenfarben besonders einfach, so kann 'Maischnee', ebenso wie die weißblühenden Schleifenblumen, zur Verbindung anderer, farblich etwas auffälliger Polsterpflanzen dienen, die es zur Blütezeit im Mai in großer Anzahl gibt. Alle bevorzugen einen normalen, etwas sandigen Gartenboden. Die Sorten werden problemlos durch Stecklinge vermehrt. ♃ ⌓ ⁞ T ○ △-▲

◁ **Phlox subulata 'Millstream Coral Eye',** Polsterphlox-Hybride. In den letzten Jahrzehnten hat sich das Polsterphlox-Sortiment laufend erweitert und nicht nur neue Farbnuancen sind hinzugekommen, sondern auch Sorten mit einem andersfarbigen Zentrum. Eine besonders auffällige Züchtung neueren Datums ist 'Millstream Coral Eye', von der das Foto einen Trieb zeigt. Die Grundfarbe der Blüte ist ein sehr blasses Rosa, zu dem der kräftig rote Innenring gut kontrastiert. Dazu kommen im Zentrum die gelben Staubgefäße, so daß zusammen wirklich der Eindruck eines korallenroten Auges entsteht. Eine Sorte, die sicher in Zukunft ihren Weg machen wird. Andere Sorten mit auffallendem Auge sind 'Apple Blossom' (fahl lila mit dunklerem Auge), 'Greencourt Purple' (mauve mit dunklerem Auge), 'Maiden Blush' (rosa mit rotem Auge), 'Red Wings' (karminrot mit dunklem Zentrum. ♃ ⌓ ⁞ 🆃 ○ △-▲

Phlox subulata 'Schieferblau' (sicher ▷ identisch mit 'G.F.Wilson'), Polsterphlox-Hybride. Dieser schieferblau blühende Polsterphlox mit etwas Perlglanz kann etwas höher werden, etwa bis 15 cm. Die Sorte ist mittelgroß blühend und der Polsterdurchmesser kann die meisten anderen Sorten übertreffen. Ein »Allerweltsphlox« der durch seine Wüchsigkeit und Anspruchslosigkeit nicht seinem Wert entsprechend geschätzt wird. Solche Typen können ein Jahrzehnt und mehr am gleichen Platz verbleiben. Nimmt die Schönheit ab, wird die Pflanze aufgenommen und geteilt. Die Teilung ist so ergiebig, daß der Hobbygärtner kaum Stecklingsvermehrung machen muß. Man kann die Stücke sofort wieder pflanzen, was die Pflanze nicht übel nimmt. Besser ist jedoch, wenn man die Teilstücke erst in nahrhafte Erde in Töpfe setzt. Wenn die Pflanzen die Erde durchwurzelt haben, wird ausgepflanzt. ♃ ⌓ ⁞ ○ △-▲

△
Phlox subulata 'Scarlet Flame', Polsterphlox-Hybride. Gerade bei den leuchtenden Rottönen hat es in den beiden letzten Jahrzehnten Zuwachs gegeben. Das Foto gibt leider den Farbton nicht korrekt wieder. In Wirklichkeit ist es die Sorte des gesamten Sortiments, die den Rotfarbton mit dem geringsten Blauanteil besitzt. Nicht alle Sorten, die als *P. subulata* geführt werden, sind reine *P. subulata*-Typen. Sicher sind auch andere Arten beteiligt, so auch bei der reichblühenden 'Scarlet Flame'. Einige weitere Sorten des Polsterphloxes zeigen ebenfalls leuchtende, ja sogar schreiende Rottöne. Bei ihnen muß man etwas Fingerspitzengefühl walten lassen, da diese Polster in naturnahe gestaltete Steinanlagen zu auffällig sind. Ihre Verwendung beschränkt sich auf dekorative, architektonische Gestaltungen. Auch gut für Randbereiche in Trögen und Kübeln, wo die Sorten herabwachsen. ♃ ⌓ ⁞ 🆃 ○ △-▲

◁ **Phlox subulata 'Tamanoganei',** Polsterphlox-Hybride. Zum Schluß dieser Polsterphlox-Reihe eine »besonders bunte« Sorte. Auf jedem Blütenblatt, dessen Grundfarbe rosa ist, befindet sich an den beiden Seiten eine weiße Randzone, dazu kommt ein leuchtend rotes Auge im Innern. Damit bei solchen Sorten nicht durch eine größere Entfernung ein einfarbiger Eindruck entsteht, sollten diese möglichst in Betrachternähe gepflanzt werden. Schön sind solche Pflanzen auch in Trögen, Kübeln und sonstigen Mini-Steingärten. Bei der Pflanzung in größeren Gefäßen wird man einen Platz am Rande wählen, damit sich der *Phlox* über den Behälterrand herunterhängend entwickelt. Werden diese vertikalen Polster einmal zu groß oder unschön, schneidet man sie im Frühling kräftig zurück, was den Pflanzen nichts ausmacht, sie entwickeln sich dann im Gegenteil meist um so schöner. ♃ ⌓ ⁞ 🆃 ○ △-▲

◁ **Phuopsis stylosa** (*Crucianella stylosa*), Scheinwaldmeister, Rosenwaldmeister, Rubiaceae, Krappgewächse. Beheimatet im Kaukasus, dem Iran und im östlichen Kleinasien. Diese 15–20 cm, vereinzelt auch bis 30 cm hohe Staude bildet große Kissen. Die 10–30 cm langen, niederliegenden Stengel sind 4kantig, die ungestielten lanzettlichen Blätter stehen zu 6–9 in Quirlen. Der Blütenstand ist ballförmig und endständig. Die Blüten sind rosa und duftend, wobei die Griffel weit aus der Kronröhre herausragen. Es gibt davon einige farbintensivere Auslesen, wie 'Purpurea' (purpurrosa). Ähnlich ist 'Rubra' und eine sehr kräftige Farbe hat 'Purpurglut'. Diese durchaus attraktive Staude ist nichts für kleinere Anlagen, da sie an zusagenden Plätzen schnell große Flächen bedecken kann. In größeren Steinanlagen, an sonnigen Stellen und in trockenen Böden ist die Pflanze durchaus angebracht. ♃ ⁓ ⌓ ⁝ ○ ◬

Phyllitis scolopendrium (*Asplenium scolopendrium*), Hirschzungenfarn, Aspleniaceae, Streifenfarngewächse. Ein Weltenwanderer, der in vielen Gebieten der gemäßigten Zone der nördlichen Halbkugel verbreitet ist. Es ist ein winterharter, wintergrüner, bis 40 cm hoher und 4–8 cm breiter, ungefiedeter Farn, nur einige Formen sind leicht gelappt. Die Pflanze besitzt ein kurzes Rhizom. Mit seinen vielen Sorten ist dieser Farn mit den hellgrünen, lederigen Blättern einer der wichtigsten Gartenfarne. Die Hirschzunge fühlt sich wohl auf Kalk oder in Kalksteinfugen, wächst aber auch im neutralen Substrat und akzeptiert sogar leicht sauere Böden. Sie wächst noch an sonnigen Standorten, fühlt sich aber wohler in halbschattigen, schattigen und absonnigen Lagen. Zwischen und auf Tuffsteinen kommt es sogar zur Selbstaussaat, wobei sich schöne Formen finden können. ♃ ⁝ ⊞ ◐ ⊖ ● ○ △-◬ ▷

◁ **Physaria didymocarpa,** Kanada-Steinerich, Cruciferae (Brassicaceae), Kreuzblütler (Kohlgewächse). Vorkommen im westlichen Kanada und den USA. Eine montane bis alpine Art, die in trockenen, offenen und sonnigen Lagen zwischen Fels und Gesteinsschutt wächst. Die Pflanze wird bis 10 cm hoch und macht kleine Polster. Die zahlreichen rosettigen Blätter sind 1,5–4 cm lang und 8–16 mm breit, verkehrt-eirund, am Rand gekerbt oder gesägt, manchmal auch ganzrandig, lang gestielt. Die Stengelblättchen sind 10–20 mm lang und 4–8 mm breit und ganzrandig. Die zahlreichen Blütenstengel sind ziemlich ausgebreitet. Die Blüten stehen traubig nach oben gedrängt. Die Kronblättchen sind 10–12 mm lang und von gelber Farbe. Eine durchaus hübsche Pflanze, die auch tiefere Minustemperaturen verträgt, nicht aber im Zusammenhang mit Winternässe. Gute Dränage ist wichtig. ♃ ⌓ ⁝ ○ ◬-△ 🄽

△ **Phyllitis scolopendrium 'Angustifolius',** Schmalblätteriger Hirschzungenfarn. Bei dieser Sorte sind die Wedel bis 50 cm lang, meist aber wesentlich kürzer bei einer Breite von nur 3–4 cm. Der Rand ist dabei fein gewellt. Da die Sorten bei Aussaat meist nicht treu fallen, empfiehlt es sich, solche schöne Formen durch Blattstiel-Stecklinge zu vermehren. Weitere bekannte Formen, die gut in den Steingarten passen sind 'Undulata' (stark gewellt), 'Marginata' (Doppelrand-Hirschzungenfarn), 'Capitata' (Troddel-Hirschzungenfarn, 30 cm lang mit einer Kammbildung an der Spitze), 'Crispa' (Krauser Hirschzungenfarn, sehr stark und elegant gewellt), 'Ramosa' (Zwillings-Hirschzungenfarn, die Wedel teilen sich bereits am Stiel und bilden dann zwei Spreiten). Dies ist nur eine kleine Auswahl, ein englischer Sammler soll einmal über 100 Formen zusammengetragen haben. ♃ ⁝ ⊞ ◐ ⊖ ● ○ △-◬

◁ **Physoplexis comosa** (*Phyteuma comosum*), Dolomiten-Teufelskralle, Campanulaceae, Glockenblumengewächse. Wächst in den südlichen Kalkalpen gerne in Felsspalten. Die gesuchte und beliebte, nicht immer einfache Steingartenpflanze wird 10–15 cm hoch und ist wechselständig beblättert, kahl. Die unteren Blätter sind eirund bis herzförmig und lang gestielt, die oberen dagegen sind lanzettlich-zugespitzt, die Stengel führen einen Milchsaft. Die Blüten stehen in kopfigen Blütenständen, die kurz gestielt oder aufsitzend sind. Diese sind flaschenförmig bis röhrig und an der Basis aufgeblasen. Die Farbe ist unten hell-lila und oben schwärzlich. Selten zu finden sind weiße oder rötlichviolette Varianten. Blütezeit Mai–Juni. Beste Möglichkeit zur Ansiedlung bieten kleine Sämlinge, die man in nördlich oder östlich ausgerichtete Steinfugen pflanzt. Vorsicht vor Nacktschnekken. ♃ ⁝ ⊞ ◐ ⊖ ⚠-△

△
Picea abies 'Arocona Busch', Zwerg-Zapfenfichte, Pinaceae, Kieferngewächse. Die Art ist in N-, M- und SO-Europa heimisch. Die Form 'Arocona' ist ein beliebtes Nadelgehölz, das durch den langsamen Wuchs und seine dekorative Form besticht. Der Stamm ist selten direkt durchgehend, die Äste sind ansteigend und die Zweige bogig überhängend. Insgesamt breit kegelförmig und bizarr wachsend. An den Triebspitzen bilden sich monströse rotbraune Zapfen, bis 10 cm lang, die sich oft schon an jungen Pflanzen ausbilden. Die Nadeln sind dunkelgrün und 10–20 mm lang. Angaben über die Höhe sind schwierig. 4 m nach langer Standzeit liegen im Bereich des Möglichen. Die Sorte kann in großen Anlagen durchaus für Hintergrundpflanzungen dienen. Wichtiger ist jedoch der abgebildete Hexenbesen dieser Pflanze, 'Arocona Busch', bei dem alle Teile in der Größe reduziert sind. ♄ ⯑ H ○ ◐ ⊖ △-▲

△
Picea abies 'Capitata', Kopfförmige Zwergfichte. Von der in Europa heimischen Fichte gibt es enorm viele Zwergformen und die Sortenflut nimmt weiter zu. Sie alle entstehen durch sogenannte Hexenbesen, die im Größenwachstum stark reduzierten Zweigspitzen. Werden diese vegetativ vermehrt, bleibt die zwergige Form erhalten, wobei aber die Hexenbesen untereinander sehr vielfältig sein können. 'Capitata' ist ein mehr oder weniger kugelförmiger Busch. Das Bild zeigt die Pflanze in einem Steintrog. Das Größenwachstum ist abhängig von dem jeweiligen Hexenbesen, also von der Sorte und auch vom Pflanzplatz. In Trögen und Schalen steht den Zwergnadelgehölzen wenig Wurzelraum zur Verfügung, es wird gewissermaßen ein »Bonsai-Effekt« erzielt. Es soll nicht verschwiegen werden, daß es unter dem Namen 'Capitata' im Handel unterschiedliche Formen gibt. ♄ ⯑ H T ○ ◐ ⊖ △-▲

◁ **Picea abies 'Mariae Orffiae'** (*Picea abies* 'Mariae Orffi'), Mini-Zwergfichte. Die Pflanze ist deshalb wichtig, da sie wohl die kleinste und langsamwüchsigste aller Zwergfichten ist. Es ist ein gedrungener, kugeliger Typ, dessen Zweige dicht gedrängt und weit abstehend, gelbweiß gefärbt, sehr dünn und klein sind. Der jährliche Zuwachs beträgt 5–10 mm. Die Nadeln selbst sind hell gelbgrün, steif und dick und 4–8 mm lang. Mit dieser Form steht eine Fichte zur Verfügung, die auch noch für kleinste Pflanzplätze geeignet ist. Der Pflanzende wird sicher nicht erleben, daß diese den Rahmen sprengt. Das Bild zeigt eine noch nicht sehr alte Pflanze beim Austrieb im Frühling. Obwohl die Zwergfichten ziemlich anspruchslos an den Boden sind, empfiehlt es sich doch, den Pflanzplatz durch Zugabe von Rindenhumus, Kompost, Walderde und Torf etwas herzurichten. ♄ ⯑ T ○ ◐ ⊖ ⚠-△

◁ **Picea abies 'Pygmaea',** Gnomenfichte. Eine alte, schon lange in Kultur befindliche Zwergform der Fichte. Diese ist ebenfalls sehr schwach wachsend, man steht aber nach vielen Jahren einer Pflanze von 1 m gegenüber. Es ist also eine Pflanze für Steinanlagen normaler Größe und für größere Steingärten. Sie wächst stumpf-kegelig, sehr dicht und gestaucht. Die Zweige sind hell- bis graugelb, glänzend, dick, aber noch biegsam. Die Nadeln sind nur an stärkeren Trieben radial, sehr dicht stehend und frischgrün. Der jährliche Zuwachs beträgt 10–30 mm. Wie erwähnt, gibt es ein großes Sortiment an Zwergformen, die sich für Steinanlagen eignen. Man sollte sich bei der Auswahl immer etwas hinsichtlich der zukünftigen Größe orientieren. Da eine exakte Endgröße kaum angegeben werden kann, sollte man beim Verkaufspersonal nach der Höhe in etwa 10 Jahren fragen. ♄ ⇧ ▣ ○ ◐ ⊖ △-▲

△

Picea omorika 'Nana', Zwerg-Serbenfichte. Das Vorkommen der Art beschränkt sich auf ein kleines Gebiet am Oberlauf der Drina und in den Viogora-Bergen. Sie ist mit ihrem schlanken Wuchs wohl eines der meist gepflanzten Nadelgehölze in zentraleuropäischen Gärten. Von ihr gibt es auch einige Zwergformen, die sich zwar nicht für kleine, aber für größere Steinanlagen eignen. Bekannt ist 'Nana', die sehr breit und kegelförmig wächst, fast völlig in sich geschlossen. (Das Bild zeigt eine junge Pflanze.) *P. omorika* 'Nana' ist nach 10–15 Jahren kaum höher als 60 cm, nach weiterer, längerer Entwicklung erreicht sie aber eine Größe von 3 m. Deshalb bleibt sie eine Pflanze für den Hintergrund oder für einen exponierten Platz. Die mehr oder weniger radial und locker gestellten Nadeln sind gedreht und zeigen dadurch auch ihre bläulich-silberige Unterseite. Vorsicht vor Staunässe. ♄ ⇧ ▣ ○ ◐ ▲

Pieris japonica 'Compacta', Japanische Buschgränke, Ericaceae, Heidekrautgewächse. Heimat ist Japan. Die Art ist langsamwüchsig, kann aber im Alter doch hin und wieder den Rahmen sprengen. Deshalb sollte man in Steinanlagen die etwas kleinen Formen pflanzen. Alle haben einen lockerbuschigen Wuchs, die Blätter sind verkehrtlanzettlich, glänzend und grün. Sie sitzen an den Triebenden dichter und schirmartig gehäuft. Bei der Sorte 'Compacta', die ungefähr 1 m hoch wird, gibt es zwei unterschiedliche Typen, eine mit grünem und eine mit rötlichem Austrieb (Foto!), der letztgenannte Typ läuft auch als 'Compacta Crimsa'. Die Blüten stehen überhängend in weißen Rispen. Sie öffnen sich in milden Lagen oft schon im Februar und blühen dann bis in den Mai. Austrieb und Blüte sind oft spätfrostgefährdet. Geschätzt wird ein sandig-humoser und kalkfreier Boden. ♄ ♀ ⊟ ▣ ◐ ⊖ ○ △-▲ ▷

Pieris japonica 'White Pearl', Japanische Buschgränke. Es gibt zahlreiche Sorten, die besonders attraktiv und reichblühend sind. Eine neuere Sorte ist 'White Pearl', sie ist schon als kleine Pflanze sehr attraktiv und überreich blühend. Über die Endgröße kann noch keine Aussage gemacht werden, doch dürfte durch den allgemein bei *P. japonica* vorhandenen langsamen Wuchs auch diese Sorte gut für mittelgroße und große Steinanlagen geeignet sein, zumindest in Hintergrundsituationen. Schön sind die Pflanzen zwischen Zwergrhododendren; die Ansprüche beider Gattungen an Boden und Lage dürften ziemlich gleich sein. Auch diese *Pieris*-Sorte liebt einen durchlässigen, mildfeuchten, humosen Boden, der kalkfrei sein muß. Freie Lagen werden durchaus vertragen, besser sind jedoch leicht beschattete Plätze oder nach Norden oder Osten geneigte Hänge in Steinanlagen. ♄ ⊟ ▣ ◐ ○ ⊖ △-▲ ▷

◁ **Pimelea prostrata,** Niederliegender Glanzstrauch, Thymelaeaceae, Purgierstrauchgewächse. Beheimatet ist diese, oft als kleinstes Gehölz der Erde bezeichnete Pflanze, in Neuseeland. Die Äste dieser Pflanzen wachsen weit ausgebreitet oder können auch von eher lockerer Gestalt sein. Die Triebe sind anliegend seidig behaart. Die Blätter sind gegenständig, in Reihen zu 4 gehäuft sitzend oder fast sitzend, 2–12 mm lang, eirund bis elliptisch-länglich, oft zurückgekrümmt, kahl, dunkelgrün, oberseits häufig mit rötlichem Rand, insgesamt etwas lederig. Die kleinen Blüten mit 3–6 mm Durchmesser sind duftend, weiß, in kleinen zurückgebogenen Köpfen. Diese Neuseeländerin ist keine auffallende Pflanze, ruft bei dem Hinweis, daß es sich um ein Gehölz handelt, bei Besuchern immer Erstaunen hervor. Schon um dieser kleinen Attraktion willen sollte man sie versuchen. ħ ⁓ ⌓ ⊟ ⌃ ○ ◐ ◬-△

Pinus cembra, Zirbelkiefer, Arve. In M- und O-Europa, besonders an Gebirgsnordseiten. Diese Art kann im Flachland zwar auch 5 m Höhe erreichen (am Naturstandort bis 25 m), ist aber sehr langsam wachsend. Erreicht nach 10–15 Jahren selten mehr als 1–2 m. Diese Tatsache und die, daß es sich um eine sehr dekorative, ja bizarre Art handelt, sind Voraussetzung für die Verwendung in größeren Steinanlagen. Liebt freien Stand und höhere Luftfeuchtigkeit. Die Äste wachsen zuerst betont aufrecht, später eher waagrecht bis geneigt. Die Wuchsform im Flachland ist schmal und spitz-kegelförmig. Die Nadeln sind blaugrün, bis 10 cm lang, weich. Sie sind am Zweigende pinselförmig vereinigt und halten 3–5 Jahre. An den Boden und die Bodenreaktion werden keine großen Ansprüche gestellt, er sollte sandig-kiesig bis feuchtfrisch sein. 'Glauca Compacta' ist eine gedrungene Form. ħ ⇧ ⊞ ○ ◐ ◬ ▽

Pinus aristata, Grannenkiefer, Fuchsschwanzkiefer, Pinaceae, Kieferngewächse. ▷ Wächst in Gebirgen von Colorado und Arizona in Höhen bis 3000 m im Regenschatten der Sierra Nevada. Obwohl am Naturstandort ein höherer Baum, empfiehlt sich die Grannenkiefer auch für größere Steingärten. Bei uns meist als Veredelung verkauft. Sie wird dann in 10–15 Jahren 20–30 cm hoch. Diese Kiefer hat quirlständige, fuchsschwanzartige Zweige mit sehr dichtgedrängten, dunkelgrünen Nadeln, die zu fünft stehen. Sie sind sehr dauerhaft (angeblich bis 30 Jahre), 2–4 cm lang und sind unregelmäßig mit weißen Harzflocken besetzt, ein typisches Zeichen der Art, von Laien oft als Wolläuse angesehen. Die Pflanze benötigt einen warmen, trockenen Standort. Lufttrockenheit wird feuchter Luft vorgezogen. Diese Kiefer ist absolut winterhart. Kann an exponierten Plätzen im Steingarten sehr dekorativ sein. ħ ⇧ ⊞ ○ ◬

◁ **Pinus contorta 'Frisian Gold',** Zwerg-Drehkiefer. Die Art wächst im pazifischen N-Amerika in Wäldern meist an N- und O-Hängen. Von ihr stammt 'Frisian Gold', die als Mutation an der Art gefunden wurde. Während bei der Art der Stamm durchgehend ist und hin und wieder zur Gabelung mit einer schmal kegelförmigen Krone neigt, baut sich 'Frisian Gold' wesentlich anders auf. Sie wächst mit ausgebreiteten Ästen und aufstrebenden Triebspitzen und wird deutlich breiter als hoch. Bei der Art sind die Nadeln frischgrün, bis 5 cm lang, gedreht, zu zweit stehend und 5 Jahre haftend. Diese Angaben gelten allgemein auch für 'Frisian Gold', doch sind die Nadeln, besonders bei neuen Trieben, gelb bis gelbgrün. Über das endgültige Höhenwachstum der erst 1962 gefundenen Form läßt sich noch keine Aussage machen, doch gehört sie sicher auch in größere Steinanlagen. ħ ⇧ ⊞ ○ ◐ ◬

Pinus mugo 'Minimops', Miniatur-Bergkiefer, Mini-Latsche. Die Art, Bergkiefer, Latsche, Legföhre oder Krummholzkiefer genannt, wächst in den Gebirgen von M-Europa, besonders im Alpenvorland und den O-Alpen. Es gibt zahlreiche gärtnerische Formen davon, wie 'Brevifolia', 'Frisia', 'Gnom', 'Hesse', 'Humpy', 'Jeddeloh', 'Knapenburg', 'Kobold', 'Laurin', 'Ophir', 'Rigi', um nur einige zu erwähnen. Ihre Wuchsform und der jährliche Zuwachs sind sehr unterschiedlich, man muß sich deshalb beim Kauf erkundigen. Eine weitere Sorte ist 'Mops', eine Zwergkiefer, die flachkugelig wächst und Kissen bildet. Der Wuchs ist sehr dicht, in 10–15 Jahren wird die Pflanze 30–40 cm hoch und 50–60 cm breit. Die Nadeln stehen sehr dicht, sie sind stechend und starr. Noch viel kleiner ist nun die neuere Sorte 'Minimops', eine Miniaturform von 'Mops', ideal für Steingärten jeglicher Größe. ♄ ⯭ 🅃 ○ △-▲ ▷

△ **Pinus leucodermis 'Schmidtii',** Zwerg-Schlangenhautkiefer, Sarajewo-Kiefer. Wächst auf dem Balkan, meist in Bergwäldern auf Kalkschotter. Während die vorstehenden Kiefern für kleine Steinanlagen zu groß werden, gehört *P. leucodermis* 'Schmidtii' zu den sehr langsam wachsenden Kiefern. Sie kann selbst in Trögen und Schalen Verwendung finden. Sie wurde im Jahre 1926 in den bosnischen Bergen nahe Sarajewo gefunden. Die einzige aus den mitgebrachten Veredelungsreisern gezogene Pflanze kam in den Park des nahe bei Prag gelegenen Botanischen Gartens Pruhonice, wo die Pflanze heute noch steht und nach mehr als 60 Jahren immer noch nicht höher als 50–60 cm ist; allerdings wurden von ihr öfter Veredelungsreiser abgenommen. Junge Pflanzen haben einen rundlichen Wuchs und die Zweige und Nadeln stehen sehr dicht. Wertvolle Sorte für den Steingarten! ♄ ⯭ ⊞ 🅃 ○ ▲-△

◁ **Pinus strobus 'Krügers Liliput',** Blaue Zwergweymouthkiefer, Zwerg-Seidenkiefer. Die Weymouthkiefer ist in N-Amerika von Kanada bis zu den Allegheny Mountains verbreitet, vorwiegend in Ebenen und feuchteren Böden, aber auch auf trockenem Kies und Geröll. Die abgebildete Zwergform wächst dicht, gedrungen, kegelförmig oder flachkugelig, wobei die Zweigspitzen steif herausragen. Die Pflanze erreicht nach 10–15 Jahren eine Höhe von 50–60 cm. Die Nadeln sind blaugrün, 6–7 cm lang, an den Triebenden gehäuft, insgesamt dicht benadelt und aufwärts gerichtet. Die Nadeln haften 2–3 Jahre. Die Pflanze liebt durchlässige, feuchte bis frische Sand- oder Lehmböden. Ideale Bodenreaktion ist sauer bis neutral, die Pflanze akzeptiert aber auch noch Kalkböden. Gegen Hitze und Trockenheit, Industrieluft und innerstädtisches Klima ist die Pflanze aber empfindlich. ♄ ⯭ 🄷 △-▲

△ **Pinus mugo ssp. pumilio,** Zwerglatsche, Kniekiefer. Wächst in Gebirgen von M-Europa, von Italien und dem Balkan. Diese Zwergkiefer wächst kissenförmig-niederliegend, teils ganz flach über den Boden kriechend. Die Zweige sind kurz, unterschiedlich lang und sehr dicht. Die Pflanze erreicht nach 10–15 Jahren eine Höhe von 50–60 cm bei einer Breite von 80–100 cm. Selbst im Alter wird diese beliebte Konifere selten über 80 cm hoch, kann aber dann ziemlich in die Breite gehen. Die Nadeln sind kräftig dunkelgrün, 2–4 cm lang, sie sind zweinadelig und stehen sehr dicht, sie sind kürzer als bei *P. mugo* ssp. *mugo* und nach oben gerichtet. Es ist eine ziemlich unempfindliche Zwergkonifere, die humose und auch mineralische Böden verträgt, feucht bis mäßig trocken, schwach sauer bis schwach alkalisch, auch Kalk ertragend; ebenso im innerstädtischen Klima gartenfreundlich. ♄ ⯭ 🄷 ○ △-▲

◁ **Platycodon grandiflorus 'Albus',** Weißblühende Ballonglocke, Campanulaceae, Glockenblumengewächse. Die Pflanze wächst in Japan, N-China, der Mandschurei und im Ussuri-Gebiet. Diese attraktive Staude unterscheidet sich von den Glockenblumen hauptsächlich durch die endständige, aufspringende, fünfklappige Kapsel und die vor dem Öffnen ballonartige Blütenknospe. Es ist ein mittelhohes, aufrechtes Glockenblumengewächs mit rübenartigen, fleischigen Wurzeln. Die Ballonglocke hat gegenständige oder quirlige Blätter, die meist graugrün getönt sind. Die ansehnlichen Blüten sind endständig blau, leicht rosa oder wie bei der abgebildeten Form weiß. Sie öffnen sich sternförmig. Sehr wichtig in Steinanlagen durch die sommerliche Blütezeit, wenn dort mehr Ruhe im Blütenreigen eingekehrt ist. Es gibt unterschiedliche Formen. Leichte Vermehrung durch Aussaat. ♃ ○ ◐ △-▲

△
Plagiorhegma dubium (*Jeffersonia dubia*), Herzblattschale, Berberidaceae, Sauerdorngewächse. Die Gattung besteht nur aus dieser einen Art, sie hat in der Mandschurei und N-China ihre natürliche Verbreitung. Es ist eine etwa 15 cm hohe Staude, mitunter auch bis 30 cm, mit rundlichen, fast nierenförmigen, zweigelappten, muschelförmigen Blättern, die dünn und metallisch schimmernd sind. Die lavendelblauen, schalenförmigen Blüten öffnen sich von April-Mai gleichzeitig mit dem Austrieb der Blätter. Die zwar nicht sehr lange blühende Staude ist es wert, öfter gepflanzt zu werden. Sie bevorzugt in Steinanlagen schattige bis halbschattige Plätze und ein möglichst neutrales bis schwach saueres, humoses Substrat. Andererseits toleriert die Pflanze auch bis zu einem gewissen Grad Kalk. Schön ist die Kombination mit Zwergrhododendron, beide haben gleiche Ansprüche. ♃ ⊟ ◐ ⊖ ● △-▲

◁ **Pleioblastus variegatus** (*Pleioblastus fortunei*), Zwergiger Weißstreifenbambus, Weißer Teppichbambus, Gramineae (Poaceae), Gräser. Hinsichtlich der Nomenklatur richten wir uns hier nach neuerer englischer Literatur. Trotz des botanischen Namens ist dieser Zwergbambus nur aus Kultur bekannt. Das Blatt kann bis 15 cm lang werden und ist 1,4 cm breit, es ist beidseitig behaart, kräftig und unregelmäßig weißbunt gestreift. Bei guter Pflege wird die Pflanze bis 40 cm hoch, bleibt meist jedoch niedriger. Dieser Bambuszwerg ist verhältnismäßig hart (bis -23° C). In Steinanlagen bekommt die Pflanze einen etwas humosen Boden im Halbschatten, sie verträgt aber auch Vollschatten. Wuchernder Bambus ist der Schrecken vieler Steingartenbesitzer. *P. variegatus* wuchert zwar auch etwas, die Aktivitäten in dieser Hinsicht halten sich aber in Grenzen. Auch Alpinenhauspflege ist möglich. ♃ ⋯ ◐ ⊖ ● △-▲

△
Platycodon grandiflorus 'Hakone', Doppelsternige Ballonglocke. Von der Ballonglocke, obwohl es nur diese eine Art gibt, sind mit der Zeit doch eine ganze Anzahl von Sorten entstanden. 'Hakone' ist eine neuere Sorte mit doppeltem Kronblattkranz. Sämlinge sind wie die Art beschaffen. Ältere, ähnliche Typen, die als 'Semiduplex' oder 'Semiplenus' bezeichnet wurden, hatten unter den Aussaaten auch zahlreiche einfach blühende Pflanzen. Es gibt auch Sorten unterschiedlicher Höhe. So wird 'Apoyama', benannt nach einem Berg der japanischen N-Insel Hokkaido, nur 15-20 cm hoch und neuerdings bietet der Samenfachhandel weitere ähnliche Zwerge an. 'Mariesii' ist die bekannteste Sorte. Sie hat hellblaue Blüten und wächst gegenüber der Art auch gedrungener, Höhe etwa 40 cm. Gleichermaßen gibt es unterschiedlich farbige Blüten, wobei 'Perlmutterschale' rosa Blüten hat. ♃ ○ ⊖ ◐ △-▲

◁ **Pleione limprichtii,** Tibetorchidee, Orchidaceae, Orchideen. Wunderschöne, willig wachsende Erdorchideen, besonders für das Alpinenhaus. Sie sind im Himalaja, in China und auf Formosa zu Hause. Die abgebildete Art hält aber bei einigem Schutz auch mitteleuropäische Winter aus. Vielerorts wird angenommen, daß *P. limprichtii* und *P. bulbocodioides* identisch sind, was nicht der Fall ist: beide sind eigenständig. *P. limprichtii* treibt jedes Frühjahr nur ein Blatt. Die Pseudobulben sind konisch-oval und können bis zu 3 cm hoch werden. Sie tragen 2–3 kurzgestielte Blüten, die bis 7 cm breit sein können. Die Farbe ist rosaviolett mit länglichen spitzen Sepalen und Petalen und einer elliptischen, orangebraun gefleckten Lippe, die grob gefranst ist und deren Seiten röhrenförmig aufgebogen sind. Blütezeit April-Mai. Leichter Torfmullschutz und Schutz vor Nässe ab August. ♃ ◬ ⌒ ◐ ⊖ ○ ◬-△

△
Pleioblastus viridistriatus (*Pleioblastus viridistriata*), Gelbgrüner Schmuckbambus. Nur aus Kultur bekannt. Die Höhe wird mit 2 m angegeben, alle bisher gesehenen Exemplare waren jedoch wesentlich niedriger, oft nur mit Höhen von 50–60 cm. Trotzdem bleibt dieser dekorative Bambus der Verwendung in großen Steinanlagen vorbehalten und hier wieder aus stilistischen Gründen in mehr regelmäßig-architektonischen Anlagen und weniger in naturnahen Gestaltungen. Die Blätter werden bis 20 cm lang, bei einer Breite von 2,5 cm. Sie sind beidseitig samtig behaart, im Frühling gelb mit einigen grünen Streifen, im Laufe der Vegetationsperiode vergrünt dieser Farbton aber. Die Pflanze bevorzugt halbschattige Plätze, verträgt aber auch Vollschatten. Die Winterhärte ist sehr gut, bis −23 °C. Auch dieser Bambus treibt Ausläufer, man kann ihn in einem eingesenkten Kübel halten. ♃ ⇝ H ◐ ● ⊖ ◬

◁ **Polygala chamaebuxus 'Grandiflora',** Buchsblätteriges Kreuzblümchen, Zwergbuchs, Polygalaceae, Kreuzblumengewächse. Wächst von den östlichen Pyrenäen über die Alpen, den Jura, die mitteldeutschen Gebirge, den N-Apennin bis zur nördlichen Balkanhalbinsel. Dort auf trockenem Rasen und zwischen lichtem Gebüsch. Auf kalkhaltigen Böden bis 2400 m vorkommend. Kleiner Strauch, der 5–20 cm hoch wird, vereinzelt auch bis 40 cm, mit kriechenden oder aufrechten Zweigen. Die Blätter sind lederig, immergrün, linealisch bis eiförmig, am Rande umgerollt, kahl, stumpf mit kurzer aufgesetzter Spitze. Sie sind 15–30 mm lang und 5–10 mm breit und buchsähnlich. Die Blüten stehen einzeln oder paarweise in den Blattachseln, sie sind ziemlich groß, gelb oder weißlich, an der Spitze oft rot gefleckt. Die Südalpenform 'Grandiflora' hat rosarote Flügel. ♄ ⌓ ⁞ ○ ◐ ⊖ ◬-◬

△
Podophyllum hexandrum 'Majus', Maiapfel, Fußblatt, Berberidaceae, Sauerdorngewächse. Heimat ist der Himalaja, wo sie in lichten Wäldern wächst. Diese Pflanze kann 50 cm und höher werden. Sie ist in erster Linie eine Staude für Halbschattenpflanzungen in Verbindung mit Gehölzen, es gibt aber durchaus Situationen in Steinanlagen, wo die Pflanze bei lichter Beschattung eine vorzügliche Gestalt macht. Aus einem kurzen, horizontalen Rhizom treiben im Frühling die dekorativen, handförmig gelappten Blätter, die im Austrieb braun marmoriert sind. Die Blüten sind schalenförmig, anemonenartig, aufrecht, duftlos und weiß oder rosa gefärbt, sie erinnern wirklich an Blüten des Apfelbaumes (Maiapfel!). Später entwickeln sich daraus die auffallenden Früchte, die die Form und Größe eines Hühnereies haben und korallenrot gefärbt sind. Bevorzugt humosen Boden. ♃ ⇝ H ◐ ⊖ ● ◬

Polygonatum humile, Zwerg-Salomonssiegel, Liliaceae (Convallariaceae), Liliengewächse (Maiglöckchengewächse). Bei diesem zwergigen Salomonssiegel herrscht ein ziemliches nomenklatorisches Durcheinander, deshalb wäre es ein Wagnis, ein Naturvorkommen zu nennen. Wurde oft zu *P. falcatum* gestellt, in neuerer englischer Literatur zu *P. hirtum*, einmal also zu einer japanischen Art und einmal zu einer europäischen. Unabhängig davon ist es eine hübsche kleine Pflanze, die so richtig in Steinanlagen paßt. Die Pflanze erreicht nur eine Höhe von etwa 15 cm. Die dünnen Rhizome breiten sich schnell aus, so daß bald dichte Teppiche entstehen. Die Blätter sind grün, glänzend, oval und wechselständig. Im Verhältnis zur Gesamtgestalt sind die weißen Blüten mit grünen Spitzen verhältnismäßig groß. Aus ihnen entwickeln sich im Herbst bei der Laubfärbung blaue Beeren. ♃ ⥲ ◐ ⊖ ○ △-◭ ▷

◁ **Polygonatum odoratum 'Variegatum'** (*Polygonatum japonicum* 'Variegatum'), Weißgespitztes Salomonssiegel. Nachdem man *P. japonicum* eliminiert und zu *P. odoratum* gestellt hat, kann man kaum noch sagen, ob diese an den Blättern weiß gespitzte Form europäischer oder asiatischer Abstammung ist, zumal es auch weitere Formen mit unterschiedlicher Blattzeichnung gibt. Unabhängig davon sind die Salomonssiegel-Formen mit weißgezeichneten Blättern dekorative Gestalten, die neben sonstigen Halbschattenpflanzungen im Garten auch an entsprechenden Steingartenplätzen verwendet werden können. Diese Art und ihre Formen sind auch weniger an Halbschatten gebunden, sie wachsen auch noch an sonnigeren Plätzen, wenn diese nicht zu trocken sind und ebenso auf Kalk. Ein deutliches Kennzeichen der Art ist der kantige Stengel, der bis 45 cm hoch werden kann. ♃ ⥲ ◐ ○ ⊖ △-◭

Potentilla alba, Weißes Fingerkraut, Rosaceae, Rosengewächse. Kommt in M- und O-Europa vor, südwärts bis N-Italien und Mazedonien. Eine Staude mit einem dicken, vielköpfigen Grundstock und niederliegenden Trieben ohne Ausläufer. Die Blätter der etwa 15–25 cm hohen Pflanze sind silberig-grün und 5teilig gefingert. Die Blattabschnitte sind 2–6 cm lang, länglich bis verkehrt-eiförmig, die Spitze ist gezähnt, haarlos. Die zahlreichen weißen Blüten haben einen Durchmesser von etwa 2 cm, sie erscheinen von April bis Juni. Diese Fingerkraut-Art liebt warme Lagen und wächst auf sandig-steinigen oder lehmigen, mineralreichen, aber meist kalkarmen Böden. Diese langsam wachsende Staude ist zwar nicht sehr auffällig, aber andererseits ein sehr dauerhafter Begleiter im Steingarten. Schön zu *Campanula garganica, Veronica spicata* ssp. *incana, Pulsatilla vulgaris.* ♃ ⌓ ⊟ ○ ⊖ ◐ ◬-◭ ▷

△ **Polystichum setiferum 'Proliferum Plumosum Densum'** (*P. setiferum* 'Plumoso-densum'), Flaumfederfiligranfarn, Aspidiaceae, Schildfarngewächse. Die Art ist in tieferen Lagen, in Gebirgswäldern der gemäßigten Zone und der Tropen verbreitet. Es gibt sehr viele Formen von *P. setiferum* und die Literatur in Deutschland und England gibt oft unterschiedliche Sortenangaben wieder. Der abgebildete, von Karl Foerster benannte Farn ist der zarteste und schönste aller Filigranfarne, man vermutet in ihm fast einen Gewächshausfarn. Die Wedel sind mehrfach gefiedert und die Fiederchen sind überlappend. Das Aussehen ist fast »moosartig«. Ältere Pflanzen bilden dichte, behangene, bis 20 cm hohe Stämmchen. Die Pflanze ist wintergrün. Auch im Steingarten läßt sich dieser Farn verwenden, an halbschattigen oder etwas absonnigen Stellen, einzelstehend oder in kleinen Gruppen. ♃ ◐ ⊖ △-◭

◁ **Potentilla ambigua** (*Potentilla cuneata*), Keilblätteriges Himalajafingerkraut. Vorkommen im Himalajagebiet. Wir folgen hier nomenklatorisch dem »Zander« und nicht neuerer englischer Literatur, wo der Bezeichnung *P. cuneata* der Vorzug gegeben wird. Staudig bis halbstrauchig, da die Triebe an der Basis verholzen. Sie sind aufrecht bis kriechend und bilden durch unterirdische Ausläufer bald kleine Rasen. Die lederigen Blättchen sind dreiteilig, verkehrt-eiförmig und an der breiten Spitze mit 3 Zähnen versehen. Sie sind dunkelgrün und unterseits bläulich. Die Blüten stehen einzeln und haben einen Durchmesser bis 2,5 cm. Die Blütenstielchen sind kurz und unbeblättert. Die Kronblätter sind rundlich und gelb. Die Blütezeit liegt im Juli-August, was vorteilhaft ist, da zu dieser Zeit in Steinanlagen schon weniger blüht. Liebt steinige, felsige, aber nicht zu trockene Plätze. ♃ ⏦ ⌓ ⊟ ○ ◐ △-▲

△

Potentilla diversifolia, Verschiedenblätteriges Fingerkraut. Wächst in alpinen und subalpinen Regionen in W-Kanada und W-USA. Wie der Name sagt, bringt diese Art Blätter von unterschiedlicher Form hervor. Besonders groß ist der Unterschied zwischen Pflanzen, die auf Wiesen in niedrigen Regionen wachsen und solchen an windgepeitschten Plätzen in höheren Regionen. Das Bild zeigt eine Pflanze vom Naturstandort aus größerer Höhenlage vom Mount Whistler (Rocky Mts.). Tieflandpflanzen können bis 25 cm hoch werden, solche aus höheren Lagen haben einen flachen Habitus. Der Wurzelstock ist verholzend und die Blätter sind gewöhnlich fingerförmig mit 5-7 Blattabschnitten. Diese sind bis 2,5 cm lang und verkehrt-lanzettlich. Der Rand ist zur Spitze hin gezähnt, die Oberseite ist kahl, unten striegelig. Der Blütendurchmesser der schalenartigen gelben Blüten beträgt etwa 12 mm. ♃ ⌓ ○ ◐ △-▲ N

Potentilla fruticosa 'Abbotswood', ▷ Weißblühender Fingerstrauch. Die Art ist der einzige echte Strauch der großen Gattung, welche in der borealen Nadelholzzone und in alpinen Stufen der nördlichen Halbkugel wächst. Der Strauch besitzt schon in der Natur unterschiedliche Höhen. Formen aus Alaska überschreiten oft 0,5 m nicht, es gibt aber auch Exemplare bis 1,5 m Höhe. Der sommergrüne Strauch ist viel- und dichttriebig. Die Blätter sind in der Regel dreizählig, die Blättchen sind sitzend, 1-3 cm lang, am Rande eingerollt und mehr oder weniger behaart. Die eigentliche Art ist kaum noch in Kultur, sie wurde von den vielen verbesserten Kultursorten abgelöst. Die abgebildete Sorte 'Abbotswood' ist die beste augenblicklich zur Verfügung stehende weißblühende Sorte. Sie wird 60-80 cm hoch und hat in größeren Steinanlagen durchaus ihre Berechtigung. Will keinen Schatten. ♄ H ○ ▲

Potentilla fruticosa 'Dwarf Form', ▷ Zwerg-Fingerstrauch. Wie erwähnt, kommen schon in der Natur Typen mit unterschiedlicher Höhe vor. Gleichermaßen haben die Sorten in Kultur ein sehr unterschiedliches Höhenwachstum. Zu denen, die ziemlich nieder bleiben und kissenförmig wachsen, gehört 'Longarce', die 50-60 cm erreicht und hellgelbe, kleine Blütchen von Ende Juni bis Ende September hervorbringt. Eine weitere niederliegende Sorte ist 'Goldteppich', 50-60 cm hoch werdend. Zur dunkelgrünen Belaubung kontrastieren die intensiv goldgelb gefärbten Blüten gut, die von Anfang Juni bis Ende Oktober erscheinen. Neben den Sorten mit offiziellen Sortennamen findet man hin und wieder Pflanzen im Angebot mit der Bezeichnung 'Dwarf Form', die das Bild zeigt. Diese Typen sind noch etwas zwergiger als die schon genannten kleinen Namenssorten. ♄ ⌓ ⁞ ○ △-▲

Potentilla fruticosa var. mandschurica, ▷ Weißblühender Zwergfingerstrauch. Beheimatet in Japan, N-China und der Mandschurei. Eine echte Zwergform, die man selbst in Trockenmauerfugen verwenden kann. Die Pflanze wird 40–50 cm hoch, ist schwach wachsend und niederliegend. Sehr gut frosthart, selbst volle Wintersonne wird ertragen. Die weißen Blüten sind etwas kleiner, und insgesamt gesehen ist die Pflanze nicht so üppig blühend, wie die bekannten Sorten der Strauchpotentilla. Die Blätter sind beidseitig dicht grauseidig behaart. Die Blütezeit reicht von Ende Juni bis Ende September. Geht in kalkhaltigem Substrat zwar nicht zugrunde, man sieht es der Pflanze aber an, daß es ihr nicht zusagt. Die Pflanze ist wie die anderen Strauchpotentilla sehr lichtliebend. An halbschattigen Plätzen werden sie blühfaul und sparrig. Diese Varietät verträgt mehr Trockenheit als andere. ♄ ⁞ ⊟ ○ ⊞ △-▲

Potentilla fruticosa 'Red Ace', Roter Zwergfingerstrauch. Durch Einkreuzung staudiger Arten entstand dieser erste rotblühende Zwergfingerstrauch. Er ist ziemlich wählerisch, während er in manchen Gärten eine Prachtgestalt ist, versagt er in anderen Gärten und führt zu negativer Beurteilung. Die Pflanze ist sehr feintriebig und kann 40–60 cm hoch werden. Die Blätter sind zierlicher und grün, die Blüten sind innen rot und außen gelb. In manchen Gärten blühfaul! Die Blütezeit reicht von Ende Juni bis Anfang September. Auch diese Sorte zieht eine etwas sauere Bodenreaktion vor, sie bevorzugt ebenfalls etwas mehr Humus und eine milde Feuchtigkeit im Substrat. Kleine Fingersträucher, egal welcher Farbe, sind für Steinanlagen sehr wertvoll durch die sehr lange Blütezeit. Zwar blühen die Pflanzen nicht kontinuierlich üppig, sondern manchmal mehr oder weniger stark. ♄ ⊟ ⊞ ○ ◐ △-▲
▽

Potentilla megalantha (*Potentilla fragiformis* ssp. *megalantha*), Großblütiges Fingerkraut, Arabeskenfingerkraut. Eine großblütige Art, die vom Altai bis Alaska und in Japan wächst. Es ist eine weichbehaarte, büschelige Staude, die bis 30 cm hoch werden kann, allgemein aber kleiner bleibt, bei etwa 20 cm. Die grundständigen Blätter sind bis 8 cm breit, die Blattabschnitte 3 cm. Diese sind breit verkehrt-eiförmig, die Ränder sind grob gekerbt, unten behaart. Die kopfständigen Blüten sind gelb und haben einen Durchmesser bis 4 cm. Die Blüten erscheinen ab Juni auf langen Stielen. Diese kompakt wachsende, nicht kriechende Art wächst auch noch an Halbschattenplätzen. Es finden sich allerlei hübsche Nachbarn, wie *Anthericum liliago, Campanula poscharskyana, Centaurea simplicaulis, Veronica spicata* ssp. *incana* und manch andere. Stellt keine besonderen Bodenansprüche. ♃ ○ ◐ △-▲
▽

Potentilla nepalensis 'Flammenspiel', ▷ Nepal-Fingerkrauthybride. Die Art selbst wächst im W-Himalaja, und wer das Glück hatte die Pflanzen am Naturstandort kennenzulernen, konnte sich dort von der Vielfalt der Blütenfarben und Kombinationen überzeugen. Die Pflanze entwickelt grundständige 5zählige Blätter, die oben stehenden sind dagegen nur 3zählig, sie sind beidseitig grün und schwach angedrückt behaart. Der Stengel ist rötlich und die Pflanzen können bis 50 cm hoch werden, ihre Verwendung beschränkt sich deshalb auf etwas größere Steinanlagen. Die Sorte 'Flammenspiel' wurde unter tausenden von *P. nepalensis*- Sämlingen ausgelesen. Die Blüten sind leuchtend rot und haben einen gelben Rand. Karl Foerster, der Züchter, empfiehlt 3 Pflanzen mit einem Abstand von 15 cm zusammenzusetzen und sie mit Gräsern zu umpflanzen. Rechtzeitig zurückschneiden! ♃ ⊞ ○ ◐ △-▲

△
Potentilla neumanniana (*Potentilla tabernaemontani, P. verna*), Frühlingsfingerkraut. Wächst in N-, W- und M-Europa bis Weißrußland und Bulgarien, meist im Tiefland in trockenen Rasen, an felsigen Plätzen oder in lichten Kiefernwäldern vorkommend. Diese sehr formenreiche Art bildet niederliegende, verholzende Triebe, die an den Knoten wurzeln und große Matten formen. Die Blätter sind frischgrün, etwas behaart und 5–7zählig. Die Hauptblüte ist bereits im April, Nachblüten gibt es aber bis August. Die Blüten sind goldgelb und erscheinen sehr zahlreich. Häufiger als die Art ist in gärtnerischer Kultur eine Zwergform verbreitet, *P. neumanniana* 'Nana'. Die Pflanze ist mit 5 cm Höhe noch schöner und ein lange blühender Bodendecker für sonnige, trockene Gartenplätze. Hübsch mit blauen *Festuca*-Arten (Schwingel) und mit *Sedum*- und *Sempervivum*-Arten. ♃ ⟿ ⌓ 🅃 ○ ◬-▲

◁ **Potentilla nitida,** Dolomitenfingerkraut. Wächst in den SO- und SW-Alpen und im N-Apennin. Dichtrasig wachsende Staude mit niederliegenden Trieben, die an alpine Spaliersträucher erinnert. Die meist 3zähligen Blätter sind silberseidig behaart, so daß das ganze Polster silbrig aussieht. Die Blüten sind sehr kurz gestielt, sie stehen meist einzeln und sind hellrosa bis dunkelrosa gefärbt. Leider ist die Pflanze im Tiefland weit weniger blütenreich als im Gebirge. Im Garten benötigt die Art einen nicht zu nährstoffreichen, eher mageren Platz zwischen Kalkstein in voller Sonne. Die Vermehrung durch Stecklinge ist nicht allzu schwierig. Als junge Topfpflanzen setzen, da diese Art empfindlich gegenüber Verpflanzen ist. Von dieser Art gibt es auch einige Farbauslesen, 'Rubra' mit tiefrosa Blüten und 'Albiflora' mit weißen Blüten. Es fehlen immer noch reichblühende Tiefland-Auslesen. ♃ ⟿ ⌓ ⁞ ⊞ 🅃 ○ ◬-▲

◁ **Primula allionii,** Allionis Primel, Allionis Schlüsselblume, Primulaceae, Primelgewächse. Das Vorkommen beschränkt sich auf die Seealpen zwischen Cuneo und Nizza, wo sie in einer Höhenlage von 700–1900 m wachsen, Plätzen, an denen sie vor vermehrter Feuchtigkeit geschützt sind. Bildet sehr lange, rhizomartige Wurzeln. Die Blätter sind 1–4,5 cm lang und 0,5–1 cm breit, dicht stehend, aschgrün, verkehrt-lanzettlich bis spatelförmig oder rundlich bis länglich. Der Rand ist manchmal gewellt oder gezähnt. Die Blütenstengel sind ganz kurz und nicht sichtbar, sie sitzen in den Rosetten. Die Blüten, meist bis zu 7 Stück, haben einen Durchmesser von 1,5–4 cm. Die Blütenkrone ist rosarot oder hellrosa mit weißem oder gelblichweißem Schlund. Nicht schwierig, wenn man die Abneigung gegen Nässe berücksichtigt. Es gibt zahlreiche Sorten. Auch schön im Alpinenhaus. ♃ ⌓ ⁞ ⊞ ○ ⊖ ◐ ◬-△

△
Pratia pedunculata (*Isotoma fluviatilis*), Australische Pratie, Campanulaceae, Glokkenblumengewächse. Die Pflanze wächst in höheren Gebirgslagen von Australien. Sie bildet mit oberirdischen und unterirdischen Ausläufern schnell große Matten. Diese sind dicht mit kleinen Blättern besetzt, etwa 9 mm im Durchmesser, eiförmig bis rund und wenigen auffälligen Zähnen, halbaufsitzend. Die kurzen blühenden Triebe sind etwas aufsteigend. Die Blüten sind hellblau und erinnern ein wenig an Lobelienblüten. Die kurzen, achselständigen Stielchen sind länger als die Blätter. Die Blüten haben einen Durchmesser von etwa 7 mm. Diese Art ist in M-Europa nur mit gutem Schutz im Freien zu halten, sicherer ist die Kultur im Alpinenhaus. Die Pflanze liebt einen etwas anmoorigen Boden mit milder Feuchtigkeit. 'County Park', 'Jack's Pass' und 'Tom Stone' sind Auslesen aus England. ♃ ⟿ ⌓ ⏶ ⊟ ○ ◐ ◬-▲

◁ **Primula amoena und P. amoena 'Alba',** Lieblicher Himmelsschlüssel, Liebliche Kaukasusprimel. Wächst im Kaukasus in der NO-Türkei und in Armenien, wo sie in Wäldern und zwischen Felsen vorkommt. Obwohl mit *P. elatior* nahe verwandt, bleibt diese Art im Garten ein schwieriger Pflegling. Ansonsten eine sehr hübsche und ausdauernde Art. Die Pflanze verliert im Winter die oberirdischen Teile. Die rosettig stehenden Blätter sind 5–16 cm lang und 2–4 cm breit. Die Blattstiele sind geflügelt, die Form der Blattspreite ist unterschiedlich, elliptisch, eirund oder spatelförmig, am Rand unregelmäßig gekerbt oder gezähnt. Die Pflanze wird am Naturstandort nicht höher als 7–10 cm, in Kultur etwas höher. Die Blüten sind mauve-violett, purpur-, tiefrot oder weiß, sie stehen meist zu 6–10 in einer einseitswendigen Dolde. Liebt kühlfeuchten Humusboden in O- oder NW-Lage. ♃ ◐ ⊖ ○ ◬-◭

△
Primula aurantiaca, Orangerote Etagenprimel. An der Chienchuan-Mekong-Wasserscheide in Höhen von 3500 m gefunden, sonst verbreitet in Jünnan, auf feuchten Wiesen und an Bächen. Die unbemehlten Blätter werden etwa 20 cm lang und bis 5 cm breit, sie sind verkehrt-lanzettlich bis verkehrt-eiförmig, von zarter Beschaffenheit und in den schmalgeflügelten Stiel übergehend. Der Rand ist gewöhnlich scharf gezähnt. Der Blütenstengel bleibt niedriger als bei den meisten anderen Etagenprimeln, er wird etwa 30 cm hoch und ist rotbraun und unbehaart. Er trägt 2–6 Quirle mit je 6–12 Blüten. Durchmesser etwa 3 cm. Die rötlichen Blütenstielchen sind bis 1 cm lang. Die Blütenfarbe ist rötlichorange, der Kronendurchmesser etwa 1 cm. Hübsche Art für den Sammler, der sie an etwas feuchtere Steingartenplätze pflanzt. Kann durch die leichter erhältliche *P. bulleyana* ersetzt werden. ♃ ≈ ○ ◐ ⊖ △-◭

△
Primula × berninae (*Primula hirsuta × P. latifolia*), Bergamasker Primel. Dies ist eine Naturhybride, die in der Bernina und in den Bergamasker Alpen wächst, sie ist aber auch in den Rätischen Alpen und im Engadin zu finden. Insgesamt eine hübsche Pflanze, die alljährlich zuverlässig blüht, was man nicht von allen Arten und Hybriden aus der Auricula-Sektion sagen kann. Sie wird etwa 8–12 cm hoch und ihre Blütenfarbe ist hell bis dunkelkarminlila. Die Pflanze liebt nördliche oder nordöstlich geneigte Plätze im Steingarten. Das Substrat sollte steinig sein, aber ohne Kalk. Wenn diese Ansprüche erfüllt werden, wächst die Pflanze willig. Insgesamt steht die Pflanze *P. latifolia* näher als *P. hirsuta*, die Blätter sind aber breiter und offener. Primelliebhaber, besonders die der Auricula-Sektion, können ein großes Sortiment von Arten und Naturhybriden zusammentragen. ♃ ⁞ ⊟ Ⓣ ◐ ⊖ ◬-△

Primula × bilekii (*Primula hirsuta × P. minima*, in englischer Literatur: *P. × forsteri* f. *bilekii*), Sündermanns Hybridprimel. Die Kreuzung von *P. hirsuta × P. minima*, oder in umgekehrter Reihenfolge, hat eine ganze Reihe wunderschöner, zwergiger Primeln hervorgebracht, die alle sehr ähnlich sind, schließlich stammen sie von den gleichen Eltern, was aber auch zu Verwechslungen in der Gartenkultur führt. Diese Hybriden finden sich auch in der Natur, wenn auch sehr selten, meist in Gebieten südlich von Innsbruck. Sie hat breit-löffelförmige, stark gekerbte Blätter und besitzt leicht klebrige Drüsenhaare. Die fast aufsitzende Dolde trägt 2–5 tiefrote Blüten, mit einem weißen, rauhhaarigen Schlund. Blütendurchmesser etwa 22 mm. Liebt felsige trockene Ostlagen und im Substrat keinen Kalk. Ein Kleinod für Sammler, die ihr einen etwas »besseren« Steingartenplatz zuweisen. ♃ ⁞ ⊟ Ⓣ ⊖ ◐ ◬ ▷

◁ **Primula-Bullesiana-Hybriden,** Etagenprimel-Hybriden. Etagenprimeln gehören zu den beliebtesten Primeln des Sommers. Es gibt wunderschöne Arten, verbreiteter sind jedoch deren Hybriden. Sie sind nach der ursprünglichen Kreuzung benannt, *P. bulleyana* × *P. beesiana*. Im Laufe der Zeit wurden weitere Arten eingekreuzt (*P. aurantiaca, P. chungensis, P. cockburniana, P. burmanica, P. pulverulenta*), aber der Name für diese Hybriden beibehalten. Die Hybriden stehen zwischen den Eltern und die Blütenfarben zeigen das gesamte Spektrum von gelb über orange, rosa rot, lila, violett und deren Zwischennuancen. Es gibt in England eine ganze Reihe von Formen, die Namen bekommen haben. Alles sind wüchsige, wenn auch nicht sehr langlebige Pflanzen für frische bis feuchte Böden. Andererseits ist die Anzucht aus Samen problemlos. Schön am Steingartentümpel. ♃ 〰 🅗 ○ ◐ △-▲

△
Primula bulleyana, Bulleys Etagenprimel. Chinesische Etagenprimel aus NW-Jünnan bis SW-Szetschuan, wo die Pflanze auf feuchten Bergwiesen wächst. Meist zusammen mit *P. beesiana*, von der sie außer durch die Blütenfarbe auch durch die rötliche Mittelrippe unterschieden werden kann, auch durch die unregelmäßige Zähnung am Rand. Die Blätter sind einschließlich des Blattstiels 12–35 cm lang und 3–10 cm breit. Die Spreite ist ei--lanzettlich bis eirund, an der Spitze gerundet und plötzlich an der Basis spitz zulaufend, der Stiel ist breit-geflügelt. Der Blütenstengel kann eine Höhe bis zu 70 cm erreichen, manchmal auch noch höher. Er trägt 5–7 Quirle mit bis zu 18 Blüten, die tieforange bis rötlichorange gefärbt sind, diese sind bis 2 cm breit und duften. Die Blütenstielchen sind dünn, bemehlt, bis 3 cm lang. Diese Art gehört mit zu den gartenfreundlichsten Etagenprimeln. ♃ 〰 🅗 ○ ◐ ⊖ △-▲

Primula capitata, Kopfige Primel. Wächst ▷ im östlichen Himalaja und stößt von dort nach Tibet und SW-China vor. Dort wächst sie in Nadelwäldern in feuchten, lehmigen Böden und an sumpfigen Flußrändern bis in Höhen von 4000–5000 m. Die Blätter einschließlich des Blattstiels werden bis 13 cm lang bei einer Breite bis 2 cm, sie sind schmal-länglich bis verkehrt-lanzettlich, stumpf oder spitz, fein gezähnelt und runzelig. Der Basis zu gehen sie in den geflügelten Stiel über. Der Blütenstengel wird je nach Standort 10–30 cm hoch, an günstigen Stellen bis 45 cm. Er ist schlank und zierlich und trägt kopfig-dichte Blütendolden. Zuerst entwickeln sich die äußeren Blüten, die nach unten zeigen, während die inneren einen kegel- bis kreisförmigen Schopf bilden. Die Kelchblätter und der Stengel sind weiß bemehlt. Die Blüten sind blau bis dunkelviolett gefärbt. Insgesamt nicht sehr langlebig. ♃ 〰 ◐ ⊖ ○ △-▲

Primula chungensis, Jünnan-Etagenprimel. Wächst in China in Jünnan, geht bis ▷ Bhutan, von der Assam-Grenze bis nach Szetschuan in Höhen von 2900–3200 m. Die Blätter einschließlich des Blattstiels werden 10–30 cm lang bei einer Breite von 3–10 cm. Die Blattspreite ist elliptisch bis länglich oder länglich bis verkehrt-eiförmig, an der Spitze gerundet und keilförmig oder scharf zugespitzt an der Basis. Der Rand ist eigenartig abgeflacht, gelappt und unregelmäßig scharf gezähnt. Beide Blattseiten sind unbemehlt und unbehaart. Insgesamt ähnlich *P. bulleyana*, doch sind bei *P. chungensis* die Blätter gedrungener und kräftiger, auch zeigen Stengel und Kelch eine Bemehlung. Der Blütenstengel wird bis 80 cm hoch, er trägt 2–5 Quirle mit bis zu 12 Blüten. Die Blütenfarbe zeigt ein leuchtendes Gelb (heller als bei *P. bulleyana*). Liebt ein mildfeuchtes Substrat. ♃ 🅗 ○ ◐ ⊖ △-▲

Primula clusiana, Clusius-Primel. Wächst ▷ in den nördlichen Kalkalpen vom östlichen Bayern bis zum Wiener Schneeberg, besonders auf kurzrasigen Humusböden, weiterhin auf steinigen Böden, in Schneetälchen in Höhenlagen bis 2000 m. Eine Pflanze mit kurzem, oft verzweigtem Wurzelstock. Blattränder, Stengel, Hüllblätter und Kelch sind dicht mit kurzen, farblosen Drüsenhaaren besetzt. Die Blattflächen sind kahl. Die Blätter stehen in dichten Rosetten, sie sind 2–9 cm lang und 0,5–3 cm breit, eiförmig bis elliptisch oder länglich geformt, unten in einem kurzen, breit geflügelten Blattstiel verschmälert. Die Blattspreite ist lederig, oben heller grün, unten graugrün. Der Blattrand ist schmal und weißknorpelig. Die Blütenstengel sind allgemein länger als die Blätter, sie tragen 2–6 rosa Blüten mit einem weißen Auge im Zentrum, im Verblühen etwas verblauend. Blüht April bis Mai. ♃ ⁞⁞ ⊞ ⊡ ◐ ⊖ ○ ◬-▲

Primula cortusoides, Waldprimel. Das ▷ Verbreitungsgebiet liegt in W-Sibirien, besonders in Bergwäldern des Urals und des Altais. In den meisten Fällen sind die Pflanzen, die unter diesem Namen in den Gärten stehen, *P. saxatilis. P. cortusoides* ist 15–30 cm hoch und die gesamte Pflanze ist etwas wolligflaumhaarig. Die Blätter haben starke Ähnlichkeit mit *Cortusa matthioli.* Sie sind einschließlich des Blattstiels 6–26 cm lang und 1,5–6 cm breit. Der lange, dünne Stiel ist zweimal so lang wie die Blattspreite, deren Form eirund bis länglich-eirund ist, an der Basis herzförmig und vorne stumpf. Der Blattrand ist gekerbt-gelappt. Die Stengel sind viel länger als die Blätter, sie tragen je eine vielblütige Dolde. Die Blütenfarbe ist rosa. *P. cortusoides* ist von *P. saxatilis* durch die kürzeren Blütenstiele zu unterscheiden, wodurch die Dolde dichter und gedrängter erscheint. ♃ ◐ ⊖ ◬-▲

Primula denticulata, Kugelprimel. Wächst in Afghanistan, östlich über das Himalaja-Gebiet bis W-China. Diese Art gehört wohl mit zu den bekanntesten asiatischen Primel-Arten. Es ist eine robuste, fein behaarte Pflanze mit kräftigem Wurzelstock, aus dem schon frühzeitig im Jahr die zungenartigen Blätter treiben. Diese bilden eine kompakte Rosette oder ein Blattbündel, die Blätter sind zur Blütezeit einschließlich des Blattstiels 3–15 cm lang und 1,5–4 cm breit, sie verlängern sich bis zur Samenreife aber auf 20 cm oder mehr. Die Blattspreite ist stumpf-eilanzettlich, an der Spitze gerundet oder stumpf nach unten in den geflügelten Blattstiel übergehend. Der Rand ist gezähnt und oft zurückgebogen. Der Blütenstengel ist 5–30 cm hoch, an feuchten Plätzen auch bis 40 cm. Der Blütenstand bildet eine Kugel aus vielen Einzelblüten, die es in Kultur in weiß, rosa, lila und tiefrot gibt. ♃ ◐ ○ ⊖ ◬-▲
▽

◁ **Primula-Cowichian-Hybriden,** Pflanzen der Vernales-Sektion. Diese Hybride ist durch einen Zufallssämling in einem Garten an der Cowichian-Bay entstanden. Die Pflanze hatte bronzegetönte Blätter und tiefrot getönte Blüten mit einem kleinen gelben Auge. Durch Kreuzungen mit dieser Primel entstand die Cowichian-Rasse, die besonders in England als 'Cowichian-Hybrids' verbreitet ist oder kurz als 'Cowichians' bezeichnet wird. All ihre Abkömmlinge zeigen das typische bronzegetönte Laub. Die Blüten besitzen verschiedene Farbtöne zwischen rosa, rot und dunklem Violett. Die Pflanzen machen im Garten bei einigermaßen frischen Standorten keine größeren Schwierigkeiten. Sie sind ziemlich dauerhaft, müssen aber ab und zu geteilt werden, damit man sie nicht verliert. Um typgerechte Pflanzen zu bekommen, lassen sich die Primeln dieser Gruppe nur durch Teilung vermehren. ♃ ◐ ⊖ ○ ◬-▲

Primula-Elatior-Hybride 'Vierländer Gold', Großblumige gelbe Schlüsselblume. ▷ Aus der hohen, in Europa heimischen, Wiesenschlüsselblume wurden seit dem Mittelalter zuerst Zufallssämlinge ausgelesen. Später wurde intensiv gezüchtet, so daß jetzt eine große Palette von großblumigen Hybriden in allen Farben zur Verfügung steht. In den Vierlanden bei Hamburg, einem Gebiet, das besonders durch seine Obstkultur bekannt wurde, entstand vor längerer Zeit eine robuste großblumige Sorte, bekannt unter dem Namen 'Vierländer Gold'. Die Pflanze wird in großen Mengen für die unterschiedlichsten Zwecke herangezogen, auch als Topfpflanze. Diese attraktive Staude kann selbstverständlich auch in Steinanlagen verwendet werden, wohl weniger in naturnahen Gestaltungen, wo sie zu prächtig wirkt, eher in regelmäßigen, architektonischen Anlagen. Liebt nahrhaften Gartenboden. ♃ ◐ ⊖ ○ ◬-▲

Primula florindae, Sommerprimel, Tibet-Sommerprimel. Eine für den Garten sehr wichtige Primel, die aus Tibet stammt und am Rande von Sümpfen und Wasserflächen in Höhenlagen von 4000 m gefunden wurde. Die Pflanze hat einen kräftigen, kurzen Wurzelstock. Die Blätter einschließlich der Stiele sind 10–50 cm lang, davon mißt die Spreite 4–20 cm bei einer Breite von 4–15 cm. Die Form ist breit-eirund, gerundet an der Spitze und unten tief herzförmig eingeschnitten. Der Rand ist unregelmäßig scharf gezähnt. Der Blütenstengel kann an idealen Plätzen bis zu 120 cm hoch werden, oft auch nur 30 cm. Er trägt eine Dolde, manchmal auch zwei übereinander, mit bis zu 40 schwefelgelben Blüten. Der Stengel ist manchmal leicht bemehlt, besonders zur Spitze hin. Liebt feuchte, leicht beschattete Plätze, akzeptiert aber auch noch trockenere Situationen. Blüht von Juni-August. ♃ ⁓ H ◐ ⊖ ○ △-▲ ▽

Primula florindae 'Red Form', Rotblühende Sommerprimel. Von der vorstehenden Art, eine der dankbarsten Gartenprimeln, gibt es auch andersfarbige Typen, die in Kultur entstanden sind. Sie sind mit unterschiedlichen Namen im Handel. Eine farblich auffallende Sorte ist *P. florindae* 'Red Form'. Diese ist identisch mit der vorher beschriebenen Art, ausgenommen die Blütenfarbe. Alle sind wichtige Gartenprimeln, besonders auch wegen der späten Blütezeit im Juni-August. Schön sind auch Mischungen von gelblichen und rötlichen Farbtönen. Wie erwähnt nehmen die Pflanzen auch kurzzeitige Trockenheit nicht übel, richtig wohl fühlen sie sich aber an etwas feuchteren, leicht beschatteten Plätzen. Im Steingarten finden sich solche an nördlich oder östlich geneigten Flächen. Schöne Partner sind kleine *Hosta*, Farne und Gräser. Die Anzucht aus Samen ist problemlos. ♃ ⁓ H ◐ ⊖ ○ △-▲ ▽

Primula × forsteri (*Primula hirsuta* × *P. minima*), Forsters Zwergprimel. ▷ Von allen Hybriden, die aus dieser Kreuzung hervorgegangen sind, *P.* × *bilekii*, *P.* × *kelleri*, *P.* × *steinii*, ist *P.* × *forsteri* der wüchsigste und gartenfreundlichste Typ. In England werden neuerdings die 3 zuerst genannten Hybriden der Kreuzung *P.* × *forsteri* als Formen untergeordnet, so daß die Schreibweise beispielsweise *P.* × *forsteri* f. *bilekii* lautet. Wir fassen Forsters Zwergprimel trotz gleicher Eltern aber als eigenständig auf. Die drüsenhaarigen Blätter sind an der Spitze gerundet und gezähnelt, mit 8–13 hornigen Punkten. Besetzt mit kurzen Drüsenhaaren, aber nicht klebrig. Die Dolde ist kurz und trägt 1–3 Blüten. Die Kelchblätter sind fleischig. Der Blütendurchmesser ist über 2,5 cm, der Schlund ist rauhhaarig. Man kann diese Primel auch für die meist schwierige *P. minima* pflanzen.
♃ ⁞ ◬ ⊟ T ◐ ⊖ ○ ◬-△

Primula 'Gold-Laced-Hybride', Goldrand-Primeln. Gehört zur Elatior-Gruppe. Diese Primel ist mit ihren Blüten sehr auffallend. Das Zentrum ist goldgelb und die Blütenblätter hellbraun, schwarzbraun oder rotbraun. Dabei sind diese außen mit einem schmalen, goldgelben Rand eingefaßt. Die sonstigen Eigenschaften entsprechen denen der *Primula*-Elatior-Hybriden. Wie viele andere Sorten dieser Gruppe wird man auch diese Primel etwas eher in regelmäßigen Steinanlagen unterbringen, bei der Verwendung in naturnahen Steingärten benötigt man mehr Einfühlungsvermögen. Alle *Primula*-Elatior-Hybriden lieben einen guten, frischen Gartenboden mit einem Anteil Humus. Die Frische des Bodens ist abhängig vom Grad der Besonnung, bei der Pflanzung in voller Sonne muß bei längeren Trockenperioden hin und wieder etwas gegossen werden. ♃ ◐ ⊖ ○ ◬-◭ ▷

Primula halleri (*Primula longiflora*), Hallers Primel, Langblütige Schlüsselblume. Wächst in Teilen der W-Alpen, in den Karpaten, in Kroatien, Bosnien, Serbien, Albanien, Bulgarien, dem kleinen Kaukasus und Armenien, meist auf Kalk in Höhenlagen zwischen 1000 und 2900 m. Bildet einen kurzen, kegelförmigen Wurzelstock. Die Blätter sind in der Knospenanlage nach rückwärts eingerollt. Sie sind oberseits dunkelgrün, etwas glänzend, verkehrt-eiförmig bis länglich, ganz allmählich in einen kurzen, breiten Blattstiel verschmälert. Vorne gerundet oder auch spitz, 2–7 cm lang und 0,5–3 cm breit. Nur in der oberen Hälfte gezähnt, manchmal aber auch fast ganzrandig. Die Art ist ähnlich wie *P. farinosa* bemehlt. Der Blütenstengel ist bis zu 30 cm hoch, die Dolde ist einseitswendig und vielblütig. Die Blüte ist hellviolett mit gelbem Schlund. Eine gut wachsende und problemlose Primel. ♃ ⊞ ⊡ ○ ⊖ ◐ ◬-◭ ▽

◁ **Primula glutinosa,** Klebrige Primel. Diese Art findet sich in zentralen Teilen der Ostalpen, vom Unterengadin bis nach Kärnten und der Steiermark, in Höhenlagen zwischen 800 und 3100 m. Im Magerrasen wachsend, vereinzelt in Felsritzen, auf kalkarmen Böden, feuchtem, tonigem Schutt. Diese Art besitzt einen dicken, vielköpfigen Wurzelstock, was oft zu einem dichtrasigen Wuchs führt. Die Oberfläche der grünen Pflanzenteile ist mit zahlreichen Drüsenhaaren bedeckt, deshalb ist die Pflanze klebrig. Die Blätter sind steif, matt glänzend, zur Spitze hin knorpelrandig und meist gesägt. Sie sind bis 6 cm lang und 1 cm breit, verkehrt-lanzettlich bis schmal-länglich. Die Blütenfarbe ist variabel, neben reinblauen gibt es blauviolette, rosalila, malvenfarbene und auch weiße Typen. Im Garten ziemlich schwierig. Benötigt moorig-sandigen Boden mit etwas Steinschutt und *Sphagnum*. ♃ ⊟ ⁝⁝ ◐ ○ ⊖ ◬-△

Primula hirsuta, Behaarte Primel, Behaarte Schlüsselblume. Wächst im mittleren Teil der Alpenkette, von den Grajischen Alpen bis zu den Hohen Tauern, auch in den Zentral- und O-Pyrenäen, in kalkarmem Schutt, besonders auf waagrechten Felsbändern, in Rasen und Humuspolstern. Vertritt praktisch die Aurikel, *P. auricula*, im alpinen Urgesteinsgebiet. Insgesamt ist die Art sehr vielgestaltig. Bildet einen kräftigen Wurzelstock, der besonders in niedrigen Lagen verzweigt ist. Die grünen Teile sind an der Oberfläche dicht mit kurzen, sehr klebrigen Drüsenhaaren bedeckt. Die Blätter sind in der Knospenanlage nach vorne eingerollt, sie sind rundlich, verkehrt-eiförmig oder oval. Die Blüten sind tief-karminrosa bis hell lilarosa, selten lila, meist plötzlich in den kürzeren oder längeren Blattstiel verschmälert, vorne abgerundet oder stumpf. Liebt es steinig-humos und sauer. ♃ ⁝⁝ ⊟ ⊡ ◐ ⊖ ◬-◭ ▷

Primula involucrata (*Primula yargonensis*), Hochstengelige Szetschuan-Primel. ▷ Wächst in großer Höhe in Bhutan, Nepal und SW-China, besonders auf sumpfigem Torf und feuchtem, sandigem Kies. Es ist eine gut ausdauernde Primel ohne Bemehlung, mit länglich-ovalen bis elliptisch-eirunden, am Grunde herzförmigen Blättern, die 3–15 cm, meist jedoch 8 cm lang sind bei einer Breite von 0,5–2 cm. Sie sind fleischig, ganzrandig oder unmerklich feinkerbig. Der Blütenstengel ist 10–30 cm, meist jedoch 25 cm lang, er trägt eine Dolde mit 2–10 ziemlich nickenden Blüten. Diese sind weiß mit gelbem Auge oder purpurrosa bis purpurrot gefärbt. Diese liebenswerte, schlanke Primel ist reichblühend im Juni-Juli. Liebt einen kühlen Platz und einen Boden mit hohem Humusanteil (Torfzusatz!). Vermehrung durch Aussaat, die keine Schwierigkeiten bereitet, oder Teilung großer Pflanzen. ♃ ⊟ ◐ ⊖ ◬-▲

Primula 'Johanna' (*Primula clarkei* × *P. warshenewskiana*). 'Johanna' ist eine neuere Hybride, die aus den beiden genannten liebenswerten, zwergigen, asiatischen Mehlprimel-Arten in Kultur entstanden ist. Die Blätter sind etwa 3 cm lang, oval, mit gesägtem Blattrand, die Blattstiele sind relativ lang und rötlich. Der Blütenstengel ist bis 20 cm hoch, er trägt die Blütendolden mit bis zu 15 Blüten, die etwa 1 cm Durchmesser besitzen. Die Farbe ist ein klares Rosa mit einem weißgelben Auge. Diese Hybride ist größer und wüchsiger als die Eltern, wenn man die Ansprüche der Pflanze nach einem feucht-humosen, leicht saueren Boden befriedigt. In Steinanlagen kann man oft kleine Senken schaffen, die mit entsprechendem Substrat gefüllt gut feuchtigkeitshaltend sind. Diese sollten selbstverständlich nicht nach Süden zeigen. Die Vermehrung dieser Hybride erfolgt nur durch Teilung. ♃ ⏶ ◐ ⊖ ○ ◬-△
▽

◁ **Primula ioessa,** Tibetanische Duftprimel. Wächst in SO-Tibet, dort auf feuchten Matten in Höhen über 3500 m. Es ist eine unbemehlte Pflanze mit kurzen, kräftigen Wurzeln. Die Blätter einschließlich des Stiels sind 6–20 cm lang und 1–2,5 cm breit. Die Spreite ist verkehrt-lanzettlich bis spatelig, vorne gerundet oder auch mehr oder weniger spitz und zur Basis hin verschmälert. Der Rand ist fein gesägt oder gezähnt bis tief eingeschnitten scharfzähnig. Der Stiel ist an der Basis leicht scheidig und geflügelt und gleichlang wie die Spreite. Der Stengel wird 10–30 cm hoch und ist zur Spitze hin leicht bemehlt. Er trägt eine Dolde mit normalerweise 2–8 Blüten, die an 1–6 cm langen Stielen stehen. Die meist hängenden, trichterförmigen Blüten sind duftend, fahl krapprosa, rosa-mauve, weiß, blaßgelb oder auch violett. Liebt kühle, feuchte, leicht beschattete Plätze. Selten echt, oft hybridisiert mit *P. sikkimensis.* ♃ ⩫ ◐ ⊖ ○ △-▲

◁ **Primula juliae,** Kaukasische Teppichprimel. Heimat ist Transkaukasien und Georgien, wo die Pflanze auf feuchten, felsigen Rasenbänken wächst. Sie bildet flache, nur 5 cm hohe kriechende Rasen, mit glänzenden, rundlich-nierenförmigen Blättchen. Die Blüten sind grundständig, satt violett bis rot, teils heller, teils dunkler. Zur Blütezeit im April stehen diese oft so dicht, daß das Laub kaum zu sehen ist. Der Samenansatz ist aber verhältnismäßig gering. Trotzdem ist die leicht wachsende Primel wegen ihres kräftigen Wuchses leicht durch Teilung zu vermehrbar. Teilen sollte man nach 3–4 Jahren sowieso, um die Pflanze nicht zu verlieren, da sie bei längerer Standzeit am gleichen Pflanzplatz oft aushungert. Empfohlen wird auch ein jährliches Überstreuen mit nahrhafter Erde bei Winterende. Noch wichtiger als die Art sind ihre Hybriden, als *Primula*-Juliae-Hybriden bekannt. ♃ ⩫ ⌓ 🅃 ◐ ⊖ ○ ◬-▲

Primula luteola, Schwefelgelbe Kaukasusprimel. Wächst im Kaukasus, wo sie auf feuchten Wiesen und nahe Quellen in Höhenlagen zwischen 1400 und 3000 m vorkommt. Es ist eine zwar zur Farinosae-Sektion gehörige, aber unbemehlte Primel, die zwischen 20 und 30 cm hoch wird. Die Blätter sind lang, lanzettlich elliptisch, allmählich in den Stiel verschmälert (14–18 cm). Die Primel bringt dichte, vielblütige Dolden hervor. Die Blütenfarbe ist schwefelgelb. Die Pflanze wünscht im Sommer verhältnismäßig viel Feuchtigkeit, im Winter einen mehr trockenen Stand. Deshalb in ein kräftig-feuchtes Substrat pflanzen (Lehmboden mit Moorerde vermischt), gegen übermäßige Winternässe aber eine Dränageschicht einbauen. Die Lage kann bei entsprechender Feuchtigkeit vollsonnig bis halbschattig sein. Blüht meist ziemlich spät im Juli. Vermehrung durch Teilung oder Aussaat. ♃ ⊟ ◐ ○ ⊖ ⚠-▲
▽

△
Primula-Juliae-Hybride 'Schneetreiben' (*Primula × pruhoniciana, Primula*-Pruhonicensis-Hybriden). Aus den Kreuzungen von *P. juliae* mit *P. vulgaris* sind zahlreiche Sorten hervorgegeangen, die meist noch wüchsiger und robuster sind als *P. juliae.* Die Farbenpalette ist so groß, daß sie praktisch das gesamte Spektrum umfaßt, darunter auch weißblühende Sorten, die wegen der verbindenden, ausgleichenden Blütenfarbe ziemlich wichtig sind. Dazu gehören beispielsweise 'Sneuwwitje' (Schneewittchen), 'Schneesturm', 'Schneeriesen' und auch die abgebildete Sorte 'Schneetreiben'. Dies ist eine sehr großblumige, cremeweiße Züchtung. Die Blütenbildung ist zwar nicht so zahlreich und geschlossen wie bei anderen Sorten, aber die großen Blüten auf dem dunkelgrünen Blattpolster wirken ebenfalls gut. Die Pflanze wird 10–15 cm hoch. Vermehrung durch Teilung.
♃ ⟿ ⌓ ◐ ⊖ ○ ⚠-▲

Primula marginata 'Amethyst', Amethystfarbene Meeralpenprimel. Die Art wächst in den Meeralpen und in den Cottischen Alpen auf Fels und im Schotter, fast immer auf Kalk. Die Pflanze kann bis 20 cm hoch werden, die Blätter stehen in Rosetten, sie sind länglich-eiförmig, tief gezähnt. Die Ränder der älteren und die jungen Blätter sind gelblichweiß bemehlt. Sie sind 2–10 cm lang, 1–4 cm breit und in einen kurzen Stiel verschmälert. Der etwa 12 cm hohe Blütenstengel trägt bis zu 20 Blüten in bläulichen und violetten Tönen mit silberweißem Schlundring, auch weiße Typen gibt es. Blütenstengel und Kelch sind ebenfalls bemehlt. Es gibt zahlreiche Sorten dieser wichtigen Steingartenprimel. Eine besonders schöne Sorte ist die abgebidete 'Amethyst', die leider zu rotstichig wiedergegeben wird. Hin und wieder Erde nachfüllen, da die Pflanzen aus den Boden wachsen. ♃ ⁞⁞ ⚠ ⊞ ⊡ ○ ◐ ⊖ ⚠-▲ ▷

△
Primula-Juliae-Hybride 'Usambarablau' (*Primula × pruhoniciana, Primula*-Pruhonicensis-Hybriden). In der Farbpalette dieser Hybridgruppe fehlte bis vor kurzer Zeit eine schöne blaublühende Sorte. Mit 'Usambarablau' ist dieser Wunsch erfüllt. Leider gibt das Foto auch hier den schönen Blauton nicht richtig wieder, sondern ist viel zu rot. Diese Art scheint gut dauerhaft zu sein, und im Steingarten finden sich genügend geeignete Plätze zur Ansiedlung. Die Blütezeit all der schönen Hybriden reicht von März über den April bis in den Mai, insgesamt je nach Sorte etwas unterschiedlich. Es sind keine Pflanzen für sonnig-trockene Lagen, sie wünschen ein Mindestmaß an Bodenfrische. Bei den neueren Hybriden sind nicht nur *P. juliae* und *P. vulgaris* beteiligt, sondern teils auch *Primula*-Elatior-Hybriden, was aber die Ansprüche an Boden und Lage nicht wesentlich ändert. ♃ ⟿ ⌓ ◐ ⊖ ○ ⚠-▲

Primula minima, Zwergprimel, »Hab mich lieb«. Weit verbreitet in den O-Alpen, Sudeten, M-Karpaten, Serbien, Bulgarien, meist in Höhen von 1200–3000 m, sowohl auf Kalk als auch auf kristallinem Gestein. In Kalkgebieten aber immer in der eher saueren Humusauflage. Sie hat oft einen verlängerten, vielköpfigen Wurzelstock. Die kleine Pflanze erscheint kahl, sie hat jedoch sehr kurze Drüsenhaare. Die Blätter sind bis 3 cm lang und bis 0,8 cm breit, ziemlich steif, glänzend, keilförmig oder verkehrt-dreieckig, ungestielt oder allmählich in einen kurzen Blattstiel verschmälert. Der vordere Rand ist entweder gerade abgeschnitten oder etwas gebogen und mit 3–9 groben Zähnchen besetzt. Sie stehen in kleinen Rosetten. Der kaum sichtbare Blütenstengel ist 0,5–3 cm lang, die Blütenkrone ist rosa oder rot. Liebt torfangereicherten, mit kristallinem Gesteinssplitt versetzten Boden. ♃ ⌓ ⊟ ◐ ⊖ ○ ◬-△ ▷

Primula modesta, Japanische Mehlprimel. ▷ Wächst in S-Japan von Yezo bis Shikoku. Es ist eine zwergige Version unserer bekannten europäischen Mehlprimel. Die Pflanze ist bemehlt und hat einen kurzen Wurzelstock und Blattrosetten. Die Blätter sind bis 8 cm lang, eirund-elliptisch bis spatelförmig. Die Blattspitze ist stumpf oder gerundet, der Rand ist gewellt-gekerbt. Der Blütenstengel ist etwa 14 cm hoch, zur Spitze hin etwas bemehlt. Die Dolden tragen bis zu 15 rosa oder rosapurpurne Blüten, auch eine weißblütige Form ist bekannt Im Gegensatz zu *P. farinosa* ist *P. modesta* nicht weiß, sondern gelb bemehlt. An manchen Gartenplätzen gedeiht diese japanische Mehlprimel wesentlich leichter als die europäische. Leider sind beide, sowohl die europäische als auch die japanische Mehlprimel nicht sehr dauerhaft. Vermehrung durch Aussaat oder durch vorsichtige Teilung. ♃ ⊟ ◐ ⊖ ○ ◬-△

Primula prolifera (*Primula helodoxa*), Sumpfprimel. Wir folgen der neueren englischen Literatur und nicht dem »Zander«, *P. prolifera* und *P. helodoxa* sind dort zu einer Art als *P. prolifera* vereinigt. Wächst im westlichen Jünnan und N-Burma in Höhen von 2000 m, an Bächen, in sumpfigen Wiesen und auf tonigem Weideland. Es ist eine der hübschesten Etagenprimel-Arten. Keine ist aber so an Feuchtigkeit und sauere Bodenreaktion gebunden wie diese. Am zusagenden Ort kann sie bis 80 cm hoch werden, manchmal auch höher, und sie gehört deshalb an den Rand von Steingartentümpeln oder Bachläufen größerer Steinanlagen. Die Blätter bilden eine basale Rosette. Sie sind bis 35 cm lang und 7 cm breit, eiförmig bis breit-lanzettlich, stumpf oder gerundet an der Spitze, nach unten plötzlich in den verhältnismäßig langen geflügelten Stiel übergehend. Hat 6–8 gelbe Blütenquirle. ♃ ⩫ ⊟ 🄷 ○ ◐ ▲ ▽

Primula polyneura (*P. veitchii*), Chinesische Waldprimel. ▷ Eine chinesische Primel aus Kansu, Szetschuan und Jünnan, wo sie in Höhen von 2300–4300 m wächst. Die Pflanze ist insgesamt etwas variabel, sie hat Ähnlichkeit mit *P. cortusoides*, ist aber robuster. Sie ist teils dicht behaart, teils kahl. Die Blätter einschließlich des Blattstiels sind 4–30 cm lang, meist aber 16 cm, und 2–10 cm breit, sie sind rundlich bis breitdreieckig, 7–11lappig, wenig oder stark flaumhaarig. Der Blattstiel ist dünn und dicht rauhhaarig, gleichlang oder 1,5 mal so lang wie die Blattspreite. Der schlanke kräftige Blütenstengel wird 10–50 cm hoch, meist um die 30 cm. Er trägt 1–2, selten 3 übereinanderstehende Blütenquirle mit je 5–12 Blüten. Die Blütenfarbe ist karmin, purpurn oder weinrot mit einem grünlichgelben, gelben oder orangen Auge. Leichte Kultur und gut winterhart. Samenvermehrung! ♃ ◐ ⊖ ○ ◬-▲

◁ **Primula pulverulenta,** Bemehlte Etagenprimel. Diese Art gehört zu den robusten Etagenprimeln, sie stammt aus W-Szetschuan und hat einen kräftigen Wurzelstock. Die in Rosetten stehenden Blätter werden einschließlich Blattstiel bis 30 cm lang und bis 10 cm breit. Die Blattspreite ist verkehrt-eiförmig bis verkehrt-lanzettlich, an der Spitze gerundet und nach unten zu in den geflügelten Stiel übergehend. Der Rand ist regelmäßig oder unregelmäßig scharf gezähnt, manchmal auch eigenartig gelappt. Der Blütenstengel kann bis 1 m hoch werden, normalerweise 40–50 cm. Er trägt eine Vielzahl von Quirlen. Die Blüten sitzen an 2 cm langen Stielchen, die bei der Reife später länger werden. Der Blütenschaft, die Blütenstielchen und der Kelch sind weiß bemehlt. Die Blütenfarbe ist karminpurpurn mit einem dunkleren, purpurfarbenen Auge. Liebt feuchte, lehmig-humose Böden. ♃ 〰 🅷 ◐ ○ ⊖ ▲

△

Primula rosea, Rosenprimel. Die Pflanze wächst in NW-Himalaya (Kaschmir) und Afghanistan in 2700–4000 m Höhe am Rande von schmelzenden Schneefeldern, an sonstigen feuchten Stellen und sumpfigen Matten, meist in dichten Tuffs. Die Pflanze hat einen kurzen Wurzelstock, der Blütenstiel ist bereits entwickelt, ehe die Blätter kommen. Diese sind erst zur Reifezeit voll entwickelt und dann einschließlich des Stiels 3–20 cm lang und 0,5–4 cm breit, länglich-eiförmig oder verkehrt-lanzettlich, an der Spitze stumpf oder gerundet, an der Basis gleichmäßig in den geflügelten Stiel übergehend. Dieser ist zur Blütezeit noch nicht entwickelt, hat aber später die gleiche Länge wie die Blattspreite. Der Blütenstengel ist zur Blütezeit 3–10m hoch und trägt 4–12 Blüten. Diese sind rosa, rosarot oder tiefrot mit einem gelben Auge. Benötigt unbedingt Feuchtigkeit! ♃ 〰 ⌓ ○ ⊖ ◐ △-▲

△

Primula sieboldii, Siebold-Primel. Heimat ist Japan, Transbaikalien, das Amurbecken, die Mandschurei, Korea und die N-Mongolei. In Japan schon lange Zeit eine Kulturpflanze. Die typische Art ist in Gärten nur noch selten zu finden. Die Pflanze ist mehr oder weniger behaart, die Blätter einschließlich des Blattstiels sind bis 20 cm lang und 2–10 cm breit. Die Blattspreite ist oval bis länglich-oval und an der Basis herzförmig, der Rand ist regelmäßig gelappt. Der kräfige Blütenstengel wird 15–30 cm hoch, an zusagenden Plätzen bis 40 cm. Er trägt eine Dolde, manchmal auch zwei übereinander, mit 2–15 Blüten. Die Form und Farbe der vielen, besonders in Japan gezüchteten Sorten ist sehr unterschiedlich. Meist ist die Farbe rosaviolett, lilapurpur, tiefkarmin oder weiß. Die farbigen Sorten haben ein weißes Auge. Liebt lockere, humose, mildfeuchte Erde. Zieht schon bald nach der Blüte ein. ♃ ◐ ⊖ ○ △-▲

Primula spectabilis, Prachtprimel, Prächtige Schlüsselblume. Wächst in den Judikarischen und Veroneser Alpen auf Kalkfels in feuchtschattiger Lage. Höher gelegene Vorkommen im mageren steinigen Rasen oder im schwarzen Humus auf Kalk. Die Pflanze hat einen kräftigen Wurzelstock, die grünen Teile sind fast kahl, außer sehr kleinen Drüsenhaaren am Kelch. Sie hat eine typische, flache Rosette. Die Blätter sind bis 10 cm lang und bis 4 cm breit, verkehrt-eiförmig bis eiförmig oder rhombisch, etwas steif, glänzend, klebrig, grasgrün mit weißem Knorpelrand. Der Blütenstengel ist 2–16 cm hoch, meist aber 10 cm, gleichlang wie die Laubblätter oder etwas länger. Die Blütenkrone ist auffallend rosenrot, auch violettrosa oder rosa Typen sind bekannt. Liebt in Kultur halbschattigen Platz und humosen Boden. Verträgt gut leichte Gaben von verrottetem Rinderdung. ♃ ⌓ ⊞ 🅃 ◐ ⊖ ○ △-▲ ▷

Primula × venusta (*Primula auricula × P. carniolica*). Eine Naturhybride, die in den Julischen Alpen wächst. Eine wunderschöne Primel, die schon lange in Kultur ist. Großer flacher Blütensaum in allerlei rötlichen Farben, manchmal auch in dunkelkarminlila und mit weißem Schlundring. Blüht für Arten und Naturhybriden der Sektion Auricula sehr reich. Liebt zwar ebenfalls etwas halbschattige Plätze, verträgt aber mehr Sonne als andere Arten, so daß sie selbst in einem sonnigen Trog zurechtkommt. Nach der Blüte darf diese Primel nicht zu feucht gehalten werden, sie liebt Kalk. Diese Naturhybride soll auch an die vielen Aurikeln erinnern, deren Eltern zwar unterschiedlich sind (*P. auricula × P. hirsuta*) aber in etwa die gleichen Ansprüche haben und die es in verschiedenen Blütenfarben und farbigen Kombinationen gibt. Schön neben bläulichen Schwingel-Arten. ♃ ⁝ ⊞ ⊤ ◐ ○ ⊖ ⚠-△ ▷

Primula veris, Apothekerprimel, Frühlingsschlüsselblume. Wächst von S-Mitteleuropa bis S-Frankreich und N-Spanien. Unterarten auch in Sibirien, Vorder- und M-Asien. Heimische Wiesenpflanze, die mehr Trockenheit verträgt als *P. elatior.* Hat einen kurzen Wurzelstock, die grünen Pflanzenteile sind kurzhaarig-samtig. Die Blätter sind im knospigen Zustand nach hinten eingerollt, mit welligem Rand und runzelig, eiförmig bis eilänglich, an der Spitze gerundet und nach unten in den geflügelten Stiel verschmälert. Der Rand ist unregelmäßig geschweift-gezähnt. Der Blütenstengel ist zur Blütezeit 2–20 cm lang, er trägt eine vielblütige Dolde. Die Blütenkrone ist duftend, kräftig gelb, mit 5 orangefarbenen Flecken, Durchmesser 10–20 mm. Der Kelch ist glockenförmig aufgeblasen. Neben all den anderen Primelarten sollte auch unsere Apothekerprimel im Steingarten nicht fehlen. ♃ ⊞ ○ ◐ ⚠-▲ ▷

Primula vulgaris (*Primula acaulis*), Kissenprimel, Schaftlose Schlüsselblume. W-, S- und südliches M-Europa sind die Heimatgebiete dieser Primel. Wächst gut auf mittelfeuchten Böden, meist in leicht beschatteter Lage in lichten Laubwäldern. Sie ist eine perennierende Pflanze mit kurzem Wurzelstock, die 5–15 cm hoch wird. Die Blätter sind in der Knospenanlage nach hinten eingerollt, zur Blütezeit sind sie etwa 3–6 cm lang, später etwas größer. Der Rand ist unregelmäßig, stumpf gezähnt und eingerollt, die Blattspreite ist runzelig, häutig, länglich, vorne abgerundet und allmählich in den kurzen, geflügelten Stiel verschmälert. Mehrere grundständige Blüten entspringen einer Blattrosette. Die Krone ist geruchlos und meist schwefelgelb. Am Grund befinden sich 5 dreieckige, orange Flecken. In Steinanlagen hat die Art, die sich auch gerne selbst aussät, ihre Berechtigung. ♃ ⌓ ⁝ ◐ ⊖ ○ ⚠-▲
▽

◁ **Primula vialii,** Orchideenprimel. Die Heimat dieser hübschen und interessanten Primel ist Jünnan, wo sie in Höhen von 3100–3900 m auf trockenen, steinigen Wiesen und zwischen immergrünen Gehölzen wächst. Die Blätter sind breit-lanzettlich, 20–30 cm lang und 3–5 cm breit, an der Spitze gerundet und nach unten verschmälert in den geflügelten Stiel übergehend. Der Rand ist unregelmäßig gezähnt, beide Blattseiten sind behaart. Der Blütenstiel, der an der Spitze bemehlt ist, variiert zwischen 30 und 60 cm, er endet in der vielblütigen, dichten Ähre, die 6–13 cm lang ist. Der Kelch der ungeöffneten Blüten ist scharlachkarmin gefärbt, die Blüten selbst, die sich von unten nach oben öffnen, sind lavendelblau. Wunderschön, aber nicht sehr ausdauernd. Treibt im Frühling ziemlich spät aus. Liebt einen feuchten, humosen, saueren Boden. Die Samenanzucht ist nicht schwierig. ♃ ⏦ ⊟ Ⓗ ◐ ⊖ ○ △-▲

Prunus kurilense 'Brillant', Kleine Kurilenkirsche. Beheimat in N-Japan und auf den Kurilen. Diese kleine Kirsche wurde erst in den letzten Jahren stärker verbreitet. Mit einer Höhe von etwa 1 m (vereinzelt auch höher) ist diese einfach blühende Pflanze gut in Steinanlagen zu verwenden. Der kleine, buschige Strauch ist zudem langsam wachsend, so daß die Proportionen nicht so schnell gesprengt werden. Sie ist nahe verwandt mit *P. nipponica*, der Japanischen Alpenkirsche. *P. kurilense* 'Brillant' hat grobgezähntes Laub, das rostig-braun im Austrieb ist. Die Blüten erscheinen schon im April, ehe sich die Blätter entwickeln. Die Sorte 'Brillant' ist enorm reichblühend. Die Einzelblüten sind weiß, oft mit einem Anflug von Rosa. Die Art entwickelt später purpurschwarze Früchte. Durch die nördliche Herkunft bedingt ist dieser kleine Strauch auch außerordentlich winterhart. ♄ 🄷 ○ ◐ ▲
▽

◁ **Primula 'Wockei'** (*Primula* × *wockei*). Diese Primel der Auricula-Sektion ist aus einer Kreuzung der Hybride *P.* × *arctotis* mit *P. marginata* hervorgegangen, die vor dem 2. Weltkrieg in der Alpenpflanzengärtnerei Wocke in Oliva bei Danzig entstanden ist. Die Pflanze hat grüne, mehr rundliche Blätter, die etwas weniger stark gesägt sind. Sie ist gedrungen wachsend, aber insgesamt wüchsig und hat kräftig lila Blüten, auf dem Bild leider ins Rötliche verfälscht. Alle Hybriden von *P. marginata* sind wichtige Pflanzen für den Steingarten, vertragen sie doch meist auch sonnige und trockenere Lagen. Weitere solche Hybriden sind beispielsweise 'Rhenania' mit dunklen, malvenfarbenen Blüten. In England ist es besonders 'Beatrice Wooster', die aus einer Kreuzung von *P. allionii* mit *P. marginata* hervorgegangen ist und gerne gepflanzt wird. Ferner die Sorte 'Marven' und weitere. ♃ ⌓ ⁞ ⊞ 🅃 ◐ ○ ⊖ △-▲

Prunella grandiflora, Braunelle, Labiatae (Lamiaceae), Lippenblütler (Taubnesselgewächse). Wächst in Europa, dem Mittelmeergebiet, Kleinasien und dem Kaukasus. Diese europäische Wiesenpflanze bildet durch den kriechenden Wuchs schöne bodendeckende Flächen. Sie hat ganzrandige bis leicht fiederspaltige Blätter und blauviolette, dichtstehende Blütenähren. Sie kann unter günstigen Umständen bis 25 cm hoch werden, bleibt aber meist niedriger. Die Triebe sind oft violett überlaufen. Sie blüht von Juni-August, manchmal auch Nachblüten. Meist kommt die Art auf kalkreichen Böden vor, was man auch im Garten berücksichtigen sollte. Insgesamt eine Art für warme, trockene Stellen. Manchmal muß der Wuchs in Steinanlagen etwas eingedämmt werden. Die Art wird weniger gepflanzt, häufiger dagegen die Sorten 'Alba' (weiß), 'Loveliness' (hellviolett) und 'Rosea' (rosa). ♃ ⟿ ⌓ ⁞ ⊞ ○ ◐ △-▲
▽

Prunus glandulosa 'Alboplena', Weißgefüllte Zwergzierkirsche, Rosaceae, Rosengewächse. Die Heimat dieses kleinen strauchigen Gehölzes sind Japan und China. Während die allermeisten Zierkirschen für Steingärten zu groß werden, kann die abgebildete Pflanze durchaus in nicht zu kleinen Anlagen gepflanzt werden. Die Art selbst spielt keine große Rolle, aber 'Alboplena' überrascht im Mai mit reinweißen, dicht gefüllten Blüten. Diese sind etwa 2,5 cm im Durchmesser und sie erscheinen fast auf der gesamten Länge der vorjährigen Zweige. Die Pflanze verträgt auch etwas halbschattige Plätze. Wird sie etwas zu groß oder zu sparrig, kann man ohne weiteres zurückschneiden, was sie gut verträgt. Dies hilft auch gut gegen den Befall durch die *Monila*-Pilzkrankheit. Die Pflanze wird in den meisten Fällen nur etwas über 1 m hoch, das Höhenwachstum ist aber sehr standortabhängig. ♄ 🄷 ○ ◐ ⊖ ▲ ▷

◁ **Prunus prostrata,** Rosa Polsterkirsche. Diese Art wächst in Gebieten, die von Spanien durch den Atlas bis nach Kleinasien, N-Persien bis zum Himalaja reichen. Sie besiedelt dort meist felsig-steinige Hänge und überzieht mit ihrem spalierartigen Wuchs oft auch größere Felsblöcke. Insgesamt in Höhenlagen zwischen 1000 und 3000 m vorkommend. Diese Kirsche wächst ausgebreitet-sparrig und knorrig, sie wird meist nur 20–30 cm hoch, ist aber vielgestaltig und kann auch unter Umständen 50–100 cm Höhe erreichen. Nicht wegen der Höhe, sondern wegen ihres Breitenwachstums beschränkt sich ihre Verwendung auf größere Anlagen. Der Strauch ist sommergrün und trägt eiförmige, etwa 1,5 cm lange, feingezähnte Blätter, die unterseits meist weißfilzig sind. Zusammen mit dem Austrieb öffnen sich im Mai die schönen rosa Blüten, Durchmesser 1,2 cm, mit röhrenglockigem Kelch. ♄ 🄷 ○ ⚠

Ptilotrichum spinosum 'Coccineum' (*Alyssum spinosum*), Strauchiges Steinkraut, Cruciferae (Brassicaceae), Kreuzblütler (Kohlgewächse). Wächst in O- und S- Spanien, S-Frankreich, Algerien, Marokko. Es ist ein rundlicher, stark verzweigter Strauch, der im Garten kaum über 30 cm hoch wird, im Gegensatz zum Naturstandort, wo er oft höher werden kann. Die Pflanze hat charakteristische Sproßdornen. Die Blätter der nicht blühenden Rosetten sind verkehrt-eiförmig bis spatelförmig. Die der blühenden Triebe sind mehr lineal-lanzettlich, alle aber silberschuppig. Zur Blütezeit im Mai-Juni verströmen die Pflanzen einen süßen Honigduft. Die Blüten stehen in dichten Doldentrauben und können weiß-rosa oder dunkelrosarot gefärbt sein. Die leuchtendsten Farben hat wohl die abgebildete Sorte 'Coccineum'. Die Pflanze liebt vollsonnige Lagen und einen gut durchlässigen Boden. ♄ ⌓ ⁞ 🅃 ○ △-⚠
▽

Prunus tenella (*Amygdalus nana*), Russische Zwergmandel. Wächst im östlichen M-Europa, M-Asien und O-Sibirien, meist in steppenartigen Gebieten mit Gebüschvegetation. Die Pflanze kann 50–150 cm hoch werden, bewegt sich jedoch meist im unteren Bereich zwischen 50 und 100 cm. Eine hübsche Pflanze, deren Nachteil lediglich die etwas unkontrollierbare Ausbreitung durch Ausläufer ist. Es ist ein kleiner, feinverzweigter und vieltriebiger, sommergrüner Strauch. Die Zweige sind kahl, grün bis braun und glänzend. Sie färben sich im zweiten Jahr mehr silbergrau. Die 3 cm langen Blätter sind schmal elliptisch bis verkehrt-eirund oder verkehrt-lanzettlich, derb und am Rande scharf gesägt. Die Blüten sind rosarot und haben einen Durchmesser von etwa 2 cm, sie sitzen zwar meist einzeln, aber dicht gedrängt entlang der Vorjahrstriebe. Sie erscheinen mit den Blättern im April-Mai. ♄ 🄷 ○ ⚠ ▷

Pulmonaria officinalis, Lungenkraut, Boraginaceae, Rauhblattgewächse. Wächst in Europa von Holland und S-Schweden, südlich bis N-Italien und Bulgarien. Diese bis 25 cm hohe Mullbodenpflanze der Laubmischwälder liebt nährstoffreiche, kalkhaltige Böden. Die Blätter sind rauhhaarig, am Grunde herzförmig und nicht in einem Stiel verschmälert. Diese sind entweder einheitlich grün oder gefleckt, dann aber nicht sehr deutlich und nicht ineinanderlaufend. Die Blüten sind beim Öffnen rosa, werden dann aber mehr violett; sie erscheinen von März bis April und es kommt leicht zur Selbstaussaat. Es gibt davon auch eine weiße Form ('Alba'). Diese Art paßt gut in naturnahe Gestaltungen, sie ist aber nicht die attraktivste Art unter den Lungenkräutern. Schöner ist *P. angustifolia* und besonders die Farbsorten 'Alba' (weiß), 'Azurea' (enzianblau), 'Munstead Blue' (blau, wüchsig). ♃ ◐ ⊖ △-⚠ ▷

◁ **Pulmonaria rubra** (*Pulmonaria montana*), Rotblühendes Lungenkraut. In den Karpaten und Gebirgen des Balkans. Stattliches Lungenkraut, bis zu 30 cm hoch werdend, vereinzelt auch noch höher. Die Pflanze ist weich behaart und die Blätter sind hellgrün und ungefleckt, eirund bis elliptisch-lanzettlich, unten plötzlich in den Stiel verschmälert, weichbehaart, unregelmäßig borstig oder drüsenhaarig. Blüht schon zeitig im März-April mit ziegelroten Blüten. Die Pflanze wächst nicht ganz so kompakt wie andere Lungenkräuter. Von dieser Art gibt es besonders in England einige schöne Formen und Hybriden. So 'Bowles Red' (korallenrote Blüten und weißgeflecktes Laub), 'David Ward' (mit rosettenformenden fahlgrünen Blättern und korallenroten Blüten), 'Red Start' (hat hellere rote Blüten). Als Pflanze für die Vergesellschaftung mit Gehölzen geeignet, aber auch im Steingarten schön. ♃ [H] ◐ ⊖ ○ ▲

Pulsatilla albana, Gelbe Kaukasusschelle, ▷ Ranunculaceae, Hahnenfußgewächse. Wächst im Kaukasus und der NO-Türkei. Die Art und auch *P. albana* var. *andina* haben gelbe Blüten, lediglich *P. a.* var. *georgica* und *P. a.* var. *violacea* sind andersfarbig, deshalb ist die Schreibweise *P. albana* 'Lutea' falsch. Zur Blütezeit ist die Staude 5–18 cm hoch, zur Reifezeit dagegen bis 30 cm. Die Blätter sind 2,5–6 cm lang, länglich in der Außenlinie und doppeltfiederschnittig mit 3–4 Paar Hauptsegmenten. Sie sind hell- bis mittelgrün und oft graugrün behaart. Die Blüten sind klein, überhängend bis schräg aufwärts stehend und hellgelb bis dunkelgelb gefärbt. Die Blütezeit liegt im Mai. Wegen der bei dieser Gattung nicht sehr häufigen gelben Blütenfarbe eine gesuchte Steingartenpflanze. Sie ist nicht sehr schwierig, gut ausdauernd, meidet jedoch Plätze in praller Sonne. Gute Dränage! ♃ ⊞ [T] ◐ ⊖ ○ △-▲

△

Pulsatilla albana var. georgica (*Pulsatilla georgica*), Georgische Kuhschelle. Die Blütenfarbe dieser Varietät ist sehr unterschiedlich. Sie wird mit fahl rosalila, fahl lila angegeben, in den Gärten von M-Europa findet sich eine Form, die aus dem Kaukasus stammt und ein eher tiefes Mahagonirot zeigt. Das Laub ist sehr schmal gefiedert, die Blüten stehen eher aufrecht. Es gibt gewisse Zweifel hinsichtlich der Echtheit. Unabhängig davon ist es eine interessante Pflanze wie auch viele andere Pulsatillen. Man verfügt mit diesen Arten über ausdauernde Stauden, wenn nur darauf geachtet wird, daß der Wurzelbereich nicht zu naß ist. Die Ansprüche hinsichtlich der Bodenreaktion sind von Art zu Art unterschiedlich und müssen berücksichtigt werden. So ist *P. vernalis* ein ausgesprochener Kalkflieher, während z. B. *P. vulgaris* Kalk im Substrat benötigt. Vermehrung durch Aussaat. ♃ [T] ○ ⊖ ◐ △-▲

Pulsatilla alpina ssp. apiifolia (*Anemone alpina*), Schwefelanemone. ▷ Wächst in den Alpen, dem Apennin, Korsika, den Pyrenäen und in spanischen Gebirgen. So schön die Pflanze im Gebirge ist, im Tiefland ist sie nicht einfach zu halten. Die Blätter der Pflanze sind fiederschnittig und behaart. Die Blüten stehen einzeln, aufrecht und leicht hängend. Während die weißblühende *P. alpina* ssp. *alpina* in den Kalkalpen wächst und nicht ganz so schwierig ist, bleibt die gelbblühende, abgebildete *P. alpina* ssp. *apiifolia*, die in den Urgesteinsgebieten wächst, ein schwieriger Pflegling. Am ehesten führt ein mildfeuchtes, torfig-sandiges Substrat mit sauerer Bodenreaktion zum Ziel, verbunden mit hoher Luftfeuchtigkeit. Die federigen Fruchtstände sind bei diesen Pflanzen ebenfalls zierend. Vermehrung durch Aussaat, wobei die Sämlinge frühzeitig in Töpfe pikiert werden müssen. ♃ ⊟ ○ ◐ ⊖ △-▲

△
Pulsatilla flavescens, Blaßgelbe Kuhschelle. Wächst vom Ural bis M-Asien. Diese Art steht *P. patens* sehr nahe und blüht meist erst im April-Mai. Die aufrechten Blüten sind elfenbein- bis schwefelgelb, manchmal an der Außenseite etwas bläulich überhaucht. Die Blüten sind verhältnismäßig groß und sie haben im vollerblühten Zustand einen Durchmesser bis 8 cm, stehen meist aufrecht und sind mehr schalenförmig als glockig. Es ist eine attraktive Art, nachteilig ist der sehr schlechte Samenansatz, so daß sie trotz ihrer Attraktivität immer noch selten ist. Die Blätter sind stark fiederschnittig, mittel- bis dunkelgrün. Einmal angesiedelt ist diese Art sehr dauerhaft und winterhart. Sie ist allerdings etwas kalkempfindlich und liebt eine neutrale bis leicht sauere Bodenreaktion. Die Vermehrung erfolgt durch Aussaat. Die Pflanze gehört wie alle Pulsatillen zu den Kaltkeimern. ♃ ⊟ ○ ⊖ ◐ △-▲

△
Pulsatilla halleri ssp. slavica (*Pulsatilla slavica*). Vorläuferkuhschelle. Wächst besonders in den W-Karpaten. Besonders wegen der frühen Blütezeit wichtig, die manchmal noch mit der von *Adonis amurensis* zusammenfällt. Die Blütenstiele sind zur Blütezeit oft erst 5 cm hoch, sie sind zottig behaart und verlängern sich erst später. Die grundständigen Blätter sind fiederteilig und primär dreiteilig, was die Pflanze von der nahe verwandten *P. halleri* ssp. *halleri* unterscheidet. Pro Blatt sind weniger als 50 Lappen vorhanden. Die Blätter sind mehr oder weniger wollig behaart. Die großen aufrechten Blütenglocken sind dunkelviolett. Die Pflanze ist zur Reife etwa 20 cm hoch, manchmal auch noch etwas höher. Diese Pflanze, aber auch alle Unterarten (ssp. *halleri*, ssp. *rhodopaea*, ssp. *styriaca*, ssp. *taurica*) sind dankbare Pflanzen und für den Pusatillen-Sammler wertvoll. ♃ 🅃 ○ ◐ △-▲

△
Pulsatilla vernalis, Frühlings-Kuhschelle. Diese Art hat eine weites Verbreitungsgebiet, es reicht von Skandinavien bis S-Spanien, N-Italien, Bulgarien und Sibirien. Wächst dort auf trockenen Bergmatten und im Tiefland auf trockenen, heideähnlichen Wiesen. Die Pflanze gehört zu den Arten, die nicht leicht im Garten zu halten sind. Die Pflanzen sind zur Blütezeit nur 10–15 cm hoch, sie entwickeln sich aber weiter, so daß sie 30 cm erreichen können. Die Basisblätter sind kurz gestielt, immergrün und einfach gefiedert mit 3–5zähligen Abschnitten. Die Blüten sind anfangs nickend, sie richten sich dann auf, so daß sie zur Vollblüte weit geöffnet sind (Bild). Die Blüten können bis 6 cm breit werden und sind meist blaßviolett. Pflanzen anderer Herhunft können auch weiß, rosa, rötlich, violett oder blau sein. Insgesamt ist diese weitverbreitete Art ziemlich formenreich. Meidet Kalk! ♃ ⊟ 🅃 ○ ◐ △-△

Pulsatilla vulgaris (*Anemone pulsatilla*), ▷ Kuhschelle, Pelzanemone. Wächst in Europa von England und W-Frankreich, nördlich bis Schweden, östlich bis zur Ukraine. Die Pflanze siedelt dort gerne an sonnigen, trokkenen, kalkhaltigen Hängen. Sie wird bis 25 cm hoch und hat wie alle Pulsatillen fiederschnittige Blätter, die mit der Blüte oder nach der Blüte erscheinen. Insgesamt hat diese Art Blätter mit mehr als 100 Lappen. Die Blütenfarbe variiert schon in der Natur, sie ist in allen Nuancen violett, seltener finden sich weiße oder rosablühende Typen. Es gibt von dieser Pflanze auch einige Namenssorten, wie 'Rödde Klokke' (rot), 'Weißer Schwan' (weiß), 'Mrs. van der Elst' (lachsrosa). Immer häufiger werden diese durch generativ vermehrbare, bunte Mischungen verdrängt, wie die nachstehende Mischung 'Papageno'. Alles sind dankbare, ausdauernde Pflanzen. ♃ ⊞ 🅃 ○ △-▲

Pulsatilla vulgaris 'Rödde Klokke', Rotglocken-Pulsatille. Von den Namenssorten ist diese tiefrotblühende, deren Name oft unterschiedlich geschrieben wird, sicher diejenige, die am weitesten verbreitet ist. Die Blütenglocken sind zwar kleiner als bei den meisten anderen Typen und Sorten von *P. vulgaris*, was aber durch die überreiche Blüte wieder ausgeglichen wird. Hervorzuheben ist auch die Dauerhaftigkeit am gleichen Pflanzplatz, vorausgesetzt die Mindestforderungen nach voller Sonne und einem durchlässigen Substrat werden erfüllt. Die eigentliche botanische Art, *P. vulgaris*, ist zwar an kalkhaltige Substrate gebunden, bei den Hybriden scheint jedoch dieser Anspruch nicht so ausgeprägt zu sein. Der Pflanzplatz sollte gut überlegt werden, ein späteres Umpflanzen führt fast immer zu Schädigungen oder zum Totalausfall dieser Staude. Die Ansiedlung muß mit Topfballen erfolgen. ♃ ⊞ 🅃 ○ △-▲
▽

◁**Pulsatilla vulgaris 'Papageno'** ('Geschlitzte Hybriden'). Besonders den Arbeiten tschechischer Gartenfreunde ist diese neue Hybridgruppe zu verdanken, die im Samenfachhandel unter der Bezeichnung 'Papageno' angeboten wird. Die Mischung enthält eine breite Palette von schönen Farben, die von weiß über creme, leuchtend rosa, dunkelrot bis blau und violett reicht. Zudem sind die Blüten mehr oder weniger gefranst, so daß dadurch die Attraktivität noch gesteigert wird. Bei einem Teil der Sämlinge tritt zudem die Neigung zu halbgefüllten Pflanzen auf. Ein Vorteil, der bei stark züchterisch bearbeiteten Gattungen oft auftritt, macht sich auch hier bemerkbar: Die Pflanzen sind wüchsiger und unempfindlicher als die rein botanischen Arten. Die Blätter dieser Hybriden sind stark gefiedert und dicht silberhaarig, besonders während der Blütezeit, die im März-April liegt. ♃ ○ △-▲

Pyrethropsis hosmariensis (*Chrysanthemum hosmariensis*), Marokkanische Silbermargerite, Compositae (Asteraceae), Korbblütler (Asterngewächse). Wächst in Marokko, sowohl an Kalk- als auch an Silikatfelsen von 2500–4200 m Höhe, sie ist nahe mit *P. maresii* verwandt. Eigentlich ein Halbstrauch, denn die 10–30 cm hohe, im Alter bis 80 cm breite Pflanze verholzt an der Basis. Dieser Halbstrauch hat einen vielverzweigten, oft gewundenen Wurzelstock. Die Blätter sind sitzend, meist dreigeteilt, silbrig mit linealen Segmenten. Die Blütenköpfchen haben einen Durchmesser von 4–6 cm. Die Blütenscheibe ist gelb, die Zungenblüten sind weiß. Dieses Margeritenpolster ist ein echtes Schmuckstück vollsonniger Steingartenanlagen. Leider ist die Pflanze in M-Europa nicht gerade winterhart und bedarf zumindest eines guten Schutzes, außerdem liebt sie keine übermäßige Winternässe. ♃-♄ ⌒ ⌓ ⁞ ○ ▲
▽

Puschkinia scilloides var. libanotica ▷ (*Puschkinia libanotica*), Liliaceae (Hyacinthaceae), Liliengewächse (Hyazinthengewächse). Heimat ist der Libanon, wo die Pflanze zwischen Buschwerk an steinigen Plätzen wächst, auf Gebirgswiesen bis in Höhen von 3000 m. Ein reizender Frühlingsblüher, etwa 15 cm hoch werdend. Die Pflanze hat breit-lanzettliche Blättchen, meist zwei, die an der Basis stengelumfassend sind. Am Stengel entwickelt sich die bis 20blütige, dichtstehende Traube. Die Blütchen sind porzellanweiß bis lichtblau, sie haben auf den Blütenblättern einen kräftiger blauen Mittelstrich. Diese kleine Zwiebelpflanze, die oft schon im März blüht, verbreitet sich zwar auch sehr gut, wird aber nicht so lästig wie viele andere kleinblütige Zwiebelpflanzen. An den Boden werden keine besonderen Ansprüche gestellt, doch sollte er gut wasserdurchlässig sein. ♃ ⊡ 🅃 ○ ◐ △-▲

◁**Ramonda myconi** (*Ramonda pyrenaica*), Ramondie, Felsenteller, Gesneriaceae, Gesneriengewächse. Findet sich in den M- und O-Pyrenäen und in NO-Spanien an Kalkfelsen. Bildet bis zu 20 cm große Rosetten mit fleischigen, eirunden, matt-dunkelgrünen, kurzgestielten Blättern. Sie sind oberseits spärlich, unterseits dichtfilzig behaart. Von Mai bis Juni entwickeln sich die Stengel mit 1–7 Blüten, sie sind 5teilig, hell-violettblau mit gelben Staubfäden. Gärtnerisch sind auch weiß- und rosablühende Typen verbreitet. Auf diese immergrünen Rosettenstauden sollte man in Steinanlagen nicht verzichten. Sie lieben besonders Ost- und Westlagen, wo sie in engen Steinfugen sehr gut gedeihen. Einmal eingewachsen können sie uralt werden, 20jährige Pflanzen sind keine Seltenheit. Die Vermehrung ist nicht einfach, da die Teilung wenig ergiebig und die Samenanzucht schwierig ist. ♃ ⁞ ⊞ ⊖ ◐ ◬-▲

Ranunculus alpestris 'Annemarie' Gefülltblühender Alpenhahnenfuß. Wächst in den Alpen, Karpaten, Pyrenäen und dem Apennin. Gehört zu den kleinen Arten, wird nur 5–10 cm hoch. Sie hat kleine, langgestielte, rundliche Blättchen, diese sind 3–5lappig und von glänzend grüner Farbe. Die Stengel sind meist nur 1blütig. Die Blüten sind weiß und haben einen Durchmesser von etwa 2 cm, sie öffnen sich schon oft im April. Die Hahnenfuß-Gattung neigt in größerem Umfang zu eher gefüllt blühenden Typen, als dies bei anderen Gattungen der Fall ist. Das gilt auch für diese Art. Die abgebildete Pflanze ist ein solcher Typ; sie ist ein Findling meiner Frau Annemarie, wurde nach ihr benannt und ist in Gärtnereien zwischenzeitlich verbreitet. Wie die Art sollte auch sie nicht an zu sonnige Stellen gepflanzt werden, sie bevorzugt ein etwas feuchteres, nährstoffreiches Substrat. Schön in Trögen. ♃ 🅃 ◐ ⊖ ◬-△
▽

Ranunculus aconitifolius, Silberhahnenfuß, Ranunculaceae, Hahnenfußgewächse. Wächst von M-Europa bis M-Spanien, M-Italien und Kroatien, wo sie an feuchten Plätzen in Quellnähe, in lichten Wäldern, an Bachufern und auf feuchten Gebirgswiesen vorkommt. Die Pflanze ist schon in der Natur etwas variabel, die Höhe beträgt 50 cm, es gibt aber auch Typen die nur 20–30 cm hoch werden. Die langgestielten Blätter sind 3–5lappig, der mittlere Abschnitt ist frei bis zum Grund. Das Foto zeigt eine Aufnahme vom Naturstandort, wo die Pflanze zwischen *Alchemilla* (Frauenmantel) wächst. Der Blütenstengel ist reichverzweigt, er trägt weiße Blüten mit bis zu 2 cm Durchmesser. Die Pflanze ist insgesamt etwas breiter aufgebaut und paßt gut in ein wenig größere Steinanlagen. Das gilt auch für die schöne gefüllt blühende Form *R. aconitifolius* 'Pleniflorus'. ▷
♃ 🄷 ○ ⊖ ◐ ▲ 🄽

◁**Ranunculus amplexicaulis,** Stengelumfassender Hahnenfuß. Beheimatet in den Pyrenäen. Gut eingewachsene Pflanzen sind eine hübsche Bereicherung von Alpinum und Steingarten. Diese Art erreicht eine Höhe von 10–30 cm und hat einen etwas strähnigen, fleischigen Wurzelstock, der Stengel ist verzweigt. Die grundständigen Blätter sind ovallanzettlich, blaugrün bis blaugrau, manchmal vereinzelt seidenhaarig und parallel geadert. Die Stengelblätter sind stengelumfassend. Die Blüten stehen zu mehreren, sie sind weiß, vereinzelt auch etwas rosa gefärbt, sie haben einen Durchmesser von 20–25 mm. Die Petalen sind verkehrt-eiförmig bis rundlich. Manchmal sind es mehr als 5 pro Blüte. Diese hübsche Art, die besonders in naturnahen Gestaltungen verwendet wird, liebt etwas frische Stellen und einen tiefgründigen, lehmig-moorigen Boden. Vermehrung durch Aussaat, Kaltkeimer! ♃ ◐ ⊖ ○ ◬-△

◁ **Ranunculus bulbosus 'Pleniflorus',** Gefülltblühender Knollenhahnenfuß. Die Art ist in Europa, W-Asien und N-Afrika zuhause. Sie wächst dort auf Kalkmagerrasen, auf lehmigen und nährstoffreichen Böden. Die Pflanze hat einen eher knolligen Wurzelstock, die Blütenstengel werden 15–50 cm hoch, bewegen sich jedoch meist um 30 cm. Die grundständigen Blätter sind oval in der Außenlinie, 3lappig, wobei das Mittelsegment gestielt oder aufsitzend ist. Die einzelnen Segmente sind weiter geteilt oder gezähnt. Die Stengelblätter sind stark reduziert, wobei die obersten lineal-lanzettliche Lappen haben. Die Blüten stehen zu mehreren, sie sind goldgelb, seltener schwefelgelb und haben einen Durchmesser bis zu 3 cm. Die Kelchblätter sind gelbgrün und stark zurückgebogen. Die abgebildete gefüllte Form *R. bulbosus* 'Pleniflorus' ist dicht gefüllt und zeigt eine grüne Mitte. ♃ ○ ◐ △-▲

△
Ranunculus calandrinioides, Calandrinis Hahnenfuß, Weißer Atlas-Hahnenfuß. Eine Art aus Marokko, speziell Atlasgebirge. Sie hat einen dicken, fleischigen, unverzweigten Wurzelstock, aus dem sich mehrere etwa 15 cm hohe, manchmal auch etwas höhere Stengel entwickeln, die unten oft etwas rosa getönt sind. Die Blätter sind bis 6,5 cm lang, die grundständigen Blätter sind lang gestielt, lanzettlich bis oval-lanzettlich, ganzrandig, am Rand oft etwas gewellt, blaugrün mit parallelen Adern. Die Stengel sind 1–3blütig, die Blütenfarbe ist weiß und beim Öffnen stärker, später etwas weniger rosa getönt. Manchmal bis 5 cm im Durchmesser. Die Kelchblätter sind leicht rot getönt. Bevorzugt ein durchlässiges, steiniges Substrat, volle Sonne, im Sommer eher trocken. Die Pflanze zieht ein, treibt aber im Herbst wieder aus. Vermehrung durch Aussaat, manchmal auch Selbstaussaat. ♃ ⌂ ○ ▲-△

△
Ranunculus ficaria 'Brazzen Hussy', Braunblätteriges Scharbockskraut. Die Art ist in Europa weit verbreitet, im Mittelmeergebiet, Vorderasien und N-Afrika. Neben den etwas faserigen Wurzeln bildet die Pflanze Knollen aus, die Blätter sind breit-eiförmig mit herzförmigem Grund. Der Blütenstengel wird bis 15 cm hoch, ist manchmal aber auch niederliegend. Die Art ist ein liebenswertes Unkraut, das man bei massenhaftem Auftreten im Frühling oft verwünscht, das man aber dann doch in angenehmer Erinnerung behält. Man sollte aber von der Verwendung in Steinanlagen Abstand nehmen. Wegen des weiten Verbreitungsgebietes ist die Art ziemlich variabel. In Kultur sind noch verschiedene Farbvarianten, gefüllt blühende Typen und solche mit abweichenden Blättern hinzugekommen. Diese verhalten sich gesitteter. 'Brazzen Hussy' hat schokoladenbraune Blätter und gelbe Blüten. ♃ ⁓ ⌓ ○ ◐ ▲-▲

Ranunculus ficaria 'Colarette', Gefülltes ▷ Scharbockskraut. Wie schon erwähnt, kommt es bei dieser Gattung oft zur Bildung von gefülltblühenden Typen, wie bei dieser Sorte. Bildet dichte Blattpolster, die etwas gezeichnet sind und die zahlreichen, kleinen, gelben Blüten sind gefüllt, im Zentrum etwas grün. Die äußeren Petalen haben dabei ihre Zungenform beibehalten. Man könnte sie als anemonenblütig bezeichnen. Auf solche kleinen Kostbarkeiten sollte man nicht verzichten, auch wenn alle Formen und Sorten von *R. ficaria* schon bald nach der Blütezeit wieder einziehen. All das geschieht fast unmerklich und selbst die zurückgebliebenen Pflanzenreste fallen kaum auf. Im Laufe des Winters, spätestens im zeitigen Frühling, entwickeln sich die Blattpolster neu. Die Pflanzen können ruhig an einem trockenen Platz stehen, lediglich im Frühling benötigen sie genügend Feuchtigkeit. ♃ ⁓ ⌓ ○ ◐ ⊖ ▲-▲

Ranunculus ficaria 'Cupreus' ('Aurantiacus'). Orangeblütiges Scharbockskraut. Mit dieser Sorte steht ein leuchtend orange blühendes Scharbockskraut zur Verfügung. Es wächst etwas stärker als andere Sorten, ist aber keinesfalls so wuchernd wie die gelbblühende Art aus der Natur. 'Cupreus' besitzt einen weiteren Vorteil: Neben den schönen, glänzenden, orangen Blüten hat es stark marmorierte Blätter. Vermehrt werden all diese Sorten durch Teilung während der Vegetationsperiode oder auch erst nach dem Einziehen. Dann muß man sich jedoch die Stelle markieren, damit man die Knöllchen später findet. Das Einziehen der Pflanze beginnt oft schon wieder Ende Mai. Damit hinterher kein leerer Platz entsteht, sollte man geeignete Partner aussuchen, die den Platz zumindest teilweise ausfüllen. Dazu gehören beispielsweise kleine *Hosta*, die ziemlich spät austreiben. ♃ ⁓ ⌓ ○ ◐ ⊖ △-▲ ▷

△
Ranunculus ficaria 'Double Cream', Gefülltes Cremescharbockskraut. Eine weitere hübsche Sorte, die im Zuwachs wesentlich gebremster ist. Die gefüllten Blüten sind größer als bei anderen gefüllt blühenden Sorten. Die Oberseite der Petalen ist cremefarben, die Unterseite mehr grau gefärbt. Es sind weniger Staubblätter vorhanden als bei anderen Sorten. Die Blätter zeigen eine hübsche Marmorierung. All diese Sorten sind besonders in M-Europa leider noch nicht so verbreitet, wie sie es verdienen. Auf das zwar kurze aber schöne Gastspiel im Frühling sollte man nicht verzichten. Wer schneller größere Polster haben möchte, setzt 3er oder 5er Gruppen, die dann schnell zusammenwachsen. Die aufgeführten Sorten sind nur eine Auswahl, es gibt weitere, wie 'E.A.Bowles' (goldgelb, anemonenartige Blüten), 'Randall's White' (cremefarben), 'Whiskey Double' (gelb gefüllt). ♃ ⌓ T ○ ⊖ ◐ △-▲

△
Ranunculus glacialis, Gletscherhahnenfuß. Wächst in den Alpen, Pyrenäen, der Sierra Nevada, Island, Grönland. Außer in den arktischen Gebieten immer in großer Höhenlage. (Am Finsterahorn noch in 4275 m Höhe.) Eine kleine Staude, sie ist unbehaart bis auf den Kelch. Die Pflanze hat einen faserartigen Wurzelstock und kräftige Stengel, sie wird 4–25 cm hoch. Die grundständigen Blätter sind dunkelgrün, etwas fleischig, 3lappig. Die Lappen sind gestielt und tief geteilt. Die Stengelblätter sind kleiner, kurz gestielt oder aufsitzend. Die 1–3 Blüten sind weiß oder fahlrosa, sie werden nach der Befruchtung stärker rötlich. Die Pflanze ist ein ausgesprochener Kalkflieher. Darüber hinaus gehört die Pflanze zu denjenigen, die in Tieflandgärten äußerst schwierig zu kultivieren sind. Nur der erfahrene Steingartenspezialist sollte es versuchen. Sonst gibt es andere, leichter gedeihende Arten. ♃ ⊟ ○ ◐ ⊖ △-△ N

Ranunculus gramineus, Grasblätteriger Hahnenfuß. Ein Hahnenfuß, der in SW-Europa und NW-Afrika zu Hause ist. Die schlanke Pflanze wird bis 30 cm hoch, manchmal auch noch etwas höher. Der Wurzelstock ist kurz und dick, faserschopfig und mit fleischigen Wurzelbüscheln versehen. Das grundständige Laub ist lineal bis lanzettlich, ganzrandig, flach, graugrün, kahl oder behaart. Die Stengel stehen aufrecht und sind nicht stark verzweigt. Die wenigen Stengelblätter sind sitzend. Pro Stengel entwickeln sich 1–3 Blüten. Sie sind zitronengelb und haben einen Durchmesser von etwa 2 cm. Die Blütezeit liegt im Mai-Juni. Die Pflanze zieht bald nach der Blüte ein, was man hinsichtlich der Benachbarung berücksichtigen sollte. Bereits im Herbst sind aber die neuen grundständigen Blätter schon wieder sichtbar. Nicht schwierig, schön zusammen mit *Linum narbonense*. ♃ ○ ◐ △-▲ ▷

◁ **Ranunculus montanus 'Flore Pleno',** Gefüllter Berghahnenfuß. Wächst im Jura, im S-Schwarzwald, N- und M-Alpen. 10–20 cm hohe Staude mit kurzem, walzenartigem Wurzelstock. Die grundständigen Blätter sind gestielt, sie sind 3–5spaltig mit keiligen, am Rande stumpfen Abschnitten. Die Stengel sind 1blütig, wenig verzweigt, aufrecht, kahl oder angedrückt behaart. Die Art ist nicht so wichtig, besser ist die großblütige Sorte 'Molten Gold'. Ein schöne und wichtige Pflanze ist auch die gefüllt blühende Form, *R. montanus* 'Flore Pleno'. Die kleinen, rundlichen, gelblichen Blütenköpfchen haben den Vorteil, daß sie wesentlich länger blühen als die einfachblühende Art. Der Berghahnenfuß und seine gefüllt blühende Form ziehen einige Zeit nach der Blüte ein. Sie bevorzugen nicht zu trockenen Boden, der nährstoffreich und etwas anlehmig sein sollte. Schön zu stengellosen Enzianen. ♃ ⌓ 🅃 ○ ◐ ⊖ ◬-△

Ranunculus pyrenaeus, Pyrenäen-Hahnenfuß. Diese Art kommt in den Alpen (Seealpen, Kärnten und Zentralalpen), in den Pyrenäen, in spanischen Gebirgen und auf Korsika vor, meist auf Wiesen, auf saueren Böden in Höhenlagen von 1500–3000 m. Es ist eine unbehaarte, bis 15–20 cm hohe Staude. Die Blätter sind lineal bis breitlanzettlich, sitzend, dunkelgrün. Auch die Stengelblätter sind sitzend. Die Stengel sind einfach und einblütig oder verzweigt und mehrblütig. Der Blütenstiel ist gefurcht und behaart. Die 1–10 Blüten sind weiß und haben einen Durchmesser von 2–3 cm. Der Kelch ist düsterweiß und unbehaart, die Petalen sind verkehrteiförmig, einzelne sind gelegentlich verkümmert oder sie fehlen ganz. Die Blütezeit liegt im Juni-Juli. Im Garten nicht immer ganz einfach, besonders in Kalkgegenden. Deshalb einen steinig-humosen, saueren, etwas anlehmigen Boden geben. ♃ ⊟ ○ ◐ ◬-▲ 🄽 ▽

Ranunculus seguieri, Seguiers Hahnenfuß. Wächst im Westen der Provence, der Dauphiné und den Seealpen bis nach Kärnten und der Krain. Auch im südlichen Jura und im Apennin, meist auf feuchtem Felsschutt, stets auf Kalkunterlage. Ein kleiner Hahnenfuß, der nur 5–10 cm hoch wird. Die Blätter sind 3–5fach handförmig geteilt, die Lappen sind scharf zugespitzt und etwas fleischig. Der Stengel und die Blätter sind oft weißhaarig, verkahlend. Die Stengel sind 1–3blütig, die weißen Blüten sind verhältnismäßig groß, mit einem Durchmesser von 2,5 cm. Sie erscheinen vom April bis Mai. Es ist eine hübsche Pflanze, die allerdings nur dem erfahrenen Pfleger empfohlen werden kann, wenn sie auch etwas einfacher zu kultivieren ist als die ähnliche *R. glacialis.* Man muß versuchen, die natürlichen Gegebenheiten mit feuchtem, steinigem Substrat einigermaßen nachzuempfinden. ♃ ⊞ ○ ◐ ⊖ ◬-△ 🄽 ▽

Raoulia australis, Silbergrauer Schafsteppich, Compositae (Asteraceae), Korbblütler (Asterngewächse). Beheimatet in Neuseeland, sowohl auf der N- als auch auf der S-Insel. Dort auf unbewachsenen Böden und in trokkenen, kiesigen Flußbetten, vom Flachland bis in 1600 m Höhe. Eine Staude, die ganz flache, silberweiße, dichte Matten bildet. Ihre Triebe sind verzweigt, ausgebreitet und wurzelnd. Diese können am zusagenden Ort im Alter bis 1 m Durchmesser erreichen. Die Blättchen sind nur etwa 2 mm groß, spatelförmig, dicht dachziegelartig überlappend. Sie sind einnervig, im unteren Teil kahl, im oberen dicht silberweiß-filzig. Die Blütenköpfe sind unscheinbar und haben einen Durchmesser bis 5 mm. Die Hüllblätter haben gelbliche Spitzen. Blütezeit Juli-August. Die großen, flachen Silberpolster sind auffallend, bevorzugt für Neuseelandgruppen. ▷
♃ ⁓ ⌓ ◬ ⋀ 🅃 ○ ◐ ⊖ ◬-▲

Rhodiola arctica, Arktische Rosenwurz, Crassulaceae, Dickblattgewächse. Arktische und subarktische Gebiete. Die Stellung dieser Art ist etwas unklar, sie hat gewisse Ähnlichkeiten mit *R. hederodonta.* Keinesfalls darf diese Pflanze mit *Sedum arcticum* (*Sedum villosum* var. *arcticum*), einer annuellen Pflanze, verwechselt werden. *Rhodiola* waren früher der Gattung *Sedum* eingegliedert. Alle Rosenwurz-Arten (*Rhodiola*) sind eher Pflanzen für den Sammler von Dickblattgewächsen oder speziell für das Alpinum. Die arktische Rosenwurz wird etwa 15–25 cm hoch. Aus einem fleischigen, vielköpfigen Wurzelstock entwickeln sich die starken unverzweigten Triebe, sie bilden halbkugelige Büsche. Die Blätter sind wechselständig, drei eckig-oval und bläulich. Blüten in endständigen kleinen Köpfen, sie sind trüb rötlich gefärbt. Die Abbildung gibt zwei Jungpflanzen wieder. ♃ ⁞ ○ ◐ ⧊-⧊
▽

◁ **Raoulia glabra,** Kahler Schafsteppich. Ebenfalls aus Neuseeland, wo sie an grasigen Matten und offenen Stellen, vom Flachland bis in 1300 m Höhe wächst. Bildet flach aufliegende Stengel, die locker verzweigt sind und wurzeln. Die Ästchen sind aufsteigend. Die Matten können 30 cm Durchmesser haben oder noch mehr. Die gelblich bis lichtgrünen Blättchen messen 3–5 mm. Sie sind zum Teil locker dachziegelartig oder etwas entfernt übereinanderstehend, länglich-lineal oder lineal-zungenförmig, 3nervig, flach, meist kahl, seltener spärlich silbrig behaart. Blütenköpfchen bis 9 mm im Durchmesser mit 30–50 Strahlenblüten. Die inneren Hüllblätter haben weiße, strahlige Spitzen. Diese Art mit den etwas größeren Blüten sieht zur Blütezeit im Juni-Juli hübsch aus. Wichtig ist ein gut durchlässiger Boden. *Raoulia*-Arten sind in M-Europa empfindlich gegen Winternässe. ♃ ⁓ ⌓ ⌂ ⋀ 🅃 ○ ◐ ⊖ ⧊-⧊

Rhodiola kirilowii var. rubrum (*Rhodiola kirilowii* 'Braunrote Form'), Kirilows Rosenwurz. Wächst in M-Asien, Tibet, China und der Mongolei. Sie hat einen fleischigen, dichten, verlängerten und verzweigten Wurzelstock. Die Triebe stehen aufrecht, werden 30 cm hoch und sind dicht beblättert. Die Blätter sind gestielt, mehr oder weniger lanzettlich bis lineal, spitz, 25–40 mm lang, 6 mm breit und unregelmäßig scharf gezähnt, grün. Der dichte Blütenstand ist halbkugelig und zeigt grünlichgelbe Blüten, die im Mai erscheinen. Die abgebildete *R. kirilowii* var. *rubrum* hat braunrote Blüten, die Blätter sind kaum gezähnelt. Von ihr gibt es Formen mit auffallenderen Rottönen, die diese *Rhodiola* auch von der Blüte her attraktiv machen, während sonst der Habitus den Blickfang bildet. Eine gartenwürdige Rosenwurz-Art, die allerdings nach der Blüte bald einzieht.
♃ ○ ◐ △-⧊
▽

◁ **Rhodiola heterodonta** (*Sedum heterodontum*), Verschiedenzähnige Rosenwurz. Diese Art ist im W-Himalaja, in Tibet, Afghanistan in größeren Höhenlagen verbreitet. Die Pflanze wird 30–40 cm hoch. Sie hat einen verlängerten, fleischigen, vielköpfigen Wurzelstock. Die Triebe sind aufrecht, sie bilden als ältere Pflanzen halbkugelige Büsche. Die Blätter sind rötlich-bläulich, dreieckig-oval, klein, wechselständig, dicht stehend und unregelmäßig grob gezähnt. Die Blättchen werden 12–18 mm lang und 12 mm breit. Die Blüten bilden trüb grünlichgelbe bis trüb rötliche kleine Köpfe. Es ist sicher keine sehr auffallende Pflanze, die mit den leuchtenden Blüten der vielen Blütenpolster des Steingartens konkurrieren kann, aber die kugeligen, roten Triebknospen über dem blauroten Laub haben im Frühling einen eigenartigen Reiz. Die Vermehrung erfolgt meist durch Teilung. ♃ ⌓ ○ ◐ ⊖ ⧊-⧊

◁ **Rhodiola primuloides** (*Sedum pachyclados*), Polsterrosenwurz. Beheimatet in SW-China (Jünnan, Szetschuan). Viele Jahre geisterte diese Art als *Sedum pachyclados* durch die Literatur und die Gärtnereien, die diesen Namen wohl noch länger beibehalten werden. Bildet oft große 3–10 cm hohe Polster. Das Rhizom ist verzweigt, mehr oder weniger dick. Die Blätter sind kreisrund in Rosetten angeordnet, 30–50 pro Rosette, die einen Durchmesser von 2–3,5 cm haben, sie sind ausdauernd. Die Blätter sind ganzrandig und fein warzig. Die Blütenstengel sind 3–5 cm lang, die Stengelblätter stehen wechselständig. Die Blüten haben einen Durchmesser von 6–8 mm, sie stehen einzeln oder bis zu 3. Meist zeigen sie ein fahles Rosa oder sind weißlich, die Staubfäden sind gelb. Diese Pflanze wird primär nicht wegen ihrer Blüte gepflanzt, sondern wegen der blaugrünen Rosettenpolster. ♃ ⁓ ⌓ ⁝ 🅃 ○ ◐ ⊖ △-▲

Rhodiola rosea ssp. atropurpureum (*Rhodiola rosea* 'Braunrote Alaska-Form'), Nordische Rosenwurz. Wächst in Sibirien, Kamtschatka und Alaska. Die Pflanze ist nahe verwandt mit der Rosenwurz der Alpen und der Pyrenäen, der auffallendste Unterschied sind die gelblichen Blüten. Wächst meist auf Silikatgestein und erreicht eine Höhe von 15–30 cm. Die Pflanze hat einen dicken, fleischigen Wurzelstock, der oft etwas beschuppt ist und zahlreiche Köpfe aufweist. Getrocknet duftet dieser Wurzelstock nach Rosen, was den volkstümlichen Namen bewirkte. Aufrechte, unverzweigte Triebe, die aber dicht beblättert sind. Die Blätter sind wechselständig, sitzend, breit-linealisch bis eiförmig, gespitzt, 2,5–3 cm lang, flach, fleischig, grüngraugrün. Die Blüten sitzen in einer dichten, halbkugeligen Trugdolde. Sie sind rotbraun gefärbt, gelb oder gelbgrün bei der Art. Blüht Mai-Juni. ♃ ⌓ ⊖ ◐ ○ △-▲ 🄽
▽

Rhodiola semenowii, Semenows Rosenwurz. Natürliches Vorkommen in M-Asien, besonders in Turkestan. Diese Art kann etwas höher werden, etwa 30–50 cm. Der Wurzelstock ist dick und verzweigt, im Zentrum rübenartig verdickt. Die Sprosse stehen aufrecht, unverzweigt, fleischig, kräftig und dicht beblättert. Die Blätter stehen wechselständig, sie sind 25–30 mm, vereinzelt auch bis 70 mm lang und 3 mm breit, lineal-länglich, vorne gespitzt, ganzrandig, unbehaart und von lebhaft grüner Farbe. Der Blütenstand ist eine traubige Trugdolde, dicht mit trichterartigen, grünlichweißen Blüten besetzt, die manchmal auch einen Anflug von Rot zeigen können. Die Blütezeit liegt im Juni-Juli. Sicher keine sehr auffällige Pflanze, sondern etwas für das Alpinum und den eher botanisch interessierten Sammler. Die Abbildung zeigt die Pflanze kurz nach dem Austrieb. ♃ 🄷 ◐ ⊖ ○ △-▲
▽

Rhododendron camtschaticum, Kamtschatka-Rhododendron, Ericaceae, Heidekrautgewächse. Wächst auf Kamtschatka, den Kurilen, Sachalin und Japan. Es ist ein sommergrüner, breitwüchsiger Zwergstrauch, der etwa eine Höhe von 10–20 cm erreicht, vereinzelt auch bis 30 cm. Die Blätter sind 1,5–4 cm lang, am Rande bewimpert, sie färben sich im Herbst schön gelb bis rot. Im Mai erscheinen die Blüten zu zweit an den jungen Trieben. Die Blütenkrone ist offen-trichterförmig, 3–4 cm breit und fast bis zur Basis eingeschnitten. Die Blütenfarbe ist purpurrot mit einer schwachen, rotbraunen Zeichnung. Es ist eine hübsche Steingartenpflanze, die eine Nachbarschaft von Steinen vorzieht und etwas absonnige Plätze schätzt. An feuchtkühlen Plätzen kann der Standort auch sonniger sein. Am zusagenden Platz bringt die Pflanze oft bis September einzelne Blüten hervor. ♄ ⌓ ⊟ ◐ ⊖ ○ △-▲ ▷

◁ **Rhododendron dauricum 'Pumila',** Sibirischer Zwergrhododendron. Die Art selbst ist in Sibirien verbreitet und durch ihren Heimatstandort absolut winterhart. Die strauchige Pflanze wird zwischen 1,5 und 2,5 m hoch und wächst ziemlich sparrig. Im April stehen die Blüten etwas verstreut zu 1–2, mit einem Durchmesser von 1,3–2,3 cm. Diese besitzen fünf Kronblätter, in der Farbe unterschiedlich rosa, purpurrosa oder rötlich-violett. Die Art wird kaum in Steingärten verwendet werden. Sie ist zu sparrig und blüht wenig auffällig. Im Gegensatz dazu ist *R. dauricum* 'Pumila' eine sehr empfehlenswerte Pflanze für größere Steingärten. Sie wächst nicht so sparrig, sondern wesentlich kompakter als die Art, wird etwa 1–1,2 m hoch und ist erheblich reich- und dichtblühender. Möglicherweise ist es keine Form der Art, sondern eine Hybride mit *R. mucronulatum.* ♄ ⊟ 🄷 ⚠

Rhododendron ferrugineum, Rostblätterige Alpenrose. Wächst in den Alpen, den Pyrenäen, im N-Apennin. Die Art kann bis 1 m hoch werden, wächst breit-aufrecht, ist immergrün und die Blätter werden 3–5 cm lang. Die Oberseite ist glänzend dunkelgrün, die Unterseite dagegen dicht rotbraun beschuppt. Die Blüten stehen zu vielen in einer endständigen Traube. Sie sind röhrenförmig, 2 cm lang und purpurrosa gefärbt. Es gibt auch eine weißblühende Form. Diese Art wächst am Naturstandort in feuchten, steinigen Mineral- und Humusböden. Leider ist die Pflanze in Tieflandgärten nicht sehr einfach zu halten. Man sollte nur junge Pflanzen ansiedeln und ein entsprechendes mineralisch-humoses, saueres Substrat mit guter Durchlüftung schaffen. Möglicherweise liegt das weniger gute Gedeihen im Flachland auch an der dort meist fehlenden winterlichen Schneedecke. ♄ ⁞⁞ ⊟ 🄷 ○ ◐ ⊖ ⚠ 🄽
▽

Rhododendron ferrugineum 'Alba', Weißblühende rostblätterige Alpenrose. Ist die Art in Gärten schon nicht oft anzutreffen und dort meist ersetzt durch kleine asiatische Arten oder Zwergrhododendron-Hybriden, so ist die weißblühende Form zusätzlich eine echte Rarität, die sich durch nichts von der Art unterscheidet als durch die schönen weißen Blüten. Dementsprechend ist die Pflanze auch selten im Angebot und falls man sie erhält, sollte man keine Mühe scheuen, einen optimalen Pflanzplatz zu schaffen. Mitte Mai blüht die Pflanze dann zusammen mit ihrer purpurrosa blühenden Art. Im Steingarten bieten sich manche Pflanzen zur Benachbarung an, so die reinblau blühende *Moltkia* oder sonstige blau blühende Stauden wie *Brunnera macrophylla* (Kaukasusvergißmeinnicht), *Omphalodes verna* 'Grandiflora' (Frühlingsgedenkemein), *Veronica prostrata* (Teppichveronika). ♄ ⁞⁞ ⊟ 🄷 ○ ◐ ⊖ ⚠
▽

Rhododendron hirsutum, Behaarte Alpenrose, Almrausch. Wächst in den M- und O-Alpen und NW-Slowenien. Die Art kommt in den Kalkalpen vor; es wäre aber ein Irrtum anzunehmen, daß sie stark alkalische Böden vorzieht, denn sie wächst dort fast immer in einer Rohhumusauflage mit sauerer Bodenreaktion (pH 5,5). Dieser immergrüne Strauch wird etwa bis 1 m hoch, meist ist er jedoch gedrungener und erreicht nur 50–80 cm. Er ist dicht beblättert, die Blätter sind elliptisch-lanzettlich, bis 3 cm lang, glänzend frischgrün und am Rande mit langen, abstehenden Wimpern besetzt. Die Blüten stehen zu 3–10, sie sind trichterförmig-glockig, purpurrosa, insgesamt etwas heller als bei *R. ferrugineum*, innen sind sie kurz weißhaarig. Die Blütezeit liegt im Mai-Juni. Von ihr gibt es auch eine weißblühende Form, ebenso eine Hybride mit *R. ferrugineum. R. hirsutum* ist etwas gartenfreundlicher. ♄ ⊟ 🄷 ○ ◐ ⚠ ▷

Rhododendron-Hybride 'Kermesina', ▷ Japanische Azalee. Unter diesem Sammelbegriff finden sich zahlreiche, von der Abstammung her unterschiedliche Gruppen. Es sind dichtbuschige kleine Sträucher, die kaum über 1 m hoch werden, manche sind eher flachwachsend. Sie sind in M-Europa meist nur wintergrün, manche Sorten sind auch an der Grenze der Winterhärte. Die abgebildete Sorte 'Kermesina' gehört zu den winterharten Arten. Der Strauch wächst sehr kompakt und hat kleine Blüten, die aber überreich erscheinen. Die Blütenfarbe ist intensiv rosa mit schwacher Zeichnung. Diese Sorte gehört zu den Spätblühern im Mai. Die Pflanze benötigt zur optimalen Entwicklung neben zusagenden Bodenverhältnissen einen Platz, der etwas vor starkem Wind und vor intensiver Sonneneinstrahlung geschützt liegt. Ein mildfeuchter, leicht saurer, mineralisch-humoser Boden ist ideal. ♄ ⊟ 🅗 ◐ ⊖ △-▲

△ **Rhododendron-Hybride 'Vuyk's Mary Red',** Japanische Azalee. Diese Sorte zählt zu den Vuykiana-Hybriden, die auf Kreuzungsarbeiten in den Niederlanden und Belgien zurückgehen. Ausgangspunkt war die bekannte Mollis-Hybride 'J.C. van Tol', die mit Sorten von *R. kaempferi* gekreuzt wurde. Später erfolgte eine weitere Einkreuzung mit der frostempfindlichen *R. simsii*, wodurch noch intensivere Blütenfarben erreicht wurden. Die gesamte Hybridgruppe bleibt allgemein sehr niedrig und tendiert eher in die Breite. Diese Hybriden benötigen in M-Europa etwas geschütztere Plätze. Die Sorte 'Vuyk's Mary Red' hält aber mit etwas Schutz durch Koniferenzweige gut aus. Im Verhältnis zum niedrigen Wuchs sind die Blüten groß, die Farbe ist leuchtend rot. Die Blütezeit liegt spät im Mai. Die Bodenansprüche unterscheiden sich nicht von denen der bereits beschriebenen Hybriden. ♄ ⊟ 🅗 ◐ ○ ⊖ △-▲

△ **Rhododendron impeditum 'Moerheim'.** Blauvioletter Kissenrhododendron. Die eigentliche Art, *R. impeditum*, wächst in Jünnan und Szetschuan in Höhen von 2700–4900 m, meist in offenen, feuchten Lagen. Es ist ein immergrüner, dichtverzweigter Strauch, der einen eher kissenförmigen Wuchs zeigt, die Höhe beträgt 20–40 cm, die Pflanze ist oft breiter als hoch. Die Blätter sind elliptisch-eiförmig, bis 1,5 cm lang, im Winter graugrün-bronzefarben, beiderseits dicht beschuppt. Die Sorte 'Moerheim' ist im Wuchs kräftiger als die Art. Ebenso erscheinen die violetten Blüten früher. Die Art ist aber etwas weniger winterhart und sollte deshalb einen geschützten Platz erhalten. Die Art und ihre Hybriden (es gibt eine ganze Reihe davon), sind für den Steingarten deshalb wichtig, da sie einen gewissen Kalkgehalt im Boden tolerieren. Diese Hybride wird etwa 0,5 m hoch. ♄ ⊟ ◐ ○ ⊖ △-▲

Rhododendron-Kiusianum-Hybride 'Lilienstein', ▷ Pillnitzer Hybride. Diese Hybriden entstanden während der Zeit der DDR in Pillnitz bei Dresden und wurden nach bekannten Felsen des Elbsandsteingebirges in Sachsen benannt. Bei dieser Hybridgruppe handelt es sich um ziemlich kleinblumige Azaleen, die sehr winterhart sind und an deren Entstehung *R. kiusianum*, eine Art aus Japan, beteiligt war. 'Lilienstein' ist eine Sorte mit gewelltem Rand, von einer dunkellila Farbe mit noch dunklerem Auge (der Farbton wird hier durch das Fotomaterial stark verfälscht). Die Einzelblüte hat einen Durchmesser von 3,5–4 cm. Sie hat einen geschlossenen Blütenstutz. Im zentralen Mitteleuropa hat diese Sorte noch keinen Winterschaden erlitten. Die Lage sollte frei aber nicht zu sonnig sein, absonnige Lagen werden gut ertragen. Das Substrat soll humos-mineralisch und sauer sein. ♄ ⊟ 🅗 ⊖ ◐ ○ △-▲

◁ **Rhododendron-Kiusianum-Hybride 'Rauschenstein',** Pillnitzer Hybride. Diese Hybride gehört zur gleichen Gruppe wie die zuvor beschriebene Sorte. 'Rauschenstein' ist intensiv rosa und die Blüten sind sehr klein. Die Einzelblüte hat einen Durchmesser von 2–2,5 cm. Der Wuchs der Sorte ist gedrungen, flach und niedrig. Die Verwendung von Zwergrhododendren in Steinanlagen kann sehr unterschiedlich sein. Günstig ist es, einen Teil moorbeetartig herzurichten. Es sind fast immer Lagen, die nach Norden, Osten oder Westen zeigen, oft am Fuß von kleinen Abhängen. Besonders in Kalkgegenden ist diese Art der Verwendung vorzuziehen, da man das vorgesehene Gelände seitlich mit eingelassener Folie abdichten kann und eine entsprechende Erdmischung einfüllt. Selbstverständlich muß in solchen Gegenden hin und wieder ein saueres Substrat aufgestreut werden z.B. Rhodohum. ♄ ⌓ ⊟ ◐ ⊖ ○ △-▲

△
Rhododendron myrtifolium (*Rhododendron kotschyi*), Myrtenblätteriger Rhododendron. Wächst in den Gebirgen Mazedoniens und Bulgariens, etwa in Höhenlagen von 1500–2500 m. Diese zwergige Art erreicht etwa eine Höhe von 0,5 m und hat einen eher kugeligen Wuchs. Die Blätter sind 1,5 -2 cm lang und unterseits dicht beschuppt und immergrün. Die im Mai erscheinenden Blüten bilden einen endständigen 5–8blütigen traubigen Blütenstand. Sie sind rosa, selten weiß, oft auch zartlila angehaucht, am Grunde röhrenförmig und im oberen Teil auf 1 cm Durchmesser erweitert. Diese Art ist sehr winterhart. Die Pflanze wird leider nicht oft angeboten, obwohl sie es wert wäre. Besonders für naturnahe Steinanlagen geeignet, da die Blütenfarbe nicht so aufdringlich ist. Liebt etwas mehr absonnige oder leicht beschattete Gartenplätze. Sauere Bodenreaktion ist Bedingung! ♄ ⊟ 🄷 ◐ ⊖ ○ △-▲

△
Rhododendron myrtifolium × R. hanceanum. Diese Hybride soll für viele Zwergrhododendren stehen, die es zwischenzeitlich gibt und die noch keinen eigenen Sortennamen haben, sondern noch die eigentlichen Kreuzungspartner wiedergeben. *R. myrtifolium × R. hanceanum* ist eine hübsche, reichblühende Hybride in schönem Zitronengelb. Die Höhe des Zwergstrauches liegt normalerweise zwischen 30 und 50 cm. Der eine Elternteil wurde vorstehend beschrieben. *R. hanceanum* ist der andere, der ebenfalls eine schöne Zwergart ist, die sich für etwas größere Steinanlagen eignet. Diese Pflanze wächst in SW-Szetschuan, besonders an felsigen Plätzen, in Höhenlagen von 1200–3000 m. Die Art bildet einen etwa 30 cm bis 1,5 m hohen Strauch mit beschuppten Zweigen. Die Blüten sind trichter- bis glockenförmig, fahlgelb oder weiß. Benötigt sauere Bodenreaktion. ♄ ⊟ 🄷 ◐ ⊖ ○ ▲

Rhododendron racemosum, Traubiger ▷ Rhododendron. Beheimatet in China, speziell in Teilen von Jünnan und Szetschuan in 1800 bis 4200 m Höhe, meist in offenen Lagen, aber auch in offenen Kiefernwäldern. Es ist eine immergrüne Zwergrhododendron-Art, die etwa 30–50 cm hoch wird und insgesamt unregelmäßig verzweigt ist. Die Blätter sind 1,5–5 cm lang, an der Oberseite stumpfgrün, untenseits blaugrün bis silbergrau, dabei dicht mit dunkelbraunen Schuppen besetzt. Die Blüten stehen zu 2–5 in den Blattachseln entlang der vorjährigen Triebe. Die fünfteiligen Blüten sind trichterförmig, haben einen Durchmesser von etwa 2 cm und sind 0,8–3,3 cm lang. Die Farbe ist dunkelrosa, rosarot oder auch weiß. Teilweise mit oder zum Teil auch ohne karminrote Punkte. Die Pflanze ist sehr hübsch und paßt in natürliche und in architektonische Gestaltungen. Schutz vor Wintersonne! ♄ ⊟ 🄷 ⊖ ○ ◐ ▲

◁ **Rhododendron racemosum × Rhododendron-Hybride 'Christa Reich',** Zwergrhododendron-Hybride. Zum Abschluß der Rhododendron-Reihe eine weitere neuere Kreuzung. Der eine Elternteil ist *R. racemosum*, zuvor beschrieben, und der andere ist eine zwergige Sorte. Das Ergebnis ist ein kleiner, reichblütiger Strauch mit solitär stehenden Blütenköpfen von zartrosa Farbe. Insgesamt konnten aus dem Zwergrhododendron-Sektor nur wenige Arten und Sorten genannt werden. Gerade in den letzten Jahren wurde in England, aber auch in Deutschland viel gezüchtet, so daß Hybriden jeder Größe und Farbe zur Verfügung stehen. Darunter sind kleinblütige Typen, die sich auch gut in naturnahe Gestaltungen einfügen lassen, aber auch großblütige, die eher für regelmäßige Anlagen geeignet sind. Dafür eignen sich auch die neuen Rhododendron-Yakushimanum-Hybriden. ♄ ⊟ 🄷 ⊖ ◐ ○ △-◬

Rhodohypoxis baurii, Südafrikanisches Knollenpolster, Hypoxydaceae, Hypoxisgewächse. Eine Pflanze Südafrikas, wo sie in Gebirgen wächst und wider Erwarten etwas frischeren Boden liebt. Diese niedrige Staude besitzt ein zylindrisches bis eiförmiges, knollenartiges Rhizom und schmale, grasartige Blätter, 2,5 -11 cm lang und bis 1 cm breit, lineal bis lanzettlich, an der Oberseite mehr oder weniger behaart. Der Blütenstiel wird bis 15 cm hoch und ist behaart. Die Blüten stehen einzeln oder zu zweien. Die Kronröhre ist nur 2,5 mm lang, die Blütenlappen messen bis 2 cm. Die sternförmigen Blüten sind in der Grundfarbe rosarot. In Kultur sind viele Sorten gezüchtet worden, so in weiß, zartrosa, tiefrot, karminrot. Von dieser Art gibt es auch tetraploide Formen mit größeren Blüten. Blütezeit Juli-August. Winterschutz in M-Europa erforderlich. Besser ist frostfreie Überwinterung. ♃ ⌓ 🄰 ◙ ⊟ ⌃ 🅃 ○ ◬-△
▽

Rosa-Hybride 'Little Bopup', Zwergrosenhybride, Rosaceae, Rosengewächse. Gerade in den letzten Jahrzehnten sind immer mehr Zwergrosen auf den Markt gekommen, man könnte an Stelle der hier aufgeführten zwei Sorten ein ganzes Buch über Zwergrosen schreiben, so viele Sorten gibt es und auch so viele Verwendungsmöglichkeiten. Man kann auch die kleinen, samenvermehrbaren Zwergrosen verwenden, die allgemein als »Kußröschen« bekannt sind. Ihre Sämlinge zeigen eine große Vielfalt. Einfache, halbgefüllte und gefüllte Blüten sind vorhanden und diese noch in breiter Farbpalette. Besser sind natürlich vegetativ vermehrte Namenssorten. Wichtig ist für den Steingarten neben der Höhe auch das Breitenwachstum, außerdem die Art der Blüten. Sorten wie 'Little Bopup' mit halbgefüllten, zartrosa Blüten lassen sich noch in naturnahen Gestaltungen verwenden. ♄ ⌓ ○ △-◬
▽

◁ **Rosa-Hybride 'Peon',** Zwergrosenhybride. Diese Hybride gehört wohl zu den kleinsten Rosen. In den USA ist sie unter der Bezeichnung 'Tom Thumb' verbreitet. Es ist eine holländische Züchtung von Jan de Vink mit nur 15–20 cm Höhe. Die Blüten sind dunkelrot, leicht halbgefüllt und bei Vollblüte zeigen sie ein weißes Zentrum. Diese Rose paßt selbst in kleinste Troggärten. Sie ist hübsch, wenn auch nicht lange blühend. Zur Blütezeit bei Besuchern aber immer eine Attraktion (kleinste Rose der Welt!). Vor bestimmten Bodendeckerrosen muß in Steinanlagen gewarnt werden. Unter dieser Bezeichnung sind in den letzten Jahrzehnten Rosen bekannt geworden, die flächendeckende Eigenschaften zeigen. Alle, die dichte, kompakte Polster bilden und deren Breitenwachstum mäßig ist, lassen sich gut verwenden. Die meisten sind aber für unsere Zwecke zu hoch und zu raumgreifend. ♄ ⌓ 🅃 ○ ◬-△

△
Roscoea cautleoides, Gelbe Ingwerorchidee, Zingiberaceae, Ingwergewächse. Stammt aus W-China (Jünnan und Szetschuan). Eine schlanke, etwa 40 cm hohe Pflanze, sie kann aber auch bis 60 cm hoch werden. Sie gehört wohl zu den hübschesten Arten der Gattung. Die Blüten erscheinen schon zusammen mit dem Austrieb der Blätter im Juni-Juli. Es gibt etwas unterschiedliche Typen im Handel, die hinsichtlich der Blütezeit, Farbtiefe und Wuchshöhe variieren. Bei allen ist aber die Blütenfarbe gelb, Größe der Blüte bis 7 cm. Die ineinander steckenden Blätter bilden einen Scheinstamm. Diese Art benötigt im zentralen M-Europa etwas Winterschutz. In stark exponierten Lagen ist es besser, den fleischigen Wurzelstock im Herbst herauszunehmen, frostfrei zu überwintern und im Frühling wieder zu pflanzen. Die Pflanzen bevorzugen einen lehmig-humosen Boden. ♃ ︿ 🄷 ⊖ ○ ◐ ▲

△
Roscoea purpurea (*Roscoea sikkimensis*), Purpurfarbene Ingwerorchidee. Diese Pflanze stammt aus dem O-Himalaja (Sikkim). Sie wird etwa 30–40 cm hoch, vereinzelt auch noch etwas höher und ist manchmal rötlich überhaucht. Die Blätter sind bis 25 cm lang, gespitzt und aufsitzend. Die Blüten mit hochgewölbtem Helm sitzen in den oberen Blattachseln. Sie sind hellpurpurn oder weiß mit dunkler Zeichnung. Diese Art ist zwar nicht die schönste der Ingwerorchideen, aber sie ist sicher die wüchsigste und unempfindlichste, die auch in M-Europa ohne Schaden den Winter übersteht. Vorsicht, die Pflanzen treiben oft erst Ende Mai aus. Wichtig ist diese Art auch wegen ihrer späten Blütezeit, die von August bis September reicht. Sie sollte mit ihren fleischigen Wurzeln nicht zu flach gepflanzt werden, mindest 10 cm tief, als Vorsichtsmaßnahme. Vermehrung durch Aussaat und Teilung. ♃ 🄷 ○ ⊖ ◐ △-▲

△
Rosularia platyphylla hort. (Lt. Urs Eggli jetzt: *R. muratdaghensis*), Crassulaceae, Dickblattgewächse. Breitblätteriges Dickröschen. Diese Art wächst in der O-Türkei, die im Handel befindliche Form soll eine Lokalform vom Murat Dag sein. Die genaue botanische Stellung dieser Pflanze dürfte nicht völlig geklärt sein. Es sind sicher keine Pflanzen für allgemein dekorative Steingärten, sondern sie sind Objekte des Sukkulentenliebhabers, Sammlers und Botanikers. Es sind stillere, liebenswerte Pflanzen, die auch ihren Reiz haben. Sie bildet helle, bläulichgrüne Rosetten mit glatten, fleischigen Blättern. Die Rosetten bieten sich dem Betrachter normalerweise flacher ausgebreitet als auf dem Foto. Die Rosettenblätter sind auch manchmal rötlich überhaucht. Die Pflanzen treiben kurze Ähren mit weißen bis weißlichgelben Blüten. Hält mit Schutz in M-Europa aus. Gute Dränage! ♃ ⌓ ⁞ ︿ 🅃 ○ ⊖ △-△

Rosularia sedoides (*Sempervivella sedoides*), Himalaja-Hauswurz. Wächst im Kaschmir-Himalaja in Höhen von 1500–3000 m. Die Pflanze entwickelt viele kleine, lockere, halbkugelige, etwas an Hauswurz erinnernde Blattrosetten, die sich durch Ausläuferbildung verbreiten. Die Rosetten können einen Durchmesser von 3,5 cm erreichen, bleiben meist aber kleiner. Die Rosettenblätter sind spatelförmig bis eirund, sie sind an der Spitze gerundet, drüsenhaarig und etwas sukkulent, dabei prächtig hellgrün. Bei sehr hoher Lichtintensität können sie auch etwas rötlich werden. Die Blüten stehen in lockeren Trauben. Sie erscheinen von Juli bis August, sie sind 6–8sternig und weiß mit gelblicher Mitte. Besonders wichtig ist ein sonniger Platz und ein gut dränierter Boden. Winternässe ist gefährlich, in M-Europa ist die Art nicht immer winterhart. Vermehrung durch Teilung. ▷
♃ ⏦ ⌓ ︿ 🅃 ○ ◐ ⊖ △-▲

Rubus chamaemorus, Zwergbrombeere, ▷ Rosaceae, Rosengewächse. Eine zirkumpolare Pflanze der arktischen und subarktischen Zone. Es ist eine Liebhaberpflanze mit kriechenden Rhizomen. Die bis 20 cm langen Triebe sterben jährlich ab, um im Frühling wieder auszutreiben. Die Pflanze ist nicht dornig. Es entwickeln sich einfache, nierenförmige Blätter, etwa 7 cm lang und 7 cm breit, herzförmig eingeschnitten an der Basis, tief grün, runzelig, 3–5lappig mit stumpfen, kerbigen und gesägten Lappen. Die Blüten sind weiß, einzelstehend, kopfständig, die Stielchen sind leicht kurz drüsenhaarig. Die Kelchblätter sind aufrecht-ausgebreitet, oval, gespitzt. Die Kronblätter, 5 oder mehr, sind etwa 1 cm lang. Die sich entwickelnden Früchte sind gelborange. Geeignet für kühle Steingartenplätze, aber nicht oft im Angebot. Das Substrat sollte sauer und humos-mineralisch sein. ♃-♄ ⟿ ⌓ ⊟ ◐ ⊖ ○ △-▲ N

△

Sagina subulata, Sternmoos, Caryophyllaceae, Nelkengewächse. Vorkommen in SW- und M-Europa, bis Schweden und Norwegen. Diese dichtwachsende, niedrige Polsterpflanze ist vom Grund her dicht verzweigt und hat pfriemliche, dunkelgrüne Blätter. Die Pflanze wird bis 5 cm hoch, kann aber auch 10 cm erreichen. Vom Juli bis August sind die grünen Polster mit weißen Blütchen besetzt. Die Vermehrung dieser Art erfolgt leicht durch Teilung und auch durch Aussaat. Läßt sich in Steinanlagen überall als Lückenfüller verwenden, auch zwischen Plattenfugen und Trittsteinen. Die Pflanze benötigt volle Sonne, zumindest einen sehr hellen Platz, da der Wuchs sonst zu locker und unschön wirkt, somit auch leichter zum Sammelplatz für Unkraut wird. Das Substrat sollte etwas sandig sein, trotzdem ein Mindestmaß an Feuchtigkeit aufweisen, aber keine Winternässe. ♃ ⟿ ⌓ T ○ ⊖ △-▲

◁ **Sagina subulata 'Aurea',** Gelbes Sternmoos. Diese Form vom Sternmoos ist nicht einheitlich in Kultur. So finden sich Typen, die eine intensive Gelbfärbung aufweisen, aber auch solche mit gelbgrüner Farbe, wie auf dem Bild. Sie unterscheidet sich von der Art durch die andere Polsterfarbe und dadurch, daß die 'Aurea'-Typen allgemein etwas lockerer wachsen. Die Art und auch die Form werden oft angeboten, mitunter auch von Marktgärtnern, da die Pflanzen auch gerne auf Gräbern und als Grabeinfassungen verwendet werden. In Steinanlagen eignet sich das Sternmoos auch gut zum Überpflanzen von Blumenzwiebelhorsten. Ebenfalls gewinnen kleine formschöne Zwergnadelgehölze, wenn sie in einem flachen Sternmoospolster stehen. Oder man pflanzt *Sagina* mit schönen *Ajuga*-Arten zusammen. Primeln passen ebenso wie kleine Gräser gut dazu. ♃ ⟿ ⌓ T ○ ⊖ △-▲

Salix × boydii, Boyds Zwergweide, Salicaceae, Weidengewächse. ▷ Diese Naturhybride wurde in den schottischen Bergen gefunden. Von den straff aufrecht wachsenden Weiden-Arten ist sie diejenige, die am kleinsten bleibt und den geringsten Zuwachs hat. Diese Hybride entstammt einer Kreuzung von *S. lanata* × *S. reticulata*. Die Pflanze muß ziemlich lange am Steingartenplatz stehen, bis eine Höhe von 0,5 m erreicht wird. Sie wächst ganz aufrecht mit kurzen Zweigen. Wegen des geringen Zuwachses kann diese Hybride für kleinste Pflanzplätze und auch für Tröge empfohlen werden. Die Blätter sind sehr klein, fast kreisrund. Nach dem Austrieb sind sie auf beiden Seiten weiß behaart, bei älteren ist die Oberseite dunkelgrün und runzelig. Es entwickeln sich kleine, etwa 2 cm lange, eiförmige Kätzchen mit goldgelben Staubblättern. Es finden sich viele geeignete Steingartenplätze. ♄ T H ○ ◐ △-▲

◁ **Salix hastata 'Werhahnii',** Spießweide, Engadinweide. Die Art wächst in Gebirgen von N-, M- und S-Europa, bis MO-Asien und Kaschmir. Dort in der Berg- und Waldtundra, auf sumpfigen Wiesen und an fließenden Gewässern. Die Art selbst hat weniger Gartenbedeutung, aber die Form 'Werhahnii' ist fast in jeder Baumschule zu erhalten. Der gebräuchliche Name »Engadinweide« ist fraglich, da diese Form ihren Ursprung in Skandinavien haben soll. Der meist bis 1 m hohe Strauch (vereinzelt auch mannshoch werdend) ist stark verzweigt und hat gelblichbraune Triebe mit großen, rötlichen Knospen. Die Blätter sind eirund und kurz zugespitzt, beidseitig grün, im jungen Zustand behaart, später kahl werdend. Diese Weide, die selbstverständlich nur für etwas größere Steinanlagen geeignet ist, schmückt durch die schönen silberweißen Kätzchen, die später gelblich werden. ♄ H ○ ◐ ▲

△

Salix herbacea, Krautweide. Wächst in arktischen und subarktischen Gebieten von Europa und N-Amerika und in den Gebirgen von M- und S-Europa. Dort an feuchten Stellen, oft auch an von Wasser durchrieselten Standorten. Diese nur etwa 5 cm hohe Weide macht unterirdische Ausläufer, die anfangs noch nicht verholzen. Die oberirdischen Äste sind wurzelnd, sie liegen dem Boden dicht an. Die dünnen Kurztriebe sind nur wenig beblättert. Die Blättchen sind fast kreisrund, zwischen 8 und 20 mm breit, sie sind beidseits glänzend-dunkelgrün. Diese kleine, mattenförmige Weide ist armblütig, sie bringt nur wenige, kugelige Kätzchen hervor, die mit oder auch nach dem Blattaustrieb erscheinen. Wenn diese kleine Pflanze auch in der Natur fast immer an ziemlich feuchten Plätzen wächst, gedeiht sie im Garten auch an trockeneren Stellen, darüber hinaus auch für Tröge geeignet. ♄ ⟿ ⌓ ⁞ T ○ ◐ ⊖ △-▲ N ▷

Salix helvetica, Schweizer Weide. Wächst in den Alpen, in den Karpaten und in Gebirgen Sloweniens und Kroatiens oberhalb der Waldgrenze, an Bächen, auf Geröllhalden und Moränen, fast immer auf Urgestein. Im Alter etwa 1 m hoher Strauch, der aber lange Zeit viel niedriger bleibt. Die Pflanze hat dicke, krumme Äste mit in der Jugend weißfilzigen Trieben, die später kahl werden und leicht glänzen. Die Blätter sind bis 4 cm lang, elliptisch und oben dicht mehlig behaart, später teils verkahlend und dann von dunkel graugrüner Farbe. Diese kleine Weide entwickelt vor der Blattentfaltung große, walzenförmige, dicke, dichtbehaarte Kätzchen. Eine dekorative Weide für viele Steingartenplätze, wobei allerdings die spätere Größe berücksichtigt werden muß. Auch für Trogbepflanzung, wo die Pflanze durch den eingeengten Wurzelraum wesentlich langsamer wächst. ♄ T H ○ ◐ △-▲

Salix reticulata, Netzweide, Netzblattweide. Wächst in arktischen und subarktischen Gebieten von Europa, Asien und N-Amerika, zusätzlich auch in den Gebirgen von M- und S-Europa. Dort oberhalb der Waldgrenze auf nährstoffreichem, meist kalkhaltigem Untergrund, im Rasen und an feuchten Abhängen, in Felsspalten und Steinmoränen. Die Ästchen sind dicht am Boden anliegend und wurzeln. Die verhältnismäßig dicken Triebe sind kahl und mit dicken Knospen besetzt. Die großen, runzeligen Blätter sind von lederartiger Struktur und zeigen ein auffallend hervortretendes Nervennetz. Am Ende der belaubten Triebe stehen zur Blütezeit zahlreiche länglich-schmale Kätzchen. Es ist ein kleiner Schatz im Steingarten auch für kleine Plätze, wo die Pflanze gerne in etwas feuchterem Substrat wächst. Diese *Salix*-Art ist wegen ihres eigenartigen Blattes unverwechselbar. ♄ ⟿ ⁞ ⊞ T ○ ⊖ ◐ △-▲ ▷

◁ **Salix repens 'Boyd's Pendulous'**, Kriechweide. Die Art wächst in M- und O-Europa, im Westen bis N-Italien und Belgien gehend und in N- und S-Schweden. Eine niederliegend wachsende Weide, die umherkriecht, mit aufsteigendem Stämmchen. Die Triebe sind schlank, rötlich oder gelblichbraun, kahl, flaumhaarig oder dicht seidenhaarig. Diese Art ist insgesamt sehr vielgestaltig, so auch die Form der Blätter. Diese sind 1–3,5 cm lang und 0,5–2,5 cm breit, lanzettlich, verkehrt-eiförmig oder elliptisch. Der Rand ist normalerweise deutlich zurückgebogen, ganzrandig oder etwas gesägt. Die abgebildete Form 'Boyd's Pendulous' ist ein männlicher Klon mit langen, kriechenden Ästen und Zweigen und mit breiten, länglich-eiförmigen Blättern, die unten seidig behaart sind. Der Wuchs dieser Weide ist sehr dekorativ, wenn die Pflanze über einen größeren Steinblock im Steingarten wächst. ♄ ⁓ ⁞ 🄷 ○ ◐ ⊖ ▲

Salix retusa, Stumpfblätterige Weide. ▷ Wächst in den Alpen, den Pyrenäen, Karpaten, dem Apennin und den Gebirgen im nördlichen Balkan oberhalb der Baumgrenze, meist auf schotterigem Boden, zwischen Fels, in mageren Wiesen, die lange mit Schnee bedeckt sind. Kommt im Alpengebiet auf Kalk vor, im Gegensatz zur Tatra, dort nur auf Urgestein. Die Pflanze hat Äste mit langen, kahlen Trieben, die dem Boden dicht anliegen. Dieser Zwergstrauch hat relativ kleine Blättchen, sie sind 8–35 mm lang, verkehrteiförmig bis spatelförmig. Die Pflanze nimmt im Herbst eine gelbliche Färbung an. Die Blüte erscheint zusammen mit den Kätzchen. Diese sind etwa 2 cm lang, länglich und gestielt. Eine mattenbildende Weiden-Art, die schnell und problemlos wächst. Kann für flächige Pflanzung verwendet werden, eignet sich auch für Einzelstellung oder zur Trogbepflanzung. ♄ ⁓ ⌓ ⁞ 🅃 ○ ⊖ ◐ △-▲ 🄽

Salvia officinalis 'Icterina' (*Salvia officinalis* 'Variegata'). Gelbgrüner Gartensalbei. Naturvorkommen der Art in N- und M-Spanien, S-Frankreich, W-Balkan, in S- und dem südlichen M-Europa, wo die Pflanze an warmen, sonnigen Plätzen wächst. Es ist eine uralte Gartenpflanze, die es in unterschiedlichen Formen gibt. Dieser 30–60 cm hohe Halbstrauch wächst buschig, ist immergrün und aromatisch duftend. Der derbe Stengel ist aufstrebend, fast stielrund und die elliptischen Blätter sind graugrün und derb. Die Blüten sitzen in schlanken Scheinähren, sie sind lila und erscheinen von Juni bis August. Eine mehr kompakt wachsende, etwa 50 cm hohe Sorte ist unter dem Namen 'Berggarten' bekannt. Sie hat besonders breite, graugrüne Blätter und blüht im Juni-Juli. Die abgebildete Sorte 'Ictarina' (auch als 'Variegata' verbreitet) hat schöne, gelbgrün gescheckte Blätter. ♃-♄ ⌃ 🄷 ○ △-▲
▽

Salvia caespitosa, Rasenbildender Salbei, ▷ Labiatae (Lamiaceae), Lippenblütler (Taubnesselgewächse). Beheimatet in Kleinasien und in W-Asien. Es ist ein zwergiger Halbstrauch, der etwa 8–15 cm hoch wird und gelegentlich größere Matten formt, oft mit einem Durchmesser bis 60 cm. Die Äste sind niederliegend bis aufrecht, unten mehr flaumhaarig, oben eher rauhwollig. Die Blätter sind in der Außenlinie verkehrt-eiförmig, gekerbt, fiederschnittig, die vorderen Segmente sind mehr oder weniger lanzettlich, 20 mm lang und 6 mm breit. Die Triebe sind 2–6blütig, sie stehen in sehr kurzen Trauben. Die Blüten, 2–3 cm groß, sind violett-blau bis lilarosa oder rosa, selten weiß. Eine Pflanze für sehr warme, besonders nach Süden zeigende, sonnige Lagen. Der Boden muß dabei eine exzellente Dränage aufweisen und das Substrat möglichst kalkschotterig und humusarm sein. ♃-♄ ⁓ ⌓ ⁞ ⊞ ⌃ ○ △-▲

Salvia officinalis 'Tricolor', Dreifarbiger Gartensalbei. Diese Form ist sicher mit die hübscheste beim Gartensalbei. Die Blätter sind etwas kleiner als bei anderen Sorten und auch das Höhenwachstum ist etwas reduziert. Die älteren, grün gefärbten Blätter besitzen einen etwas unregelmäßig breiten, weißen Rand und die jungen Blätter sind rötlich, so daß ein dreifarbiger Effekt entsteht. Bei dieser und anderen bunten Formen ist nicht die violette Blüte das primäre Schmuckelement, sondern der buntblätterige Busch. Insgesamt sind die buntblätterigen Sorten im Winter empfindlicher als die Art, besonders gegen Kahlfrost. Leichter Winterschutz mit Koniferenzweigen genügt. Für alle ist ein warmer, vollsonniger Platz für gutes Gedeihen wichtig. Vermehrung der buntlaubigen Sorten durch Stecklinge, wobei krautige Stecklinge besser wurzeln. Sehr zeitig eintopfen, Ansiedelung nur mit Topfballen. ♃-♄ ⌒ ⊞ ○ △-▲
▽

Salvia officinalis 'Purpurascens', Violetter Gartensalbei. 'Purpurascens' ist eine weitere Form des Gartensalbeis. Alle Formen und Sorten, auch die mit bunten Blättern, können auch offizinell verwendet werden. In Bauerngärten war dieser Salbei seit altersher auf dem Gewürzbeet als Heil- und Nutzpflanze zu finden. Gleichermaßen passen alle auch in den Steingarten, wobei man die Größe berücksichtigen muß. Für sehr kleine Anlagen dürfte er zu groß werden. In mehr naturnah gestalteten Steinanlagen sind die bunten Sorten etwas zu auffallend, sie haben ihren Platz eher in regelmäßig gestalteten, architektonischen Steingärten. Bei der abgebildeten Sorte 'Purpurascens' sind die älteren Blätter düstergrün und junge Blätter violett, je jünger desto intensiver. Nicht so auffallend wie andere bunte Formen. Manchmal finden sich auch hellrote Flecken und Spitzen an den Blättern. ♃-♄ ⌒ ⊞ ○ △-▲ ▷

Sanguinaria canadensis 'Multiplex', Gefüllte Kanadablutwurz. Von der vorstehend aufgeführten Art mit einfachen Blüten gibt es auch eine Gartenform, die gefüllt blüht. Diese hat den Vorteil etwas länger zu blühen als die Art, die oft nur ein kurzes Gastspiel gewährt. Alle anderen Eigenschaften sind identisch. Beide lieben einen humosen Boden und halbschattige bis absonnige Plätze. Die Pflanze erträgt aber auch Sonnenlagen, wenn während der Vegetationszeit eine ausreichende Bodenfrische vorhanden ist. Wegen der kahlen Stelle, die nach dem Einziehen im Frühsommer vorhanden ist, wählt man die Nachbarn mit Bedacht. Besonders kleine Steingartenfarne eignen sich. Empfohlen werden können Leberblümchen (*Hepatica nobilis*), kleinere Elfenblumen (*Epimedium*), Trauerglocken (*Uvularia*) und ähnliche Pflanzen. Die Form kann nur durch Teilung vermehrt werden. ♃ ⟿ ⊟ ◐ ⊖ ○ △-▲
▽

Sanguinaria canadensis, Kanadische Blutwurz, Papaveraceae, Mohngewächse. Wächst in N-Amerika von Quebec bis Manitoba, südlich bis nach Florida und Texas. Geeignet für Halbschattenpflanzungen unter Gehölzen, sie findet aber auch in Steingärten ihren Platz. Man muß dabei allerdings berücksichtigen, daß die Pflanze im Frühsommer schon wieder einzieht und eine kahle Stelle hinterläßt. Die Pflanze hat einen kriechenden Wurzelstock, der knotig und brüchig ist. Bei Verletzungen ist er orangerot »blutend« (Name!). Die Pflanze wird 15–25 cm hoch, sie hat langgestielte, grundständige Blätter, die herz- bis nierenförmig sind, buchtig gelappt, oberseits blaugrün und unterseits graugrün mit einem augenfälligen Adernetz. Von April bis Mai erscheinen die Blüten; sie sind einzelstehend, anemonenartig, reinweiß und haben 8–12 Kronblätter. Leider ist die Dauer der Blüte kurz. ♃ ⟿ ⊟ ◐ ⊖ ○ △-▲ ▷

◁ **Santolina chamaecyparissus 'Little Ness'** ('Small Ness'), Zwerg-Heiligenkraut. Besonders in England ist diese kompakte, zwergige Form des Heiligenkrauts verbreitet. Die Höhe beträgt etwa 15–20 cm und die Laubfarbe ist etwas weniger silberig, mehr zu Grün tendierend. Die Blütenstiele sind ebenfalls kürzer, die Blütenköpfchen, wie bei der Art ohne Pappus, stehen kurz über den Trieben. Es scheint, daß diese Zwergform in M-Europa etwas weniger winterhart ist. Stecklinge von der Art und der Zwergform wurzeln in einem sandigen Substrat während des Sommers sehr leicht, die dann als Reserve im Kalten Kasten oder im Alpinenhaus überwintert werden. Sie müssen aber auch dort ziemlich trocken gehalten werden. Als Nachbarn eignen sich besonders Gräser (*Festuca*, *Helictotrichon*), Ballonglocke (*Platycodon*), Teppichveronika (*Veronica spicata*), Zwergrosen. ♄ ⌃ ⌂ ○ △-▲

△
Santolina chamaecyparissus, Heiligenkraut, Compositae (Asteraceae), Korbblütler (Asterngewächse). Das Vorkommen reicht von den Pyrenäen bis M-Italien und liegt auch im Mittelmeerraum. Beliebter Kleinstrauch, primär wegen seines silbergrauen Aussehens gepflanzt, weniger wegen der gelben Knopfblüten. Es ist ein 20–40 cm hoher Kleinstrauch, der aromatisch duftet und reich verzweigt ist. Die Blätter sind 1–5 cm lang und kammartig gefiedert, silbergraufilzig, mit gedrängt stehenden Fiedern. Die Blütenköpfchen stehen einzeln, sie sind lang gestielt und 6–10 mm breit. Sie erscheinen von Juli bis August. Leider ist das Heiligenkraut nicht winterhart, wenn auch widerstandsfähiger als in der Literatur meist angegeben. Wichtig ist volle Sonnenlage bei einer sehr guten Dränage. Oft werden die Pflanzen etwas zu sparrig, dann sollte man zurückschneiden, was gut vertragen wird. ♄ ⌃ ○ △-▲

◁ **Saponaria lutea,** Gelbes Polsterseifenkraut, Caryophyllaceae, Nelkengewächse. Es ist eine Pflanze der S- und W-Alpen, wo die Pflanze in Felsspalten auf Steinschutt oder im lückigen Rasen wächst, auf Silikatböden ebenso wie auf Kalk. Sie hat einen etwas holzigen Wurzelstock, der vielköpfig ist. Die Pflanze bildet kleine Polster mit zahlreichen nicht blühenden Trieben und 5–10 cm hohen, aufrechten, unverzweigten Blütenstengeln. Die Blätter sind lineal, kahl und am Rand bewimpert. Die Stengelblätter sind etwas behaart. Die Blüten stehen am Stengelende dicht gedrängt, fast kopfig, sehr kurz gestielt. Die Blüten selbst sind schwefelgelb, meist etwas satter als bei der abgebildeten Pflanze. Diese erscheinen im Juni-Juli. Insgesamt eine durchaus hübsche Art, die sich am zusagenden Ort auch durch Dauerhaftigkeit auszeichnet. An das Substrat werden keine besonderen Ansprüche gestellt. ♃ ⌓ ⁝ ○ ◐ △-▲

Saponaria ocymoides, Rotes Teppichseifenkraut. In Gebirgen von Spanien, S-Frankreich, Italien, in den Alpen und im Jura vorkommend. Wächst dort im Felsschutt, auf Rasen, zwischen Latschen in lichten Kiefernwäldern, fast immer auf Kalk. Wegen ihres Breitenwachstums nur für etwas größere Steingärten geeignet. Die Pflanze wird 10–20 cm hoch, die Polster erreichen aber einen Durchmesser bis zu 60 cm. Sie hat dünne, niederliegende bis aufstrebende Stengel, die gabelig verzweigt und kurzhaarig sind. Die Stengelblätter sind verkehrt-eiförmig bis spatelig, in den Blattstiel verschmälert, kahl und zur Basis hin mit randständigen Wimpern besetzt. Die Blüten stehen in dichtgedrängten Trugdolden, sie sind bis 15 mm breit, rot, rosa oder weiß gefärbt. Blütezeit Juni-Juli. Eine sehr anspruchslose Steingartenpflanze, von der es auch Auslesen gibt, wie 'Splendens' und 'Rubra Compacta'. ♃ ⌓ ⁝ ⊞ ○ ◐ △-▲ ▷

◁ **Saponaria × olivana.** Rosafarbenes Hybridseifenkraut. Dieses weitverbreitete Seifenkraut, das vom Alpenpflanzengärtner Wocke vor langer Zeit in Oliva bei Danzig gezüchtet wurde, entstammt einer Kreuzung von *S. pumila* mit *S. caespitosa*. Die kleinen Polster werden nur etwa 5 cm hoch, sie sind ziemlich dicht. Zur Blütezeit im Juni-Juli sind die hellgrünen Blattkissen mit den fast aufsitzenden rosa Blüten übersät. Diese haben einen Durchmesser von etwa 2 cm. Dieses Seifenkraut ist eine der hübschesten und blühwilligsten Steingartenpflanzen. Die Pflanze liebt einen vollsonnigen Platz und ein durchlässiges Substrat. Sie ist hinsichtlich der Bodenreaktion zwar nicht empfindlich, doch neigt sie eher zu einem saueren Substrat. Bei sehr alkalischen Böden leidet die Wüchsigkeit und Ausdauer. Schöne Nachbarn sind verschiedene niedere Glockenblumen und krustige Saxifragen. ♃ ⌓ ⁞ 🅃 ○ ◐ △-▲

△
Saponaria-Ocymoides-Hybride 'Bressingham' ('Bressingham Hybrid'). Neben den zuvor genannten Auslesen, die vegetativ vermehrt werden müssen, gibt es vom roten Teppichseifenkraut auch einige Hybriden. So ist in England aus einer Kreuzung von *S. ocymoides* mit der Hybride *S. × olivana* die abgebildete Sorte 'Bressingham' entstanden. Sie zeichnet sich durch den kompakten Wuchs aus; die Pflanze wird nur etwa 3 cm hoch, die Blätter sind grün, schmal und die reich erscheinenden Blüten prächtig-rosa. Durch das geringere Breitenwachstum ist die Pflanze auch für begrenzte Plätze geeignet, auch für Tröge. Es finden sich allerlei hübsche Pflanzen zur Benachbarung, Büschelglocken (*Edraianthus*), polsterförmige Glockenblumen (*Campanula*), niedrige Sonnenröschen (*Helianthemum*) und Pflanzen, die weniger durch die Blüte schmücken, wie krustige Saxifragen. ♃ ⌓ ⁞ 🅃 ○ ◐ △-▲

◁ **Saxifraga × anglica 'Cranbourne',** (Porophyllum-Saxifrage,Kabschia-Steinbrech).Diese Hybridgruppe hat sehr zur Popularisierung der Steinbrech-Arten geführt, einer Gattung, die enorm vielgestaltig ist und die deshalb in zahlreiche Sektionen unterteilt wurde. Auch die vielen Züchtungen der Porophyllum-Saxifragen, die lange Zeit nur mit Sortennamen versehen waren, wurden von tschechischen Botanikern neu gruppiert, so daß man jetzt die Herkunft der Hybriden erkennen kann. Die abgebildete Sorte formt für diese Steinbrechgruppe verhältnismäßig große Matten. Die Sorte wächst flach und besteht aus geschlossenen, zusammengedrückten Rosetten. Sie tragen im März-April auf 3-5 cm hohen Stengelchen ziemlich große, intensiv rosarote bis lachslila Blüten, zu 1-3 stehend. Beim Verblühen zeigt die Pflanze ein fahleres Rosa. Eine zuverlässige Pflanze.
♃ ⌓ ⁞ 🅃 ◐ ⊖ ○ △-△

△
Saxifraga aizoides, Fetthennensteinbrech, Saxifragaceae, Steinbrechgewächse. Wächst im arktischen N-Europa in Hochgebirgen und in europäischen Gebirgen von den Pyrenäen bis zum Balkan und im arktischen und subarktischen N-Amerika. Es ist keine Pflanze für regelmäßige, dekorative Steingärten, aber für feuchte Plätze in naturnahen Gestaltungen durchaus geeignet. Am Naturstandort in Quellfluren, feuchtem Gesteinsschutt oder in Rasengesellschaften, immer auf Kalk zu finden. Bildet lockerrasige, immergrüne Matten von niederliegenden, kriechenden, locker beblätterten Trieben. Die Blätter sind fiederschnittig, dick und lineal, sie erinnern insgesamt etwas an *Sedum album*. Die Stengel werden 3-10 cm hoch, sie sind aufsteigend und verzweigt. Die Blüten sind gelb bis dunkelorange, sie stehen in Scheintrauben. Blütezeit Juli-August. Im Garten etwas schwierig zu halten. ♃ ⟿ ⌓ ⟿ ⊞ ○ ◐ △-▲ 🄽

Saxifraga-Arendsii-Hybride, Moosartiger Steinbrech. Diese Hybriden der Sektion Dactyloides, an deren Entstehung Georg Arends großen Anteil hatte und die deshalb nach ihm benannt wurden, sind zwischenzeitlich sehr zahlreich geworden. Besonders in England und Deutschland entstanden schöne Sorten. Meistens bilden die Pflanzen dichte, immergrüne Polster aus Rosetten mit vielfach-spaltigen Blättern. Es gibt zahlreiche samenvermehrbare Sorten, die aber qualitätsmäßig oft nicht den Stand von vegetativ vermehrten Züchtungen erreichen. Im Steingarten sind niedere Sorten besonders wichtig und die meisten generativ vermehrten Pflanzen sind etwas hoch. Zur Blütezeit im April-Mai treiben sie je nach Sorte 5–20 cm hohe Stengel, die die Blütendolde tragen. Die Blütenfarbe ist je nach Sorte weiß, rosa, rot, gelb. Diese Saxifragen benötigen etwas frischere Böden. ♃ ⁞ ⌓ ○ ◐ ⊖ △-▲ ▷

△
Saxifraga × apiculata 'Alba' (Porophyllum-Saxifrage, Kabschia-Steinbrech). Auch diese Hybridgruppe, die aus *S. marginata* × *S. sancta* hervorgegangen ist, gehört zu den gartenfreundlichen Kabschia-Hybriden. Es gibt davon eine ganze Reihe von Sorten, wobei die bekannteste sicher 'Gregor Mendel' ist, die reichblühende gelbe Polster formt (Karl Foersters 'Elfenbein-Steinbrech'). Die Pflanze bildet im Alter bis zu 40 cm große Matten von prächtig grüner Farbe. Im März-April, in Mitteleuropa meist Anfang April, erscheinen auf etwa 6 cm hohen Stengeln die hellgelben Blüten, oft 10–12 am Stengel vereint. Davon gibt es auch die abgebildete weißblühende Form, *S. × apiculata* 'Alba'. Sie ist ebenso dankbar und wüchsig und Gartenfreunde, die noch keine Erfahrung mit dieser Gruppe haben, sollten mit den genannten beiden Pflanzen beginnen. Liebt etwas mehr Humus als andere. ♃ ⌓ ⁞ 🅃 ◐ ⊖ ○ △-△

◁ **Saxifraga × bertolonii 'Antonio'** (Porophyllum-Saxifrage, gärtnerisch Engleria-Steinbrech). Diese Kreuzung ist aus *S. sempervivum* × *S. stribrnyi* hervorgegangen, es gibt davon einige Sorten. Diese alte Engleria-Hybride von Sündermann bildet kleine Polster, wobei ältere Pflanzen etwa 10 cm Durchmesser erreichen. Die Pölsterchen setzen sich aus verhältnismäßig großen Rosetten zusammen, die einen Durchmesser von etwa 1,3 cm haben. An den langen spitzen Blättern sind die Kalkausscheidungen besonders auffällig. Die Blütenstengel erreichen eine Höhe von etwa 8 cm, die Blüten, bzw. die Hochblätter, sind karminpurpur, sie erscheinen im März-April. Insgesamt gesehen, ist die Engleria-Gruppe leichter im Garten zu halten als die Kabschia-Gruppe. Die Pflanzen sind kalkliebend und es ist zu empfehlen, etwas Kalksteingrus unter das Substrat zu mischen. Leicht durch Stecklinge vermehrbar. ♃ ⌓ ⁞ ⊞ ○ ◐ △-△

◁ **Saxifraga × boydii 'Aretiastrum'.** (Porophyllum-Saxifrage, Kabschia-Steinbrech). Diese Hybride, die auf eine Kreuzung von *S. aretioides* mit *S. burseriana* zurückgeht, ist ebenfalls eine sehr empfehlenswerte reichblühende Züchtung. Formt dichte kleine Polster aus spitzen, graugrünen Rosettchen, die insgesamt mehr *S. burseriana* ähneln. Die großen, hellgelben Blüten erscheinen sehr zahlreich an kurzen, rötlichen Stielchen. Die Kronblätter sind ziemlich breit. Insgesamt eine unempfindliche, wüchsige Pflanze. Immer vorausgesetzt man erfüllt die grundsätzlichen Wünsche der Pflanze: Sie möchte hell, keinesfalls vollsonnig stehen, außer in Gärten mit hoher Luftfeuchtigkeit, wo sie auch volle Sonne erträgt. Günstig sind absonnige Plätze. Das Substrat sollte mildfeucht und durchlässig sein. Die meisten Ausfälle bei den Kabschia-Saxifragen erfolgen durch Bodenverdichtung. ♃ ⁞ ⌓ 🅃 ◐ ⊖ ○ △-△

Saxifraga bronchialis, Bronchiensteinbrech (Sektion Trachyphyllum). Wächst im N-Ural, N-Asien und Alaska, insgesamt zirkumpolar. Bildet zwergige Rasen mit derb- und kurzblätterigen Trieben. Hat buschige, ungeteilte, lineale, dorniggespitzte Blättchen. Die Blütenstengel sind 6–15 cm hoch und tragen 3–5 weiße Blüten, bei denen die Kronblätter in der oberen Hälfte orange bis purpurrot gefleckt sind. Blütezeit Juni-Juli. Auch ohne ausgesprochen schönen Blüten für Sammler und Alpinenliebhaber wegen der kleinen Rasen dennoch eine attraktive Pflanze zur Felsbekleidung im Alpinum. Wächst sowohl an sonnigen als auch an leicht beschatteten Stellen gut. Schätzt im Substrat keinen Kalk! Von dieser Art gibt es einige Varietäten, die nicht sehr unterschiedlich sind und auch eine Zwergform. Die Vermehrung macht keine Schwierigkeiten, die Rasen sind leicht teilbar. ▷
♃ ⌓ ⊟ ◐ ⊖ ○ △-▲

◁ **Saxifraga cebennensis,** Cevennen-Steinbrech. Wächst in Südfrankreich endemisch in den Cevennen. Bildet zahlreiche Blattrosetten, die meist etwas hochgewölbte, fast halbkugelige Polster formen. Sie sind oft nur etwa faustgroß. Die Blätter sind lichtgrün, meist 3–5lappig, an schwächlichen Trieben sind sie manchmal auch nur ganzrandig. Die Blattstielchen sind etwas über 6 mm lang und die Blattspreite mißt 6–5 mm. Diese ist am Rand abgestumpft gelappt, besonders an der Oberfläche dicht mit kurzen, drüsigen Haaren bedeckt. Die am Blattstiel befindlichen sind länger. Es bilden sich zahlreiche Blütenstengel, die 5–8 cm hoch werden, sie sind schlank, oft rötlich getönt, dicht drüsenhaarig, mit 3–4 Stengelblättchen. Die weißen Blüten stehen zu 2–3, manchmal auch bis 6blütig. Blütezeit Mai-Juni. Eine hübsche Art, die etwas absonnige Steinspalten liebt oder Trogbepflanzung. ♃ ⌓ ⁞ 🅃 ⊖ ◐ △-△

△
Saxifraga callosa 'Latonica' (*Saxifraga callosa* var. *latonica*), Schwieliger Krustensteinbrech. Die Art ist in den SW-Alpen und den Pyrenäen verbreitet, der eigentliche Typ wächst in den Meeralpen. Bildet büschelige Rosetten mit rinnigen, blaugrauen, an der Basis oft etwas rötlichen, nach außen gekrümmten, lineal-spateligen Blättern, die etwa 9 cm lang und 4 mm breit sind. Bei der abgebildeten Form 'Latonica' sind die Blätter kürzer und die Rosetten insgesamt kleiner. Der Rand ist je nach Herkunft mehr oder weniger kalkbekrustet. Der doldenrispige, leicht überhängende Blütenstand wird bei der Art etwa 35 cm hoch, bei der Form 'Latonica' etwa 25 cm. Die länglichen Kronblätter sind weiß und haben rote Punkte am Grund. Die Pflanze fühlt sich an einem sonnigen Platz, in einem anlehmigen Substrat mit etwas Kalksteinsplitt wohl. Keine stehende Nässe.
♃ ⌓ ⁞ ⊞ 🅃 ○ ◐ △-▲

Saxifraga cochlearis 'Minor', Löffelblätteriger Zwergsteinbrech. Diese attraktive Art der krustigen Saxifragen wächst in den Seealpen und den Ligurischen Alpen, beidseitig der italienisch-französischen Grenze. Diese Art ist in der Erscheinungsform ziemlich unterschiedlich. Sie bildet kleine halbkugelige Rosetten mit zahlreichen, kurzen, löffelförmigen Blättern, die ungezähnt und dicht mit Kalkausscheidungen bedeckt sind; diese löffelförmigen Blätter sind für die Art typisch. Die Länge der Blätter variiert von 6 mm bis 2,5 cm und die Rosetten haben einen Durchmesser von 1,3–2,8 cm. Die dichtstehenden Rosetten bilden oft einen kleinen, hochgewölbten Hügel. Der Blütenstengel ist bei der Art 20–25 cm, bei der Form 'Minor' wird er nur etwa 10 cm hoch. Bei ihr bilden die weißen Blütchen einen schönen Kontrast zu den roten Stielchen. Schön im Trog. ▷
♃ ⌓ ⁞ ⊞ 🅃 ○ ◐ ⊖ △-△

Saxifraga cotyledon, Prachtsteinbrech. Wächst in den S- und M-Alpen, den M-Pyrenäen, in Norwegen und Island. Wächst oft in feuchten Felsspalten, immer auf Silikat-Untergrund. Bildet schöne, flache Rosetten, die einen Durchmesser bis zu 12 cm haben können, vereinzelt auch bis 15 cm. Die Blätter sind breit-lineal, zur Spitze spatelig verbreitet, lederig-fleischig, kahl, feingezähnt, 2–8 cm lang und 6–17 mm breit. Die blühenden Rosetten sterben nach der Blüte ab. Die Rosetten treiben von der Grundachse aus Ausläufer, so daß sich kleine Kolonien bis Polster bilden. Der Blütenstengel steht aufrecht, je nach Standort 15–80 cm hoch, meist jedoch um die 60 cm. Die Stengelblätter stehen zerstreut und zahlreich, 1–3 cm lang. Der Blütenstand ist eine vielblütige, zusammengesetzte, bogige Rispe von pyramidaler Form. Die 5 weißen Kronblätter sind rot geadert oder punktiert. ♃ ⌓ ⁞ ⊟ ⊖ ◐ ○ ◬-▲
▽

Saxifraga cortusifolia var. fortunei, Oktobersteinbrech, Herbststeinbrech. Im gärtnerischen Angebot ist fast immer diese Varietät, die in Japan zu Hause ist. Sie gehört zur Sektion Robertsoniana. Die Blätter dieser Waldpflanze sind 7lappig und bräunlichgrün getönt. Diese Varietät blüht etwas später als die Art. Durch diesen Umstand erfrieren leider im zentralen M-Europa oft die Blüten durch erste Frühfröste, die fleischigen Blätter leiden dadurch ebenfalls. Deshalb dieser Pflanze einen etwas geschützteren Platz geben. Die Blütenstände selbst erheben sich am günstigen Platz bis zu 40 cm hoch. Die Einzelblüten erscheinen in großer Anzahl. Jede Blüte hat 5 schmale, weiße, ungepunktete Kronblätter. Ein oder manchmal auch zwei der Kronblätter sind gezähnt und stehen nach unten. Sie sind kürzer als die nach oben stehenden, das Aussehen ist deshalb unregelmäßig. ♃ ⌓ ⊟ ◐ ⊖ ◬-▲ ▷

Saxifraga cuneifolia, Keilblätteriger Schattensteinbrech. Wächst in den Pyrenäen, N-Spanien, N-Apennin, O-Karpaten und Slowenien, dort an steinigen Hängen und an feuchten Felspartien, nicht in großen Höhen, sondern in Fichten-Lärchen-Wäldern, allgemein auf kalkarmen Silikatböden. Diese Art bildet lockere Rasen mit immergünen Blattrosetten, oft eigenartig übereinanderstehend. Verbreitet sich durch oberirdische Seitensprosse. Die Blätter sind keilförmig, kahl, matt, dicklederig, knorpelig berandet und nur schwach gezähnt. Sie verfärben sich im Winter unterseits etwas violettrot. Die blühenden Stengel stehen aufrecht, 8–25 cm hoch (meist um 20 cm), sind blattlos und drüsig behaart. Die Blüten stehen in einer lockeren, wenigästigen, oft ebensträußigen Rispe. Die Blüten sind klein, weiß, sternförmig, am Grunde gelblich gepunktet. Ideal für schattige Trokkenmauern. ♃ ⌓ ⁞ ◐ ⊖ ● ○ ◬-▲
▽

Saxifraga 'Southside Seedling', *Saxifraga cotyledon*-Hybride. Dieser in England entstandene Zufalls-Sämling ist mit der schönste Typ bei den krustigen Saxifragen. Nicht nur die weißen Blütenfahnen schmükken, sondern auch die verhältnismäßig großen, ornamentalen Rosetten während des gesamten Jahres. Diese haben einen Durchmesser von 12–15 cm, die Rosette ist ebenmäßig angeordnet und der weiße Rand der Blätter kontrastiert gut zum tiefen Grünton. Die großen Blütensträuße sind schön gezeichnet, die weißen Kronblätter sind am Grund intensiv rot gefleckt. Der kräftige Blütenstengel ist drüsig behaart. Diese Hybride, deren zweiter Elternteil unbekannt ist, setzt williger Tochterrosetten an als *S. cotyledon.* Die Pflanze ist auch sehr blühwillig, die Blütenstengel erreichen eine Höhe von etwa 40 cm. Sie ist kalktoleranter und liebt keinen vollsonnigen Platz. ♃ ⌓ ⁞ ⊖ ◐ ○ ◬-▲ ▷

◁ **Saxifraga cymbalaria,** Beckenblätteriger Steinbrech. Wächst in den O-Karpaten, dem Kaukasusgebiet, in Armenien, Iran und im östlichen Mittelmeergebiet an quelligen Stellen der Waldregionen, im Kaukasus oft zwischen *Rhododendron.* Eine nur 1-2jährige, nicht sehr auffällige aber liebenswerte Pflanze,die sich an zusagenden Plätzen immer wieder selbst aussät ohne lästig zu werden. Dreilappige, nierenförmige Blätter, frischgrün und glänzend. Die Blütenstengel werden 3-10 cm hoch. Blüht von Mai-September mit gelben Blüten. Benötigt auch im Garten etwas feuchtere Stellen, wächst besonders gut an absonnigen Plätzen. Zieht Tuffsteine vor, auf denen sich die Pflanze gerne selbst ansiedelt. Kann auch im Alpinenhaus und in Töpfen gehalten werden, vorausgesetzt ein gewisser Feuchtigkeitsgrad ist dabei gewährleistet. Wird leider nicht sehr oft angeboten. ⊙-⊙ ⌓ 🅃 ⊖ ◐ ○ ◬-△

Saxifraga federici-augusti ssp. **grisebachii** (*Saxifraga grisebachii*), Hängetraubensteinbrech, Grisebachs Steinbrech. Wächst in Bergen des Balkans, besonders in Albanien und in den angrenzenden Gebieten von Griechenland und Mazedonien. Eine hübsche Miniaturpflanze für den Steingarten und auch für Tröge. Die Rosetten stehen zu mehreren beieinander, ohne größere Polster zu bilden. Sie sind silberig, flach-aufstrebend und verhältnismäßig groß. Der Rosettendurchmesser beträgt 3,5-5 cm, vereinzelt auch 7-8 cm. Die Rosettenblätter sind spatelig-zungenförmig und graugrün. Ziemlich früh, oft schon im März, entwickeln sich die bis 15 cm hohen Stengel, die seidig behaart und drüsig sind. Die abstehenden Stengelblätter sind rötlich mit grüner Spitze. Der nickende Blütenstand ist traubig und intensiv karminpurpurrot. Liebt kalkschotterigen Boden mit einem Humusanteil. ♃ ⁞ ⊞ 🅃 ○ ⊖ ◐ ○ ◬-△
▽

Saxifraga × elisabethae 'Jason', Porophyllum-Saxifragen, Kabschia-Steinbrech. Einer der zahlreichen Sorten, die es in diesem Komplex gibt und die alle gute Pflanzen für Steinanlagen sind. Formt kleine Polster, die innen oft etwas erhöht sind. 1-2 Blüten stehen am Stengel, manchmal auch 4. Sie haben einen Durchmesser von 15-20 mm und sind gelb gefärbt. Die Steinbrech-Sorten dieser Sektion schätzen keine Plätze in praller Sonne, sondern vielmehr beschattete oder absonnige Stellen. 'Jason' scheint aber etwas mehr Sonne zu vertragen als der übrige Durchschnitt. Wichtig ist ein lockeres Substrat, das eher mineral- als humusreich sein sollte. Zu starke Bodenverdichtung führt oft zum Absterben der Pflanze. Die Vermehrung durch Stecklinge in einem sandiger Substrat macht kaum Schwierigkeiten. Besonders hübsch bei Nahbetrachtung, deshalb gut für halbschattige Tröge. ♃ ⌓ ⁞ ◐ ⊖ ○ ◬-△ ▷

◁ **Saxifraga geranoides,** Storchenschnabelähnlicher Steinbrech. Wächst in den östlichen Pyrenäen und in NO-Spanien, wo die Pflanze auf kalkhaltigem Untergrund vorkommt. Die Blätter sind 1,5-3 cm breit, oft und stark eingeschnitten, mit 9-27 spitzigen, dreieckigen bis lanzettlichen Segmenten. Die Blütenstengel werden bis 20 cm hoch, sie tragen an der Spitze einen kompakten Blattschopf mit 6-9 reinweißen, glockenblumenähnlichen Blüten, die einen leichten Duft aufweisen. Liebt im Garten einen leicht beschatteten Platz und einen mildfeuchten, nicht ausgesprochen nassen Boden. Eine hübsche Pflanze, die es wert wäre, wieder öfter kultiviert zu werden. Leider gibt es aber sehr viele ähnliche Steinbrech-Arten. Diese Art, die übrigens *S. corbariensis* ähnelt, ist nachweislich schon seit dem Jahre 1770 in Kultur. Vermehrung durch Aussaat oder auch durch Rosettenstecklinge. ♃ ⌓ ⁞ ⊞ ◐ ⊖ ○ ◬-▲

Saxifraga hypnoides, Moosähnlicher ▷ Steinbrech. Weit verbreitet über NW- und M-Europa. Diese Art ist zwar etwas ähnlich der vorstehenden, sie ist aber noch wesentlich wüchsiger. Bildet schnell größere Rasen von hellgrüner Farbe, je nach Standort lockerer oder dichter. Die dünnen Triebe sind locker beblättert, in den Blattachseln bilden sich mehr oder weniger krautige Achselknospen. Die langgestielten Blätter sind meist tief 3spaltig, aber auch bis 9spaltig, im Umriß meist keilförmig und grannenspitz. Im Mai-Juni erscheinen die weißen Blüten auf wenigblütigen (3–7) Stengeln. Der Blütenstand ist lockerrispig bis trugdoldig. Die Blütenstengel erscheinen so zahlreich, daß bei älteren Pflanzen kaum noch Blattrosetten zu sehen sind. Liebt keine zu sonnigen Lagen und eine milde Feuchtigkeit. An zusagenden Plätzen ist die Wüchsigkeit der Pflanze oft größer als erwünscht. ♃ ⌓ ⁞ ◐ ⊖ ○ ⚠-▲

◁ **Saxifraga iranica,** Persischer Steinbrech. Eine Art der Sektion Porophyllum aus dem Iran, wo die Pflanze am Elburs in 4000–4300 m Höhe, meist an nackten Felsen wächst. Diese Art wurde in letzter Zeit verstärkt angeboten. Die kleinen Pölsterchen sind sehr dicht und hart, in der Natur aber eher halbkugelig. Die kleinen Rosetten haben einen Durchmesser von 5–11 mm. Die unteren Blättchen sind etwa 4 mm lang und bis 3 mm breit, gedrängt-gehäuft, rauhhaarig, bewimpert, ziemlich fleischig und verkehrt-eirund. Der Blütenstengel ist rötlich, bis 2,5 cm hoch, der Blütenstand ist gedrängt, 3–4blütig. Die Kelchblätter sind eirund, die Petalen sind 6 mm lang und 3 mm breit und verkehrt-eirund bis keilförmig. Die Blütenfarbe ist weiß oder auch leicht purpur. Ein echter Zwerg für kleinste Plätze. Verträgt zwar etwas mehr Sonne, ein Zuviel kann aber zu Verbrennungen führen. ♃ ⌓ ⁞ 🆃 ◐ ⊖ ○ ⚠-△

Saxifraga × irvingii 'Walter Irving', Porophyllum-Saxifragen, Kabschia-Steinbrech. Eine weitere Sorte, die der Kreuzung von *S. burseriana* mit *S. lilacina* entstammt. Karl Foerster nannte sie 'Rotkugelsteinbrech'. Bildet zwergige Polster mit geschlossenen, graugrünen Rosettchen, die auch im blütenlosen Zustand attraktiv sind. Es ist eine alte englische Hybride, die von Mr. Irving aus Kew Gardens stammt. Gehört zu den Frühblühern; die Blüten öffnen sich meist schon im März. Auf 3–4 cm hohen Stengelchen steht eine Blüte, vereinzelt auch zwei. Die Blütenfarbe kann als zartrosa bis fahlrosa bezeichnet werden. Das Auge ist dabei meist etwas kräftiger im Farbton. Die Knospen sind rot. Gut wüchsig, ist aber nicht ganz so zuverlässig wie die zuvor genannte Sorte, *S.* × *irvingii* 'Jenkinsiae'. All diese Zwerge sind auch als Trogpflanzen gut geeignet, wenn dieser nicht vollsonnig steht. ♃ ⌓ ⁞ 🆃 ◐ ⊖ ○ ⚠-△
▽

Saxifraga × irvingii 'Jenkinsiae', Porophyllum-Saxifragen, Kabschia-Saxifrage. ▷ Eine Hybride, die der Kreuzung von *S. burseriana* mit *S. lilacina* entstammt. Man kann diese Sorte mit als Standardpflanze bezeichnen. Wer sich erstmalig auf dieses Gebiet vorwagt, sollte diese Pflanze in die Anfangskollektion aufnehmen. Es ist eine unempfindliche, wüchsige Pflanze mit vielen Blüten, die meist schon sehr frühzeitig im März erscheinen. Die Polster, für Porophyllum-Hybriden ansehnlich, erreichen einen Durchmesser bis 15 cm. Sie sind silbrig-graugrün und die rötlichen Blütenstielchen werden 3–5 cm hoch. Die Blüten zeigen ein helles, schönes Rosa, der Farbton ist im Zentrum meist intensiver. Diese Pflanze liebt im Substrat einen erhöhten Anteil feiner Steinchen. Fühlt sich auch zwischen Tuffsteinen sehr wohl, die sowohl einen gewissen Feuchtigkeitsgrad als auch Dränage bieten. ♃ ⌓ ⁞ 🆃 ◐ ⊖ ○ ⚠-▲

Saxifraga × irvingii 'Suendermannii Purpurea', Porophyllum-Saxifrage, Kabschia-Steinbrech. Die Kellereri-Sorten entstammen einer Kreuzung von *S. burseriana* mit *S. stribrnyi.* Leider gibt es innerhalb dieser Hybridgruppe oft Verwechslungen, aber alle sind hübsche kleine Pflanzen. Die Pflanze bildet dichte, feste, graugrüne Polster. Die Blüten wirken erst fast sitzend, die Stengel entwickeln sich dann jedoch 6–7 cm hoch. Diese Sorte ist verhältnismäßig reichblühend, die Blütenfarbe ist lachspurpur. Die Benachbarung der Porophyllum-Saxifragen ist nicht immer ganz einfach. Möglich sind kleine Soldanellen (Fransenglöckchen) oder Mannsschild-Arten (*Androsace sempervivoides*). Selbstverständlich passen auch kleine Farne und Gräser. Durchaus lassen sich die vielen Sorten auch mit kleineren, krustigen Steinbrech-Arten und -Sorten vergesellschaften. ♃ ⌓ ⁞ 🅃 ◐ ⊖ ○ ◬-△ ▷

Saxifraga manschuriensis, Mandschuren-Steinbrech. Wächst in N-China, der Mandschurei und Korea, dort an der Küste, in den Bergen, an feuchten Felsen und an Bächen. Diese Art gehört zur Sektion Micranthes. Sie ist gärtnerisch nicht sehr verbreitet. Die Pflanze hat große, nierenförmige Blätter, deren Rand leicht gekerbt ist. Treibt einen bis 40 cm hohen Blütenstengel, der behaart ist und eine kompakte Rispe trägt. Die Blütchen sind weiß und im Herbst ist diese Rispe mit hübschen, kleinen, rötlichen Früchten bedeckt. Wird als schwierig betrachtet, was aber nicht stimmt. Sie bereitet keine Probleme, wenn man ihr einen Platz mit neutraler bis schwach sauerer Bodenreaktion und genügend Bodenfrische gibt. Die Pflanze ist auch im zentralen M-Europa vollkommen winterhart. Die Vermehrung erfolgt durch Aussaat; dabei bedenken, daß es sich um einen Kaltkeimer handelt. ♃ ⊟ ◐ ⊖ ◬-▲ ▷

△

Saxifraga longifolia, Pyrenäen-Steinbrech. Diese Art hat ein beschränktes Verbreitungsgebiet in den Pyrenäen, wo sie besonders an halbschattigen oder absonnigen Kalkfelsen in Spalten in Höhenlagen bis 2400 m wächst. Sie variiert in morphologischer Hinsicht weit weniger als *S. callosa*, wenn es auch bei der Blattbreite Unterschiede gibt. Die Pflanze ist unverwechselbar. Sie bildet während einer Reihe von Jahren eine große Rosette, oft mit einem Durchmesser bis 15 cm, vereinzelt auch 20–25 cm. Sie treibt dann eine große, attraktive Blüte und stirbt mit der Samenreife ab, die Pflanze ist monokarp. Die Anordnung der Rosettenblätter ist besonders gleichmäßig, sie sind dicht und steifblätterig, schmal und mehr als 10 cm lang, ungezähnt, glatt und kalkbekrustet. Der Blütenstengel ist bis 70 cm lang, der Blütenstand ist konisch-zylindrisch, die zahlreichen kleinen Blüten sind weiß. ♃ ⁞ ⊞ ◐ ⊖ △-▲

◁ **Saxifraga mutata,** Kies-Steinbrech. Dieser grünrosettiger Steinbrech wächst in den Alpen, den Karpaten und in der Niederen Tatra. Meist auf kalkhaltigem Untergrund in Geröllfeldern, in Bachkies, in feuchten Spalten an Nagelfluh-Felsen. Unverwechselbare Gestalt mit gleichmäßigen grünen Rosetten, die ohne Kalkausscheidungen sind. Sie sind einachsig mit kurzer, unverzweigter Grundachse. Die Pflanzen werden 2–3jährig und sterben nach der Samenreife ab. Vereinzelt treiben sie auch vor dem Blühen Ausläufer. Die ebenmäßigen Rosetten haben einen Durchmesser von 4–13 cm. Die mehr oder weniger aufstrebenden Rosettenblätter sind spatelig-lineal, stumpf und 3–7 cm lang. Der Stengel wird 30–50 cm hoch und ist mit weißen Drüsenhaaren besetzt. Die Blütenrispe ist locker-schmal pyramidal mit mehrblütigen Ästen. Die Blüten sind wenig auffällig, gelb bis orangefarben. ♃ ⁞ ◐ ⊖ ○ ◬-▲

◁ **Saxifraga oppositifolia,** Paarblätteriger Steinbrech, Karl Foerster: Kriechmoos-Steinbrech. Eine Steinbrech-Art mit enormer Verbreitung: Arktische und subarktische Gebiete von N-Amerika, N-Sibirien, N-Europa und Hochgebirge von M-Europa und Spanien. Wächst auf Felsbändern, Felsschutt, Kiesbänken, an Felswänden und Graten und im lückigen Rasen in Höhen von 600–3800 m, auf Silikat und Kalk. Bildet lockere bis kompakte flache Polster, mit starren gegenständigen, länglich verkehrt-eiförmigen Blättern besetzt, die bewimpert und an der Spitze zurückgebogen sind. Sie sind 4zeilig angeordnet und haben 1–3 sehr kleine Kalkgrübchen. Die blühenden Stengel stehen aufrecht und sind sehr kurz, häufig auch ganz unterdrückt. Sie sind, wie auch die Kronröhre, drüsig behaart. Die 5 Kronblätter sind weinrot bis purpurrosa. Liebt hohe Luftfeuchtigkeit und einen mildfeuchten Boden. ♃ ⌓ ⁞ ◐ ⊖ ○ ◬-△

Saxifraga paniculata var. carinthiaca, Kärntner Traubensteinbrech. Die Art ist mit ihren Unterarten, Varietäten und Formen über die Gebirge der nördlichen Halbkugel verbreitet, die Aufzählung einzelner Fundorte würde den Rahmen sprengen. Die Pflanze bildet Polster und kleine Rasen, die aus nichtblühenden Blattrosetten zusammengesetzt sind. Der Rosettendurchmesser beträgt 0,8–6 cm. Die Blütenstengel sind manchmal ab der Mitte drüsig behaart. Die Blätter sind verkehrt-eiförmig bis zungenförmig oder lineal-spatelig, starr lederig, am Rande mit kleinen, weißen Kalkausscheidungen besetzt. Die abgebildete Varietät bildet lockere Rosetten mit weniger Blättern als die anderen Typen. Sie sind lineal-spatelig (15 mm lang und 4 mm breit), dunkelgrün und stark kalkbekrustet. Die Blütenfarbe ist weiß bis elfenbeinweiß. Die Blüte ist 15–20 cm hoch, nicht drüsig behaart. ♃ ⌓ ⁞ 🅃 ◐ ○ ⊖ ◬-▲
▽

Saxifraga × primulaize 'Salmon', Salmroter Hybridsteinbrech. Eine intersektionelle Hybride, die aus einer Kreuzung von *S. aizoides* und einer zwergigen Form von *S. × urbium* (oft als *S. umbrosa* im Handel) entstanden ist. Eine reizende kleine Gartenpflanze, die leider nicht in allen mitteleuropäischen Gärten zufriedenstellend wächst, im Gegensatz zu England. Bildet niedere Matten aus schmalen, immergrünen, leicht eingekerbten Blättern. Der Blütenstand ist zart und verzweigt, er trägt karminrote, salmrote oder rote Blüten. Wird etwa 5–8 cm hoch und blüht im Sommer. Gedeiht am besten im lichten Halbschatten und auf mildfeuchten Böden. Die Vermehrung macht keine Schwierigkeiten, sie erfolgt durch Rosettenstecklinge. Die abgebildete Form 'Salmon' ist eine farbliche Auslese. Man kann die Pflanze an den gleichen Plätzen verwenden wie die Porophyllum-Saxifragen. ♃ ⌓ 🅃 ◐ ⊖ ◬-△
▽

Saxifraga sancta ssp. pseudosancta, ▷ Athos-Steinbrech. Wächst in NO-Griechenland. Diese Porophyllum-Saxifrage ist nahe verwandt mit *S. juniperifolia.* Bildet ansehnliche, flache, dichte, sattgrüne, starre Polster, die moosartig wirken. Die kleinen Rosettenblättchen sind sehr kurz und spitz. Unter normalen Gartenbedingungen nicht sehr blühfreudig. Man kann die Blühwilligkeit steigern, wenn man die Pflanze extrem mager hält. Auf 5 cm hohen Stengeln stehen die 3–7 sattgelben Blüten, dichtdoldig und starr aufrecht. Die kleinen, gelben Kronblätter werden von den Staubfäden weit überragt. Die Narben zeigen rötliche Spitzen. Die Blütezeit liegt im März-April. Dem Substrat im Garten sollte besonders viel Kalksteinsplitt zugegeben werden. Alte Polster, die in der Mitte gelb werden, bekommen eine Einstreuung von Erde mit feinem Steinsplitt. Teilung möglich. ♃ ⁞ ⌓ ⊞ 🅃 ◐ ○ ⊖ ◬-▲

◁ **Saxifraga sempervivum,** Hauswurzähnlicher Steinbrech, Engleria-Steinbrech. Heimat sind Berge des Balkans, speziell in N-Griechenland, wo die Pflanze an Kalkfelsen und auf Steinschutt wächst. Eine hübsche, aber variable Art, die lockere Polster, manchmal auch kleine Matten bildet. Die Rosetten sind sehr dichtblätterig und scharf zugespitzt. Die Rosettenblättchen sind 5–20 mm lang und 1–2 mm breit, sie sind lineal bis länglich-lineal zugespitzt, graugrün, kahl und ganzrandig, außerdem stark kalkbekrustet. Die Blütenstiele werden, je nach Form, 6–20 cm hoch, sie sind dicht drüsenhaarig, dunkelrot und mit zahlreichen Stengelblättchen besetzt. Die Stengel sind 10–20blütig, die Blüten sind aufsitzend oder mit einem bis 2 mm langen Stielchen besetzt und dunkelrot. Diese Art ist wesentlich anspruchsloser als viele Kabschia-Hybriden. Sehr schön auch zur Trogbepflanzung. ♃ ⌓ ⁞ ⊞ 🅃 ○ ⊖ ◐ △-△

Saxifraga stellaris, Sternblütiger Steinbrech. In europäischen Gebirgen weit verbreitet, von Skandinavien bis Portugal und bis Bulgarien. Ebenso in arktischen Gebieten von Rußland, Sibirien und N-Amerika. Wächst dort in Quellfluren, an Bachufern, feuchten Felsen und Schutthängen in Höhen von 1200–3500 m. Bildet lockere Blattrosetten aus verkehrt-eiförmigen Blättern, die hellgrün, fleischig, kahl und vorne gezähnt sind. Die Blütenstengel werden etwa 5–15 cm hoch, der Blütenstand ist eine ästige Trugdolde, bedeckt mit vielen kleinen, sternförmigen, weißen Blüten, die feine gelbe Punkte tragen. Blütezeit ist der Frühsommer. Verlangt im Garten einen kühlen, feuchten Platz und ist nicht einfach zu kultivieren, etwas für spezielle Alpenpflanzen-Liebhaber. Die Art gehört zur Sektion Micranthes und ist noch eher zu erhalten als andere Arten dieser Gruppe. ♃ ⌓ ⁞ ◐ ⊖ △-▲ ▷

Saxifraga × urbium 'Aureo-punctata' (*Saxifraga umbrosa* 'Aureo-punctata'), Gefleckter Schattensteinbrech. Die lange Zeit als *S. umbrosa* in den Gärten verbreitete Pflanze, in England als 'London Pride' und in Deutschland als 'Porzellanblümchen' bekannt, hat sich als Hybride herausgestellt (*S. umbrosa* × *S. hirsuta*), dementsprechend ist die Schreibweise der gelb gefleckten Form. Unabhängig von dieser Tatsache ist es eine beliebte und verbreitete Pflanze mit kräftigen Rosettenpolstern. Diese sind lockerrosettig, dunkelgrün und sehr unregelmäßig gelb gefleckt. Die attraktive Fleckenbildung tritt in Schattenlagen stärker zurück. Ideal ist ein etwas sonnigerer Platz mit genügend Bodenfrische. Die Blattspreite ist verkehrt-eiförmig bis spatelig, verschmälert in einen kurzen Stiel auslaufend. Der Blütenstengel ist etwa 30 cm hoch, klebrig-drüsig und bildet eine lockere Rispe. ♃ ⌓ ⁞ 🅃 ⊖ ○ ◐ △-▲ ▽

Saxifraga stolonifera 'Cuscutiformis', ▷ Hängender Steinbrech. Die Art hat ihr natürliches Vorkommen in China und Japan. Es gibt einige unterschiedliche Typen, einer davon ist die Topfpflanze, die als »Judenbart« bekannt ist und die im zentralen M-Europa nicht immer winterhart ist. Der als 'Cuscutiformis' bekannte Typ ist dagegen kälteresistent. Es ist eine kräftige Pflanze, die lockere Blattrosetten bildet. Die Rosetten treiben rote, fadenförmige Ausläufer. Die rundlich-nierenförmigen Blätter sind 7–10lappig und werden, besonders an stärker belichteten Stellen, mit einem Netz von hellgrauen Adern überzogen. Die Blattoberseite ist behaart, die Unterseite ist dagegen kahl und rötlich-glänzend. Die weißen Blüten sind verhältnismäßig groß, die beiden unteren Kronblätter sind wesentlich länger als die übrigen. Die Blütenstengel werden 20–40 cm hoch. Nicht in pralle Sonne pflanzen. ♃ ⟿ ⌓ ⁞ ⊖ ◐ △-▲

◁ **Scabiosa lucida,** Glänzende Scabiose, Dipsacaceae, Kardengewächse. Eine kleine Skabiose, die in den Alpen verbreitet ist, aber auch in den Pyrenäen bis zur Balkanhalbinsel, im Apennin, den Karpaten und Vogesen. Dort im Felsschutt und Rasen, meist auf Kalk, etwa in Höhen von über 1000 m wachsend. 20–30 cm hohe, fast kahle Pflanze mit walzigem Wurzelstock. Die grundständigen Blätter, die rosettig stehen, sind gestielt, eiförmig bis lanzettlich, mit gekerbtem Rand. Die an der Basis stehenden Stengelblätter sind ähnlich den grundständigen, die oberen sind dagegen fiederspaltig mit schmalen Abschnitten. Die Blüten stehen in einem bis 3 cm breiten Köpfchen zusammen, die Krone ist ungleichmäßig 5lappig, die Randblüten sind größer. Die Farbe ist rötlichlila mit purpurschwarzen, glänzenden Kelchborsten. Die Blütezeit geht von Juni-September. Wichtig wegen ihrer späten Blütezeit. ♃ ⁝ ⊞ ○ ◐ ◬-▲

Scilla litardierei (*S. amethystina, S. pratensis*), Wiesen-Blaustern. Wächst in Kroatien und in Bosnien auf Wiesen und auch zwischen Kalkfelsen, in humosem Boden. Die Zwiebelchen haben einen Durchmesser bis 1,5 cm und besitzen eine braune Außenhaut. Der Blütenstengel wird 5–15 cm hoch. Meist 3–6 Blätter, die etwa 25 cm lang werden, bei einer Breite von 0,4–0,8 cm. Sie sind schmalbandförmig, verschmälert an beiden Enden. Am Stengel stehen 3–15 kleine, glockige Blüten, sie stehen in einer dichten, schmalen, konischen Traube. Die Farbe ist oft etwas unterschiedlich, meist fahl blauviolett, aber auch hell- oder dunkelblau. Die Pflanze kann im Garten größere Horste bilden. Sie ist besonders wegen ihrer späten Blütezeit wichtig, meist im Juni. Stellt im Garten, auch in Steinanlagen, keine Ansprüche, liebt aber keine tieferen Schattenlagen. Vermehrung durch Teilung. ♃ ◙ ⊞ ○ ◐ ⊖ ◬-▲
▽

Scilla bifolia 'Rosea', Rosa Märzblaustern, ▷ Liliaceae (Hyacinthaceae), Liliengewächse (Hyazinthengewächse). Verbreitet von Spanien bis Kleinasien. In M-Europa oft in Auwäldern und in Flußnähe. Meist auf kalkhaltigen, lehmig-humosen und frischen Böden. Diese kleine Zwiebelpflanze wird 8–12 cm hoch, meist hat sie nur 2 rinnige, lineale Blätter. Die sternförmigen Blüten stehen in einer lockeren Traube mit bis zu 10 Einzelblüten. Die eigentliche Art blüht blau, es gibt aber auch weißblühende Typen ('Alba'), ebenso wie die abgebildete 'Rosea', die einen schönen, zartrosa Ton zeigt. Bei allen liegt die Blütezeit früh im März. In Steinanlagen ist dieser Frühblüher reizend, man muß aber sehr aufpassen, denn die Pflanze sät sich stark aus und die Gefahr besteht, daß sie im Steingarten schnell einen größeren Raum einnimmt als ihr zugebilligt wird. Die Pflanze ist anspruchslos. ♃ ◙ ○ ◐ ⊖ ◬-▲

◁ **Scilla peruviana,** Mittelmeerscilla, Spanische Sternhyazinthe. Nicht in Peru beheimatet, wie die botanische Bezeichnung vermuten läßt, sondern im westlichen Mittelmeergebiet und in Portugal. Leider ist diese Art im zentralen M-Europa nicht winterhart, es ist aber eine attraktive Art, die man entweder frostfrei überwintert oder im Alpinenhaus pflegt. In England trifft man dagegen schöne, dauerhafte Freilandpflanzungen an. Die Pflanze hat große bis 5 cm breite, dunkelschalige Zwiebeln. Bei Wachstumsbeginn formen sich die austreibenden Blätter zu einer Rosette, die mit der Zeit lockerer wird. Dazwischen erheben sich kräftige 20–30 cm hohe Blütenstiele mit einem konischen, breitkegeligen, traubigen Blütenstand. Dieser setzt sich aus zahlreichen sternförmigen Einzelblüten zusammen (bis 100!). Die großen Zwiebeln sollen nur wenig unter der Erdoberfläche stehen. ♃◬ ◙ ⌒ ○ ◬-▲

◁ **Scilla sibirica,** Sibirischer Blaustern, Blausternchen. Von M-Rußland bis zum Kaukasus und bis Kleinasien verbreitet. Weit bekannte Zwiebelpflanze, die man auch in Steinanlagen verwenden kann. So hübsch die Pflanze mit ihren schönen, blauen Blüten ist, es muß doch eine Warnung ausgesprochen werden: Sie kann durch Selbstaussaat ganze Steingartenteile erobern. Diese Gefahr besteht bei der triploiden sterilen Sorte *S. sibirica* 'Spring Beauty' nicht, ihre Vermehrung erfolgt nur durch Tochterzwiebeln. Die kleinen Zwiebeln besitzen eine dunkelbraune Haut, sie treiben 2–4 aufrechtstehende, breitlineale Blätter, deren Spitzen kappenförmig sind. Pro Zwiebel entwickeln sich bis zu 3 Blütenstiele, die etwa 15 cm hoch werden. An ihnen stehen 2–4 leuchtend blaue, sternförmige Blüten. Die Knospen stehen erst nach unten, bei voller Blüte zeigen sie jedoch nach außen und oben. ♃ ◙ ○ ◐ ⊖ △-▲

Scleranthus uniflorus, Einblütiges Knäuelkraut, Neuseeländer Moospolster, Caryophyllaceae, Nelkengewächse. Beheimatet auf der S-Insel von Neuseeland. Diese Pflanze kommt mit ihrem Aussehen einem Moos sehr nahe. Die kurzen Triebe sind stark verzweigt, sie bilden dichte, kompakte, selten über 5 cm hohe, bräunlichgelbe Polster, die einen Durchmesser bis zu 20 cm erreichen können. Die Blätter sind 2–4 mm lang und 0,5 mm breit, sie haben eine fast farblose Spitze. Die Blütchen stehen einzeln an seitenständigen Stielchen, die 2 häutige Hochblätter tragen. Die Blütezeit ist meist im Juni. Die Pflanze liebt in Steinanlagen und Trögen sonnige Plätze. Wichtig ist gute Dränage als Schutz vor größerer Winternässe, die sonst oft zu Ausfällen führt. Die Pflanze kann zwar durch Aussaat vermehrt werden, meistens erfolgt jedoch Teilung. Recht hübsch in Steingartenschalen. ♃ ⌓ ⌃ ○ ▲-△
▽

Sedum acre 'Yellow Queen', Scharfe Fetthenne 'Yellow Queen', Gelber Mauerpfeffer, Crassulaceae, Dickblattgewächse. Weit verbreitet in Europa, W- und N-Asien und N-Afrika, dort auf sonnigen Hügeln, Mauern, Felsen und sandigen Ruderalstellen. Diese Sorte unterscheidet sich von der Art nur durch die kräftige gelbgrüne Farbe. Rasenbildend, etwa 5 cm hoch, wenn nicht in zu nahrhafte Erde gepflanzt. Die Triebe sind dicht mit dreieckig-eiförmigen, fleischigen Blättchen besetzt, 4–6zeilig angeordnet. Die Blättchen haben einen scharfen Geschmack, daher der Name *acre* = scharf. Die leuchtend gelben, sternförmigen Blüten, die in trugdoldigen Wickeln stehen, erscheinen im Juni-Juli. Die Art selbst sollte man möglichst meiden, sie kann durch Umherwuchern zum Unkraut werden. Es gibt auch eine Sorte 'Aureum', sie besitzt ebenfalls eine gelbgrüne Farbe mit geringerem Gelbanteil. ♃ ⁓ ⌓ ⁞ 🅃 ○ ▲-▲
▽

◁ **Sedum alboroseum 'Medio-variegatus',** neuerdings in englischer Literatur *Hylotelephium erythrostictum* 'Medio-variegatus'. Der Sortenname wird manchmal auch 'Mediovariegatum' geschrieben. Japanisches Buntblattsedum. Heimat ist Ostasien, ist wild aber unbekannt. Die Pflanze wird 40–50 cm hoch und eignet sich deshalb nur für etwas größere Steinanlagen. Sie hat einen karottenartigen Wurzelstock und einen aufrechten, runden und unverzweigten Stengel. Die ovalen Blätter dieser Gartenform sind gelblichweiß mit breitem, grünem Rand. Die Blüten, die in ungleich hohen Trugdolden stehen, sind rosaweiß bis rosa. Ein *Sedum* für Liebhaber panaschierter Pflanzen. Selbstverständlich wird man sie nicht in sehr naturnahe Gestaltungen einfügen, an solchen Stellen wirken die bunten Blätter zu »gartenhaft«. Die Vermehrung erfolgt durch Blatt- und Stengelstecklinge. ♃ 🄷 ○ ◐ △-▲

◁ **Sedum album,** Weißer Mauerpfeffer, Dickblätteriges Schneepolstersedum. Das Verbreitungsgebiet deckt sich mit *S. acre*, oft mit ihm am gleichen Standort vergesellschaftet. Bildet lockere, gleichmäßige Rasen, etwa 10–15 cm hoch, die einzelnen Triebe sind kriechend. Die Blätter sind 4–12 mm lang, sie sind fast zylindrisch, aber an der Oberfläche etwas abgeflacht, kahl, stumpf, lineal-lanzettlich, grün, aber meist etwas gerötet, wechselständig. Die in Doldenrispen stehenden Blüten sind weiß, sie erscheinen von Juni bis August. Von dieser Art gibt es mehrere Gartenformen, die sich besonders durch die Größe und durch die Blattfärbung unterscheiden. 'Coral Carpet' bildet besonders schöne, bronzerot gefärbte Teppiche, volle Sonne vorausgesetzt. 'Micranthum Chloroticum' ist kleiner und hat ein hellgrünes Blatt, während 'Murale' etwas höher ist, rosa blüht und braunrote Blätter hat. ♃ ⁓ ⌓ ⁞ ◻ ○ △-▲

Sedum anacampseros, in England neuerdings: *Hylotelephium anacampseros*, Blaues Walzensedum, Wund-Mauerpfeffer. Wächst vom südlichen Tirol bis zu den Spanischen Pyrenäen. Dort in Felsschutt, in Felsspalten und auf Pionierrasen, sowohl auf Silikat als auch auf Kalk. Wird 10–15 cm hoch und hat lange, niederliegende, dicht beblätterte Triebe, die leicht wurzeln und aufsteigend sind. Die nichtblühenden Triebe sind zur Spitze hin besonders dicht beblättert. Die Blätter sind wechselständig, fleischig, flach elliptisch bis breit eiförmig, stumpf, ganzrandig und sitzend. Die Blütenstände sind halbkugelig oder doldenförmig. Die Einzelblüte hat 5 längliche Kronblätter, sie sind 4–5 mm lang, unterseits bläulich mit grünlichem Kiel, oberseits purpurrosa bis schmutzig purpurn mit roten Flecken oder Längsstreifen. Die Blattpolster sind hübsch, die Blüte dagegen weniger. ♃ ⁓ ⁞ ⌓ ○ ◐ ⊖ △-▲ ▷

Sedum cauticola (*Sedum cauticolum*), in England neuerdings *Hylotelephium cauticolum*, Buntlaubiges Septembersedum. Wächst an der S-Küste von Japan auf Felsen. Diese nahe mit *S. sieboldii* verwandte Art hat büschelige Triebe, die bis 30 cm lang werden. Höhe der Pflanze 10–12 cm. Die Stengel sind rotbraun, die Blätter gegenständig, gestielt und rundlich bis spatelig, stark blaugrau bereift, rötlich gerandet und leicht gekerbt. Die lockeren Blütenstände sind anfangs bläulichpurpurn, später mehr karminrot, in dichtblütigen Trugdolden stehend. Blütezeit August-September. Eine wertvolle Pflanze für Steinanlagen durch die blauen Polster und die spät liegende Blütezeit, wenn es im Steingarten allgemein schon ruhiger geworden ist. Es gibt davon auch eine Form, *S. cauticola* f. *lidakense*, die sich aber nur unwesentlich unterscheidet. Leichte Vermehrung durch Stecklinge. ♃ ⌓ ⁞ ◻ ○ ◐ ⊖ △-▲
▽

◁ **Sedum caucasicum,** in England neuerdings *Hylotelephium caucasicum*, Kaukasus-Sedum. Diese Art wächst endemisch im Kaukasus, an trockenen Hängen, in lockeren Wäldern, auf Kalkuntergrund. Es ist eine krautige Staude, die einen kräftigen, lockeren Busch von etwa 35 cm Höhe bildet. Mehrere einjährige Triebe entwickeln sich aus dem Wurzelstock, zuerst aufrecht, später auseinandergehend. Sie sind ungeteilt fleischig und rund. Die Blätter sind kreuzgegenständig, zerstreut stehend, aufsitzend, fleischig, mittelgrün und oft mit rötlicher Mittelrippe. Der Blütenstand ist trugdoldig, dicht und reichblütig, dreigabelig stehend. Die Blütenfarbe ist weiß, oft mit rötlichen Spitzen. Sicher keine auffallende Schönheit, aber eine interessante Pflanze für den Sukkulentensammler. Da die Pflanze im älteren Zustand mehr breit und liegend wächst, empfiehlt sich eine Pflanzung in Mauerfugen. ♃ ⁞ ⊞ ○ ⊖ ◐ △-▲ N

◁ **Sedum dasyphyllum,** Kleines Zapfensedum. Zwergkugelsedum. Wächst in M- und S-Europa, im westlichen Mittelmeergebiet und N-Afrika auf Felsen und Mauern. Zierliche, 2–5 cm hohe, blaugrüne, dichtrasige Matten bildend. Die Triebe sind dünn und brechen leicht. Die 3–7 mm langen, graugrünen, bereiften, fast kugeligen Blättchen sitzen dicht. Die bräunlichen Blütentriebe tragen rosa Blütenknospen. Die Blüten selbst sind weißlich, sternförmig und haben rötlichbraune Narben. Blütezeit Juni–Juli. Die Pflanzen sind an exponierter Stelle oft rötlich überhaucht. Eine hübsche Pflanze auch für kleinste Pflanzplätze. Liebt vollsonnige Lagen und ist empfindlich gegenüber Winternässe, deshalb ist eine gute Dränage am Pflanzplatz Voraussetzung für gutes Gedeihen. Die Vermehrung macht keine Schwierigkeiten, da die feinen Triebe leicht wurzeln. Es gibt auch einige Varietäten. ♃ ⌓ ⁞ [T] ○ ◬-▲ [N]

△
Sedum ewersii, in England neuerdings *Hylotelephium ewersii,* Himalaja-Sedum. Wächst im W-Himalaja (Kaschmir), der Mongolei und im Altai. Es ist eine etwa 10 cm hohe Staude, die Teppiche aus niederliegenden bis aufstrebenden Trieben bildet. Die Stengel sind unverzweigt, rotbraun und dicht beblättert. Die Grundtriebe verholzen. Die Blätter sind gegenständig, sitzend, bläulichgrau, 15–20 mm lang, eiförmig bis kreisrund und ganzrandig bis schwach gezähnt. In trokkenen Lagen sind die Blätter schwach rotbraun gesäumt. Der Blütenstand ist dicht halbkugelig, die Blüten sind rosa und erscheinen im August. Eine hübsche Pflanze vom Frühling bis September. Dann werden die Blätter abgeworfen und es bleibt bis zum Neuaustrieb ein weniger attraktives Stengelgewirr zurück. Dies sollte man aber in Kauf nehmen, da die Pflanze vorher hübsch aussieht. ♃ ⌓ ⁞ ○ ◐ ⊖ ◬-▲

△
Sedum-Hybride 'Bertram Anderson'. Auch bei den *Sedum* gibt es immer wieder Neuzüchtungen. Die abgebildete 'Bertram Anderson' ist ein Beispiel dafür; über die Eltern ist nichts Näheres bekannt. Schon der jährliche Austrieb der schwachen Triebe ist interessant. Sie sind zu diesem Zeitpunkt fast blauschwarz gefärbt, ein in Steinanlagen selten zu findender Farbton. Die Triebe werden 20–25 cm lang, sind niederliegend, rund und nehmen einen rötlichen Ton an. Die Blätter sind wechselständig, rundlich und leicht gekerbt. Sie sind aufsitzend und stehen zur Spitze hin gehäuft. Der Farbton kann als schwärzlichrot bezeichnet werden, er ist um so intensiver, je sonniger die Pflanze steht. Die Blüte ist karminrot und erinnert insgesamt etwas an *S. cauticola.* Durch den eher flachen, kriechenden Wuchs eignet sich die Pflanze besonders zur Pflanzung in Trockenmauerfugen. ♃ ⌓ ⁞ [T] ○ ◐ ⊖ ◬-▲

Sedum hyperaizoon, Riesen-Fetthenne. ▷ Diese Pflanze ist im östlichen Sibirien zu Hause. Sie ist sehr ähnlich der Art *S. aizoon,* nur bedeutend höher im Wuchs und erreicht etwa 50–60 cm. Aus diesem Grunde ist die reichblühende Pflanze nur für größere Steinanlagen zu empfehlen. Es ist eine aufrecht wachsende, buschige Staude mit einem rhizomartigen Wurzelstock mit kurzen Wurzeln, er ist nach oben hin verzweigt. Es entwickeln sich aus ihm mehrere einjährige, unverzweigte Stengel, die grün gefärbt sind, nach unten zu mehr bräunlich. Die wechselständigen Blätter stehen entlang der Stengel. Sie sind sitzend und die Größe reduziert sich von der Basis nach oben. Die Form ist elliptisch, vorne spitz und der Rand ist scharf und unregelmäßig gesägt, die Farbe ist lichtgrün. Die Pflanze bildet kopfständige Trugdolden, die dichtstehenden Blüten sind gelb gefärbt. ♃ [H] ○ ◐ ▲

Sedum kamtschaticum var. floriferum 'Weihenstephaner Gold' ▷ (*Sedum floriferum* 'Weihenstephaner Gold', in England: *Sedum kamtschaticum* 'Weihenstephaner Gold'). Die Heimat dieser nomenklatorisch immer etwas unsicheren Pflanze ist NO-China. Die eigentliche Art ist in Gärten kaum zu finden, im Gegensatz zur wertvolleren Sorte 'Weihenstephaner Gold'. Diese Pflanze steht im Aussehen etwa zwischen der eigentlichen *S. kamtschaticum* und *S. hybridum.* Die Pflanze hat 20–25 cm lange Triebe und bildet etwa 10 cm hohe Polster (zur Blütezeit etwa 20 cm hoch). Der Wurzelstock ist knotig und verholzend, die Pflanze ist vieltriebig, reich und dicht beblättert. Die Blätter sind sitzend, spatelig bis lanzettlich, kerbzähnig und dunkelgrün. Die goldgelben Blüten bilden flache Trugdolden. Ein idealer Teppichbildner, der auch nach der Blüte noch attraktiv aussieht. ♃ ⌓ ⁞ ○ ◐ ⊖ △-▲

Sedum kamtschaticum var. kamtschaticum 'Variegata' ▷ (*Sedum kamtschaticum* 'Variegata'), Buntlaubiges Kamtschatka-Sedum. Von der vorstehenden Art gibt es diese buntlaubige Form, die unregelmäßig-weißgerandete Blätter hat. Am alten Pflanzplatz ist die Pflanze nicht unbeschränkt ausdauernd. Diese hübsche Polsterstaude sollte nach 2–3 Jahren geteilt und frisch ausgepflanzt werden. Die Triebe wurzeln leicht. Gute Nachbarn sind kleine Gruppen von bläulichen Schwingel-Arten (*Festuca*) und niedere bläulichpolsterige Nelken, besonders Sorten von *Dianthus gratianopolitanus.* Trotz der Panaschierung wirkt die Pflanze in natürlichen Gestaltungen nicht so fremdartig wie andere buntlaubige Stauden. Hübsch ist diese weißbunte Staude am Rande von Trögen und Kübeln und in Trockenmauern. Die Pflanze akzeptiert auch einen etwas anlehmigeren und frischeren Boden. ♃ ⁞ ⌓ 🅃 ○ ◐ ⊖ ▲-▲

△
Sedum kamtschaticum, Kamtschatka-Sedum. Eine Staude, die in O-Sibirien, N-China, Korea, Kamtschatka vorkommt. Es ist ebenfalls eine mattenbildende Art, die 15–20 cm hoch wird. Sie hat einen dicken, verzweigten Wurzelstock, der verholzt. Sie besitzt mehr oder weniger aufrechte Triebe, die nur anfangs unverzweigt sind. Die Blätter sind wechsel- oder gegenständig, verkehrt-eirund bis spatelig, im oberen Drittel gezähnt, glänzend, dunkelgrün. Kurze dichtbeblätterte Neutriebe bilden sich schon im Spätsommer; diese überwintern ohne Schaden und blühen im nachfolgenden Jahr. Bildet einen lockeren, beblätterten Blütenstand, Blütenfarbe gelb bis orangegelb. Die orangefarbenen Narben sind auch noch längere Zeit nach dem Abblühen zierend. Blütezeit Juli-September. Bildet schöne Matten, die auch in mageren Böden dicht bleiben. Paßt sich gut der Bodenoberfläche an. ♃ ⌓ ⁞ ○ ◐ △-▲

◁ **Sedum lanceolatum,** Rocky Mountain-Sedum. Eine weit verbreitete Art, die entlang der Rocky Mountains wächst, vom Yukongebiet ausgehend südlich bis New Mexico reichend, an offenen Plätzen, in kiesigen und sandigen Böden und felsigen Stellen von Meereshöhe bis zu 3500 m. Die Pflanze ist oft mit *S. stenopetalum* verwechselt worden, mit der sie einige Gemeinsamkeiten hat. Sie macht lockere bis kompakte Polster mit Trieben, die etwas an *Sedum reflexum* erinnern. Es ist eine Pflanze, die eher für Sammler geeignet ist, da sie nach der Blüte oft einen wenig attraktiven Eindruck hinterläßt. Die noch nicht blühenden Polster im Frühling sind durchaus ansehnlich, die Triebe sind verzweigt und dicht beblättert, sie wurzeln an den Stengelknoten und sind von rötlichbrauner Farbe. Die auffälligen, leuchtend-goldgelben Blüten stehen an drei gegabelten Zweigen. ♃ ⌓ ○ ▲-▲

Sedum laxum ssp. eastwoodiae, Eastwoods Sedum, Serpentin-Sedum. Wächst in der Küstenregion von N-Kalifornien auf Serpentinfelsen und in Steinschutt bis in Höhen von 1200 m. Blaugrüne Rosetten, bis zu 5 cm Durchmesser, mit fleischigen Blättern. Formt schöne, in der Mitte etwas erhöhte Polster, Höhe etwa 6–7 cm. Die Blätter sind etwa 25 mm lang, gegenständig bis kreuzgegenständig, sitzend, spatelförmig, vorne stumpf, kerbig, in lockeren Rosetten an der Spitze der Triebe stehend. Die Blätter an den Blütenstengeln sind wechselständig, sitzend und elliptisch. Der Blütenstand ist eine Trugdolde, 5–17 cm hoch, vielblütig, mit sitzenden glokkenförmigen Blüten von 6 mm Durchmesser. Die Blütenfarbe ist muschelrosa mit weinrotem Zentrum. Es gibt weitere Unterarten, die aber lockerere Polster bilden. Die abgebildete Pflanze formt dagegen sehr kompakte Polster. ♃ ⌓ ⁞ ⊟ ⊖ ◐ ○ △-▲ N ▷

Sedum nevii (*Sedum beyrichianum, Sedum glaucophyllum*), Alabama-Sedum. Hinsichtlich der botanischen Bezeichnung herrscht ein ziemliches Durcheinander, in neuerer englischer Literatur wieder eigenständig als *S. nevii.* Wächst im östlichen N-Amerika, von Illinois bis Alabama. Bildet niedere, ungefähr 3 cm hohe, lockere Rasen. Die leicht aufstrebenden Triebe sind zur Spitze hin rosettenartig beblättert. Die Blätter sind kurz, ganzrandig, spatelförmig, rötlich-grün. Der Blütenstand ist drei- bis mehrästig und trägt weiße Blüten. Blütezeit Juni-Juli. Es ist eine hübsche Art, die jedoch nicht unbeschränkt am gleichen Ort aushält. Sie muß von Zeit zu Zeit umgepflanzt oder in frische Erde gesetzt werden. Die hell olivgrünen bis bräunlichen Rosetten sind auch im Trog sehr hübsch. Besonders gut entwickelt sich die Pflanze an absonnigen Plätzen in einem nicht zu trockenen Substrat. ♃ ⌓ T ⊖ ◐ ○ △-△ ▷

Sedum pilosum, Kaukasisches Rosettensedum. Wächst in der Türkei, im Kaukasus und in den Bergen des Iran. Diese *Sedum*-Art ist nur zweijährig. Während im 1. Jahr die Rosetten ausgebildet werden, blühen diese im 2. Jahr und sterben nach der Samenreife ab, es ist eine monocarpe Pflanze. Die sich bildende Rosette ist haarig und hat einen Durchmesser von 3–4 cm. Die Rosettenblätter sind schmal und graugrün. Die Blüten entwickeln sich im Folgejahr aus dem Zentrum der Rosette, die sich dann hochwölbt und den Blütenstand ausbildet. Dieser hat rosafarbene Blüten, Blütezeit im Mai-Juni. Vereinzelt bildet sich kurz vor dem Absterben der blühenden Pflanze noch eine Nebenrosette. Es ist eine Miniaturpflanze, die für kleinste Plätze geeignet ist. Sie ist leicht aus Samen zu ziehen, manchmal sät sich die Pflanze selbst aus. Sie wächst sogar in bemoosten Steinen und an Trogwänden. ⊙ ⁞ A T ○ ◐ ⊖ △-△ ▽

◁ **Sedum palmeri,** Mexikanisches Bergsedum. Wächst in den Bergen von Mexiko. Eine gespreizt wachsende Staude, etwa 15–22 cm hoch werdend. Der Stengel ist ausgebreitet und verzweigt. Die Blätter sind 2,5–15 cm lang, spatelförmig, ganzrandig, stumpf an der Spitze, graugrün, in lockeren Rosetten am Ende der Stengel stehend. Der Blütenstand ist rispig, wenigblütig, kompakt. Die Blüten sind kräftig gestielt, 9 mm im Durchmesser und von tiefgelber Farbe. Durch die südliche Herkunft in M-Europa nicht völlig winterhart, allerdings härter als allgemein in der Literatur angegeben. Die Pflanze liebt helle, sonnige Plätze und schmückt schon außerhalb der Blütezeit mit den verhältnismäßig großen Rosetten. Durch das südliche Herkommen bedingt, in Zentraleuropa empfindlich. In kalten Gegenden sollte man immer einige Rosettenstecklinge als Sicherheit eintopfen. ♃ ⌓ ⁞ A T ○ ◐ △-▲

Sedum pluricaule 'Sachalin' (*Sedum cyaneum*), in England neuerdings *Hylotelephium pluricaule*, Sachalin-Sedum, Rosenteppich-Sedum. Wächst in Japan und auf der Insel Sachalin. Die Pflanze bildet Polster aus niederliegenden, verzweigten Trieben mit oval-rundlichen, wechselständigen, stumpfen, 1–2 cm langen, graugrünen bis blaugrünen bereiften, ganzrandigen Blättern. Die Triebe werden 5–10 cm hoch. Die karminrosa Blüten sitzen auf reichblühenden Doldentrauben. Die Sorte 'Rosenteppich' ist eine farbkräftigere Ausleseform. Es ist eine dankbare *Sedum*-Art für viele Zwecke, besonders attraktiv an Stellen, an denen die Polster senkrecht herabhängen können. Die Pflanze wächst eher verhalten, ist aber eine am Pflanzplatz sehr dauerhafte Staude. Von ihr ist auch eine weißblühende Form bekannt. Im Handel befinden sich zwei etwas abweichende Formen. ♃ ⌓ ⁞ 🅃 ⊖ ○ ◐ △-▲ ▷

△ **Sedum populifolium,** in England neuerdings *Hylotelephium populifolium*, Pappelblätteriges Sedum. Wächst in M-Sibirien, besonders im Altai und im Baikalsee-Gebiet in Höhen zwischen 1000 und 3500 m. Die Pflanze bildet lockere, halbstrauchige sommergrüne Büsche. Die Triebe sind rötlichbraun und verzweigt, sie tragen langgestielte, herzförmige, gezähnte Blätter (pappelähnlich!). Der Blütenstand ist eine Doldentraube mit gegabelten Zweigen, er ist vielblütig, weiß oder blaßrosa und duftend. Die Blütezeit liegt im Juli-August. Diese *Sedum*-Art ist durch die gestielten Blätter, der Gesamtgestalt, dem Duft und noch anderer Eigenschaften unverwechselbar. Insgesamt ist die Pflanze sehr dauerhaft, wächst aber verhältnismäßig langsam. Die Vermehrung durch Stecklinge gelingt problemlos, man nimmt dazu ausgereifte Triebe. Kann auch gut in Mauerfugen stehen. ♃-♄ ⌓ ⁞ ○ ◐ △-▲

Sedum reflexum (*Sedum rupestre* ssp. *reflexum*), Nickende Fetthenne, Tripmadam. Die Pflanze hat ein verhältnismäßig großes Verbreitungsgebiet in W-, N- und M-Europa. Niederliegende bis aufsteigende, leicht verholzende Stengel, die wurzeln und sich verzweigen. Mit linealen Blättern, die fast dachziegelartig übereinander sitzen. Sie sind aufwärts gerichtet, blaugrün, spitz, besonders gleichmäßig an den sterilen Trieben. Bildet lockere, 15–30 cm hohe Rasen. Blüten mit eingerollten, fast kugeligen Spitzen, goldgelb, meist 7zählig. 10–14 Staubblätter, aufrechte gelbe Früchte. Die Blütezeit liegt im Juli. Von dieser gärtnerisch weitverbreiteten Art gibt es einige unterschiedliche Typen, die die gleichen Ansprüche haben. Bekannt ist auch eine Cristata-Form, *S. reflexum* f. *cristatum*, das »Grüne Hahnenkammsedum«. *S. reflexum* wurde früher auch zum Würzen in der Küche verwendet. ♃ ⌓ ⁞ 🅃 ○ ◐ △-▲ ▷

◁ **Sedum reflexum 'Minus'.** Von der zuvor genannten Art gibt es auch eine Zwergform, die abgebildete *S. reflexum* 'Minus'. Sie unterscheidet sich kaum von der Art, nur sind alle Teile kleiner. Die Pflanze wird nur etwa 7,5 cm hoch und die Matten erscheinen nicht blaugrün, sondern sie sind manchmal mehr bronzegrün getönt. Die Art und die verschiedenen Typen des »Allerweltssedums« lassen sich in Steinanlagen vielfältig verwenden: Auf Mauerkronen, in Steinfugen und zur flächigen Pflanzung. Der Platz sollte sonnig sein, in schattigeren Bereichen werden die Polster zu locker. Es soll nicht verschwiegen werden, daß die Pflanze nach der Blüte einen etwas unschönen Eindruck hinterläßt. Man kann diese durch das Ausschneiden der verblühten Triebe umgehen, oder man pflanzt neu, die Triebe wachsen sofort weiter. Das Foto zeigt die Zwergform zusammen mit *Sempervivum arachnoideum*. ♃ ⌓ ⁞ 🅃 ○ ◐ △-▲

◁ **Sedum rubrotinctum,** Rötliches Mexikosedum. Dies ist die meistverbreitete mexikanische *Sedum*-Art, wurde bisher aber in der Natur nicht gefunden, sondern ist nur aus Kultur bekannt. Eine hübsche Pflanze, die bisher hauptsächlich im Kalthaus oder im Alpinenhaus kultiviert wurde. Es lohnt jedoch, die Pflanze auch in M-Europa im Freien zu versuchen. An Plätzen, vor übermäßiger Winternässe geschützt, hält die Pflanze manchen Winter durch. Andererseits bereitet es keine Schwierigkeiten, einige getopfte Stecklinge geschützt zu überwintern. Die Pflanze ist vom Grund ab verästelt. Der Sproß ist anfangs fleischig, 2–3 mm dick, niederliegend, später aufsteigend. Die grünen, sukkulenten Blätter nehmen im Sommer einen schönen brillantroten Farbton an. Sie sind am Ende des Triebes fast rosettig gedrängt. Die Blüten sind gelb. Die Höhe der Pflanze beträgt etwa 15 cm. ♃ ⌓ ⁞ ⌂ ⌃ ○ △-▲

Sedum sediforme (*Sedum altissimum, Sedum nicaense*), Nizza-Sedum. Die Pflanze wächst im Mittelmeerraum, so in S-Europa, Kleinasien und N-Afrika. Sie ist mit dem bekannten *S. reflexum* verwandt, mit dem sie im Habitus auch viele Ähnlichkeiten hat. Sie hat niederliegende bis aufsteigende Triebe und wird 15–25 cm hoch. Die Blütentriebe können unter günstigen Umständen bis 40 cm hoch werden. Die Pflanze ist grau belaubt, die Blätter sind aber wesentlich derber als bei *S. reflexum* und oben eher abgeflacht und lanzettlich. Weiterhin ist die Pflanze durch die nicht nickenden Knospentriebe und die weißlichgelbe Blütenfarbe zu unterscheiden. Diese Sedumart ist mehr für den Sammler geeignet, da die Pflanze zwar robust und hart, aber nach der Blüte etwas weniger attraktiv ist. Es gibt aber auch einige schönere, niedriger wachsende Varietäten, die aus Spanien kommen. ♃ ⌓ ⁞ ○ △-▲ ▷

△
Sedum 'Ruby Glow', Sedum Hybride 'Ruby Glow'. Eine interessante Kreuzung, die aus *S. cauticola* × *S. telephium* entstanden ist. Diese Pflanze liegt im Aussehen etwa in der Mitte zwischen den beiden Eltern. Die Höhe beträgt bis 22–25 cm, die Blätter sind mehr rötlich überzogen und die Blüten sind schön rubinrot gefärbt. Die Pflanze hat nicht mehr den steifen aufrechten Wuchs von *S. telephium*, sondern die Stengel sind eher niederliegend, was man bei der Pflanzung berücksichtigen sollte. Deshalb sind in Steinanlagen besonders Fugenplätze geeignet oder Pflanzungen auf Mauerkronen. Man kann sie auch über den Rand von Trögen und Kübeln herabhängen lassen. Je sonniger die Pflanze steht, umso intensiver rot ist die Blattfärbung. Die Vermehrung muß vegetativ erfolgen, die Stecklinge wurzeln in einem sandigen Substrat sehr leicht. Auch der Samenstand ist schmückend. ♃ ⁞ ⊤ ○ ◐ △-▲

◁ **Sedum sempervivoides,** Hauswurzähnliches Sedum. Ist im Kaukasus, Georgien und Armenien verbreitet. Es ist eine zweijährige, monocarpe Art, ähnlich *S. pilosum.* Die Pflanze bildet im ersten Jahr Rosetten, die stark an *Sempervivum* erinnern. Die Rosettenblätter werden 10–30 mm lang und 7–15 mm breit, sie sind eirund und gespitzt, die inneren sind blaugrün, die äußeren rötlich überzogen. Die Rotfärbung nimmt mit dem Alter zu. Aus dieser dichten Basalrosette entwickelt sich im Folgejahr der Blütenstengel mit wenigen Blättern von geringerer Größe. Der Blütenstand ist eine lockere, vielblütige, doldentraubige Rispe. Die Blütchen sind gestielt. Die 5 Kronblätter sind 6–8 mm lang und prächtig rot gefärbt. Vereinzelt entwickelt sich vor der Blüte eine Nebenrosette, normalerweise stirbt die Pflanze nach der Samenreife ab. Wirkt attraktiv, wenn zu mehreren gepflanzt. ⊙ ⊤ ○ ◐ △-△

Sedum sieboldii 'Medio-variegatis', in ▷ England lautet neuerdings der Artname *Hylotelephium sieboldii*, Buntblätteriges Oktobersedum. Natürliches Vorkommen der Art in Japan, auf den Inseln Shikuku und Shodoshima. Die Pflanze besitzt eine rübenartige Wurzel, aus der sich zahlreiche, bogig aufsteigende bis überhängende, dünne purpurbraune, unverzweigte Stengel entwickeln. Die Pflanze ist nur sommergrün, die Blätter sitzen zu dreien in Quirlen. Sie sind sitzend oder ganz kurz gestielt, rundlich bis spatelförmig, auffallend blaugrau, der Rand ist leicht wellenförmig und oft rötlich gerandet. Die Form 'Medio-variegatis' hat rotgerandete, elfenbeinfarbene Blätter, die nur an beiden Seiten noch den ursprünglichen, blaugrauen Farbton zeigen. Die Pflanze wird im blühenden Zustand 15–20 cm hoch. Die Blüten stehen endständig in rosaroten, ballförmigen Trugdolden. ♃ ⌓ ⁞ ⌃ 🅃 ○ ◐ ⊖ ⚠-△

◁ **Sedum spathulifolium 'Aureum',** Gelbes Spatelsedum. Wächst in W-Nordamerika, besonders in Oregon in den Cascade Mountains. Die Art ist immergrün mit rosettig angeordneten Blättern. Die flachen Rosetten bilden Nebensprosse und werden etwa 5–7 cm hoch. Die Blätter sind fleischig, breit, spatelförmig, glatt graugrün, kurz aufwärts gespitzt. Die gelben Blüten sitzen in flachen, dreiästigen Trugdolden auf ungefähr 10 cm hohen Stengeln. Blütezeit Juni. Die seltene Sorte 'Aureum' hat im Gegensatz zur Art, die graugrüne Blätter hat, mehr oder weniger gelblich gefärbte Blätter, wobei die Rosette vom grünen Zentrum nach außen immer gelblicher wird. Dieser Typ ist leider weniger verbreitet, wobei zu sagen ist, daß alle Formen vom Spatelsedum zu den »besseren« *Sedum* gehören. Sie benötigen zum guten Gedeihen etwas mehr Aufmerksamkeit, speziell in M-Europa. ♃ ⌓ ⊟ ⌃ 🅃 ⊖ ◐ ○ ⚠-△

Sedum spectabile 'Brillant' (in England ▷ neuerdings *Hylotelephium spectabile*), Prachtsedum, Große Japanfetthenne. Heimat ist Japan und China. Die Art selbst ist gärtnerisch wenig verbreitet im Gegensatz zu den zahlreichen Sorten. Wegen der Größe dieser Art ist sie nur für größere Steinanlagen geeignet, wobei es allerdings von der Höhe her Unterschiede gibt. Für kleinere Anlagen kann man die nur 15–20 cm hohe 'Humile' nehmen. Die abgebildete Sorte 'Brillant' gehört zu den etwas höheren Sorten, wird etwa 50 cm hoch und hat auffällige karminrosa-karminrote Blüten. Die Sorten bewegen sich in einem Größenbereich von 30–50 cm. Die Pflanze hat aufrechte kräftige, unverzweigte Stengel mit gegenständigen oder zu 3 in Quirlen stehenden, sitzenden, graugrünen Blättern. Sie sind breitoval fleischig und meist etwas gezähnt. Die Blüte ist eine 10–15 cm breite Trugdolde. ♃ 🄷 ○ ◐ ⚠

△ **Sedum spathulifolium 'William Pascoe'** (oft auch fälschlich als 'William Pascade' verbreitet), Purpursilbriges Spatelsedum. Diese Pflanze ist eine weitere Form vom Spatelsedum. Es sind kaum Unterschiede zu der Art vorhanden, außer bei der Rosettenfärbung. Diese ist im Grundton silbrig und der Rosettenrand hat eine purpurfarbene Tönung. In M-Europa sind die Formen nicht besonders ausdauernd und man muß durch Stecklingsvermehrung, die einfach ist, immer für einige Reservepflanzen sorgen. In Schottland sind die Pflanzen wesentlich ausdauernder, was möglicherweise an der höheren Luftfeuchte, im Gegensatz zu M-Europa, liegt. Die Pflanzen sind zwar nicht sehr empfindlich, tendieren aber mehr zu einem durchlässigen, leicht saueren Substrat. In M-Europa fühlen sich die Pflanzen auch an absonnigen Stellen wohler als an vollsonnigen. Es gibt einige weitere Formen. ♃ ⌓ ⊟ ⌃ 🅃 ⊖ ○ ⚠-△

Sedum spurium 'Atropurpureum', Rotes ▷ Teppichsedum. Die Art wächst im Kaukasus, N-Iran, in Europa oft verwildert. Bildet große Teppiche aus kriechenden, leicht wurzelnden Trieben. Die sterilen Triebe sind kurz, die blütetragenden länger. Die Blätter sind gegenständig, kurz gestielt und verkehrt-eiförmig bis rhombisch-keilförmig, etwa 2,5 cm lang und 1,2 cm breit. Sie sind zur Spitze hin leicht gekerbt bis stumpf gezähnt. Die 5zähligen rosa Blüten sind etwas trichterförmig und sitzen in flachen Trugdolden, die Blütezeit liegt im Juli-August. Während die Art selbst grünblätterig ist, gibt es auch etliche Sorten mit roten Blättern. Oft ist die Rotfärbung umso stärker, je sonniger der Standort ist. Weitere mehr oder weniger rotblätterige Sorten sind 'Fuldaglut', 'Schorbuser Blut', 'Purpurteppich'. Neben der Verwendung als Bodendecker ist sie auch schön in Trockenmauerfugen. ♃ ⟿ ⁞ ⌓ ○ ◐ ⊖ △-▲

△
Sedum spurium 'Variegatum', Buntlaubiges Teppichsedum. In den meisten Eigenschaften wie die Art, doch meist etwas lockerer wachsend mit etwas schmaleren und bunten Blättern. Die dreifarbigen Blätter sind in der Grundfarbe grün, ihr folgt ein schmaler weißer Rand und eine noch schmalere rote Zone. Sie scheint am gleichen Platz etwas weniger dauerhaft zu sein als die Art. 'Variegatum' wird oft mit 'Tricolor' verwechselt, die aber eine andere Zeichnung hat. Wie üblich gehören solche panaschierten Pflanzen nicht in sehr naturnahe Gestaltungen, wo sie störend wirken. Die Vermehrung der buntlaubigen und panaschierten Sorten erfolgt durch Stecklinge, die problemlos wurzeln. Man kann sogar oft direkt an den neuen Pflanzplatz stecken. Als Teppichsedum bekannt, eignet sich die Pflanze in Steinanlagen, aber gleichermaßen gut als schöne Trockenmauerpflanze. ♃ ⟿ ⁞ ⌓ ○ ◐ ⊖ △-▲

△
Sedum telephium 'Herbstfreude', Hohes Herbstsedum. Die Art ist weit verbreitet in Europa, im Kaukasus und in Sibirien. Neben dem ähnlichen *S. spectabile* und deren Sorten ein Schmuckstück im herbstlichen Garten. Wegen der Größe (30–50 cm) nur für größere Steinanlagen geeignet. Die Sorte 'Herbstfreude' ist nicht mehr die reine Art, sondern entstammt einer Kreuzung mit *S. spectabile*. Sie steht im Aussehen auch zwischen beiden Arten. Zuerst im Aufblühen mehr rosa (Bild), später eher ein bräunliches Rot zeigend. Der Blütenstand ist ziemlich flach. Während des Winters schmücken die aus dem Schnee herausragenden trockenen Samenstände. Es gibt einige weitere Sorten, so 'Munstead Dark Red' und 'Indian Chief'. Dunkelrotbraune Blätter hat 'Atropurpureum', die allerdings nicht so geschlossene Büsche bildet, sondern nur wenige, sparrige Triebe zeigt. ♃ 🄷 ○ ◐ ▲

Sedum ussuriense (neuerdings in England: ▷ *Hylotelephium ussuriense*), Ussuri-Sedum. Wächst im Fernen Osten endemisch, häufig an Felsen in Küstennähe. Die Art ist nahe verwandt mit *S. caucasicum*. Es ist eine krautige Staude aus lockeren, ausgebreiteten Trieben, die 35–35 cm lang werden. Besitzt einen sehr kurzen, verholzenden Wurzelstock, der oben verzweigt ist und lange, fleischige, schlanke Wurzeln hat. Aus dem Kopf des Wurzelstockes entwickeln sich jährlich nur wenige Triebe, die ausgebreitet, fleischig, schlank und mit gegenständigen Blättern besetzt sind. Diese sind aufsitzend, fleischig, kahl, mit einer rückseitigen Mittelrippe, schwach geadert, etwa 3,5–4 cm lang, von mittelgrüner Farbe mit rötlichem Rand, Basis und Mittelrippe. Der Blütenstand ist eine Trugdolde, dicht und vielblütig mit einer dreigabeligen Verzweigung. Die Blütenfarbe ist ein helles Purpurrot. ♃ ⟿ ⌓ ⁞ 🅃 ○ △-▲

Sempervivum caucasicum, Kaukasus-Hauswurz. ▷ Wächst in der Kaukasus-Region, besonders in Daghestan. Rosetten mit 3,5–5 cm Durchmesser, etwa 40–45blätterig, dicht; sie sind ziemlich offenstehend. Pro Rosette können sich bis 6–7 Stolonen bilden, die etwa 6–8 cm lang und kräftig sind. Die Blätter sind spatelig, am Ende plötzlich zusammengezogen, das Spitzchen ist deutlich zu erkennen. Die Blätter sind etwa 2 cm lang und 8 mm breit, 3 mm dick und beidseitig mit wenigen, aber kräftigen Haaren besetzt. Farbe beidseitig grün mit dunkelbrauner Spitze. Der Blütenstengel wird etwa 12–20 cm hoch. Die normalerweise 12–14 Blütenblätter sind rosarot. Die Pflanze hat gewisse Ähnlichkeit mit *S. marmoreum*, aber auch mit *S. tectorum*. Gedeiht im Garten nicht ganz so gut wie die beiden genannten ähnlichen Arten. Das Bild ist eine Aufnahme im Elburs-Gebiet im Kaukasus. ♃ ⇝ ⌓ 🅃 ○ ◐ △-▲ 🄽

△

Sempervivum arachnoideum, Spinnwebhauswurz. In den Alpen, Pyrenäen, Karpaten und im Apennin. Die Rosettengröße kann sehr variabel sein, zwischen 0,5 und 2,5 cm Durchmesser schwankend. Die Pflanze bildet bald dichte Matten. Diese Art ist leicht durch die weißen, spinnwebartigen Haare erkennbar, die mehr oder weniger dicht von Blattspitze zu Blattspitze reichen. Dieser Sonnenschutz ist bei einigen Unterarten und Formen im Winter nicht vorhanden. Die Rosettenblätter sind nach innen gebogen, elliptisch bis verkehrt-lanzettlich, etwa 8 mm lang und 4 mm breit. Der Blütenstiel ist dicht belaubt, die Stengelblätter haben rote Spitzen mit einem Haarbüschel, sie sind 8 cm hoch und schlank. Die Blüten haben einen Durchmesser von 10–15 mm. Die Kronblätter (8–10 Stück) zeigen ein prächtiges Rosarot, leuchtender als bei vielen anderern rosablütigen *Sempervivum*. ♃ ⌓ ⁞ 🅃 ○ ◐ △-▲ 🄽

◁ **Sempervivum grandiflorum,** Großblütige Hauswurz. Beheimatet in der südlichen Schweiz und Teilen von N-Italien. Sie wächst dort ähnlich wie die vorher behandelten Arten *S. arachnoideum* und *S. montanum* auf Silikatgestein, also auf sauerem Substrat. In der Gartenkultur sind diese Arten aber nicht streng an eine Bodenreaktion gebunden, sie tolerieren Kalk. *S. grandiflorum* ähnelt in der Rosettenform *S. tectorum*, sie ist jedoch durch die dunkelgrüne Farbe und durch die Drüsenhaare zu erkennen. Weiter helfen die sehr langen, beblätterten Stolonen und der stark harzige Geruch der Blätter, sie zu unterscheiden. Die einzelnen Rosetten variieren stark, oft sind sie sehr groß, meist jedoch mit einem Durchmesser von 5–10 cm. Auch der Blütenstand ist drüsenzottig behaart und 15–30 cm hoch. *S. grandiflorum* hat große, gelbe bis grünlichgelbe Blüten mit violettpurpurner Basis. ♃ ⇝ ⌓ ⁞ 🅃 ○ ◐ △-▲

△

Sempervivum ciliosum und Sempervivum montanum, Bewimperte Hauswurz und Berghauswurz. Die erstgenannte Art ist in Bulgarien, Griechenland und Teilen des ehemaligen Jugoslawien verbreitet. *S. montanum* wächst dagegen in SW-Zentral- und O-Europa. *S. ciliosum* ist unverwechselbar durch die starke Bewimperung. Sie bildet kugelige, geschlossene Rosetten mit 3–5 cm Durchmesser. Die Blätter überlappen sich stark, sind 2–2,5 cm lang, 5–6 mm breit und verkehrt-länglich lanzettlich. Die Tochterrosetten stehen an kräftigen Stolonen, welche etwas belaubt sind. Die äußeren Blätter können an exponierten Stellen etwas rötlich getönt sein. Die auf etwa 10 cm hohen Stengeln stehenden Blüten sind klar gelb bis grünlichgelb. *S. montanum* hat kleinere Rosetten mit 1–3 cm Durchmesser. Es gibt davon viele Unterarten und Formen. Die Blütenfarbe ist ein eher schmutziges Rosa. ♃ ⇝ ⌓ ⁞ 🅃 △-▲

◁ **Sempervivum-Hybriden.** Das Heer der *Sempervivum*-Hybriden ist ins Unermeßliche angestiegen. Sammler können mehrere Hundert zusammentragen. Hier sollen nur einige wenige gezeigt werden, um Appetit zu machen. Man kann diese Hybriden in Freilandkultur pflegen, aber auch Topfsammlungen anlegen. Die abgebildete grünrosettige Sorte, die einen rötlichen Rand zeigt, ist die Sorte 'Excalibur', die rotrosettige Hybride ist die Sorte 'Mount Hood' und die grünrosettige Sorte mit Wimperhaaren ist eine Hybride ohne Sortennamen, die einer Kreuzung aus *S. grandiflorum* und *S. arachnoideum* ssp. *tomentosum* entspringt. Bei der Kombination von Arten und Sorten dieser Gattung wird man versuchen, möglichst unterschiedliche Typen zu kombinieren, damit auch im Herbst und Winter, wenn die Rosettenfärbung zurückgeht, noch deutliche Unterschiede zu erkennen sind. ♃ ⟿ ⌓ ⁞ ⊤ ○ ◬-△

△
Sempervivum-Hybride 'Jubilee'. Es ist nicht einfach, die unzähligen Sorten, Naturformen und Naturhybriden auseinanderzuhalten; manchmal ist die korrekte Bestimmung aussichtslos. Selbst in der Natur findet man 3- und 4fach-Kreuzungen. Verhältnismäßig leicht lassen sich Formen und Sorten bestimmen, wo *S. arachnoideum* an der Entstehung beteiligt war. Dies erkennt man an der Behaarung. 'Jubilee' ist ein Beispiel dafür. Bei ihr sind zwar keine Spinnwebhaare mehr vorhanden, aber die starke Silberbehaarung an den sonst rötlichen Rosetten weist eindeutig darauf hin. Diese Sorte macht dichte, kompakte Polster aus mittelgroßen Rosetten, die Stolonen sind nur sehr kurz und nur am Polsterrand sichtbar. Die Vermehrung der *Sempervivum* durch Abtrennen von Tochterrosetten bereitet keine Schwierigkeiten, bei dichtpolsterigen Pflanzen ist sie sehr ergiebig. ♃ ⟿ ⌓ ⁞ ⊤ ○ ◬-△

△
Sempervivum-Hybriden. Das Bild zeigt eine weitere Gruppe von Hybriden, die die Vielfalt und die unterschiedlichen Farbtönungen demonstrieren soll. Die oben stehende Sorte, die leuchtend rot gefärbt ist und bei der die Rosettenblätter im Innern einen mehr rötlichen Ockerton zeigen, ist 'Glowing Embers', ein echter Farbfleck in der Sammlung. Die meisten *Sempervivum*-Hybriden zeigen ihre intensivste Färbung zwischen Mitte Mai und Ende Juni. Die Sorte mit den etwas größeren Rosetten und der leicht nach Violett gehenden Färbung ist 'Plumb Rose', sie ist wüchsig und dauerhaft. Man sollte bei der Pflanzung auch grünrosettige Sorten nicht vergessen, wie die abgebildete 'Wunderhold' mit zartem Grün und braunen Spitzen. Die unten stehenden Rosetten gehören zu *S. marmoreum* 'Rubrifolium', einer farblichen Auslese der Art, mit roten Rosetten und einem grünen Zentrum. ♃ ⟿ ⌓ ⁞ ⊤ ○ ◬-△

Sempervivum-Hybride 'Smaragd'. Diese ▷ Sorte ist seit mehr als 50 Jahren im Handel. Allerdings sind unter dieser Bezeichnung zwei unterschiedliche Typen verbreitet. Diese zeigt mittelgroße Rosetten in einem rötlichen Ton und auffälligen, smaragdgrünen Spitzen. Normalerweise zeigen viele andere Sorten die umgekehrte Farbkombination, grüne Rosetten mit rötlichen Spitzen. Die kleine Auflistung soll die Vielfalt unterstreichen und es bleibt nicht aus, daß bei all der Mannigfaltigkeit und dem im Herbst und Winter oft ähnlichen Aussehen in Gärten und Gärtnereien viel durcheinander geraten ist. Zudem machen sich Amseln ein Vergnügen daraus, Namensschilder aus den Töpfen zu ziehen und durcheinander zu werfen. Deshalb empfiehlt es sich in Steinanlagen mit zahlreichen Hauswurz-Sorten, Pflanzskizzen anzufertigen oder die Namensschilder sehr tief zu stecken.
♃ ⟿ ⌓ ⁞ ⊤ ○ ◬-△

◁ **Sempervivum kindingeri,** Kindingers Mazedonienhauswurz. Diese wenig verbreitete Art wächst in den Gebirgen von Mazedonien. Trotz der Vielfalt hinsichtlich Form und Farbe bei den *Sempervivum*-Hybriden, werden Sammler und Liebhaber von Hauswurz die echten Arten sammeln und im Steingarten oder in einer Topfsammlung pflegen. Die Rosetten der abgebildeten Art haben eine gewisse Ähnlichkeit mit *S. ruthenicum* aber auch etwas mit *S. leucanthum.* Die Rosetten haben einen Durchmesser von 4–6,5 cm, sie sind flach und offen. Die Blätter sind kurz gespitzt, fein weiß und lang behaart; dies ist ein Charakteristikum dieser Art. Sie überlappen kurz, sind 2–2,5 cm lang, 7–8 mm breit und etwa 3 mm dick. Die Farbe ist frischgrün bis fahl gelbgrün, oft mit einer purpurnen Spitze. Die Tochterrosetten sitzen an kurzen bis mittellangen Stolonen. Die Blütenfarbe ist fahlgelb bis gelb. ♃ ⁓ ⌓ ⁞ T ○ ◬-△

△
Sempervivum-Hybride 'Topas'. Diese Sorte ist gleichzeitig wie die vorstehende entstanden. Sie gehört zur Edelstein-Serie, das heißt der Reihe, die nach Edelsteinen und Halbedelsteinen benannt wurde. Gewissermaßen um Edelsteine handelt es sich bei diesen Pflanzen. Das Verhalten hinsichtlich Wachstum und Ausdauer ist durchaus unterschiedlich. Es gibt Sorten, die nach einigen Jahren verschwinden und Sorten, bei denen nach Jahren die Polster immer noch größer und dichter werden. Dazu gehört 'Topas'. Sie hat mittelgroße Rosetten und ist zäh und unverwüstlich. Die Rosettenfarbe kann als dunkel topasbraun bezeichnet werden. Die Blüten sind dunkelrosa, sie erscheinen im Juli und stehen auf 10–15 cm hohen Stengeln. Der Effekt wird durch die Benachbarung mit andersfarbigen Pflanzen verstärkt, wie hier mit dem hellgrünen Polster von *Gypsophila aretioides.* ♃ ⁓ ⌓ ⁞ T ◬-△

◁ **Sempervivum montanum 'Burnati',** Smaragdgrüne Berghauswurz. Es ist keinesfalls eine gärtnerische Auslese der Berghauswurz, sondern ein Typ aus den Südwestalpen, wobei es unverständlich ist, warum man der Pflanze einen Sortennamen gegeben hat; es ist eigentlich eine Unterart. Im Gegensatz zur Art hat sie große Rosetten, die einen Durchmesser bis 10 cm haben, manchmal auch noch größer; sie stehen ziemlich offen. Die Rosettenblätter sind keilförmig bis verkehrtlanzettlich und grün, ohne braune Spitzen. Die Tochterrosetten befinden sich an langen, starken Stolonen. Der Blütenstengel wird bis 30 cm hoch. Die Pflanze hat Ähnlichkeiten mit *S. grandiflorum,* hat aber nicht deren braune Spitzen und nicht deren deutlich harzähnlichen Geruch. Als Meeralpen-Pflanze wächst diese Hauswurz ohne Probleme im Garten. Sie ist wegen des Grüntones der Rosetten wichtig. ♃ ⁓ ⌓ ⁞ T ○ ◬-△

△
Sempervivum montanum, Berg-Hauswurz. Die Verbreitung ist verhältnismäßig groß, sie reicht von den Bergen von SW-Zentraleuropa einschließlich Korsika bis O-Europa. Durch das große Verbreitungsgebiet bedingt gibt es zahlreiche Unterarten und Formen, aber auch Naturhybriden. Das Bild zeigt die kleinere *S. montanum* ssp. *montanum* am Naturstandort in Kärnten. Die Pflanze wächst in der Natur auf Urgesteinsböden, im Garten aber auch auf Kalk. Die vielen kleinen Rosetten bilden dichte Polster. Rosettendurchmesser 1–3 cm, manchmal auch bis 4,5 cm. Die Rosetten sind eher kugelig geschlossen und das Rosettenlaub ist keilig bis verkehrtlanzettlich, kurz gespitzt, graugrün bis dunkelgrün, gelegentlich mit dunklen Spitzen. Meist ist es 1–2 cm lang, vereinzelt bis 4 cm und 3–5 mm breit, dicht und gleichmäßig drüsenhaarig. Farbe der Blüte schmutzig-rosa bis hellpurpurn. ♃ ⁓ ⌓ ⁞ T ○ ◬-△ N

Sempervivum reginae-amaliae, Königin Amalie-Hauswurz. Findet sich in S-Albanien und N-Griechenland. Keinesfalls darf man diese Art mit *Jovibarba heuffelii* var. *reginae-amaliae* verwechseln oder wie in neuerer englischer Literatur, *S. reginae-amaliae* einfach zu *Jovibarba heuffelii* stellen. Die Rosetten dieser Art haben einen Durchmesser von 2,5–3 cm, die Rosettenblätter sind spatelig bis verkehrt-eiförmig, flaumhaarig und am Rande bewimpert. Länge der Blätter etwa 18 mm, 6–7 mm breit und 2 mm dick. Die Farbe ist normalerweise ein dunkles Grün, das bei stärkerer Trockenheit etwas aufhellt. Die äußeren Blätter sind mehr oder weniger rötlich gefärbt, es gibt aber auch Typen, deren Rosetten insgesamt rötlich gefärbt sind. Die Tochterrosetten sitzen an kurzen aber kräftigen Stolonen. Blütenfarbe karmin mit weißem Rand. Das Bild zeigt die Standortform von Vardusa. ♃ ⇝ ⌓ ⁞ [T] ○ △-△
▽

Sempervivum ossetiense, Osseten-Hauswurz. Wächst im Kaukasus-Gebiet, speziell in Ossetien. Die Rosetten haben einen Durchmesser von 3 cm und sie bilden dichte Polster. Die Rosettenblätter sind lanzettlich bis länglich-lanzettlich, sehr fleischig, bis 15 mm lang und 6 mm breit und etwa 4 mm dick, spitz bis kurz gespitzt und stark gewölbt. Oben und unten dicht und kurz drüsig behaart. Die Randwimpern sind etwas länger als die Behaarung. Die Farbe ist grün mit einer schmalen rotbraunen Spitze. Der Blütenstengel erreicht 9–10 cm Höhe und die Blüten haben einen Durchmesser bis 2,5 cm. Die meist 10 Kronblätter sind weißlich mit breitem rotem Mittelrand. An deren Rückseite befindet sich eine feine rote Linie. In Kultur nicht ganz einfach, sie ist empfindlich gegen Winternässe. Die fleischigen Blätter sind ein Unterscheidungsmerkmal. Schön in Trockenmauerfugen. ♃ ⇝ ⌓ ⁞ [T] ○ △-△ ▷

Sempervivum tectorum, Dachwurz, Donnerwurz. Eine außerordentlich variable Art mit weitem Verbreitungsgebiet über die Alpen, die Pyrenäen, Zentralfrankreich und im Norden des Balkans. In den Alpen oft in der Blaugrashalde mit mittelgroßen bis großen Rosetten wachsend, meist mit einem Durchmesser von 5–7 cm. Die Art bildet offene, flache Rosetten, sie ist aber enorm variabel und es gibt Typen mit wesentlich kleineren Rosetten und auch größere Formen mit bis 20 cm großen Rosetten. Die Rosettenblätter sind breitoval lanzettlich bis breitoval verkehrt-lanzettlich, 3–6 cm lang und 1–1,5 cm breit. Das sehr fleischige Blatt ist ohne Haare, grün, bei Trockenheit oft rötlich, mit einer deutlichen braunen Spitze versehen. Tochterrosetten an kräftigen 4–5 cm langen Stolonen sitzend. Der Gesamteindruck der Blüte ist purpurrosa. Bild: Naturstandort in den Pyrenäen. ♃ ⇝ ⌓ ⁞ [T] ○ △-△ [N]
▽

◁ **Sempervivum ruthenicum,** Fettblatt-Steinwurz. Verbreitet in weiten Teilen SO-Europas und im Kaukasus. Bei diesem Komplex sind verschiedene Fragen offen. Im »Zander« wird *S. ruthenicum* als Synonym für *S. zeleborii* betrachtet. Es bleibt die Frage, ob es sich bei beiden wirklich um eine Art handelt. Es gibt davon zahlreiche Lokalformen, die unterschiedlich sind und es ist schwierig zu entscheiden, ob dabei die Aufrechterhaltung von zwei unterschiedlichen Arten berechtigt ist oder nicht. Auf dem Papier ist das nicht möglich, dies muß am lebenden Material geschehen, das von unterschiedlichen Fundorten stammt. Das Bild zeigt eine Pflanze vom Naturstandort im Zentralkaukasus. Es sind mittelgroße, offene bis halboffene Rosetten, die weniger Blätter haben als andere Hauswurz-Arten. Die Rosettenblätter sind elliptisch-keulenförmig, sehr dick und flaumhaarig. ♃ ⇝ ⌓ ⁞ [T] ○ △-△ [N]

◁ **Sempervivum wulfenii,** Wulfens Hauswurz. In den schweizer und österreichischen Alpen wachsend, ist aber seltener anzutreffen. Ähnelt etwas *S. tectorum*, Hauptunterscheidungsmerkmale sind die weniger zahlreichen Rosettenblätter, der mehr gräulichgrüne Farbton, die purpurrote Blattbasis und gelbe Blüten. Die Rosetten haben einen Durchmesser von 5-9 cm. Sie sind flach ausgebreitet mit einer etwas konischen Erhöhung der inneren Rosettenblätter. Diese sind unbehaart, länglich-spatelig, plötzlich zugespitzt, 2-4 cm lang und 1-1,5 cm breit. Es bilden sich nur wenige Ausläufer. Die Kronblätter sind gelb bis grünlichgelb mit purpurroter Basis. Wächst immer auf kalkarmem Untergrund. Ist im Garten nicht schwierig, doch nicht ganz so leicht zu kultivieren wie viele andere Arten und man sollte die Abneigung gegen Kalk berücksichtigen. Liebt steiniges Substrat. ♃ ⁓ ⌓ ⁞ Ⓣ ○ ◬-△

△
Sempervivum tectorum ssp. calcareum (*Sempervivum calcareum*), Rotspitzsteinwurz. Auf kalkhaltigem Untergrund in den französischen und italienischen Seealpen wachsend. Über Jahrzehnte währt das Tauziehen, ob sie eine eigenständige Art ist oder eine Unterart. Die überwiegende Mehrzahl der Rosetten hat einen Durchmesser von etwa 6 cm. Die Rosettenblätter sind lineal-länglich, kurz gespitzt, 3 cm lang, 9-10 mm breit. Die Farbe ist ein helles gräuliches Blaugrün, die Spitze ist deutlich rötlich oder schwärzlich abgesetzt. Die Blüten sind blaßrosa, die Art ist aber insgesamt eher blühfaul, was nicht unbedingt nachteilig ist. Es gibt davon einige unterschiedliche Typen. Auf dem Foto ist neben der Art bzw. Unterart auch die Sorte *S.tectorum* ssp. *calcareum* 'Greenii' zu sehen, die hellere, mehr bläulichgrüne Rosetten mit weit weniger stark abgesetzten Spitzen aufweist. ♃ ⁓ ⌓ ⁞ Ⓣ ○ ◬-△

◁ **Senecio chilensis,** Chilenisches Kreuzkraut. Heimat ist Südamerika, speziell die Anden Chiles. Die Gattung ist weltweit verbreitet, so auch in der Bergwelt Südamerikas. Die Pflanze wird etwa 25 cm hoch, die Blätter sind stark geschlitzt, die einzelnen Lappen sind sehr schmal lineal und silbergrau behaart. Die Blüten sind gelb, was zu dem silbrigen Laub einen guten Kontrast bildet, sie sind einzelstehend und kopfständig. Sehr empfindlich gegen Winternässe, ist in Gärten von M-Europa nicht einfach zu halten. Nur für erfahrene Kultivateure. Der Steingartenliebhaber muß deshalb nicht auf das Kreuzkraut verzichten, es gibt genügend ähnliche Arten von leichterer Kultur, wenn es unter der Gattung auch wenige »Allerweltspflanzen« gibt. Die Vermehrung erfolgt durch Aussaat und Stecklinge, Teilung ist nicht einfach. Diese Art liebt warme, trockene Plätze und gute Dränage. ♃ ⌃ ○ ◬-▲

△
Senecio abrotanifolius ssp. abrotanifolius, Edelrautenblätteriges Kreuzkraut, Compositae (Asteraceae), Korbblütler (Asterngewächse). Weit verbreitet in den M-, O-Alpen, Slowenien und Kroatien. Meist auf Felsschutt und trockenen Rasen zwischen Latschengebüsch, oft in Höhenlagen über 1500 m, auf kalkhaltigen, steinigen Böden wachsend. Die Pflanze wird je nach Standort 15-40 cm hoch. Sie hat dünne, verzweigte, kriechende Rhizome, aufsteigende, an der Basis etwas verholzende Triebe. Die Blätter sind steif, glänzend dunkelgrün, fiederteilig, die oberen einfach, die unteren doppelt. Die Abschnitte sind schmal-lanzettlich, wobei die unteren gestielt sind, die oberen sitzend. Die Blütenköpfe sind 2,5-4 cm breit, sie sitzen zu 2-5 am Stengelende. Die Zungen und Scheibenblüten sind dunkelgelb bis orange. Die Blüte selbst hat einen Durchmesser von 4 cm. Blütezeit Juli-September. ♃ ⌓ ⁞ ⊞ ○ ◐ ◬-▲

◁ **Senecio doronicum 'Sunburst',** Gemswurz-Kreuzkraut. Wächst in den Gebirgen von M- und S-Europa, von Spanien bis Rumänien und Bulgarien. Dort in Felsspalten, ruhendem Felsschutt, Rasengesellschaften in Höhen von 1000–3000 m. Die Pflanze wächst immer auf Kalkuntergrund und kann eine Höhe bis 60 cm erreichen, gärtnerisch sind aber auch niedrige Typen verbreitet, die nicht höher als 30–35 cm werden, wie die abgebildete 'Sunburst'. Insgesamt eine ziemlich variable Art. Hat kräftige Stengel, die zumindest an der Basis wollig-spinnwebig sind. Die Grundblätter sind länglich-eiförmig, lederig-derb, ungeteilt, gezähnt und unten meist spinnwebig-wollig, oben dunkelgrün. Die Köpfchen sind groß, 3–6 cm breit, meistens einzeln, aber auch zu mehreren stehend. Die 12–16 Strahlenblüten sind tief orangegelb. Diese Art ist sehr ausdauernd und gedeiht leicht. ♃ ⊞ 🄷 ○ ◐ △-▲

Silene acaulis ssp. excapa, Stengelloses Leimkraut. Caryophyllaceae, Nelkengewächse. Wächst in den Alpen, dem arktischen N-Amerika, südlich bis Neufundland und den Nordstaaten der USA. Bildet dichte, rasige, flache Polster mit sehr kurzen, linealen Blättern. Die Blüten sind einzelstehend, fast sitzend und rosa. So schön die Pflanze auch am Naturstandort ist, wo sie oft dicht mit Blüten bedeckt ist, im Garten muß sie hinsichtlich der Blühwilligkeit als blühfaul bezeichnet werden. Auch läßt hier die Dauerhaftigkeit oft zu wünschen übrig. Zumindest sollte man sie alle 2 Jahre teilen und umpflanzen. Sie liebt einen eher schotterigen Boden, der nicht zu trocken sein sollte. Das Bild zeigt eine Pflanze am Naturstandort in den Pyrenäen. Es gibt eine Reihe von Gartensorten, wie 'Floribunda' (reicher blühend), 'Alba' (weiß blühend), 'Plena' (gefüllt blühend) und 'Censia' (sehr dicht). ♃ ⌓ ⁞ 🅃 ◐ ⊖ ○ △-▲ 🄽 ▽

◁ **Senecio greyi,** Greys Kreuzkraut. Ebenfalls eine Pflanze mit einem nomenklatorischen »Knoten«. Was sich im Handel befindet ist, wie auch die abgebildete Pflanze, nicht die echte Art, sondern eine Hybride mit einer anderen unbekannten Art, wahrscheinlich *S. compactus.* Nach neuerer englischer Literatur wurde die echte Art und die Hybride umbenannt, sie laufen jetzt unter *Brachyglottis grayi* und *Brachyglottis* 'Dunedin Hybrids'. Wir folgen hier dem »Zander«. Die Art ist weniger verbreitet als die unter diesem Namen bekannte Pflanze hybriden Ursprungs, deren Höhe kaum einmal über 1 m reicht (im Gegensatz zur echten Art, die bis 2 m hoch werden kann) und die in größeren Steinanlagen durchaus ihren Platz findet. Ihre Blätter sind silbergrau, die später oben etwas grün werden. Die Blütenköpfe sind gelb und stehen in einer offenen Doldentraube. Schutz vor Wintersonne! ♄ ⌃ 🄷 ○ ◐ ▲

Silene alpestris (*Heliosperma alpestre*), Alpenstrahlensame, Alpenleimkraut. Wächst in den Hochgebirgen von den Pyrenäen bis zu den Karpaten und dem Balkan, dort meist im Felsschutt, Pionierrasen, stets auf Kalk. Bildet lose, etwa 15 cm hohe Polster. Die Stengel sind gabelästig, aufstrebend, lederig, glänzend, grün, er ist etwas klebrig. Die unteren Blätter sind spatelig. Die Blüten sind weiß, sie stehen doldentraubig-rispig, lang gestielt, sehr zierlich, weiß oder rötlich. Die Kronblätter sind vorne 4–6zählig, am Nagel bewimpert. Die Kapsel ragt weit aus dem Kelch heraus. Von ihr gibt es auch eine gefüllt blühende Form ('Pleniflorum'), Blütezeit Juli–August. Die wüchsige Pflanze liebt einen durchlässigen, locker-humosen Boden, der nicht zu trocken sein sollte. Die wegen ihrer weißen Blüte verbindlich wirkende Pflanze kann sowohl sonnig als auch halbschattig stehen. ▷
♃ ⤳ ⌓ ⁞ ○ ◐ △-▲

Silene armeria, Gartenleimkraut, Morgenröschen. Die Pflanze ist in M-, S- und O-Europa weit verbreitet. Bewußt wurde hier auf zahlreiche annuelle und bienne Pflanzen für Steinanlagen verzichtet, obwohl es eine ganze Reihe gibt, die sich gut einfügen lassen. Hier muß jedoch eine Ausnahme gemacht werden, da die Pflanze sich willig durch Selbstaussaat verbreitet und in Zeiten, da es im Sommer und Herbst mit dem Blühen in solchen Anlagen ruhiger geworden ist, Farbe hineinbringt. Sie hat überwiegend einen Zweijahresrhythmus. Im ersten Jahr bildet sich eine grundständige Blattrosette aus spatelförmigen Blättern, die im Folgejahr schon bald absterben. Im zweiten Jahr treiben die bis 30 cm oder etwas höher werdenden Stengel. Die Stengelblätter sind eirund bis lanzettlich und stengelumfassend. Die relativ großen Blüten stehen doldentraubig, sie sind leuchtend rosarot. ⊙-⊙ ⁞ T ○ ◐ ◬-◭ ▷

△

Silene dioica, Tag-Lichtnelke, Rote Waldnelke. Eine in ganz Europa heimische Wiesenpflanze, ohne arktische Gebiete, im Süden nur in Gebirgen. In den Alpen auf Mähwiesen, lichten Bergwäldern, Quellfluren, Hochstauden und Grünerlenbeständen und Lägerfluren wachsend. Mit bis zu 80 cm eine etwas höher werdende Pflanze, deshalb ist sie auch nur für größere Steinanlagen zu empfehlen. Wesentlich kleiner, 30–40 cm hoch, bleibt die gefüllt blühende Form 'Roseum Plenum', eine alte Gartenpflanze. Eine Pflanze mit gabelig verzweigtem Stengel, die zweihäusig und abstehend behaart ist. Die Grundblätter sind spatelig zugespitzt, die Stengelblätter sind breiter, nach oben schnell kleiner werdend. Bildet einen lockeren Blütenstand. Die Blüten sind geruchlos und der Kelch ist rötlich und drüsig behaart. Die Kronblätter sind rosa, manchmal etwas variierend. Blüht Mai-September. ♃ H ○ ◐ ⊖ ◭

Silene uniflora 'Druett's Variegated' (*Silene maritima* 'Druett's Variegated'). Panaschiertes Strandleimkraut. Die Art wächst an den Küsten von W-Europa, von den Azoren und Spanien bis Murmansk. Sie ist polsterbildend, 10–20 cm hoch, lockerrasig mit niederliegenden, verzweigten Stengeln. Die Blätter sind graugrün, breit-lanzettlich, am Rand bewimpert. Die Blütenstengel werden etwa 20 cm hoch, sie sind ausgebreitet und mit 1–4 großen Blüten besetzt. Die Kronblätter sind weiß und zweispaltig. Bei der Sorte 'Weißkehlchen' ist der aufgeblasene Kelch hellgrün, im Gegensatz zur Art, wo dieser bräunlich ist. Weiter gibt es eine gefüllt blühende, etwas plump wirkende Sorte 'Plena' und 'Rosea' mit rosa Blüten und nur 10 cm Höhe. Neu ist die kompakt wachsende Sorte 'Druett's Varietät' mit weißpanaschierten Blättern, die deshalb auch außerhalb der Blüte schmückend ist. ♃ ⌓ ⁞ T ○ ⊖ ◐ ◬-◭ ▷

◁ **Silene zawadzkii,** Karpaten-Leimkraut. Wächst in den O-Karpaten. Es ist eine Staude mit einem etwas verholzenden Wurzelstock. Die grundständigen Blätter stehen rosettig, sie sind elliptisch, spitz, von dicker Struktur, dicht bedeckt mit feinen, gebogenen Haaren. Der Blütenstengel wird etwa 20 cm hoch, die Blüten sind einzelstehend oder stehen in wenigblütigen, rispigen Trauben. Der Kelch ist blaßgrün bis leicht bräunlich, bauchig, er ist 1,5–1,7 cm groß und behaart. Die Blüten erscheinen im Juli-August. Liebt einen halbschattigen und keinen südlich-vollsonnigen Platz. Das Substrat sollte eine milde Feuchtigkeit aufweisen. Eine nicht sehr auffallende liebenswerte, willig wachsende kleine Wildstaude, die durch Aussaat vermehrt wird. Am zusagenden Ort sät sich die Pflanze auch selbst aus, aber ohne lästig zu werden. Läßt sich gut mit Glockenblumen und Nelken kombinieren. ♃ ◐ ⊖ ◬-◭

Sisyrinchium californicum, Kalifornische Binsenlilie, Iridaceae, Schwertliliengewächse. Ist in den westlichen USA beheimatet, speziell von Oregon bis Kalifornien. Es ist eine hübsche Gattung mit zahlreichen Arten, von denen die meisten aber in M-Europa nicht völlig winterhart sind. Bildet niedere, schwertförmige Blattbüschel. Die grundständigen Blätter sind bis zu 15 cm lang und 0,5 cm breit, sie sind graugrün und schwertförmig. Die breit geflügelten Blütenstengel können zwischen 10 und 40 cm hoch werden. Hat 2–9blütige Blütenscheiden, die Blüten sind steif und haben einen Durchmesser von etwa 36 mm, sie sind prächtig gelb gefärbt, manchmal kurz vor dem Verblühen auch mehr nach orange tendierend. Die Blüte liegt im Sommer-Spätsommer. Liebt zwar vollsonnige, aber etwas feuchtere Plätze. Die Pflanze ist verhältnismäßig gut ausdauernd, sät sich auch selbst aus. ♃ 🅃 ○ ◬-▲ ▷

△
Sisyrinchium 'E.K. Balls' (auch unter 'Ball Mauve' bekannt). Von dieser Gattung mit etwa 60 Arten sind auch einige Hybriden bekannt, so auch diese Züchtung. Sie hat kleine fächerartige Blattbüschel aus schwertförmigen Blättern, die nicht höher als 5–8 cm werden. Die Blütenstengel werden 10–12 cm hoch, sie tragen die mauvefarbenen bis violetten Blüten. Es sind Pflanzen zur Nahbetrachtung, besonders hübsch in Trögen. Leider ist die Pflanze in M-Europa nicht winterhart, sondern benötigt guten Schutz. Besser und sicherer ist die Kultur im Alpinenhaus. Für diese Kulturform dort gibt es noch eine Reihe weitere Arten und Sorten, so *S. douglasii,* 15–20 cm hoch mit violettroten breitglockigen Blüten, *S. macrocarpum* mit gelben Blüten und andere. Diese Pflanzengattung birgt sicher noch weitere Schätze für Steinanlagen, man muß wegen der Härte experimentieren. ♃ Ⓐ ⌃ 🅃 ○ ◬-△

△
Sisyrinchium macounii 'Alba' (*S. idahoense*), Weißblühende Zwergbinsenlilie. Wächst im westlichen N-Amerika. Die Art selbst, *S. macounii,* hat lt. »Hortus Third«, 30–50 cm hohe Stengel, die schlank und sehr schwach geflügelt sind. Die Blätter sind 2,5 –5 cm lang, die Blütenscheiden sind aufsitzend. Die äußere Klappe ist 3,6 cm bis 7,2 cm lang, die 2–4 Blüten sind violett mit 1,8 cm langen Kronblättern. Vorkommen in Britisch Kolumbien. Die abgebildete weißblühende Form, besonders in England verbreitet, ist bedeutend niedriger. Diese in unseren Gärten verhältnismäßig neue Binsenlilie hat Fächer von kleinen, schwertlilienähnlichen Blättern. An kurzen, etwa 8–10 cm hohen Stengeln, stehen die schönen weißen, ziemlich großen Blüten. Die Art selbst soll große, klar blaue Blüten besitzen. Es ist unklar, ob diese mit der im »Hortus Third« angeführten Art identisch ist. ♃ Ⓐ ⊟ ⌃ ○ ◐ ⊖ ◬-△

Soldanella pusilla, Kleines Alpenglöckchen, Kleines Fransenglöckchen, Primulaceae, Primelgewächse. Verbreitet in den Alpen, vom östlichen Wallis und Berner Oberland bis zu den Karpaten, dem Apennin und den Balkangebirgen. Nicht absolut kalkfliehend, tendiert aber zu sauerer Bodenreaktion, in Kalkgebieten meist in Schneetälchen mit sauerer Humusauflage wachsend. Das Bild zeigt eine Naturaufnahme der Pflanze am Nufenen. Meist in Höhen von 1800–3100 m. Die Blätter sind in der Jugend einschließlich des langen Stiels drüsig behaart. Sie sind kreisförmig bis rundlich nierenförmig. Der Durchmesser beträgt bis 1 cm, meist jedoch 5–8 mm. Sie sind ganzrandig und haben im trockenen Zustand deutlich hervorstehende Adern. Der Blütenstengel ist 4–9 cm hoch und einblütig. Blütenkrone rötlichviolett, die Fransen messen etwa ein Viertel bis ein Fünftel der Krone. Heikel! ♃ ⌓ ⊟ ◐ ○ ◬-▲ 🄽 ▷

◁ **Soldanella minima,** Kleinstes Fransenglöckchen, Kleinste Troddelblume. Die Heimat sind die Abruzzen und die südlichen und östlichen Kalkalpen. Wächst am Heimatstandort auf humosen, feuchten Kalkböden, meist oberhalb der Baumgrenze, steigt aber gelegentlich auch tiefer herab. Die Blatt- und Blütenstiele sind im jungen Zustand dicht mit langen Drüsen besetzt. Die Blätter sind 0,6 bis 1 cm breit, rundlich oder länglich, dick und fleischig, oberseits glatt. Der Blütenstengel wird je nach Standort 2–10 cm hoch und trägt nur eine blaß lilarosa bis weiße Blüte, die innen oft violett gestreift ist. Die Länge der Blüte beträgt nur 8–15 mm. Blütezeit April-Mai. Dieser reizende Zwerg erfordert etwas Aufmerksamkeit und man wird dieser Pflanze einen besseren Platz geben, wo sie dem Auge etwas näher ist. Ist nicht sehr oft im gärtnerischen Angebot zu finden. Kaltkeimer! ♃ ⊞ ⊤ ◐ ⊖ ○ ◬

△
Soldanella carpatica, Karpaten-Fransenglöckchen. Eines der gartenfreundlichsten Fransenglöckchen. Das Vorkommen liegt in den W-Karpaten. Insgesamt wenig anspruchsvoll an den Boden. Hat ganzrandige, fast kreisrunde Blätter, die unter günstigen Umständen bis 5 cm breit werden können, zur Basis hin spitz eingekerbt mit teils überlappenden Blattzipfeln. Auf der Blattunterseite oft violett getönt. Im getrockneten Zustand konzentrisch gerunzelt. Der bis 20 cm hohe Blütenstengel ist 1–6blütig, die Blüten sind 8–15 mm lang, violett und die Hauptschlitze nehmen zwei Drittel bis drei Viertel der Länge ein, die Nebenschlitze sind deutlich kürzer. Die Blütezeit liegt im April-Mai. Diese Pflanze ist ausgesprochen kalkfreundlich und kann auch für Anfänger auf diesem Sektor empfohlen werden. Die Vermehrung erfolgt durch Aussaat (Kaltkeimer!) oder vorsichtige Teilung. ♃ ⌓ ⊞ ⊤ ◐ ⊖ ○ ◬-△

△
Soldanella montana, Berg-Fransenglöckchen. Wächst im nördlichen Alpenvorland, in den italienischen Alpen, im Bayerischen Wald, Böhmerwald, Österreich, über die Karpaten bis zum O-Balkan. Dort in Wäldern und Wiesen zwischen 700 und 1800 m, meist auf kalkarmer Unterlage. Die Blätter sind rundlich bis nierenförmig mit einer tiefen Einbuchtung an der Basis. Der Blütenstengel ist 10–15 cm hoch, vereinzelt bis 30 cm und behaart. Er ist 3–8blütig, mit glockigen, hängenden, violettblauen Blüten, die bis über die Hälfte geschlitzt sind. Blütezeit Mai-Juni. Die Blätter sind hellgrün, unten oft violett gefärbt. Insgesamt gesehen ist es eine gartenwillige Art, der man aber als Kalkflieher ein zusagendes Substrat geben muß. Besonders positiv wirkt sich die Beimischung von alter, verrotteter Fichtennadelerde aus. Schön für Moorbeete oder an halbschattigen Stellen mit Primeln, Kleinfarnen. ♃ ⊟ ◐ ⊖ ○ ◬-△

◁ **Solidago virgaurea ssp. minuta** (*Solidago virgaurea* 'Nana'), Alpengoldrute, Compositae (Asteraceae), Korbblütler (Asterngewächse). Weit verbreitet in den Alpen, in der Arktis, in den Gebirgen von N-, M- und O-Europa bis M-Spanien und bis zur Balkanhalbinsel. Dort im ruhenden Felsschutt, Rasen, in Zwergstrauchgesellschaften und Bergwäldern. Eine Art, die nur 20–30 cm hoch wird. Die Stengel sind aufrecht und beblättert, die Blätter sind kahl, ziemlich derb und gesägt. Die Basalblätter sind verkehrt-eiförmig bis länglich verkehrt-lanzettlich. Die Stengelblätter werden nach oben allmählich kleiner, sie sind elliptisch bis schmal-lanzettlich und spitz. Die wenigen Blütenköpfchen stehen in dichten, ährigen Blütenständen. Die Rand- und Scheibenblüten sind goldgelb. Blütezeit im Juli-Oktober. Fügt sich gut in natürliche Gestaltungen ein. Es gibt hier eine Auslese unter dem Namen 'Goldzwerg'. ♃ ○ ◐△-▲

Spiraea decumbens, Niederliegender ▷ Spierstrauch, Rosaceae, Rosengewächse. Ein Zwergstrauch der SO-Alpen. Er wächst dort an sonnigen Hängen, auf Felsen und Felsschutt, immer auf Kalk. Neben der Verwendung als Bodendecker und als kleine Hecke (die Pflanze verträgt gut einen Schnitt), ist sie auch sehr gut in nicht zu kleinen Steinanlagen zu verwenden. Die Pflanze macht zahlreiche unterirdische Ausläufer und begrünt schnell kleinere Flächen, die Wuchshöhe beträgt nur etwa 25 cm. Die sommergrünen Blätter sind 1–3 cm lang, elliptisch-länglich mit einfach oder doppelt gesägtem Rand. Im Juni entwickeln sich dann an den Triebenden kleine weiße Blüten in 3–5 cm breiten, reichblütigen Doldentrauben mit bis zu 50 Einzelblüten. Die vertrockneten Blütenstände haften lange bis in den Winter hinein und können auch zu dieser Jahreszeit, bei Rauhreif, schöne Bilder ergeben. ђ ⁓ ⊞ ○ ◐ ⊖ △-▲

Spiraea japonica 'Little Princess', Japanischer Zwergspierstrauch. Wächst in Japan, Korea, China und geht bis zum Himalaja. Die eigentliche Art *S. japonica* wird bis zu 1,5 m hoch und kann deshalb kaum in Steinanlagen verwendet werden, außer es handelt sich um Hintergrundpflanzung bei größeren Gestaltungen. Es gibt davon aber einige zwergige Formen, die auch im Alter kaum höher als 50–60 cm werden und außerdem jeden Rückschnitt vertragen. Sehr bekannt und oft im gärtnerischen Angebot ist *S. japonica* 'Little Princess'. Der Wuchs dieser vieltriebigen Sorte ist sehr gut, die Blätter sind klein, bis 2 cm lang und dunkelgrün. Zwischen Kalksteinen werden sie oftmals etwas chlorotisch-hellgrün, was aber oft den Reiz der Pflanze noch erhöht. Im Juni-Juli ist der Strauch über lange Zeit mit einer Fülle von etwa 4 cm breiten rosa Blütenständen übersät. Blüht schon sehr jung. ђ 🄷 ○ ◐ △-▲
▽

Stachys menthifolia, Minzenblätteriger Ziest, Labiatae (Lamiaceae), Lippenblütler, (Taubnesselgewächse). Wächst in Gebieten der Balkanhalbinsel, speziell in Albanien, Griechenland und Mazedonien, dort meist an felsigen Plätzen. Man sollte die Pflanze für eher natürlich gestaltete Anlagen verwenden. Es ist eine Staude von 30–50 cm Höhe, bewegt sich meist aber in dem unteren Bereich. Die Pflanze wächst aufrecht, ist etwas behaart und dicht drüsig. Die Blätter sind 4–8 cm lang und 1,8–4 cm breit, sie sind eirund oder lanzettlich, gerundet oder keilförmig an der Basis, kerbsägig und drüsig-schwachflaumig. Die Blüten stehen dicht gedrängt zu 6–10 in Scheinquirlen. Der Kelch ist 10–12 mm lang, fein drüsenhaarig. Die Blüte selbst ist fahlgelb oder rosa. Nomenklatorisch gibt es bei dieser Pflanze einige Unsicherheiten. Auf alle Fälle ist es ein hübscher Farbfleck für sonnige Lagen. ♃ 🄷 ○ △-▲
▽

Sternbergia lutea, Gelbe Sternbergie, ▷ Goldkrokus, Amaryllidaceae, Amaryllisgewächse. Wächst im Mittelmeergebiet und dehnt sich nach SW- und M-Asien aus, der Schwerpunkt liegt in Kleinasien. Die meisten der 8 Arten dieser Gattung sind in Gärten von M-Europa nicht hart, sie benötigen Alpinenhauskultur. *S. lutea* ist die einzige, die bei etwas Schutz winterhart ist. Die Blütezeit liegt im September-Oktober. Normalerweise erscheinen zuerst die goldgelben Blüten und dann die riemenartigen Blätter. Die Blüten sind becherartig und etwa 6 cm lang, sie stehen auf 10–15 cm hohen Stengeln. Die Pflanze ist keinesfalls einfach. Die im Herbst erscheinenden Blätter müssen den Winter unbeschadet überdauern, wenn die Pflanze blühfähig bleiben soll, sie ziehen im Frühling ein. Im eingezogenen Zustand während des Sommers möchten sie einen sonnig-heißen Platz haben. ♃ ⛰ ◙ ⌒ ○ △-▲

◁ **Stipa capillata,** Büschelhaargras, Gespenstergras, Gramineae (Poaceae), Gräser. Wächst in S- und M-Spanien, S-Italien und Sizilien. Dieses dekorative Gras wird zwar einschließlich des Fruchtstandes bis 1 m hoch, in größeren Steinanlagen ist es jedoch sehr wirkungsvoll, wenn hin und wieder eine etwas größere Pflanze die Monotonie der Flächen unterbricht. Das Büschelhaargras ist dazu bestens geeignet, da es andererseits eine gewisse Transparenz aufweist. Das Gras wächst aufrecht und horstig mit etwas eingerollten Blättern. Die hohen Blütenrispen sind deutlicher von dem niederen Blattschopf abgesetzt als bei anderen *Stipa*-Arten. Die unbehaarten Grannen sind hellbraun und haben eine Länge bis etwa 20 cm. Nach der Blüte schneidet man die Halme zurück, wobei nachher noch der dichte Blatthorst schmückt. Die Pflanze liebt einen lichten Stand und keine Staunässe. ♃ 🄷 ○ ◐ ▲

Stylophorum diphyllum, Amerikanischer Waldmohn, Papaveraceae, Mohngewächse. Das Verbreitungsgebiet liegt in den USA und reicht von Pennsylvanien bis Tennessee, Wisconsin und Missouri, wo die Pflanze in Wäldern mit etwas feuchteren Böden wächst. Sie kann bis 40 cm hoch werden, hat einen kräftigen Wurzelstock und meist grundständige Blätter. Diese sind langgestielt, fiederteilig, hellgrün und unterseits rauhbehaart. Die Stengel stehen aufrecht und tragen im oberen Teil einige Blätter. Die 5 cm breiten, goldgelben Blüten stehen einzeln, meist in wenigblütigen, endständigen Dolden. Sie befinden sich verhältnismäßig dicht über dem oberen Blattpaar, was der Pflanze ein kompaktes Aussehen verleiht. Die Blütezeit ist Juli-August. Es gibt in mittelgroßen bis großen Steinanlagen durchaus dafür Plätze, die nicht in voller Sonne liegen, sondern etwas beschattet sind. ♃ 🄷 ◐ ⊖ ○ △-▲
▽

Succisa pratensis 'Nana', Kleiner Teufelsabbiß, Dipsacaceae, Kardengewächse. Wächst in Europa, W-Sibirien und in NW-Spanien in etwas feuchten, anmoorigen Wiesen. Die Pflanze ist sehr nahe mit den Skabiosen verwandt. Die Art kann eine Höhe von 60 cm erreichen und wird für die meisten Steinanlagen etwas groß, die abgebildete Zwergform ist mit etwa 15 cm Höhe dagegen direkt eine ideale Pflanze dafür. Wichtig ist die Pflanze auch wegen der späten Blütezeit vom Juli bis Oktober, wenn es im Steingarten schon ruhiger geworden ist. Die Staude hat ein kurzes (»abgebissenes«) Rhizom. Die unteren Blätter sind breitlanzettlich, ganzrandig, die oberen lanzettlich, ganzrandig oder grobgesägt und dunkelgrün. Die Stengel stehen aufrecht und sind verzweigt, die Köpfchen sind 2–3 cm breit, halbkugelig, später kugelig werdend. Die Farbe ist lilablau bis dunkelblau. ♃ 🅃 ○ ◐ △-▲
▽

Symphyandra wanneri, Bulgarische ▷ Steinglocke, Campanulaceae, Glockenblumengewächse. Ist in den Gebirgen von Bulgarien, Rumänien und Serbien verbreitet, wächst dort an beschatteten, felsigen Stellen. Es ist eine drüsenhaarige Staude mit einer Höhe von 10–40 cm. Die Blätter sind 2–11 cm lang, länglich-lineal bis lanzettlich, zur Basis hin gleichmäßig verschmälert, am Rand gesägt. Die unteren Blätter haben einen geflügelten Stiel, die oberen sind aufsitzend, dunkelgrün, glänzend. Die Blüten bilden eine verzweigte, einseitswendige Traube. Sie sind 2–3,5 cm lang, trichterförmig-glockig und violett gefärbt. Die Kelchzipfel sind rötlichbraun getönt. Blütezeit Mai-Juni. Im Steingarten nicht für vollsonnige Plätze, sondern mehr für halbschattige bis absonnige Stellen. Besonders hübsch in Steinfugen, so in nördlich oder nordwestlich geneigten Trockenmauern. ♃ ⁞ ◐ ⊖ △-▲

Symphytum grandiflorum (*Symphytum ibericum*), Großblütiger Beinwell. Diese Pflanze kommt ebenfalls aus dem Kaukasus. Die nomenklatorische Bezeichnung ist unklar. Wahrscheinlich ist der in unseren Gärten häufig als Bodendecker verwendete Beinwell nicht der echte *S. grandiflorum* DC., sondern muß als *S. grandiflorum* hort. bezeichnet werden und dieser wiederum soll mit *S. ibericum* identisch sein. Unabhängig davon ist es eine Pflanze, die man auch in Steinanlagen gut verwenden kann und nicht nur als Bodendecker. Sie hat einen ausläuferbildenden Wurzelstock, die Blätter sind spitz-eiförmig und die im Mai erscheinenden Blüten rahmgelb. In Steinanlagen muß man allerdings das Ausbreitungsvermögen berücksichtigen, das heißt, dieser Beinwell darf keinesfalls in die Nähe von kleinen, empfindlichen Pflanzen gesetzt werden. Vermehrung wie andere Arten von *Symphytum*. ♃ ⟿ ○ ⊖ ◐ ⚠
▽

◁ **Symphytum caucasicum,** Kaukasusbeinwell, Boraginaceae, Rauhblattgewächse. Ist im Kaukasus verbreitet. Die Einordnung im Steingarten bedarf aus mehreren Gründen einer guten Überlegung. Die Pflanze wird 50–60 cm hoch und kommt deshalb nur für größere Steinanlagen in Frage. Sie kann etwas in die Breite gehen und treibt dort, wo es ihr gefällt, auch einige unterirdische Stolonen. Andererseits bildet sie einen schönen Blatthorst mit attraktiven, azurblauen Blüten. Die grundständigen Blätter können bis 20 cm lang und 8 cm breit, die Stengelblätter schmal und bis 15 cm lang werden. Sie sind eirund-lanzettlich bis länglich-lanzettlich, verschmälert, kurz herablaufend. Die azurblauen, röhrig-nickenden Blüten stehen gebüschelt an den belaubten Stengeln. Die Vermehrung erfolgt durch Teilung oder durch Wurzelschnittlinge, selbstverständlich auch durch Aussaat. ♃ ⟿ H ○ ◐ ⊖ ⚠

Syringa meyeri 'Palibin', Zwergflieder, Oleaceae, Ölbaumgewächse. Ein Naturstandort ist nicht bekannt, die Pflanze entstammt nordchinesischen Gärten. Dieser Flieder blüht schon sehr jung, oft sind 20 cm hohe Stecklingspflanzen schon mit Blüten besetzt. Das soll jedoch nicht über die wirklichen Größenverhältnisse hinwegtäuschen. Dieser Zwergflieder wird etwas über 1 m hoch, meist aber breiter. Gut geeignet für größere Steinanlagen oder als Hintergrundpflanze für kleinere. An den anfangs etwas behaarten und leicht 4kantigen Zweigen sitzen die 2–4 cm langen, elliptisch-eiförmigen, beidseits grünen Blätter. Zur Fliederzeit im Mai-Juni erscheinen die hellvioletten bis weißrosa, stark duftenden Blüten in 8 cm langen, dicht behaarten Rispen. Die in Amerika entstandene Form 'Palibin' ist in all ihren Teilen kleiner und von der Blüte her rötlicher als die Art, mit purpurroten Knospen. ♄ H ○ ◐ △
▽

◁ **Symphytum-Hybride 'Rubrum'** (*Symphytum × rubrum*), Roter Hybridbeinwell. Von dieser Gattung gibt es eine ganze Reihe von Hybriden, wobei diese besonders attraktiv ist. Sie entstammt wahrscheinlich einer Kreuzung von *S. officinale* 'Rubrum' mit *S. grandiflorum*. Die Pflanze wird etwa 30 cm hoch, vereinzelt auch etwas höher (bis 50 cm), ihr Ausbreitungsdrang hält sich in Grenzen. Die kräftig roten Blüten hängen in kleinen Wickeln über den behaarten Blättern. Blütezeit Juni-Juli. Neben der Verwendung als Bodendecker bietet sie sich auch für größere Steinanlagen an, wo sie besonders vor größeren Steinen und Koniferen sehr gut wirkt. Auch hier der Hinweis keine pflegebedürftigen Pflanzen in die Nähe zu setzen. Der Pflanzplatz sollte endgültig sein, da sie sich beim Verpflanzen aus zurückgebliebenen Wurzelstückchen immer wieder regeneriert. ♃ ⟿ ○ ⊖ ◐ ⚠

◁**Tanacetum coccineum 'Laurin'** (*Chrysanthemum coccineum*) Bunte Frühsommermargerite, Compositae (Asteraceae), Korbblütler (Asterngewächse). Verbreitet im Kaukasus, Armenien, Iran, dort auf Bergwiesen. Selbstverständlich wird man die hohen Sorten nicht in Steinanlagen verwenden, aber es gibt einige niedere Züchtungen, die nur 25–35 cm hoch werden und die durchaus dorthin passen. Wer naturgemäß pflanzen will, kann sie ohne Einschränkung auch in sehr naturnahe Gestaltungen einfügen, denn auch am Heimatstandort, wie beispielsweise am Sewan See, sehen die rosa Margeritenblüten in den Bergwiesen fast »gartenhaft« aus. Die Blätter sind lanzettlich und mehr oder weniger stark gezähnelt, fleischig und dunkelgrün. Die Blüten bei den niederen Sorten, wie bei der 'Laurin' sind kleiner, etwa 6–7 cm im Durchmesser, sie blühen im Juni-Juli, sie hat rosa Blüten. ♃ 🄷 ○ △-▲

Tanacetum djilgense, Pamir-Margerite. ▷ Wächst in Kasachstan, im Pamirgebiet, besonders am Sarkasker See, auf trockenen, steinigen Abhängen oder auf Felsen, in Höhenlagen von 3500–4000 m. Auch am Naturstandort selten. Bildet am Naturstandort niedrige Polster von nur 5–12 cm Höhe und bietet sich durch den zwergigen Wuchs zur Verwendung im Steingarten an. Die Margeritenblüten sind zur Wuchshöhe verhältnismäßig groß, die Blütenfarbe ist weiß oder weißrosa, die Blütezeit liegt am Naturstandort im Juni-Juli, in mitteleuropäischen Gärten früher, im Mai-Juni. Diese Art ist in Kultur noch nicht sehr verbreitet. Es gibt weitere *Tanacetum*-Arten für den Steingarten. Besonders schön ist *Tanacetum haradjanii* aus Kleinasien, bei der die Polster aus stark gefiederten, silbrigen Blättern wichtiger sind als die Blüte, die Art ist allerdings sehr feuchtigkeitsempfindlich. ♃ ⟿ ⌓ ○ △-▲

Tephroseris integrifolius ssp. capitatus (*Senecio capitatus, Tephroseris capitata*), Kopfiges Kreuzkraut, Compositae (Asteraceae), Korbblütler (Asterngewächse). Wächst von den Seealpen bis zur Steiermark und Kärnten, doch ziemlich verstreut. Weiter in den Pyrenäen, Apennin, Balkanhalbinsel, Karpaten. Kommt sowohl auf Kalk als auch auf Silikat vor. Eine 30–40 cm hohe, grau- bis weißfilzige Staude mit kräftig und aufrecht wachsendem Stengel und mit 2-10 meist gedrängten Köpfchen. Die grundständigen Blätter sind schmal eiförmig, in einen kurzen Stiel verschmälert, sie sind fast ganzrandig oder nur schwach gezähnt. Die grundständigen Blätter sind etwas rosettig angeordnet. Die Stengelblätter sind mit der verschmälerten Basis aufsitzend. Die blühenden Köpfe haben einen Durchmesser von 2–3 cm. Die Scheibenblüten sind orange bis rotorange, die Zungenblüten orangegelb. ♃ ⁞ ○ ◐ △-▲
▽

◁ **Taxus baccata 'Fastigata Aureomarginata',** Gelbe Säuleneibe, Taxaceae, Eibengewächse. *T. baccata* ist in Europa, Kaukasus, Kleinasien, N-Iran, NW-Afrika verbreitet. Die abgebildete Pflanze ist ein Cultivar, welches straff aufrecht, säulenförmig wächst. Mehrere Äste wachsen von der Basis, wie auch die Zweige, senkrecht nach oben, so daß sich schmale Säulen bilden. Die Nadeln sind dunkelgrün, an den Jungtrieben sind sie breit goldgelb gerandet, dann allmählich hellgrün werdend. Im Winter sind sie dann einheitlich dunkelgrün (Bild!). Es ist eine männliche Form, die keine Früchte ausbildet. Durchaus für große und mittelgroße Steinanlagen geeignet, wenn die Pflanze im hohen Alter auch 3 m hoch werden kann und noch höher, da sie sehr langsam wächst. Nach 10–15 Jahren Standzeit werden etwa 80–120 cm erreicht. Verträgt schwach saueren Boden, bevorzugt aber Kalk. ♄ ♤ 🄷 ○ ◐ △-▲

◁ **Teucrium pyrenaicum,** Pyrenäengamander. Wächst in den Pyrenäen (SW-Frankreich, N-Spanien). Bildet schöne 5–20 cm hohe, dichte Matten. Die Stengel sind rotbraun, verzweigt, weichbehaart und niederliegend. Die Blätter sind grün, rundlich, ungleichmäßig gekerbt und kurzgestielt, die unten stehenden sind 2,5 cm lang. Die Blüten sind verhältnismäßig groß, hellgelb wirkend, in lockeren Köpfchen stehend (rotviolett mit hellgelber Mitte). Blütezeit Juni-Juli. Es ist eine hübsche Art, die auch in M-Europa vollkommen winterhart ist. Auch für Trockenmauerfugen und in größeren Trögen zu verwenden. Die Pflanze ist leicht durch Teilung zu vermehren, aber auch durch Aussaat und durch Stecklinge. Kann auch gut zum Überpflanzen von Blumenzwiegelgruppen genommen werden. An Boden und Bodenreaktion werden keine besonderen Ansprüche gestellt.
♃ ⟿ ⌓ ⁞ 🅃 ○ ◐ △-▲

△
Teucrium chamaedrys 'Nanum', Zwerggamander, Labiatae (Lamiaceae), Lippenblütler (Taubnesselgewächse). Wächst in S-Europa, nördlich bis Holland, S-Polen, südliches M-Rußland, Kaukasus, Iran, an Felshängen, besonders auf Kalk. Die Art ist ein bis 25 cm hoher Halbstrauch, 'Nanum' wird nur etwas über 10 cm hoch. Die Pflanze macht zahlreiche Wurzelausläufer. Die Blätter sind sommergrün, gegenständig, eirund, weichbehaart. Die Hochblätter sind so lang wie die Blüten, diese stehen bis zu 6, sie sind meist purpurn, selten weiß, langgestielt, meist einseitswendig in einer Scheintraube. Die Blütezeit liegt im Juli-August. Die abgebildete Form 'Nanum' hat eine besonders dichtrasige Ausbreitung. Diese wächst etwas regelmäßiger als die Art. Sie bildet schnell sommergrüne Rasen. Auch für vollsonnige Lagen und mageres Substrat geeignet. Nicht zu empfindlichen Nachbarn setzen! ♃-♄ ⟿ ⊞ ○ △-▲

◁ **Thalictrum kiusianum,** Japanische Zwergraute, Ranunculaceae, Hahnenfußgewächse. Beheimatet in Japan. Ein echter Zwerg der nur bis 15 cm hoch wird und kurze Ausläufer bildet. Die Blätter sind 3–5 teilig und dunkelgrün. Die Blüten sind lila und ähneln denen von *T. aquilegifolium*, nur wesentlich kleiner. Es ist eine wenigblütige Doldentraube. Sie erscheinen von Juni bis August und sind verhältnismäßig lange haltbar. Eine Miniatur-Wiesenraute, mit der man kaum etwas falsch machen kann. Man sieht dieser zarten Gestalt die Zähigkeit und Dauerhaftigkeit gar nicht an. Sie akzeptiert viele Böden, fühlt sich jedoch in einem lockeren Humusboden besonders wohl. Sie wächst auch noch in der Sonne, halbschattige, schattige oder absonnige Plätze sind ihr lieber. Kann durchaus in Tröge gepflanzt werden. Die Vermehrung erfolgt normalerweise durch Teilung. ♃ ⌓ ⁞ 🅃 ◐ ⊖ ● ○ △-△

Thuja occidentalis-Kugelformen, Kugel-Lebensbaum, Cupressaceae, Zypressengewächse. Die Art kommt aus N-Amerika. Die Pflanze gedeiht dort in Fichten- und Tannenwäldern, oft auch auf ziemlich sumpfigem Untergrund. Die Art wird zu groß und kaum in Steinanlagen gepflanzt. Es gibt aber eine ganze Reihe von Zwergformen, die in Steingärten verwendet werden können. Weniger in naturnahe Pflanzungen, denn sie wirken etwas fremdartig; besonders die Kugelformen finden in architektonischen Anlagen aber ihren Platz. Ihre Standortansprüche sind sehr gering. Sie gedeihen überall, wenn ein Mindestmaß an Boden- und Luftfeuchtigkeit vorhanden ist. Zu diesen empfehlenswerten kugeligen Zwergformen gehören die Sorten 'Danica' und 'Globosa'. Sie wachsen dichtgedrungen, langsam, können aber als ältere Pflanze 1 m oder noch höher werden. ▷
♄ ⇧ 🄷 ○ ◐ ⊖ △-▲

Thymus broussonetii 'Pubescens' (*Thymus pubescens*), Wacholderthymian, Labiatae (Lamiaceae), Lippenblütler (Taubnesselgewächse). Die botanische Bezeichnung dieser Art ist nicht völlig geklärt, sie ist aber eine wichtige Pflanze für den Steingarten. Es ist eine staudige bis etwas halbstrauchige Pflanze aus Marokko (Atlas-Gebirge). Sie ist niedrig (5 cm hoch), reich verzweigt mit aufrechten Trieben versehen. Die Blättchen sind eirund bis elliptisch, kurz gestielt, kahl, schwach bewimpert. Der Blütenstand mißt bis 4 cm und ist halbkugelig oder eiförmig. Brakteen groß und purpur-grün, bewimpert, mit sichtbarer Aderung. Der Gesamteindruck der nichtblühenden Pflanze ist gräulich. Reichblühend mit rosalila Blüten im Mai-Juni. Thymian-Arten werden viel zu wenig in Steingärten verwendet, besonders die kriechenden, niederliegenden Arten, zu denen die abgebildete Art gehört. ♃-♄ ⌓ ⁞ ◫ ○ ◬-▲ ▷

Thymus pannonicus, Ungarischer Thymian. Eine weitere dankbare Thymian-Art, die im östlichen M-Europa und in O-Europa, nördlich bis M-Rußland verbreitet ist und auf Trockenwiesen, an sonnig-trockenen Hügeln und in ähnlichen Situationen vorkommt. Es ist eine 10 bis 30 cm hohe Staude mit aufsteigenden, oft verzweigten Trieben. Meist bewegt sich die Pflanze von der Größe her im unteren Bereich und bildet schöne Polster. Die Pflanze ist am Grunde oft verholzt, sie besitzt kurze, flaumhaarige Blütentriebe. Die Blätter sind sitzend, krautig und nur mit undeutlichen Adern versehen. Der Blütenstand ist selten verzweigt. Der Kelch ist glockenförmig und abstehend behaart, die obere Lippe ist länger als die Röhre. Die Krone ist hellrosa oder rot und die Blütezeit liegt im Juni-August. Als pannonische Pflanze ist sie gegen übermäßige Feuchtigkeit empfindlich, auf gute Dränage achten. ♃ ⌓ ⁞ ○ ◬-▲
▽

◁ **Thymus × citriodorus 'Aureus',** Zitronen-Thymian. Eine beliebte und weit verbreitete Hybride, die in der Natur aus einer Kreuzung von *T. pulegioides* mit *T. vulgaris* hervorgegangen ist. Diese wurde in S-Frankreich gefunden. Die Pflanze wird 10–30 cm hoch und wächst aufrecht im Gegensatz zur vorstehenden Art. Auffallend ist der Zitronenduft, der besonders beim Zerreiben von Blättchen intensiv wahrgenommen wird. Besetzt mit kleinen, kahlen oder nur schwach behaarten, rhombisch-eiförmigen Blättchen mit meist zurückgerollten Rändern. Es gibt die grünlaubige Form, 'Argenteus' mit weißbunten und die abgebildete 'Aureus' mit gelbbunten Blättern. Von der letztgenannten Form gibt es noch eine sehr niedere Sorte unter der Bezeichnung 'Golden Dwarf'. Blaßrosa Blüten vom Juli-August. In M-Europa leiden die Pflanzen bei Kahlfrost.
♃ ⁓ ⌓ ⁞ ⌃ ◫ ○ ◐ ◬-▲

◁ **Thymus serpyllum 'Minor',** Zwergfeldthymian. Die Art selbst ist in Europa beheimatet und wächst nördlich einer Linie NO-Frankreich, N-Österreich und N-Ukraine meist auf kalkarmen Sandfluren und in Kiefernwäldern. Eine enorm variable Art, nicht nur in der Natur, sondern auch bei Gartensorten. Der »Index Hortensis« nennt von dieser Art über 25 Sorten. Die Art ist am Grunde verholzend und hat lange, schlanke, kriechende, an den Nodien wurzelnde, nicht blühende Triebe. Die Blütentriebe werden selten über 10 cm hoch. Bei der abgebildeten Sorte 'Minor' ist sowohl das Blattpolster als auch die Blütenkrone ganz flach. Die Blätter sind fast sitzend, klein, lineal bis lineal-elliptisch, am Grunde bewimpert. Die Blüten stehen in Köpfchen, die bei der Sorte 'Minor' meist wenigblütiger sind. Die Blütenfarbe ist rosalila. Hängt dekorativ über Trogränder herab.
♃ ⁓ ⌓ ⁞ ◫ ○ ◐ ◬-▲

Townsendia alpina, Alpine Felsenmargerite, Compositae (Asteraceae), Korbblütler (Asterngewächse). Wächst im westlichen Zentralnordamerika zwischen Fels und im Felsschutt. Ob es wirklich eine eigenständige Art ist, wird von manchen Botanikern angezweifelt, möglicherweise ist es eine Hybride von *T. condensata* mit *T. parryi.* Unabhängig davon sind es kleine, reizende, staudige, stengellose Pflanzen, die kleine Tuffs bilden. Die Blätter stehen rosettig, sie sind etwa 1 cm lang, spatelförmig, striegelartig. Der Hüllkelch hat einen Durchmesser von 1,8 cm, die Strahlenblüten bis 10 mm, sie sind rosa und die Scheibenblüten sind gelb. Solche kleine Kostbarkeiten gehen in einer großen Anlage unter, es sind Pflanzen für kleinere Steingartengestaltungen und auch für Tröge. Liebt ein bevorzugt durchlässiges, steiniges Substrat. Meist nicht sehr langlebig, ist aber leicht aus Aussaat erhältlich. ♃ ⁞ ◬ 🅃 ○ ◐ ◬
▽

Tiarella cordifolia, Herzblätterige Schaumblüte, Saxifragaceae, Steinbrechgewächse. Wächst in N-Amerika, geht südlich bis Neuengland. Von den Arten dieser Gattung ist diese die wichtigste. Primär ein Bodendecker für den Halbschatten, aber auch eine hübsche Pflanze für etwas beschattete oder absonnige Steinanlagen. Die Pflanze macht nach der Blüte dünne Ausläufer. Die Blätter stehen meist in lockeren Rosetten, sie sind frischgrün, glänzend breit-eiförmig, fünflappig, selten dreilappig. Oft sind die Blätter rötlich gezeichnet, bei der Gartenform 'Purpurea' sind sie mehr oder weniger purpurn gefärbt. Der Blattstiel ist lang und behaart. Der Blütenstengel wird 15–30 cm hoch, je nach Standort. Die Blütchen sitzen in langen dichten Blütentrauben, sie sind weiß und sternförmig. Blütezeit von April-Juni. Der Boden sollte nicht zu trocken, sondern mildfeucht sein. ♃ ⁓ ⌓ ⁞ ◐ ⊖ ● △-◬ ▷

Tradescantia longipes, Zwerg-Dreimasterblume, Commelinaceae, Tagblumengewächse. Wächst in N-Amerika. Diese zwergige Dreimasterblume wurde erst in den letzten Jahren eingeführt, sie hat im gesamten Habitus sehr viel Ähnlichkeit mit den bekannten *Tradescantia*-Andersoniana-Hybriden der Staudenrabatten. Diese krautige, im Winter eingezogene Pflanze, wird nur 15–20 cm hoch, die Blattspreite ist lineal bis lanzettlich. Die Blüten entspringen den Achseln endständiger, hochblattartiger Blätter. Die drei Kronblätter sind violett; sie ergeben mit den gelben Staubfäden einen guten Kontrast. Die Pflanze liebt einen sonnigen Platz, benötigt allerdings während der Vegetationsperiode ausreichende Bodenfeuchtigkeit. Die Blütezeit liegt im Juni-Juli. Die Vermehrung erfolgt durch Aussaat. Das Bild zeigt eine junge Pflanze, im Jahr nach der Aussaat ausgepflanzt. ♃ ○ ◐ △-◬
▽

◁ **Townsendia rothrockii,** Kurzstielige Felsenmargerite. Nordamerikanische Felsenpflanze in Gebirgen von W-Colorado. Die Blätter stehen in Rosetten, sie sind spatelförmig und unbehaart, die Blüten sind ganz kurz gestielt mit einer gelben Scheibe und violetten Zungenblüten. Die Blüte ist etwa 3 cm breit, der Hüllkelch ist bewimpert und rotspitzig. Diese Art ist weiter verbreitet. Auch sie liebt ein steiniges, durchlässiges Substrat. Besonders der Wurzelhals muß unbedingt mit einem Schotterkranz umgeben werden. Sie sind zwar hinsichtlich Bodenreaktion nicht empfindlich, ziehen jedoch ein neutrales bis leicht saueres Substrat vor. Alle Felsenmargeriten sind reine Liebhaberpflanzen, denn sie sind ausgesprochene Miniaturen und nicht sehr langlebig. Samen wird nur angesetzt, wenn die Pflanzen nach der Blüte sehr trocken gehalten werden (Glasplattenschutz!). ♃ ⌓ ⁞ ◬ 🅃 ○ ◐ ◬

Trillium erectum f. album, Wachstrillium, ▷ Liliaceae, Liliengewächse. Beheimatet in N-Amerika von Neuschottland bis Tennessee. Die Art ist sehr variabel. Diese Form wird 15–60 cm hoch, inklusive des etwa 10 cm langen Blütenstiels. Die Petalen sind braunrot, 2–8 cm lang, die grünen, rötlich geaderten Sepalen sind etwas kürzer. Die Staubbeutel sind wie die Narbe purpurrot. Die abgebildete *T. erectum* f. *album* ist in manchen Gebieten in der Natur öfter zu finden als der rotblühende Typ. Ihre Blüten sind weiß oder leicht rosa getönt, bei ihr sind die Staubbeutel gelb. *Trillium* sind primär Pflanzen für Schatten- und Halbschattenpflanzungen, finden aber auch in größeren Steinanlagen ihre Verwendung. Voraussetzung ist ein absonniger oder halbschattiger Platz und ein mildfeuchter, humoser Boden. Die Pflanzen benötigen längere Zeit bis sie sich etabliert haben und Zuwachs zeigen. ♃ ⊟ 🄷 ⊖ ◐ ● ◬

△
Trillium grandiflorum, Großblütiges Dreiblatt. Wächst im östlichen N-Amerika von Quebec bis Florida. Diese Art ist gärtnerisch weit verbreitet. Sie hat rhombische Blätter, kurz gestielt, tief grün. Die äußeren Blütenblätter sind kurz, breit und grün, die inneren sind leuchtend weiß, breit mit gewelltem Rand, bis 9 cm lang. Die Staubbeutel sind gelb auf grünen Staubfäden. Blütezeit Mai–Juni. Im Verhältnis ist diese Art leicht zu kultivieren, da sich die Pflanze gut unterschiedlichen Gartensituationen anpaßt, wenn man die Hauptwünsche, wie Halbschatten und genügend Feuchtigkeit während der Wachstumsphase, berücksichtigt. Es gibt von ihr etliche Formen, die allerdings ziemlich schwierig zu erhalten sind, so eine gefüllt blühende, eine rosafarbene, eine gefüllt blühende rosafarbene und eine mit panaschierten Blättern. Solche Formen können nur vegetativ vermehrt werden. ♃ ⊟ 🄷 ⊖ ◐ ● ◬

△
Trillium luteum, Gelbblütiges Dreiblatt. Wächst in den südöstlichen USA. Die Pflanze treibt aufrechte Stengel bis 45 cm hoch, bewegt sich jedoch meist um 30 cm. Die Blätter sind 15 cm lang, aufsitzend eirund und plötzlich gespitzt, sie sind heller gefleckt und beidseits der Hauptader heller. Die Blüten sind aufsitzend und süß duftend. Die äußeren Blütenblätter sind bis 6 cm lang, lanzettlich, gestumpft, zurückgebogen-abstehend und grün, die inneren sind 9 cm lang, elliptisch, aufrechtstehend bronzegrün, goldgelb oder gelbgrün gefärbt. Diese Art ist farblich weniger attraktiv, aber eingewachsen im Garten sehr dauerhaft. Die weniger auffällige Blüte wird durch die Blattzeichnung wieder wett gemacht. Ist hinsichtlich des Bodens etwas weniger empfindlich, liebt aber ein leicht saueres, humoses Substrat. Vermehrung durch vorsichtige Teilung, aus Samen sehr schwierig. ♃ ⊟ 🄷 ⊖ ◐ ● ◬

Trillium ovatum, Eiförmiges Dreiblatt. ▷ Weit verbreitet in SW-Kanada und NW-USA, aber in Gärten gehört diese Pflanze nicht zu den einfach zu kultivierenden. Bildet rotgrüne aufrechte Stengel bis zu 50 cm hoch, bleibt meist aber niedriger und wird 30–35 cm hoch. Die drei aufsitzenden Blätter sind rhombisch und gespitzt mit je 5 vertieft liegenden, auffallenden Adern. Die Blüten stehen an etwa 8 cm langen Stielen, sie haben einen leichten Moschusduft, sind manchmal aber auch übelriechend. Die Kronblätter sind eiförmig und auseinanderstehend. Die Farbe ist variabel. Sie ist im Jugendstadium weiß, färbt sich dann rosa bis zu einem dunkleren Rot. Es gibt aber auch Formen, die schon kurz nach dem Entfalten der Blüten rötliche Töne zeigen. Unter dem Sortennamen 'Kenmore' ist eine gefüllt blühende Form bekannt. Diese *T. ovatum* ist dankbar für organische Düngung. ♃ ⊟ 🄷 ⊖ ◐ ● ◬ 🄽

◁ **Trillium sessile,** Aufsitzendes Dreiblatt. Wächst im östlichen N-Amerika. Die Blätter sind eiförmig bis rund und sitzen stiellos auf den dicken, aufrechten, 30 cm hohen Stengeln. Sie sind unterschiedlich gefleckt, weißlich, blaßgrün, bronzefarben und 8–12 cm lang. Die aufsitzende Blüte steht eher aufrecht und duftet. Die äußeren Kronblätter sind grün und am Grunde braun getönt, 1–4 cm lang und ähnlich den inneren sehr schmal. Das Rot der aufrechten Blüten variiert etwas, manche zeigen mehr ein Braunrot und sind nicht so tiefrot wie bei der abgebildeten Pflanze; diese dürfte die Sorte 'Rubrum' sein. Die Staubgefäße sind schwarzviolett und enthalten purpurfarbene Pollen. Der Fruchtknoten und die später reifenden Beeren sind ebenfalls purpurrot und haben 6 Rippen. Sie lieben einen halbschattigen Platz, einen humosen Boden und eine etwas sauere Bodenreaktion. ♃ ⊟ ▣ ⊖ ◐ ● ▲

◁ **Trillium sessile 'Californicum',** Kalifornisches Dreiblatt. Es ist eine weißblühende Form der vorstehenden *Trillium*-Art, die verstärkt in N-Kalifornien zu finden ist und sich sonst kaum von der Art unterscheidet. Alle sind wertvolle Pflanzen für den Garten, die man aber leider sehr selten sieht. Es hat keinen Zweck, sich einige der dicken, kurzen Rhizome zu kaufen und in normalen Gartenboden möglichst noch in volle Sonne zu setzen. Man muß sich etwas bemühen, einen absonnigen oder halbschattigen bis schattigen Gartenplatz zu finden. Der Boden sollte locker und stark humusangereichert sein, nur dann etabliert sich das Dreiblatt, was oft eine längere Zeitspanne beansprucht. Wenn möglich sollte man keine Rhizome ohne Erde pflanzen, sondern solche mit Topfballen. Hier ist die Sicherheit, daß die Pflanze anwächst wesentlich größer. Die Samenvermehrung ist sehr schwierig. ♃ ⊟ ▣ ⊖ ◐ ● ▲

Trollius laxus, Nordamerikanische Trollblume, Ranunculaceae, Hahnenfußgewächse. Findet sich in höheren Berglagen von NW-Amerika, meist in Sümpfen, an Bachrändern und auf Feuchtwiesen, dort oft neben schmelzendem Schnee. Die Pflanze wird nur etwa 15 cm hoch. Die Blüten sind schalenförmig und bilden keinesfalls Blütenkugeln wie die europäische Trollblume. Die Farbe ist blaß- bis grünlichgelb, oft auch weiß bis rahmweiß. Die 5–7 Blütenhüllblätter sind abstehend. Die Blütezeit liegt im April-Mai. Ist in den Gärten nicht einfach zu halten, benötigt einen kühlen, halbschattigen Platz, möglichst in einem Moorbeet mit starkem Rohhumusanteil und sauerer Bodenreaktion. Keine allgemein zu empfehlende Steingartenpflanze, sondern eher eine Art für den Sammler und Spezialisten. Man kann mit Teichfolien auch kleinere sumpfige Stellen als Pflanzplatz im Steingarten schaffen. ♃ ≈ ⊟ ◐ ⊖ ○ △-▲
▽

Tulipa albertii, Alberts Tulpe, Liliaceae, Liliengewächse. Ist in Zentralasien beheimatet, besonders im Tien-schan. Die Zwiebel ist eirund und mißt etwa 4 cm, ihre Außenhaut ist schwarz bis lohfarben. Der Blütenstengel wird etwa 20 cm hoch, ist dick, graugrün, oft mit einer leicht weinroten Pigmentierung an der Oberfläche. Die Blätter, meist 3–4, sind deutlich blaugrün gefärbt und nach außen stark gewellt. Die Basalblätter sind etwa 14 cm lang und 6 cm breit, breitlanzettlich. Die oberen Blätter sind lanzettlich und 11 cm lang und 2,3 cm breit. Die kopfständige Blüte ist duftlos. Die äußeren Blütenblätter sind stark zurückgebogen, während die inneren etwas nach innen neigen, die Größe beträgt 8 × 6 cm. Die Blüte selbst ist hinsichtlich Färbung, je nach Fundort, unterschiedlich und geht von goldgelb bis rot. Die meisten im Handel erhältlichen Pflanzen zeigen ein Orange- bis Scharlachrot. ♃ ▣ ○ △-▲ ▷

Tulipa batalinii, Batalins Tulpe. Wächst in Zentralasien, besonders im Pamirgebiet. Der Artstatus dieser Tulpe ist nicht völlig geklärt. Während im »Zander« dieser eliminiert und zu *T. linifolia* gestellt wird, deren gelbe Form sie sein soll, findet man in neuerer englischer Literatur diese Tulpe eigenständig, wenn auch auf die nahe Verwandtschaft beider hingewiesen wird. Wir fassen diese dankbare Tulpe als eigenständig auf, da diese Form durch ihre Dauerhaftigkeit im Steingarten wertvoll ist. Das ist nicht selbstverständlich, viele Wildtulpen verschwinden schon bald wieder. Die Pflanze wird nur 10–15 cm hoch und fügt sich in Steinanlagen besonders gut ein. Sie hat breite Perigonblätter und blüht im Bereich April-Mai. Besonders wertvoll sind die Auslesen, die unter Sortennamen im Handel sind. So die abgebildete schwefelgelbe 'Bright Gem' und die aprikosen- bis bronzefarbene 'Bronze Charm'. ♃ ◙ ○ △-▲ ▷

Tulipa ferganica, Fergana-Tulpe. Wächst in Zentralasien, besonders im Pamir-Altai und im Tien-schan. Hat größere Zwiebeln mit 3,5 cm Durchmesser, sie sind eirund und haben harte, zähe, trockenhäutige Schalen, mit angepressten Haaren nahe der Basis und an der Spitze. Der Stengel ist etwa 25 cm hoch, feinbehaart und graugrün, manchmal mit rötlichem Schein. Die Blätter sind 16 cm lang, 7 cm breit. Es entwickeln sich pro Pflanze 3–5 Stück, sie sind breit- bis schmal-lanzettlich, zurückgebogen, graugrün, feinbehaart und die Ränder sind etwas gewellt und bewimpert. Die Blüten, 1–2 pro Pflanze, sind sternförmig mit konkaver Basis, außen mehr bläulich-rosa bis schokoladen-rosa. Die Kronblätter messen 5 × 2 cm, ihre Form ist lanzettlich bis länglich und gespitzt. Diese Art zeigt keinen Basalfleck an der Basis. Sie ist nahe verwandt mit *T. altaica*. Eine hübsche Wildtulpe. ♃ ◙ ○ △-▲
▽

◁ **Tulipa didieri,** Didiers Tulpe. Eine südeuropäische Tulpe, die nahe verwandt ist mit *T. gesneriana*. Bei den Wildtulpen ist die Abgrenzung der einzelnen Arten zu anderen schwieriger als bei anderen Gattungen und es ist eine Ermessensfrage des jeweiligen Botanikers. Diese Art hat Zwiebeln mit einem Durchmesser von 2,5–3 cm, sie sind eirund, kahl, der Saum ist wenig behaart. Der Blütenstengel wird etwa 40 cm hoch, selten etwas höher. Die Blätter sind 15–20 cm lang und etwa 3 cm breit, pro Pflanze 3–4. Sie sind lanzettlich, gewellt, unbehaart und blaugrün. Die einzelstehende Blüte zeigt ein leuchtendes Karmesinrot, selten weiß. Die Kronblätter sind rundlich und gespitzt, sie besitzen einen schwarzen Basalfleck mit einem breiten gelben Rand. Die Staubgefäße sind schwarz-purpurn. Diese Wildtulpe wird etwas höher und sollte deshalb auch nur in größeren Steinanlagen verwendet werden. ♃ ◙ Ⓗ ○ △-▲

Tulipa humilis, Zwergtulpe, Ostereier-Tulpe. Sie hat ein größeres Verbreitungsgebiet im N- und W-Iran, im N-Irak und in Aserbeidschan. Wegen des niedrigen Wuchses, die Stengel werden nur 15–20 cm hoch, ist diese Tulpe sehr wichtig für die Verwendung im Steingarten. Es ist eine äußerst variable Pflanze. Die Zwiebeln haben nur einen Durchmesser von 1–2 cm, sie sind eirund, ihre Schale ist braun, oft mit einem Anflug von gelb oder rot, innen an der Basis und an der Spitze leicht behaart. Pro Zwiebel können sich 1–3 Blütenstengel entwickeln. Die 2–5 Blätter sind 10–15 cm lang und 1 cm breit und rinnig. Die becherförmigen Blüten sind kopfständig oder bis zu 3, zeigen geöffnet eine sternförmige Form. Die Art ist rosa mit einem gelben Zentrum. *T. aucheriana*, *T. pulchella* und *T. violacea* sind Namen, die später gegeben wurden und nicht gültig sind. Es gibt auch etliche Sorten. ♃ ◙ ○ △-▲ ▷

Tulipa kaufmanniana, Kaufmanns Tulpe, ▷ Seerosentulpe. Wächst in Zentralasien, besonders im Tien-schan. Eine der wertvollsten Arten, aus der viele Sorten gezüchtet wurden, die bei den sogenannten »Botanische Tulpen« im Handel sind. Die Pflanze wird etwa 20 cm hoch und bleibt am Naturstandort oft noch kleiner. Die Blätter sind breit-lanzettlich und graugrün gefärbt. Die Blüten sind breitglokkig, cremeweiß mit breitem, sattgelbem Fleck an der Basis, außen rot getönt. Die Pflanzen auf dem Foto kommen der eigentlichen Art sehr nahe, doch scheint bei ihr auch *T. greigii* mit beteiligt gewesen zu sein, worauf die rotbraun gestrichelten Blätter hinweisen. Die Blütezeit der Art, aber auch der Sorten, liegt bereits im März-April. Eine wertvolle Tulpe für Steinanlagen. Verschiedene Sorten haben so leuchtende Blütenfarben, daß sie nicht in naturnahe Anlagen gehören.
♃ ◙ ○ △-◬

△
Tulipa linifolia, Schmalblätterige Tulpe. Wächst in Zentralasien, besonders im Pamirgebiet. Hier wurde schon bei *T. batalinii* darauf hingewiesen, daß diese von manchen Botanikern zu *T. linifolia* gestellt wird. Die im Handel erhältlichen Typen zeigen jedoch so starke Unterschiede, daß die Trennung beibehalten werden sollte. Die Zwiebeln sind klein und haben eine lederige hellbraune Schale, die an der Spitze hellbraun und wollig behaart ist. *T. linifolia* wird etwa 15 cm hoch, die Blätter sind schmal-lanzettlich, sie sind graugrün und manchmal etwas rot gesäumt. Sie liegen oft auf dem Boden auf. Die Blüten sind sattrot mit einem breiten, schwarzen Grundfleck. Das Foto zeigt eine unter Glas gezogene Gruppe, die deshalb etwas aufrechter gewachsen ist. Die Blüten klappen in der Sonne weit auseinander und bei zusätzlicher Trockenheit rollen sie sich auch zurück (Bild!). Dankbare Tulpe! ♃ ◙ ○ ◬-◬

△
Tulipa orphanidea 'Flava', Balkantulpe. Diese europäische Tulpe findet sich in Bulgarien, Griechenland und der Türkei. Die Zwiebeln haben einen Durchmesser von 2–4 cm, sie sind eirund mit lederiger Schale, innen an der Basis und an der Spitze feinbehaart. Der Stengel kann 20–35 cm hoch werden, er ist kahl oder auch feinbehaart. Die lanzettlichen, kahlen Blätter sind etwa 30 cm lang und 1,5 cm breit, es entwickeln sich pro Pflanze 2–7 Stück, oft ist der Rand etwas weinrot getönt. Trägt 1–4 Blüten, sie sind etwas kugelig mit elliptischen Kronblättern, 3–5 cm lang und 1,2 cm breit. Sie sind rot, außen oft grünlich oder violett getönt. Die abgebildete 'Flava' hat gelbe Blüten, die außen etwas rot und grünlich getönt sind. Die Blüten öffnen sich weit und sternförmig mit etwas zurückgebogenen Spitzen. Die Blütezeit liegt meist schon im April. Liebt einen besonders gut dränierten Boden. ♃ ◙ ○ △-◬

△
Tulipa subpraestans, Wenigerschöne Tulpe. Diese Tulpe kommt ebenfalls aus Zentralasien, ihr Name ist aber eine Verleumdung, denn es ist eine durchaus attraktive Pflanze, zumindest die Form im Handel. Die Zwiebeln messen 1,5–4 cm im Durchmesser, sie sind eirund, haben eine trockenhäutige Schale und sind innen oft feinbehaart. Der Stengel wird bis 40 cm hoch, er ist graugrün und fein behaart. Die Blätter, 3–4, sind weit auseinanderstehend, meist zurückgebogen, die Ränder sind manchmal gewellt und bewimpert, sie sind lanzettlich bis verkehrt eirund-lanzettlich. Die 2–3 Blüten, manchmal auch mehr, entspringen den Achseln der oberen Blätter, es gibt aber auch einblütige Pflanzen. Die im Handel erhältlichen Tulpen sind von der botanischen Beschreibung oft abweichend. Auch die abgebildete Pflanze entspricht eher *T. ferganica*, als der rotblütigen *T. subpraetans.* ♃ ◙ ○ △-◬

Tulipa tarda, Späte Zwergtulpe. Kommt ▷ ebenfalls aus Zentralasien, speziell im Tienschan vor. Dankbare nur 10–15 cm hohe Pflanze. Die Zwiebeln haben einen Durchmesser von 1,5–3 cm, sie sind eirund und haben eine lederige, schwarzbraune Schale. Die Blätter bilden lockere Rosetten, zu 3–7, sind 12 cm lang und 1,5 cm breit, die Ränder sind oft etwas weinrot getönt und auch bewimpert. Der Stengel wird 5–10 cm hoch. Die 3–8, manchmal bis 15 Blüten sind breit-sternförmig und duftend. Die äußeren Kronblätter messen 3,5 × 1 cm, sie sind breit-lanzettlich. Die geöffneten Blüten sind weiß und zeigen eine große, gelbe Mitte. Es ist eine der wertvollsten Tulpen für den Steingarten. Sie ist sehr dauerhaft und auch wegen des niedrigen Wuchses fügt sie sich gut ein. Diese zwergige Tulpe kann auch in größeren Trögen Verwendung finden. Sie liebt geringfügig mehr Humus als andere. ♃ ◙ ○ ◬-▲

Ulmus parviflora 'Geisha', Chinesische Zwergulme, Ulmaceae, Ulmengewächse. Die Art selbst wächst in Japan, Korea, Taiwan, N- und M-China. Es ist ein kleiner Baum mit einer breiten Kugelkrone. Diese Art scheint gegenüber der bekannten Ulmenkrankheit sehr resistent zu sein. Von ihr gibt es eine ganze Reihe von Zwergformen. Bekannt ist 'Frosty', die sich nur sehr langsam zu einem nur wenige Meter hohen Baum aufbaut und für Hintergrundpflanzungen verwendet werden kann. Ihre gezähnten Blätter haben einen schmalen weißen Rand. Die abgebildete 'Geisha' ist eine ganz kleine, langsamwüchsige Form, die man selbst auch im Steingarten verwenden kann, wenn auch über ihre Endgröße kaum eine Aussage möglich ist. Der Wuchs ist niedrig, strauchig, auseinanderstrebend und die kleinen Blätter sind in der Jugend cremefarben. Das Bild zeigt eine junge Pflanze. ♄ ♤ ◙ ○ ◐ ▲
▽

◁ **Tulipa turkestanica,** Turkestan-Tulpe. Hat ein weites Verbreitungsgebiet in Zentralasien, wächst besonders im Tien-schan, dem Pamirgebiet und in NW-China. Eine echte Steingartentulpe, die zwar nicht so auffällige Blüten hat wie andere, sich aber lange Zeit behauptet und sich am günstigen Platz auch selbst aussät. Die Pflanze ist botanisch nahe verwandt mit *T. bifolia* und möglicherweise zu dieser gehörend. Sie ist jedoch unter der Bezeichnung *T. turkestanica* weit verbreitet und auch der »Zander« behandelt sie eigenständig. Die Pflanze wird 15–25 cm hoch, manchmal auch bis 30 cm. Der Stengel ist etwas weißlich-feinbehaart. Die 2–4 Blätter sind lanzettlich, rinnig und graugrün. Die Blüten sind klein und stehen zu 3–9, vereinzelt auch bis zu 12. Sie sind trichterförmig, cremeweiß mit orangegelbem Grund, außen bläulichgrau und grün, sie öffnen sich sternförmig. ♃ ◙ ○ ◬-▲

Uncinia rubra, Kastanienbraunes Neuseelandgras, Cyperaceae, Riedgrasgewächse. ▷ Wächst in Neuseeland sowohl auf der N- als auch auf der S-Insel auf vulkanischen Bergen. Insgesamt eine montane bis niederalpine Pflanze, in Höhenlagen von 400–1400 m. Sie ist in Mitteleuropa nicht überhall winterhart und bedarf eines guten Schutzes, noch besser Kultur im Alpinenhaus. Locker und büschelförmig wachsend, manchmal kurze Rhizome treibend. Die gesamte Pflanze ist dunkelrotkastanienbraun gefärbt und sehr attraktiv. Sie wird 15–35 cm hoch. Die Halme sind 1 mm breit, steif, rauh an den Winkeln. Die Blätter sind bis 15–20 cm lang. In Kultur darf das rotbraune Laub nicht dazu verführen, die Pflanze an einen zu trockenen Platz zu setzen. Auch in der Natur kommt sie an feuchten, oft torfigen Plätzen vor, manchmal auch an sumpfigen Stellen. Eine schöne Neueinführung. ♃ ⏦ ⌂ ⌃ ○ ◐ ◬-▲

Uvularia flava, Blaßgelbe Trauerglocke, Liliaceae (Convallariaceae), Liliengewächse (Maiglöckchengewächse). Alle Trauerglocken sind in N-Amerika beheimatet und obwohl es sich um eine sehr kleine Gattung handelt, existiert eine gewisse Unordnung. So ist die *U. flava* ebenfalls nebulös, in der Literatur findet man keine Angaben; möglicherweise ist sie auch eine in Kultur entstandene Zwergform oder ein niedriger Typ von *U. caroliniana* oder einer anderen Art. Diese Unklarheit soll aber nicht dazu führen, diese attraktive, niedrige Art nicht zu erwähnen. Die Pflanze wird etwa 20 cm hoch und hat blaßgelbe Glockenblüten. Wie alle Arten besitzt sie kurze, kriechende Rhizome. Die Pflanze ist an der Basis blattlos, hat aber dicht beblätterte Stengel. Die Blätter stehen abwechselnd und sind durchwachsen. Die Form ist breitlanzettlich, sie sind oft rinnig-gerollt. Liebt humosen Boden. ♃ ⊟ ◐ ⊖ △-▲ ▷

△

Uvularia grandiflora, Großblütige Trauerglocke. Ist ebenfalls in den USA beheimatet, reicht von Quebec bis N-Dakota, südlich bis Georgia, Alabama, Arkansas und Oklahoma. Wächst dort meist in nährstoffreichen Mischwäldern. Die Pflanze ist aber an nordseitigen Steingartenhängen oder sonstigen etwas beschatteten oder absonnigen Stellen in Steinanlagen durchaus zu gebrauchen, wenn man die Wünsche nach einem humosen und mildfeuchten Boden berücksichtigt. *U. grandiflora* erträgt gegenüber den anderen Arten etwas mehr Trockenheit. Sie wird am zusagenden Ort meist 35–40 cm hoch. Die Blätter sind knapp stengelumfassend, schmal oval bis eiförmig, etwas zugespitzt. Die Blüten sind hängend, schlank, meist etwas gedreht, bis 4 cm lang und zitronengelb. Bei ihr sind die Staubblätter länger als der Griffel Die Blütezeit liegt im April-Mai, die Pflanze ist sehr dauerhaft. ♃ ⊟ 🅷 ◐ ⊖ ▲

△

Uvularia perfoliata, Durchwachsene Trauerglocke. Heimat: N-Amerika. Das Höhenwachstum der Trauerglocken ist standortabhängig. Unterschiedliche Höhenangaben sind darauf zurückzuführen. Eine gewisse Rolle spielen auch gärtnerische Auslesen von besonderen Typen, die von den am Originalstandort gesammelten Pflanzen etwas abweichen. *U. perfoliata* bleibt, unter gleichen Bedingungen wie *U. grandiflora* gepflanzt, immer etwas niedriger, meist um 30 cm. Höhenangaben von 60 cm dürften im zentralen M-Europa nicht zu erreichen sein. Die Blätter von *U. perfoliata* sind wesentlich deutlicher durchwachsen und die gelbe Blütenglocke ist gleichmäßig und nicht so länglich gedreht wie meist bei *U. grandiflora.* Man sollte solch wertvollen Pflanzen den richtigen Platz zuweisen, halbschattig oder absonnig, mit einem saueren, humos-mildfeuchten Substrat. ♃ ⊟ 🅷 ◐ ⊖ △-▲

Vaccinium vitis-idea 'Erntedank', Preiselbeere, Ericaceae, Heidekrautgewächse. Die Art wächst in N- und M-Europa, im Kaukasus, N-Asien, in Kanada und Alaska immer in nährstoffarmen, saueren Böden. Es ist ein immergrünes kleines Sträuchlein mit unterirdisch kriechenden Trieben und büschelig aufragenden Zweigen von etwa 30 cm Höhe. Die Blätter sind dunkelgrün, derb lederig, oberseits glänzend und unterseits matt bleichgrün. Sie stehen sowohl zweizeilig als auch wechselständig. Im Mai-Juni sitzen an den Enden der Triebe kleine gedrängte Trauben von weißen, rötlich angelaufenen Blüten, aus denen sich die roten, eßbaren Beeren entwickeln. Die Sorte 'Erntedank' ist ähnlich 'Erntekrone' und 'Koralle' reich- und großfrüchtig und auch in Steinanlagen sehr dekorativ. Sie benötigen unbedingt durchlässigen, sandig-humosen, kalkfreien, nährstoffarmen Boden. ♄ ⇝ ⊟ ○ ◐ ⊖ ▲-▲ ▷

△
Valeriana montana, Bergbaldrian, Valerianaceae, Baldriangewächse. Wächst in den Gebirgen von N-Spanien, geht über die Alpen bis zu den Karpaten und den Gebirgen Italiens und des Balkans. Wächst dort in Felsspalten, im Felsschutt, in lockeren Hochstaudenfluren, insgesamt ein Pionier der Kalkschuttfluren, stets auf Kalk, in Höhenlagen von 500–2000 m. Eine kriechende Staude, mit vielköpfigen Rhizomen ohne Ausläufer. Wird je nach Standort 10–40 cm hoch. Die Pflanze ist leicht behaart bis fast kahl. Die Grundblätter sind eiförmig bis elliptisch, allmählich in den Stiel verschmälert. Die Stengelblätter sind gegenständig, eiförmig, sitzend, fast ganzrandig. Die Blüten stehen in einer langgestielten Trugdolde am Stielende, meist lilarosa, manchmal auch fast weiß. Blütezeit im Garten Mai–Juni. Liebt auch dort etwas frische, mit Kalksteinsplitt angereicherte Feinerdeböden. ♃ ⁞ ⊞ ○ ◐ △-◬

△
Valeriana officinalis, Gemeiner Baldrian. Vorkommen in Europa, W- und M-Asien, Kaukasus, NO-China, Mandschurei und Japan. Sehr vielgestaltige Art, die je nach Typ zwischen 30 cm und 1,5 m hoch werden kann. Wächst dort an Ufern, nassen Gräben, auf Flachmoorböden und an Quellen, auf Waldlichtungen, meist in nährstoffreichen Lehmböden. Die größeren Typen sind selbstverständlich nur für große Steinanlagen geeignet. Die Pflanze hat einfache, kurze Rhizome, bildet manchmal auch kurze unterirdische Ausläufer. Alle Blätter sind unpaarig gefiedert. Die einzelnen Fiedern sind ganzrandig oder gesägt. Im Juni–August stehen die duftenden hellrosa Blüten in einer mehrfach 3geteilten, schirmförmigen Trugdolde. Der Liebhaber vermehrt durch Teilung, der Gärtner durch Aussaat sofort nach der Samenreife im August, dabei die Samen nur wenig mit Erde bedecken. ♃ ⏦ ⊞ ○ ◐ ◬

△
Valeriana supina, Zwerg-Baldrian. Wächst in den O- und östlichen M-Alpen, von Graubünden bis zur Krain, im Felsschutt, in Schneetälchen, stets auf Kalk in Höhen von 500–2900 m in Feinschutt und feinerdereichen Substraten. Bildet 5–10 cm hohe, reichverzweigte Polster oder lockere Rasen mit kriechenden Rhizomen. Alle Blätter sind dicklich, am Rand kurz bewimpert, spatelig bis fast kreisrund, ganzrandig oder entfernt gezähnelt. Die blühenden Stengel stehen aufrecht, sie sind unverzweigt und kurzhaarig. Die Blüten stehen in endständigen, linealen Blütenhüllblättern. Sie sind dunkelrosa und duftend. Die Kronblätter sind 4–5 mm lang. Die Blütezeit liegt im Juni–Juli. Liebt im Steingarten einen sonnigen, aber nicht zu heißen Platz, die Pflanze kann aber auch halbschattig oder absonnig stehen. Das Substrat sollte mager, schotterdurchsetzt und kalkhaltig sein. ♃ ⏦ ⁞ ⊞ ◐ ○ ⊖ ◬-◬

Veratrum album ssp. lobelianum (*Veratrum lobelianum*), Gewöhnlicher Germer, Liliaceae (Melanthiaceae), Liliengewächse (Höckerblumengewächse). In den Alpen, den Pyrenäen, auch in europäischen Mittelgebirgen, in Asien bis nach Japan. Auf feuchten Wiesen und Weiden, Läger- und Karfluren wachsend. Diese imposante Pflanze kann bis 1,5 m hoch werden und kann in größeren, naturnahe gestalteten Steinanlagen durchaus dekorativ wirken. Die Ansiedlung muß aber immer als Jungpflanze erfolgen. Die Stengel sind beblättert, umhüllt von ineinandergeschachtelten Blattscheiden. Die Blätter sind elliptisch, unten feinfilzig behaart, oberseits kahl, sie stehen wechselständig und stark längsgefaltet. Die grünlichen bis weißlichen Blüten sind gestielt in einer langen, oft verzweigten Rispe stehend. Die Einzelblüte hat bis 15 mm Durchmesser. Blütezeit von Juli–August. Die Pflanze ist giftig! ♃ ⊞ ○ ◐ ◬ ▷

Verbascum dumulosum, Buschige Königskerze, Scrophulariaceae, Braunwurzgewächse. Wächst in der Türkei, besonders im SW-Teil. Eine von der sonstigen Wuchsform der Königskerzen abweichende Art. Bildet 30–40 cm hohe, halbstrauchige, dichtbuschig verzweigte Pflanzen, in Kultur meist etwas kleiner, zwischen 20 und 30 cm hoch. Die gesamte Pflanze ist graufilzig. Die Blätter sind elliptisch, bis 6 cm lang und 3,5 cm breit, das Basallaub ist größer. Bei der Blüte im Mai entwickeln sich die 15–30 cm hohen Blütenkerzen, die 10–35blütig sind. Sie zeigen ein schönes Zitronengelb. Die Einzelblüte hat einen Durchmesser von 10–15 mm. Sehr hübsche Art, die aber etwas frostempfindlich ist. Im Freien nur bei Schutz vor Winterregen, dann auch für Mauerfugen und vollsonnige, trockene Steingartenplätze. Schön im Alpinenhaus. Es gibt einige Hybriden mit dieser Art. ♃-♄ ⁞ ⛰ ⌒ ○ ◬-▲ ▷

◁ **Verbascum-Hybride 'Letitia',** Niedrige Hybridkönigskerze. Diese Hybride entstammt einer Kreuzung von der vorstehenden *V. dumulosum* mit *V. spinosum.* 'Letitia' bildet ebenfalls etwa 30 cm hohe halbstrauchige, dichtverzweigte Pflanzen. Die Form könnte man allgemein als »kugelbuschig« bezeichnen. Sie ist besonders auffällig durch die sehr lange Blütezeit (Mai–Juli). Auch diese Pflanze benötigt einen trockenen, nässegeschützten Stand, mit einer sehr guten Dränage und Regenschutz bei Dauerregen. Insgesamt ist diese Hybride aber etwas weniger empfindlich gegen Nässe als *V. dumulosum.* Vermehrt werden kann nur vegetativ durch Stecklinge im Spätsommer. Aus diesem Komplex gibt es noch einige weitere Sorten so 'Golden Dawn' (*V. pestalozzae* × *V. spinosum*) und 'Sunrise', die auch einer Kreuzung aus *V. dumulosum* mit *V. spinosum* entstammt. Schön im Alpinenhaus. ♃-♄ ⁞ ⛰ ⌒ ○ ◬-▲

Veronica allionii, Allionis Ehrenpreis, Scrophulariaceae, Braunwurzgewächse. Wächst in den SW-Alpen endemisch auf Almweiden, steinigen Rasenhängen und in lichten Bergwäldern. Fast immer auf kalkarmen Böden in Höhenlagen von über 1500 m. Hat bis zu 30 cm lange, wurzelnde Stengel, die dicht am Boden aufliegen, deshalb nur 5 cm hoch und am Grunde etwas verholzend. Die wintergrünen Blätter sind lederig derb, undeutlich gezähnt. Sie werden bis 15 cm lang und 1,3 cm breit, sind kahl und mattgrün. Aus den Achseln der Stengelblätter entwickeln sich die aufrechten Blütenstengel mit den vielblütigen, dichten Blütentrauben. Die Blütenstandsstiele sind kurz. Die Krone ist tiefblau, hellblau oder auch violettblau. Die Blütezeit liegt im Juni–Juli. Ein wintergrüner Bodendecker, der schnell größere Flächen überziehen kann. Liebt feuchte, humos-lehmige, kalkfreie Böden. ♃ ⟿ ⁞ ⌓ ⊟ ○ ◐ △-▲
▽

Verbascum phoeniceum, Purpurrote Königskerze. Eine weitverbreitete Art, beheimatet in SO- und östlichen M-Europa, nördlich bis M-Rußland, W-Asien bis zum Altai und Iran. Eine aufrechte Königskerze, die durch das mäßige Höhenwachstum auch noch in kleineren Steingärten verwendet werden kann, sie wird 40–60 cm hoch. Es ist eine gut ausdauernde Königskerze, bei kurzlebigeren Pflanzen (zweijährig) handelt es sich um Hybriden. Die Blätter sind grundständig, eiförmig, dunkelgrün, sie bilden eine auf dem Boden aufliegende Rosette. Die Blütenstiele und auch der untere Teil des Stengels sind meist rotviolett gefärbt. Die meist purpurvioletten Blüten stehen einzeln, sehr lang gestielt in einer wenigästigen Traube. Die Blüten erscheinen von Mai bis Juni. Es gibt auch rosa- und weißblühende Typen und durch Einkreuzung entstanden auch gelbe, orangebraune und andere Töne. ♃ ⁞ ○ ◐ ◬-▲ ▷

◁ **Veronica armena,** Armenischer Ehrenpreis. Wächst in Armenien, Georgien, Iran, Kleinasien, meist an Geröllhängen in Gebirgen. Kann bis 15 cm hohe Polster mit halbaufrechten bis ausgebreiteten Trieben bilden, an der Basis etwas verholzend, fein flaumhaarig. Die Blätter sind 5–12 cm lang, gleichmäßig halbhandschnittig, die 5–7 Lappen sind 3–5 mm lang und 0,5 mm breit, sie sind schmal-lineal, kahl bis filzig behaart. Die Blüten stehen in blattachselständigen, reichblütigen Trauben. Die Krone ist violettblau, leicht dunkel geadert. Es gibt aber auch Typen in Kultur mit stärkerem Rotanteil und auch solche mit reinblauen Blüten. Die Blütezeit liegt im Mai-Juni. Diese Art ist durchaus attraktiv, besonders die reinblau blühenden, aber etwas nässeempfindlich. An Südlagen sollte man in M-Europa etwas Schutz vor Wintersonne geben. Liebt volle Sonne und Trockenheit. ♃ ⌓ ⁞ 🅃 ○ △-▲

△
Veronica cinerea, Aschgrauer Ehrenpreis. Beheimatet in Kleinasien und im östlichen Mittelmeerraum. Staudige bis halbstrauchige Pflanze, samtig graue Polster bildend. Die Stengel sind an der Basis verholzend, sie sind 10–15 cm lang, niederliegend bis aufsteigend, stark verzweigt, die am Boden aufliegenden Stengel sind wurzelnd. Die Blätter sind klein, 6–16 mm lang und 1 mm breit, lineal, ganzrandig oder nur sehr leicht kerbsägig, am Stiel verschmälert, mit eingerollten Rändern und grausamtig. Die 10–20blütigen, lockeren Trauben sind achselständig. Die Blütenfarbe ist dunkelblau, hellblau, rötlichblau oder rosa. Die Blütezeit ist Juni-Juli. Auch diese Art ist verhältnismäßig nässeempfindlich. Sie liebt Südlagen und sollte eine gute Dränage erhalten. Sie eignet sich auch für größere Tröge. Das Substrat sollte etwas mehr mineralisch sein, also einen Anteil Sand-Splitt haben. ♃-♄ ⁓ ⌓ ⁞ 🅃 ○ △-▲

Veronica gentianoides, Enzianähnlicher ▷ Ehrenpreis. Wächst im Kaukasus, im Iran, in N- und M-Anatolien und auf der Krim, dort meist auf Bergwiesen. Eine mehr aufrecht wachsende Staude mit 30–80 cm hohen Stengeln. Die in der Kultur verbreiteten Typen werden meist aber nicht höher als 25–35 cm. Entsprechend dem unterschiedlichen Höhenwachstum ist die Größe der Blätter, meist 6–7 cm lang und 1,5 cm breit. Sie sind ganzrandig oder nur undeutlich gekerbt, meist kahl. Die grundständigen Blätter stehen etwas rosettig und sind lineal, verkehrt-lanzettlich bis breit verkehrt-eiförmig und kurz gestielt, dicklich, glänzend. Die Stengelblätter sind eiförmig bis länglich-lanzettlich. Die Blüten stehen in 8–20 cm langen Trauben. Die Krone ist 10 mm breit und hellblau, selten weiß mit blauen Adern. Es ist auch eine Sorte mit weißbunten Blättern bekannt, *V. gentianoides* 'Variegata'. ♃ ○ ◐ △-▲

Veronica prostrata, Niederliegender Ehrenpreis. ▷ Eine verbreitete Art, die von Holland und dem nördlichen M-Rußland südlich bis N-Spanien, M-Italien, Mazedonien und dem Kaukasus geht. Wächst an sonnigen, grasigen Hängen, auf Waldwiesen und zwischen Gebüsch. Eine mattenförmige Art mit 10 bis 25 cm langen, niederliegenden Trieben. Blühende Triebe aufsteigend. Die Blätter sind lineal-länglich bis eiförmig, kurz gestielt, 25 mm lang und 12 mm breit, fast ganzrandig bis kerbsägig, oft mit zurückgerolltem Rand. Die Blüten stehen in kurzen, vielblütigen kegelartigen Trauben, sie treiben aus den Blattachseln. Der Kelch ist unbehaart mit meist 5 ungleichen Abschnitten. Die Einzelblüte hat einen Durchmesser von etwa 12 mm, sie ist hellblau bis mittelblau. Es gibt in Kultur aber auch weiß- und rosablühende Sorten. Blütezeit Mai-Juni. Liebt mageren, sandig-lehmigen Boden. ♃ ⁓ ⌓ ⁞ 🅃 ○ △-▲

Veronica prostrata 'Blauspiegel'. Eine ▷ neuere Sorte des Niederliegenden Ehrenpreises. Zeichnet sich durch niederigen, kompakten Wuchs aus, ist reichblühend und hat einen schönen, blauen Blütenfarbton, der durch das Filmmaterial ins Rötliche verfälscht wird. Alle Sorten sind schöne, rasenbildende Pflanzen für Stein- und Heidegärten, auch für größere, trockene Hänge. Sie lieben volle Sonne und trockenen, nicht zu fetten, sandig-lehmigen Boden. Alle werden durch Teilung und durch Stecklinge vermehrt. Weitere Namenssorten sind: 'Alba' (weißblütig), 'Loddon Blue' (leuchtend blaue Blüten), 'Mrs. Holt' (fahlrosa Blüten), 'Nana' (blau, besonders niedriger Wuchs), 'Rosea' (hellrosa Blüten), 'Royal Blue' (dunkelblaue Blüten), 'Spode Blue' (kräftiges Königsblau), 'Silver Queen' (silbrigblaue Blüten), 'Trehane' (gelbliche Blätter, blaue Blüten). Gut zur Überdeckung von Zwiebelblumen. ♃ ⏦ ⌓ ⁞ 🅃 ○ △-▲

◁ **Veronica taurica** (*Veronica orientalis*), Krim-Ehrenpreis. Eine nomenklatorisch etwas unklare Art. *V. taurica* wird von manchen Botanikern zu *V. orientalis* gestellt. In England (Kew Gardens) andererseits als eigene Art akzeptiert. Auf alle Fälle sind es nahe verwandte Arten. Wächst an trockenen, steinigen Hängen. Die Pflanze bildet niedrige Polster mit niederliegenden bis aufstrebenden Trieben. Die Stengel sind 10–25 cm lang, weichhaarig und am Grunde wie viele *Veronica*-Arten etwas verholzend. Die Blätter sind etwa 2 cm lang und 4 mm breit, verkehrtlanzettlich, ganzrandig oder unregelmäßig fiederschnittig. Die oberen sind fast immer ganzrandig. Aus den oberen Blattachseln entwickeln sich 1–4 bis 8 cm lange Blüten. Die Krone hat 10–12 mm Durchmesser. Sie ist blau, selten rosa gefärbt. Blütezeit Juni-August. Liebt volle Sonne. Widerstandsfähig gegen Trockenheit. ♃ ⏦ ⌓ ⁞ ○ △-▲

△
Veronica spicata 'Rotfuchs' (*Veronica spicata* ssp. *spicata* 'Rotfuchs'), Rotähriger Ehrenpreis. Die Art ist in O-Europa, im Kaukasus, Kleinasien, M- und O-Asien beheimatet, dort in Steppen- und Trockenrasen, auf Schotterflächen und verfestigten Dünen zu finden. Fast immer auf sonnigen, trockenen, feinerdearmen Stein-, Kies- oder Sandböden, mit mehr oder weniger neutralem Untergrund. Vom Tiefland bis 2100 m in den Alpen wachsend. Die Art treibt 15–50 cm hohe aufrechte oder aufsteigende Blütentriebe, meist einfach behaart und drüsig. Die Blätter sind kurzgestielt, 8 cm lang und 1 cm breit, länglich bis eiförmig-lanzettlich, am Grund verschmälert und am Rand gekerbt-gesägt. Die Blüte stehen in dichten, bis 30 cm langen Ähren. Die abgebildete Sorte 'Rotfuchs' wird 30 cm hoch, die Blütenfarbe ist ein leuchtendes Rosarot. Eine weitere schöne Sorte ist 'Heidekind' (20 cm, weinrot). ♃ ○ 🄷 △-▲

Viburnum opulus 'Nanum', Zwerg- ▷ schneeball, Caprifoliaceae, Geißblattgewächse. Die Art wächst in Europa und in N- und W-Asien in Mischwäldern, Hecken, an Waldrändern, Fluß- und Bachufern, Auwäldern. Während die Art eine Höhe von 1–4 m erreicht, bleibt die Zwergform des Gemeinen Schneeballs klein und wird kaum über 50 cm hoch. Die Pflanze wächst mehr kugelig und ist hexenbesenartig dicht verzweigt. Die Blätter sind viel kleiner als bei der Art, sie sind gegenständig, meist dreilappig, ahornähnlich, kahl, frisch- bis dunkelgrün. Die Blattstiele sind auffällig rot mit Nektardrüsen an den Kanten. Im Oktober oft gelb-orangerot verfärbend. Blüht mit tellerförmigen Trugdolden, am Rande befinden sich auffällige Schaublüten, die steril sind. Im Innern stehen zwitterige, kleine, unauffällige, weiße, fruchtbare Blüten. Das Bild zeigt den Fruchtschmuck, der lange anhält. ♄ ⚘ 🄷 ○ ◐ ⊖ △

Vinca minor 'Gertrude Jekyll', Weißblühendes Immergrün. 'Gertrude Jekyll' ist aus den Sorten von *V. minor* besonders hervorzuheben. Die Pflanze blüht weiß und ist überaus reichblühend. Bildet einen sehr dichten Teppich, der sich nur langsam vergrößert und aus diesem Grund für Steinanlagen besonders geeignet ist. Neben dieser Sorte gibt es die ebenfalls weiß blühende Sorte *V. minor* 'Alba', welche kleinere Blüten hat und weitere Teppiche bildet. Für alle gilt: Wenn der Ausbreitungsdrang zu stark ist wird zurückgeschnitten; sie ertragen jeden Rückschnitt. Für sämtliche Immergrün-Sorten finden sich problemlos geeignete Partner. Die Art selbst ist ein idealer Begleiter zu Narzissen, die aus dem lockeren Teppich herauswachsen. *Waldsteinia geoides* harmoniert farblich gut dazu oder man läßt aus dem *Vinca*-Teppich kleine oder mittelhohe Salomonssiegel hochwachsen. ♃-♄ ⏜ ◐ ⊖ ● ○ △-▲
▽

Vinca minor, Kleinblätteriges Immergrün, ▷ Apocynaceae, Hundsgiftgewächse. Wächst in S-, M- und W-Europa, östlich bis Litauen und der Krim, in Kleinasien und dem Kaukasus, besonders in Eichen-, Buchen- und Hainbuchenwäldern verbreitet, von der Ebene bis in die montane Stufe. Ist ebenfalls eine uralte Gartenpflanze. Wird bis 15 cm hoch und ist etwas halbstrauchig. Treibt lange, niederliegende Sprosse, die an den Blattknoten leicht wurzeln und am Grunde verholzen. Die blühenden Zweige sind mehr aufgerichtet. Bildet schöne, immergrüne Polsterflächen. Die Blätter sind lederartig, breit-lanzettlich, glänzend, ganzrandig, kreuzweise-gegenständig. Von April-Mai entfalten sich die einzelstehenden Blüten, die eine trichterförmige Röhre besitzen und eine tellerförmige Krone, sie sind 2–3 cm breit und stehen meist am Ende aufrechter Triebe. Blütenfarbe hellblau-blauviolett. ♃-♄ ⏜ ◐ ⊖ ● ○ △-▲

Viola biflora, Zweiblütiges Veilchen, Violaceae, Veilchengewächse. Diese Art ist ein Weltenwanderer, wächst in N-Europa, in den Gebirgen von M- und S-Europa, N-Asien, N-Amerika von Alaska bis zu den Rocky Mountains. Oft in Felsspalten, auf Felsschutt und Karfluren, hauptsächlich auf Kalkuntergrund, vom Tiefland bis in 3000 m Höhe. Bis 20 cm hohe, etwas rasenförmig wachsende Pflanze mit kriechendem Wurzelstock und 1- oder 2blütigen Stengeln. Die Grundblätter sind nierenförmig bis 5 cm breit, zerstreut behaart und mit gekerbtem Rand. Nebenblätter sind eiförmig bis lanzettlich. Die langgestielten Blüten sind 15 mm lang, nicht duftend und mit einem kurzen Sporn versehen. Die Kronblätter sind gelb, die oberen und seitlichen aufwärts gerichtet, die seitlichen und das untere sind mit einer braunen Strichzeichnung versehen. Liebt etwas feuchten Humusboden. ♃ ⏜ ⊞ ◐ ⊖ △-▲ N
▽

◁ **Vinca minor 'Rubra',** Rotblühendes Immergrün. *V. minor* und seine Gartenformen sind schöne, bodendeckende Schattenpflanzen, die auch stärkerem Wurzeldruck widerstehen. Neben dieser Hauptverwendungsmöglichkeit lassen sich die Pflanzen auch in größere Steinanlagen einfügen, wenn man ihnen einen absonnigen oder halbschattigen Platz gibt. Reine Schattenlagen dürften in Steinanlagen eher selten sein. Die Pflanzen vertragen aber auch ein gehöriges Maß an Sonne. An den Boden sind sie nicht anspruchsvoll, ideal ist lockerer, frischhumoser Boden. Außer der Art sind auch viele Gartensorten bekannt. So die abgebildete 'Rubra' mit auffallend purpurroten Blüten. Purpurrote, gefüllte Blüten hat 'Multiplex', 'Azurea Plena' hat blaue, gefüllte Blüten, 'Grüner Teppich' ist hellblau, aber armblütig blühend. Sortiment in England noch größer als in M-Europa. ♃-♄ ⏜ ◐ ⊖ ● ○ △-▲

Viola calcarata, Langsporniges Veilchen. ▷ Wächst in den Alpen, den S-Jura und dem W-Balkan, im Rasen, auf Felsschutt, überwiegend auf kalkhaltigen Böden in Höhen von 1500–3000 m. In den Alpen nicht selten, im Garten aber meist ein schwieriger Pflegling. Treibt unterirdische Ausläufer. Es ist eine kahle bis zerstreut behaarte, 10 cm hohe Pflanze. Der meist kurze Stengel steht aufrecht, er ist am Grund gedrängt-rosettig beblättert. Die Blätter sind 2–3 cm lang und bis 1 cm breit, meist breit-eiförmig bis lanzettlich und in den Blattstiel verschmälert. Die Nebenblätter sind fiederspaltig. Die Blüten stehen einzeln, selten zu zweit an einem aufgebogenen Stiel. Diese Art zeigt schon in der Natur unterschiedliche Farben. Die meisten Exemplare sind von dunkelvioletter Farbe, es folgen solche mit gelben und weißen Farben. Im Garten ist diese schöne Pflanze nicht einfach zu halten. ♃ ⁓ ⁞ ⊞ ○ ◐ ⊖ △-▲ N

Viola calcarata ssp. zoysii (*Viola zoysii*), Zoys Veilchen. Eine seltenere, geschützte Art, die von den Karawanken bis Montenegro wächst und sehr ähnlich der eigentlichen Art ist; lediglich die Nebenblätter sind meist ganzrandig, die Stämme sind sehr kurz und die Blütenform eher rundlich, während die Blütenfarbe immer gelb ist. Die Blätter sind breit-oval bis rund. Diese Unterart wächst immer auf Kalk. Die Blütezeit liegt im Mai-Juni. Dies ist eine sehr hübsche, von Liebhabern gesuchte Pflanze. Wird leicht von Wurzelläusen befallen, deshalb Vorsicht. Anzucht aus Samen nicht ganz einfach. Diese Unterart ist mehr als die Art an einen vollsonnigen Platz gebunden und das Substrat sollte etwas Kalksteinsplitt enthalten und nicht zu nahrhaft sein. Ansiedlung als junge Pflanzen in Kalksteinspalten. Schön neben *Campanula cochleariifolia,* welche allerdings Ausläufer treibt. ♃ ⌓ ⁞ ⊞ T ○ △-△ N
▽

Viola canadensis var. rugulosa, Kleingerunzeltes Kanadaveilchen. Heimat ist N-Amerika, besonders Kanada. Bis zu 30 cm hohe Staude mit robustem Rhizom, das bei der Varietät schlanker ist als bei der Art. Treibt keine Ausläufer. Die Stengel sind aufrecht und beblättert. Die Blätter bei der Art sind eiförmig bis breit-eiförmig, bei *Viola canadensis* var. *rugulosa* dagegen mehr breit als lang. Sie sind nur wenig feinhaarig und unten halb kahl, vorne gespitzt und der Rand ist gezähnt. Die Blüten sind weiß, es gibt aber auch violett blühende Typen. Ein Kennzeichen der Varietät sind auch die mehr lanzettlichen Nebenblätter, die ganzrandig sind. Von *V. canadensis* gibt es auch Sorten. 'Alba' ist reinweiß blühend und 'Alba Minor' ist zwergig und ebenfalls weißblühend. Es ist insgesamt eine etwas anspruchslose Pflanze, die etwas mehr Sonne verträgt, als andere Veilchen-Arten. ♃ ⌓ ⁞ ◐ ⊖ ○ △-▲
▽

Viola cenisia, Mont Cenis-Veilchen. Wächst ▷ in den Alpen, von den Seealpen bis in die Schweiz (Graubünden bis zum Säntis), meist im Kalkschutt. Eine kleine, etwas seltenere Staude von etwa 9 cm Höhe. Die Stengel stehen in Gruppen, sie sind niederliegend und bis 15 cm lang, kahl bis leicht feinhaarig. Die Blätter sind länglich, ganzrandig bis 10 mm groß, die unteren sind eiförmig. Der Blattstiel mißt über 1 cm. Die Nebenblätter sind wie die Blätter, nur schmaler. Die Blüten haben einen Durchmesser bis zu 2,5 cm, sie sind prächtig rosaviolett. Der Stiel ist bis 4 cm lang, die Sepalen bis 8 mm und die Petalen bis zu 13 mm. Der Sporn ist zierlich, 5–10 mm lang. Eine hübsche kleine Art, die leider nicht sehr gartenfreundlich ist. Es ist ein Schuttsiedler und man muß versuchen, etwas ähnliche Situationen zu schaffen; ein Substrat mit hohem Anteil von Kalksteinsplitt. Nicht immer einfach. ♃ ⌓ ⁞ ⊞ ○ ◐ △-▲ N

Viola 'Mollie Sanderson'. Eine Hybride, ▷ die wahrscheinlich zur Gruppe der *V. cornuta* gehört. Wegen ihres ungewöhnlichen, fast schwarzen Blütenfarbtones gerne gepflanzt. Ihr Wuchs ist niederliegend und kompakt. Im Zentrum der schwarzen Blüten befindet sich ein kontrastreiches, gelbes Auge. Macht keine besonderen Schwierigkeiten, die Vermehrung erfolgt durch Stecklinge. Der ganze Komplex ist in letzter Zeit in Bewegung geraten. Immer mehr Sorten kommen auf den Markt, die samenvermehrbar sind und bei denen Stiefmütterchen, *V.* × *wittrockiana*, eingekreuzt wurden. *V. cornuta* sind keine sehr lange ausdauernden Stauden, aber von den alten, vegetativ zu vermehrenden Sorten konnte von einer gewissen Dauerhaftigkeit gesprochen werden. Diese ist bei den neuen Sorten verloren gegangen und manche werden als Annuelle oder als Bienne gezogen.
♃ ⌓ ○ ◐ ⊖ △-▲

△
Viola hirta, Rauhhaariges Veilchen. Fast in ganz Europa verbreitet, in W-Asien, östlich bis zum Altai. Oft in trockenen Kiefernwäldern, in lichten Eichenwäldern oder zwischen sonnig stehendem Gebüsch. Geht vom Tiefland bis zur montanen Stufe. Die Pflanze ähnelt sehr stark dem Duftveilchen, *V. odorata*, treibt aber nicht wie dieses Ausläufer und ist sehr klein und zierlich, etwa 10 cm hoch. Alle Blätter sind grundständig, sie stehen in Rosetten, sind dreieckig-eiförmig an langen Stielen. Die Blattstiele sind behaart, zumindest schwach. Ebenso die Spreite, die am Stielansatz eine breite, offene Bucht bildet. Die Blüten sind hell blauviolett, am Grunde weiß oder rosa, an der Spitze mit rötlich-violettem, schlankem Sporn, der gerade ist, aber an der Spitze hakig aufgebogen. Alle Kronblätter sind vorne leicht eingebuchtet. Blütezeit April-Mai. Erkennbar durch die behaarten Blätter. ♃ ⌓ ◐ ⊖ ○ △-▲

◁ **Viola pyrenaica,** Pyrenäen-Veilchen. Verbreitet von den Pyrenäen bis zu den Seealpen, auch im Kaukasus und auf der Balkanhalbinsel. Meist auf Felsschutt, in Felsspalten, auf Rasen, im Gebüsch, vorwiegend auf Kalk. Bis 10 cm hohes Veilchen. Es ist fast kahl bis zerstreut behaart mit nur grundständigen Blättern und Blütenstielen. Die Pflanze treibt keine Ausläufer. Die Blätter sind breit-eiförmig, bis 3 cm lang und fast ebenso breit, zugespitzt und an der Spreitenbasis herzförmig. Der Rand ist gezähnt. Die Nebenblätter sind bis 15 mm lang, lanzettlich und gefranst. Blüten bis 2 cm groß, duftend, die Kronblätter sind verkehrt-eiförmig, und die Grundfarbe reicht von hell blauviolett bis rotviolett. Das Foto ist farblich etwas nach Rot hin verfälscht. Der Sporn ist meist weißlich und stumpf. Die Blütezeit reicht von März bis Juli. Ein hübsches kleines Veilchen, oft Selbstaussaat. ♃ ⊞ ⊡ ○ ◐ ⊖ △-△

△
Viola odorata, Duftveilchen, Märzveilchen. Wächst in W-Europa, im Mittelmeergebiet, bis zum Kaukasus und NW-Afrika. Eine Staude mit wurzelnden Ausläufern, die bereits im zweiten Jahr blühen. Die duftenden, violetten Blüten öffnen sich von März-April. Die Blätter sind breit-eiförmig, am Grunde herzförmig. Die Blütenstiele haben 2 Vorblätter in der Mitte. Dieses bekannte Veilchen bildet später cleistogame Blüten aus; diese Blüten öffnen sich nicht und setzen ohne Fremdbestäubung und vollständige Entwicklung Samen an. Durch die Samen und durch die Ausläufer verbreiten sich Duftveilchen oft stärker, verzichten sollte man aber deshalb nicht auf sie. Viele Farbsorten sind bekannt, beispielsweise 'Albiflora' (weiß), 'Irish Elegance' (gelb), 'Red Charm' (rotpurpur), 'Königin Charlotte' (hell violettblau), 'Triumph' (violettblau, großblumig), 'Heidi' (blau, gefüllt blühend). ♃ ⇝ ⌓ ◐ ⊖ ● ○ △-▲

Viola sororia (*Viola priceana*), Pfingstveilchen. ▷ Heimat ist N-Amerika. In der Literatur auch als *V. sororia* 'Prisceana' zu finden, diese Sortenbezeichnung ist aber ein altes Synonym der Pflanze, ist also völlig identisch mit der Art *V. sororia*, die auch mit tiefvioletten, im Innern weißen Blüten beschrieben wurde. Diese und die Sorten 'Albiflora' (früher 'Immaculata') und 'Freckles' (weiß mit violetten Punkten) sind zwar duftlose, aber reizende Veilchen. Jeder der sie zur Blütezeit sieht, möchte sie gerne haben; aber sie sind arge Samenstreuer und breiten sich oft mächtig aus. Man muß sie bei der Verwendung in Steinanlagen gut unter Kontrolle halten. Die Rhizome sind kräftig verzweigt, die Blätter langgestielt, nieren- bis eiförmig mit flach herzförmigem Grund. Die Blüten dieses Veilchens sind duftlos. Die Blütezeit reicht von April-Mai und liegt später als beim Duftveilchen. ♃ ⟿ ⌓ ⁞ ◐ ⊖ ○ △-▲

Viola tricolor ssp. macedonica, Mazedonisches Stiefmütterchen. Die Art selbst ist in Europa, W-Sibirien, Vorderasien, im Mittelmeerraum und in N-Afrika verbreitet. Die abgebildete Unterart wächst auf dem Balkan. Die Art selbst ist manchmal annuell, kann aber auch zweijährig oder ausdauernd sein. *V. tricolor* ssp. *macedonica* ist meist ausdauernd. Sie hat keine Rhizome oder diese sind sehr kurz. Sie wird etwa bis 20 cm hoch, die Stengel stehen aufrecht, die Petalen sind gelb und oben violett, ohne Adern. Die Blätter sind unten herzförmig, oben spitzig. Diese Art ist ein Samenstreuer, ohne lästig zu werden. Jeder Besucher möchte zur Blütezeit eine Pflanze mitnehmen. Wächst in voller Sonne genauso wie an halbschattigen Plätzen. An den Boden werden kaum besondere Ansprüche gestellt. Werden die Pflanzen einmal zu dicht, bereitet es kaum Schwierigkeiten diese zu entfernen. ⊙-♃ ⌓ ⁞ ○ ◐ ⊖ △-▲
▽

Vitaliana primuliflora (*Douglasia vitaliana*), Goldprimel, Primulaceae, Primelgewächse. Wächst in den Seealpen, im Tessin, in Südtirol bis Oberösterreich, in den Pyrenäen und im Apennin. Dort in Felsspalten, im ruhenden Felsschutt, in offenen Rasenbeständen, auf kalkarmen bis saueren Böden in Höhen von 1500–3100 m. Die eigentliche Art wächst in den SO-Alpen (Bild). Bis 5 cm hohe, rasenartig wachsende, niederliegende Staude. Die kleinen Blätter sind ganzrandig, lineal, grundständig, bis 12 mm lang, fast kahl bis dicht grauhaarig. Die Blüten sind kurzgestielt, einzeln in den Blattachseln stehend, goldgelb, mit langer Röhre und 22 mm breiter Krone mit abgerundeten, eiförmigen Kronlappen. Nicht immer einfach in den Gärten. Liebt ein leicht saueres Substrat. Standort sowohl sonnig als auch halbschattig. Gute Dränage im Frühling, trotzdem aber genügend Bodenfeuchte. ♃ ⌓ ⁞ ⊟ T ○ ◐ ⚠-△ N
▽

Woodsia polystichoides, Ferncst-Wimpernfarn, ▷ Woodsiaceae, Wimpernfarngewächse. Aus Japan, den Kurilen, Sachalin, Korea, der Mandschurei und angrenzenden Gebirgen. Ein hübscher kleiner Farn, den man an passender Stelle in Steinanlagen häufiger verwenden sollte. Weicht hinsichtlich der Gestalt stark von der anderer Wimpernfarne ab und sieht mehr einem gefiederten Schildfarn ähnlich. Die Horste sind büschelig und die Wedel sind etwas geneigt. Sie sind 12–20 cm lang, 2–4 cm breit, einfach gefiedert, schmal-lanzettlich, mattgrün, mit kurz gestielten Fiedern, am Ansatz besonders nach oben hin geröhrt. Die Sori säumen in einer Reihe den Rand, sie sind hellbraun. Sie bevorzugen in Steinanlagen, in die sie von der Größe her gut passen, einen kühlen, feuchten Platz; auch zwischen größeren Steinen zu verwenden. Ist in M-Europa verhältnismäßig hart. ♃ ⁞ ⊟ ● ◐ ⊖ ⚠-▲

◁ **Wulfenia amherstiana,** Himalaja-Wulfenie, Scrophulariaceae, Braunwurzgewächse. Wächst im Himalaja und in den angrenzenden Gebieten und in Afghanistan. Die Blätter sind 5–15 cm lang, verkehrt-eiförmig, länglich bis schmal verkehrt-lanzettlich, in den Stiel verschmälert, sie stehen rosettig und sind runzelig. Insgesamt variabel. Am Rand gekerbt oder gebuchtet, die Blattspreite ist kahl, zumindest oben, unten zerstreut rauhhaarig. Der Blütenstengel ist unbeblättert und 12–30 cm hoch mit lockeren, einseitswendigen, vielblütigen Trauben, 4–20 cm lang. Der Kelch ist unbehaart, die Krone ist purpurblau, 7 mm lang, mit schmalen, spitzen Lappen. Blütezeit Juni-Juli. Hübsche kleine Art, die etwas zu sauerer Bodenreaktion tendiert. Fühlt sich besonders in absonnigen und schattigen, etwas feuchten Felsspalten wohl. Die Vermehrung erfolgt durch Teilung und Aussaat. ♃ ⁝ ⊟ ⊖ ● ◐ ▲-△

Wulfenia carinthiaca, Kärntner Kuhtritt. ▷ Wächst in den SO-Alpen und Montenegro, dort auf windgeschützten, meist nach Norden geneigten Matten und Bergweiden in frischen bis feuchten, nährstoffreichen, kalkarmen, flachgründigen, humos-lehmigen Böden. Meist in Höhenlagen von 1400–1800 m. Eine 25–30 cm hohe Staude, vereinzelt auch noch etwas höher, spärlich behaart. Stengel mit wenigen, fast schuppenartigen Blättern in der oberen Hälfte. Die grundständigen Blätter stehen in Rosetten, sie sind bis 15 cm lang, spatelförmig, gekerbt, dunkelgrün, glänzend, aufgerichtet. Die Blüten stehen in einer einseitswendigen Traube am Stengelende. Sie sind bis 15 mm lang und sehr kurz gestielt. Die Krone ist blauviolett und zweilippig und im Schlund bärtig. Diese geschützte Art benötigt im Garten einen saueren Boden; sie wird bei Kalk chlorotisch. Es gibt auch eine weiße Form. ♃ ⊟ ◐ ⊖ ○ △-▲

Zigadenus elegans, Jochlilie, Liliaceae (Melanthiaceae), Liliengewächse (Höckerblumengewächse). Beheimatet in N-Amerika von Manitoba bis Alaska, südlich bis Missouri, New Mexico und Arizona, meist an feuchten Stellen. Die Pflanze ist giftig und wird bis 90 cm hoch, im Garten niedriger. Die Zwiebel hat eine etwas häutige Hülle. Die Blätter sind gekielt, 4–12 mm breit und bis 1 m lang. Aus ihnen treiben lockere Blütentrauben mit grünlich-weißen Blüten im Juni-August. Keine umwerfende Schönheit, aber für Naturgärten gut geeignet, ebenfalls in Steinanlagen, wo sie an etwas feuchteren Stellen gut gedeihen. Erst als alteingewachsene Pflanzen zeigen sie ihre volle Schönheit. Sie passen auch gut an den Rand des Steingartensumpfes und kleiner Steingartentümpel. Durch die etwas filigranartigen Blüten stören sie nicht, auch wenn die Pflanze manchmal etwas höher wächst. ♃ 〰 🅗 ○ ◐ △
▽

◁ **Yucca whipplei,** Kalifornische Palmlilie, Agavaceae, Agavengewächse. Das Heimatgebiet liegt in Kalifornien, Arizona und Mexiko. Durch das südliche Herkommen ist diese Palmlilie nur mit besonderen Schutzmaßnahmen in M-Europa im Freien zu überwintern. Durch ihre Ausdehnung nur für größere Steinanlagen geeignet, sie paßt vom Habitus mehr für Xerophytengärten und in wüstenähnliche Szenerien. Alte Horste, die in M-Europa praktisch nie erreicht werden, haben einen Durchmesser bis zu 2 m. In Kultur zeigen die Pflanzen normalerweise keine Stengel. Die Laubrosetten sind sehr dicht. Die Blätter sind variabel und können bis 90 cm lang und 7 cm breit werden. Sie sind steif, silbrig-blaugrau, lang zugespitzt. Die Blütenglocken sind cremefarben, außen gelegentlich etwas purpurfarben getönt. In der Natur bis 4 m hoch werdend. Leichter ist *Y. filamentosa* und *Y. glauca.* ♃ 🅗 ○ ▲

Weiterführende Literatur

Zur Vertiefung der Kenntnisse empfehlen sich die weiteren Bücher des Autors:

Köhlein, Fritz und Menzel, Peter: Das große Buch der Stauden und Sommerblumen

Köhlein, Fritz: Iris

Köhlein, Fritz: Saxifragen und andere Steinbrechgewächse (Neuauflage in Vorbereitung)

Köhlein, Fritz: Freilandsukkulenten 2. Auflage

Köhlein, Fritz: Primeln

Köhlein, Fritz: Enziane und Glockenblumen

Köhlein, Fritz: Nelken

Köhlein, Fritz: Schöne Rittersporne

Köhlein, Fritz: Schöne Tröge und bepflanzte Steine

Köhlein, Fritz: Hosta

Köhlein, Fritz: Kleine Pflanzen für kleine Gärten

Köhlein, Fritz: Pflanzen vermehren

Alle Bücher im Verlag Eugen Ulmer, Stuttgart.

Darüber hinaus empfehlen sich noch folgende Bücher rund um das Steingartenthema:

Ahlburg, M.: Helleborus. Verlag Eugen Ulmer, Stuttgart 1989.

Alpine Garden Society: Encyclopedia of Alpines, Bd. 1–2. AGS Publications Limited, 1993/1994.

Bärtels, A.: Zwerggehölze. Verlag Eugen Ulmer, Stuttgart 1983.

Bärtels, A.: Gehölze für den Garten. Verlag Eugen Ulmer, Stuttgart 1993.

Bürger, A.: Orchideen für den Garten. Verlag Eugen Ulmer, Stuttgart 1992.

Carl, J.: Miniatursteingärten. Verlag Eugen Ulmer, Stuttgart 1978.

Davis, D.: Allium. Verlag Eugen Ulmer, Stuttgart 1993.

Denkewitz, L.: Heidegärten. Verlag Eugen Ulmer, Stuttgart 1987.

Die Freiland-Schmuckstauden. 4. Auflage. Neu hrsg. von W. Schacht und A. Fessler. Verlag Eugen Ulmer, Stuttgart 1990.

Elliott, J.: Alpines in the Open Garden. Christopher Helm, London + Timber Press, Portland, Oregon/USA 1991.

Erhardt, A. u. W.: Pflanzen-Einkaufsführer, 2. Auflage. Verlag Eugen Ulmer, Stuttgart 1995.

Erhardt, W.: Narzissen. Verlag Eugen Ulmer, Stuttgart 1993.

Erhardt, W.: Hemerocallis, Taglilien. Verlag Eugen Ulmer, Stuttgart 1988.

Fessler, A.: Der Staudengarten. Verlag Eugen Ulmer, Stuttgart 1991.

Foerster, K. und R. Röllich: Einzug der Gräser und Farne in die Gärten. 7. Auflage, Neumann Verlag, Radebeul 1988.

Foerster, K. und R. Röllich: Der Steingarten der sieben Jahreszeiten. 11. Auflage. Neumann Verlag, Radebeul 1993.

Frank, R.: Päonien, Pfingstrosen. Verlag Eugen Ulmer, Stuttgart 1989.

Frank, R.: Zwiebel- und Knollengewächse. Verlag Eugen Ulmer, Stuttgart 1986.

Fuchs, H.: Phlox. Verlag Eugen Ulmer, Stuttgart 1994.

Fuchs, H.: Schöne Steingärten. Verlag Eugen Ulmer, Stuttgart 1991.

Grey-Wilson, Ch.: A Manual of Alpine and Rock Garden Plants. Christopher Helm, London + Timber Press, Portland, Oregon/USA 1989.

Griffiths, M.: Index of Garden Plants. The Macmillan Press Ltd., London 1994.

Hansen R. und F. Stahl: Die Stauden und ihre Lebensbereiche. 4. Auflage. Verlag Eugen Ulmer, Stuttgart 1990.

Hegi, G.: Illustrierte Flora von Mitteleuropa (soweit bisher erschienen). Verlag Paul Parey, Berlin und Hamburg.

Kummert F.: Pflanzen für das Alpinenhaus. Verlag Eugen Ulmer, Stuttgart 1989.

Maatsch, R.: Das Buch der Freilandfarne. Verlag Paul Parey, Berlin und Hamburg 1980.

Mathew, B.: The Genus Lewisia. Timber Press, Portland 1989.

Schacht, W.: Der Steingarten. 6. Auflage. Verlag Eugen Ulmer, Stuttgart 1985.

Sieber, J.: Die Sichtung der Stauden. FGG Bonn, Postfach 201463.

The New Horticultural Society: Dictionary of Gardening. Bd. 1–4. The Macmillan Press Ltd., London 1992.

Trehane, P.: Index Hortensis, Vol. 1. Quaterjack Publishing, Wimborne 1989.

Tutin T.G. u.a. (Hrsg.): Flora Europaea Vol. 1–4. University Press, Cambridge 1964–76.

Wocke, E.: Die Kulturpraxis der Alpenpflanzen und ihre Anwendung im Steingarten und Alpinum. Neudruck Koeltz Scientific Books, Königsstein 1977.

Yeo, F.: Geranium. Verlag Eugen Ulmer, Stuttgart 1988.

Zander, Handwörterbuch der Pflanzennamen. 14. Auflage. Neubearbeitet von F. Encke und G. Buchheim unter Mitarbeit von S. Seybold. Verlag Eugen Ulmer, Stuttgart 1993.

Bildquellen

Von den insgesamt 1185 Farbfotos (einschließlich 17 Gartensituationen) sind 1108 Aufnahmen von Dr. h.c. **Fritz Köhlein,** Bindlach.

Die übrigen 77 Aufnahmen von

Andreas Bärtels, Waake: Abb. Seite 294 unten.

Walter Erhardt, Neudrossenfeld: Abb. Seite 41 oben links, oben rechts, Mitte, 54 Mitte links, 56 unten, 76 oben, 86 oben rechts, 112 Mitte links, 151 unten links, 195 Mitte, 197 Mitte, unten links, unten rechts.

Hermann Fuchs, Hof: Abb. Seite 16 unten, 18 oben, unten, 25 oben links, 48 unten rechts, 50 Mitte, 58 unten, 62 Mitte, 65 oben, 66 oben rechts, 74 unten, 84 unten, 95 unten, 99 unten rechts, 102 oben links, 104 Mitte, 110 oben, 113 Mitte, 115 oben, 118 oben Mitte, 120 Mitte, unten, 121 unten links, 134 oben, 147 oben, 152 unten rechts, 153 Mitte links, 165 unten, 171 Mitte links, 174 oben, 183 unten, 191 unten, 193 Mitte, 194 Mitte, 201 unten, 202 Mitte, 203 unten rechts, 204 Mitte, 207 Mitte links, 216 oben, 217 oben rechts, 218 Mitte links, Mitte rechts, 235 unten, 237 oben links, 238 oben, 242 unten links, 244 oben links, 246 oben, 247 oben rechts, 248 Mitte, unten, 249 Mitte, unten links, 263 unten, 281 oben links, 283 Mitte, 287 oben, 295 oben, 304 Mitte, 308 oben, Mitte, unten rechts.

Verzeichnis der deutschen Pflanzennamen

Adonisröschen: *Adonis*
Akelei: *Aquilegia*
Alant: *Inula*
Alpenaster: *Aster alpinus*
Alpenbalsam: *Erinus*
Alpenglöckchen: *Soldanella*
Alpenglöckel: *Cortusa matthioli*
Alpenrose, Behaarte: *Rhododendron hirsutum*
Alpenrose, Rostblättrige: *Rhododendron ferrugineum*
Alpensilberraute: *Artemisia umbelliformis*
Alpenveilchen: *Cyclamen*
Andenpolster: *Azorella*

Bajonettgras: *Aciphylla squarrosa*
Baldrian: *Valeriana*
Ballonglocke: *Platycodon*
Bambus: *Pleioblastus*
Bärentraube: *Arctostaphylos*
Bartfaden: *Penstemon*
Bärwurz: *Meum*
Beifuß: *Artemisia*
Beinwell: *Symphytum*
Berberitze: *Berberis*
Bergaster: *Aster amellus*
Bergminze: *Calamintha*
Bergtäschel: *Aethionema*
Bergwohlverleih: *Arnica montana*
Besenheide: *Calluna*
Binsenlilie: *Sisyrinchium*
Bitterwurz: *Lewisia*
Blauglöckchen: *Mertensia*
Blaukissen: *Aubrieta*
Blaulilie: *Ixiolirion*
Blaustern: *Scilla*
Blutgras, Japanisches: *Imperata cylindrica*
Blutwurz: *Sanguinaria*
Braunelle: *Prunella*
Brombeere: *Rubus*
Buchsbaum: *Buxus*
Büschelglocke: *Edraianthus*
Büschelhaargras: *Stipa*
Buschwindröschen: *Anemone nemorosa*

Cotoneaster: *Mispel*

Dickblatt: *Crassula*
Dickröschen: *Rosularia*
Dost: *Origanum*
Dotterblume: *Caltha*
Drachenkopf: *Dracocephalum*
Dreiblatt: *Trillium*
Dreimasterblume: *Tradescantia*

Edelweiß: *Leontopodium*
Efeu: *Hedera*
Ehrenpreis: *Veronica*
Eibe: *Taxus*
Eisenhut: *Aconitum*
Elfenblume: *Epimedium*
Enzian: *Gentiana*
Erdbeere: *Fragaria*

Federbuschstrauch: *Fothergilla*
Feigenkaktus: *Opuntia*
Feinstrahlaster: *Erigeron*
Felsenlöwenmaul: *Asarina*
Felsenmargerite: *Townsendia*
Felsennelke: *Petrorhagia*
Felsröschen: *Daphne petraea*
Fetthenne: *Sedum*
Feuerwerksblume: *Dichelostemma ida-maia*
Fiederpolster: *Leptinella, Cotula squalida*
Fingerhut: *Digitalis*
Fingerkraut: *Potentilla*
Flattergras: *Milium*
Flieder: *Syringa*
Flockenblume: *Centaurea*
Flügelginster: *Genista sagittalis*
Frauenfarn: *Athyrium*
Frauenhaarfarn: *Adiantum*
Frauenschuh: *Cypripedium*
Freilandgloxinie: *Incarvillea*
Frühlingslichtblume: *Bulbocodium*
Frühlingsplatterbse: *Lathyrus vernus*
Frühlingsschlüsselblume: *Primula veris*

Gamander: *Teucrium*
Gänsekresse: *Arabis*
Gauklerblume: *Mimulus*
Gedenkemein: *Omphalodes*
Geißbart: *Aruncus*
Geißblatt: *Lonicera*
Geißklee: *Cytisus*
Gemskresse: *Hutchinsia*
Gemswurz: *Doronicum*
Germer: *Veratrum*
Ginster: *Genista*
Glanzgras: *Phalaris*
Glanzstrauch: *Pimelea*
Glockenblume: *Campanula*
Glockenscilla: *Hyacinthoides*
Goldauge: *Chrysopsis*
Golddistel: *Carlina acanthifolia*
Goldkörbchen: *Chrysogonum virginianum*
Goldkrokus: *Sternbergia*
Goldlack: *Cheiranthus*
Goldmargerite: *Euryops acraeus*
Goldprimel: *Vitaliana*
Goldrute: *Solidago*
Goldschuppenfarn: *Dryopteris*
Götterblume: *Dodecatheon*
Graslilie: *Anthericum*
Grasnelke: *Armeria*
Grönlandmargerite: *Arctanthemum arcticum*
Günsel: *Ajuga*

Habichtskraut: *Hieracium*
Hahnenfuß: *Ranunculus*
Händelwurz: *Gymnadenia*
Hartriegel: *Cornus*
Hauhechel: *Ononis*
Hauswurz: *Sempervivum*
Heiligenkraut: *Santolina*
Herbstzeitlose: *Colchicum*
Herzblattschale: *Plagiorhegma*
Herzblume: *Dicentra*
Hirschzungenfarn: *Phyllitis scolopendrium*
Honiggras: *Holcus*
Hornkraut: *Cerastium*
Hufeisenfarn: *Adiantum pedatum*
Hufeisenklee: *Hippocrepis comosa*
Hundszahn: *Erythronium*
Hungerblümchen: *Draba*

Igelpolster: *Acantholimon*
Igelsäulenkaktus: *Echinocereus*
Immergrün: *Vinca*
Ingwerorchidee: *Roscoea*
Irrlichtblume: *Merendera*

Jochlilie: *Zigadenus*
Johanniskraut: *Hypericum*

Kapkörbchen: *Osteospermum*
Kardendistel: *Morina*
Karpatenglockenblume: *Campanula carpatica*
Katzenpfötchen: *Antennaria*
Kiebitzei: *Fritillaria meleagris*
Kirsche: *Prunus*
Kissenaster: *Aster dumosus*
Knabenkraut: *Dactylorhiza, Orchis*
Knäuelkraut: *Scleranthus*
Knollenpolster: *Rhodohypoxis*
Knotenblume: *Leucojum*
Königskerze: *Verbascum*
Kreuzblümchen: *Polygala*
Kreuzkraut: *Senecio*
Kugelblume: *Globularia*
Kuhschelle: *Pulsatilla*
Kuhtritt: *Wulfenia*

Lampenputzergras: *Pennisetum*
Lärche: *Larix*
Lauch: *Allium*
Lavendelheide: *Andromeda*
Lebensbaum: *Thuja*
Leberblümchen: *Hepatica*
Leimkraut: *Silene*
Lein: *Linum*
Lenzrose: *Helleborus*
Lerchensporn: *Corydalis*
Levkoje: *Matthiola*
Lichtnelke: *Lychnis*
Lippenmäulchen: *Mazus*
Lotwurz: *Onosma*
Lungenkraut: *Pulmonaria*

Maiapfel: *Podophyllum*
Maiglöckchen: *Convallaria*
Mänderle: *Paederota*
Mannsschild: *Androsace*
Mannstreu: *Eryngium*
Marokkokamille: *Anacyclus pyrethrum*
Mauermiere: *Paronychia*
Mäuseohr: *Marrubium*
Milchstern: *Ornithogalum*
Milzfarn: *Ceterach*
Minze: *Mentha*
Mittagsblume: *Delosperma, Drosanthemum, Mesembryanthemum*
Mohn: *Papaver*
Molchschwanz: *Houttuynia cordata*
Moosmiere: *Moehringia*
Mormonentulpe: *Calochortus*
Muschelblümchen: *Isopyrum*

Nachtkerze: *Oenothera*
Nelke: *Dianthus*
Nelkenwurz: *Geum*
Nieswurz: *Helleborus*

Palmlilie: *Yucca*
Pantoffelblume: *Calceolaria*
Perlgras: *Melica*
Pfeifengras: *Molinia*
Pfingstrose: *Paeonia*
Pippau: *Crepis*
Präriekerze: Camassia
Preiselbeere: *Vaccinium vitis-idaea*
Prophetenblume: *Arnebia*
Purpurglöckchen: *Heuchera*

Rebhuhnbeere: *Gaultheria*
Reiherschnabel: *Erodium*
Rippenfarn: *Blechnum*
Rittersporn: *Delphinium*
Rosenprimel: *Primula rosea*
Rosenwurz: *Rhodiola*
Rosmarinseidelbast: *Daphne cneorum*

Verzeichnis zusätzlich erwähnter Arten und Synonyme

Wenn Ihnen der Sinn nach mehr steht...

Das vorliegende Lexikon ist aus „Das große Blumenbuch“ (1971), „Gartenblumen“ (1977) „Stauden und Sommerblumen für den Garten“ (1988) entstanden. Es ist inhaltlich identisch mit dem 1992 erschienenen Werk „Das neue große Blumenbuch“, wurde jedoch jetzt, da das neue Werk des Autors über die Steingartenpflanzen vorliegt, diesem äußerlich angepaßt. Unverändert blieb deshalb auch der Gedanke, den Gartenfreunden einen Standardführer durch das Reich der Stauden und Somerblumen in die Hand zu geben, der in präzise enzyklopädischer Weise Text und anschauliche Bildaussagen vereint. Farbfotos sind den Pflanzenbeschreibungen direkt zugeordnet. Jede Gattung ist mit wenigstens einer Art oder Sorte abgebildet. Dem lexikalischen Teil wurden rund 40 typische Gartensituationen und Bilder vorangestellt, die als beispielhaft für die Verwendung der Pflanzen gelten können. Das Lexikon enthält nicht nur gängige Sortimente, sondern auch Einjahrs- und Zweijahrsblumen, Beet- und Begleitstauden, Solitärstauden, Bodendecker, Steingartenpflanzen, Zwiebel- und Knollengewächse, Sumpf- und Wasserpflanzen, Gräser und Farne sowie Kletter-, Kübel- und Balkonpflanzen.

Das große Buch der Stauden und Sommerblumen. *Dr. h.c. Fritz Köhlein und Peter Menzel. 2. Auflage 1994. 320 Seiten, 1160 Farbfotos. Pp. ISBN 3-8001-6568-6.*

Aus dem überaus reichhaltigen Sortiment hat Patrick Taylor seine Favoriten ausgewählt: 500 Zwiebel- und Knollenblumen, Stauden, Sträucher und Gehölze. Dabei legte er großen Wert darauf, daß die beschriebenen Arten und Sorten nicht nur einem Auswahlkriterium Rechnung tragen sondern mehrere herausragende Eigenschaften aufweisen: schöne Blüten, dekoratives Blattwerk, bizarre Wuchsform, auffällige Borke, Blütenduft oder ungewöhnliche Blütezeiten. So entstand eine sehr persönliche Auswahl, die sowohl weitverbreitete als auch hierzulande wenig bekannte Gartenpflanzen enthält. Nicht jede der hier erwähnten Pflanzen läßt sich in Mitteleuropa ohne ausreichenden Winterschutz kultivieren, doch mit Hilfe der angegebenen Winterhärtezonen wird deutlich, unter welchen Bedingungen eine Kultur hierzulande Erfolg verspricht. Die fachkundigen Beschreibungen heben sehr treffend die charakteristischen Merkmale der Pflanzen hervor, und oft genug klingt dabei die Begeisterung des Pflanzenenthusiasten an. Wertvolle Anregungen liefern die zahlreichen Hinweise zu geeigneten Nachbarpflanzen und zum idealen Gartenstandort. Auf diese Weise lassen sich die Pflanzen wirkungsvoll in Szene setzen.

Die 500 besten Gartenpflanzen. *Patrick Taylor. Aus dem Englischen von Maria Gurlitt-Sartori. 1994. 320 Seiten, 298 Farbfotos, Kt. ISBN 3-8001-6547-3.*

Das vorliegende Buch gibt wertvolle Hilfestellung beim Pflanzeneinkauf, denn es listet das Sortiment von 457 Anbietern in Europa auf. Im Gegensatz zur 1. Auflage werden nunmehr auch die im Handel befindlichen Unterarten, Varietäten und Sorten der verschiedensten Arten aufgelistet, so daß der Interessent etwa 60.000 Pflanzeneinträge findet. Um das Gesuchte schnellstmöglich zu finden, wurde der Pflanzenteil streng alphabetisch sortiert. Ebenso gehören zum Adressenteil eine Liste mit Anbieterschlüsseln sowie eine zusätzliche Aufgliederung nach Pflanzenbereichen und Herkunftsländern, bzw. in der Bundesrepublik Deutschland nach Postleitzahlbereichen. Hinzugekommen sind Telefon- und Faxnummern, Angaben über Export und Mindestbestellmengen sowie akzeptierte Kreditkarten. Zudem wurde das Verzeichnis der Pflanzenliebhaber-Gesellschaften auf ganz Europa ausgedehnt, so daß jetzt die Adressen von über 100 auf einzelne Pflanzengruppen oder -gattungen spezialisierte Gesellschaften zur Verfügung stehen. Der Pflanzeneinkaufsführer wird dadurch zum unentbehrlichen Werkzeug für engagierte Hobbygärtner und jeden, der mit der Beschaffung von Pflanzen betraut ist.

Pflanzeneinkaufsführer *– Bezugsquellen für 60.000 Arten und Sorten. Anne und Walter Erhardt. 2. Auflage 1995. Etwa 500 Seiten. Kt. ISBN 3-8001-6544-9.*